INTERNATIONAL TOURISM
CULTURES AND BEHAVIOR

국제문화관광론

저자 서문

지난 수십년 동안 국제관광이 괄목할 만한 확대성장을 해왔음은 의심할 여지가 없다. 또한 국제관광은 앞으로도 지속적인 성장을 할 것으로 예측되고 있다. 이러한 국제여행 증가의 결과는 매우 다양하게 나타나고 있다. 국제관광이 사람들의 이해를 향상시키고 즐거움의 수준을 높이고, 서로 다른 문화에 대한 오해와 갈등을 해결할 수 있을지에 대한 문제가 제기된다. 이 책의 논점은 관광산업이 미래에 성공적이기 위해서는 국제관광시장에서 문화의 차이점들에 대해 관광매니저들과 마케터들이 올바로 인식하고 민감하게 반응해야 한다는 것이다. 서로 다른 문화를 배우고 이해하고 존중하는 것은 국제관광에서 잠재되어 있는 문화에 대한 오해와 갈등을 예방할 수 있으며, 관광객들과 지역주민들 사이의 사회적 접촉을 한층 향상시킬 수 있을 것이다. 더 나아가서 여행상품에 대한 관광객들의 만족도를 향상시키고 재방문을 이끌어 낼 수 있다.

여기에서 넓게는 관광이 이해와 평화를 촉진시킨다는 점을 가정해 볼 수 있다. 반면에 각 개별 그룹들은 자신들의 국가나 문화에 중심적 가치를 부여하는 태도를 보이고 있다. 즉, 일반적으로 유사한 문화를 공유하는 사람들은 다른 문화권에서 온 사람들보다 서로 더 쉽게 이해하고 상호 교류한다. 다른 문화권에서 온 사람들은 서로 잘 이해하지 못하고 오히려 서로 마찰이 생기기 쉽다. 문화적으로 다른 사람들 간의 사회적 교류는 문화적 힘에 의해 나누어지고, 문화적으로 다른 개인들 간의 사회적 교류는 개인 간의 갈등과 예민한 반응을 증가시킬 것이다. 아마도 다른 문화권에서 온 개인들 간의 접촉 증가는 가치 충돌, 부조화, 사회적 장벽 그리고 매우 위협적인 경험을 발생시킬 수 있다. 사회심리학 이론에 의하면, 사람들은 자신들이 다른 문화권의 사람들과 유사하다고 규정되기를 원하지 않는다는 것을 증명하고 있다. 즉, 사람들은 자신이 다른 사람들과 차별화되고 독특하게 보여지기를 바란다. 국제여행과 관광은 사회적 교류를 할 수 있는 기회를 만들고, 사람들의 문화적 기원과 본질을 강조하며, 때로는 이질적인 것에 대한 불만족을 야기시키기도 한다. 이것은 자신들과 다른 문화에 대한 가치를 약화시키고, 다른 문화에 대한 적대감을 보여주며, 분노와 거부감을 일으킨다. 그들과 다른 문화를 존중하는 것을 배우고 받아들인다면 이러한 부정적인 감정들은 방지될 수 있다. 이것은 문화 요인들로 인해 결정되어지며, 미래 지구촌 국제관광의 성격을 성공적으로 유지할 수 있는 유일한 방법일 것이다.

이 책은 독자들에게 개인들의 행동이 문화적으로 제약되어 있다는 사실을 알려주고 있다. 문화와 문화가치들은 개인들이 행동하고 반응하는 방법에 다양한 영향을 미친다. 더 나아가서 한 국가의 문화가 개인들의 행동결정에 얼마나 깊이 영향을 미치는지, 문화가 관광객들의 행동과 관광산업의 운영을 이해함에 있어서 얼마나 중요한지 설명하고 있다.

이 책은 국제관광객들과 지역주민들 간의 행동의 차이점들에 대해 초점을 맞추고 있다. 이 책에서 관광객들을 휴양(휴가, 스포츠, 학습, 또는 레크리에이션), 업무, 친지방문(친구들이나 친척들) 또는 미팅이나 회의참가를 목적으로 어떤 지역에 적어도 24시간 이상 머무르는 일시적 방문자로 정의하고 있다. 그러나 관광객이라고 하는 단어는 관광기관이나 제도의 정도, 인적·물적 교류의 종류, 여행의 형태, 여행자의 지위 등에 따라서 다양한 의미를 가질 수 있다. 어떤 이론에서는 관광객들을 일시적인 체류자로 언급하기도 한다. 관광객의 정의는 어떤 사람이 문화 경계선을 넘나들기 시작할 때 더 깊이 강조된다. 예를 들어, 남태평양의 많은 곳에서는 관광객들은 단순한 관광객이라기보다는 고객으로 취급되고 있다. 따라서 이 책에서 관광객이라는 의미는 휴가, 업무, 학문, 친지 방문, 스포츠 또는 국제회의를 목적으로 방문지에서 최소 24시간, 최대 12개월 동안 체류하는 문화적으로 다른 국제방문자로 정의하고 있다.

지역주민들(hosts)은 ① 지역거주자, ② 방문국가의 국민들 또는 ③ 관광객들에게 서비스를 제공하는 관광산업 종사자들로 정의된다. 즉, 이 책에서 지역주민들은 방문국가의 거주자들로 정의된다. 이는 관광목적지의 국제 거주자나 현지 관광산업 종사자들과 관광객들에게 서비스를 제공하는 사람들(호텔리어, 프론트오피스 근무자, 웨이터, 상점보조원, 세관공무원, 관광가이드, 관광매니저 그리고 택시나 버스 운전자)을 모두 말한다. 이러한 지역주민들은 관광전문가들로 언급되기도 한다.

이 책은 관광객들과 지역주민들이 속한 문화들이 그들의 사회행동에 어떻게 영향을 미치고, 관광객들과 지역주민들이 왜 그렇게 행동하는지 설명하고 있다. 국제관광객들과 지역주민들 간의 행동적 차이를 이해하기 위해서는 관광에 있어서 인간행동의 개념과 행동에 영향을 미치는 요소들에 대하여 배워야 한다.

인간행동에 대한 연구는 많은 다양한 정의들과 이론적 접근들이 있다. 또한 인간행동에 대한 개념은 여러 전문분야에 걸쳐져 있다. 심리학, 사회학, 사회심리학, 인류학, 경제학, 마케팅, 경영학과 같은 과학적으로 발전된 학문에서 많은 아이디어를 가져올 수 있다. 그 결과 인간행동의 개념은 각 학문마다 다른 의미들을 가지고 있음을 알 수 있다. 관광학에서 정의하는 관광객 행동에 대한 몇몇 개념들은 교육학을 비롯하여 레크리에이션, 지리학, 도시와 지역계획학, 교통학, 법학, 농업학에서 유래하고 있다. 따라서 관광객 행동이 복잡하고 어려운 과정이라고 정의하는 것은 전혀 놀라운 일이 아니다. 또한 여러 전문분야의 속성 때문에 생겨날 수 있는 혼란을 피하기 위해서 현재 일어나고 있는 관광객 행동이 무엇인지, 미래에 일어날 행동은 무엇인지, 국제관광이라는 영역 안에서 검증하는 것이 필요하다.

오늘날 관광객 행동에 영향을 미치는 국가 간 다양한 문화들과 문화적 차이점에 대한 공감 그리고 유사성들에 대한 명확한 이해는 지난 어떤 때보다 더 중요해지고 있다. 국제관광산업에서 국제화와 더불어 타문화권의 관광객 수의 증가로 인해 국가 경계선이 사라지고 있다. 이것은 산업이 국제적으로 상품과 소비자들을 규격화하도록 새로운 시도를 야기시키고 있다. 관광자 행동은 문화적으로 연결되어 있다. 그래서 산업은 국제관광객들에게 관광상품을 성공적으로 마케팅하기 위하여 목표시장에 대한 문화적 지식을 갖춰야 할 것이다.

저자의 의견에 따르면 문화적 요인들이 관광객 행동에 가장 직접적이고 영향력 있는 효과를 가지고 있다고 본다. 문화적 요인들은 국제관광객 행동의 가장 중요한 결정요인들이다. 국제관광객의 배경에 대한 세심한 문화적 분석은 관광객 행동에 대한 풍부하고 확실한 그림을 보여준다. 문화적 시각으로 보는 관광객 행동에 대한 이해는 마케터들과 매니저들이 국가적 문화가 어떻게 관광객들의 구매와 선택 그리고 경험에 영향을 미치는지 잘 확인할 수 있다. 문화적 변수들은 관광객의 주관적 행동, 특정한 제품들이나 목적지에 대한 선호도, 선호도에 대한 감정, 신뢰정도, 관습의 영향과 같은 객관적인 면들에 대하여 설명할 수 있다.

문화적 변수들은 외부 환경에 대한 특정한 관광객의 반응에 대한 그 이유를 설명할 수 있다. 관광객과 관광을 이해하기 위하여 마케터들과 매니저들은 문화적 접근을 통하여 더 나은 관광 전략을 설명할 수 있을 것이다.

다른 문화적 배경을 가진 관광객 그룹들은 다르게 행동한다. 그들은 각각 다른 관광 필요성과 동기를 가지고 있으며 관광에 대한 각자 다른 조사와 학습 배경을 가지고 있다. 그리고 그들은 내부와 외부 환경에 의해 뚜렷이 다르게 영향을 받는다. 다른 문화관광객 그룹들은 다른 이미지들을 가지면서 여행상품에 대한 지각을 하고, 제품 속성들에 대해 서로 다른 중요도를 가지고 있다.

문화적으로 다른 관광객들은 기대와 지각이 다르고, 이익과 선택기준 그리고 태도에 있어서 다르다. 그들은 구매에 있어서 다른 의견, 감정 그리고 성향을 가진다. 그들의 여행 스타일, 숙박 그리고 음식에 대한 선호도만 다른 것이 아니라, 색깔, 숫자, 포장에 대해서도 선호도가 다르며, 경험과 제품평가 역시 다르다. 또한 목적지 선택, 의사소통 반응 그리고 관광전략도 다르다.

문화적으로 다른 관광자들은 만족과 불만족에 대한 반응 방법도 다르며 상품에 대해 만족도와 선호도에 있어서도 차이를 보여준다.

결론적으로 성공적인 관광을 위하여 관광마케터들은 그들의 목표시장들에 대하여 문화적 지식을 가져야 한다. 즉, 고객들이 지향하고 있는 주요한 가치들을 이해하고 알아야 한다. 그리고 국제관광객 시장과 관광지역주민들 사이의 문화적 차이들을 민감하게 인식해야 한다. 관광마케터들과 매니저들은 인간행동에 대한 국가 간 문화에 대하여 배우고 이해하며, 존중해야 할 것이다.

역자 서문

우리는 현재 문화의 시대를 살고 있다. 우리와 다른 타 문화에 대한 호기심과 관심이 국가 발전에도 도움이 되고, 타인을 이해하는 영역에서도 큰 역할을 하고 있다. 세계화 시대에 사회, 경제, 정치 등 모든 분야에서 한국은 세계 여러 나라들과 문화 교류와 협력을 해야 한다. 따라서 한국의 문화만이 아닌 전 세계의 문화를 배우고 습득하여야 국가 간 문화 및 관광산업의 교류 증진에 도움이 된다고 본다. 이러한 문화 및 관광교류는 상호 간 공동체 의식의 확대와 이익에도 기여된다고 생각한다.

최근 한류의 영향으로 전 세계적으로 한국문화에 대한 관심이 상당히 증가하고 있다. 문화에 대한 관심이 관광상품으로 이어져 또 하나의 마케팅 수단이 되어 사회 전반적으로 문화교류에 대한 관심이 커지고 있다. 특히 관광과 연계된 문화교류는 서로 다른 문화에 대한 이해를 높이고 경제적으로도 큰 영향을 끼치게 된다. 과거의 관광은 지역적, 토속적, 차별적인 것이 관광대상이었다면, 현대관광은 생활양식, 가치관, 삶의 형태, 인간행동 등의 문화적 요소로 관광대상이 자리 잡게 되었다.

특히 이 책에서는 세계화 추세 아래에서 문화이론과 문화차이를 다루고 있고, 국제사회 간 문화적 차이점 및 관광객 행동에 영향을 미치는 문화적 영향 등을 다루었다. 이러한 과정을 통하여 우리는 다문화 능력을 갖게 되어, 다른 문화의 사람들과 상호작용하면서 적절하고 효과적으로 행동할 수 있는 능력을 갖추게 될 것으로 생각한다. 이러한 능력개발이 우리 고유의 세계관과 다른 사람의 세계관에 영향력 있는 토대를 마련해 주는 기회를 줄 수 있을 것이다.

따라서 이 책은 관광 전문인을 목표로 하는 학생들에게 좀 더 깊이 있는 문화관광 교재 개발의 필요성을 느껴서 윤병인, 김민수, 박윤미, 심재황 교수님이 공동으로 번역하게 되었다. 이 책을 통하여 관광학을 공부하는 학생들에게 많은 도움이 되기를 바란다.

역자 드림

머리말

현대 관광환경은 국제화와 세계화의 확산을 경험하고 있다. 과학기술, 의사소통 매체, 교통의 발달은 사람들의 이동과 여행을 확대시켰다. 또한 문화적으로 다른 사회들과 사회적 상호 교류와 문화교류를 이끌어 왔다. 이 책은 매일같이 국제관광을 다루고 국제경영환경을 운영하는 관광과 환대산업 담당자들이 관광객은 국가문화를 이해하고 문화의 영향을 이해하는 것이 필수적이라고 주장하고 있다. 매우 복잡한 복합문화 관광환경에서 일할 관광과 환대산업 전공자들은 국제문화관광지 지역주민과 고객 간의 관계, 손님들이 기대하는 양질의 서비스, 관광상품들에 대한 인식, 관광경험과 만족도가 재방문에 어떻게 영향을 미치는지 이해해야 한다.

문화적으로 다른 관광객은 국제관광산업의 목표이다. 현재 아시아는 전 세계에 걸쳐 관광을 일으키는 주요 국제시장이다. 남미와 함께 중부와 동부 유럽은 새롭게 떠오르는 시장이라고 할 수 있다. 이러한 관광시장에 대한 문화적 다양성을 좀 더 이해하고, 문화교류의 관련성과 외부 세계를 인식하고 결정하는 것은 관광산업계의 도전이 될 것이다. 관광매니저와 마케터 그리고 관광업계 전문가들은 복합문화 인식능력을 가지고 새로운 관광산업에 뛰어들어야 할 것이다. 비교문화적 능력은 21세기의 관광과 환대산업에서 필수적이다. 이러한 국제적 관광산업적 측면에서 볼 때, 문화적 차이점을 무시한다면 관광목적을 달성하는 데 도움이 되지 않을 것이다.

하나의 국가문화가 소비자 행동에 큰 영향을 끼치는 문화비교에 대한 많은 연구가 이루어지고 있다. 그러나 국제관광시장에 있어서 문화적 차이에 대한 지식정보를 아직 잘 활용하지 못하고 있는 실정이다. 문화라는 것은 매우 복잡한 개념을 내포하고 있다. 즉, 서로 다른 문화간에는 당연히 서로 다른 문화적 개념을 가지고 있기 때문에, 그러한 이질적인 개념을 다른 문화권에 적응한다는 것은 서로의 인성, 태도, 만족감 등에 있어서 문제점을 야기시킬 수 있다. 결과적으로 국제관광객의 행동과 문화특성 사이의 폭넓은 이해와 정보가 필요하다. 관광산업은 점점 더 세계화되어가고 수많은 국제관광객들을 유치하기 위해서 국제방문객들의 문화 차이점들과 관광객 행동에 대한 차이점들을 이해하고 분석하는 것이 점점 더 중요해지고 있다. 그러한 분석은 지역뿐만 아니라 국제관광객들 간의 차이점과 유사점 그리고 각 나라의 관광에 대한 의사결정자들의 이해를 촉진시킨다. 그리고 이러한 관점은 관광마케팅과 관광경영에 긍정적 효과로 나타날 수 있다.

현재와 미래 국제관광 수요에 대한 가장 효과적이고 적절한 대응은 국제관광객 행동과 문화적 차이에 대한 영향으로 설명된다. 따라서 관광객 행동에 있어서 비교문화 차이점에 중점을 둔 교재를 준비할 필요성이 있다.

이 책은 대학원 학습과정을 위한 교재로서, Elsevier 출판사에서 출간한 Y. Reisinger와 L. Turner의 공저 「Cross-Cultural Behavior in Tourism: Concepts and Analysis」의 증보완 저서이다. 이 교재는 주로 국제관광에 대한 개념과 정의 그리고 문화적 요인들을 심층적으로 분석하고 있으며, 현재 실험 적용되는 이론들과 문화적 차이점을 통계적 분석으로 서술하고 있다. 일반적으로 대학원 수준의 책은 통계적 복잡성 때문에 많은 독자들이 정량적 방법을 선호하지 않는다는 가정을 전제로 한다. 이 책은 대학원 수준 교재로 간편히 요약하였으며 학부생을 위해 세부적 내용을 서술하였다. 즉, 기존의 내용에서 일부 통계자료를 삭제하고 새로운 단원을 추가하였다. 그러나 주요한 핵심 내용과 개념들(문화, 가치, 사회적 상호작용, 사회적 행동 규칙, 서비스 품질)은 그대로 두었다. 즉, 주요 단원에서 논의하는 개념들은 다소 수정보완하였는데, 가장 최근의 이론과 연구접근 방법을 추가하였다.

목 표

이 책의 주요 목표는 다음과 같다.

1. 국제관광과 문화에 대한 세계화의 영향을 설명하고자 한다.
2. 관광산업에 있어서 문화다양성의 중요성과 역할을 제시하고자 한다.
3. 관광객 행동에 대해 주요 문화이론들과 적용을 이해하고자 한다.
4. 관광객들과 지역주민 문화에 대한 국제관광의 영향과 주요 문화적 관습들을 설명하고자 한다.
5. 국가적 문화와 문화적 차이점에 대한 개념을 논의하고자 한다.
6. 아프리카, 아시아, 호주, 유럽, 인도, 라틴아메리카, 북아메리카 그리고 중동지역과 같은 국제관광시장 간의 주요 문화적 차이점들을 보여주고자 한다.
7. 국제관광시장 사이의 문화적 차이점들이 관광자 행동, 특히 소통, 사회적 상호작용, 서비스에 대한 인식과 만족도 그리고 구매의사 결정과정에 어떻게 영향을 미치는지 보여주고자 한다.
8. 국제관광 매니저들과 마케터들에게 비교문화에 대한 인식, 반응 정도 그리고 핵심 관광전략의 중요성을 설명하고자 한다.
9. 관광목적지 마케팅에 있어서 문화적 접근의 필요성을 이해시키고자 한다.

범 위

이 책은 보다 나은 학습효과를 기대하기 위하여 다음의 원칙에 중점을 두고 있다.

관　　광 - 이 책은 국제관광객 경험을 발전시키는 데 기여하는 국가적 특징들이 어떻게 결정되는지 보여주고 있다.

마 케 팅 - 이 책은 국제관광객의 방문을 증가시키기 위한 마케팅에 있어서 문화적 접근의 중요성을 제시하고 있다. 즉, 국제관광객시장의 문화적 기원들을 직접 비교함으로써 국제관광객의 문화적 배경을 이해하게 되며, 관광객의 문화적 수요와 마케팅 전략 형성에 도움을 주고 있다는 것을 보여주고 있다.

경　　영 - 이 책은 미래 관광에서 비교문화적 기술이 필요하며, 국제 관광객이 관광목적지를 방문하도록 동기를 부여하고, 지역의 문화를 효과적으로 이해할 수 있도록 도와주고 있다.

국제경영 - 이 책은 복합문화적 관광환경들 안에서 효과적 업무수행을 가능하게 하고, 오늘날의 국제경영전문가들의 응용전략이 필요하다는 것을 제시하고 있다.

비교문화 소통 - 이 책은 서로 다른 문화간 관광시장에서 효과적인 상호교류와 필수적인 세부 관광전략을 제시하고 있으며, 비교문화적 접촉과 소통의 관습과 이론에 대한 지식을 넓혀주고 있다.

학습자 관점

이 책은 국제관광산업에 대한 다양한 정의(definitions)를 제시하고 국제관광환경에서 관광객 행동에 영향을 미치는 문화적 요인들을 설명하고 있다. 즉, 문화와 문화적 차이들에 대한 요약된 개념들을 이론적으로 이해를 돕고 있다. 가장 빈번하게 사용되는 문화적 가치 척도를 요약하고 내부 문화적 소통과 상호작용에 대해 미치는 영향을 설명하고 있다. 또한 관광객 행동모델을 제시하고 있고 관광자의 구매행동에 대한 문화적 영향을 설명하고 있다. 다시 말하면, 이 책은 다루어져야 할 모든 문화적·이론적 지식을 설명하고 있다.

이 책은 관광마케팅, 경영 그리고 의사소통 전략을 위해 국제관광객 행동에 미치는 문화적 영향들에 대한 실질적 의미에 대해서도 논의하고 있다. 즉 아시아, 호주, 유럽, 라틴 아메리카, 중동 그리고 미국과 같은 주요 국제관광시장의 주요 문화적 특징들을 명확히 밝히고 있다. 더 나아가서 관광객의 보편적인 사고방식을 묘사하고 이러한 시장의 요구를 어떻게 충족시켜 줄 수 있는지 가이드라인을 제공하고 있다.

이 책은 관광에 있어서 문화적 차이점을 과소평가하는 사람들에게는 시끄러운 알람시계일 것이다. 왜냐하면 세계화된 세상에 문화적으로 다양한 관광객의 요구에 어떻게 반응할 것인가에 대한 현재 논쟁을 말하고 있기 때문이다. 이러한 논쟁에 대해 국제관광 시장의 문화적 배경이 어떻게 관광자의 경험에 영향을 미치는지 이해하는 것과 국제관광 시장의 요구에 문화적으로 인지하고 반응하는 것의 중요성을 강조하고 해결책을 제시하고 있다. 관광객의 문화적 요구를 이해함으로써, 결과적으로 관광산업 관리자들과 마케터들은 상품을 차별화하고 상품을 더 효과적이고 효율적으로 운영하며 국제관광객의 사회적 관계를 향상시킬 수 있을 것이다.

또한 이 책은 이미 문화에 대하여 고정화된 개념을 가진 사람들에게는 큰 충격이 될 수 있다. 그러나 비교문화에 대하여 이미 예민하게 관심을 가진 사람들에게는 반드시 마음속에 새겨둘 만한 귀중한 점검표가 될 수 있다.

더 나아가서 이 책은 비교문화적 환경에서 관광객의 행동이 어떤 결과와 영향을 가져오는지 설명하고 있다. 그러므로 이 책은 관광의 효과에 있어서 문제해결을 위한 조각그림 맞추기(jigsaw puzzle)의 역할을 하고 있다.

이 책은 전 세계 관광경영을 전공하는 학습자들을 위한 교재로 구성되어 있다. 이 책을 통하여 학습자들이 단기간에 논의될 수 있는 관점에서 벗어나, 장기적이고 포괄적인 문제해결을 위해 학습하기를 바라는 바이다.

종합 시장

이 책에서 다루는 주요 내용은 관광객 행동, 관광마케팅, 관광경영, 관광분석 그리고 비교문화적 의사소통이다. 학습대상자는 학부 1, 2, 3학년 수준을 목표로 하고 있다. 또한 관광경영 전공자 이외의 타 전공자와 대학원 과정 학습자, 학부 4학년 과정 학습자 그리고 관광산업에 관련이 있는 연구자들에게도 귀중한 참고자료나 교재로 유용할 것이다.

두 번째 활용시장으로서, 문화적으로 다른 국제관광객과 교류하는 관광실무자들에게 유용하다. 이 책은 다양한 나라의 관광객들 사이의 근본적인 문화적 차이에 대한 세부적인 정보를 제공함으로써 실무자들이 그들의 경영, 대인관계 그리고 소통기술을 향상시키는 것이 가능할 수 있게 한다. 관광산업체 종사자들은 이 책에서 제공하고 있는 단편적 사례들을 통하여 관광산업 진행의 벤치마킹으로 활용할 수 있다. 그러나 이 책의 내용이 단지 관광실무자들을 위한 관광실무교재나 관광안내서로 활용되어서는 안 된다.

이 책은 다양한 국제 학생들과 학교 그리고 관광산업체 시장을 위하여 영어로 쓰인 국제지향적 성격을 가지고 있다. 즉, 모두 세계 여러 나라의 문화적 배경을 가진 사례 연구들을 제공하고 있다. 저자의 출신과 성장 경험 때문에 그 내용이 '서구세계' 중심적임에도 불구하고, 그 내용은 다양한 문화적 배경을 이해함으로써 독자들에게 유익해야 한다는 의도로 쓰여졌다.

저자의 바람은 이 책에 오랫동안 학습자들에게 유용하게 활용되기를 바라고 있다. 즉, 이 책이 관광경영 전공자를 위하여 집필되었으나, 다양한 연관산업 관계자들에게도 유익하기를 바라는 바이다.

독자 여러분들에게 필요한 내용과 정보가 제공되기를 다시 한 번 바라는 바 입니다.

Yvette Reisinger

감사의 말

먼저 이 책의 초안작업을 위하여 도움을 주신 Frederic Dimanche 교수님께 감사를 드립니다. 교수님께서는 프랑스 Antipolis주 Nice시의 CERAM Business School에 근무하시며, 이 책의 초고작업에 소중한 조언을 주셨습니다. 그 다음으로 CERAM Business School에서 학습 중인 여러 학생들에게 깊은 감사를 드립니다. 이 학생들은 자신들의 과제 일부를 이 책의 보완자료와 사례연구에 사용하도록 허락을 해 주었습니다.

Yvette Reisinger

CONTENTS

PART 1 세계화, 관광과 문화

PART 2 문화 이론과 관행

CONTENTS

CONTENTS

CONTENTS

CONTENTS

CONTENTS

CONTENTS

PART 5 문화 비교

PART 6 다문화적 능력

PART 1

세계화, 관광과 문화

세계화, 관광과 문화

세계화의 개념과 국제 관광과 문화에 미치는 영향을 설명하는 것을 목표로 한다.

목 표

- 세계화의 개념
- 세계화의 장점과 비판
- 세계화가 관광에 미치는 영향
- 세계화가 문화에 미치는 영향
- 세계화의 과제와 미래

서 론

오늘날 관광은 세계화되어 가고 있으며, 많은 국제적 규모의 관광기구들이 국경을 넘어서 운영되고 있다. 그래서 무엇이 세계화이며 어떻게 관광과 관광소비자의 행위에 영향을 미치는지에 대해 생각해 볼 필요가 있다. 이 장은 세계화의 개념과 관광, 관광객의 행동 그리고 문화에 끼치는 영향을 설명한다.

1. 세계화의 개념과 유래

세계화는 복잡하고 여러 단계의 절차로 이루어져 있다. 스콜테(2000년)는 세계화를 국제화, 자유화, 보편화, 서구화 혹은 현대화 그리고 퇴보의 주요 5단계로 정의하고 있다.

표 1.1 세계화의 정의

국제화
국경을 초월한 관계의 발전 절차와 국제적 교류, 다른 나라 사람 사이의 상호 의존성, 증가되는 무역, 자본 그리고 물류의 증가가 국가경제의 영역을 초월해서 더 강하고 세계화된 경제로 진입
자유화
나라 사이의 무역장벽, 자본규제 그리고 물류 유통의 규제를 개방하고 경계 없는 '자유무역' 경제를 창조하기 위한 절차와 행위
보편화
지구 구석구석의 사람들에게 물건과 경험을 확산시키는 전 세계적인 과정 (예 컴퓨터, 텔레비전 등)
서구화 혹은 현대화
기존 문화와 지역 정체성을 억제하고, 자본주의, 합리주의, 산업주의와 같은 현대 사회구조를 전 세계로 확대시키려는 역동적인 과정
퇴보
영토초월 개념의 확대과정, 즉 지리적 개념의 재정립으로, 영역 장소, 거리 그리고 국경은 존재하지 않는다. 더 나아가서 지역에서 발생하는 사건들이 불과 몇 마일 떨어진 곳에서 일어나는 것과 같은 먼 거리 간의 연결을 의미

참조 : Scholte, J.(2000). Globalization : A critical introduction London. Palgrave.
출처 : http://www.infed.org/bibio/globalization.htm

세계화는 강력한 경제적, 문화적, 사회적, 환경적 그리고 기술적인 차원을 가지고 있기 때문에 다른 관점에서 고찰되어야 한다. 그러나 대부분 세계화를 국가경제를 상호 의존하는 세계 경제 시스템으로 합병하는 것으로 인식하고 있다. 이러한 접근은 지역경제의 무역 블록, 경제 협력의 발전을 통한 지역적 국제화, 다국적 기업들로 인한 다국가화의 심화, 글로벌한 규범과 기준의 도입, 글로벌한 시장과 전략의 개발, 특정 국가에 예속되지 않은 기업의 증가를 포함한다. 결국 세계화 현상은 삶의 다양한 영역에서 국가 간의 상호 의존성을 증가시켰다(사이, 2005년). 세계화의 다양한 차원은 표 1.2에 설명되어 있다.

표 1.2 세계화의 범위

경제적 차원
경제적 관점에서 세계화는 세계경제가 점점 더 통합되고, 상호 의존성이 심화되고, 시장 중심적인 접근법이 확산되고, 정부의 사유화와 규제 철폐가 내적으로 진행되고, 무역과 투자가 자유화되고, 생활에서 다국적기업의 침투가 증가되는 현상이다.
기술적 차원
기술적 관점에서 세계화는 급속한 변혁과 상호 관련성의 증가, 특히 정보와 의사소통 서비스 그리고 생명공학의 발전과정이다. 즉, 자본이나 노동보다도 정보가 삶의 기준을 결정하는 가장 중요한 요인이 되는 과정이다. 오늘날의 기술적으로 가장 앞선 경제는 지식에 기반을 두고 있다(세계은행, 1988년).
정치적 차원
정치적 관점에서 세계화는 중앙정부의 경제에 대한 집행과 영향력이 세계은행, 유럽연합, 유럽중앙은행, 세계무역기구, 세계보건기구 그리고 세계관광기구와 같은 세계기구로 이동되는 것이다. 글로벌화된 세계에서 살아남기 위해, 경제를 더 이상 경영하기 어려운 중앙정부는 초국가적 시장 영향력에 의해 경영되어야 한다.
문화적 차원
문화적 관점에서 세계화는 서로 다른 견해가 빠르게 확산되고 소외계층의 목소리가 반영될 기회가 확대되어 미디어, 텔레비전, 영화, 관광 등을 통해 생활방식과 열망이 점점 비슷하게 닮아가는 것이다.
사회적 차원
사회적 관점에서 세계화는 사람들을 단일한 세계사회로 통합시키는 절차이다. 즉, 세계는 '지구촌'이 되어가는 것이다.
환경적인 차원
환경적 관점에서 세계화는 생태계의 관련성이 증가되고, 생물적 침해가 가속화되고, 자연계가 단순해지고 동일화되며, 세계적 공통 관심사에 대한 압력이 심화되는 것이다.

출처 : Saee, J.(2006). Managing organizations in global economy: An intercultural perspective. Australia: Thomason

과거에도 세계화의 개념이 종종 사용되어 왔었다. 지난 수십년 동안 세계화의 과정은 다양한 국가 간 분권화의 결과 그리고 국내 자본과 노동시장, 수출과 수입의 견지에서 언급되었다. 현대화, 자본주의 그리고 경제적 상호 의존성의 개념은 세계화를 이해하는 데에 선도적으로 사용되었다. 그러나 오늘날 세계화의 형태는 변화되었다. 과거에는 세계화가 재화와 인구의 흐름으로 표현되었으나, 이제 세계화는 서비스의 이동과 정보와 자본의 흐름으로 표현된다. 오늘날 사회는 서비스 지향적이고 정보기술과 경험과 같은 새로운 세계화의 요인을 접하고 있다. 세계화는 현대화 혹은 서구화 그리고 시장의 자유화만을 말하는 것이 아니라, 국제화와 보편화 그 이상의 것이다. 오늘날 세계화는 글로벌화된 경제, 사회문화, 정치 그리고 환경 등 모든 분야와 연관이 되어 있다(사이, 2005년).

2. 세계화의 장점과 비평

세계화의 장점은 다음과 같이 살펴볼 수 있다.

- 생산품의 연결망과 전 세계를 통한 의사소통 기술 확산
- 전 세계의 아이디어와 관습의 융합
- 새로운 개발과 기술적 발전
- 지식경제의 발전
- 성장과 확장
- 경제적이고 문화적 활동의 증가
- 생산성과 효율성 증대
- 투자에 대한 보상, 이익과 수익의 증가
- 일자리 창조
- 영업시장과 생산활동의 집중화로 인한 경제 규모 성장
- 어느 곳에서나 팔릴 수 있는 글로벌한 브랜드와 상품의 증대(예 코카콜라, 나이키, 소니 등은 많은 사람들의 삶의 일부분이 되었다)
- 지역에 대한 지리와 경험에 대한 이해의 상승
- 세계에 대한 이해 증가(사이, 2005년)

생명과학 디지털 기술과 같은 분야에서의 새로운 발전은 세계적인 생산과 무역에 대해서 넓고 새로운 가능성을 열어주었다. 인터넷과 같은 혁신기술은 전 세

계에 걸쳐서 정보와 자원에 접근할 수 있도록 해 주었다. 지식에 대한 노출 정도와 지식 그 자체는 삶의 기준을 결정하는 데에 있어서 생산의 자본과 노동력을 넘어서 가장 중요한 요인이 되었다. 지식은 새로운 아이디어를 창조하고, 상업적인 생산물과 서비스로 만들며, 지식사용자들의 이익과 수입을 증대시켰다. 지식이 있는 사람은 발전하고 성장하고 성공할 수 있었다. 기술적으로 앞선 모든 경제는 지식에 기초한 것이다. 지식은 국가와 그 경제를 진정으로 경쟁력 있고 성공적으로 만들고 있다.

그러나 새로운 정보기술의 세계화와 지식 발전으로 인하여 모든 국가와 경제가 항상 이익을 보는 것은 아니다. 어떤 사람들은 세계화가 차별적이고 인간의 권리와 반대된다고 한다. 세계화를 반대하는 사람들은 다음과 같은 점이 세계화의 단점이라고 주장한다.

- 정부의 힘의 약화와 다국적기업들과 초국가적 국제기구의 영향력 상승 : 국가경제가 자본과 기술적인 숙련도를 가진 일부 영향력 있는 다국적기업에 의존하게 된다.
- 점점 강한 경제를 선호하게 되어 세계의 양극화 증가 : 가난한 나라들은 미국과 같은 강한 경제활동에 종속되게 된다. 부유한 나라와 가난한 나라를 구분하는 차별성은 급속하게 증대된다. 부유하고 강한 나라들은 자본과 기술을 가지고, 가난하고 힘 없는 나라들은 자본과 정보기술에 접근을 하지 못한다. 자본과 기술을 가진 나라들은 다른 나라들을 위해서 공평하게 정보를 생성하고 확산하는 것을 허용해 주지 않는다. 예를 들어, 거대기업들은 의학, 화학, 생물학, 유전학 연구의 새로운 발전을 통하여 지적 재산권을 주장하고, 타기업에게 지식에 대한 면허 대가로 대규모 이익을 얻는다. 현대 경제가 진정한 지식경제인지에 대한 의구심까지 일고 있는 현실이다.
- 영토 초월 개념 : 비록 대부분의 고용이 작은 지역에서 일어남에도 불구하고 활동전략은 전 세계에 퍼져 있다. 지방의 이웃에서 일어나는 일들이 점점 더 다른 나라와 다른 대륙에서 일하는 사람과 시스템에 의존하고 있다. 전 세계에 걸쳐서 사람들의 삶과 활동이 점점 더 상호 의존적이고 상호 연관적이다.

- **지역공동체에 대한 부정적인 영향 :** 다국적기업들은 대부분 싼 노동력과 자원을 이용할 수 있는 지역에 펼쳐져 있다. 비록 이익금이 지역으로 흘러들어가기는 하지만, 지역산업은 다국적기업에 소속되어 있다. 이것은 사회적, 경제적인 불공평성과 대규모 실업, 저임금 그리고 일반적으로 열악한 작업환경을 만들어 낸다. 아이와 젊은이들은 싼 노동력으로 경제적 착취를 당하고 있는 것이 현실이다. 또한 다국적기업들이 병원, 도로 그리고 주택과 같은 인프라에도 영향을 미치는데, 그것은 대부분 공공의 필요가 아닌 다국적 기업들의 필요에 의해서 세워지는 것이다.
- **반지역화와 아웃소싱 :** 이전에는 지역의 일이었던 많은 활동들이 이제 먼 지역과 국가의 경계를 넘어서 이루어진다. 은행, 텔레마케팅, 소매업 같은 것들에서 소비자와 판매자가 덜 대면하게 된다. 또한 새로운 기술을 이용해서 세상의 다른 지역에서 일할 수 있게 되면서 작업비용을 줄일 수 있다. 그들은 지역을 초월하여 고객에서 서비스할 수 있다. 그 결과 지역의 소상인들, 즉 빵 제조업자, 레스토랑 그리고 화장품 가게들은 적은 비용으로 지역을 초월하여 고객을 만날 수 있는 쇼핑몰들의 성장 때문에 문을 닫게 된다. 국경을 넘어 싼 노동력을 추구하면서 지역성과 문화를 외면하는 경제적, 사회적 활동의 결과는 세계적인 반지역화이다.
- **고향으로부터 일터의 분리 :** 기술로 인해서 사람들은 서로 다른 장소, 공간 그리고 공동체 사이에서 의사소통을 하고, 거래를 할 수 있게 되었다. 그 결과로서, 업무 장소는 고향으로부터 분리되었다. 사람들은 일을 찾아서 도시, 지역, 주, 나라 그리고 대륙 사이를 돌아다니게 되었다. 그들은 다른 지역과 다른 시간대로 다시 이주한다.
- **사회자본과 시민공동체의 쇠퇴 :** 관광활동의 큰 부분이 상업화되고 사유화된 활동으로 바뀌었다. 아이들이 놀 수 있는 많은 공공 공원, 야외 오락지역, 대지와 해변, 마당과 농장이 새로운 주거단지, 아파트 혹은 쇼핑몰을 만들기 위한 건설업자들에 의해서 구입되거나 대여되었다. 이러한 일들은 공동체 안에서 느끼는 삶의 질을 심각하게 감소시켰다. 이전에 사람들을 지역공동체로

이끌었던 고립 상태, 자연미, 평화로운 전경 같은 모습들은 새로운 개발과 빠른 생활속도로 훼손되었다.

- 서구 문화의 모방 : 대부분 개발도상국가의 소비자들은 선진국들의 기준을 반영하는 상품과 서비스에 대해서 흥미를 가지게 되고, 요구하게 된다. 그들은 자신들의 사회적 지위와 자부심을 강화시키기 위해서 서구의 소비 패턴을 모방하려고 한다.
- 관광상품의 규격화와 지역 기준의 소멸 : 세계화는 음식, 옷, 음악 그리고 여행상품과 같은 세계적으로 판매되는 상품들로 소비의 동질성을 유도한다.
- 환경 악화 : 글로벌화된 산업은 자연환경을 파괴하고 자연의 질을 급격히 변화시키고 있다. 농장과 어업 장소는 새로운 개발지, 리조트, 쇼핑몰 혹은 오락센터로 바뀌게 되었다. 이러한 변화들은 돌이킬 수 없는 것이다. 즉, 환경에 대하여 지역주민들의 소외감을 유발하고 독특한 자연의 특성을 손상시키면서 지역공동체보다는 개발업자들의 입맛에 맞추고 있는 것이다.
- 위험성 : 기술적, 경제적 발전은 전 세계에 걸쳐서 높은 생산 위험을 초래하고 있다. 새로운 질병, 바이러스 그리고 지구의 생명을 위협하는 물질은 매일 만들어지고 있다. 그들은 빠른 속도로 전 세계로 확산된다. 이 지구에서 그 위험한 재화들이 더 많이 생산될수록 더 많은 사람들의 생명, 재산 그리고 상업적 이익들이 위험에 처하게 될 것이다(http://www.infed.org/biblio/globalization.htm).

3. 세계화와 관광산업

관광산업은 세계에서 가장 큰 다국적 경제활동 중 하나이다(프리드맨, 1995년). 이것은 83% 국가에서 가장 큰 5개의 수출산업에 포함되어 있다(페이드와 플레처, 2002년). 관광산업은 지구에서 엄청난 재화, 서비스 그리고 인력의 유동을 필요로 하며, 세계화의 가장 두드러진 형태이다. 국제무역에서 관광산업의 역할과 점유율이 계속적으로 눈에 띄게 증가하고 있지만, 관광 서비스에서 교역은 주로 북미나 유럽 연합과 같은 선진국에 집중되어 있다. 다시 말해서 전 세계 관광산업에서 개발도상국의 점유율은 상대적으로 낮다.

1) 관광업에 대한 세계화의 영향

세계화는 관광산업의 발전에 있어서 새로운 기회를 열어 주었다. 세계화는 전자기술, 커뮤니케이션 그리고 교통 발전을 통해서 성장이 촉진되어 왔다. 이것은 전 세계 관광업자들과 전산화된 정보와 예약 시스템에 영향을 미쳤다. 이에 따라 관광산업의 경비가 절감되었고, 항공여행의 경비를 줄여주었고, 관광을 위한 목적지 이동을 더욱 쉽게 하였다(페릭, 2005년). 정보기술의 급속한 확산은 소비자들에게 제공되는 서비스의 질뿐만 아니라 산업수행의 효율성도 향상시켰다. 또한 전산화된 호텔과 차량 예약, 온라인 예약 서비스, 원격회의 시스템, 영상 안내 홍보물, 스마트카드 그리고 전자자금이체 시스템 등의 새로운 여행서비스를 만들었다. 그리고 목적지 마케팅, 직접 판매와 예약은 전자 여행업 시장을 만들어 내었다.

정교한 웹 사이트의 발전은 잠재적 고객들에 대한 여행 정보의 직접적인 보급을 가능하게 했다. 인터넷은 훨씬 더 낮은 가격으로 여행상품들을 전 세계적으로 접근이 가능하게 했다. 그 결과 소비자들의 요구는 기술집약적인 인터넷으로 모아졌다. 다시 말해서 인터넷은 호텔 객실, 공항, 여행 정보와 오락센터 그리고 교육시설에서 가장 많이 추구하는 편의시설이 되었다. 기술과 인터넷의 영향은 관광산업의 모든 분야에 매우 많은 영향을 미쳤으며, 반면에 소비자들이 여행 중개업자들의 필요성을 느끼지 않게 하였다.

2) 여행업에서 세계화의 형태와 예

관광산업에서 세계화는 많은 형태를 가진다. 항공 부문에서 세계화의 예는 개인 여객기의 시장 진입을 허용한 항공 교통의 자유화, 국제적 협약, 정부 소유 항공사의 사유화, 재구조화, 외국 여객회사에 대한 투자, 국가 수준의 항공회사 합병, 항공회사 간 혹은 항공회사와 장비 제조업자 사이의 협력 산업과 위탁산업이 있다. 3개의 중요한 항공회사 간 협약은 스타얼라이언스(Star Alliance), 원월드(Oneworld) 그리고 스카이팀(SkyTeam)이 있다(디망시와 졸리, 2006년). 이 협약들은 마케팅과 프로모션, 장비, 서비스 그리고 공급업자들의 규격화, 공동 브랜드의 발전, 자주 이용하는 탑승자 프로그램의 공유 등을 내용으로 한다(페릭, 2005년). 거대 항공회사들은 CRS와 GDS 같은 컴퓨터화된 예약 시스템을 개발했는데, 이것은 운항 예약 절차를 도와주며 국제 관광업에서 중요한 유통과 마케팅 도구가 되었다.

숙박 부문에서의 세계화의 예는 호텔 제휴와 체인점 형성, 협력사업, 프랜차이즈, 경영 계약 그리고 호텔들끼리의 컨소시엄을 포함하고 있다. 주요한 국제적 호텔 그룹은 인터콘티넨털 호텔(Intercontinental Hotels, 영국), 아코르(Accor, 프랑스) 그리고 센당트(Cendant), 메리어트(Merriott) 그리고 스타우드 호텔(Starwood Hotels and Resorts, 미국)이다. 이런 호텔 제휴는 전 세계적으로 다양한 국가들이 연결되어 있다. 예를 들어서, 메리어트 호텔 그룹은 르네상스 호텔 그룹의 50% 이상을 구매해서 현재는 전 세계적으로 1,300개의 다른 브랜드 호텔을 운영하고 있다. 전략적 파트너십으로 메리어트 호텔은 러시아, 중국, 일본, 인도, 이탈리아 그리고 터키를 포함하는 40개의 새로운 시장을 점유하고 있다. 포시즌 호텔은 방콕, 홍콩, 쿠알라룸푸르, 멜버른 그리고 시드니에 있는 호텔의 경영권을 인수하기 위해서 리젠트 인터내셔널과 전략적인 제휴를 했다(노레스 등, 2001년).

소매 부문의 세계화의 예는 파트너십, 통합 그리고 가맹점을 포함한다. 여행업자들과 여행 대리점은 호텔, 전세기 항공사, 소매판매점 그리고 크루즈 회사들과 파트너십을 맺고 통합한다. 아메리칸 익스프레스는 다양한 산업분야에서 여러 상품을 개발했다. 그 회사는 3,200개의 여행 대리점의 활동에 중점을 맞추어 미국, 호주, 캐나다, 멕시코 그리고 프랑스에서 가장 큰 여행업자가 되었다(크놀스 등, 2001년).

음식업체에서는 프랜차이즈와 경영계약이 경영전략으로서 사용되어진다. 그 예로, 독일 그룹인 TUI는 레저 관광업계의 세계적 선도기업으로서, 이 통합회사는

30개국 이상에서 여행 대리점, 여행업자, 항공회사, 크루즈 선박회사 그리고 호텔을 소유하고 있다.

대규모 회사들은 지역 회사의 운영에 대해서 영향력을 행사하고 있다. 예를 들어, 지역 행정기관은 지역 사업자들에게 특정한 법률에 맞추도록 조건을 강요한다. 어떤 여행업자들은 호텔의 운영과 요금에 대해서 강한 영향력을 행사하고 있다. 예를 들어, 영국의 한 과감한 투자 여행업자는 자신의 사업예정지의 환경을 보호하기 위하여, 지역 사업자들에게 환경보호 규정을 준수할 것을 강요하며 친환경적인 장비, 생산물 그리고 재료만을 사용하도록 한다(페릭, 2005년).

3) 새로운 유형의 여행자

세계화와 새로운 정치적, 경제적 세계정세는 관광객의 유형, 상품과 서비스의 선호도에 대한 변화를 가져왔다. 18세기와 19세기의 과학적, 기술적 발전은 대량생산과 비슷한 태도와 취향을 가진 대중 마켓의 발전을 이끌었다. 소비자는 대량생산된 물건과 서비스를 저렴한 가격으로 요구했다. 이것은 생산자들로 하여금 상당히 규격화된 대규모 패키지 여행상품과 서비스를 대량 생산하도록 만들었다. 그들은 비록 가격 때문에 상품의 질이 희생당하기는 했지만, 좋은 상품을 제공했다. 이 과정은 종종 '맥도날디제이션(McDonaldization)'(리츠, 1993년)으로 표현되었다.

새로운 소비자들은 완전히 다른 행동 패턴을 보여주었다. 그들은 커뮤니케이션, 정보기술 그리고 사회와 경제교류의 확대를 통하여 다른 문화를 접하게 되고 새로운 아이디어와 시각을 갖게 되어, 다른 문화에 속해 있는 다중적인 욕구를 가지고 있다. 그들은 정보기술, 셀프서비스 그리고 개별 예약 기구에 좀 더 의존하면서, 새로운 자급자족형 소비자로서 개인주의적 성향을 보이게 되었다. 개인의 가치와 취향에 합당한 다양한 품질의 제품과 유형을 요구하게 되었다. 또한 소비자들은 정보기술, 저비용 교통 그리고 여행에서 더 큰 유연성을 요구하기 시작했다(아크피나르, 2003년).

더 나아가서 2001년 9월 11일 사건 이후에 전쟁, 정치적인 혼란, 테러리즘 혹은 치료 불가능한 질병 등 예상치 못한 일에 대한 공포가 안전과 안정을 추구하는 소비자의 욕망을 증가시켰다. 소비자는 소비 행동, 시간 소비 그리고 레저에 대한 태도를 재평가하기 시작했다. 그들은 직업과 가족 그리고 일과 놀이 사이의 새로운 균형을 선택했다. 그들은 '최종 순간 구매(last-minute-pruchase)' 웹사이트에 의해서 자극받아서 '기다리면서 지켜보기(wait and see)'의 태도를 발전시켰고, 그 결과는 늦은 예약으로 나타났다. 또한 상승된 환경 인식과 함께, '경험 찾기(search for experiences)'의 등장은 여행객들의 태도를 변화시키고 다른 형태의 여행을 만들었다. 이러한 소비자 행동의 변화는 새로운 경험에 대한 요구를 만들었다. 소비자들은 진짜이며 진실한 경험을 요구하기 시작했다. '체험적(experiential)' 관광객이라고 부르는 새로운 유형의 관광객이 등장했다. 이러한 관광객은 특별한 경험을 만들어내는 모든 것에 관심이 있다. 그 결과 관광산업은 어떤 특이한 것이 있는 지역성 요인으로 유도하고 있다. 이것은 기존의 아름다운 경치, 축제, 또는 예술작품을 대상으로 한 관광에서 벗어나고 있다.

또한 새로운 관광객들은 육체적인 오락과 휴식보다는 새로운 정체성을 찾거나, 자아실현과 자아발전을 찾는 여행의 본질적 동기부여와 문화적 욕구를 갖고 있다.

소비 선호에서 이러한 이동은 새로운 상품, 다양성, 유연성 그리고 개성화를 요구하는 새로운 관광객을 만들어냈다. 새로운 관광객들은 또한 가족과 환경에 중점을 두는 가치와 세계관을 발전시키기 시작했다. 이러한 관광객들을 통해 여행은 사회적인 관계를 발전시키고, 자연자원을 보존하고, 교육적이며, 구입하는 물건의 양보다는 관광경험의 질에 더 큰 관심을 보이고 있다. 실제로, 많은 관광객들이 본질적인 욕구를 추구하면서, 자아 표현을 자연, 윤리 그리고 도덕성에서 발견하려고 한다. 지성적, 정서적 그리고 영적인 웰빙의 중요성을 이해하고, 지구와 자원 그리고 평화롭게 사는 주민들에게 더 관심을 가지고 있다.

그러한 소비자 행동의 변화는 시장 세분화에 따른 마케팅 전략을 가진 상품의 발전을 요구한다. 새로운 생활 방식의 예를 들면, 편부나 편모 가정, '빈 자녀 가정'(아이들이 집을 떠난 사람들), 아이들이 없는 맞벌이 부부들(DINKS), 베이비붐 세대들 그리고 X, Y, Z 세대들은 관광업에서 흔하게 되었다. 그래서 관광 목표 시장을 설정하는 데 있어서 좀 더 차별화된 접근이 필요할 것이다. 개별 소비자의 특정한 욕구와 이에 대한 공감은 상품의 다양화, 취향 맞추기 그리고 틈새시장의 발견을 요구하고 있다. 표 1.3은 관광업에 대한 세계화의 영향의 예를 보여주고 있다.

표 1.3 관광업에 대한 세계화의 영향

문화
지구촌의 형성 문화의 세계화 세계적 동일성 문화 세계적 관광객 : 동일한 관광객 행동 문화 변화 문화 변화에 대한 거부감 지역 정체성의 출현 지역 소비자 행동의 출현 세계지역화
생태계
생태계 악화 기후 변화와 여행목적지에 대한 영향 지구온난화와 관광산업에 대한 영향
경제
관광기업의 수평적, 수직적 통합 호텔과 관광자원에 대한 외국인 투자 세계적 사업자들과 전략적인 동맹(항공회사, 호텔, 관광업자) 세계적 관광경영 휴가 리조트의 세계적 경쟁
정치
국제적 관광기구의 중요성 확대 승객 유통에 대한 세계적 협조와 규제의 필요성 질적이고 우수한 아이디어의 지속 가능한 발전

기술
세계적 예약 시스템
웹 2.0
모바일 폰 기술
교통 시스템에서의 규격화 기술
관광객 행동
세계 지향성
정보기술에 대한 의존
셀프서비스와 개인 예약 도구의 사용
새로운 경험에 대한 요구
불확실성과 공포의 증가
새로운 내재적 여행 동기
기다리면서 지켜보기(wait-and-see) 태도
가격에 대한 민감성
여행 경비 절감
개별 여행, 스스로 여행하기
비행기 대신에 차/마차/기차 여행
호텔 외의 숙박(아파트, 시골집, 침대 그리고 아침식사)
가족과 친척 방문

참고 : 몇몇 항목은 Peric, V.(2005)의 관광과 세계화에서 인용하였다. 2005년 11월 24일부터 26일까지 슬로베니아의 코퍼 콘그래스 센터 버나딘에서 열린 제6차 경영학 국제 콘퍼런스 발간.

4) 새로운 유형의 관광

새로운 소비자들의 가치 변화로 인해 새로운 상품에 대한 필요성과 새로운 관광을 발전시켜야 한다는 시대적 요구가 생겨났다. '새로운 관광'의 형태는 책임 있고, 대안적이고, 환경 보존적이며, 지속 가능한 관광상품을 요구한다. 미래의 관광 시장을 위한 엄청난 잠재력을 가지고 있는 새로운 유형의 관광은 문화 관광이다. 즉, 건강, 건강관리와 휴양시설, 자연에 기초하고, 교육적이고, 야생에 관계되고, 지리적, 계보적, 미각적 혹은 음식과 와인, 사실적, 자발적, 실제적, 경험적, 공간적, 윤리 혹은 도덕, 공동체 그리고 단지 관광 이상의 개념이라고 말할 수 있다. 이러한 새로운 유형의 관광은 관광상품을 개인 취향에 맞출 것을 요구하는데, 이것은 관광업과 관광 마케팅에서 중요한 역할을 하기 시작했다. 관광업은 개인 여행객의 욕구를 충족시켜야 하는 도전에 직면하고 있다. 따라서 대중 시장에 중점을 맞춰야 할 뿐만 아니라 다양한 개인 여행객의 욕구에 중점을 맞춰야 하는 것이다. 표 1.4는 글로벌한 가치와 새로운 관광상품에 대한 미래의 요구이다.

표 1.4 글로벌한 가치와 새로운 관광상품

가치	일반적 특성	관광객 행동에 대한 관련성
공동체	공공 서비스	공동체의 이미지나 성격을 창조하는 상품(사회적인 이벤트, 사회적인 관광)
문화	돈과 물질 소유보다도 문화의 중요성	문화 상품(미술, 음악, 영화, 박물관, 갤러리, 음악회, 문화 관광, 민족 전통 관광)
생태계	천연자원의 절약, 보존, 보호의 중요성	훼손되기 쉬운 환경과 자연을 보호하는 상품(환경 친화적인 상품, 환경 관광, 지리 관광, 자연에 기초한 관광, 야생 관광)
교육	가장 중요한 투자로서의 교육	경험을 통한 학습을 장려하는 상품(책, 가이드, 비디오, 교육적 관광, 문화 관광, 야생 관광, 통역서비스, 특별관심분야 관광, 음식과 와인 관광)
가족	가족 관계와 부양, 사랑	가족을 결합시키는 상품(게임, 스포츠, 낚시 상품, 가족 휴가, 그룹 활동, 가계 관광, 공동체 여행)
우정	우정의 중요성, 친구는 영원함	사람들이 친구와 시간을 보내고 친밀함을 나타내도록 하는 상품(게임, 카드, 선물, 와인, 차, 보석, 친구와 친척 방문, 공동체 관광, 자원봉사 관광)
조화	사회적 조화	사회적인 조화를 만들어내는 상품과 서비스(사회적 이벤트, 사회적 관광, 민족 전통 관광, 자원봉사 관광)

인본주의	타인 배려, 공감, 인권	상업적 주요 시장과 경쟁하는 상품(고령자, 장애인, 실직자, 기금 마련 이벤트, 기부금, 자원봉사 관광, 특별한 요구를 가진 사람을 위한 관광, 보조를 받는 휴가, 비영리 관광)
사랑	감정, 윤리와 도덕심	느낌을 만들어내고 가르치는 상품(시, 음악, 미술, 로맨틱한 크루즈, 향수를 자극하는 여행, 자연에 기초를 둔 여행)
안전과 보안	안전과 보안, 사회적, 안정성 그리고 질서	위험이 없고 위험을 감소시키는 상품(편안하고 안전한 옷, 교통, 스포츠와 주방기구, 번역, 가이드와 통역서비스, 보험)
영적 속성	내재적 가치, 내재적 평화와 만족감	사람들이 내재적 자아와 삶의 목적을 이해하기 위한 영적이고 종교적인 상품(돌, 크리스탈, 타롯 카드, 성경, 종교서적, 영적인 칩거, 순례, 건강, 건강관리, 온천 여행, 경험 여행, 성지 여행)

출처 : Reisinger, Y.(2006). 관광에서 사는 것. D 부하리스와 D 코스타(편집), 관광산업의 선두주자 : 소비자, 상품과 산업. Oxford: Elsevier.

4. 세계화와 문화

1) 세계화된 소비자 문화의 등장

세계의 소비 패턴은 많은 물질 소유, 높은 소비 수준으로 특징지어진다(게르·벨크, 1999년). 이것은 파괴적인 질투와 분노뿐만 아니라 욕구와 기대(Belk, 1988)의 원천이 되는 재화와 서비스 획득을 추구하게 된다. 더구나 구매력이 재화와 서비스를 허용하지 않는 나라들에서도 소비자의 욕구를 부채질한다(게르·벨크, 1999년). 또한 글로벌 소비자 문화는 사람들이 현대 과학 기술의 무한한 능력을 강하게 믿게 만든다. 현대 기술은 사람들로 하여금 자신들의 능력으로 질병이나 기아 그리고 빈곤과 같은 모든 문제를 해결하고 더 나은 미래를 만들 수 있다는 이미지를 확신하게 된다. 이러한 이미지들은 모든 것을 소유하고 자유를 즐기고 변화를 만드는 욕구로 이끈다. 글로벌 소비자 문화는 높은 구매력, 개인주의, 개인의 자유, 물질적인 성취와 소유, 희귀자원에 대한 여유를 강조하고, 과거부정과 변화를 위한 미래지향적 경향을 띠게 만든다.

소비는 시대에 뒤떨어지지 않고 현대사회에서 인간답게 살고, 경제 성장과 자유를 얻기 위해서 필수적인 것이 되었다(게르, 1992년). 그러나 어떤 문화에서는 소비와 물질주의가 악을 나타내는 일반화된 상징(우쓰나우, 1994년)으로 어리석고, 낭비적이고, 가벼운 것으로 보인다. 과도한 소비와 물질주의는 인간적이고 사회적이며 환경적이고 종교적인 담론을 만들어내는 것으로 믿어진다. 예를 들어, 공해의 수면 상승과 오존층 파괴는 글로벌 문화의 전형적인 걱정거리이며 과도한 소비를 초래되는 요인들의 하나라고 본다.

2) 글로벌한 소비와 글로벌한 상품

새로운 글로벌 세계의 소비자들은 국가적, 문화적 특성을 유지하면서 점점 더 가치와 행동 패턴이 비슷해져 가고 있다. 글로벌 소비자들은 같은 음식을 먹고, 같은 브랜드의 옷을 입고, 같은 텔레비전 프로그램을 본다(더무이즈, 2004년). 더 나아가서 여행소비자는 한 지역이 아닌 전 세계적인 개념에 근거하여 구별할 필요가 있다. 예를 들어서, 여행 소비자는 서로 비슷한 경험과 취향을 가지고 있다고 본다. 이러한 속성으로 인하여, 여행자들마다 가지고 있는 자신의 국가적 특성에 관계없이 여행산업의 목표가 될 수 있다. 여행 사업체에서는 각 지역 출신의 여행자들을 보고, 그들이 유사한 생활방식, 수익 그리고 관심 분야가 있음을 알고 있다. 그래서 그들이 유럽 출신인지, 미국인인지, 아시아인인지를 쉽게 구별할 수 있다. 이러한 속성의 이해를 통하여 여행자는 글로벌 상품의 목표시장이 될 수 있다. 글로벌한 상품은 비슷한 속성을 가지고 있으며, 비슷한 소비자들을 위하여 생산된다. 또한 글로벌 여행자들은 많은 면세점에서 글로벌 브랜드의 목표시장이 될 수 있다. 글로벌 상품은 전 세계의 많은 나라에서 광고되고 팔린다. 여행 산업의 기술 솔루션 분야의 선두자인 아마데우스는 2007년에 보고서를 발표하였다. 앞으로 10~15년 안에 등장하게 될 네 부류의 주요한 여행집단으로 구분하고 잠재적으로 항공 산업이 상품과 서비스 제공을 어떻게 변화시킬지에 대하여 문제점을 제기했다. 이러한 집단들은 글로벌 기업체 임원, 활동적 노년층, 코즈모폴리턴 여행객 그리고 글로벌 동호회원(www.amadeus.com)을 포함한다. 아마데우스에 의하면, 이러한 집단들은 국경과 문화를 초월하게 된다.

그러나 글로벌한 소비자라는 것은 없다고 주장하는 사람들도 있다. 즉 지방과 지역뿐만 아니라 대륙과 나라를 초월하는 생활방식의 차이 때문에 유럽인, 아메리카인 혹은 아시아 소비자를 구별할 수 없다는 것이다. 유럽연합 국가들 사이에 명백한 차이가 있지만, 그 외에도 그들의 가치체계와 생활방식에는 근본적인 차이가 존재한다는 것이다(비렝가 등, 1996년). 많은 연구들은 글로벌 관광객이라는 것은 존재하지 않는다고 주장한다(레이징어 · 터너, 1999년a, 2002년a, 2002년b). 매우 다양한 사람들이 다른 세계에서 살고 있으며, 다른 문화와 행동양식을 가지고 있다. 아시아 소비자들에게 있어서 일본인은 태국인과 다르고, 태국인은 인도네시아인과 다르며, 인도네시아인은 중국인과 다르고, 중국인은 한국인과 다르기 때문에 하나의 그룹으로 묶여질 수 없다. 유럽의 소비자들에게서도 유사한 차이점을 발견할 수 있다. 독일 소비자는 프랑스, 영국 그리고 이탈리아와 다르다. 각 나라마다 소비자들 사이의 문화적 차이가 있기 때문에 혼합 마케팅도 국가적 속성에 맞춰야 한다.

3) 지역 문화의 사라짐

글로벌화된 소비 패턴과 글로벌 소비자들은 존재하지 않는다는 주장이 있다. 진정한 글로벌 소비 패턴과 글로벌 소비자들은 진정으로 글로벌한 세계에서만 존재할 수 있다. 이것은 프랑스 소비자들이 땅콩 버터의 진정한 맛을 개발하고, 미국 여성이 기모노를 입기로 결정하고, 호주 남성이 반바지와 끈 팬티를 바바리안 지방의 가죽바지와 교환해서 입는 경우이다(우슈니어, 2005년). 그러나 이것은 불가능하다. 지역 고유의 문화와 소비 패턴은 사라지지 않는다. 예를 들어서, 미국과 유럽인들은 둘 다 커피를 좋아하지만, 미국인들은 커피를 아침의 필수 식사로 생각하고, 유럽인들은 커피를 사회적이고 레저의 일로 생각한다. 비슷한 예로서, 미국인과 호주인들은 서로 다른 식사습관을 가지고 있다(패스트푸드와 슬로푸드).

만일 모든 사람이 다른 사람의 삶의 방식과 문화적 가치를 받아들이게 된다면 소비 패턴이 글로벌화된다는 것이 가능하다. 그러나 다른 사람들의 삶의 방식과 문화적인 가치를 수용한다는 것은 효과적이 아닐 것이다. 사실, 어떤 사회가 다른 사회의 가치와 소비 패턴을 수용하는 데는 한계가 있다. 예를 들어서, 미국(서구화)의 삶의 방식을 다른 나라(예 개발도상국)가 수용하여 사용하는 것은 그 취향과 선호의 정도가 달라서 어려울 것이다. 어떤 나라들은 변화에 저항적이고 다른 나라의 기술 발전과 아이디어의 수용을 용납하지 않는 경우도 있다(예 중국, 일본 그리고 프랑스는 종종 미국의 아이디어에 반대한다).

더구나, 일부 사람들이 국가적인 경계를 초월한 글로벌한 가치를 나누려 한다고 해도(예 10대들이 청바지를 입고, MTV 시청), 그들은 이러한 가치를 포기하고 국가적으로 용인되는 가치를 재사용하는 경우가 많다. 예를 들어서, 일본의 젊은 이들은 일을 시작하고 가정을 꾸밀 때는 그들이 문화적으로 적절한 행동방식을 따를 것이 요구된다. 옷이나 사회관계의 규칙 혹은 언어 패턴과 같은 지역적 문화에서 가지는 주요한 가치를 따라야 하는 것이다.

4) 문화적 동질성

글로벌화가 문화적 동질성을 가져다 준다는 주장이 있다. 점점 증가되는 경제적, 문화적 상호 의존성이 음식, 음료수, 옷, 음악 그리고 영화 같은 글로벌화된 상품에 대한 소비자의 요구와 동질성을 가속화시켰다. 인터넷이나 텔레비전 프로그램, 여행 다큐멘터리 그리고 온라인 신문과 잡지 같은 기술과 미디어 커뮤니케이션의 발전은 타 지역문화와 접촉, 의사소통, 노출 그리고 수용을 가능하게 만들었다. 도시와 서구적 이상을 반영하는 새로운 사고와 제품들 그리고 언론매체가 가져다 주는 총체적 결과는 문화에 대한 추가적 노출과 수출로 나타나고 있다. 그것의 최종 결과는 비슷한 상품들이 전 세계를 통해서, 특별히 10대들에 의해서 소비되는데, 그들은 같은 패션과 은어, 음악 혹은 연예 자료를 신속하게 받아들인다. 이를 통해, 글로벌화는 문화적 동질성(맥레오드, 2004년)과 문화적 특성과 관행이라는 공통분모를 향한 융합을 가속화시킨다.

문화의 동질화가 계속 된다고 믿는 사람들은 글로벌 문화가 글로벌 경제를 따라간다고 믿고, 소위 '맥도날디제이션(McDonaldization)'과 '코카콜로니제이션(Cocacolonization)'이 된다고 믿는다. '맥도날디제이션'의 개념은 다국적기업, 문화적 서구화 그리고 특히 전 지구의 미국화의 영향을 통해서 사회의 전 세계적 동질성을 언급하는 말이다. 다른 국가들은 미국산 차와 가전제품 그리고 패스트푸드의 구매를 통하여 미국 패턴을 따르고 있다. 전 세계의 사람들은 그들 자신을 맥도날드와 코카콜라와 동일시한다. 전 세계의 문화적인 동질성은 사회의 맥도날디제이션으로 시작했다.

소비는 규격화된 브랜드 이미지와 대량 생산, 광고 그리고 서구, 특히 미국의 상품과 서비스에 따라서 가치가 부여되어졌다. 글로벌화된 소비자에게 글로벌 상품은 실용적인 간편함보다는 풍요와 개인적 성공과 같은 비실용적인 이미지에 의해서 목표시장이 되어왔다. 사회는 매우 소비 지향적으로 변화되었다.

수년 동안, 문화적 동질성의 과정은 인터넷과 정보기술의 등장으로 강화되어왔다. 그 후, 마이크로소프트, 구글 그리고 모토로라와 같은 기업들은 맥도날드와 코카콜라보다도 더 중요한 문화적 아이콘이 되었다. 또한 서구적인 교육과 지식이 서구적 기준을 확산시켰고, 세계은행, 국제통화기금, 유엔과 같은 국제기구와 많은 다국적, 글로벌 기업에 영향을 준 비슷한 가치를 만들어냈다. 물론 이것은 서로 유사한 이해관계를 공유하는 글로벌 엘리트의 출현을 가져왔다.

5) 상품 규격화 혹은 취향 맞추기

소비자 구매 패턴은 전 세계에 걸쳐서 점점 더 비슷해져 가는 추세이다. 다른 나라들이 미국의 구매 패턴을 따라가고 있다. 그러나 글로벌 소비문화의 등장은 특정한 기준이 있다. 이 기준은, (1) 어디든지 언제든지 같은 상품이 모두에게 제공된다. 그리고 (2) 상품의 품질이 항상 동일하다. 이 규격화는 4가지 장점을 가지고 있다. ① 생산과 소비자에 대한 전달의 효율성을 의미한다. ② 측정된 영역에 의한

계량화를 가능하게 한다. ③ 예측성을 보장한다(소비자는 다른 장소와 시간에도 같은 상품에 접근할 수 있다). 그리고 ④ 연속적으로 엄격한 생산과 생산품 배달 규정을 명시하며, 생산품에 대한 통제를 가능하게 한다. 이러한 규격화 소비 패턴은 종종 모든 문화권 사람들에게 좋고 유용한 것은 아니라는 비판을 받는다. 규격화의 의미와 소비자에 대한 규격화에 대한 의미는 문화마다 서로 다를 수 있다. 예를 들면, 중국에서는 패스트푸드의 개념과 상품의 규격화가 성공적으로 도입되었는데, 여기에서 소비자들의 대기시간을 줄인 빠른 서비스를 칭찬했다. 그러나 소비자들이 차별성과 정체성을 찾는 프랑스에서는 비판을 받았다.

규격화 문제는 대부분 미국 시장의 맥락에서 논란이 되어왔다. 미국은 사람들이 전국에서 같은 종류의 호텔, 가게, 패스트푸드 레스토랑 등을 사용하는 동질적인 국가의 최고 표본이라고 할 수 있다. 이 나라는 다른 지역 사이의 의사소통과 교역 때문에 수세기 동안 문화적인 차이점이 형성되지 않았다(비렝가 등, 1996년). 글로벌 소비자가 점점 더 미국 소비자의 패턴을 따라가기 때문에, 쇼핑 몰, 호텔, 공항, 은행 그리고 심지어 도박하는 카지노까지도, 미국, 호주, 유럽 혹은 아시아에 있다고 하더라도 지역적 특색이 없어져 버렸다. 세계의 종교, 언어 그리고 통화만이 국가들 사이의 주요한 차이점을 계속해서 나타내고 있다. 그러나 이러한 차이점마저도 역시 사라져 버릴 것이다. 다행히도, 미국의 지역 사이의 차이점은 줄어드는 것이 아니라 오히려 상당히 늘어가고 있다(카흘, 1986년).

6) 문화적 이질성

일부 사람들은 글로벌화의 절차가 문화의 이질성을 이끌었다고 한다. 예를 들어서, 이질성은 지역문화적 요소들인데, 언어, 교육, 종교, 전통, 미술과 공예, 음식, 공유된 역사 혹은 가족 역할과 같은 요소들이 확대 발전되어지고 있다. 이러한 요소는 다양한 문화적인 배경을 가진 서로 다른 사람들의 유입으로 만들어지고 도입된다. 그 결과로서, 사람들은 다양한 문화에 노출되고 서로의 차이점에 대해서 점점 인식을 하게 된다.

그러나 문화 이질성의 절차는 제한적이다. 글로벌 외국 브랜드, 테마 파크, 영화 그리고 텔레비전 프로그램은 세계에서 서로 다른 의미와 충격을 준다. 미국의 일일 드라마는 일본인, 이스라엘인, 알제리인과 미국인들 사이에서 매우 다르게 해석된다(리베스·카츠, 1990년). 이와 마찬가지로, 동부와 중부 유럽에서 홍수를 이루는 서구의 옷, 음료, 담배, 술, 영화 그리고 책은 원래 옷과 음식과는 많이 달라서 지방 시장에서 항상 인기가 있는 것은 아니다.

아마 문화적 동질성과 이질성의 절차는 서로 다른 수준이지만 동시에 일어난다고 볼 수 있다. 문화의 독특성과 차별성은 좀 더 좁은 지역적이고 지방적인 수준에서 일어나지만, 소비자 패턴은 넓은 국제적인 수준에서 일어난다.

7) 문화적 융합인가 혹은 다양화인가

문화적 동질성과 이질성의 개념에 관해 두 개의 이론이 있는데, 한 주장은 세계의 문화가 융합된다는 것이고, 다른 주장은 다양화된다는 것이다. 첫째 이론에 따르면, 세계는 글로벌화되고 좀 더 동질화하는 압력에 직면하기 때문에 공통점으로 융합되어진다는 것이다. 더욱 많은 사람들이 국경을 넘고 재화와 자산을 거래하며, 아이디어와 문화를 교환하므로 지구는 점점 더 작아지며, 그 문화는 융합(대부분 경제적이고 기술적인 면)된다. 두 번째의 이론에 따르면, 재화, 재산 그리고 지식의 흐름이 자본과 지식의 중심 영역으로 이동한다고 한다. 전자기술이 없고 전 세계에 대하여 의사소통을 하지 못하는 사회는 획일적으로 남아 있어서 세계에 대한 정확하고 적절한 지식이 결여된 상태로 남는다. 그 결과로서, 이러한 사회와 문화는 다양화되고 있다(주로 사회적인 관계에서) (와하브·쿠퍼, 2003년에서 인용).

8) 문화의 이종 교배

또한 사람들과 장소의 상호 관련성의 증가는 문화의 부분적 융합을 만들어서 문화적 이종 교배라고 불리는 새로운 형태의 문화를 만들어냈다고 하는 주장도 있다(미탄, 2001년). 문화적 이종 교배는 특정한 문화적 관습 안에 있는 다양한 문화적 자원을 바탕으로 문화적 통합을 의미한다. 예를 들어서, 모스크바의 맥도날드는 미국의 패스트푸드 레스토랑을 러시아 시장과 섞었다. 토론토에 사는 미국 학생들은 베트남 레스토랑에서 식사한다. 기모노를 입은 일본 여성들이 은행의 ATM을 사용한다. 문화적인 이종 교배는 두 정체성과 두 언어 그리고 두 문화가 결합되게 하는 이민이나 혹은 생물·문화적인 결혼을 통해서 발전된다. 이종 교배는 문화적 양극화(동질화 대 이종화)에 대한 해결책이다. 이종 교배는 문화 사이의 이동과 타협을 허용한다.

9) 문화의 상품화

문화 경험을 하고자 하는 여행자들의 요구와 세계화 때문에, 문화는 종종 팔기 위해 상품화되어 새로운 형태의 상품으로 변모되기도 한다. 문화의 상품화는 진짜가 아닌 문화적 공예품으로서, 특히 관광 수요를 위해서 제작되어서 관광객의 요구에 맞추게 된다. 많은 관광객들은 그것들을 전통적인 문화 상품으로 생각한다. 많은 사람들은 문화의 상품화는 문화에 대한 세계화의 효과 중에서 최악의 것이라고 주장할 수도 있다. 진짜 문화 상품을 관광객의 소비를 위해서 상업적인 물건으로 만드는 것은 원래의 상품의 질과 의미를 벗겨내는 것이다. 즉, 상품의 전통과 그것들을 생산하는 실제 방법과는 아무런 관계가 없고, 그것들을 생산한 전통적인 방법과 멀리 떨어져 있다(리차드스, 1996년).

문화의 상품화는 피할 수 없는 것이며, 반드시 부정적이라고는 할 수 없다. 문화의 상품화는 지방 문화 약화의 해결책이 될 수 있다. 관광객들에게 문화적인 공예품이 되면서, 지방의 상품으로 인식되고 전통적인 가치가 힘을 얻는다. 문화의 상품화는 지방 공동체가 그들의 상품에 대해서 통제력을 유지하기만 한다면, 문화 보존과 유지의 방법이 될 수 있다.

10) 문화 악화, 손실, 채용 혹은 변화인가?

세계화가 문화의 상품화와 문화 형태의 잠식으로 이어진다는 견해도 있다. 문화가 상품화되고 대중 관광객들에게 판매되는 목적으로 상업화되므로, 문화의 많은 요소들이 악화되고 심지어 심각하게 사라져 버렸다. 또한 서로 다른 문화에서 온 사람들의 빈번한 접촉은 지방의 고유한 가치와 전통을 변화시켰다. 실제로, 몇몇의 공동체는 외래 가치를 채택하여 사용함으로써, 그들의 전통적 가치를 상실했다. 그 결과로서, 오염되지 않았던 고유의 지방 문화 요소가 사라졌다.

새로운 기술의 발전은 문화적 고유성에 중요한 위협을 초래했다. 익숙하지 않은 사람들을 위해 만들어진 미디어와 새로운 기술은 문화의 동질성을 초래했다. 예를 들어, 지방 문화의 상품화라는 필요성에 의해 만들어진 발리의 관광업의 발전은 문화 오염, 지역 전통의 실종을 초래하고, 발리 사람들에게 위협감을 주었다. 이와 같이, 관광산업은 지방 문화의 상업화와 부정적 영향을 가져오게 되었다(미탄, 2001년).

어떤 사람들은 글로벌화가 문화를 동질화하거나 악화시키지 않았다고 주장한다. 사람과 장소 사이의 상호 연관성은 문화와 문화 변화의 융합을 가져왔다. 문화는 문화 접촉, 문화 차용 그리고 문화 채용을 통해서 변화한다. 물질적이든지 혹은 비물질적이든지 간에 문화 요소는 변화되고 적응되며 소비로 이어진다. 그 결과 문화는 많이 섞이기 때문에 더 이상 다른 것으로부터 구분되는 순수하거나 혹은 원형의 문화가 존재하지 않게 된다. 문화의 이종 교배는 문화적인 '순수성'과 고유함을 상실하게 한다. 따라서, 문화가 영토적으로 경계가 있고 전체를 포함한다고 가정할 수 없게 된다(미탄, 2001년).

그러나 글로벌화의 확산이 항상 문화적 순수성을 상실하게 한다고 할 수 없다. 어떤 지역에서는 문화가 스스로 외래의 테마에 적응한다. 지방 특산품의 생산은 관광객의 소비에 적용된다. 이것은 문화 변화(차별화를 통한 지방 소비)의 한 예를 의미하며, 상업화를 통한 문화의 본래성이나 순수성을 상실한 예는 아니다(미탄, 2001년).

11) 소비주의가 관광업에 나쁜가?

글로벌화의 일반적 결과 중의 하나는 소비주의인데, 이것은 다양한 생산물과 서비스의 소비 증가와 필요성으로 정의된다. 소비주의는 관광객들, 현대적, 도시

생활 방식, 높은 서비스 기대감 그리고 소비 지향적 관점으로 유도하고 있다. 소비주의는 문화를 파괴하고 교통체증과 인구과밀, 볼거리와 박물관, 레스토랑에 줄서기 등의 사회적 문제를 초래한다고 여겨진다. 예를 들자면, 베니스에 과도하게 밀려드는 관광객들은 환경과 사회에 부정적 영향을 주고 있다. 베니스는 항상 관광객들로 '가득하다.' 산 마르크 바실리카 대성당은 관광객들이 마구 몰려들어오는 바람에 방문객의 호흡 습기로 인하여 프레스코 벽화는 심각하게 훼손되고 있다. 또한 성당 밑의 디딤돌은 방문객들의 대열로 인해 닳아서 없어졌다. 이러한 환경적인 문제는 종종 관광객에 의해서 발생되고 있다(리차드스, 1996년).

12) 글로벌화와 지방 정체성의 소멸

맥레오드(2004년)는 글로벌화가 지방 공동체의 사회문화적 정체성과 고유한 가치, 전통 그리고 삶의 방식을 파괴한다고 주장한다. 오늘날 개발업자들은 땅과 바다를 획득해서 농장과 어장을 관광객을 위한 리조트로 만들고, 평야와 숲을 아파트와 상업센터로 만들고 있다. 현대적 호텔, 고속도로 그리고 다리는 그 이전의 지방적 특색과 장점이 결여하고 있다. 처음에 관광객을 매혹시켰던 아름다운 전경, 평화로움, 또는 고립감은 관광업의 발전과 빨라진 삶의 속도 때문에 침식되어 갔다. 어부는 상점주인이 되거나 관광가이드가 되고, 젊은 여성들은 경제적 자립과 정서적 자유를 추구할 뿐이며, 지역 주민들은 전통적 역할과 일에 대해 다시 생각하게 되고 모두 변한 생활방식과 가치를 따르게 되면서, 지방 문화의 의미는 없어져 버린다. 어부가 슈퍼마켓에서 일할 때에 관광객은 '진짜' 고기잡이배를 타고 고기를 잡고, 지역 주민들은 홍보 영상에서 전통춤을 추는 자신들을 보면서 현대적인 레스토랑에서 '지역'음식을 먹는다(맥레오드, 2004년). 외래인이 늘어나자 새로운 기술과 현대적인 라이프스타일, 지방의 정체성을 유지할 수 있는 기회가 더 적어지고 심지어 사라져 버린다. 또한 사회기반시설과 아파트가 더 건설되고, 지방민이 글로벌화한 생활방식을 추구하면서, 방문객들과 지역주민들의 상호 접촉과 경험은 점점 낮아진다. 결과적으로, 글로벌화와 관광업의 발달은 지방의 정체성과 관광의 질 그리고 관광산업 자체를 파괴한다(맥레오드, 2004년).

13) 문화 변화와 지방 정체성 위험에 대한 저항

지방 문화를 없애는 글로벌화의 힘에 대한 지방의 저항이 있다는 증거가 점점 많아지고 있다. 유럽은 글로벌 문화의 영향에 대한 저항 과정이 진행되고 있다. 유럽 국가들은 자신들의 문화적 정체성, 예술가의 출신지, 의식, 예술작품, 건물 그리고 전경에 특별한 주의를 쏟고 있다. 즉, 문화적 차이가 점점 강조되고 있다. 문화적 차이는 관광객을 특정한 장소로 유치하는 것이다. 가장 매력적인 것은 독특하고 정통성 있는 차이점과 장소 간 경계에 있다. 따라서, 점점 동질화되어가는 세계에서, 지방 차이를 확립해야 할 필요가 더 증대되고 있다. 그러나 그 차이점의 정도는 너무 커서는 안 되는데, 그 이유는 지역주민과 관광객들 사이가 대립과 갈등을 야기시키기 때문이다.

글로벌화에 대한 지역주민의 저항은 민족주의를 나타나게 한다. 대중매체와 증가되는 사회접촉 때문에 사람들과 국가는 문화적 주권과 정체성을 위해서 애써야 하는 것을 자각하고 있다. 각각의 공동체는 자신들의 문화 인식과 역사 그리고 특정한 자질을 두고 싸우기도 한다. 예를 들어서, 유럽 연합의 소속국가들에 대한 간섭이 증가되고 외래인구 유입도 증가되지만, 각 유럽국가들은 자신들의 정체성과 자립심을 잃지 않고 있다(맥레오드, 2004년). 많은 유럽 국가들이 자국의 국경과 환율을 지키고 문화와 언어를 보존한다. 유럽공동체의 많은 국가적 정체성은 사라지지 않을 것으로 보인다. 홀(1990년)에 따르면, 글로벌화가 먼 지역간의 국가 정체성을 파괴할 것같지 않다고 보았다. 즉, 사람들은 지역적 뿌리를 찾으며, 자신이 속한 국가(nation)나 주(state), 공동체 사회(community) 그리고 개인적 가치(individual value)를 보존하려는 다양한 방법을 추구할 것이다.

14) 글로컬리제이션(glocalization, 현지화)

지방과 지역의 정체성을 보존하는 방법 중의 하나는 글로컬리제이션(Glocalization)이다. 글로컬리제이션은 글로벌리제이션(globalization)과 로컬리제이션(localization)의 합성을 나타내며, 그 의미는 글로벌화가 로컬의 조건에 적용된다는 것이다(롭

버트슨, 1995년). 로컬리제이션의 한 가지 예로서, 모스크바의 맥도날드는 그들의 미국 경쟁자들과는 달리 모스크바 소비자의 입맛에 맞춘다는 것이다. 맥도날드가 점점 더 글로벌화된 기업이 되어가고 있지만, 그 회사는 지방의 입맛과 요구에 맞춰서 살아남았다는 것이다. 또 다른 로컬리제이션의 예는, 지방의 시장과 소비자의 취향에 맞춘 차별화된 상품과 서비스에 대한 글로벌 광고라고 할 수 있다. 이러한 글로컬리제이션의 성공은 목표시장에 대한 철저한 이해와 기대에 달려 있다. 글로벌화의 결과를 발전시키는 것은 문화적인 동질성이 아니라 글로컬리제이션이라고 주장하기도 한다. 맥도날디제이션은 문화적 동질성을 나타내는 것이 아니라, 오히려 문화간의 이종 교배(문화간의 혼합)의 형태이다. 맥도날드와 같은 회사는 생산 규정을 포기하고 서로 다른 시장에서 소비자의 요구만큼이나 수없이 많은 마케팅과 생산 전략을 개발했다.

글로컬리제이션은 세계와 지방 사이의 관계의 결과이다. 이러한 관계는 세계와 지방이 서로 경쟁하는 것보다는 서로 강화하고 보완해주도록 한다. 비록 시장, 소비자 그리고 생산물이 많은 맥락에서는 글로벌하지만, 그 디자인과 내용면에서는 지방적이다.

15) 지방의 국제화와 지역 협조

글로벌 관광산업 시장에서 중요한 것은 지방의 차별화와 지방 정체성 보존이고, 이것은 지방 국제화와 지역 협력으로 나타나고 있으며, 이러한 현상은 경제규모의 성장을 통하여 직접 투자, 낮은 거래비용, 생산과 유통비용 절감을 촉진시킨다. 지방 국제화와 협력은 지역 경제의 발전과 경쟁력을 촉진하고 보장한다. 예를 들어서, 동아시아에서 많은 지방 성장 지역은 상품과 서비스 그리고 인적 자본을 극대화하고, 투자기술을 유치하며, 중국과 인도와 같은 큰 나라와 경쟁하기 위해 설립되고 있다. 비슷한 경우로서, 유럽과 북미는 하위지역 성장기지를 설립했다. 북미의 예로서 미국, 캐나다 그리고 멕시코 사이의 국경 근처를 포함한다(와하브와 쿠퍼, 2003년). 이런 하위지역 구역은 좀 더 경쟁력 있는 환경을 제공할 뿐만 아니라 특이성과 차별성을 발전시키도록 해준다.

5. 관광산업에서 글로벌화의 이익과 한계

글로벌화는 관광산업에 커다란 이익을 가져다 주었다. 예를 들면, 글로벌화는 무역, 자본 그리고 인적 교류를 증대시켰고, 성장을 만들었으며, 선진국과 신흥경제국에 수천 가지의 일자리도 만들었다. 글로벌화는 관광산업의 발전을 이끌어 오고 있는데, 특히 미개발지역에 대한 새로운 관광인프라 구조의 투자와 국제시장에서 그 지역의 위치 향상에 기여하고 있다. 글로벌화는 제품에 대한 선택의 증가라는 면에서, 물질생활의 질을 올렸을 뿐만 아니라 소비자의 수입도 증가시켰다(사이, 2005년). 관광업은 사회경제적, 생태적 그리고 문화적으로 지속 가능한 글로벌 원칙을 따름으로써, 글로벌화의 혜택을 받았고, 이 세상을 더 살기 좋고 일하기 좋은 장소로 만들기 위해서 공헌했다. 그러나 글로벌화는 또한 세계를 양극화시켰다. 개발도상국은 글로벌 기구와 활동에 의해서 거의 영향을 받지 못하고 있다. 글로벌화는 대부분 발전된 사회에 이익을 주었고 새로운 유형의 식민지를 만들었다. 세계무역은 조절되지 않은 환경적인 문제에 대한 책임이 있다. 글로벌화는 생태계를 지속적으로 공격하고 있다. 자연자원에 대한 권리를 가지고 있다고 믿는 개발도상국가는 공기와 물을 오염시키는 공장을 건설한다. 관광산업에서의 글로벌화는 동일한 관광상품의 규격화와 국가적, 지역적 그리고 지방적 속성의 상실을 의미한다. 글로벌화는 동일한 관광객 리조트, 음식과 음료시설, 테마파크 그리고 이벤트에 도움을 줄 뿐이며 지방의 기준을 무시한다. 그것은 비인간적 서비스 기준과 피상적인 의사소통 그리고 빈약한 내용을 제공한다. 글로벌화는 경쟁력이라는 장점을 상실시킨다. 즉, 상품들을 규격화시키고, 인식하지 못하게 하고, 심지어 사라지게 할 수도 있다. 이러한 이유 때문에, 관광산업의 목표는 다른 것들로부터 자신을 분명히 차별화시키고, 고객들이 기대하는 글로벌 서비스 기준과 조화를 이룰 수 있는 엄격한 지방문화의 기준을 따라야 한다.

글로벌화를 지지하는 사람들은 글로벌화와 관련된 이익이 결점보다도 훨씬 더 많다고 가정한다. 일반적으로, 글로벌화는 GDP에 의해서 측정된 대로 실제로 삶의 기준을 향상시키면서 전 세계 거의 모든 나라에 이익을 주었다. 이것은 국제무역에 포함된 나라들에게 도움이 되는 것이므로, 어떤 나라도 그것을 무시할 수는 없다(사이, 2005년).

6. 관광산업에서 글로벌화의 도전

글로벌화는 세계와 관광산업에 새로운 도전들을 주었다. 가장 중요한 점은 문화적, 정치적, 경제적, 기술적, 법적인 제도가 다른 관광지역국가(host country)에서 운영하는 사업이 지방의 환경에 채용되어야 한다는 점이다. 한 나라에서 완전히 용인되는 관행과 전략이 다른 나라에서는 금기시될 수 있다. 글로벌화의 복잡성은 다른 세계관, 고용인들의 업무 관행의 다양성 그리고 고용인들과 소비자들의 문화의 차이점을 이해하고 수용하는 데에 있다. 글로벌한 관광업 매니저와 마케터들은 높은 수준의 문화간 의사소통능력을 발전시켜야 하고, 사업 관행을 특정한 국제적인 환경에 맞추기 위해서 적절한 조정이 필요하다. 글로벌화된 관광업 매니저는 의사소통의 어려움에 효과적으로 대처할 수 있어야 하고, 법적이고 정치적인 결정을 조절해야 한다. 또한 인력의 구조와 구성 그리고 문화적으로 다른 상업 관행을 수용해야만 한다. 더 나아가서 국제적인 인력자원정책을 개발해야 하고, 숙소, 교통 그리고 음식공급 부문에서 문화간 이해의 관점을 가져야 한다. 그리고 다른 문화적 규범, 예를 들어서 고용, 해고, 차별, 근로자 권리, 근무와 레저 패턴, 건강, 안전 그리고 직업 기준에 대한 인식을 개발해야 한다.

고용인의 관점과 업무에 대한 태도는 소비자의 필요성과 선호도 만큼이나 다양할 수 있다. 서로 다른 고용인과 고객들의 관점을 수용하기 위하여, 글로벌 매니저와 마케터들은 따라서 종교, 관습, 업무 윤리, 언어 그리고 행동 기준과 문화 차이를 배워야 한다. 예를 들어서, 맥도날드가 인도에 들어갔을 때 그 메뉴는 지방민의 입맛을 수용했어야 했다.

글로벌화는 또한 여행 행선지 마케팅에 대한 새로운 도전을 만들어냈다. 문화 차이, 시장 분할 그리고 문화융합과 시장 집단화는 아니더라도 시장의 부분적 분할은 여행 행선지의 경쟁력을 결정하는 중요한 미래의 목표시장 설정 도구이다. 글로벌 관광업 마케터들은 특정한 시장의 문화적인 요구를 알아야 하고, 이렇게 요구되는 지식을 국제적인 관광객들을 위한 행선지 마케팅 계획을 개발하는 데 사용해야 한다. 마케터들은 글로벌, 국제적 그리고 종속된 국가 문화를 구별하고, 그에 따라서 행선지 마케팅에 대한 차별화 전략을 세워야 한다. 글로벌 시장에서 여행지들은 각자 지역을 차별화시키는 특정한 문화적인 정체성을 창조해야 한다.

또한 미래의 글로벌 소비자들은 어린아이들이기 때문에 그들의 흥미와 정체성에 어울리도록 발전시켜야 한다. 오늘날 어린이들은 인터넷에 익숙하고 다양한 글로벌 광고에 영향을 받는다. 그들은 아주 어릴 때부터 맥도날드나 디즈니 같은 글로벌 상품에 익숙하다. 그들이 어른이 되었을 때 글로벌로부터 지방 문화를 지키는 데 있어서 전통가치를 따르는가 또는 글로벌 가치를 따르는가의 문제는 그들의 지적, 윤리적 그리고 실용적 이유에 좌우될 것이다(스와브루크·호너·우슈니어에서 인용, 2007년). 이러한 도전은 지방 환경과 자신의 문화적 정체성에 관한 자부심에 대한 관심을 개발하게 된다.

7. 글로벌화의 미래 : 문화의 미국화, 코즈모폴리턴 문화, 문화적 이종 교배, 문화 실종 혹은 문화 충돌

'글로벌화된 세계'라는 용어는 '지구촌'으로 언급되고 있다. 우리가 살아가는 그 세계는 우리가 함께 평화롭게 사는 곳이며, 우리의 삶을 체계적으로 도와주는 규칙을 따르는 곳이다. 그러나 데세바스티안(2005년)은 글로벌화가 평화롭고, 질서정연하고, 동등한 절차가 아니라고 주장한다. 그 세계는 법과 질서가 없으며, 최고의 기술과 가장 잘 숙련된 대학과 전례 없는 전문기술을 가진 가장 크고 강한 경제를 가진 미국의 영향력에 지배당하고 있다고 주장한다. 미국의 소비주의는 사람 행동의 가치와 패턴을 변화시켰다. 통합되고 평화롭게 살고 있던 사회들은 미국의 소비주의를 따르기 시작했다. 이렇게 증가된 자아 인식의 소비 요구는 폭력 행위, 납치, 약탈, 공격 그리고 마약거래를 가져왔다. 이것은 글로벌화가 제공해주는 것과 낮은 계층이 실제적으로 얻은 것 사이에 긴장을 만들어냈다(데세바스티안, 2005년).

미국 영화 산업의 힘은 할리우드의 이미지, 음악 그리고 패션을 의미하는데, 이것은 전 세계를 지배하고 가난한 나라들 사이에서 정체성의 위기를 만들어내고 있다. 수백만 명의 사람들이 미국적 삶의 방식과 문화를 따르기 위해서 자신 문화의 좋은 점을 거부한다. 많은 사람들이 정체성 상실의 위험에 직면하고 있다. 그들은 그들이 진정으로 누구인지와 어디에 속해 있는지를 모른다. 이러한 이유로 많은 사람들이 세계를 지배하는 힘과 미국 문화의 영향에 대해서 분개하고 있다(데세바스티안, 2005년).

그러나 글로벌화와 문화의 미국화에 대한 관련성은 지나치게 과장되어 있다. 이전 식민지 종주국가(예 영국과 프랑스)와 피지배 식민지 국가(인도와 프랑스 언어권인 아프리카) 사이에는 여전히 강한 유대관계가 남아 있다. 또한 많은 사람들이 문화의 미국화를 비판하고 거부하고는 있지만, 미국화보다도 더 인도네시아화가 된다든지, 한국에 대해서 일본화가 된다든지, 스리랑카가 인도화가 된다든지, 캄보디아가 베트남화가 된다든지 하는 것을 더 걱정한다(헌팅턴, 1996년).

더구나 글로벌화가 미국 문화를 확산시키고는 있지만, 미국은 다른 모든 나라들을 동질화하는 문화적인 힘이나 세계 문화를 갖고 있지는 않다. 세계에는 하나의 강하고 지배적인 문화만 있는 것이 아니라 다중의 문화적 힘이 존재한다. 진정한 글로벌 문화는 존재하는 많은 문화의 모든 요소의 공생을 나타내는 코즈모폴리턴 문화(cosmopolitan culture)이다(데세바스티안, 2005년). 그러나 코즈모폴리턴 문화의 창조는 문화적인 차이점과 차이의 공통성을 인정하는 것이다. 문화적 이종 교배는 글로벌보다는 덜 코즈모폴리턴적이며 교차 맥락적(trans contexttual)인데, 이러한 과정을 촉진시키고 있다. 서로 다른 문화들이 교차 맥락적이고(코즈모폴리턴이 아닌) 서로 섞이기 때문에 순수한 본래의 문화는 존재하지 않고 앞으로도 더 이상 존재하지 않는다.

세계가 모든 문화를 존중하지 않고 이종 교배가 더 이상 대규모로 발전되지 않는다면, 글로벌화의 절차는 계속될 것이다. 그 결과로서 우리는 특정한 문화의 분리 혹은 상실을 경험할 수 있다. 아마존이나 멕시코, 파타고니아 그리고 라틴 아메리카 먼 지역의 인디언 부족들, 태평양 지역의 애보리진 부족들, 중앙아프리카의 피그미 부족은 아마 지구 표면에서 서서히 사라질 것이다. 현대 커뮤니케이션과 기술은 그들에게 도달되지 못할 것이다. 그들은 시장에서 분리되고, 그 사회는 점진적으로 사라지게 될 것이다. 더 나아가서 소수 원주민 집단이 과학의 진보에서 배척되고 성장에서 분리된다면, 그들의 생물다양성도 역시 고통을 받게 될 것이다(헌팅턴, 2003년).

또한 주요한 문화 혹은 문명의 충돌이 있을 가능성도 있다. 그 시작은 이미 오늘날 세계에서 벌어지고 있다(헌팅턴, 2003년). 기회나 교육의 부족으로 인해서 경쟁이 약한 문화는 강한 문화의 부와 삶에 의해서 압도당한다. 그 결과로서, 그들은 글로벌 소비의 영향으로부터 벗어나서 자신들의 사회 경제적 정의를 위해서 싸우고 싶어 할 것이다.

결론적으로 문화 동질성이 나타난다고 해도, 그것은 미국중심적 문화가 아니라는 것이다. 다른 서구나 비서구 문화도 문화적 강자로서 나타날 수 있다. 나머지 세계를 결정짓는 것이 너무 서구중심적으로 되어 있다. 세계가 생존하려면, 우리는 다양한 문화적 힘을 제시하거나 수용하면서, 다문화적 시각을 가져야 한다.

요 약

글로벌화라는 것은 경제적, 문화적, 사회적, 환경적, 정치적 그리고 기술적 차원을 가지고 있다. 이것은 많은 장점을 가지고 있지만 어떤 사람들은 이것을 차별적이고 인간의 권리에 반하는 것으로 인식하고 있다. 관광산업에서 글로벌화는 전자기술, 커뮤니케이션 그리고 교통의 발전을 통한 새로운 성장 기회를 열었다. 글로벌화는 관광객의 관심에 변화를 가져왔으며, 새로운 상품에 대한 선호와 새로운 경험을 요구하게 되었다. 새로운 가치와 세계관을 가진 새로운 관광객들이 등장했다. 목표시장에 초점을 맞춘 목적지 마케팅과 취향에 적합한 관광상품이 더욱 요구되었다.

새로운 글로벌 문화시장에서 소비자들은 소비 패턴에 있어서 더 비슷해진다고 말한다. 그러나 많은 사람들은 글로벌화된 소비 패턴이란 것은 존재하지 않는다 여기며, 그들의 가치관과 생활방식은 반드시 일치하지 않는다고 주장한다. 진정한 글로벌 소비 패턴과 글로벌 소비자라는 것은 완전히 글로벌화된 세계에서만 일어날 수 있다는 것이다. 서로 다른 나라의 소비자들 사이에서는 문화적인 차이가 있고 앞으로도 있을 것이다. 실제로 나라와 지역들 사이에서 문화적 차이점이 상당히 증가하고 있다는 많은 증거들이 있다.

또한 사람과 장소 사이의 상호 관련성이 문화의 융합과 문화적 이종 교배로 이끈다고 주장하는데, 이종 교배는 문화적인 '순수성'과 진정성의 손실을 의미한다. 문화에 대한 가장 최악의 영향 중의 하나는 문화의 상품화이다. 문화는 관광객들에게 소비되기 위해서 수정되고, 팔기 위해서 새롭게 가식적으로 변모하게 된다. 그러나 관광객의 소비는 꼭 문화를 필연적으로 해치는 것이 아니다. 많은 관광객 소비는 문화 보호와 보존 그리고 지역 전통에 대한 재활성화를 만들어낸다. 글로벌화가 지역의 정체성과 고유한 가치를 파괴한다는 주장도 있다. 그 결과로서, 글로벌화에 대한 지방의 저항이 증가되기 때문에 지방의 차이점을 만들 필요가 있다.

글로벌화는 관광업에서 새로운 도전을 주고 있다. 소비자와 고용인 사이의 다른 세계관과 문화 차이를 이해하고 수용하며, 특정한 국제적인 환경에 맞추기 위한 문화간 커뮤니케이션 경쟁력을 발전시키는 것이 우선순위에 들어가야 한다. 출발지 마케팅, 특히 문화 마케팅 분리와 분할이 중요한 관광산업의 목표가 될 수 있다.

미국의 소비주의가 전 세계 사람들의 가치와 행동 패턴을 변화시켰지만, 문화의 미국화를 글로벌화와 강하게 관련시키는 것은 지나치게 과장되어 있다. 미국은 문화적인 힘이나 세계 문화를 대표하지 않는다. 세계가 생존하기 위해서 우리는 세계가 다문화라는 것을 받아들여야 한다. 진정한 글로벌 문화는 코즈모폴리턴 문화이며, 이것은 현존하는 많은 다양한 문화들의 공생을 의미하며, 문화적 차이와 그 차이에 대한 공통점을 이해하는 것이다.

논점과 질문

1. 글로벌화된 나라들의 글로벌화에 따른 장점과 단점을 비평적으로 토론하시오.
2. 인터넷이 어느 정도로 글로벌화에 영향을 미쳤는가?
3. 관광산업에서 진정으로 글로벌한 것은 무엇을 의미하는가?
4. 글로벌화는 관광객들과 소비 패턴에 어떤 영향을 미쳤는가?
5. 국제적인 관광객들에 대한 마케팅이 어떻게 기회와 도전이 되는가?
6. 글로벌 소비자가 존재한다는 데에 동의하는가? 글로벌 소비자의 등장에 대한 토론을 발전시키고 그것에 대해서 반대하는 이유를 말해 보시오.
7. 글로벌화는 지방 문화에 어떤 영향을 끼쳤는가?
8. 글로벌화에 의해 나타난 문화적 동질성은 문화의 차이와 문화의 이질성의 대체를 가져오는가?
9. 글로벌화의 과정은 문화적 이질성이나 동질성을 가져오는가? 문화적 동질성 대 문화적 이질성에 대한 찬성과 반대에는 어떤 것들이 있는가?
10. 어떤 정도로 문화가 상품화되어야 하며, 어떤 정도까지 지방 공동체가 그들의 문화에 대해서 통제해야 하는가?
11. 목적지 마케팅에 대한 글로벌화의 영향은 무엇인가?
12. 글로벌화의 미래는 무엇인가? 당신은 세계가 계속해서 미국의 영향 아래에서 지배당할 것으로 생각하는가?

사례 연구 1.1 글로벌 관광객 문화의 등장– 전 세계에 퍼진 디즈니랜드

수년 동안 디즈니랜드는 테마 파크에 글로벌 관광과 글로벌 소비 패턴을 적용하려고 노력해 왔다. '디즈니즈' 사회를 만들려고 노력했고, 그 생산물의 대량 소비를 장려했다. 그러나 대량 소비가 글로벌 소비 문화를 의미하지는 않는다.

전 세계를 통한 디즈니 리조트의 확산은 50년 전에 캘리포니아의 콘셉트를 가지고 시작되었다. 그 이후에 전 세계를 통해서 4개의 명소 공원이 세워졌다. 홍콩의 공원 설립은 중국 시장을 겨냥한 것이었고, 국제적인 관광객들이 그 상품을 수용할 것이기 때문에 어디에서든지 그 회사가 성공할 수 있다는 아이디어를 보여주었다. 디즈니랜드는 '브랜드 인지도에서 일류 정신 인식(Top of mind awareness : TOMA)'인 명소 공원이 되었고 이제 전 세계의 모든 관광객 문화의 일부분이 되었다.

디즈니랜드는 문화면에서 서로 다른 나라들을 연결시켰다. 사람 마음속의 브랜드에 대한 인식을 상승시켰으며, 디즈니랜드는 그 스스로가 목적지가 되었다. 글로벌 문화는 관광객들로 하여금 상품 그 자체보다는 상품에 대한 주제를 구입하고, 그 상품 주제에 더 집착했다. 그러한 행동은 디즈니의 처음의 아이디어, 즉 모든 곳에서 같은 주제를 팔자는 것과 맥락을 같이 하는 것이었다. 그러나 관광객들은 생산물 그 자체에 반응한 것과 같은 방법으로 생산물의 주제에 반응하지 않았다. 국제적인 관광객들은 디즈니랜드의 생산물에 완전히 적응되지는 않았고, 공원들과 리조트들은 관광객의 요구에 맞추어서 발전되어야 했다. 디즈니 회사는 관광객의 문화적인 요구를 수용하기 위해서 노력을 했다. 예를 들어서, 홍콩의 회사는 서양식의 명소들을 만들지 못했는데 그 이유는 그런 스타일의 건물들이 중국 문화의 일부가 아니었기 때문이다. 존재하는 명소들도 역시 다르게 운영되었다. 캘리포니아의 디즈니랜드를 즐겼던 관광객이 홍콩의 디즈니랜드를 같은 정도로는 즐기지 못할 것으로 생각되었다. 캘리포니아의 관광객은 홍콩에서는 다르게 반응할 것이다. 예를 들어서, 파리의 디즈니랜드는 동경의 디즈니랜드보다 더 좋게 생각되어지지 않는다. 파리의 디즈니랜드는 나쁜 이미지와 늘어선 줄 그리고 언어 문제(프랑스어만 사용됨)로 고통을 받은 데 반해서, 동경의 디즈니랜드는 깨끗하고 고객친화적이라는 인식을 받았다. 동경의 디즈니랜드의 줄은 짧았고, 영어가 사용되었다. 관광객들이 더욱 맞춤식 경험을 요구했고, 다양한 요구와 취향을 가졌고, 더 이상 대중적인 규격화와 딱딱한 패키지 휴가를 원하지 않았기 때문에 디즈니 리조트는 각각 다른 고객 그룹에게 넓은 범위의 관광상품을 제공했다(예 모든 가능한 카테고리의 호텔, 서로 다른 종류의 음식을 가진 레스토랑 그리고 서로 다른 나이에 따른 다른 명소).

비록 디즈니의 개념이 전 세계에서 어느 곳에서나 팔릴 수는 있지만, 그 상품은 다른 방식으로 팔렸음이 틀림없다. 비록 글로벌 관광객 문화가 등장했지만, 모든 공원은 그 상품을 고객의 특정한 요구에 맞춰야 했다.

웹사이트 링크

1. 환대산업에서의 대중 취향 맞춤 : 개념과 적용, http://www.hotel-online.com
2. 글로벌화의 정의 : http://www.infed.org/biblio/defining_globalization.htm
3. 아코르 호텔 : http://www.accor.com/gb
4. 아마데우스 : http://www.amadeus.com
5. TUI : http://www.tui-group.com/en

글로벌화된 세계에서 관광산업은 더 많은 근로자를 채용해서 다양한 문화적 배경을 가진 더 많은 손님에게 서비스를 제공하기 때문에, 다음 장에서는 문화적 다양성의 개념과 관광산업에 대한 중요성을 토의할 것이다.

문화적 다양성

이 장은 문화적 다양성의 개념과 문화적 다양성이 어떻게 사람과 조직을 풍요롭게 하며, 관광산업에 대한 경쟁력을 설명하고 있다.

목 표

- 문화적 다양성의 개념을 이해한다.
- 문화적 다양성이 어떻게 관광 비즈니스 환경을 풍요롭게 하고 경쟁력을 제공하는지를 배운다.
- 관광산업과 환대산업에서 다문화적 노동력을 경영하는 것이 기회인 동시에 어려운 과제 임을 이해한다.

서론

글로벌 세계에서는 호텔, 레스토랑 그리고 여행단체가 더 많은 노동자를 고용해서 다양한 문화적인 배경을 가진 고객들에게 서비스를 제공한다. 문화적 차이가 있는 사람들을 이해하는 것은 글로벌 시장에서 경쟁 관계에 있는 관광업계와 환대산업에 대해 도전의식을 주고 있다. 이 장에서는 문화 다양성의 개념과 관광산업에서 문화적 다양성의 중요성을 설명한다.

1. 문화 다양성의 개념

1) 정 의

문화적 다양성의 개념은 많은 방법으로 정의될 수 있다. 문화적 다양성은 다음과 같이 자주 언급된다.

- 특정 지역이나 또는 전체로서 인간 그룹, 사회, 또는 문화의 다양성
- 다양한 배경, 속성, 가치, 신념, 관습 그리고 전통을 가진 개인과 집단의 모자이크
- 한 공동체, 조직 또는 국가 안에서 종족, 민족, 국가, 종교, 언어 차이
- 세계의 다른 지역 상황에 적응하기 위한 다양한 인간의 사회구조, 신념체계 그리고 전략

문화적으로 다양한 그룹 구성원들은 소규모로서 한 나라에 국한될 수 있다. 그러나 이런 그룹은 또한 대규모일 수 있고, 다양한 사람들을 포함하며, 수많은 나라와 문화를 가진 큰 지리적인 위치로 확대될 수 있다. 서로 다른 인종, 민족, 언어 그리고 종교가 그러한 확대된 지역 사람들에게서 발견될 수 있다. 예를 들어서, 미국에서는 서로 다른 속성, 종교와 신념을 가진 다양한 유형의 사람들이 있다. 몇 가지만 들면, 아프리카계 아메리칸, 아메리칸 원주민, 코카시안, 히스패닉, 중동인, 아시아 태평양제도 거주민, 한국인 그리고 중국계 미국인들이 있다. 이 모든 사람들은 그들의 정체성과 삶의 방식을 가지고, 서로 다른 언어를 말하며, 서로 다른 경험을 가지고 있다. 다양한 하위문화가 인도, 중국, 아시아, 호주, 유럽 그리고 캐나다에서 발견된다. 이러한 나라들에서 직면하는 문화적으로 다른 행동과 지역적 가치는 문화적 다양성을 반영하고 있다.

미국에서 가장 인구가 많은 카운티들의 3분의 1은 다문화 혹은 다민족으로서 다양한 그룹의 사람들로 구성되어 있다. 현재 미국에서 다문화 사람들이 가장 많이 살고 있는 대규모 국제적 도시는 시카고(아시아계), 워싱턴(히스패닉계) 그리고 휴스턴(아프리카계 아메리칸)이다. 빠르게 성장하고 있는 교외지역은 다민족 사

회가 두드러지게 나타나고 있다. 다문화 이민의 새로운 물결은 교외로 확산되어 소위 '다수의 소수(majority minority)' 장소로 변화시키고 있다. 특히 히스패닉들은 주요 메트로폴리탄 지역의 교외에 점점 더 몰리고 있는데, 그 이유는 취업 기회와 적은 생활비 때문이다. 2000년부터 2006년 사이에 작은 도시와 농촌 지역에는 총 인구가 3% 증가한 데 반해서, 이 지역에서 히스패닉계의 인구는 22% 증가하여 2천 2백만 명에서 2천 6백만 명으로 늘었다. 히스패닉계의 인구가 가장 크게 증가한 지역은 캘리포니아주의 로스앤젤레스와 리버사이드, 텍사스주의 달라스와 휴스턴 그리고 뉴욕이다.

비록 뉴올리언스, 샌프란시스코, 로스앤젤레스, 샌디에이고 그리고 뉴욕에서 아프리카계 아메리칸의 인구는 줄었지만, 애틀랜타, 휴스턴, 댈러스, 마이애미 그리고 워싱턴에서는 가장 큰 증가를 보이고 있다. 애틀랜타, 휴스턴 그리고 댈러스의 성장은 부분적으로는 허리케인 카트리나의 피난민들의 유입 때문이다. 아시아계 인구의 가장 높은 증가 지역은 캘리포니아주의 나파와 플로리다주의 오카라, 네이플스, 케이프 코랄 그리고 포트 세인트루시 등이나 숫자적으로 가장 많은 증가는 뉴욕, 로스앤젤레스, 워싱턴, 샌프란시스코 그리고 시카고에서 일어났다 (http://www.diversityspectrum.com/index.php?option=com_news_portal&task=section&id=16&Item=1038).

이러한 추세는 미국이 인간의 문화 측면에서 매우 다양한 나라라는 것을 나타내고 있다. 소수의 문화 그룹은 대륙 전체로 퍼져 나가고 있으며, 세계에서 가장 문화적으로 다양한 나라가 되고 있다.

또한 상당한 차이점이 사람들의 신체적 특성, 사회 계급, 경제적 지위, 나이 그리고 성별에서도 구별되고 있다. 세계의 모든 나라나 혹은 지역에서 서로 다른 인구통계적이고 사회경제적 특성을 가진 다양한 종류의 사람들이 발견된다. 사람들 사이의 큰 차이점은 동일한 그룹에 속해 있는 것이 아니라 오히려 다른 특성을 가진 다른 그룹에 속해 있음을 나타내고 있다. 세계에는 수천만 명의 사람들이 하나 또는 그 이상의 특정한 그룹에 속해 있다고 주장하고 있다. 예를 들어서, 어떤 사람은 자신을 코카시언, 유럽인, 가톨릭, 여성, 아일랜드인, 중산층 그리고 젊은이로 주장할 수 있다.

또한 사회가 조직되어지는 방식에 따라서 많은 변화가 나타나고 있다. 즉, 도덕이나 윤리 그리고 자유와 충성심에 따라서 조직되어지기도 하고, 사람들이 환경과 교류하거나 그 자원에 대한 관심 정도에 따라서 조직되어지기도 한다. 이러한 변화는 인간의 이동과 진화의 산물이기도 하다. 이 책은 인간의 문화적 배경의 차이라는 면에서 사람들의 다양성에 대해 밝히려고 한다. 사람들의 육체적 특성 혹은 인구통계학적이나 사회 경제적 특성을 연구하는 것은 아니라 인간 그룹의 문화적 다양성에만 중점을 두려고 한다.

2) 문화 다양성의 해석

문화 다양성의 개념은 문화가 나라와 민족 그룹에 의해서 다르게 해석되기 때문에, 서로 다른 의미와 해석을 가지고 있다. 현대의 인류학자들이 말하는 문화의 정의는 일반 지식, 인식 그리고 한 사회에서 사회적, 경제적 그리고 종교적 가치를 말한다(스반버그와 런블롬, 1988년). 이 정의에 따르면, 문화는 인간의 삶에 중요한 방향을 제시하며 역사를 통하여 형성된 제도나 개념이다. 사람들의 관습, 음식, 옷, 전통 그리고 세계에 대한 인식은 그들의 삶에 의미를 준다. 문화에는 국경이 없으므로, 이러한 관습은 사회 공동체, 세대 그리고 성별 사이에서 각각 다를 수가 있다. 이것은 어떤 사람이 다중적인 문화 정체성과 서로 다른 문화적인 하위 그룹에 속할 수 있다는 의미이다. 세계에는 서로 다른 문화 그룹에 속해 있다고 주장하는 수천만 명의 사람들이 있기 때문에, 그들이 가지는 문화 해석과 문화 다양성의 의미는 서로 다르다. 결과적으로, 사람들 사이의 차이점은 사람들이 동질적이지 않고 오히려 다른 특성을 가진 개인 그룹이 있다는 것을 나타내고 있다.

문화 다양성은 다문화라고 언급되기도 한다(http://en.wikipedia.org/wiki/Cultural_diversity). 다문화는 각 사회가 동등한 지위를 가지고 특정한 문화와 종교 그룹으로 구성될 수 있으며, 이러한 개념을 허용하거나 옹호해야 한다는 이데올로기이다. 어떤 나라들은 이민자 그룹의 문화 정체성을 보존하는 것을 목표로 하면서 공식적인 다문화정책을 실시하고 있다. 이러한 맥락에서 다문화는 어떤 한 문화가 지배적이지 않고, 특정한 문화와 종교 그룹에게 동등한 지위를 부여하는 사회를 지지한다. 그러나 이 용어는 지배적이고 토착적인 문화 외의 소수 이민 문화로 이루어진 사회를 설명하는 데에 더 흔하게 사용되고 있다. 다문화는 상호 문화(interculturalism)라는 용어로 쓰이기도 하는데, 이 용어는 그 사람들이 어떤 언어를 사용하는지에 달려 있다. 예를 들면, 영어를 사용하는 유럽인 연구자들은 대개 다문화라는 말을 사용하고, 영어를 사용하지 않는 연구자들은 상호 문화라는 말을 사용한다(군다라, 2000년). 또한 다문화는 그 사회구성원들 사이의 민족과 종교 그룹 등이 다른 것을 말하며, 상호 문화는 각각 다른 사회 구성원들 사이의 상호 교류, 협상 그리고 그러한 과정을 의미한다. 또 다른 견해는, 상호 문화라는 말은 두 개의 문화적으로 다른 두 개의 그룹 사람들에 대한 언급이고, 다문화는 두 개 이상의 문화적으로 다른 그룹 사람들에 대한 표현이다. 따라서 다문화라는 용어는 다중의 문화에 대하여 언급할 때 사용될 수 있을 것이다.

3) 문화 다양성의 개념이 어떻게 발전하는가?

인류학자들 주장에 의하면 인류는 아프리카에서 2백만년 전에 처음으로 등장하며 서로 다른 조건과 기후에 적응해 가면서 전 세계로 퍼져 나갔다는 것이 정설로 인정되고 있다. 그 결과로서, 서로 다른 아주 많은 분화된 사회가 지구에 등장했다는 것이다. 이러한 사회들 사이에서 발생한 수많은 차이점들이 오늘날까지 지속되고 있는 것이다.

4) 문화 다양성을 어떻게 측정하는가?

문화적 다양성은 측정하기가 어렵다. 문화적 다양성을 나타내는 좋은 표시는 인종, 민족, 종교, 지역 혹은 세계에서 말해지는 언어들의 숫자이다. 예를 들어서, 언어를 측정해 보면 지구 문화의 다양성이 감소하고 있는 것을 볼 수 있다. 현재 전 세계에서 사용되어지는 10% 미만의 언어가 100년의 시간 안에서 쓰이고 있다. 2주일마다 한 언어가 사라지고 있다(데이비드 크리스털, 웨일스 대학 언어학과 명예 교수). 이러한 언어의 감소는 이민과 제국주의 때문이다. 국제 생존(Survival International)이나 유엔교육과학문화기구(United Nations Educational, Scientific and Cultural Organization : UNESCO) 같은 국제기구는 위협받는 사회와 문화를 보호하고, 문화적 다양성과 문화 상호 간의 대화를 촉진하기 위해서 노력하고 있다.

5) 문화 다양성이 중요한가?

문화 다양성은 지구에 있는 인간의 장기간의 생존을 위해서 아주 중요하다. 유네스코에 따르면, 서로 다른 많은 문화, 특히 토착 문화는 종의 보존이나 삶에 대한 생태계의 보존만큼이나 인류에게 중요하다. 그러나 이러한 주장은 몇가지 이유로 무시된다. 첫째, 생존을 위한 문화적 다양성의 중요성은 인정되거나 인정되지 않거나 할 수 없다는 것이다. 둘째, 덜 발달된 사회와 그 문화를 보존하는 것은 비윤리적인데, 그 이유는 그 구성원들이 '개발된' 사회의 사람들이 누리는 기술적 발전과 의학적 진보의 혜택과 접근을 부정하는 것이기 때문이다. 마지막으로, 문화적 다양성을 줄이고 모든 다른 사회가 따르는 오직 한가지 모델을 지지하는 것이 개인의 최대 이익이며 인간적인 것이라고 확신하는 강한 종교적인 신념을 가진 사람들이 많다는 것이다.

6) 문화 다양성의 혜택

한 회사가 작업장에서 문화적 다양성에 관심을 기울인다면, 회사의 생산성에 큰 자산으로 활용될 수 있으며, 그 회사는 업무효율을 증가시키고 근로자들의 능력과 기술을 자본화할 수 있다. 작업장에서 문화 차이의 범위가 더 넓을수록 조직은 더 풍부해지고 그 수행능력이 더 능숙해진다. 문화적 차이를 이용하고 문화적 다양성을 운영하는 능력은 회사에게 경쟁력의 강점을 가져다준다. 문화적 다양성은 더 큰 혁신과 창조성 그리고 소비자 요구에 대한 반응을 이끌어낼 수 있다. 또한 작업장의 효율성과 효과적인 경쟁을 유도하고 있다.

문화적 다양성을 유인하고 운영하는 능력은 또한 서로 다른 소비자 시장에서 더 큰 민감성과 만족감을 개발할 수 있다. 서로 다른 문화를 가진 사람들로부터 제안된 상품 개발은 더 다양한 소비자들에게 성공적이고 소비자들의 입맛에 맞출 수 있다. 서로 다른 문화를 가진 사람들은 서로 다른 소비자들의 요구를 더 잘 이해하고 그러한 요구를 맞춰주는 것이다. 소비자들의 서로 다른 요구를 맞춰주는 상품은 소비자들의 주목을 끌고 더 많은 수요를 만들어내게 된다.

7) 관광산업과 환대산업에 대한 문화적 다양성의 영향

전 세계의 관광산업과 환대산업에서 운영되고 있는 회사의 경영은 문화적 차이 때문에 고용인들의 업무 스타일, 기대 그리고 윤리와 관련된 문제를 가질 수 있다. 즉, 의사소통의 부족 그리고 업무 스타일과 윤리의 차이점 때문에 문제가 발생할 수 있다. 어떤 사람의 가치와 신념은 다른 사람의 행동과 태도에 대하여 이해를 못할 수도 있다. 문화적으로 다양한 그룹에서 발생하는 오해의 많은 부분은 민족중심주의 때문일 수 있는데, 이것은 자신의 문화에 우선을 두고 다른 사람들의 문화를 그에 종속시켜서 평가하려고 하는 것이다. 문화중심주의와 타 문화에 대한 제한된 지식은 다른 사람들에 대한 객관적인 평가와 이해를 방해할 수 있다. 이러한 실수는 작업환경에서 심각한 결과를 초래할 수 있다.

문화적으로 서로 다른 고용인을 관리하고 문화적으로 서로 다른 고객 시장을 유인하기 위해서 그 고용인과 소비자의 주변 문화를 알고, 그들의 권위 있는 문화적인 관습을 배우고, 왜 그들이 그렇게 하는지를 이해해야 할 필요가 있다.

관광산업과 환대산업에서 고객들에게 서비스를 전달할 때 문화적 오해가 종종 일어난다. 즉, 미국으로 가는 유럽 여행자들은 물 컵에 얼음덩어리가 가득 찬 것을 원하지 않고, 미국 여행자들은 자신의 음료수 컵에 얼음 덩어리가 두 개만 있는 것을 보고 실망한다. 문화적 오해는 서비스를 하는 직원에게도 일어날 수 있다. 미국 웨이터들은 봉사료를 주지 않는 유럽 여행객들에게 부정적인 태도를 발전시킬 수 있다. 유럽에서는 대개 봉사료를 주는 것이 관행화되어 있지 않다. 계산서에 항상 15~20%의 봉사료가 포함되어서 나온다. 유럽 여행자들은 미국에서 봉사료를 주는 관습을 상기해야 할 필요가 있고, 미국의 사업자들은 유럽의 서로 다른 봉사료에 대한 관행을 들어야 할 필요가 있다. '봉사료 주는 것을 잊어버림'은 미국으로 가는 유럽 여행객들에게 나쁜 인상을 줄 수 있고, 손님과 주인 간의 사회관계에 부정적인 영향을 줄 수 있다. 마찬가지로 유럽 여행객들로부터 봉사료를 요구하는 것은 미국의 사업자들에 대한 나쁜 인상을 줄 수 있다.

관광객, 지역 그리고 기업전문가들이 이러한 문화적 차이를 인식한다면 문화적인 실수의 많은 부분은 피할 수 있다. 고객과 고용인들 사이의 원만한 사회적 접촉의 질은 고객이 느끼는 서비스의 질과 상품에 대한 만족도에 영향을 미치게 된다. 그래서 관광산업과 환대산업의 대표자들은 상품제공자와 고객 사이의 개인적 관계에 있어서 문화적 차이를 관리하는데 더 많은 관심을 기울여야 한다. 문화적 차이를 인식하고 그것을 어떻게 관리하느냐 하는 것이 미래의 관광시장 성공에 가장 중요한 척도의 하나가 될 것이다. 다음의 두 가지 예들은 중국 관광객들에게 더 나은 만족을 주기 위해서 유럽기구에 의해서 추진된 전략을 말해준다.

2005년에 3,100만 명 이상의 중국인들이 해외여행을 했다. 프랑스 국립관광기구인 Maison de La France는 중국관광객의 여행 목적지로서 프랑스의 잠재적 가치를 결정하기 위한 연구를 위임했다. 이 연구에 따르면, 프랑스는 향후 5년 안에 중국인들이 방문 예정지로서 상위권에 속하는 국가로 나타났다. 수많은 중국인들이 환대산업에 등장할 것을 인식하고서, Maison de La France는 실용안내 가이드북 '중국 관광객을 위한 올바른 환영 방법(touristes cbinots : comment bien les accueillir?)'을 발간했다. 이 가이드 북은 새로운 관광시장 분야를 유치하고 만족도를 높이기 위하여 관광 관계업계에 유익한 정보를 제공하고 있다. 특히 중국 여행자들의 여행 만족도를 위하여 관광전문가들에게 실용적인 조언을 주고 있다.

유럽 호텔업계의 선두주자인 아코르(Accor)는 증가하는 중국 여행객들의 수요를 예상하고, 유럽 호텔에 대한 상품 개발 전략을 도입했다. 즉, 아코르는 호텔 매니저와 조리장 그리고 직원들에게 다양한 훈련 전략을 도입해서, 그들이 중국 여행객들의 특정한 요구와 기대에 더 잘 이해하고 응대할 수 있도록 했다. 더 많이 알고 싶고, '중국친화적'이 되고 싶어 하는 호텔에 대하여 아코르는 '중국 관광객에 대한 최고 서비스 기준' 증명서를 제안했다. 이 호텔들은 중국어를 하는 직원을 고용하고, 중국 신문, 중국 텔레비전, 온수 코너와 객실에 주전자를 배치하고, 쌀죽과 국수를 곁들인 중국식 아침식사를 준비했다.

2. 문화 다양성에 대한 유네스코 일반선언문

1945년에 유네스코는 문화적 다양성의 중요성을 인정했다. 그 임무 중 하나는 아이디어, 교육, 문화 그리고 지식의 자유로운 흐름을 촉진하여 사람들 사이의 상호 지식과 이해를 장려하는 것이다. 유네스코의 문화 다양성에 대한 일반선언문은 문화 상호 간의 대화와 문화 다양성에 대한 존중과 관용이 세계 평화를 위하여 필수적이라고 언급하고 있다. 선언문은 정보와 커뮤니케이션 기술의 급속한 발전과 글로벌화가 문화 다양성을 위협하고 있지만, 동시에 문화와 문명 사이의 대화를 만들 조건을 만들어내고 있다고 하였다.

이 선언문은 2001년에 파리에서 채택되었다. 이 선언문은 어떻게 좀 더 개방적이고 창조적이며 민주적인 세계에서 살아나가는가에 대한 일반적인 가이드라인을 규정하고 있다. 이 선언문은 문화 다양성을 인류의 공동유산 수준으로 끌어올렸다. 즉, 문화 다양성은 교환, 혁신 그리고 창조의 근원이며, 생물 다양성이 인류에게 필연적인 것처럼 문화 다양성도 이와 같다고 보았다. 이 선언문에 따르면, 문화 다양성은 인류의 생존과 현재와 다음 세대를 위한 인간의 기본권으로 간주되어야 한다. 문화 다양성은 보장되어야 하며, 차별과 근본주의를 방지하는 절차가 필요하다. 각각의 개인은 스스로 다양한 사회 안에서 자신의 정체성에 대한 다양성을 인정해야만 한다. 문화적인 상품과 서비스는 정체성, 가치 그리고 의미의 상징이다. 단지 상품이나 혹은 소비품으로 간주되어서는 안 된다. 문화 다양성은 문화산업에 의해서 표현되며, 지속 가능한 발전의 강한 공헌자가 될 수 있다. 유네스코의 사무총장인 마추라(2001년)에 따르면 이 선언문은 인간적인 글로벌화를 가능하게 하며 인류 발전을 위한 뛰어난 도구이다. 다음은 이 선언문의 11개 조항의 일부 문장이다.

1조 – 문화 다양성 : 인간의 공통유산

문화는 시공간을 초월하여 다양한 형태를 가진다. 이러한 다양성은 인류를 만드는 그룹과 사회의 특유성과 다원성의 정체성으로 구현된다. 교환, 변혁과 창조의 원천으로서, 문화 다양성은 자연에게 생물 다양성이 필수적인 것처럼 인류에게 필수적이다. 이러한 의미에서 볼 때, 인간의 공통유산이며 현재와 미래 세대에게 혜택을 주기 위해서 인식되고 확인되어야 한다.

2조 – 문화 다양성에서 문화 다원주의로

다양한 우리 사회에서, 다원적이고 다양하며 역동적인 문화 정체성을 가진 사람들이 서로 함께 살려는 의지뿐만 아니라, 서로 조화로운 상호 관계를 확실히 하는 것이 필수적이다.

3조 – 발전의 요소로서의 문화 다양성

문화 다양성은 모두에게 선택범위를 넓게 한다. 그것은 발전의 근원 중의 하나이며, 단순히 경제성장의 면으로서만이 아니라 좀 더 만족할 만한 지적, 정서적, 도덕적이고 영적인 존재를 획득하는 방법으로서 이해되어야 한다.

4조 – 문화 다양성을 보장하는 것으로서의 인권

문화 다양성의 보호는 인간의 존엄성과 분리될 수 없는 윤리적인 명령이다. 이것은 인권과 근본적인 자유, 특히 소수집단과 토착민에 속한 사람들의 권리에 대한 약속을 의미한다. 아무도 국제법에 의해서 보장된 인권을 제한하거나 또는 그 영역에 제한을 두기 위해서 문화 다양성을 이용할 수 없다.

5조 – 문화 다양성을 위한 환경 조성을 가능하게 하는 문화적 권리

문화적인 권리는 인권의 통합적인 한 부분이고, 보편적이며 분리될 수 없는 독립적인 것이다. 따라서 모든 사람은 그들의 선택, 특히 그들의 모국어로 자신을 표현하며 일을 만들고 전파할 수 있는 권리를 가진다. 모든 사람은 그들의 문화 정체성을 충분히 존중하는 동등한 교육과 훈련을 받아야 한다. 그리고 모든 사람은 인권과 근본적인 자유를 가지면서 자신들의 선택에 따라서 문화적인 삶에 참가하고 자신의 문화를 수행할 권리를 가지고 있다.

6조 – 문화 다양성에 대한 모든 사람의 지향

말과 글로 표현된 아이디어의 자유로운 흐름을 보장함과 동시에, 모든 문화가 그들 스스로를 표현하고 알려지게 할 수 있도록 해야 한다. 표현의 자유, 미디어의 다원주의, 다중언어주의, 디지털의 형식을 포함한 예술과 과학적이고 기술적인 지식에 대한 동등한 접근과 모든 문화가 표현과 전파의 수단에 접근할 수 있는 가능성들이 문화 다양성을 보장하는 것이다.

7조 – 창조성의 원천으로서의 문화적 유산

모든 형태로서의 유산은 인간의 경험과 영감으로서 미래 세대에게 보존되고 강화되고 접근 가능해야 하며, 그 모든 다양성의 창조성을 촉진하고 문화 사이의 진정한 대화가 있어야 한다.

8조 – 문화적인 상품과 서비스 : 특정한 종류로서의 상품

다수의 창조성을 갖는 상품, 저자와 예술가의 권리에 대한 정당한 인정, 문화적인 상품과 서비스에 대하여 특별한 주의가 있어야 하며, 이것은 정체성의 양이나 가치와 의미가 단순한 상품이나 소비품으로서 취급받아서는 안 된다.

9조 – 창조성의 촉매제로서의 문화정책

문화정책은 스스로 지방과 글로벌 수준이라고 확신하는 문화산업을 통하여 다양화된 문화상품과 서비스를 생산 및 전파할 수 있는 조건을 만들어야 한다.

10조 – 전 세계적인 창조와 전파에 대한 능력 강화

모든 나라들 특히 개발도상국가와 전환기에 있는 나라들은 국가적이고 글로벌 수준에서 실행 가능하고 경쟁력 있는 문화산업을 목표로 하며 국제 협력과 연대를 강화하는 것이 필요하다.

11조 – 공공부문, 사적 영역과 시민사회의 파트너십 조성

문화 다양성의 촉진은 지속 가능한 관광산업 발전에 있어서 가장 중요하다.

3. 문화 다양성의 미래

글로벌한 산업에 있어서 문화 다양성의 중요성은 점점 증가할 것이다. 그 이유는 다음과 같다.

(1) 다문화 노동력의 증가 : 관광산업과 환대산업은 글로벌화되어 간다. 기업은 다양화되고 그들은 사업을 가능한 해외로 확대해서 발전시키고 있다. 영국, 일본 그리고 미국의 많은 기업들은 매니저와 임원들을 해외에서 근무하도록 보내고 있다. 필요한 기술 인력을 갖추지 못한 나라들은 자국의 환대산업의 매니저들을 해외에서 경험을 쌓도록 내보내고 있다.

(2) 국제적인 소유의 증대 : 유럽의 경제 통합과 함께 전 세계를 통한 국제적인 소유의 증대는 외부에서 일하는 매니저와 고용인들의 수의 증가를 가져왔다. 예를 들면, 지난 세기에 일본의 회사들은 호텔 기업들을 포함해서 많은 미국 기업들을 사들였다. 호주는 해외의 외국인 직접 투자를 많이 하고 있다.

(3) 이민의 증가 : 많은 사람들이 삶의 조건을 향상시키기 위해서 다른 나라로 이민을 간다. 예를 들면, 동아시아와 남아시아의 2백만 이상의 사람들이 고향을 떠나서 다른 곳으로 일을 하기 위해서 갔다. 많은 사람들이 승무원과 요리사로서 환대산업과 관광업으로 들어갔다. 더구나, 50만 명의 동유럽 사람들이 매년 이민을 떠나는 것으로 추정되어지고 있다. 그 결과 관광업과 환대산업은 현존하는 매니저나 고용인들보다도 서로 다른 민족과 문화를 가진 고용인들에게 점점 더 의존하게 될 것이다.

(4) 인구 변화 : 인구 예상은 미국의 산업이 2010년 이후에는 급격하게 다른 노동자 집단으로 구성되리라고 본다. 인력은 더 천천히 증가하며 더 나이들고 여성과 소수민족들을 더 포함하게 될 것이다. 여성이며 백인이 아닌 이민자들이 새로운 인력의 50% 이상을 차지할 것이다. 현재 미국에서 민족과 인종 다양성의 비율은 72%가 백인, 13%가 아프리카계 미국인이며, 11%가 히스패닉이고, 3%가 아시안이며, 1%는 미국 원주민이나 에스키모인이다(2005년). 미

국에서 2010년이 되면 히스패닉 계열이 가장 큰 소수민족 그룹이 될 것으로 예상되고 있다. 예를 들면, 플로리다주의 히스패닉 주민들은 최근에 스페인어를 정부 업무의 공용어로 사용하는 권리를 취득했다. 현재 히스패닉은 마이애미 인구의 65% 이상을 차지한다. 아프리카계열의 미국인 그룹은 인구의 15%까지 차지할 것으로 예상되고 있다. 이러한 비율은 다음 20년 동안 급격하게 증가할 것이다. 아시안이나 태평양제도 인종인 그리고 미국 원주민과 같은 소수 그룹도 다음 세기에도 증가할 것이다. 백인이며 히스패닉계가 아닌 인구는 다른 그룹에 비해서 빠르게 증가하지 않고 있다. 결과적으로, 미국은 주류 민족이 없는 문화적 소수자들의 혼합으로 향하고 있다. 더구나 어떤 소수 그룹은 새로운 주류가 될 것이다.

변화하는 인구, 증가하는 국제적 소유, 이민의 증가 그리고 다문화는 인력의 구조와 구성에 많은 간접적인 악영향을 준다. 예를 들면, 2005년에 모든 소수민족은 총 인력의 50%를 차지했다. 여성과 히스패닉의 중요성은 2020년까지 상당히 증가할 것으로 예상되고 있다. 여성은 2005년에 미국 인력의 48%를 차지했고 2020년까지 인력의 68%를 차지할 것이다. 이와 더불어서, 히스패닉은 2005년에 인력의 11%를 차지했고 2020년까지 14%에 상당할 것이다. 백인이면서 히스패닉이 아닌 사람들의 비율은 73%(2005년)에서 68%(2020년)로 감소할 것이다(표 2.1 참조).

표 2.1 미국 노동 인력

	1995년 비율	2005년 비율	2020년 비율
백인, 비히스패닉계	76%	73%	68%
여성	46%	48%	68%
히스패닉	9%	11%	14%
아프리카계 미국인	11%	11%	11%
아시아계 미국인	4%	5%	6%

2020년의 인력, 허드슨 연구소

4. 관광업과 환대산업에 대한 도전

진정한 다국적 기업은 문화적 다양성을 경쟁력의 장점으로 이용할 수 있는 기업이다. 문화적 다양성은 서로 다른 환경과 서로 다른 가치와 기대를 가진 인력자원으로부터 나온다. 도전은 인구 구조의 변화추세에 대응하고 인간의 다양성을 이해하고 그것을 기업의 이윤과 경쟁력을 상승시키는 데에 효과적으로 이용한다. 불행하게도, 많은 기업들이 문화 차이를 경쟁력에서 장점의 근원으로 생각하고 있지 않은 것 같다. 그들은 다양성을 여성과, 다른 연령층의 사람들을 통합시키는 것으로 이용하는 것 같다. 문화적 다양성과 다문화와 다인종 그룹의 기술은 무시되는 경향이 있다.

문화적 다양성은 무시될 수 없다. 국제적인 환경에서 수행되는 관광업과 환대산업은 문화적인 다양성을 가진 인력과 그들을 어떻게 관리할 것인가를 배워야 한다. 문화적으로 다른 사람들에 대한 효과적인 관리는 관광산업의 성공에 결정적인 중요성을 가지고 있다. 관광업의 매니저들은 문화적인 인력경영에 좀 더 많은 주의를 기울여야 한다.

사람들의 문화적인 성향에 있어서 문화적 다양성과 차이는 변혁과 배움, 실패 인정, 팀의 기능, 수행 영역의 평가, 의사소통 방식, 그룹 가입, 기술의 수용과 사용, 도전에 대한 태도, 충성심 그리고 일과 레저에 대한 태도에 영향을 준다. 기업의 고용인과 고객의 문화에 대한 지식은 고용인과 고객이 어떻게 행동하며 어떻게 관리하고 어떻게 마케팅을 할지에 대한 이해에 중요하다. 문화는 다른 사회 그룹의 적절한 행동, 작업장에서 구성원의 역할, 사회적 지위의 연관성, 목표 그리고 사회적 동의와 인정받는 방법을 정의한다. 문화는 무엇이 적절한지와 적절하지 않은지의 용어로서 사회규칙과 관행을 정의한다.

관광업과 환대산업은 다문화 환경에 적응해야 하고, 그렇지 않으면 고객과 고용인의 관계는 위협받을 것이다. 예를 들면, 서비스 기대에 있어서 문화적 차이는 직원 사이의 좌절과 고객 사이의 불만족으로 나타날 수 있다. 그래서 문화적으로 다른 고객에 대한 이해를 직원들에게 훈련시키는 것이 필요하다.

문화적으로 다른 시장이 관광산업의 미래가 될 것이다. 대부분 관광객들은 항상 영어에 익숙하지 않은 서로 다른 문화적인 배경을 가진 국제적 관광객들이다. 특히 동유럽과 아시아 출신의 여행객들의 숫자가 증가할 것이다. 이러한 여행객들은 문화적으로 다양한 잠재적인 고객들의 집합이므로, 마케팅과 서비스 제공에 있어서 문화적인 접근이 요구된다. 고객이 어떻게 다른가를 이해하는 것은 관광업 매니저, 감독관 그리고 고용인들에게는 의무가 된다. 문화적인 경쟁력이 관광산업의 미래 성공을 위한 가장 중요한 용어가 될 것이다. 영어 이외의 언어구사능력과 문화에 대한 인식과 이해가 성공의 열쇠가 될 것이다. 다른 문화와 영어 이외의 다른 언어를 가진 사람들에게 국제적인 마케팅의 경영을 가르칠 기회가 주어져야 할 것이다.

결론적으로, 관광업과 환대산업은 사람 중심이다. 이 산업은 사람에 의해서 그리고 사람을 위한 것이다. 관광업과 환대산업들의 진정한 잠재력은 사람에게 달려 있다. 각각 개인의 차이는 조직에 독특하고 특별한 선물을 준다. 고용인들과 고객들 사이의 문화적 차이는 기업을 만들 수도 있고 망칠 수도 있다. 기업이 미래에 부흥하려면, 관광업의 다국적기업 매니저들은 문화적으로 다양한 그룹으로부터 오는 증가하는 사람들에게 유연하게 적응해야 한다. 관광산업 대표자들은 독특한 사람과 문화적인 기술을 구분하고 적절하게 활용해야 한다.

요 약

다양한 인구, 다양한 사회문화적, 경제적인 특성과 종교 그리고 신념을 가진 사람들이 서로 다른 나라와 대륙에서 살고 있다. 그들의 다른 행동과 가치는 여러 나라와 지역에서 넓은 문화적 다양성을 반영한다. 미국에서는 인구의 3분의 1이 다문화 혹은 다민족 그룹이다. 미국에 살고 있는 3개의 주요 인종 그룹은 아프리카계 미국인, 히스패닉 그리고 아시아계 미국인이다. 문화적 다양성은 문화 다원주의로 언급되는데, 이것은 그 구성원이 서로 다른 민족과 종교 그룹이라는 사회적 속성을 나타낸다. 문화적 다양성은 이러한 그룹들에 대한 동등한 지위와 권리를 존중한다.

문화적 다양성은 지구에 사는 인류의 장기간 생존에 중요하다. 그 중요성은 2001년에 채택된 유네스코의 '문화 다양성에 대한 일반선언문'에 의해서 인정되었다. 문화적 다양성은 작업장에 더 큰 변혁, 창조성, 소비자 요구에 대한 반응, 생산성 증가 그리고 더욱 효과적인 경쟁을 포함한 수많은 혜택을 가져다준다. 문화적 다양성은 관광업과 환대산업기구의 관리방식과 관행을 결정한다. 기업의 고용인과 고객의 문화에 대한 지식은 그들이 어떻게 행동하고 어떻게 관리해야 할지를 이해하는 데에 중요하다.

글로벌한 산업에 있어서 문화적 다양성의 중요성은 다문화적인 인력과 이민의 증가, 증가하는 국제적인 소유권 그리고 인구와 인력 구조와 변화 때문이라고 할 수 있다. 관광업과 관광산업에 대한 주요한 도전은 문화적 다양성을 경쟁력의 장점으로 이용하는 것이다.

논점과 질문

1. 전 세계에 걸쳐서 문화적 다양성이 증가하는 주요한 이유는 무엇인가?
2. 문화적 다양성의 개념은 문화다원주의와 같은가?
3. 관광업과 환대산업에서 상호 문화적인 인력을 관리하는 것이 왜 기회가 되는가?
4. 관광업과 환대산업에서 상호 문화적인 인력을 관리하는 것이 왜 도전이 되는가?
5. 유네스코의 '문화 다양성에 대한 일반선언문'의 주요 내용은 무엇인가?
6. 한 대륙 이상에서 사업장과 근로자들을 소유하고 있는 환대산업 기업체들을 말해 보시오.

사례 연구 2.1 파리의 미국인

지난 몇 세기 동안 국제적인 기업들이 크게 성장했다. 관광산업에서 대규모의 여행 재벌들은 전 세계의 대부분의 나라들에 사무실을 가지고 있다. 서로 다른 민족과 문화 배경을 가진 사람들이 같은 회사를 위해서 일한다. 이러한 인력자원의 다양성은 의사소통 문제, 업무 추진에 대한 서로 다른 인식 그리고 태도와 업무 방식을 만들 수 있다.

이것을 알아보기 위해서 파리의 미팅에 참석한 미국인의 프랑스인에 대한 관점의 예를 들어보자. 미국의 대규모 관광업자의 판매부 대표인 미국인이 새로운 홍보 전략에 대한 아이디어를 결정하려고 프랑스의 사무실에 있는 담당자를 만나러 가기로 했다. 미팅은 월요일 아침 9시에 예정되어 있다. 그 미국인은 일요일에 비행기를 타고 파리로 가서 월요일 밤에 돌아오기로 결정한다. 그는 마음속으로 프랑스 담당자와 사업에 대한 토론을 하루 만에 끝내는 것이 충분할 것이라고 생각하고, 심지어 미국으로 떠나기 전에 에펠 탑을 방문할 계획까지 가지고 있었다. 오전 9시에 그 미국인은 파리의 미팅 장소로 갔지만 만나기로 한 사람들이 아직 나오지 않은 것을 알았다. 결국, 9시 반이 되자 모든 참석자들이 도착하고 회의실에 모인다. 이제 모든 사람들은 커피를 들고 지난 주말에 무엇을 했는지를 가지고 잡담을 하고, 그 뒤에는 점심을 어디에서 먹을지를 가지고 길고 열기 띤 토론을 한다. 홍보 캠페인에 대해서는 단지 몇 분 동안 토론하고 나서는 누군가가 '교통체증' 때문에 지금 식당에 가야 한다고 외친다. 젊은 미국인의 마음을 누그러뜨리기 위해서 프랑스인 매니저는 그에게 걱정하지 말라고 말하면서 점심을 먹으면서 토론을 계속할 것이라고 말한다. 그러나 점심 식사 동안에 대화의 화제는 축구, 와인 그리고 세계 뉴스였고 미팅의 주제는 없었다.

오후 2시에 그들은 회의실에 돌아왔고, 프랑스인들이 그들의 노트북 컴퓨터를 가지고 온다. 이제 해야 할 토론을 건성으로 하는데, 대부분은 그들의 이메일이나 채팅을 하기에 바쁘다. 그러다가 오후 4시 30분이 되자, 프랑스인 매니저는, "어쨌든 중요한 결정은 저녁 식사 시간에 결정되니까"라고 하면서 8시 저녁시간에 미팅을 결론지을 것이라고 발표한다. 이제 그 미국인은 급히 전화를 해서 그의 비행 편을 하루 더 연장하고 호텔을 하루 밤 더 예약한다. 그는 이 중요한 저녁 미팅을 놓치고 싶지 않다.

저녁 식사 동안에 그들은 좋은 음식과 와인을 즐기면서 캠페인을 의논한다. 해야 할 프로젝트에 명확한 비전을 가지고, 좀 더 집중된 미팅 안건에 익숙했던 그 젊은 미국인은 그다음 날 사업 주제에 대해서 결정이 내려졌는지 아닌지에 대한 분명하지 않은 이해를 가지고 파리를 떠났다. 그 미국인은 그 프랑스인들이 미팅을 하는 방식에 대해서 혼란스러웠다. 그는 안건에 대한 관심과 전망 그리고 방향에 대하여 익숙했다. 그러나 "프랑스에서는 결정이라는 것은 자세한 실행 계획 없이 애매한 가이드라인을 내는 것"이었다.

국제적인 기업에서는 다른 나라에서 사업을 할 때에 그들의 고용인의 문화적이고 사회적인 차이점들을 이해하고 가르치는 것이 중요하다. 한 나라에서는 중요한 것이 다른 나라에서는 중요하지 않은 것으로 보일 수 있다. 한 나라에서는 관심의 대상이 다른 나라에서는 너무 자세한 것으로 보일 수 있다. 한 사회에서 권위 있는 것이 다른 사회에서는 오만하고 독선적인 것으로 비난받을 수도 있다.

i. Hall, E., & Hall, M.(1990). Understanding cultural difference, Yarmouth: Intercultural Press.

ii. Messier, J. M.(former CEO of Vivendi), www.understandfrance.org/France/Intercultural3.html에서 검색

사례 연구 2.2 긴장 상황에서의 창조성

한 미국 회사가 모스크바에 본부를 둔 국제적인 프로젝트에 대규모 투자를 하고 있다. 그들은 32세의 아프리카계 미국인 트리나와 세 명의 남자, 즉 26세의 유럽계 미국인 브라이언 화이트, 29세의 페루계 미국인 밥 벨라스께즈 그리고 28세인 중국계 미국인 데렉 찬이다.

모스크바에 도착하고 나서 트리나는 브라이언, 밥 그리고 데렉이 그녀를 초대하지 않고 무엇인가를 하고, 그녀는 일상의 대화에서 종종 배척당함을 느낀다. 그녀는 관심을 러시아인, 오스트리아인 그리고 이태리인 전문가들을 포함한 그녀의 외국인 동료들에게 돌렸다. 그녀는 모스크바에 있는 동안에 그녀가 할 수 있을 만큼 그들을 알고 배우고 경험하려고 더 많은 노력을 하려는 결심을 한다. 그녀의 노력은 러시아인들이 방문객들에게는 허용되지 않는 여행뿐만 아니라 크렘린의 발굴지에 대한 특별한 관광을 제안받을 만큼 보상을 받았다. 그녀는 환영과 축하를 받고 빨리 서너 명의 친구를 만들었다.

그녀의 미국 동료들은 트리나의 성공과 그녀가 받는 초대를 주목한다. 그들은 업무에 관한 대화 외에는 미국인이 아닌 동료들이 거의 접근하지 않는다. 그들은 화가 나서 공공장소에서 그녀를 '체첸 반군'이라고 부르게 된다. 모스크바에서 민족적인 긴장이 고조되어서, 그런 민족에 관계된 농담은 트리나에게 안전에 관한 문제가 된다. 트리나는 미국의 그녀의 상관에게 전화를 걸어서 도움을 요청한다.

이러한 상황을 당신은 어떻게 다룰지 설명해 보시오.

A. 이것은 보안 문제이다. 이것은 빠르고 효과적으로 처리되어야 한다. 브라이언, 밥 그리고 데렉은 비난받아야 한다. 보안과 안전정책이 직업적인 행동의 위반도 포함해야 한다.
B. 이것은 인종적이고 성적인 문제이며 그렇게 해결되어야 한다. 국내적인 다양성 훈련이 국제적인 임무에 통합되어야 한다.
C. 이것은 신뢰의 문제이다. 이 그룹은 서로를 잘 모르고 신뢰하지 않는다. 팀 구성 훈련이 고용인들의 수행능력과 관계 회복을 위해서 실시되어야 한다.
D. 이것은 사업적인 문제이다. 트리나는 그녀가 국제적인 팀으로 통합되도록 하는 창조적인 관계 맺기 전략을 사용하고 그녀의 회사에 경쟁력 있는 혜택을 제공했다. 그녀의 노력은 보상받아야 하며, 이런 종류의 미래의 프로젝트에서 최고의 예로서 사용되어야 한다.
E. 다른 설명.

Cameron, C., Ferteimeister, T., Yuzhakova, S., & Hofner, S.D.(2004). The cultural defective : Russia. www.culturaldetective.com. 또는 http://www.diversityhotwire.com/learning/diversity_dilemma.html.

사례 연구 2.3 '승진 비적합자' 승진시키기

대규모의 국제적인 회사가 미국, 러시아, 소말리아 그리고 일본에서 사업을 하고 있다. 조직의 승진 비율을 보고 난 뒤에, 다양성과 동등성의 책임을 맡고 있는 선임 부회장이 크게 실망했는데, 그 이유는 유럽계 미국인의 승진 비율이 아시아계 미국인이나 아프리카계 미국인, 히스패닉, 소말리아인, 러시아인 그리고 일본인의 승진 비율보다 세 배나 더 높았기 때문이다.

부회장은 이것이 무엇 때문인지를 정확히 알지 못했다. 그는 다양성에 대한 관심을 중심으로 인력담당부서와 협력해서 회사에 주요한 평등 프로그램을 설치하고 중요한 관리의 다양성과 EEO 관련 훈련 프로그램에 넣도록 했다.

고위 경영자들 사이의 일반적인 반응(대부분 유럽계 미국인)은 많은 비주류(미국, 러시아, 일본, 소말리아)의 관리직 지원자들이 적절한 대인 기술과 리더십 기술의 부족으로 승진을 원하지 않거나 혹은 단순히 중요한 관리직에 '준비가 안 되어 있기 때문'이라는 것이었다.

그 회사의 회장은 부회장이 아시아계 미국인, 아프리카계 미국인, 히스패닉, 러시아인, 소말리안 그리고 일본인 고용인들의 승진 비율을 올리기 위한 대책을 세우도록 요구했다. 그 대책 중에는 다음의 것들이 있다. ① 고용인을 위한 관리 기술 발전 훈련, ② 전문직의 역할을 구분하기 위한 문화 다양성에 관계된 관리 훈련, ③ 승진에 대한 중요한 가이드라인을 발전시키는 가정과 기대, ④ 수행능력과 승진 시스템의 강화, ⑤ 편견을 줄이기 위한 전 세계적인 모든 관리에 대한 워크숍. 이 중에서 당신은 무엇을 추천할 것인가?

Hammer, M. www.http://www.diversityhotwire.com/learning/diversity_dilemma.html

웹사이트 링크

1. 문화 다양성을 위한 유네스코 글로벌 협약(UNESCO Global Alliance for Cultural Diversity)
2. 문화 다양성을 위한 국제 네트워크(International Network for Cultural Diversity)
3. 위협에 처한 언어를 위한 재단(Foundation for Endangered Languages)
4. WikEd의 문화 다양성(Cultural Diversity in WikEd)
5. 다양성 중심 ('직장에서 문화 다양성을 위한 자원')
6. 방송 규칙과 문화 다양성
7. CEN/ISSS 문화 다양성 포커스 그룹
8. 아코르 호텔(Accor Hotels) : http//www.accorhotels.com

글로벌화된 사회에서는 문화적으로 다른 사람들 사이에서의 커뮤니케이션과 상호작용의 기회가 증가되므로, 우리는 다음 장에서 문화간 커뮤니케이션과 상호작용에 대하여 논의할 것이다.

PART 2

문화 이론과 관행

2부는 상호 문화의 맥락에서 사회적 상호작용과 커뮤니케이션을 설명하는 현재의 이론들을 요약하고 있다. 이 부분은 또한 전 세계적인 관행이 주인 문화와 문화 변화에 미치는 영향을 나타낸다. 이 부분의 목적은 문화의 의미와 관광객 행동에 주는 영향을 토론하기 전에 다양한 문화 이론과 관행을 알려주는 것이다.

상호 문화 이론

3 CHAPTER

이 장의 목표는 문화간 상호작용과 커뮤니케이션을 보여주는 것이다.

목 표

이 장을 끝내고 나면 독자들은 다음을 할 수 있어야 한다.

- 문화간 상호작용과 커뮤니케이션에 관련된 이론을 구분할 수 있다.
- 문화간 상호작용과 커뮤니케이션에 영향을 미치는 변수들을 구분할 수 있다.
- 사회적 상호작용과 커뮤니케이션에 대한 문화의 영향을 이해할 수 있다.
- 문화간 상호작용과 커뮤니케이션의 모델을 그릴 수 있다.

서론

문화간 상호작용과 커뮤니케이션은 서로 다른 특성을 가진 사람들 사이에서 상호작용과 커뮤니케이션을 문화라는 측면에서 다루고 있다. 이것은 개인 간 특별한 성향의 측면에서 대인 간 상호작용이나 커뮤니케이션과는 반대되는 개념이다. 문화간 상호작용과 커뮤니케이션 이론은 다른 나라와 문화를 가진 사람들이 그들 주변 세계와 상호작용하고, 의사소통하며 그리고 인식하는지를 이해하려고 하는 것이다. 이러한 대부분 이론들은 문화를 초월한 의미를 창조하려는 목적으로서 사회적 상호작용 그리고 커뮤니케이션과 연관된다. 이 이론들은 소비자 행동, 마케팅, 광고 그리고 웹 디자인과 같은 연구 분야에 적용될 수 있다. 산업이 점점 더 국제적으로 되면서, 사업을 하는 사람들이 고객과 고용인들과 어떻게 상호작용하고 의사소통해야 하는지를 배우는 것이 중요하다. 늘어나는 다문화 인구 때문에 상호 문화 이론은 오늘날 교육, 건강 의료 그리고 다른 공공 서비스에까지도 사용되고 있다. 더 나아가서 상호 문화 이론은 서로 다른 문화배경을 가진 관광객의 빠른 증가 때문에 특히 국제 관광업에서 중요성을 가진다.

1. 의사소통 지략 이론(CRT)

의사소통 지략 이론(CRT)(스피츠버그와 쿠파츠, 1984년)은 개인은 세 가지 종류의 자원 - 인지적(지식), 정서적(동기부여) 그리고 행동(기술)이 있는데, 다양한 사회적 상황(그림 3.1 참조)에서 이것들을 적절하고 효과적으로 활용하는 것이다. 지식은 주어진 상황에서 어떤 행동이 가장 적절한지를 아는 것을 말한다. 동기부여는 유능한 태도로 의사소통을 하고자 하는 욕구를 말한다. 기술은 주어진 맥락에서 가장 적절한 행동을 하는 능력이 있음을 말한다. CRT는 사람들이 문화적으로 서로 다른 이방인들과 사회적 상호작용에 접근하는지를 설명하고 있다. 어떤 사람들은 타인과의 문화 상호적 만남을 지식과 도전 그리고 배움의 자원으로 대하고(인지적 자원 이용), 어떤 사람들은 그것에 대하여 공포를 느끼고 걱정을 한다. 어떤 사람들은 자아와 자신에 의해서 동기부여가 될 수 있고(정서적 자원 이용), 어떤 사람들은 타인에 대해서 중점을 맞춘다. 어떤 사람들은 이방인들에 대해서 반응하고 그들로부터 배우기 위해 다양한 범위의 언어적 혹은 비언어적인 기술(행동적인 자원을 이용)을 발전시킬 수 있다. 또한 어떤 사람들은 이방인들에 대해 반응하지 않고 배우려 하지 않는다.

문화는 문화 상호 간의 만남에서 지식, 동기부여 그리고 기술을 발달시키는 데에 중요한 역할을 한다. 예를 들어서, 개인주의 문화의 구성원들은 대개 자기중심적이고 개인적 욕구를 만족시키는 데에 도움이 되는 기술을 발전시킨다. 비슷하게도, 불확실성을 아주 회피하는 사회 구성원들은 이방인과

그림 3.1 의사소통 지략 이론(CRT)

외국인들에 대해서 조심하며, 이방인들과 외국인들로부터 배우는 데에 있어서 어려움을 경험한다.

반대로, 불확실성을 별로 회피하지 않는 문화 구성원들은 개방적이고, 이방인들과 외국인들을 기꺼이 받아들이려 하며, 그들로부터 무엇인가 새로운 것을 배우려고 한다.

2. 에피소드 전달 이론(ERT)

에피소드 전달 이론(ERT) (포가스, 1983년)에 따르면, 상호교류 문화간 상호작용에 참여하고 의사소통하는 사람들은 사회적 에피소드에 대한 인지적 표현이 다를 수 있다. 즉 친밀 정도, 관여 정도, 친근감, 자아개념, 활동성, 상대방 평가, 업무와 관계 지향성, 불안감 그리고 가치관 등에 있어서 차이를 보이고 있다(그림 3.2 참조). 문화적 차이는 사람들이 사회적 에피소드를 어떻게 생각하느냐에 중요한 역할을 한다. 상호교류를 하는 사람과 의사소통을 하는 사람들 사이의 문화적 차이가 크면 클수록, 그들이 사회적 에피소드를 이해하기가 더 힘들어진다. 예를 들어서, 집단적인 문화(예 아시아)의 구성원들은 사회적 에피소드를 집단적 가치라는 면으로 인식하지만, 개인주의적 문화의 구성원들은 같은 사회적 에피소드를 경쟁력과 개인주의의 면

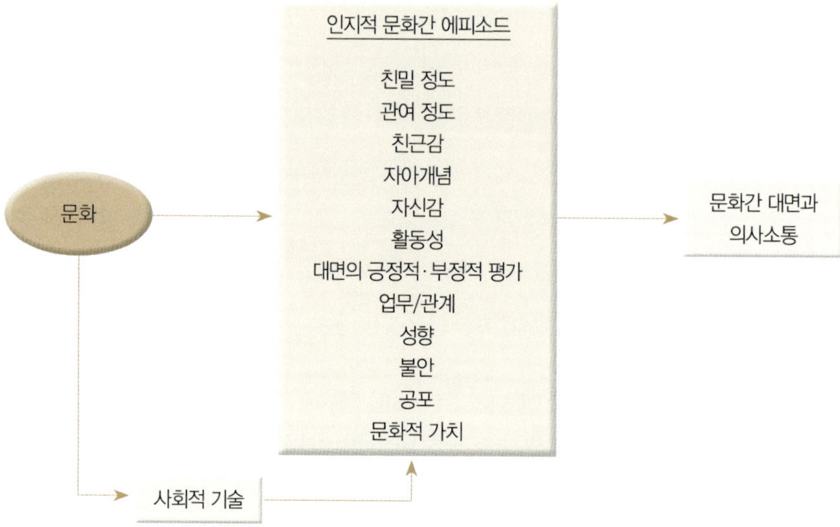

그림 3.2 에피소드 전달 이론(ERT)

에서 인식한다. 비슷한 경우로서, 고권력 거리 문화의 경우에는 사회적 에피소드를 유용성의 관점에서 인식하지만, 저권력 거리 문화의 경우에는 이와 반대로 이러한 에피소드를 쾌락과 즐거움의 측면으로 인식한다.

사회적인 에피소드의 차이점과, 문화간 상호교류에서 경험되는 어려움의 정도는 사람의 사교 기술에 의해서 결정된다. 예를 들어서, 사교 기술을 고도로 발전시킨 사람들은 사회적 에피소드를 긍정적으로 다루고 그것들을 높은 관여 정도, 강도 그리고 친근감으로 본다. 그러나 사교 기술을 발달시키지 못한 사람들은 사회적 에피소드를 부정적으로 보며 공포와 불안을 야기시킨다.

3. 기대 이론(ET)

기대 이론에 따르면, 사회적 행동과 의사소통은 타인의 행동에 대한 사람들의 기대에 의해 영향을 받는다고 주장한다. 즉, 메시지를 받은 사람은 그들이 하는 말에 어떻게 반응할 것인가에 대한 기대라고 할 수 있다(밀러·스테인버그, 1975

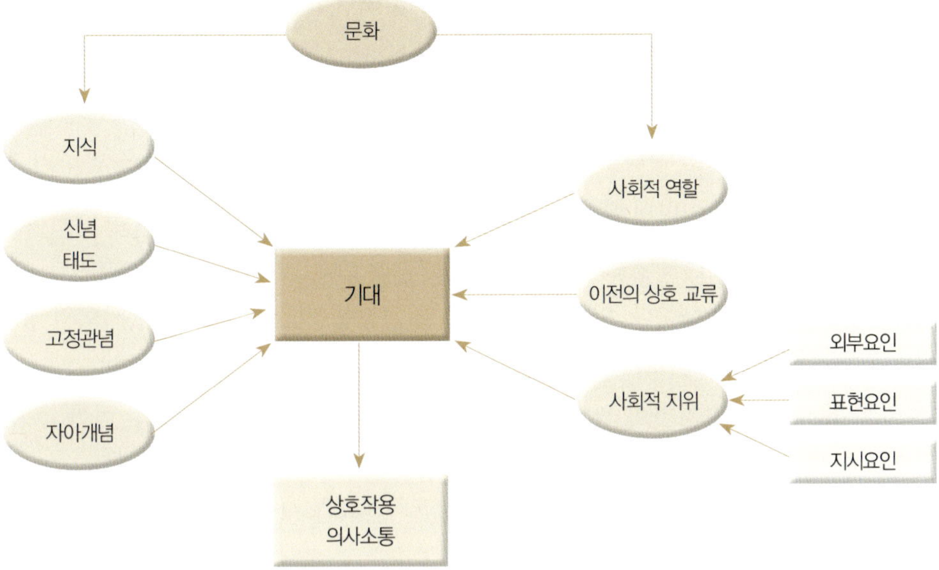

그림 3.3 기대 이론(ET)

년). 사람들의 기대는 그들의 지식, 신념과 태도, 고정관념, 자아개념, 사회 역할, 이전의 상호교류 그리고 사회적 지위에 의해서 결정된다(베르거와 젤디츠, 1985년)(그림 3.3 참조). 다른 사람에 대해서 가지는 지식과 정보가 더 정확할수록, 고정관념, 편견, 부정적 태도 그리고 기대 정도가 더 적어진다. 다른 사람에 대한 정확한 정보를 얻기 위해서, 사람들은 다른 문화의 구성원들과 직접적으로 상호 교류를 해야 한다. 질문을 하고, 관점을 나누거나 교환하며 자기 공개를 두려워 해서는 안 된다.

사람들의 자아 관념(그들이 스스로를 규정하는 방법)과 사회적 역할은 그들이 다른 사람들과 어울리고 다른 사람들의 행동에서 무엇을 원하는지에 영향을 준다. 예를 들어서, 사람들이 스스로 특별하고 유별난 존재로 인식하면, 다른 사람과의 상호작용과 의사소통은 대인관계적이 된다. 그러나 그들 스스로를 그룹의 한 구성원으로 인식하면, 그들의 상호작용과 다른 사람과의 의사소통은 그룹 내의 관계가 된다.

사회적 지위도 역시 다른 사람에 대한 기대를 결정한다. 사회적 지위는 외부적 요인(예 인종, 민족, 성별, 매력, 교육, 직업, 수입)과 표현 요인(예 눈 접촉, 말하는 스타일, 사투리) 그리고 지시적 요인으로 결정된다. 문화는 사람들이 지위를 획득하는데 중요한 역할을 한다. 예를 들어서 고권력 거리 문화(예 일본)에서 직업의 지위는 아주 중요해서 사람들은 상호 교류를 하려는 사람을 만나기 전에 그 사람에게 어떻게 말해야 적절한지를 알기 위해서 미리 그 사람의 직업을 알 필요가 있다. 사회적 만남과 대화의 시작에 교환하는 명함(meisihi cards)은 소지자의 지위를 말해준다. 다른 한편으로, 호주 같은 저권력 거리 문화 사회의 경우에, 다른 사람의 직업의 지위를 알려고 하는 것은 무례한 것으로 간주된다.

다른 사람의 행동에 대한 기대가 항상 충족되지는 않는다. 만약 A라는 사람이 B라는 사람에 대한 지식이 없거나 적절하지 않으면, A 자신의 문화가 우세해진다. 그 결과로서, A는 민족 중심적이고 고정관념을 가지며 혹은 B에 대한 편견을 발전시키게 된다. 기대 폭력 이론(Expectancy Violation Theory)에 따르면, 공동체의 규범이 침해당한 경우에, 침해당한 측이 위반자를 어떻게 인식하느냐에 따라서, 그 위반이 용인되거나 아닐 수도 있다. 따라서 B의 행동이 A의 기대에 맞으면 A는 B를 대개 긍정적으로 평가할 것이다. 그러나 B의 행동이 A의 기대를 저버린다면, A는 B를 부정적으로 평가할 것이다. 다른 문화적인 배경을 가진 문화간(inter-cultural) 만남에서는 문화 내부(intra-cultural) 만남에서보다도 파트너에 대한 부정적인 평가의 비율이 더 높다(호올리 등, 1989년).

4. 문화 정체성 협상 이론(CINT)

문화 정체성 협상 이론(CINT) (코리에르와 토마스, 1988년)은 서로 다른 문화적인 정체성을 가진 사람들 사이의 의사소통에 관계된 것이다. 다른 사람들과의 문화 상호적인 의사소통과 접촉 과정을 통해서, 사람들은 그들의 문화 정체성을 형성하고, 비교하고, 판단하고, 비판하고, 협상하고, 확인하고, 도전받는다는 것이다. 이 이론은, 문화적으로 서로 다른 사람들과의 상호작용과 의사소통으로 사람들은 시간개념, 느낌 혹은 활동과 같이 한 문화가 다른 문화와 서로 다른 고정성, 의견, 규범 그리고 의미를 협상한다는 것이다. 문화적 정체성은 의미의 해석에 영향을 미친다. 사람들이 문화적인 그룹을 구별할 때, 그 그룹의 가치와 상징 체계를 처리하거나 이해할 수 있으며, 그 그룹 구성원들과 문화적으로 적절하고 효과적인 행동을 나눌 수 있다. 성공적인 문화간 만남은 협약된 의미와 규범에 대한 협정이라고 볼 수 있다. 협정이 한 번 이루어지면, 문화적 정체성은 긍정적으로 강화된다(코리에르, 1988년) (그림 3.4 참조). 문화 정체성 협상 이론은 규칙, 규범, 느낌 그리고 심벌 해석의 유사점과 차이점을 구분하는 데에 매우 유용하다. 이 이론은 또한 모든 개인들이 많은 문화적 정체성을 가진다고 가정한다. 문화 정체성은 역동적이며 유동적인데, 그 이유는 그것이 상호작용에서 만들어지기 때문이다. 또한 세대에서 세대로 혹은 문화 그룹에서 새로운 방문자에게로 전달된다. 주어진 문화간 접촉에서 하나 혹은 더 이상의 특정한 문화 정체성이 두드러지게 될 수 있다.

그림 3.4 문화 정체성 협상 이론(CINT)

문화 정체성 협상 이론은 사회 정체성 이론(SIT)에 그 기원을 가지는데, 이 이론은 타즈펠(1978년)과 존 터너에 의해서 형성된 이론이다. 모든 개인은 그룹 간 만남에서 긍정적인 사회적 정체성을 추구한다고 한다. SIT에 따르면, 개인은 (1) 다른 사람(그리고 그들 자신)을 카테고리로 넣고 그것들을 무슬림이나, 터키 사람 혹은 피아노 연주자 등으로 이름을 붙이고, (2) 자부심을 고양시키는 데에 도움을 주는 특정한 그룹(혹은 그룹 안의)으로 정의하고, (3) 그룹을 다른 그룹에 비교하고 그리고 (4) 그들의 정체성이 다른 사람들의 것과 구별되기를 바란다.

5. 의미 분석 이론(Meaning of Meaning Theory)

의미 분석 이론(리차드스, 1936년)에 따르면, 사람들이 사용하는 말이 그 지시 대상(referent)과 직접 관련이 있다고 가정할 때 의미의 오해가 발생한다고 본다. 그러나 사용자의 말이나 단어는 자체만으로는 아무것도 의미하지 않는다. 의미는 사람들이 단어를 사용하는 방법에 의해서 만들어진다. 의미를 이해하기 위해서 사람들은 정의, 비유, 언어 혹은 예를 든다. 비슷한 문화적인 배경, 공통된 과거, 역사 그리고 전통이 의미의 이해를 촉진시키기도 하고 오해를 감소시킨다.

6. 문화간 의사소통 네트워크 이론(Network Theory in Intercultural Communication)

문화간 의사소통 네트워크 이론(염, 1988년)은 사회적 네트워크 이론(SNT)에 그 기원을 두고 있다. 이 이론에 따르면 개인은 사회관계의 네트워크 구조에서 두드러지며, 사람들의 가치, 비전, 아이디어, 친구, 연대감, 인종, 민족, 성별, 좋아하는 것과 좋아하지 않는 것, 분열, 일, 성적 관계, 업무관계 등으로 묶여 있다고 주장한다. 사회적 네트워크(그림 3.5 참조)는 매우 복잡하다. 개인들 사이에는 많은 종류의 사회관계가 있기 때문에 많은 네트워크가 있다. 사회적인 네트워크는 가족과 국가 수준에 이르기까지 많은 수준에서 작동한다. 지방 네트워크의 구성원들은 같은 가치와 정보를 공유하고 그들의 의사소통 방식은 융합된다. 국가나 혹은 지역적 네트워크는 의사소통의 면에서 다원화된다.

1800년대 후반의 SNT의 선구자는 에밀레 더크하임과 페르디난드 토니스였다. 그들의 주장에 의하면, 개인은 공유된 가치와 신념으로 서로 연결(gemeinschaft)되거나 또는 비인간적이고 형식적이며 도구적인 사회 연결(gesselschaft)로 되어 있다. 예를 들면, 개인들 L, M 그리고 N은 가까운 관계인 게마인샤프트(gemeinlschaft)를 구성하는데, 그 이유는 문화적인 가치와 신념을 서로 나눠서 가족 구성원이 되거나 혹은 그룹 안의 구성원이 되기 때문이다. 다른 한편으로는, 개인 C, D 그리고 F

는 게젤샤프트를 이루는데 그 이유는 그들은 형식적인 관계(예 업무)만을 가지고 있기 때문이다. 조지 시멜(1908년, 1971년)은 네트워크 크기와 그것이 사회의 상호작용에 미치는 영향의 중요성을 지적했다. 인간적인 상호작용은 네트워크가 작고 단합이 강할 때에 일어나고, 네트워크가 크고 연결 정도가 약할 때 형식적이고 업무적인 상호작용이 일어난다.

문화간 의사소통 네트워크 이론(염, 1988년)은 문화간 의사소통은 문화 내부의 의사소통보다 더 이종적이라는 가정에 그 근거를 두고 있다. 문화간 네트워크는 덜 치밀하고, 복합적이지 않으며, 강한 것보다는 약한 결합으로 묶여져 있고, 사회적 관계에 더 약한 영향을 주는 것 같다. 약한 결합과 사회적 연결을 가진 네트워크는 불필요한 결합을 가진 가까운 네트워크보다도 더 개방적이고 새로운 아이디어를 가지고, 새로운 경험을 추구하는 것 같다. 다른 말로 하면, 가까운 네트워크와 오직 서로에게만 상호작용과 의사소통을 하는 비슷한 그룹의 사람들(예 문화적으로 비슷한)은 동일하고 제한적인 지식과 기회를 가지는 것 같다. 또 다른 면에서는, 다른 사회적 네트워크(예 문화적으로 서로 다른 사회적 네트워크)와의 연결을 가진 열린 네트워크를 가진 그룹의 사람은 더 넓은 정보와 지식 그리고 기회에 접근할 수 있는 것 같다.

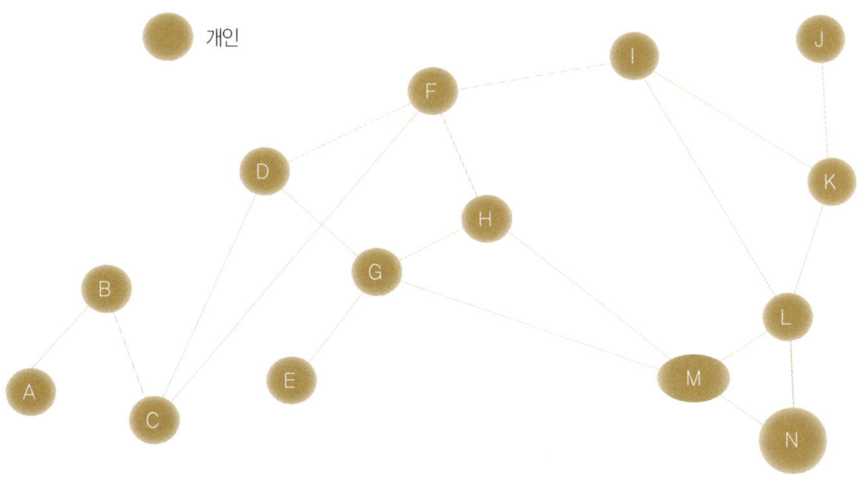

그림 3.5 사회적 네트워크 이론(SNT)

7. 분류학적 접근(Taxonomic Approach : TA)

분류학적 접근(TA)(사바흐, 1988년)은 의사소통의 참여자 사이의 유사점과 차이점을 수립한다. 차이점의 정도는 참여자의 동질성과 이질성의 수준에 관련되며, 동질성과 이질성의 연속에 따른 차이를 분류하는 데에 쓰인다. 이러한 연속체는 의사소통의 문화 상호성의 수준을 나타낸다(그림 3.6 참조). 참여자들의 (1) 세계관(삶의 본질에 대한 신념, 삶의 목적, 우주에 대한 인간의 관계), (2) 규범적인 패턴(좋은 사람이 되는 것에 포함되는 것과 관계되는 신념과 행동), (3) 신호체계(시공간을 포함한 언어적, 비언어적 신호) 그리고 (4) 인식된 관계와 의도(목표의 양립 가능성, 관계의 위계, 다른 사람에 대한 긍정적인 느낌이나 부정적인 느낌)에 있어서 동질적이고 비슷하면, 그들의 문화 상호성이 낮고, 의사소통은 최소의 노력만이 요구되고 매우 정확하다. 다른 한편으로 참여자들이 매우 이질적이거나 또는 위의 변수들과 다를 때에는 그들의 의사소통은 더 큰 노력을 필요로 하고 의사소통은 부정확해진다.

TA는 그룹 (1), (2), (3), (4)로부터 변수의 수많은 조합을 만드는 것을 허용한다. 또한 문화간 의사소통에 영향을 미치는 것은 차이의 존재가 아니라 차이의 정도이다. 차이의 양은 감지할 수 없는 것으로부터 극단적으로 큰 것까지 다양하다.

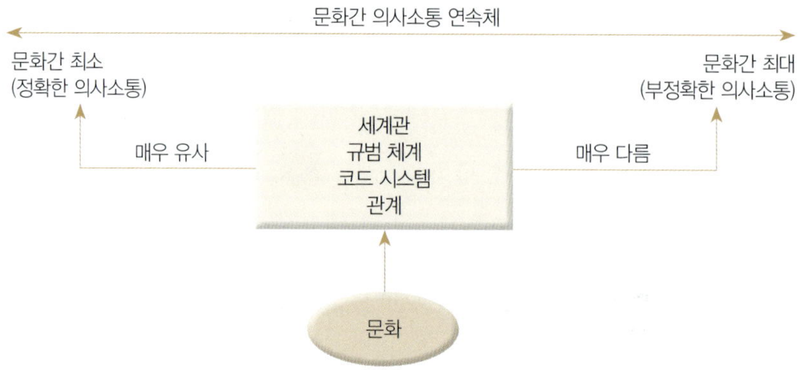

그림 3.6 분류학적 접근(TA)

차이점은 분류의 한 차원에서는 작지만, 다른 차원에서는 클 수도 있다. 문제는 의사소통의 결과에 어떤 차원에서 어떤 차이가 가장 큰 영향을 미치는가 하는 것이다.

8. 불안과 불확실성 관리 이론(Anxiety/Uncertainty Management Theory : AUMT)

불안과 불확실성 관리 이론(AUMT)(구디컨스터, 1988년)은 문화간 접촉에 있어서 그 초기 단계에서 문화적 차이가 클 때 불확실성과 불안감의 정도가 높다고 주장한다. 효과적으로 의사소통을 하기 위해서, 개인은 자신과 그들이 의사소통과 상호작용을 하고 있는 사람들에 대한 자신의 불안감을 조절하고 불확실성을 감소시키려 한다. AUMT 이론은 무엇이 효과적인 의사소통을 촉진하고 억제하는지 그리고 이러한 의사소통 사이에 어떤 일이 일어나는지를 보여준다.

AUMT는 그 기원을 불확실성 감소 이론(버거·칼라브리스, 1975년)에 두는데, 그 이론에 따르면 개인은 불확실성을 감소시키기 위해서 정보를 찾는다. 버거와 칼라브리스(1975년)는 비언어 행동(예 온화한 행동, 미소, 신체 접촉, 눈 접촉)의 정도에 따라서 정보추구, 자기노출, 상호신뢰, 유사성 그리고 선호도가 상승하고, 불확실성이 감소하면서 의사소통의 양이 많아진다. 개인 간의 유사성이 높아질수록, 불확실성이 낮아지고 의사소통의 양이 많아진다. 마찬가지로 개인 간의 차이점이 높을수록 불확실성과 정보를 찾는 것이 상승되고 의사소통의 양이 적어진다.

비교 문화적으로 AUMT(구디컨스터, 1988년)는 이방인, 특히 대개 다른 문화 그룹의 사람들 사이의 의사소통을 언급한다. 개인은 다른 사람의 문화적 태도, 느낌 그리고 신념을 예상할 수 없기 때문에 불확실성을 경험한다. 개인이 높은 정도의 불확실성을 경험하게 되면, 그들은 불편함을 느끼고 이방인들에 대한 정보를 찾아서 불확실성을 감소시키려고 노력할 것이다. 또한 아마 이방인들과의 만남을 회피하고, 더 나아가서 상호작용을 끝내려고 할 수 있다. 그 결과로서, 개인은 고정관념을 발전시키고 그것을 다른 사람의 행동을 예측하는 데에 사용할 수 있다. 이것은 메시지의 잘못된 해석과 오해를 일으킨다. 다른 한편으로, 개인이 경험하는 불확실성과 불안이 너무 낮은 수준이면 싫증이 나고 이방인과의 상호작용에 관심을 기울이지 않을 수 있다. 결과적으로 중요한 단서를 놓치고 비효율적으로 행동할 것이다. 일반적으로, 불확실성과 불안의 수준이 너무 높음과 너무 낮음의 사이에 있을 때에 효과적인 의사소통이 이루어진다. 그러나 문화적으로 다른 이방인과의 상호작용에서는 불확실성과 불안의 수준이 대개 효과적인 문화간 의사소통을 이루기에는 너무 높다.

불확실성을 줄이기 위해서 서너 가지의 전략이 사용될 수 있다. 즉 정보 찾기, 불안 조절 또는 새로운 상황과 사람들에 대한 적응 등이 있다. 정보 찾기의 면에서, 사람들은 세 가지의 전략을 사용할 수 있다. (1) 수동적 전략 – 개인적이나 대중매체를 통한 관찰이나 아무것도 하지 않거나 상황이 명확하기를 기다리는 것, (2) 능동적 전략 – 외부의 자원으로부터(예 그룹에 대해서 다른 이방인에게 물어본다든지) 정보를 찾는 것 그리고 (3) 상호작용적 전략 – 정보를 얻기 위해서 불확실성이 존재하는 그 사람에 대해서 직접적인 상호작용과 의사소통을 구해서 그들의 행동을 예측할 수 있게 되는 것(버거, 1979년).

그림 3.7은 문화간 의사소통이 불안과 불확실성에 의해서 영향을 받고, 이것은 다시 자아개념, 동기부여, 인식능력, 사회적 분류, 상황 진행, 이방인에 대한 연관성 그리고 마음챙김과 같은 많은 변수들에 의해서 영향을 받는다. 이러한 변수들 중 하나의 변화는 불안과 불확실성에 영향을 주고, 문화간 의사소통에도 영향을 준다. 예를 들어서, 외국 언어의 어려움을 경험한데다가, 지방과 그 전통과 관습에 대해서 지식이 적으면, 관광객의 안전과 정서적인 안정성의 느낌은 감소된다. 그들의 지방에 대한 문화간 상호작용과 의사소통은 덜 효과적이 될 것이다. 그러나 지방에 대한 유사성, 매력 그리고 선호도는 관광객의 불확실성과 불안감을 줄이고, 문화간 의사소통을 더 효과적으로 만든다. 불확실성을 아주 회피하는 문화에서, 사람들은 대개 이방인들과 상호작용하는 데에 있어서 매우 불안해하

고, 불확실성을 별로 회피하지 않는 문화의 사람들은 불확실성에 대해서 위협받지 않고 이방인들과 상호작용할 때에 의사소통을 기꺼이 하고 잘 적응한다.

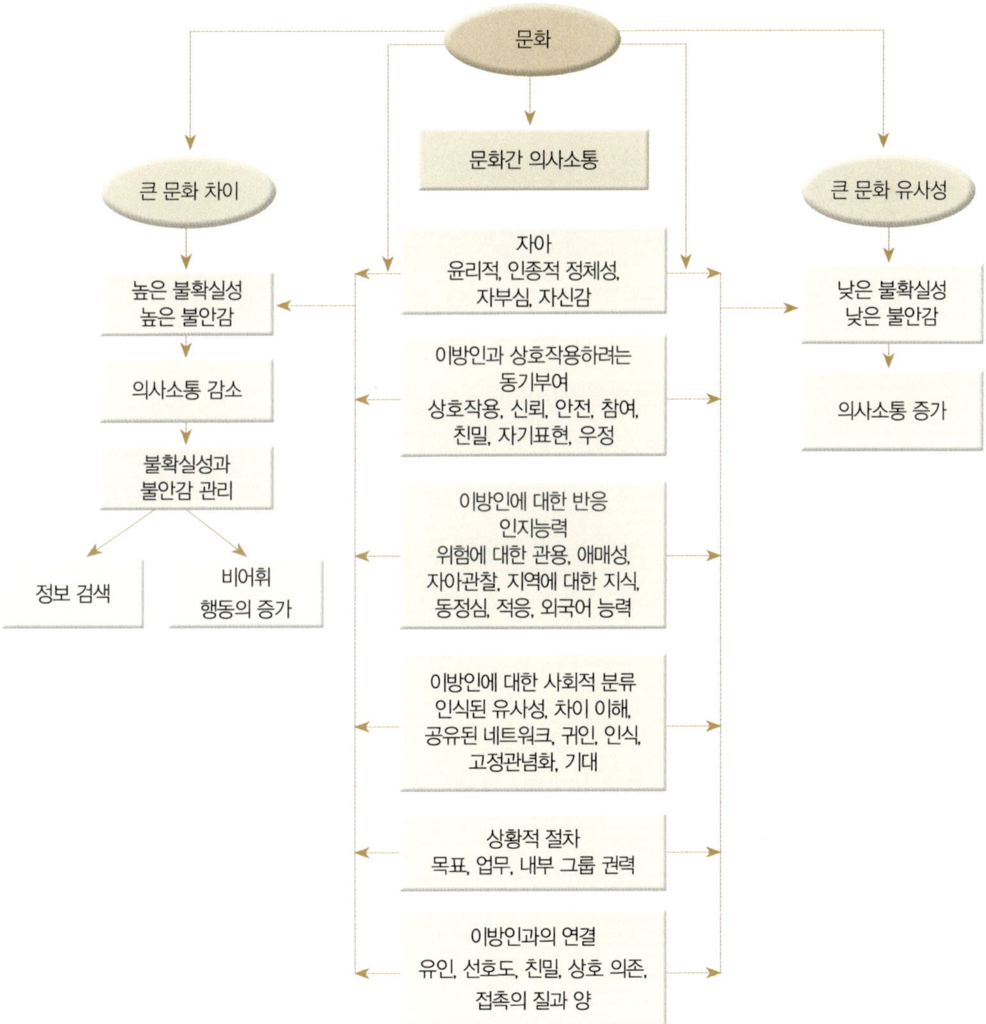

그림 3.7 불안과 불확실성 관리 이론(AUMT)

9. 이방인 이론(Strange Theory)

이방인 이론(구디컨스트, 1985년)은 구디컨스트의 AUMT(구디컨스터, 1988년) 이론의 하위 이론이다. 이방인 이론은, 이방인들은 주인 나라의 고정관념을 가진 사람에게 끌리고 주목하는 경향이 있다고 주장한다. 예를 들면, 일본에서 미국이 방인들의 생각에, 모든 일본인은 선물을 너무 많이 산다고 주장할 것이다. 이방인은 주인 나라에서 사람의 행동에 대한 문화의 영향을 너무 과대평가하고 개인차를 무시하는 경향이 있다. 그 결과로서 문화 갈등이 일어난다.

10. 체면 협상 이론(Face-Negotiation Theory)

체면 협상 이론(팅-투미, 1985년)에 따르면, 다른 문화 배경을 가진 두 사람이 처음 만날 때마다 불확실성과 불안의 느낌을 발전시킨다고 한다. 그 결과로서, 그들은 이러한 느낌이 생성할 수 있는 갈등을 피할 수 있는 전략을 발전시킨다. 상대방의 체면을 세우고 한 그룹에 소속된 다른 사람을 생각하는 집단적 맥락이 높은 문화의 구성원은 갈등을 피하거나 혹은 타협안을 찾는다. 자신에 대해서만 관심이 있는 개인적 맥락이 높은 문화의 사람들은 문제를 독점해서 해결한다.

11. 문화간 적응 이론(Intercultural Adaptation Theory : IAT)

문화간 적응은 문화의 교차상황에서 사람들이 이해를 촉진하기 위해서 행동을 변화시키는 절차이다. 다시 말해서, 문화간 적응은 다른 문화로부터 온 사람에게 오해를 당할 가능성을 줄이려고 행동을 적응시키는 것을 말하는 것이다. 예를 들면, 다른 영국인과 대화하는 어떤 영국인은 예감되는 의사소통의 오류를 회피할 목적으로 자신의 의사소통 방식을 적절히 조절하면서 이해를 촉진시킬 수 있다. 오해를 감소시키기 위해서 다른 문화적인 배경을 가진 사람들 사이에 일어나는 적응은, 유사한 문화를 가진 사람들 사이에 일어나는 것보다도 더 많은 적응을 필요로 한다. 예를 들어서, 같은 문화를 가진 사람들은 서로를 이해하기 위해서 단지 특정한 문장이나 단어를 반복하기만 하면 되지만, 다른 문화의 사람들은 언어적 수단으로 전달할 수 있는 신체 언어와 다른 비언어적 단서를 사용할 필요가 있다.

사람들은 '외래성(foreignness)'이라고 느끼는 문화와 초기 접촉 단계에서 자신들의 행동을 조절한다. '외래성'이라는 인식의 느낌이 없으면, 적응은 일어나지 않는 것 같다. 사람은 목소리의 특징, 피부색 혹은 비언어적 단서로 타인을 구별할 수 있다. 또한 개인이 이질적인 사람과 교류할 때, 대개 오해를 일으키는 언어를 사용하여 서로 지식을 공유하는 데 제한이 있다고 생각한다. 따라서 잠재적 오해는 대개 서로에 대한 공유된 지식이 결여될 때 일어난다. 그래서 '외래성'이라는 인식이 증가하면 지식을 공유한다는 느낌이 줄어들고 오해의 가능성은 증가되며, 그 반대의 경우도 마찬가지 이다(카이·로드리게즈, 1997년).

문화간 적응 이론(IAT)(엘링워쓰, 1988년)은 개인이 새로운 문화 환경 아래에서 자신의 정체성과 행동(적응하느냐 안하느냐)을 변화시킨다고 설명한다. 이 이론은 적응의 절차는 목표에 의해서 진행되고 개인은 어떤 목표를 달성하기 위해서 상호작용하고 의사소통을 하는 것이다. 상호작용에서 참여자의 동기부여와 힘을 포함한 다양한 요소가 문화간 적응에 영향을 미친다(엘링워쓰, 1988년)(그림 3.8 참조).

IAT에 따르면, 사람들은 특정한 목표를 가지고 그것을 성공적으로 만들기 위한 동기를 가지고 있을 때에 행동으로 적용된다. 만약 사람들이 같은 목적(예 그들이 어떤 것에 대해서 협상하거나 동의할 때)을 가지고 있으면, 그들은 차이와는 관계없이 행동 스타일을 적응한다. 만약 두 사람이 같은 목적을 가지고 있으면, 그 때 두 사람이 적응한다. 그러나 한 사람만이 목적을 가지고 있으면, 그 사람만 적응한다. 비슷하게, 한 사람이 다른 사람보다 더 많은 힘을 가지고 있으면(예 영역적 우선권이나 더 많은 사회적 지위), 그 때는 다른 사람이 적응한다. 사람들이 적응을 더 하면 할수록, 자신들과 타인의 문화에 대한 태도와 인식을 변화시킨다.

적응 과정에서 사람들은 자신들과 다른 사람들에 대해서 배우고 자신의 문화 인식과 고정관념을 수정한다. 적응 과정에서 얻는 지식은 미래의 문화간 행동에 영향을 미친다.

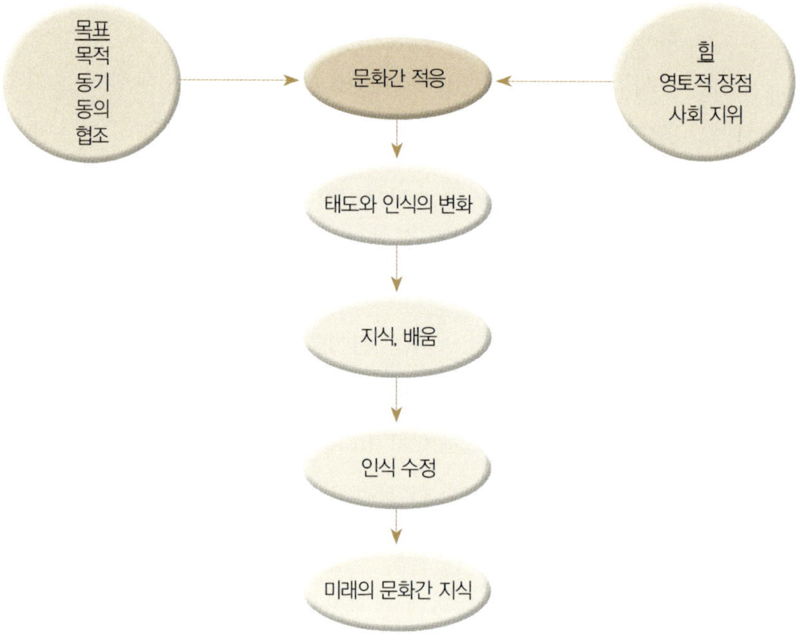

그림 3.8 문화간 적응 이론(IAT)

12. 의사소통 수용 이론(Communication Accommodation Theory : CAT)

의사소통 수용 이론(CAT)(Gallois et al., 1988)은 개인이 문화가 교차되는 만남에서 그들의 의사소통 스타일을 변화시키는 것을 연구한다. 이 이론은 두 화자가 그들의 의사소통 스타일을 변화시킬 때 일어나는 동기와 결과를 분석한다. 이 이론에 따르면, 의사소통이란 멀리 떨어져 있는 타인에 대한 지속적인 움직임을 내포하고 있다고 주장한다. 즉, 사람들은 자신의 의사소통 스타일을 바꾸고 타인에게 말하는 스타일을 수용하거나 적응하려고 한다.

이것은 세 가지 방법으로 이루어진다. 통합(의사소통의 거리 감소), 분화(의사소통의 거리 증가) 그리고 유지(의사소통의 거리 유지)(그림 3.9 참조)로 구별할 수 있다. 의사소통의 통합은 의사소통의 명확성을 향상시키고, 의사소통의 거리를 이해하고 감소시키기 위해서 사람의 언어적 행동(언어, 사투리, 말하는 스타일, 어휘)이나 혹은 상위 언어적 행동(음성 크기나 어조, 말하는 속도)을 바꾸어서 상대방의 의사소통 스타일에 비슷하게 해서 동의를 구하려고 한다. 의사소통의 분화는 이와는 반대로 화자는 의사소통의 거리를 증가시키고 그들의 특이성을 강조하기 위해서 의사소통 스타일 간의 차이를 찾아낸다. 화자가 상대방으로부터 더 많이 분화할수록, 그 사람은 덜 평가될 것이다. 의사소통의 유지는 사람 고유의 말하는 스타일에 대한 것이다.

의사소통의 움직임은 사회적이고 심리적인 맥락과 의사소통을 하는 사람의 특성에 달려 있다. 예를 들면, 민족적 혹은 인종적 자부심이 강한 개인이나 사람들은

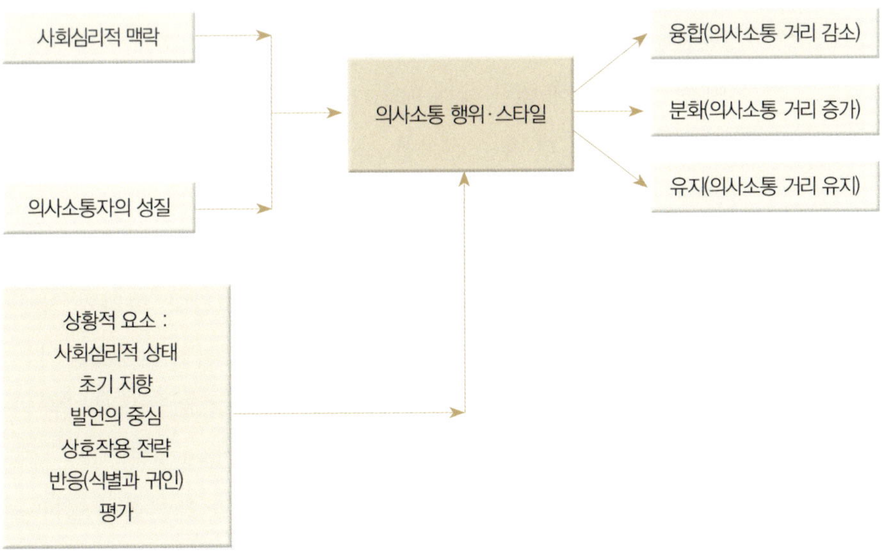

그림 3.9 의사소통 수용 이론(CAT)

종종 자신들의 정체성을 강조하기 위해서 거리 전략을 사용한다. 다른 한편으로, 사회적인 동의가 많이 필요한 힘 없는 사람들은 융합 전략을 사용한다.

CAT의 확대된 모델에 따르면, 의사소통의 수용은 상황요인, 상호 반응하는 사람의 초기 지향, 화자의 사회적, 심리적인 상태, 수신자 초점, 상호작용 전략, 반응 그리고 평가 같은 추가적인 변수에 좌우된다(그림 3.9 참조). 상황요인은 높은 지위와 높은 위협 상황(사업 미팅)에서 일어나는지와 혹은 낮은 지위와 낮은 위협상황(친구들과의 파티, 휴가)에서 일어나는지를 결정한다. 문화간(그룹 간) 의사소통은 대개 높은 지위와 높은 위협 상황에서 일어난다. 이러한 상황에서 사람들은 다른 사람들의 행동을 부정적으로 평가하고 그룹 행동의 규범을 엄격하게 따른다. 사회적, 심리학적 상태는 화자가 의사소통을 잠재적 갈등으로 보고 다른 사람들을 수용하기 위한 동기를 말한다. 초기 지향은 개인이 자신들의 상황을 지배적 다수의 민족으로 보느냐 또는 종속되는 민족 그룹으로 보느냐의 차이를 말한다.

수신자 초점은 다른 사람의 필요나 행동에 화자가 주의를 기울이는 방법에 관한 것이다(예 대화의 필요성, 기술 그리고 능력). 화자는 필요에 따라서 의사소통에 융합되거나 혹은 분화된다. 화자는 상대방의 기술과 적절성에 초점을 두면, 무엇을 말하는지에 대한 상대방의 이해를 확실히 하고 상호 이해를 얻기 위해 말을 천천히 하거나, 더 많은 질문을 사용하고 대화에 익숙한 주제를 사용할 것이다. 만약 상대방의 대화 욕구에 초점을 두면, 선택된 주제를 공유할 것이다. 그러나 의사소통에서 서로 역할을 강조하면, 서로를 방해하게 될 것이다.

화자의 반응은 의사소통의 움직임을 변화시킨다. 화자가 의사소통하는 가운데 사회적 동의를 구하는 데 중점을 두게 되면, 서로 의사소통의 거리는 줄어들고 의사소통의 융합이 일어난다. 화자가 다른 화자로부터 분리된 자신만의 이미지로만 의사소통을 하려하고 화자 사이의 차이점(예 경험, 지식, 지위, 스타일)을 강조하면, 의사소통의 거리를 증가시키고 의사소통의 분화가 일어나게 된다.

다른 화자의 의사소통의 행동(긍정적 혹은 부정적)은 의사소통의 움직임의 변화에 영향을 준다. 이런 평가들은 또한 미래의 의사소통의 사례에 영향을 준다.

13. 조정관리 의미이론(Coordinated Management of Meaning Theory : CMMT)

조정관리 의미이론(CMMT) (크로넨과 셔트, 1983년)은 사회적으로 상호교류하는 사람들은 대화의 의미를 만들고, 사회적인 세계를 특정한 상황과 맥락에 의해서 판단한다고 퍼스와 크로넨(1980년)의 주장에 기반을 두고 있다. CMMT에 따르면, 그 의미는 어떤 일관성과 조화로 인하여 만들어지고 이해된다. 그 의미는 여섯 가지의 수준에서 만들어진다. (1) 어휘적, 비어휘적 행동 : 사람들이 어떻게 다른 사람의 말, 제스처, 동작, 신호, 눈의 움직임과 단어를 명확하게 이해하는가, (2) 말하는 행동 : 의미가 지위 혹은 형식의 수준 혹은 존칭어 추가 방법, (3) 에피소드 : 행동, 의식, 식사 습관, 관광, 봉사료 혹은 선물 제시 절차, (4) 관계 : 사회적 친목, 권리 그리고 기대, 책임감, 우정의 형성, 사업관계 발전의 속성, (5) 생활 각본 : 사람들 자신 행동의 인식 방법, 즉 다른 사람과 물리적 환경, 사회적이고 문화적 기관과의 관계, (6) 문화적인 패턴 : 더 큰 공동체가 정의되는 방법, 사회 안에서 정직, 죄악, 정의 혹은 평등으로 인식, 언론의 자유, 영적인 믿음, 성에 대한 태도(그림 3.10 참조) 이러한 속성들은 사람들이 어떻게 의미와 메시지를 이해하는지에 있어서 가장 중요한 역할을 한다. 사람들은 그 상황에서 어떤 맥락이 가장 중요한지를 선택하고 그에 따라서 행동한다. 이러한 6개의 관계는 문화적 오해를 해결하기 위해서 주의를 기울여야 한다. 성공적 문화 교류와 의사소통은 모든 수준에서 교환된 메시지의 이해에 의해서 특징지어진다. 문화적 오해의 모든 요소는 각각 관계속에서 분석하는 것이 가능하다.

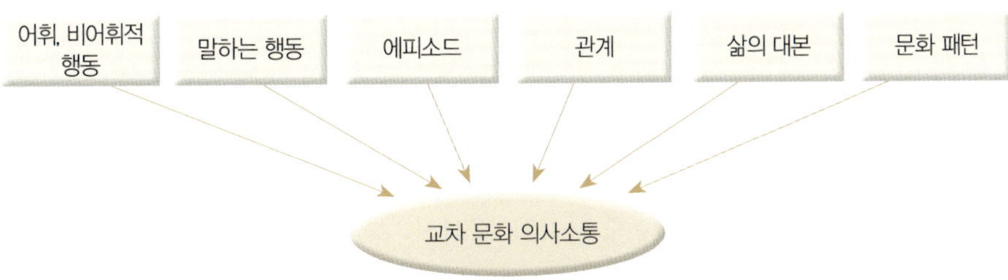

그림 3.10 조정관리 의미이론(CMMT)

14. 구성주의 이론(Constructivist Theory : CT)

구성주의 이론(CT)은, 새로운 환경(예 새로운 문화적 환경)에 대한 수용과 동화를 통해서 개인은 새로운 경험을 발전시키고, 배우고, 새로운 지식을 구성한다고 주장한다. 개인이 새로운 환경에 동화될 때, 그들은 새로운 경험을 자신의 신념으로 통합시킨다. 개인의 새로운 경험이 그들의 신념과 상반되면, 그들은 외부세계에 대한 경험과 지식의 인식을 변화시킬 수 있다. 따라서 새로운 환경을 수용하고, 세계가 어떻게 작동하는가에 대한 새로운 경험을 발전시키고, 신념과 인식을 바꿈으로써 개인은 배우고 새로운 지식을 구성할 수 있다. 그들은 더 부유해지고, 이해하게 되고 외부세계에 대하여 개방적이 된다.

요 약

몇가지의 문화간 이론이 국제적이고 글로벌한 맥락에서 의사소통 행동을 설명하는 데에 이용될 수 있다. 그러나 이러한 이론들은 서구 지향적이므로 모든 문화에 적용될지는 의문이 있다. 각 이론들은 독립된 주장을 나타내고 있지만, 서로 통합하려는 노력과 시도가 없었다. 각각의 모델에는 문화간 의사소통과 만남의 개념을 설명하기 위한 더 많은 변수들이 있다. 심리학, 사회 심리학, 문화간 의사소통, 마케팅 혹은 경영학으로부터 더 많은 국제적 연구와 이론들이 합의되어 하나의 문화간 의사소통과 상호작용 이론을 이끌 수 있다. 더 많은 다양한 모델로부터 많은 참고자료를 통하여 문화적인 차이에 대해서 이루어져야 한다.

논점과 질문

1. 당신은 어떻게 인지적, 정서적 그리고 행동적 의사소통 자료를 이해하고, 그것들은 어떻게 의사소통의 효과성에 영향을 미치는가?

2. 불확실성 감소 이론과 AUMT의 주된 가설은 무엇인가?
3. 3개의 의사소통 수용 전략은 무엇인가? 그리고 의사소통의 이동에 영향을 미치는 요소는 무엇인가?
4. 새로운 문화적 환경에서 상호작용하는 사람들이 어떤 조건에서 의사소통 스타일을 적응하는가?
5. 교차 문화의 6개의 관계가 메시지의 이해와 문화적 이해를 어떻게 촉진하는지를 설명하시오.

웹사이트 링크

1. 문화간 의사소통 연구소 : http://www.intercultural.org
2. 문화간 이론 : http://www.uky.edu/~drlane/capstone/intercultural

많은 국가들과 여행 목적지들은 여행자들과 여행국가 간의 문화적 차이로 인하여 문화 변화를 경험하고 있다. 다음 장에서는 관광지역과 관광문화에 대한 국제 관광에 대하여 토의할 것이다.

4 CHAPTER

문화 관행과 문화에 대한 영향

이 장은 문화에 대한 관광의 영향과 관광객들과 관광지역 사회의 결과를 조사한다.

목 표

이 장을 끝내고 나면 독자들은 다음을 할 수 있어야 한다.

- 문화에 대한 관광의 영향을 설명한다.
- 전 세계적으로 문화 변화에 관련된 문화 이론을 설명한다.

서론

많은 실증적 연구에 따르면, 많은 나라와 관광지역들이 관광 발달로 문화의 변화를 경험하고 있음을 보여주고 있다. 관광객의 숫자가 많아지면 많아질수록 변화의 정도는 더 심각해진다. 이 장은 지역주민 문화에 대한 관광의 영향을 설명한다. 서로 가치 체계가 다른 경우 관광객들이 관광지역에 주인으로 들어오면 어떤 일이 일어나는지를 보여준다.

1. 지방 문화의 침해

국제 여행의 증가와 관광상품에 대한 수요로 인하여 지방 문화와 토착 문화를 포함하여 많은 사회가 전통적인 삶의 방식의 침해를 경험하고 있다. 지방 예술에 대한 관광객들의 수요를 따라잡기 위해서 비전통적인 공예가들이 '오리지널 아트'라고 불리는 유사 전통공예품 제작을 담당하고 있다. 오리지널 아트는 정교하지 못한 대량 생산품의 형태로 대체되고 이것은 적당히 얼버무려지고 소홀하게 만들어진다. 그 결과로서, 전통적인 예술 디자인과 형태는 훼손되고, 예술적이고 상징적인 가치와 의미는 사라진다. 전통적인 예술 형태는 판매를 위한 목적으로 의미 없는 유사 전통적인 예술품으로 대체된다.

2. 문화 상품화와 변용

전통적인 문화는 지역주민보다는 관광객 문화가 권리를 행사하는 관광객과 사업자들의 거래를 위한 상품으로서 포장되고 취급된다. 피상적이고 비토착적인 예술 형태가 이전 원제품에 대한 빠른 인상을 심어 주기 위하여 제작되며 관광객들에게 짧고 피상적 경험을 제공한다. 그 결과로서 지방 문화는 상업적으로 착취되고 문화유산에 대한 지역주민들의 소유권리는 상실된다. 대량으로 만들어지고 분배되는 '지방' 관광 기념품이나 혹은 예술품들의 예는 다양한 지역과 나라에서 많이 있으며, 전통예술품과 지방의 예술품과는 거의 관계가 없다.

3. 문화적 적대감

관광이 지역주민의 전통적 생활방식과 지방 경제를 파괴하기도 한다. 관광객에 대한 의존심과 낮은 수준의 기술과 불안전한 일자리 그리고 지역주민들을 위협하기 때문에, 지역주민들은 관광객들에게 적대감을 발전시킨다. 문화적 적대감은 문화적 거부나 거절로 나타나는데, 이것은 분노, 공격성과 연결된다. 이것은 다른 사람의 세계관을 받아들이기를 거부하고, 그들의 관점에 맞추기를 부정하는 것이다. 더 많은 관광객 숫자가 관광지역을 방문할수록 관광객에 대한 지역주민의 적대감은 더 커진다. 지역주민들이 관광 개발에 대한 가이드라인에 포함되지 않는다면, 그들은 관광객들과 관광산업 발전에 대해서 분노하게 될 것이다.

4. 문화적 오만

대규모 관광객들의 유입으로 인하여, 관광지역 주민들은 관광객들에게 실제 체험을 맛보게 하기 위하여 무대를 통한 문화공연을 준비하기도 한다. 무대 뒤에서 지역사회 주민들은 관광객들의 웃음에서 벗어나서 그들의 의미 있는 전통생활을 계속 수행하면서, 무대 앞에서는 관광을 온 대중들에게 제한된 범위의 문화활동을 수행하는 것이다(맥카넬, 1973년). 관광객들에게 피상적인 지방 전통과 관습을 보여주는 것은 일종의 문화적인 오만이다. 그러나 대규모 관광산업으로부터 지방문화를 보호하고 격리시키기 위하여 이러한 조치가 시행되고 있다. 국제적인 호텔을 서구식으로 짓고 지방 전통에 대해서는 존중과 감사를 하지 않는 것은 또 다른 문화적 오만의 예이다. 문화적 오만을 회피하기 위하여, 어떤 호텔들은 호텔의 인테리어를 지방색으로 하고, 지역의 화가나 조각가들의 작품을 전시하며, 예술품과 의상을 지방의 상징으로 진열한다.

5. 관광 체험의 진정성

대중 관광의 수요를 만족시키기 위하여, 규격화와 가식적 상품의 상업화가 이루어지면서 유사 공예품이 생산된다. 어떤 학자들에 따르면 관광객들은 상업화되고 가식적인 생산품인 '무대화한 특산물'(보스틴, 1961년)을 좋아한다고 주장한다.

그러나 관광객들이 실제로 외국에서 실제적인 것을 경험할 수 있느냐에 대해서 논란이 되는데, 그 이유는 관광객들에게 제공되는 대부분은 유사경험이기 때문이다. 관광객들은 토속적인 문화를 경험하기 위해서, 무대화되고 토속성이 가미되어진 도심과 쇼핑센터 그리고 명소들을 벗어나야 한다. 거짓된 무대의 뒷면은 관광객들을 속이기 위해서 설정된 것이므로, 오히려 앞에 드러나 있는 지역의 무대보다도 더 가식적일 수 있다. 그 결과 상업화와 글로벌화는 관광객들의 토속적인 경험을 파괴한다(맥카넬, 1989년).

그러나 어떤 사람들은 관광객들에게 홍보되는 것이 토속적인 것이라고 주장(쿨러, 1981년)하고, 가식적인 것은 시간이 지남에 따라서 토속적인 것이 되기도 한다고 본다. 예를 들어서, 처음에는 가식적으로 여겨졌던(㉥ 디즈니월드) 관광상품이 결국에는 지방 문화에 통합되어서 토속적으로 여겨지는 것이다(코헨, 1988년).

관광객들은 관광상품들이 전통성이나 실제를 대표해서가 아니라, 토속성의 '상징'이기 때문에 기꺼이 토속적인 것으로 여기고 싶어 한다(쿨러, 1981년). 관광객들은 멕시코 디자인이 들어간 멕시코 솜브레로가 도착지의 토속적인 증거라고 여기고 집에 가지고 가고 싶어 한다. 이런 물건들이 대중 시장을 목표로 하고, 가식성을 고취하기는 하지만(에링턴, 1998년), 전통적인 기술은 그대로 남아 있다(코헨, 1983년).

많은 관광객들은 상업화에 의해서 변모된 생산품들이 토속적으로 보이는 이상은 그 특산품의 토속성과 기원에 대해서 신경쓰지 않는다. 또한 많은 관광객들은 관광상품이 전통문화를 보호하는 데 도움이 되기만 하면, 그것의 인공성을 받아들인다(코헨, 1995년). 관광객들은 문화 생산물의 상품화가 그 문화를 변화시키거나 추가할 수 있음을 이해한다(코헨, 1988년 ; 그룬왈드, 2002년). 대부분 관광객들은 이러한 물건들이 전통적인 디자인을 가지고 있고 토착민 그룹에서 만들어졌다는 확신만 있으면 상업화된 물건들을 토속적인 것으로 받아들인다.

6. 전통 예술 형태의 부흥

어떤 경우에는 관광이 특정한 형태의 예술과 공예의 부흥을 가능하게 하기도 한다. 다른 토속적인 그룹에 대하여 알게 되면, 그들의 전통 예술, 형태 그리고 디자인(㉥ 도자기나 보석)에 토착적 요소를 적용하기도 한다. 즉, 다른 문화를 빌려

오고 원래의 지방 예술을 수정하고 다듬어서 새로운 형태의 전통 예술이 발전할 수 있다. 예를 들면, 아메리카 인디언과 호주원주민의 고급스런 예술품과 공예품들은 새로운 아이디어의 개발과 디자인의 창조를 가능하게 한다. 그 결과 상품화의 과정에서(대중) 관광은 원래의 전통과 예술 디자인과 형태를 유지하고 부흥하는 데에 도움을 줄 수 있다(코헨, 1988년).

7. 문화 마케팅과 문화유산 소유할 권리의 침해

전통문화라는 개념이 판매되는 상품으로 취급되고 상업적으로 착취되면서, 그것은 금전적으로 거래되는 하나의 공연상품으로 변하고 있다. 전통 행사와 축제는 미리 준비되고 판매를 위한 일상의 유흥행사가 된다(예 호놀룰루 공항에서 훌라댄스 여성 무용수의 관광객 환영, 뉴질랜드 로토루아에서 마오리족의 일상적 댄스 공연). 그 결과로서, 관광객은 선택되고, 미리 준비되고, 현실로부터 왜곡된 피상적인 경험을 통해서 방문한 나라를 보게 된다. 문화의 상업화는 전통문화 속에서 지역주민들이 자신들의 권리를 상실한 상품처럼 취급될 수 있음을 보여주고 있다.

위에서 토론한 문화 관행은 대개 문화 변화의 원인이 된다.

8. 문화 변화

문화 변화는 (1) 한 사회 안에서 일어나는 진화적인 변화, (2) 사람들의 생활 방식의 변화 그리고 (3) 서로 다른 문화를 가진 사회와 그룹 간의 접촉(예 주인과 방문객)의 결과이다. 모든 문화는 사회 환경, 기관, 기술, 정치 그리고 이데올로기의 변화에 대응해서 변하고 있다. 문화 변화의 중요한 원인 중의 하나는 사회 사이의 빈번한 접촉이다. 가치관, 아이디어 혹은 과학적 발전은 여행객, 이민자, 사업자들, 초청된 노동자, 외교관 그리고 학생들에 의해서 전 세계로 퍼져 나간다. 이러한 문화 요소의 전파는 이원적이다. 방문객은 그들의 아이디어를 여행지역 나라에 가져

가고, 그 지역주민은 그들의 가치와 관점을 방문객에게 보여준다. 이러한 구성원들 사이의 문화 접촉의 결과로, 두 문화(지역주민 문화와 방문객 문화)는 서로 영향을 미치고, 더 우월한 문화는 산업화되지 못한 개발도상국에 더 영향을 준다. 예를 들면, 서구의 산업화된 나라는 제3세계로부터 영향을 받기보다는 오히려 더 제3세계에 영향을 준다. 더 힘이 강한 나라는 힘이 덜 강한 나라의 문화에 심각하게 영향을 준다.

관광산업은 다른 문화를 가진 사회 사이의 접촉을 통해서 변화에 심각하게 영향을 미친다. 많은 연구에서 알 수 있듯이, 지방과 관광객 사이의 상호 교류는 문화(사회적, 경제적 그리고 정치적)의 가치 체계에 심각한 변화를 만들어 낸다는 것을 보여주고 있다. 관광은 문화 변모에 대한 매개체이다. 특히, 관광은 관광지역 국가 안에 돌이킬 수 없는 변화를 가져올 수 있다(로빈슨, 1998년). 관광객들은 문화 변화의 대리인으로 볼 수 있다(피어스, 1995년).

9. 문화 융합

문화 융합은 아이디어, 스타일, 음식, 종교, 기술 등과 같은 문화요소가 한 문화 안에서나 다른 문화 사이에서 개인과 그룹에 전파되는 것을 말한다. 예를 들어서, 청바지나 나이키 신발 혹은 모바도 손목시계와 같은 패션 아이템, 애플의 아이패드나 델의 퍼스널 컴퓨터 같은 기술 상품, 피자, 스파게티, 스시와 같은 음식, 민주주의나 인권과 같은 사상 등이 지난 수년간 전 세계에 퍼져 나갔다. 문화 요소의 다른 문화로의 전파는 내적 문화 전파라고 불리며, 대개 이민과 관광객, 외교관, 군인, 사업가, 과학자, 배우, 국제결혼과 미디어(편지, 책) 등을 통하여 이루어지며, 이들은 모두 문화를 전파한다. 문화 융합의 효과는 지방적 문화 특성(옷, 스타일, 음식)과 전통의 변화, 새로운 상품, 서비스 그리고 일자리 창출, 신념과 사고의 변화와 삶의 질 향상이다. 관광에서 문화 융합은 문화요소를 전파하고 적용하는 관광객이나 주민에 관계된다. 관광을 통하여 전파되는 문화요소는 요리 방법, 의상, 언어, 전통, 미술과 음악, 수공예품, 조각, 종교 그리고 레저 활동이 될 수 있다.

다양한 이론들이 문화 융합의 기원을 설명하려 했다. 태양 중심 융합 이론에 따르면, 모든 문화는 한 문화에서 기원한다. 문화 주기 전파론(culture circles diffusionism : Kulturkreise)은 모든 문화는 적은 숫자의 문화에서 기원되었다고 가르친다. 진화 전파 이론은 어떤 사회와 문화는 다른 사회와 문화에 의해서 영향을 받으며, 모든 인간은 똑같이 새로운 아이디어와 변화를 이끌 수 있다고 한다. 성경적인 전파론(Biblical diffusionism)은 우주와 모든 문화는 아담과 이브로부터 시작된다고 가정한다. 문화 진화 전파론(cultural evolutionary diffusionism)에 따르면, 새로운 문화 항목은 어떤 항목이 공동체에 융합될 때 서너 개의 서로 다른 장소에서 동시에 그리고 독립적으로 나타난다고 주장한다. 예를 들어서, 포터블 컴퓨터와 휴대폰은 동시에 전 세계로 전파되는 것이다.

문화 융합의 개념은 문화 사이의 유사성을 설명하는 데 사용되고 있다. 그러나 문화 융합이 아니면 다양한 문화가 발전될 수 없다는 것을 암시하기 때문에 비판을 받아왔다. 또한 융합은 증명하기가 어렵고 고고학적인 흔적 같은 유형적인 흔적을 남겨야만이 증명될 수 있다. 더 나아가서 문화 융합 이론은 왜 문화 요소가 나라와 대륙 사이에는 융합되지 않았는지를 설명하는 데에는 실패하고 있다.

10. 문화 차용

문화 차용은 두 나라가 접촉하여 다른 나라의 전통, 관습 또는 가치를 빌릴 때 발생한다. 문화 차용은 대칭적이지 않은 특성이 있다. 문화 차용은 문화간 접촉 기간과 성질, 개인 간 상호교류의 특성과 맥락, 목적 그리고 개인과 사회 간 차이점에 좌우된다. 덜 부유하고 영향을 많이 받는 사회에서 온 사람들은 더 부유하고 영향을 주는 사회에서 온 사람들로부터 문화를 차용한다. 예를 들면, 개발도상국가의 여행 지역주민은 선진국에서 온 관광객들로부터 문화를 더 차용하는 경향이 있다.

관광 발전을 지지하는 관광지역 주민들은 관광객들의 문화 기준을 따르기 위해서 관광객들의 문화요소를 차용한다. 개발도상국가의 문화 차용의 결과로 관광지역의 원래의 문화는 약해지고(서구적 사회 방식을 추구), 관광객 사회의 문화가 강해진다.

문화 차용의 효과는 긍정적일 수도 있고 부정적일 수도 있다. 문화 차용은 다른 나라의 문화요소를 배우게 되어 다른 나라 국민들에 대한 이해의 폭을 넓힐 수 있고, 어느 정도 사람들의 삶의 패턴에 영향을 준다. 어떤 때는 두 문화가 비슷해진다. 관광지역 문화가 기술적으로 뒤떨어지면 문화 차용은 문화 특성(예술, 문화 등)을 새롭게 활성화시킬 수 있다(퍼어스, 1995년). 그러나 문화 차용은 또한 문화 충돌로 나타날 수 있다. 예를 들어서, 지역주민은 그들의 전통적인 복장을 도시 관광객의 옷(티셔츠나 청바지)으로 싸구려 모조품처럼 만들어서 입고, 관광객들은 자신을 지역주민 복장으로 비싸게 흉내내어 꾸밀 수도 있다(Gee 등, 1997년).

11. 문화 표류

문화 표류는 일시적이고 임의적 문화 변화 현상을 말한다. 문화 표류의 좋은 예는 언어이다. 시간이 흐름에 따라서 발음, 어휘, 철자 그리고 심지어 문법까지 변한다. 이러한 변화의 일부는 교육과 기술의 변화 때문에 일어나지만, 대부분은 다른 문화, 특히 사회 사이의 연속적 상호작용 때문에 일어난다. 관광에서 이러한 변화는 관광객과 지역주민 사이의 접촉에 의해서 일어난다. 그들의 접촉은 단순하기 때문에 그 변화는 일시적이라고 볼 수 있다.

관광객과 관광지역주민 사이의 일시적 접촉은 그들의 행동(표현적 행동)에 변화를 일으킬 수 있다. 예를 들어서, 관광지역 주민은 관광객들에 대하여 종속적인 태도로 나아갈 수 있다. 관광객은 레저의 목적으로 관광지역을 방문하고, 주민은 일하고, 그 결과 그들은 서로 다른 목표를 성취하려고 노력하는 것이다. 관광객은 개인적 만족을 위하고 관광지역 주민은 경제적 이익을 위한다. 이것은 관광객과 관광지 그리고 관광지역 환경의 이용으로 나타난다.

문화 표류에 의하면, 관광지 주민과 관광객의 행동은 관광객의 체류기간 동안에 일시적으로 변한다고 가정하고 있다. 관광객이 떠나면 관광지 주민과 관광객은 그들의 원래 가치와 생활방식으로 돌아간다. 관광지역에 대한 방문객의 숫자가 늘고 관광지역 주민과 관광객 사이의 접촉이 더 계속되면 관광지 주민은 더 영구적인 관계에서 관광객의 요구에 적응해야 할지도 모른다. 그들의 가치, 규범 그리고 기준은 영구적으로 변화되고 한 세대에서 다음 세대로 전달된다. 이것은 유전형 행동의 변화를 반영한다. 지역주민 문화와 관광객 문화 사이의 접촉이 더 커질수록 그 변화는 더 심각해진다.

12. 문화 변용

문화 변용이란 서로 다른 문화를 가진 개별 그룹이 지속적으로 직접 접촉을 하게 되면, 한쪽이나 양쪽 그룹의 원래 문화 패턴이 변하는 것을 말한다(레드필드 등, 1936년). 변용 절차의 진행 중에 각 그룹이나 개인의 문화적 요소가 교환된다. 이 교환의 결과로서, 한쪽이나 양쪽의 원래 문화 패턴은 변할 수 있지만, 그룹은 문화적으로 구별되는 채로 남아 있다(코탁, 2007년). 새로운 환경에 들어오는 그룹은 행동, 태도 그리고 원래 문화와 다른 가치를 배운다(리, 1988년). 이러한 변용 절차 동안에 양쪽은 표현적, 유전적 행동의 변화가 일어난다.

문화 변용의 과정은 균형 있게 일어나지 않는다. 문화 변용은 강한 문화와 약한 문화가 접촉할 때에 일어난다. 선진국과 개발도상국 사이에서 강하게 일어나는 경향이 있다. 예를 들어서, 강하고 선진화된 나라에서 온 관광객은 가난하고 개발도상에 있는 나라의 지역주민에게 영향을 미친다.

역사적으로 문화 변용은 개인이 새로운 문화로 가서 그 가치와 규범을 배우는 일방적인 절차라고 믿어져왔다. 문화 변용은 하나 또는 두 개의 그룹에 영향을 미칠 수 있다. 그러나 다른 쪽보다는 어느 한쪽에 더 영향을 미친다(베리·샘, 1997년). 예를 들어서, 새로운 문화와 주인 문화가 같이 변화를 겪더라도, 새로운 문화가 주인 문화에 미치는 영향이 주인 문화가 새로운 문화에 미치는 영향보다는 상대적으로 강하다(킴, 1985년). 따라서 새로운 문화를 가진 사람들은 주인 문화에 더 적극적으로 적응할 필요가 있다(오그덴 등, 2004년).

전통적으로 서로 다른 문화에 적응하기 위하여 개인은 자신의 문화 특성을 상실하고 다른 문화 그룹의 특성을 수용해야 한다고 믿어져왔다. 오늘날 다른 문화 그룹의 특성을 가지더라도 개인은 여전히 자신의 원래 문화의 본질을 유지한다고 믿어진다(베리, 2003년). 우월한 문화에 성공적으로 적응하기 위하여, 개인은 자신이 필요한 정도의 문화적 접촉을 스스로 결정하는 것이다. 이러한 결정을 할 수 없는 개인들은 정신적 건강을 해치는 스트레스를 경험한다(베리, 2003년, 번함 등, 1987년).

문화 변용은 개인 수준과 그룹 수준에서 일어난다. 개인 수준에서 사람들은 새로운 가치, 인식, 태도 그리고 인격을 발달시킨다(베리, 1980년). 그룹 수준에서 문화 변용은 사회화, 사회적인 상호 교류 그리고 이동성을 통해서 일어난다(올메도, 1979년). 개인적 문화 변용은 문화 이식(transculturation)이라고 말하며 작은 수준에서 일어나고 눈에 덜 띄는 영향을 준다. 이것은 대개 오래 머무는 방문자나 1세대 이민자들에게서 나타나는데, 그 과정은 가족 안에서 전례가 없기 때문에 아주 어렵다. 문화 변용의 정도는 개인의 흥미와 동기부여에 따라서 다양하다. 개인적 문화 변용의 예는 외국에서 어느 정도 시간을 보내는 여행자가 그 지역의 어휘를 배우는 것이다.

그룹적 문화 변용은 정도가 더 크며 가시적이다. 그룹적 문화 변용은 새로운 기술의 도입, 현대화 그리고 발전에 의해서 일어난다. 예를 들면, 문화는 지속적인 접촉으로 음식, 요리, 음악, 옷 그리고 기술이 교환된다. 그러나 그룹적 문화 변용은 토착 문화에 손상과 충격으로 인하여, 지배적 문화에 대한 토착민의 완전한 동화가 일어나게 한다. 예를 들면, 많은 미국의 아메리칸 원주민 그리고 대만과 호주의 원주민들의 전통문화는 새로운 지배 문화가 대체해 버렸다.

문화 변용은 새로운 문화와 접촉의 결과로 어떤 사람이 새로운 문화에 적응시켜서 행동을 변화시키는지의 정도에 의해서 측정된다. 1900년대 초기에 유럽 이민자들은 미국의 문화에 성공적으로 동화되어서 적응되었다. 그러나 미국에 온 새로운 이민자(예 히스패닉)들은 충분히 동화되기를 원하지 않았다. 그들 중 많은 사람들은 자신들의 문화적인 정체성을 유지하기를 원하고 있다.

문화 변용을 나타내는 가장 중요한 표시는 새로운 사람들이 (1) 자신들의 모국어를 사용하느냐 아니면 주인 나라의 말을 사용하느냐, (2) 새로운 문화를 문화유산, 정체성 그리고 사회적 행동을 인식하느냐 아니면 문화를 자신들의 문화로 인식하느냐 그리고 (3) 새로운 문화와 연계하고도 차별을 느끼지 않느냐 하는 것이다.

문화 변용은 자율적일 수도 있고 강요된 것일 수도 있다. 문화 변용은 개인이 스스로 새로운 문화 가치와 신념을 배울 때에는 자율적이고, 개인이 새로운 문화에 정치적이나 경제적 이유로 접하게 되면 강제적인 것이다. 자율적 문화 변용은 빠르고 쉬운데, 그 이유는 개인이 주인의 언어를 배우고, 새로운 문화의 선호와 생활방식에 익숙하게 되어 새로운 문화와 연계되도록 동기가 부여되기 때문이다. 강요된 문화 변용은 어렵고 더 긴 시간이 걸린다.

문화 변용의 과정은 글로벌 문화의 '맥도날디제이션(Macdonaldization)'이라고 불리기도 한다(메이선, 2003년). 글로벌화 때문에 새로운 기술과 의사소통의 진보에 접근한 고객들은 자신들의 위치와 상관없이 새로운 상품에 대해서 알고 공통의 취향과 선호를 세계적인 수준에서 공유하게 된다. 동질화된 상품과 사회적 행동, 언어, 옷 그리고 요리의 모방과 동화된 패턴이 전 세계적으로 퍼져 나가게 된다(리츠와 리스카, 1997년). 이런 전 세계적인 상품의 규격화는 문화적 동질성과 관광지의 규격화를 초래하며 문화의 일관성을 희미하게 만든다(자파리, 1996년).

13. 문화 채용

문화 채용은 다른 나라 문화요소의 채용을 말한다. 관광지역 주민은 관광객의 요구를 맞추기 위해서 관광객의 문화요소를 채용해야 할 필요가 있다. 관광지역 주인 공동체는 대개 활동적이며 고정관념을 버리고 서로 다른 유형의 관광객에 적응한다(소필드, 2000년). 적응 과정은 관광객 방문기간, 관광객과 관광지역 주민 사이의 상호작용의 기간과 강도, 문화 교류의 강도 그리고 문화의 영향을 이겨내는 서로의 능력에 좌우된다. 관광객의 요구에 적응하려는 관광지역 주민의 적응은 지방 문화의 상품화와 상업화를 가져오기도 한다.

개발된 적응 모델이 많다. 예를 들어서, 독시(1976년)에 따르면, 관광지역 주민은 관광객에 대한 태도를 시간에 따라서 바꾼다. 관광객들이 처음 관광지에 도착했을 때, 관광지역 주민은 행복감에 겨워서 맞이하고, 그 다음으로 관광객의 숫자가 늘어나고 그들의 영향(긍정적이든 부정적이든)이 커짐에 따라서 주민의 태도는 무관심과 짜증의 단계를 지나서 방문객에 대한 공격성의 수준으로 이르게 된다(메이슨, 2003년).

14. 문화 조정

문화 채용은 문화 조정을 말하기로 한다. 티리보노비치는 모든 방문객들이 새롭고 다른 문화를 조정할 때에 통과해야 하는 네 가지의 단계를 (1) 신혼여행 단계, (2) 적대감 단계, (3) 통합과 용인 단계 그리고 (4) 편안한 단계(http://www.cgu.edu/pages/945.asp)로 구분했다. 신혼여행 단계에서 방문객은 새로운 모든 것에 대해서 열광하고 매혹된다. 그들은 행복하며 새로운 삶과 다른 사람에 대해서 흥미를 가지고 즐거워하고 협동하려는 의지를 가진다. 적대감 단계에서 방문객은 불안하고 트집을 잘 잡고 두려워하며 우울해진다. 그들은 새로운 삶과 관습의 규칙에 좌절한다. 또한 사소한 일에도 쉽게 속상해하고, 자고 먹지 못하며, 두통, 소화불량 그리고 다른 질병으로 고통받는다. 그들은 새로운 환경 때문에 자신이 불편하고 불행하다고 비난하며 거부감을 느낀다. 방문객은 새롭고 이질적인 모든 것에 대해서 적대적이 되고 동기를 잃고 포기한다. 통합 단계에서 방문객은 새로운 환경에 대해서 편안함과 안도감을 느낀다. 그들은 웃고 농담을 하며, 적대감을 일으켰던 사소한 오해에 신경쓰지 않는다. 친구를 사귀고 새로운 환경에 대한 정보를 더 찾는다. 편안한 단계에서, 방문객은 편안함을 느끼고 새로운 문화를 마치 자기들의 본래의 문화인 것처럼 취급한다. 그들은 성공적으로 새로운 환경의 기준에 적응하고 두 나라에서 성공적으로 살 수 있다(http://www.cgu.edu/pages/945.asp). 샤프(1992년)는 이와 비슷한 적응의 단계로 (1) 새로운 목적지 방문에 대한 환희와 열광, (2) 문화적인 문제로 인한 포기와 외로움, (3) 다시 일어나서 적응, (4) 새로운 문화에 적응하고 난 뒤의 성취와 환호라고 구분했다.

문화 조정을 위한 몇 가지의 기술이 있다. 이것은 (1) 겸손으로 지역주민의 요구를 들어주고 이야기하는 진정한 마음을 가지는 것, (2) 여행할 때에 다른 것을 예상하는 것, (3) 마음을 열고 사물을 심각하게 받아들이지 않는 것, (4) 다른 사람의 신경을 거슬리지 않게 하는 것, (5) 경험을 즐기고 그 나라의 좋은 대사로서 행동하는 것, (6) 방문할 새로운 나라에 대해서 배우는 것, (7) 다른 사람을 그 사람과 문제가 있는 사람을 통해서 판단하지 말 것, (8) 듣고 관찰할 것, (9) 다른 사람이 가진 상이한 생활방식과 사고방식의 어려움을 이해하는 것, (10) 다른 사람에게 공격적이 될 수 있는 것을 인식하는 것 그리고 (11) 새로운 경험을 반영하는 것(http://www.cie.uci.edu/world/shock.html)이다.

15. 문화 동화

문화 변용과 문화 동화 사이에는 약간의 애매함이 있다. 두 용어는 서로 바꾸어서 쓰이기도 한다. 그러나 이 두 용어 사이에는 차이점이 있다. 분화 변용은, 원래 문화를 포기하지 않고 다른 문화의 요소가 약간 추가될 때 문화 차용을 말한다(개인은 원래의 문화를 계속 유지한 채, 원래의 문화 패턴의 변화를 일으키면서 다른 문화 그룹의 특징을 가진다). 관광객과 관광지역 주민 사이의 접촉이 일시적이라면 관광객이 떠나고 난 뒤에, 주인은 자신들의 전통적 가치와 관습으로 돌아간다. 만약 접촉이 아주 짧은 것이라면 주인 사회는 문화 표류를 겪을 수 있다. 다른 한편으로 문화 동화는 사람이 새로운 문화의 가치에 완전히 적응하거나 문화 유산을 포기하는 것이다(베리, 1980년; 파딜라, 1980년). 문화 동화는 이와 달리 문화적 특색 전부를 대체하는 것을 말한다. 이것은 문화 그룹(대개는 이민자)이나 소수의 그룹이 다른 그룹으로 통합되거나 흡수되는 심각한 과정이다. 이러한 과정을 겪는 사이에 많은 문화적 특성들이 상실될 수 있다.

문화 변용과 문화 동화 사이의 차이점은 문화 변용–문화 동화의 연속체로 나타낼 수 있다. 연속체의 한쪽 끝은 문화 변용이 되지 않는 끝인데, 여기에서는 개인의 문화유산이 그 문화의 행동에 강한 영향을 미친다. 다른 한쪽 끝은 문화 변용의 극단인데, 여기에서 개인이 주인 문화에 완전히 동화되어서 주인 문화의 가치와 태도를 완전히 적용한다(헤어·앤더슨, 1972년). 이 끝에서 문화 변용보다는 문화 동화가 일어난다(그림 4.1 참조).

그림 4.1 변용 – 동화 연속체

문화 변용과 마찬가지로 문화 동화는 자발적(장기간 방문이나 이민) 또는 개인이나 그룹에 대해서 강제적으로 일어난다. 개인이나 나라의 그룹이 정치적이거나 경제적 이유로 문화 동화를 하게 되면 그들은 그것에 강하게 저항할 수 있다. 어떤 경우에 정부는 소수 그룹을 다수 그룹으로 동화시키기 위해 극단적인 압력이나 무력을 동원할 수 있다. 이 과정에서 어떤 소수 문화는 대개 그들은 정치적 힘이 없기도 하고, 지배적 문화에 어떤 조치를 취할 공식적 위치에 있지 않기 때문에 멸종되고 심지어 육체적으로도 소멸된다.

서로 다른 개인들은 서로 다른 방법으로 동화된다. 어떤 사람들(젊은이와 동기를 가진 사람)은 빠르게 동화되는 반면에, 다른 사람들(예 노인)은 전혀 동화를 하지 못한다. 초청 근로자, 외교관, 군인, 이민자 부모 같이 장기간 방문하는 사람에게서 태어난 아이들은 문화 동화에 문제가 없다. 이 아이들은 정기적으로 주인 문화와 쉽게 교류하고 그 문화를 자신들이 태어났던 원래의 문화로 취급한다. 그러나 새롭게 긴 기간 동안 방문하는 방문객과 이민자 그리고 그들의 아이들은 주인 문화에 동화되기 전에 먼저 그 문화를 적용해야 한다. 그들은 주인 문화가 어떻게 그들의 요구를 충족시켜 주느냐에 따라서 원래 문화요소를 보유하거나 수정한다.

개인은 주인 나라의 언어를 배우고, 새로운 친구를 사귀고, 일자리를 찾고, 학교에 가면서 새로운 환경에 동화되려고 한다. 주인 문화도 역시 언어 수업을 하거나 학교와 일자리를 찾도록 도와주거나 자신들보다도 더 나은 대우를 하면서 그들을 받아들여서 적응하려고 한다.

문화 동화의 효과는 긍정적일 수도 있고 부정적일 수도 있다. 문화 동화는 새로운 문화와 그 사람들에 대한 배움, 이해 그리고 인정을 가져올 수 있다. 그러나 원래 문화에서 구별되는 점을 최소화시키고 더 나아가서 완전히 소멸시킬 수도 있다.

16. 문화 적응

문화 적응은 문화 안에 포함된 것을 배우는 것을 말한다. 개인이 살고 있는 문화나 사회의 틀과 사회 안에서 개인의 역할, 허용되거나 허용되지 않는 것, 문화나 사회의 규범과 가치를 배우는 절차이다. 문화 적응은 또한 다른 사람과 그 나라의 언어와 삶의 방식을 배우는 것도 포함한다. 문화 적응은 다른 사람들로부터 어떻게 행동할 것인가를 배우는 것이다. 따라서 문화 적응은 하나의 사회 속에서 행동의 유사성을 가져온다.

문화 적응을 학습하는 방법으로서, 다른 사람들의 의사소통(말, 단어 그리고 제스처)을 관찰하고 그들의 행동(예 다른 속어, 표현 그리고 의상), 교육, 사회성(특정한 문화에서 지배적이고 사회적인 이벤트나 행동)를 모방함으로써 일어난다. 따라서 문화 적응은 또한 사회성을 말한다(세갈 등, 1990년). 부모는 아이가 문화를 배울 때 아주 중요한 역할을 한다. 문화 적응은 인간이 평생 경험하는 과정이다. 그것은 의식적일 수도 있고 무의식적일 수도 있다. 개인은 대개 자신이 얼마나 배우는지에 대하여 인식을 하지 못한다. 가장 철저하게 문화화된 사람은 자신에게 영향을 미치는 문화의 역할을 가장 적게 인식하는 사람이다(세갈 등, 1990년). 문화 적응은 원래 외국과 문화 특성을 교환하는 문화 변용을 언급하기도 한다.

17. 과시 효과

과시 효과는 다른 사람들의 행동과 그 결과를 관측해서 생기는 개인의 행동 변화를 말한다(http://www.en.wikipedia.org/wiki/demonstration_effect). 과시 효과의 예로서, 문화요소와 정책을 성공적으로 수용한 개인과 나라가 사용했던 방법들을 들 수 있다. 과시 효과의 목적은 다른 사람의 성공을 모방하기 위해서이다.

관광산업에서 과시 효과란 관광객의 행동과 방식을 수용하는 지역주민들에 대한 것이다. 지역주민은 방문객들의 소지품의 우월성을 보고, 같은 것을 가지고 싶어 한다. 과시 효과의 긍정적인 효과 중 하나는 더 나은 일과 생산성을 촉진한다. 특히 개발도상국의 관광지역 주민은 관광객에게서 자신들이 원하는 생활 방식을 보기 때문에 더 나은 일을 하도록 동기부여될 수 있다. 그러나 관광객이 들고 다니는 값비싼 카메라와 시계가 단순히 경탄과 동기부여의 목적만이 되는 것은 아니며, 역시 분노의 원인이 되기도 한다. 과시 효과는 파괴적일 수 있다. 지역주민은 관광객에 의해서 과시된 물건과 생활방식을 얻을 수 없기 때문에, 방문객에 대하여 분노를 가질 수 있다. 관광지역 주민 사회에 대한 관광객의 물건 또는 생활 방식의 노출은 그들이 과거에는 적절하다고 느꼈던 것에 대하여 불행을 야기시킬 수 있다. 특히 과시 효과는 개발도상국의 지역주민이 관광객과 동일한 삶의 기준을 가지지 못함을 인식하는 경우에, 관광객에 대한 질투, 분노, 심지어 증오심을 만들어낼 수 있다.

같은 수준의 개발과 재산 정도를 가지지 못한 관광지역에서 여행과 관광 또는 언론매체를 통하여 서구적 삶의 방식을 과시하는 것은 관광객의 자아중심주의의 표시로 여겨질 수 있다. 결론적으로, 관광객이 항상 그들의 행동에 대해서 비난받아야 되는 것은 아니다. 과시 효과는 상업적인 것과 언론매체에 의해서 가장 자주 생기므로 비난받아야 한다.

특히 젊은 사람들이 과시 효과에 민감하다. 과시 효과는 젊은 사람들이 그들의 가족과 집을 떠나서, 특히 농촌 지역을 떠나서 도시 지역, 더 나아가서 더 나은 '과시된' 생활방식을 찾아서 떠나도록 부추긴다. 과시 효과는 한 사회 안에서 젊은 구성원과 나이 든 구성원 사이의 분리 그리고 배움과 협동보다는 분열을 가져오기도 한다.

18. 문화 갈등

문화 갈등은 문화 접촉에 의해서 만들어진다. 갈등은 접촉하고 있는 사람들(개인이나 그룹)이 서로 다른 문화를 가졌기 때문이다. 문화는 문화 갈등의 주요한 요인이다. 특히 오해와 가치 충돌을 일으키는 문화 차이가 문화 갈등을 일으킨다. 사람은 문화적 존재로, 문화는 정체성의 일부분이며 그들이 세상에서 인식하고, 행동하고, 상호작용하는 방법이다. 문화는 사람들의 관계와 사람들이 어떻게 의미를 발달시키며, 정체성을 형성하고, 역할과 책임을 인식하고, 논쟁하고 협상을 하느냐에 영향을 미친다. 문화는 인간 갈등의 주요한 부분이며, 인간 갈등은 문화 갈등이다. 모든 인간의 갈등은 긴장은 부정확한 의사소통 또는 긴장된 관계 때문에 발생하는데, 이것은 문화가 다르기 때문이다. 심지어 갈등의 해결도 문화에 의해서 영향을 받는다. 예를 들어서, 코소보 분쟁이나 이스라엘-파키스탄 분쟁 혹은 인도-파키스탄 분쟁은 영토와 주권 문제가 아니라, 서로 다른 의미와 세계 인식과 자신들의 문화 정체성과 삶의 방식을 인정하고 정당화하는 것에 관한 것이다.

문화적 유사성을 공유하는 개인과 마찬가지로 사회도 서로를 이해하고 상호관계를 발전시키며, 그룹들도 주위의 가치에 대해서 그렇게 한다. 문화 가치와 선호를 공유하지 않는 사람들은 서로를 이해하는 데에 어려움이 있으며 관계 발전에 성공하지 못한다. 이리하여 그들은 점점 더 서로 분열 상태에 있게 된다. 문제는 글로벌화된 관광이 문화적 이해를 촉진시킬 것인가, 아니면 갈등을 야기시킬 것인가의 문제이다. 즉, 사람 사이의 문화적 이해가 증가할 것인가, 아니면 갈등이 증가할 것인가?

국제적 관광객의 증가가 인간의 접촉과 관계에 미치는 영향을 증가시켰는지에 대해서는 논란거리이다. 일반적으로 국제적 관광이 문화 갈등을 줄이고 문화 이해와 평화를 가져온다고 가정된다. 그러나 이러한 가정을 확인해 줄 증거는 그렇게 많지 않다. 실제로 서로 다른 문화의 사람들 사이의 접촉 증가가 국제적 갈등의 원동력이라는 많은 증거가 있다(8장 참조). 더 나아가서 다른 문화를 가진 사람들 사이의 접촉 증가가 국제적인 긴장을 완화하거나 더 나은 국제적 이해와 나라들 사이의 좋은 관계를 촉진하지는 않는다고 말할 수 있다. 더구나 관광이 가져다주는 경제적 효과가 나라들 사이의 이해와 평화를 촉진할 수도 없다. 나라들 사이의 의사소통, 교역 그리고 여행은 문화 사이의 상호작용을 한층 증가시키고 사람들이 문화 특이성과 정체성에 주목하도록 촉진하고 있다. 예를 들어서, 상호교류하고 있는 한 사람은 독일인이고 한 사람은 프랑스인일 때 그들은 서로를 독일인과 프랑스인으로 구분한다. 그러나 한 사람은 사우디인이고 한 사람은 이집트인일 때, 둘이 상호교류할 경우 그들은 스스로를 유럽인과 아랍인으로 구분한다. 결과적으로, 점점 더 글로벌화되고 있는 세계에서는 문화와 인종, 문화적 정체성에 강한 관점을 두려는 경향이 있다. 사람들은 점점 더 미래 문화 갈등을 만드는 결정의 동력이 되는 정체성을 더 강조하려는 욕구를 가진다.

문화 갈등은 사회적이거나 경제적인 계급 간의 갈등보다도 더 위험하다. 이전 체코 공화국의 대통령이었던 바크라브 하벨은, "문화 갈등은 오늘날 역사상 어느 때보다도 더 증가하고 있고, 가장 위험하다."라고 말하고 있다(하벨, 1994년). 비슷한 문화, 가치, 사회적 관계, 관습과 철학적 가설을 공유하고 비슷한 삶에 대한 전망을 가지고 있는 나라는 대개 민족 갈등, 부족 전쟁 그리고 서로 다른 문화를 가진 그룹 간의 폭력을 야기하고 있다. 따라서 나라와 개인 사이의 미래 갈등은 경제나 이데올로기에 의한 문화적 요소에 의해서 만들어질 것으로 예상된다(델로스, 1993년). 오늘날 증가하는 다문화 세계에서 글로벌한 관광은 문화 갈등의 증가로 특징지어질 것이다(헌팅턴, 1996년). 문화적 차이는 세계를 다시 되돌릴 것이다. 세계가 더 글로벌화될수록 문화적으로 특이하고 유일하게 만들려는 압력이 사회와 개인에게 들어올 것이다. 문화 갈등의 속성은 문화 차이를 이해하고 받아들이는 것에 아주 의존하게 될 것이다. 그 결과로서 새로운 글로벌화된 세계에서 문화적 갈등을 효과적으로 회피하려면, 개인은 문화적 이해능력을 필요로 하게 된다(16장 참조).

요 약

넘쳐나는 관광상품의 수요로 인하여 많은 사회가 지방 문화의 침해를 경험하고 있다. 전통문화는 지방의 권리를 잃은 채로 상품화되고 상업화되었다. 상품화가 지방의 토착성을 파괴하지만 또한 토착성을 보존하고 유지한다.

문화 변화는 문화적으로 서로 다른 그룹 사이의 접촉에 의한 변화를 가리킨다. 문화 융합은 문화요소가 한쪽에서 다른 쪽으로 흐름을 말한다. 다양한 문화 이론들은 어떤 문화요소는 왜 융합되지 않는가를 설명하지 못했다. 문화 차용은 두 문화가 서로의 전통, 관습 또는 가치를 차용할 때 일어난다. 문화 차용이 다른 문화를 배우게도 하지만, 또한 문화 충돌을 일으킨다. 문화 표류는 일시적이고 임의적인 문화 변화를 가리킨다. 관광객과 관광지역 주민의 접촉은 일시적이고 가시적(표현형) 또는 영구적(유전자형) 행동의 변화를 가져올 수 있다. 문화 변용은 다른 사람의 토착 문화에 다른 문화요소가 약간 첨가되어서 그 토착 문화 형태에 변화가 초래되는 것을 말한다. 문화 변용은 어떤 사람이 새로운 문화에 적응하는 정도로 측정할 수 있다. 문화 채용은 다른 문화의 요소를 적응하는 것을 말한다. 관광지역 주민은 관광객의 요구를 맞추기 위해서 관광객의 일부 문화요소에 적응해야 할 필요가 있다. 문화 채용 또는 문화 조정을 완화하기 위한 기술에는 다양한 단계가 있다. 문화 동화는 어떤 사람이 새로운 문화의 주된 흐름에 적응하고 그 문화유산을 포기할 때에 일어난다. 문화 변용과 문화 동화의 차이점은 문화 변용–문화 동화 연속체로서 나타낼 수 있다. 문화 변용과 문화 동화는 자발적일 수도 있고 강제적일 수도 있다. 문화 동화가 새로운 문화를 배우게 하지만 또한 토착문화의 완전한 상실을 가져올 수도 있다. 문화 적응은 문화가 포함하고 있는 것을 배우는 것인데, 이것은 사회에서 행동적 유사점과 차이점을 초래하기도 한다. 과시 효과는 방문하는 관광객의 생활방식을 지역주민들이 채용하는 것을 말한다. 과시 효과는 개발도상국에서 관광객에 대한 질투와 증오심을 만들어내기도 한다. 문화 갈등은 오해와 가치 충돌에 의해서 발생하는데, 사회적이거나 경제적인 충돌보다도 더 위험하다. 글로벌화된 관광은 문화 갈등의 증가로 나타나고 있다.

논점과 질문

1. 문화 상품화와 문화 변형이 지방 전통과 관습에 미치는 효과는 무엇인가?
2. 다른 곳에서 대량 생산되었지만 관광객에게 '지방적이고 토착적인 것'으로 팔려지고 있는 문헌적인 예를 들어보시오.
3. 관광 경험의 토착성은 얼마나 중요한가?
4. 문화 변용과 문화 동화의 차이점은 무엇인가?
5. 당신은 외국에서 적응을 도와주고 문화로 인한 스트레스를 감소시키는 데에 어떤 전략을 사용하고 있는가?
6. 관광에서 과시 효과의 세 가지 예를 들어보시오.

사례연구 4.1 마오리 문화의 발견

나는 2004년 10월 20일에 뉴질랜드에 도착했다. 이 나라는 항상 나를 매혹시켰다. 그때 나는 마오리 문화에 대해서 많이 알지 못했다. 내가 가지고 있던 유일한 이미지는 시합을 하기 전에 뉴질랜드 럭비 팀이 하는 시작 의식이었다. 나는 "용사가 있었네."라는 원주민들의 문화의 동화 실패와 파괴를 그린 영화를 보았었다. 뉴질랜드를 방문했을 때 나는 그 부족민들에 의한 문화 관행을 경험해 보고 싶었다. 나는 마오리 문화가 관광객을 끌기 위한 어떤 것으로 변질이 되지 않았으면 하고 희망했다.

오클랜드에서 며칠을 보낸 후에, 나는 로토루아(마오리 문화의 산실이자 뉴질랜드 관광의 발원지)로 향했다. 내가 마오리 문화를 처음 대한 곳은 뉴질랜드 마오리 예술 공예 연구소(NZMACI)인데, 조각품과 직물짜기 학교였다. 미술과 공예품은 마오리 문화에서 아주 중요하다. "책의 그림과 같이, 미술품과 공예품은 마오리 문화의 페이지입니다; 그것은 이야기가 말해지고 세대를 통해서 전해지는 방법입니다. 역사는 조각되고 짜였습니다(http://www.nzmaori.co.nz)." 이 살아있는 박물관의 방문을 통하여 마오리 사람들은 그들의 문화를 유지하고 관광객과 그들의 예술을 공유한다.

이러한 매우 흥미 있는 마오리 문화에 대한 접촉 이후에, 나는 저녁에 마오리 공연에 참석했다. 나는 무대에 오른 관광객을 위한 볼거리에는 전혀 흥미가 없었는데 그 이유는 정말 문화적인 풍습을 원했기 때문이었다. 나는 이러한 공연에 참여하면 마치 문화를 다른 상품과 같이 소비하는 기분이 들었다. 즉, 나는 마오리족의 문화유산의 일부에 돈을 지불하는 것이었다. 그러나 나는 내가 그 공연에 참석하지 않는다면 마오리의 문화를 경험할 수 없다는 것을 알았다. 나는 마오리족의 문화에 대해서 더 많이 알고 싶었고, 그 공연에 참석하기로 결정했다.

그 공연은 테 푸이아(글자 그대로 풀이하면 '마오리 조상의 땅')에서 열렸다. 전통적인 환영행사가 끝나고 그 공연은 무서운 전사들의 도전으로 시작되었고, 그 후에 한 시간 동안 마래, 즉 '신성한 만남의 장소' 안에서 노래와 춤이 그 뒤를 따랐다. 조상들의 조각물로 둘러싸인 곳에서 나는 매혹적인 포이춤과 격렬한 전쟁춤인 하카를 즐겼다. 공연이 끝나고 난 뒤에, 공연자들은 전통적인 한기, 음식이 땅 위의 뜨거운 돌 위에서 쪄서 나오는 것으로부터 준비된 음식을 나누었다. 나는 그 마을을 떠나면서, 내가 마오리 문화에 대해서 더 많이 알게 되었다는 것과 그 사람들이 그들의 문화유산에 대해서 자랑스러워하며 그것을 관광객과 함께 기꺼이 나누려 한다는 인상을 받았다. 제펠(1997년)에 따르면, "마오리족 사람들에 의해서 삶의 문화로서 보여지는 것은 관광객과 관광지역 주인 모두에게 성공이다. 마오리족의 출연진들은 전통적인 생활방식을 재창조하며, 공연은 관광객에게 마오리족의 문화에 대한 교육적인 경험을 제공하고, 마오리족 출연자들은 자신의 문화를 배우고 그것을 관광객과 공유하려는 동기부여를 가지게 된다." 로토루아 지역과 그곳 사람들은 친절하기로 소문나 있다. 그들은 관광객이 그들의 문화적 관행을 나누려고 오는 것을 자연스럽게 받아들인다. 그들의 공연은 수입을 만들어내고 공동체 안의 일일 뿐만 아니라 마오리족의 문화에 대한 더 나은 교육이며 그들의 전통을 살아 있게 해주는 것이다. 마오리 사람들과 부족들이 뉴질랜드의 더 나은 관광 발전과 계획에 관계한다는 것은 중요하다.

– Zeppel, H.(1997). Maori tourism conference Te Putanga Mai, Journal of Travel Research 36(2), 78-80

웹사이트 링크

1. 문화 변화 : http://en.wikipedia.org/wiki/culture
2. 문화 변화 : http://anthro.palomar.edu/change/default.htm
3. 문화 융합 : http://en.wikiedia.org/wiki/diffusion_(anthropology)
4. 문화 표류 : http://www.mentalwanderings.com/gulch/2003/12/cultural_drift.html
5. 문화 변용 : http//en.wikipedia.org/wiki/Acculturation, http://www.encyclopedia.com/doc/1E1-acculture.html
6. 문화 채용 : http://www.temple.edu/studyabroad/students/cultural_adaptation.html
7. 문화 조정 : http://internationaloffice.berkeley.edu/multiple_use/cultural_adjustment.php, http://www.uazone.net/Adjustment.html
8. 문화 동화 : http//en.wikipedia.org/wiki/Enculturaation

이 책의 목표가 관광객 행동에 대한 문화의 영향을 설명하는 것이므로, 다음 장은 문화와 문화 차이의 개념을 논의하게 될 것이다.

PART 3

문화와 문화 차이

3부는 문화의 개념을 설명하고 국제사회의 핵심 가치인
주요 문화 차이를 구분한다.
또한 의사소통, 사회적 상호교류,
사회적 행동과 서비스 규칙에 대한 국가 문화의 영향을 논의한다.
이러한 논의는 윤리적인 맥락에서 진행되었다.

5 CHAPTER

문 화

이 장의 목표는 문화의 개념, 요소 그리고 특징에 대해 자세한 설명을 한다.

목 표

이 장을 끝내고 나면 독자들은 다음을 할 수 있어야 한다.

- 문화의 개념, 요소 그리고 특징을 이해한다.
- 문화의 다른 유형과 수준을 구분한다.
- 하위문화의 개념을 설명한다.
- 국가 문화, 민족성, 거주국가 그리고 출생국가 사이의 차이를 구분한다.
- 이 세계에서 문화 정체성의 중요성을 배운다.
- 문화 거리의 개념과 측정을 이해한다.

서론

증가하는 다문화 관광의 맥락에서 문화 경계를 넘어선 관광객 사이의 유사점과 차이점의 문제는 점점 더 중요해져 가고 있다. 점점 더 많은 사람들이 세계를 여행하고 그 나라들은 글로벌 마켓으로 통합되고 있다. 따라서 이러한 환경에서 일하는 관광 마케터와 매니저는 관광객 행동에 영향을 주는 문화와 국가 문화의 역할을 이해할 필요가 있다.

1. 문화의 개념

일반적으로 많은 사람들은 문화는 음악, 문학, 그림, 조각, 극장 그리고 영화에 나타나는 것이라고 믿고 있다(윌리엄스, 1976년). 다른 사람들은 소비와 소비자의 물건의 용어로 설명한다(버저·스미스, 1971년). 그러나 문화의 개념은 매우 다르며 정의하기가 불가능할지도 모르는데, 그 이유는 매우 광범위하고 복잡하며 다차원적이며 추상적인 개념이기 때문이다. 문화에 대한 수백 개의 정의가 여러 학자들의 다양한 관점에 따라서 규정되고 있다. 학자들은 무엇이 문화의 개념과 의미를 구성하느냐에 대한 다양한 관점을 가지고 있다.

원래 '문화'라고 하는 용어는 라틴어인 '컬추라(cultura)'에서 나온 것인데, 이것은 경작을 가리키는 말이다. 이 용어는 인간 행동 양식과 그것에 대한 의미와 중요성을 부여하는 표상구조를 가리키는 말이다. 특별히 인류학자들은 인간적 문화의 기원을 가리킨다. 기능주의자는 사람에게 방향을 주고, 사람들의 요구를 맞추기 위해서 사람들이 어떻게 행동하고 어떤 수단을 사용할지를 알려주는 규칙의 집단이라고 말한다. 인지 인류학자들은 문화를 인지 지식이라고 본다. 상징주의자는 문화를 의사소통을 돕는 상징과 의미의 체계라고 본다. 사회 인류학자는 사회관계의 중요성과 인간의 소비 절차의 관행을 강조한다. 문화 인류학자는 인간의 규범과 가치에 초점을 둔다. 고고학자는 인간 행동에 남아 있는 물질적인 유적에 더 집중한다. 마케터들은 문화를 특정한 사회의 구성원이 공통적으로 공유하는 중요한 가설의 집합이라고 말한다. 이러한 다양한 정의는 문화의 개념과 인간 활동을 평가하는 영역에 대한 서로 다른 이론적 기초를 반영하며, 이론적 분류는 하나의 중심적 정의에 이르기가 어려움을 보여준다. 그 결과로서, 문화는 애매하게 정의되고 어떤 하나의 일관성 있고 통합된 정의도 제기되지 않았다. 그럼에도 불구하고 이 용어는 그 의미가 명확한 것처럼 사용되고 있다.

다음에 제시된 분류는 문화에 대한 좀 더 자세한 설명이다. 제시된 정의는 문화가 모든 것을 포함한다는(예 문화는 모든 것이다) 넓은 관점에서부터 좁은 관점(예 문화는 인간의 삶의 방식이다)까지 다양하다. 문화를 사회 인류학적 관점에서 설명한

에드워드 버넷 타일러는 문화를 '지식, 신념, 예술, 도덕, 법, 관습 그리고 인간이 사회 구성원으로서 획득한 어떤 능력이나 버릇을 포함하는 복잡한 전체'라고 정의했다(타일러, 1874년, 1페이지). 이 문화에 대한 고전적인 정의는 문화의 내포적인 정의(많은 변수들이 포함되는)를 강조하고 있다.

좁은 관점으로서 문화의 개념은 서로 다른 측면을 가리키고 본질적인 모습을 반영하고 있다. 이러한 정의들은 상호 배척되는 것은 아니다. 따라서 문화는 다음에 대한 것이다.

1. 인간 환경 문화는 인간에 의해서 창조되었다. 이것은 인간의 집단을 서로 유지하는 인간이 만든 환경의 일부분이다.
2. 사회 유산과 전통 문화는 국가, 지역 또는 인간 집단과 그 안에 나타난 전통, 관습, 미술품, 건축, 음악 그리고 회화를 말한다.
3. 생활 방식 문화는 한 집단이나 전체 사회의 생활 방식이다. 이것은 어떻게 살아야 할지와 삶에서 무엇을 해야 할지를 결정하는 데에 있어서, 어떤 기준과 관점을 사용할지와 어떻게 해야 하는지를 보여준다.
4. 행동 문화는 사람의 행동에 관한 것이다. 문화는 사람의 행동에 영향을 주고 어떻게 사람이 행동해야 할지를 보여준다. 이것은 특정한 그룹이나 사람들과 관련된 인간 행동 방식과 다양한 사람들의 행동이 일어나는 조건과 환경을 결정한다. 문화는 또한 다른 사람의 행동을 해석하고 이해하고 예측하는 것을 도와준다. 사람의 행동은 그들이 자라온 문화에 의해서 결정된다. 문화는 인간 행동의 기초이다.
5. 사회생활 규칙 문화는 인간의 행동이 삶에서 어떠해야 하는지에 관한 방향을 지시해 주는 규칙의 집합이다. 이러한 규칙은 다른 사람의 행동을 더 잘 이해하게 해주고, 다른 사람이 어떻게, 왜 그렇게 행동하는지를 더 잘 이해하고 예측하게 해준다.
6. 의상과 외모 문화는 사람이 어떻게 옷을 입어야 할지를 지시해준다. 이것은 가정이나 사업장 또는 일상적인 만남에서 사람들이 어떤 옷을 입어야 할지를 결정한다. 사회적으로 인정받으려면 사람은 때에 따라서 옷을 적절하게 입어

야 한다. 문화 관습은 옷의 종류와 머리 길이와 색깔, 착용해야 할 보석 그리고 사용할 화장의 정도를 결정한다. 어떤 나라에서는 젊은이와 노인들도 다 같이 청바지를 허용(예 미국)하지만, 다른 나라는 전통적인 복장을 선호한다(예 일본의 기모노와 동남아시아의 사롱). 즉, 문화는 미적인 감각을 결정하는 요인이다.

7. 음식과 식습관 문화는 어떻게 음식이 준비되고, 요리되며, 제공되고 그리고 소비되는지를 결정한다. 예를 들면, 어떤 나라에서 사람들은 고기를 먹고(예 미국), 다른 나라에서 고기는 금지되어 있다(예 인도). 어떤 나라에서 사람들은 식사할 때 포크와 나이프를 쓰고(예 유럽인), 다른 나라 사람들은 젓가락(예 중국)을 사용하며 혹은 손(예 인도)을 사용한다. 문화는 식탁 매너를 결정한다. 예를 들면, 어떤 사람은 저녁 식탁에서 포크와 나이프를 잡는 방법을 보고 유럽인과 미국인 사이의 차이점을 구별할 수 있다.

8. 자아 관념 문화는 사람들에게 정체성과 자부심을 가지게 한다. 문화는 의미와 방향을 제시하며 사람들에게 자신이 어디에 속해 있는지를 보여준다. 문화는 또한 글로벌화, 산업화, 도시화, 신기술 그리고 급속한 산업발전으로 좌절한 사람들에게 해결 방법을 제공한다.

9. 관계 문화는 인간관계, 사업, 회사 그리고 정부에 영향을 준다. 문화는 사람들이 그룹에서 어떻게 행동해야 하며 다른 사람, 예를 들면 친구, 어른, 교사, 직장 상사, 소수 그룹 그리고 특별한 요구를 가진 사람들과 어울리고 대하는 방법을 알려준다. 예를 들어서, 어떤 문화에서는 노인들은 존중되고 존경되어야 하며, 집에서 가장 좋은 방에 모셔야 한다(예 한국). 다른 문화에서는 노인들을 특별한 보호시설로 모시는 것이 흔하다(예 미국). 문화는 성별, 성 역할과 책임, 결혼, 사회적 관계 그리고 일에 대한 태도에 영향을 준다. 문화의 개념은 사회적, 정치적, 경제적, 금융적, 교육적, 연대적, 종교적, 건강 그리고 오락 체계에 영향을 미친다.

10. 가치와 규범 문화는 사람들이 어떤 가치에 가장 큰 중점을 두어야 하는지, 즉 어떤 것이 가장 중요한 가치이고 어떤 것이 중요하지 않은 가치인지를 알

려준다. 어떤 문화에서 개인은 일, 개인적 성취 그리고 물질적인 것에 관심을 두며(예 미국), 다른 나라에서는 사람들이 서로 나누고 복종하며 다른 사람들에 대해서 관심을 가지는 것을 기대한다(예 아시아). 문화는 가치를 재확인시켜주고 어려움을 극복하며 문제에 대한 해결책을 찾도록 도와준다. 문화는 가치 체계를 포함하며, 가치는 문화를 창조한다.

11. 신념과 태도 문화는 사람의 신념, 관점, 의견, 선호도에 대한 태도를 결정한다. 또한 자신들과 다른 사람들 그리고 세계에 대한 태도를 정의한다. 문화는 종교 관행과 삶과 죽음, 선과 악에 대한 믿음을 결정한다.

12. 사고와 행동 방식 문화는 사회적 관계 속에서 사고하고, 느끼고, 일하면서 얻어진다. 문화는 사람이 자신의 생각과 가치와 의사소통하며 필요한 욕구를 충족시키는 수단이다.

13. 업무와 여가, 습관 문화는 일에 대한 태도, 습관, 관행, 성취, 평가, 승진, 보상, 책임감, 업무 윤리, 활동 가치, 고용자에 대한 충성, 일과 서비스의 질 그리고 의사결정 방법을 의미한다. 어떤 문화에서 사람들은 "일하기 위해 살고"(예 미국), 다른 나라에서는 사람들은 "살기 위해 일한다"(예 호주, 프랑스). 문화는 또한 여가, 여행 습관, 여행 빈도와 계절성, 선호하는 여행과 숙박 방법, 사용되는 정보 자료, 소비 패턴, 체류기간 그리고 목적지 선택을 결정한다. 예를 들어서, 미국과 유럽의 관광객은 혼자 여행하기를 좋아하고, 아시아 여행객은 그룹으로 다니는 것을 선호한다.

14. 시간 문화는 시간에 대한 태도를 결정한다. 어떤 나라에서는 기능성과 적절성이 기대되지만(예 독일), 다른 나라에서는 시간에 구애받지 않고, 그 대신에 일출과 일몰 그리고 봄, 여름, 가을, 겨울에 따라서 그들의 삶을 꾸려간다. 예를 들면, 인도나 라틴 아메리카에서는 약속시간에 늦거나 시간 계획에 얽매이지 않는 것이 인정된다.

15. 인지 지식 문화는 사람의 마음속에 존재하며 형성되는 인지 지식, 분류 그리고 분류체계이다. 문화는 마음의 집단적 프로그래밍인데, 이것은 하나의 그룹 또는 분류체계로부터 다른 것들을 구별해준다(호프스테드, 1991년, 5페

이지). 예를 들면, 인간 행동에 대한 규칙은 문화적으로 규격화된 마음에 의해서 창조된다.

16. 정신적 과정과 학습 문화는 사람들이 어떻게 정보를 조직하고 진행하는지, 어떻게 배우고 주위의 환경에 적용하는지 그리고 어떤 정보를 배우지 않고 새로운 환경에 적응하지 않은 결과로 고통받는지에 대한 것이다. 예를 들면, 어떤 문화는 직설적 표현, 논리, 인지 그리고 지성적 기술을 선호하고(예 독일), 다른 나라들은 순환논리, 개념화, 추상적 사고 그리고 정서적 의사소통을 강조(예 일본)한다.

17. 정보와 의사소통 문화는 정보이고 의사소통이다. 따라서 문화는 의사소통의 체계이다. 그것은 한 그룹에서 다른 그룹을 구별시켜주는 단서이다. 언어는 의사소통과 문화의 가이드이다. 언어는 사람들의 가치와 신념, 인식 그리고 규범을 전달에 도움을 준다. 이것은 세계에 대한 태도와 인식의 발달을 촉진한다. 언어와 어휘의 단서는 신념, 가치 그리고 인식의 차이를 만들어낸다. 비어휘적인 단서, 예를 들어서, 제스처나 몸짓 언어도 역시 문화에 따라서 다르다. 예를 들어서, 어떤 문화에서는 토론 중간의 방해는 일반적이지만(예 브라질), 다른 나라에서는 무례한 것으로 인정(예 일본)된다. 따라서 서로 다른 문화는 서로 다른 의사소통 체계를 가진다. 어떤 사회에서 사람들은 서너 개의 주요 언어를 사용하고(스위스에서는 독일어, 이탈리아, 프랑스어 사용), 한 언어 그룹에서는 다양한 사투리, 속어, 은어 또는 억양을 가질 수 있다. 같은 악센트나 은어가 있는 같은 언어를 사용하는 사람들은 그들 스스로를 다른 사람들로부터 구분한다.

18. 상징과 의미 문화는 사람들의 경험에 영향을 미치는 상징, 의미, 아이디어 그리고 감정의 체계이다. 같은 문화의 구성원은 그들의 사상, 표현 그리고 감상(예 기쁨과 슬픔) 등을 같은 상징(편지나 기호)에 의존한다. 상징은 사람이 의사소통하고, 다른 사람들에 대한 태도를 발전시키며, 사회적으로 인정된 태도를 이해하는 것을 도와준다. 상징은 문화를 가능하고 알기 쉽게 만든다. 비록 의미는 가식적으로 보이지 않더라도, 그것들은 다른 사람들의

행동을 이해하도록 돕는다. 예를 들면, 어떤 문화에서는 머리가 지적인 능력의 중심으로 여겨지기 때문에 어린이의 머리를 툭툭 치는 것은 인정되기 어려운 것이지만(예 말레이시아), 다른 문화에서는 인정된다. 폴란드에서는 어린이의 머리를 툭툭 치는 것은 보살핌과 보호하는 제스처로 여겨진다.

19. 인식 문화는 환경을 인식하는 방법이다. 문화는 사람들이 자기 자신과 세계에 대한 인식의 집합이다(유리올라, 1991년, p.66). 사람들의 인식에서 유사점이 나타내는 것은 유사한 문화에 대한 의미의 공유와 이해를 가리킨다(사모바르 등, 1981년).

20. 사람 사이의 차이점과 유사점 문화는 사람 사이의 차이점과 유사점에 관한 것이다. 문화는 사물을 다르게 인식하며, 세계를 다르게 인식하는 그룹의 사람 사이의 차이점을 말한다(포터, 1989년). 이러한 차이점은 다른 문화가 존재하고 있음을 보여준다. 이것은 문화적 차이점이 세계에 대한 인간의 인식에 어떠한 영향을 주는지를 이해하는 데 중요하다. 그림 5.1은 문화의 개념과 요소를 보여준다.

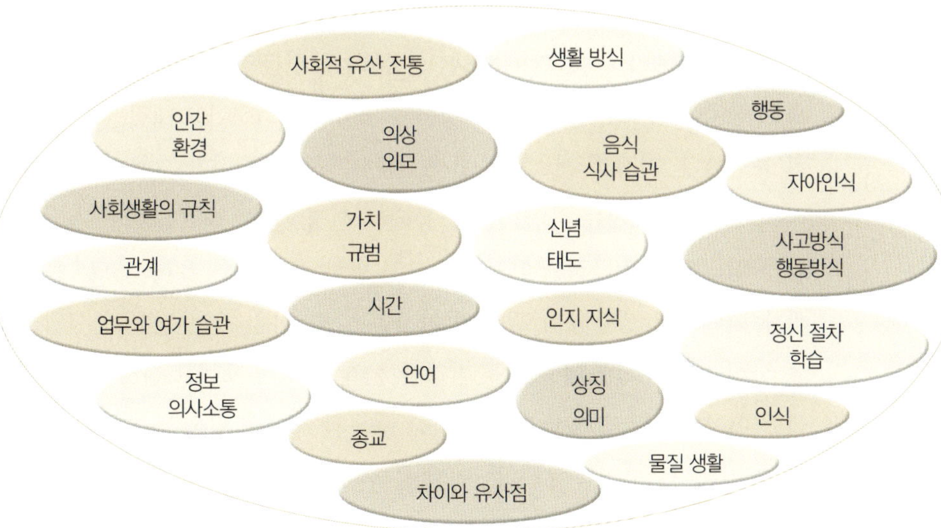

그림 5.1 문화의 개념과 요소

제시된 문화에 대한 정의는 다양한 의미를 내포한다. 그러나 이러한 용어들이 문화라는 개념을 모두 설명하는 것은 아니다. 1952년에 일프레드 크로베와 클라이드 클럭콘은 문화를 164개의 개념으로 설명했다. 그 결론으로서 포괄적인 문화의 정의를 제시했다. "문화는 인간들이 이룩해 놓은 독특한 성취업적으로 규정지을 수 있는데, 어떤 상징들에 의해 습득되고 전달되는 인간의 내면적, 외면적 행동 양식으로 구성되어 있다. 또한 인위적으로 구현된 속성들로 포함하고 있으며, 문화의 핵심요소로는 전통적 사고방식(예를 들어서, 역사적으로 유래되고 선택된 사고방식)과 역사에 연관된 가치가 있다. 다른 한편으로 문화체계는 인간 이전 행동의 결과물이나 더 나아가서 이후 행동의 조건적 요인으로 설명될 수 있다(크로에버·클럭콘, 1952년, p.181)." 이 정의는 말리노브스키(1988년, p.74)의 문화를 더욱 요약하여 정의한, "권리와 의무, 아이디어, 신념, 능력과 관습의 총합"과 맥락을 같이한다.

이러한 정의에서 알 수 있듯이 문화는 유형적, 무형적 요소의 체계를 나타낸다. 유형적 요소는 문화적인 요소를 나타내고 옷, 도구, 음식, 건물, 그림 그리고 더 많은 문화적 대상물과 공예품과 같은 인간생활에 도움이 되는 생산적, 물리적 요소를 포함한다. 무형적 요소는 비물질 문화를 말하며 가치, 신념, 태도, 도덕성, 윤리, 영성, 전통 그리고 관습을 나타낸다.

최근에 헤르비그와 던피(1998년)는 문화를 인간의 경험과 그것들에 대한 해석으로 정의했다. 그들은 문화를 '경험이 해석되는 외적이고 내적인 규칙'(p.11)이라고 표현했다. 피잠과 맨스필드(1999년)는 문화를 '특정한 그룹의 사람들을 함축적으로 특징지어주는 다양하게 공유되는 신념, 전통, 가치 그리고 기대의 전체 집합을 망라하는 포괄적 어휘'(p.393)라고 말했다. 최근에 유네스코는 문화를 예술과 문화에다가 생활방식, 같이 살아가는 방법, 가치 체계, 전통과 신념을 망라하는 사회나 사회 그룹의 특징적인 영적, 물질적, 지적 그리고 정서적 형식이라고 표현했다(유네스코, 2002년). 모든 인간 행동과 신념의 기초는 그룹의 특별한 가치체계인 것으로 보인다. 가치는 어떤 문화의 핵심을 나타내고(로켓, 1973년 ; 크로에버·클럭콘, 1952년), 심리적, 영적 그리고 도덕적 현상을 포함(크로에버·클럭콘, 1967년 ; 트롬페나르, 1993년) 한다.

2. 문명으로서의 문화

문화는 또한 문명에 비교된다(타일러, 1874년). 이 개념에 따르면, 어떤 국가와 민족은 다른 국가와 민족보다도 더 문화적 또는 문명화되어 있다. 비슷한 비유로서, 어떤 사람들은 다른 사람들보다도 더 문화적 또는 문명화되어 있다. '문화적(cultured)'라는 말은 박물관 예술과 클래식 음악과 같은 엘리트적 활동에 대해서 알거나 어떤 역할을 하는 사람을 설명한다고 알려졌다(박틴, 1981년). 이러한 행동은 '고급문화(high culture)'로 불려졌고, 지배적인 사회그룹에 의해서 활동이 이루어졌다. 고급문화는 대중문화 또는 인기 있는 문화(pop culture)와 다른데, 이것은 대중(비엘리트)에 의해서 추구되는 것이다. 그러나 오늘날 대중은 엘리트와 같이 문화활동에 참여한다. '문화적'이라는 말은 서구 세계에만 한정되는 경향이 있다. 어떤 사람들은 서구 문화(western culture)가 비서구 문화(non-western culture)보다 더 문명화되고 문화적이라고 믿는다. 이러한 가정은 잘못된 것이다. 비서구인들은 다른 방식이기는 하지만 서구인들만큼 문명화되고 문화적이다.

3. 지역에 따른 문화

서로 다른 지리적 요인에 의한 사회적 접촉, 식민지화, 무역, 여행, 이민, 종교 그리고 대중매체를 통해서 서로 다른 문화의 특징을 만들고 있다. 예를 들면, 아프리카 문화, 특히 사하라 지방의 아프리카 문화는 유럽의 식민주의에 의해서 영향을 받았고, 북아프리카는 아랍과 이슬람 문화에 의해서 영향을 받았다. 미국 문화는 아프리카, 유럽 그리고 아시아인들에 의해서 만들어졌는데, 이들은 노예무역이나 유럽에서 이민 물결(예 네덜란드, 영국, 프랑스, 독일, 아일랜드, 이탈리아, 포르투갈, 스칸디나비아 혹은 스페인), 라틴 아메리카(예 쿠바, 멕시코, 니카라과) 그리고 최근에는 아시아(예 중국, 한국, 베트남)로부터 이민에 의하여 들어온 사람들이다. 북미의 문화는 '혼합 문화(mixed culture)'라고 알려져 있는데, 그 이유는 서로 다른 문화와 인종에서 서로 다른 문화요소를 채용했기 때문이다. 아시아의 문화 전통은 특히 동아시아의 불교와 도교 그리고 유교의 사회적이고 도덕적인 철학에 의해서 영향을 받았다. 힌두교와 이슬람은 남아시아의 다양한 지역에 그 영향을 미쳤다. 한국과 일본 그리고 베트남 언어에 대한 중국과 중국 언어의 영향은 잘 알려져 있다. 태평양 연안의 국가들은 유럽 문화와 함께 그들의 토착 문화에 의해서 영향을 받았다. 예를 들면, 호주와 뉴질랜드 문화는 유럽 정착민들과 토착 호주인과 마오리족에 의해서 형성되었다. 폴리네시아 문화는 기독교에 의해서 강하게 영향을 받았다. 유럽 문화는 고대 그리스, 고대 로마 그리고 기독교 전통에 의해서 대부분 영향을 받았다. 동유럽은 아랍, 페르시아 그리고 터키 문화의 영향을 받았다. 이 지역은 많은 소수 종교(기독교와 다른 종교들)를 믿는 사람들이 많이 살고 있지만, 무슬림이 지배적이다. 아랍 문화는 이슬람을 통해서 언어, 필기 형식, 미술, 건축과 문학에 영향을 미치면서 페르시아와 터키에 영향을 주었다. 이란의 문화는 이라크와 터키에 영향을 주었다(http://en.wikipedia.org/wiki/Cuiture#Cultures_by_region).

4. 지역으로서의 문화

종교적인 신념은 문화에 통합되어 있다. 종교는 신념, 예배 방식 그리고 도덕적 전체 개념으로 정의되고, 그룹 안에서 모두 공유되는 기도, 의식 그리고 종교적 법률로서 성문화된다. 종교적이라는 개념은 조직화된 교회 혹은 종교적 기관의 신념과 관행에 고착되는 것을 말한다(샤프란스카·말로니, 1990년). 종교는 사람이 외부의 신을 찾도록 가르친다. 종교는 유대-기독교의 십계명(Ten Commandments)이나 불교의 오계(five precepts)처럼 행동을 규율하기도 한다.

5. 세계의 주요 종교들

세계의 주요 종교들은 기독교(세계 인구의 33%), 이슬람교(20%), 힌두교(13%), 중국의 민속 종교(6%) 그리고 불교(5~6%)이다. 이러한 종교들은 더 큰 그룹과 더 작은 교파로 나눌 수 있다. 더 큰 그룹은 (1) 아브라함 종교인데, 이것은 기독교, 이슬람, 유대교(그리고 때로는 바하이교), (2) 힌두교, 불교, 시크교 그리고 자이나교를 포함하는 달마교(혹은 인도 종교), (3) 신도, 도교, 유교 그리고 중국 민속 종교를 포함하는 극동 종교(또는 동아시아, 중국 도교)가 있다. 반대로 주요 종교는 (a) 기독교파[가톨릭, 동방 정교회(Eastern Orthodoxy), 프로테스탄트, 오리엔탈 정교회(Oriental Orthodoxy), 그리고 네스트교], (b) 이슬람파(수니파, 시아파, 수피파 그리고 하리지파), (c) 힌두교파[시바교, 비슈즘(Vaishnavism) 그리고 샤크티파, 스마르타(Smartha)와 그 외] 그리고 (d) 불교의 종파[소승 불교, 대승 불교 그리고 바즈라야나(Vajrayana)]로 나눌 수 있다. 약 4%의 전 세계의 인구는 토착의 부족 종교를 믿고 있다. 약 12%의 세계 인구는 종교가 없다. 표 5.1은 세계의 주요 종교를 나타내고 있다.

2005년 전세계 대부분의 인구는 아브라함(Abrahamic) 계열 종교(53.5%), 인도(Indian) 계열 종교(19.7%), 극동(6.5%), 부족 종교(4.0%) 그리고 신흥 종교 운동(2.0%)이다. 전세계 인구의 14% 이상은 종교가 없다. 그림 5.2는 2005년 주요 종교를 백분율로 보여주고 있다.

지배적인 세계 종교는 가톨릭, 동방 정교 그리고 개신교(Protestantism), 이슬람, 중국 종교, 불교와 힌두교이다. 그림 5.3은 대륙에 따른 주요 세계 종교의 전파를 보여주고 있다. 각 나라의 아브라함(Abrahamic) 계열 종교(짙은 색)와 인도(Indian) 계열 종교(옅은 색)는 그림 5.4에 나타나 있다.

각 나라의 기독교(짙은 색)와 무슬림(옅은 색)의 상대적인 비율은 그림 5.5에 나와 있다. 지난 100년 동안 이슬람교와 기독교를 믿는 세계 인구의 증가가 있었다. 기독교 인구는 2025년까지 전세계 인구의 25%까지 감소할 것으로 예상되고, 무슬림의 인구는 30%까지 계속 증가할 것으로 예상되고 있다(헌팅턴, 1996년).

표 5.1 세계의 주요 종교

종 교	내 용
기독교	기독교는 나사렛 예수의 삶과 가르침을 중심으로 하는 종교이다. 그리스도인은 예수가 하나님의 아들이며 구약성경에서 예언된 메시아(그리스도)로 믿는다.
이슬람교	무슬림은 신이 코란을 마지막 예언자인 모하메드에게 주었다고 믿고, 코란과 순나를 이슬람의 근본적인 것으로 간주한다. 그들은 모하메드를 새로운 종교의 창시자로 믿고 있지는 않지만, 아브라함, 모세, 예수 그리고 다른 예언자들의 원래 신앙의 복원자로 생각한다.
힌두교	힌두교는 인도 대륙에서 기원한 전통 종교이다. 힌두교는 사나타나 다르마, 즉 산스크리트어로 '영원한 길' 또는 '영원한 법'을 의미한다. 다양한 신념과 전통의 집합체이므로 힌두교는 하나의 창시자가 없다.
불교	불교는 설명된 가르침의 집합이다. 하나의 의견은 고다르마 부처로 알려진 싯다르타 고타마의 가르침에 의해서 영향을 받은 가르침의 몸체라고 한다. 또 다른 관점은 사람으로 하여금 실체를 직접적으로 경험하게 지도하는 것이라고 본다.
시크교	15세기의 북인도의 나낙 데브와 아홉 명의 계승자 구루(Guru)의 가르침에 기초를 둔 시크교는 세계에서 5번째로 큰 종교이다. 시크교의 가장 큰 신념은 보편적인 하나의 신 에코아리카르의 성스러운 상징을 사용해서 나타내는 바히구루에 대한 믿음이다. 시크교는 신의 이름과 메시지에 대한 훈련된 개인적 명상의 추구를 주장한다.
유대교	유대교는 유태인들과 관련된 종교이다. 이것은 히브리어로 된 성경(Tanakh)에서 구현된 원리와 윤리에 기초를 두었으며, 탈무드에서 탐구되고 설명되어 있다.
바하이교	바하이교는 19세기의 페르시아의 바하울하에 의해서 만들어졌는데, 모든 인류의 영적인 통합을 강조한다. 바하이교의 가르침에 따르면, 종교의 역사는 신의 예언자들의 연속적인 출현을 통해서 계시되고 있다. 예언자들은 시대에 따라서 인간들의 능력에 적합한 가르침을 주고 있으며, 그 근본적 목적은 동일하다고 볼 수 있다.
유교	유교는 중국의 철학자인 공자의 가르침에 의해서 발전된 고대 중국의 윤리적이고 철학적인 체계이다. 이것은 인간의 도덕성과 선행에 관점을 둔다. 유교는 도덕적, 사회적, 정치적, 철학적인 복잡한 체계이며, 동아시아에 엄청난 영향을 준 종교 사상이다.
자이나교	전통적으로 자인 다르마교(Jain Dharma)로 알려진 자이나교는 세계에서 가장 오래된 종교 중의 하나이다. 이것은 고대 인도에서 비롯된 종교와 철학이다. 자이나교는 24명의 티르탄가스(Tirthankars)로 알려진 지나스(Jinas, 정복자)의 가르침을 따른다.
신도	신도는 일본의 토착 종교이고 한 때는 국교였다. 일종의 다신교이며 영적 존재인 카미(Kami)의 숭배를 포함한다.

출처: http://en.wikipedia.org/wiki/world_religion; 2008년 2월 18일 검색

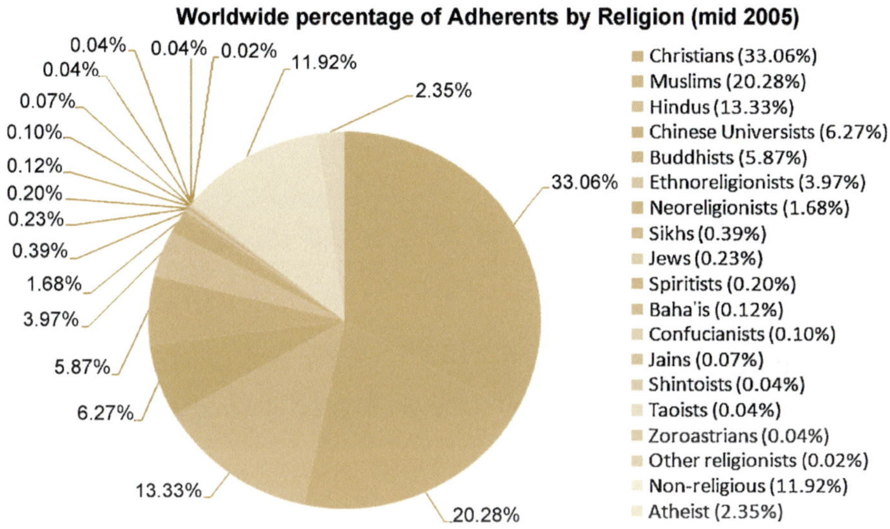

그림 5.2 2005년도 세계 인구의 주요 종교 분포도

출처: http://en.wikipedia.org/wiki/world_religion.

그림 5.3 세계 종교 분포 지도

출처: http://en.wikipedia.org/wiki/world_religion.

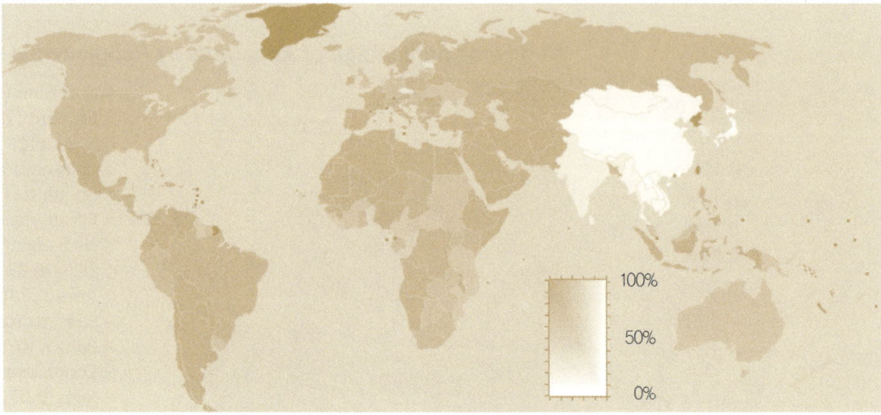

그림 5.4 아브라함교와 인도 종교
출처: http://en.wikipedia.org/wiki/world_religion.

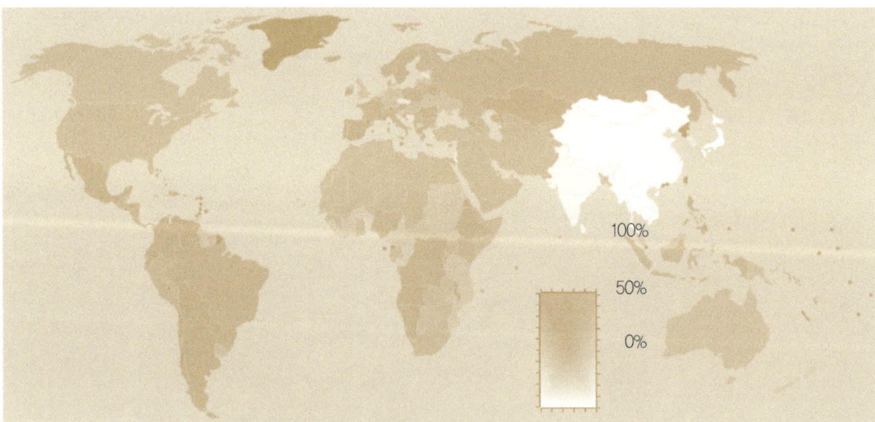

그림 5.5 세계 기독교와 이슬람 종교
출처: http://en.wikipedia.org/wiki/world_religion.

6. 지역에 따른 종교

대부분의 아프리카인은 아브라함교이며 기독교(이집트, 에티오피아, 에리트레아)이거나 이슬람이다. 이슬람은 북부 아프리카의 지배적인 종교이며 또한 서부

아프리카(코트디부아르, 북부 가나, 남서부와 북부 나이지리아), 북동 아프리카와 동부 아프리카 해안지역에서 주요한 종교이다. 기독교와 이슬람교는 아프리카의 전통적인 종교와 토착적인 신념에 적용되었다. 많은 아프리카인들은 그들의 전통적인 종교와 민속 종교를 믿고 있다(http://www.en.wikipedia.org/wiki/world_religion).

아시아는 힌두교, 유대교, 불교, 시크교, 유교, 도교, 기독교, 이슬람교 그리고 그 외의 많은 종교의 산실이다. 로마 가톨릭은 베트남에서 두 번째로 큰 종교이다.

중국 사람들의 대부분은 불교를 믿으며, 그 다음은 도교와 중국 민속 종교의 순서이다. 대승 불교는 1세기에 도입된 이래 조직된 종교 중에서 가장 큰 신앙이다. 어떤 중국인들은 자신들을 불교이자 도교 신자로 생각한다. 소수 그룹은 기독교(3~4%), 이슬람교(1.5~2%), 힌두교, 동바교, 본(Bon) 그리고 몇 개의 새로운 종교와 종파를 믿고 있다(특히 시안티아니즘, 파룬궁). 2005년 중국 인구의 14%는 종교가 없음을 밝히고 있다(http://www.adherents.com).

인도 인구의 80%는 힌두교를 믿고, 13%는 이슬람교를 믿는다.

북미 종교는 기독교에 의해서 독점되고 있다(멕시코 : 94%, 미국 : 80%, 캐나다 : 75%). 캐나다(16%)와 미국(15%)은 가장 높은 무신론(atheists)과 불가지론자(agnostics)의 비율을 가지고 있어서 대략 인구의 10%를 차지한다. 이슬람교는 캐나다 인구의 2%와 미국 인구의 0.6% 그리고 멕시코 인구의 0.3%만 믿고 있다. 유대교는 1.4%의 미국인이 믿고 있다. 또한 부두교(Voodoo)는 북미와 남미의 섬지역 국가에서 믿어지고 있다(http://en.wikipedia.org/wiki/world_religion).

미국은 국가의 다양성과 다문화적 구성으로 인해서 가장 종교적인 나라 중의 하나이다. 미국 시민들의 대부분은 기독교를 믿는다(78.5%). 약 15%의 인구는 종교가 없는데, 이것은 영국(44%) 그리고 스웨덴(69%)보다는 적다. 유대교는 두 번째로 큰 종교(인구의 3% 미만)이며, 그 다음 이슬람교(1% 미만), 불교(0.5%) 그리고 힌두교(0.4%)이다(http://en.wikipedia.org/wiki/world_religion).

남미 국가의 대부분은 기독교인이다(90%). 로마 가톨릭교 81%이고, 다른 기독교 교파 9%이다. 전체적으로 남미는 전 세계 기독교인의 약 19%를 차지하고 있다

(http://en.wikipedia.org/wiki/world_religion).

호주에서는 3분의 2가 넘는 인구가 기독교인이고 6분의 1이 무신론자이다. 나머지 인구(6분의 1 이하)는 전 세계의 주요 종교를 포함하는 다양한 그룹을 나타내고 있다(http://en.wikipedia.org/wiki/world_religion).

유럽의 종교는 풍부하고 다양한 종교의 역사를 가지고 있다. 유럽의 지배적인 종교는 로마 가톨릭, 동방 정교회 그리고 개신교이다. 종교를 믿는 유럽인의 대부분은 기독교이다. 로마 가톨릭은 가장 큰 교파 중의 하나이며, 라틴 유럽, 아일랜드, 비쉐그라드 그룹(Visegräd Group) 그리고 게르만 계통의 남부지역에서 믿고 있다. 개신교와 동방 정교회는 많은 교회로 나누어져 있는데, 그중에서 가장 큰 교회는 동방 정교회(알바니아, 벨라루시, 불가리아, 그리스, 루마니아, 러시아, 세르비아)와 루터-쯔빙글리파를 포함한 프로테스탄티즘(덴마크, 프랑스, 벨기에, 독일, 헝가리, 스웨덴, 스위스), 영국 국교회주의(잉글랜드, 아일랜드, 스코틀랜드, 웨일스, 스페인), 칼뱅-프로테스탄티즘(잉글랜드와 웨일스, 스코틀랜드, 아일랜드, 네덜란드) 그리고 재세례교파-세례교파(그레이트 브리튼, 스웨덴)이다. 이러한 다양한 종교는 유럽의 예술, 문화, 철학 그리고 법률에 영향을 미쳤다. 이슬람교, 힌두교, 불교와 유대교는 훨씬 적은 비율을 차지하고 있다. 유럽은 비종교인, 불가지론자 그리고 무신론자들의 숫자가 가장 많은데, 특히 체코 공화국, 에스토니아 그리고 스웨덴에서 종교가 없는 숫자가 많다(http://en.wikipedia.org/wiki/world_religion).

유럽은 오토만 제국의 이전 영토였던 발칸 지역과 레콘키스타 이전에 아랍제국의 영토였던 이베리아 반도를 제외하고는 이슬람교의 전통이 없다. 유럽의 무슬림 인구는 대부분이 이민의 결과이고, 프랑스 10%, 네덜란드 6%, 덴마크 5%, 스위스와 오스트리아 4%, 북부 지역 그리고 영국은 거의 3%를 차지한다. 이와 비교해서, 발칸에서 무슬림은 알바니아 인구 70%, 보스니아와 헤르체고비나 40%, 마케도니아 30%, 몬테니그로 약 20% 그리고 불가리아 10% 이상을 차지하고 있다(http://en.wikipedia.org/wiki/world_religion).

유럽 연방은 기독교가 지배적이지만, 또한 다양하다. 유럽 연방이 세속적이기는 하지만 국가 교회가 있으며(일반적으로 개신교), 그 예는 영국국교회(the Church of England)이다.

서남아시아와 북아프리카에서는 대부분이 무슬림이다. 무슬림이 대부분을 차지하는 나라에서는 이슬람교가 정치적으로 지배하고 있다. 이슬람교에는 많은 종파가 존재하는데, 예를 들면 수니파와 시아파의 분파가 있다. 그러나 무슬림(또는 이슬람) 공동체는 다른 많은 나라와 민족 그룹에 걸쳐 퍼져 있으며 세계 인구의 약 5분의 1을 차지하고 있다(http://en.wikipedia.org/wiki/world_religion).

7. 문화의 종류와 수준

문화라는 말은 나라의 문화를 말하기도 한다. 그러나 나라 혼자만으로는 문화를 규정할 수 없다. 사람들의 행동과 선호도는 몇 개의 다른 문화에 의해서 영향을 받는다. 글로벌한 환경, 민족, 인종, 종교, 직업, 가족, 친구 그리고 개인의 가치 체계에 의해서도 영향을 받는다. 예를 들면, 어디에 있든지 모든 사람들은 경제적 발달의 수준뿐만 아니라 정치적이고 사회적인 시스템에 의해서 영향을 받는다. 사업을 하는 사람은 산업, 조직 그리고 직업 문화에 의해서 영향을 받는다. 물론 사회적으로 사람들은 가족과 친구에 의해서 영향을 받는다. 이에 따라서 문화를 다음과 같은 유형으로 구분할 수 있다.

- 보편적 문화는 모든 나라와 인간의 삶과 행동 방식, 가치, 도덕과 아이디어의 문화를 말한다.
- 문명 문화는 비슷한 정치 체계와 경제 발전, 윤리적 뿌리 그리고 종교적 가치를 가진 서로 다른 나라를 포함하는 특정한 문명의 문화를 말한다.
- 민족 문화는 언어, 피부색, 역사, 종교, 혈통이나 유산 또는 유사한 역사를 공유한 민족들의 그룹을 말한다.
- 인종 문화는 아프리카계열 미국인이나, 아시아계열 미국인 등과 같은 특정한

인종의 문화를 가리킨다.

- 국가 문화는 이 책의 요점인데, 국가 단위 그룹의 문화를 말하며, 때로는 country culture로 불리기도 한다. 국가 문화는 국가와 지방이 명확하게 구분된 지역적인 경계를 가지고 있을 때에 이렇게 정의할 수 있다. 그러나 이것이 항상 그렇지만은 않다. 서로 다른 민족들이 한 나라의 지리적인 경계 안에서 서로 다른 문화를 가지고 같이 살아갈 수도 있다. 옛날 유고슬라비아 국가에서 세르비아인, 크로아티아인, 몬테니그로인, 무슬림, 슬로베니안, 알바니안, 헝가리안 그리고 마케도니아인들이 서로 다른 문화를 가지고 하나의 나라에서 살아 본 적이 있다.
- 지역 문화는, 예를 들어서 미국의 남동 문화(캐주얼하고 편안한) 혹은 북동 문화(공식적이고 바쁜) 같은 가치와 생활방식이 다른 특정한 지리적인 지역의 문화를 말한다.
- 세대 문화는 특정한 세대의 문화를 말한다. 예를 들면, 베이비부머 세대와 X 세대는 서로 다른 가치와 선호도와 욕구를 가지고 있다.
- 산업 문화는 특정한 산업의 문화를 말한다. 관광업, 은행업, 건설업, 소매업 또는 의약품업과 같은 산업은 사업을 어떻게 조직하고 관리해야 할지에 대한 서로 다른 관점을 가지기 때문에 그 자체의 특정한 문화를 가지고 있다. 예를 들어서, 관광산업 문화는 은행업 문화보다 더 고객의 요구에 맞춘다. 다른 한편으로, 은행업은 건축업보다 좀 더 고객의 요구에 맞춘다.
- 직업 문화는 특정한 직업의 문화를 말하고 있다. 특정한 직업적, 전문직 그룹(의사, 변호사, 기술자)은 업무에서 요구되는 가치가 서로 다르기 때문에 독특한 문화를 형성한다. 심지어 옷을 입는 것도 다르다.
- 조직적인/회사의 문화는 특정한 조직의 문화를 말한다. 조직과 회사는 서로 다른 산업 특성, 사업, 생산물 그리고 서비스의 속성에 의해서 영향을 받기 때문에 서로 다른 문화를 가지고 있다. 어떤 사람들은 정보기술에 의해서 영향을 받고 있고, 다른 사람들은 부동산, 자동차 또는 보험을 판매한다.
- 기능적 문화는 한 조직 안에서의 특정한 부서의 문화를 말한다. 조직체 안에

서 서로 다른 부서와 분야(예 금융, 생산, 마케팅, 연구 그리고 개발)는 특정한 문화에 의해서 특징지어진다. 그들은 수행해야 할 다른 기능, 목표를 성취할 다른 시간 일정과, 봉사해야 할 다른 고객을 가지고 있다. 예를 들면, 연구부서와 개발부서는 좀 더 현실적인 접근을 택하는 면이 있는 반면에, 광고부서는 좀 더 창의적이다.

- 가족 문화는 가족의 구조와 단결, 그 구성원 사이의 속성, 역할과 아내와 남편의 책임감, 종교, 정치 또는 경제에 대한 지향성을 말한다.
- 개인 문화는 개인의 가치 체계, 신념, 아이디어, 기대, 행동, 태도 그리고 의지, 인구적 특성(예 성별, 나이, 수입, 공식 교육기간)과 인간성(예 동기부여, 지식)에 의해서 영향을 받는 모든 것을 말한다.

위에서 제시한 문화의 개념을 통하여 문화의 수준이 각각 다르다는 것을 알 수 있다. 그 결과로서, 문화의 몇 가지 수준을 구분할 수 있다(그림 5.6 참조). 첫번째로서 피라미드의 바탕이자 가장 낮은 수준은 개인의 가치와 기준에 중점을 둔 개인 문화이다. 둘째 수준은 가장 작은 사회적 그룹, 예를 들어서 조직체나 가족 혹은 부족에 의해서 공유되는 조직과 가족 문화이다. 셋째 수준은 산업과 직업적 문화를 포함하는데, 이것은 의사나 약사 같은 직업 그룹이나 산업 그룹 또는 공동체에 의해서 공유되는 것이다. 넷째 수준은 같은 민족, 유래와 거주지가 같은 국가의 사람들에 의해서 공유되는 민족, 기원 혹은 거주지의 문화를 말한다. 다섯째 수준은 문명 문화에 의해서 나타나며 유사한 정치 체계, 경제적 발달의 수준, 민족적 뿌리 그리고 종교적 가치를 가진 서로 다른 민족을 포함한다. 마지막으로, 여섯째 수준은 보편적인 인류 문화에 의해서 나타난다. 이러한 가장 높은 문화는 모든 민족과 인류의 문화, 삶의 방식, 행동, 가치, 사상 그리고 도덕을 나타낸다.

이러한 다양한 문화 수준은 서로 의존하고 서로 영향을 미친다. 예를 들어서, 국가 문화는 경제 체제와 발전, 민족성 그리고 문명화된 종교 문화에 의해서 영향을 받는다. 반대로 국가 문화는 산업과 전문직 문화, 조직적 문화와 가족의 전통에 영향을 주고 있다.

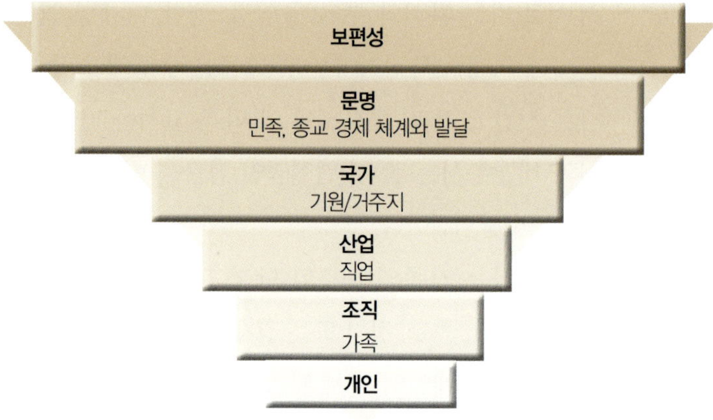

그림 5.6 문화의 수준

8. 문 명

문명은 가장 상위의 문화적 분류(국가, 민족 그리고 종교 그룹 다음으로)이며, 사람들이 가지는 가장 광범위한 수준의 문화 정체성이다. 예를 들면, 프랑스 사람은 그 자신을 프랑스 사람, 가톨릭, 기독교인, 유럽인 그리고 서구인이라고 정의할 수 있다. 프랑스 사람이 속한 서구 문명은 그가 정의한 가장 광범위한 수준의 정체성이다.

문명은 다른 문명으로부터 구별된다. 문명은 높은 수준의 예술, 종교, 과학 그리고 사회적·정치적 발전의 선진화된 단계를 나타낸다. 문명은 문화이다. 각 문명은 많은 국가, 정치 단위, 정부 그리고 주를 포함한다. 문명이 정의하는 중요한 문화요소는 혈연 관계, 언어, 역사, 종교, 삶의 방식, 세계관, 사회 구조, 제도 그리고 사람들의 자기정체성이다. 문명은 인종에 따라서 다르다. 같은 문명에 따라서 다른 인종이 단결될 수 있고, 같은 인종이 문명에 따라서 극단적으로 분열될 수 있다. 예를 들어서, 기독교 문명과 이슬람 문명은 다양한 인종의 사회를 포함한다. 인간 그룹 사이의 주요한 구분은 육체적 외모나 머리카락과 피부 색깔에 따른 것이 아니고 그들의 가치, 신념, 제도 그리고 사회 구조에 관련된 것이다.

문명은 시간을 통해서 진화하고 적용되고 나타났다가 사라지며, 인간 조직에서 가장 오래 지속된다. 문명은 크기와 중요성에서 서로 다르다. 문명은 중국과 같이 아주 많은 수의 사람들을 포함할 수 있고, 사라진 크레타 문명처럼 아주 적은 수의 사람을 포함할 수 있다. 주요한 문명이 있고 소규모 문명이 있다. 사람들이 그들의 정체성을 바꿀 수 있듯이 문명의 구성과 모양도 바뀐다.

현재 문명은 최소한 12개로 나누어질 수 있다. 이 중에서 7개는 더 이상 존재하지 않고(메소포타미아, 이집트, 크레타, 그리스 로마, 비잔틴, 중미, 안데스), 5개가 존재하고 있다(중국, 일본, 인도, 이슬람, 서구) (멜코, 1969년). 현대 세계에서는 이 다섯 개의 문명에 동방 정교회, 라틴 아메리카 그리고 아프리카 문명을 추가한다(표 5.2 참조).

불교 지역인 부탄, 캄보디아, 라오스, 몽골리아, 미얀마, 스리랑카, 태국, 아루나찰프라데시, 간미키야, 네팔의 일부, 시베리아의 일부 그리고 티베트 망명 정부는 다른 문명으로부터 분리된 것으로 정의된다. 헌팅턴(1996년)은 이들을 국제적 중요성의 관점에서 주요 문화로 구분하지 않았다. 어떤 경우에 중국, 힌두, 불교와 일본 문명은 동방이라고 불리는 하나의 문명으로 묶을 수 있다.

주요 문명의 기초는 세계의 주요 종교의 기초이다. 종교는 문명의 특성을 결정한다. 예를 들면, 주요한 문명과 결합된 네 개의 주요한 세계 종교는 기독교, 이슬람교, 힌두교 그리고 유교이다. 다섯 번째로 주요한 종교인 불교는 유교와 도교 그리고 탄압받는 종교로 분리되었기 때문에 어떤 주요한 문명의 기초가 되지 못했다. 세계의 가장 큰 종교는 비서구 문화에 의해서 만들어졌다. 서구 문명은 결코 주요한 종교를 만들어낸 적이 없다(헌팅턴, 1996년).

문명의 주요 차이는 대부분 그것과 관련된 종교 차이에 기인한다. 종교 차이는 사람들과 국가 사이의 분열을 만들어낸다. 레바논, 전 유고슬라비아 그리고 아대륙에서 일어났던 것처럼, 민족과 언어가 같은 사람들이 종교가 달라서 서로를 학살하는 경우가 있다(트라키안, 1974년). 현재 세계에서 일어나고 있는 주요 문명의 분열(서구 대 비서구)은 대부분이 문화 차이에서 나온다.

현재 서구 문명의 영향은 줄어들고 있다. 아시아 문명(예 중국, 일본)은 경제

표 5.2 세계의 8대 문명

문명	특징	국가
중국	기원전 1500년 그리고 아마 이보다 1000년 이전 하나의 중국문명 또는 기원전 수백년 전의 두 개의 중국문명. 이 문명이 '유교'라는 이름으로 불리지만 유교 이상을 포함	중국 이외의 동남아시아 베트남, 한국, 싱가포르, 대만의 공통적 문화
일본	중국 문명의 하나였던 문명이며 기원후 100년에서 400년 사이에 나타남	일본
힌두	최소한 기원전 1500년 전부터 인도대륙에 존재했고, 인도, 인디(india) 혹은 힌두로 언급되며 인도 문명의 핵심	인도, 네팔
이슬람	기원후 7세기에 아라비아 반도에서 기원. 아랍, 터키, 페르시아 그리고 말레이 등에 존재	북아프리카, 이베리아 반도, 중앙아시아, 서남아시아, 아프가니스탄, 알바니아, 아르바이젠, 방글라데시, 인도네시아, 말레이시아, 몰디브, 파키스탄, 소말리아, 인도 일부
동방 정교회	러시아에 중심을 두고 200년 동안 타타르의 지배를 받았고 관료적 폭정, 르네상스, 종교 개혁, 계몽 운동과 서구 문명 영향을 적게 받음	아르메니아, 벨라루시, 불가리아, 사이프러스, 그루지야, 그리스, 몬테니그로, 마케도니아 공화국, 루마니아, 러시아, 세르비아, 우크라이나
라틴아메리카	유럽 문명의 하나였고 유럽과 북미와는 다름. 가톨릭만 존재하고 다양한 토착 문화와 통합되어 있음. 종종 서구 문명 안의 하위 문명으로 서구에 소속된 분리된 문명으로 간주되나, 문제는 유럽 문명에 소속의 여부	멕시코, 중미, 페루, 볼리비아, 아르헨티나, 칠레
서구	역사적으로는 유럽 문명. 근대에는 유로아메리카 혹은 북대서양 문명	유럽, 북아메리카, 호주, 뉴질랜드
아프리카	대부분 학자들은 아프리카 문명을 인정하지 않는다. 북아프리카와 동부 해안은 이슬람 문명에 속해 있고 에티오피아는 자체 문명을 가지고 있으며 남아프리카는 다양하게 분리된 유럽 문명(독일, 프랑스, 영국)을 가지고 있고, 남부 사하라 지역은 기독교	주로 남아프리카 지역을 언급

출처 : Melko, M.(1969). 문명의 속성. 보스턴: 포터 사르젠트; http://en.wikipedia.org/wiki/Clash_of_Civilization

적, 군사적 그리고 정치적인 힘을 확장시켜 나가고 있다. 이슬람 문명은 인구적으로 팽창하고 있으며, 무슬림 국가와 그 이웃들에게 불안한 영향을 주고 있는 것으로 보인다. 비서구 문명은 그들 자신의 가치를 재확인하고 있다(헌팅턴, 1996년). 따라서 글로벌화는 아시아와 이슬람 국가들에게 역동적인 경제와 인구 변화로 만들어진 문화 부흥을 가져다주고 있다. 서구 이데올로기에 의해서 독점되었던 시대는 끝난 것 같다. 세계는 다중적이고 다양한 문명이 상호교류하고 경쟁하며 같이 존재하고 서로를 인정하는 시대로 움직이고 있다(사카키바라, 1995년).

9. 관광산업에서 문화 유형

관광산업에서 문화의 유형을 다음과 같이 분류할 수 있다.

관광객 문화는 관광객이 다른 나라를 사업이나 관광으로 방문할 때에 가져가는 그 나라의 문화를 말한다. 관광객 문화는 관광객 행동에 영향을 미친다. 그러나 관광객이 집을 떠나올 때 그들이 다르게 행동하기 때문에 관광객 문화는 '거주문화'에 좌우되며, 다른 문화에서 온 관광객이 어떻게 행동하느냐를 설명한다(자파리, 1987년). 또한 '관광객 문화'(관광객 그룹의 문화, 배낭여행객 등)와 국가 문화는 둘 다 다른 문화를 가진 관광객에게 영향을 미치게 된다. 따라서 '관광객적인 문화'가 어느 정도로 모든 관광객의 행동에 영향을 주는지 이해하는 것이 중요하다(피잠, 1999년, 피잠 · 맨스필드에서 인용, 1999년).

관광산업 문화는 관광의 절차에 포함된 모든 참여자의 행동 결과이다. 즉, 관광객의 행동과 관광생산품과 서비스를 제공하는 모든 사람들의 행동의 결과를 말한다. 관광산업 문화는 관광객과 관광지역주민 문화의 혼합된 결과이다. 이것은 목적지에서 만들어지는 특별한 종류의 문화이다. 관광객과 관광지역주민은 국내에서 다른 그룹이 없을 때 하던 행동과는 다르게 행동하므로 관광업 문화는 관광객과 지역주민의 일상적인 문화와는 구별된다(자파리, 1987년).

10. 문화의 목적

문화의 목적은 사람들에게 어떻게 살고, 일을 처리하며, 생각하느냐를 가르치는 것이다. 인간은 생활을 통하여 문화를 알게 된다. 문화의 목적은 인간의 행동방식과 기준을 제시하고 행동영역과 대인관계에 있어서 불확실성을 줄이는 데 있다. 즉, 어떤 사회에서 구성원 사이의 생존과 성장을 촉진하는 환경적인 관계를 정하는 것이다. 문화는 인간 행동에 영향을 주고 어떤 행동이 적절하고 사회적으로 인정되는지, 어떤 것이 도움이 되고 어떤 것이 보상받는지 그리고 어떤 것이 인정되지 않고 해를 끼쳐서 하지 않도록 되는지를 결정한다(헤르빅, 1998년). 문화는 무엇이 옳고 선하며 진실이고 정직하고 가치 있고 중요한지를 말해준다(크라플, 1978년). 문화는 행동, 의식, 전통, 관습 그리고 절차에서 어떤 것이 중요한지를 말해 준다. 또한 어떤 옷을 입을지, 어떤 음식을 먹어야 할지, 무엇을 말해야 할지, 손님을 어떻게 대접해야 할지 그리고 저녁 파티에서 어떻게 해야 할지를 정해준다. 문화는 사회의 다수가 따르는 아이디어와 규칙을 정한다. 이것은 순서, 방향 그리고 인간 행동을 규제한다(헤르빅·던피, 1998년). 또한 인관 관계의 패턴을 결정하고 특별한 상호작용의 스타일을 촉진한다. 문화 규칙과 규범은 사회의 조화를 성취하고 유지하는 것을 돕는다. 이러한 규칙과 규제가 없으면, 사회는 혼돈상태가 된다(잔드트, 1998년). 문화는 일상생활의 결정을 간단하게 한다. 문화는 생리적, 심리적 그리고 사회적 욕구를 만족시키는 수단을 제공한다(헤르빅·던피, 1998년).

또한 문화는 인간 사회가 언어와 비언어의 기호로 의사소통하는 것을 가능하게 한다. 문화는 특정 그룹이 받은 정보를 어떻게 이해하는지를 설명해 준다(헤르빅·던피, 1998년). 문화는 특정한 의사소통, 협상, 설득 그리고 토론 방식을 결정한다. 문화는 인식을 만들고 태도, 느낌, 이미지 그리고 고정관념을 발전시킨다(도드, 1998년).

문화는 정부 형태를 구성한다. 이것은 사회에서 사회적, 정치적, 경제적, 금융적, 교육적 유대, 종교, 건강 그리고 오락 체계에 영향을 준다. 문화는 가족적, 사회적 업무 관계에 영향을 준다.

문화는 사람을 서로 연결시킨다(도드, 1998년). 이것은 그룹 사람들의 정체성을 결정해 준다. 문화는 사회 그룹의 특이성, 가치, 신념 그리고 사상의 특이성을 구분해준다(리아빗·바흐라미, 1988년). 같은 문화의 구성원은 비슷한 생각과 경험을 공유한다. 공유된 경험, 가치 그리고 규범은 사회 구성원에게 정체성 공유의 느낌을 준다(헤르빅·던피, 1998년). 문화는 그들이 누구인지를 정의한다(잔드트, 1998년).

11. 문화의 특징

다음은 문화에 대한 특징을 설명하고 있다.

1. 장기적 관점 문화는 수천년 전에 발달되었고, 누적된 경험과 지식의 총체이다.
2. 집합 문화는 신념, 가치, 습관, 규범 그리고 전통의 집합이다.
3. 사회적 현상 문화는 인간의 상호교류에서 나타나고 독특한 인간사회의 형태이다.
4. 환경적 현상 문화는 다양한 환경적 요소에 의해서 영향을 받는다(미시적 관점-예 또래 혹은 조직적 규칙, 거시적 관점-예 경제, 정치, 지리).
5. 정치적 현상 문화는 다양한 정치적이고 법적 요소(예 입법, 법률, 규칙, 청구서)에 의해서 영향을 받는다.
6. 배운 것 문화는 유전적으로 전수받은 것이 아니라 학습된 것이다. 갖춘 것이 아니라 사회에 들어간 구성원에 의해서 다른 구성원으로부터 성공적으로 배운 것이다. 새로운 문화 행동을 배우고 오래된 행동을 배우지 않는 것도 가능하다.
7. 공유된 것 문화는 큰 그룹의 사람들에게 공유된 것이며, 그 그룹에 특징적인 것이다.
8. 기능적인 것 각각의 문화는 수행해야 할 기능과 특정한 그룹의 사람들에게

기준을 제시하는 목적을 가지고 있다.

9. 영향을 주는 것 문화는 인간 행동에 영향을 준다. 생활과 경제, 정치 그리고 인간 행동에 영향을 주는 성질은 한 기간에서 다른 기간까지 다양할 수 있다.
10. 처방적 문화는 인정될 만한 행동을 처방해준다.
11. 자의성 문화적 관행과 행동은 임의적이다. 어떤 행동은 한 문화에서 인정되지만 다른 문화에서는 인정되지 않는다.
12. 가치가 담긴 것 문화는 가치를 제공해주고, 어떤 것이 가장 가치가 크고 어떤 것이 가장 가치가 작은지 그리고 기대되는 가치가 무엇인지를 말해준다.
13. 의사소통의 촉진 문화는 어휘적 그리고 비어휘적 의사소통을 촉진한다.
14. 적응성과 역동성 문화는 끊임없이 새로운 조건과 환경에 적응하고 변화한다. 사회가 변하고 진화하면서 문화는 변화한다. 특정한 행동 기준이 충분히 사회 구성원을 만족시키지 못하면, 문화는 수정되고 혹은 대체된다. 따라서 문화는 사회의 요구를 맞추기 위해서 계속 진화한다.
15. 요구를 만족시킨다 문화는 방향과 안내를 제시하며 한 사회의 구성원의 요구를 만족시키는 데에 도움을 준다.
16. 암시적 문화는 신념이나 가치 그리고 사고방식과 같은 무형적인 형태로 표현될 수 있다.
17. 외형적 문화는 건축이나 그림 그리고 음악과 같은 유형적인 형태로 표현될 수 있다.

12. 하위 문화

큰 사회는 하위 문화를 가지기도 한다. 또는 큰 문화로부터 차별화되는 특정한 행동과 신념의 집합을 가진 사람들의 그룹이 있다. 하위 문화는 그 구성원의 인종, 민족, 부족, 종교, 지리적 지역, 토착성, 사회적·경제적 계급, 나이, 성별, 직업, 정치 그리고 성적 정체성 혹은 이런 요소들의 조합에 기초를 두고 있다. 각각의 문화는 몇가지 유형의 하위문화를 갖고 있다.

하위 문화에는 서로 다른 범주가 존재한다.

- 인종적 하위 문화는 비슷한 생물학적 특징, 주로 같은 피부색과 신체를 가진 사람들의 그룹을 말한다. 서로 다른 인종적 범주는 서로 다른 육체적인 외형, 예를 들면 피부색이나 눈의 모양에 의해서 분류될 수 있다. 또한 인종적 하위 문화는 같은 조상이나 인종으로부터의 진화를 인정한다. 다양한 인종 범주는 동일한 역사 속에서 진화되어 왔다. 예를 들어서, 많은 서구의 유럽 국가들은 코카시안 인종을 포함한다.
- 민족적 하위 문화는 공동의 역사 그리고 대개는 언어를 공유하지만, 같은 지역에 살지는 않는 사람들의 그룹을 말한다. 예를 들면, 북미의 인디언 민족의 하위문화와 영국을 들 수 있다.
- 부족 하위 문화는 민족보다는 작지만 같은 관습과 대개는 같은 언어 그리고 고대적 삶의 방법을 따르는 사람들의 그룹을 말한다. 예를 들면, 아마존 삼림 지역을 떠돌아다니는 부족을 들 수 있다.
- 토착 하위 문화는 언어, 지역, 역사, 종교, 후손 혹은 유산 그리고 표현형 특성(예 피부색, 머리색), 다른 공통점을 공유하며 자신들을 특정한 민족이나 그룹으로 구분하는 그룹을 말한다. 토착 문화 특성은 아이들에게 전달된다. 토착 그룹의 예는 앵글로 아메리칸, 아프리카 인종, 아프리칸 아메리카, 중동인, 동남아시아인, 히스패닉, 필리핀인, 유태인이 있다. 유고슬라비아에는 수많은 토착 그룹이 있으며(예 세르비아, 크로아티아, 무슬림), 각각 그 자신의 문화를 가지고 있다.
- 종교적 하위 문화는 종교적인 신념과 숭배의 차이에 따라서 구분되는 다양한 종류의 사람들의 그룹을 말한다.
- 지리적·지역적 하위 문화는 한 나라 안에서 지리적 차이 혹은 나라 사이의 유사점을 말한다. 지역적 문화는 지리, 역사, 정치, 경제, 언어 그리고 종교(국가 경계 안이나 외부)에서 차이점 때문에 발달된 하위 문화를 말한다. 각각의 지리적인 부분이나 지역은 그 자신의 문화, 가치 그리고 생활방식을 발전시킨다. 예를 들면, 미국의 남서쪽은 캐주얼한 생활방식과 야외활동을 즐기고

활동적인 운동을 좋아하는 것으로 알려져 있다. 남동지역은 뉴잉글랜드 지역의 보수적인 지역에 비교해서 더 진보적으로 보인다.

- 경제적·사회적 하위 문화는 사람들의(수입과 부) 사회경제적 위치의 차이점에 기초해서 구분되는 것이다. 예를 들어서, 도시의 아프리카 계열의 미국인 하위문화는 낮은 수입, 약물 중독 그리고 교육적 소외와 관계있다.
- 나이에 기초한 하위 문화는 나이의 차이에 기초해서 구분된다. 각각의 나이 그룹은 그들의 문화를 발전시킨다. 예를 들면, 더 젊은 사람은 나이가 많은 사람보다도 옷, 음식, 음악, 휴식처, 자동차 그리고 오락을 더 선호한다. 나이가 많은 사람은 편한 옷, 약 그리고 보험에 더 많이 소비하기를 선호한다.
- 성 정체성에 기초한 하위 문화는 성별의 차이점에 기초해서 구분된다. 각각의 성별은 그 자신만의 문화 습관과 관습을 발전시킨다.

지역적, 인구적 혹은 사회경제적인 차이의 결과로서, 각각의 하위 문화는 구성원들에게 이러한 하위 문화 안에서 사람들에게 어떻게 행동하고 상호작용하고 생각할 것인지를 알려주며 서로 다른 가치와 기대를 제시한다. 각각의 하위 문화는 주류 문화 안에서 서로를 구별해주는 서로 다른 행동 방식을 보여준다. 따라서 주류 문화는 소수의 변종 하위 문화와는 다르다.

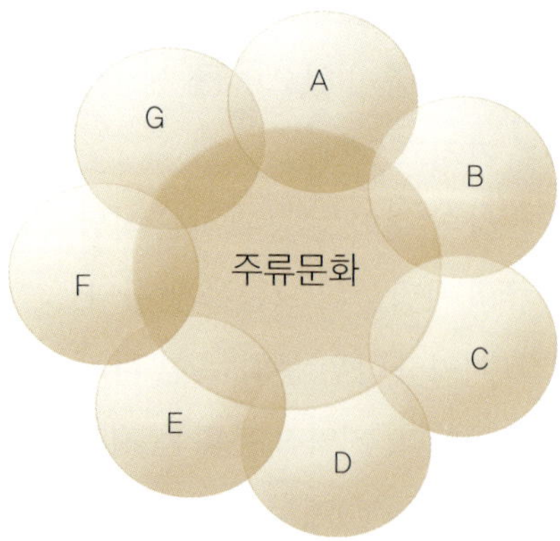

그림 5.7 주류 문화와 비주류 문화 A–G의 관계

그림 5.7은 다양한 하위 문화 그룹(A-G)과 주류문화 사이의 관계를 보여준다. 각각의 하위 문화는 그 자신의 특유한 가치 방식과 신념, 기대를 가지고 있지만, 모든 그룹은 주류 문화를 공유하고 있다. 주류 문화가 공식적, 사회적으로 인정받는 행동의 형태를 결정하지만, 소수의 하위문화는 개인적인 사회적 행동을 나타낸다. 결과적으로, 같은 주류문화에서 나온 사람들의 행동 방식이 그들이 다양한 하위 문화의 구성원이기 때문에 같지 않을 수도 있다.

하위 문화는 작거나 큰 사람들의 그룹으로 대표될 수 있다. 사람들은 동시에 서로 다른 많은 하위 문화의 구성원이 될 수 있다. 어떤 사람은 백인이고, 아일랜드계 미국인 여성이며, 가톨릭이고, 중산층의 구성원이며, 높은 연소득을 갖고 있고, 나이가 25세라고 구분될 수 있다.

어떤 문화에서 주류이고 혹은 전형적인 문화 유형을 구분한다는 것은 아주 어렵고 심지어 불가능하다. 많은 사회가 문화적으로 아주 다양화되어 있다. 많은 나라에서 다양한 토착 그룹이 발견된다. 예를 들어서, 미국, 호주 그리고 캐나다는 영국인, 독일인, 이탈리아인, 그리스인, 터키인, 세르비아인, 크로아티아인, 폴란드인 그리고 다른 많은 민족을 포함하고 있다. 미국은 125개 이상의 토착 그룹이 있고 거의 1,200개에 가까운 다양한 종교가 있다(사모바르 등, 1998년). 따라서 특정한 나라의 문화 분석은 그 나라의 주류문화에 한정될 수밖에 없다.

이 책의 요점은 관광객과 관광주최자 주류 국가 문화에 있다. 소수의 하위 문화와 사회적인 행동의 개인적 행동 방식은 분석되지 않았다.

13. 문화 대 국적

국적은 어떤 사람과 출신 상태 혹은 어떤 사람의 국가 구성원임을 말한다. 대개 국적은 아이의 탄생 장소 또는 혈연에 의해서 정해진다. 또한 국적은 귀화를 통한 삶에서 얻어질 수 있다. 국적의 법적인 의미는–특히 영어 사용 국가에서는–세계의 모든 나라에서 그런 것은 아니지만, 시민권을 의미한다. 예를 들면, 영국에서는 시민이 정치 생활에 참여할 수 있다(투표나 선거에 출마). 그러나 국적이 즉각적으로 이러한 권리를 얻게 해 주는 것은 아니고 때가 되면 획득한다.

어떤 나라의 국적을 취득하고서 다른 곳에 살 수도 있다. 예를 들어서, 영국 국적을 가지더라도 프랑스에 가서 살 수 있다. 또한 국적은 동일한 인종, 기원 그리고 언어를 가진 대규모 사람들의 그룹을 가리킨다. 예를 들면, 서로 다른 국적을 가진 사람들이(예 라트비아인, 우크라이나인 그리고 벨라루시아인) 이전의 구소련(USSR)에서 산 적이 있다.

한 그룹의 문화와 국적이 지리적 경계에 의해서 명백하게 구분되면 문화와 국적 사이에는 아무 구별이 없을 수도 있다. 그러나 항상 그렇지는 않다. 오늘날 세계에서 다른 문화와 다른 국적의 사람들이 같은 지역 안에서 살고 있다(멕시칸, 러시안 그리고 브라질의 국적을 가진 사람들이 미국에서 산다). 따라서 문화와 국적의 개념 사이의 혼란을 피하기 위해서, 국적 문화라는 말이 사용되어야 할 것이다. 이것이 특정한 사람들의 그룹을 설명하는 더 정확한 말이다.

국적이 사람들 사이의 문화적 차이를 설명하는 하나의 요소는 될 수 없다. 개인은 다중의 국적을 가질 수 있고, 그들의 문화는 국적과 다를 수 있으며, 많은 사람들이 이중 문화 소유자(bicultural)가 될 수 있다. 예를 들면, 러시아인이 미국 국적자이면서 프랑스의 문화 패턴을 따를 수 있다. 또한 미국, 호주 그리고 캐나다의 국민이 다른 문화권 출신이기 때문에 두 개 이상의 문화에 친숙할 수 있다. 더구나 새로운 문화권으로 이민 온 국민들은 이민 온 문화와는 다른 국적을 가질 수 있다.

14. 문화 대 거주지 국가

거주지 국가는 사람이 영원히 살아가는 국가를 말한다. 거주지 국가는 어떤 사람의 국가 문화와 반드시 일치할 필요는 없다. 예를 들면, 어떤 사람은 스페인에 살면서 호주의 문화 패턴을 가지고 호주의 국가정체성을 가질 수 있다. 따라서 국가 문화는 거주지(당신이 사는 곳)에 의해서 결정될 수 없다. 어떤 사람들은 다른 국가에 오래 살면서도 그 문화를 적용할 시간이 없거나 혹은 적응 의지가 없을 수 있다. 그들은 자신의 국가 문화를 유지하고 따르는 것이다.

15. 문화 대 출생 국가

출생국가는 어떤 사람이 태어난 곳을 말한다. 출생국가는 반드시 국가 문화와 일치할 필요는 없다. 많은 사람들은 새로운 문화로 이주하고(이민자) 문화 변용이나 문화 박탈의 과정을 겪을 수 있으며, 새로운 문화 패턴을 배우고 자신이 태어난 국가에서 어릴 때 배운 것을 일부러 잊어버릴 수가 있다. 따라서 그들이 태어난 국가가 같다고 해도 국가 문화는 바뀔 수 있다. 또한 출생 국가는 어떤 사람이 거주하는 국가와 반드시 일치할 필요는 없다. 예를 들면, 어떤 사람은 이탈리아에서 태어나서 뉴질랜드에서 살 수 있다. 그 결과, 어떤 사람의 문화는 출생국(당신이 태어난 곳) 국가나 거주지(당신이 사는 곳) 또는 시민권(당신의 국적)과는 다르지만, 반드시 그것에 의해서 결정되지는 않는다.

결론적으로, 문화, 국적, 거주국 그리고 출생국은 서로 다르다. 어떤 사람은 한 나라에서 태어나 자라고 다른 나라에서 살 수 있다. 외국 국민(한 나라에서 태어나고 다른 나라에서 길러진)과 한 나라에서 태어나고 자라고 다른 나라에서 장기간 사는 사람은, 같은 나라에서 태어나 길러지고, 평생 사는 사람과는 다르게 행동할 수 있다.

16. 문화 정체성

문화 정체성은 어떤 개인이 그 문화에 소속되어 영향을 받는 경우에 정해지는 개인이나 그룹의 정체성이다. 문화 정체성과 자아 정의는 글로벌화된 세계에서 점점 더 중요성이 커지고 있다. 더 많은 사람들이 여행하고 새로운 일을 찾고 새로운 나라로 이민을 갈수록 조상의 뿌리에서 멀어지고 새로운 사회 경제와 문화 환경에 노출되며, 점점 더 새로운 자료, 가치, 도덕과 이미지를 찾게 된다. 사람들은 자신들이 정말 누구인지, 어디에 속해 있는지 그리고 어디로 가고 있는지를 알 필요가 있다.

사람들은 자신들의 정체성을 직업, 교육, 물질 소유, 재산, 사회 계급, 유대감, 거주지, 이데올로기, 조상, 언어, 역사, 가치, 관습, 일하는 기관 그리고 정치로도 규정한다. 그러나 사람들 사이의 가장 큰 구별은 정치적, 경제적, 사회적 혹은 이데올로기적인 것이 아니고 문화적인 것이다. 문화 정체성은 정체성의 다른 차원과 비교해서 그 중요성이 한층 크다고 할 수 있다. 사람들은 자신들을 부족, 토착 그룹, 종교적 의사소통, 민족 그리고 최고 문명 그룹, 심지어 문명과 같은 문화 그룹으로 정의한다. 사람들은 자신들의 전통 의상, 음악, 음식, 깃발, 십자가, 머리 장식 그리고 색깔 등을 포함한 문화 정체성의 상징을 사용하기를 좋아한다. 문화 정체성은 대부분의 사람들에게 가장 의미가 큰 것이다. 이것은 사람들에게 자아와 소속감의 느낌을 주고, 의미와 방향을 주며, 가치를 재확인시킨다. 또한 신념과 관점을 규정하며 그리고 세계 정치, 경제, 환경에 대한 태도를 발전시킨다. 문화 정체성은 글로벌화, 산업화, 도시화 그리고 급속한 경제와 기술 발전으로 좌절한 사람들에게 힘을 준다. "우리가 누구인가"라는 것은 개인이나 사회뿐만 아니라 모든 나라에게 중요하다. 대부분의 나라들은 자신들을 경제력이나 군사력이 아닌 문화적인 가치로 정의한다. 따라서 오늘날 점점 더 많은 국가들이 자신의 문화 정체성을 찾고 있다.

그러나 최근 수년 동안 글로벌한 정체성의 위기가 시작되는 것처럼 보인다. 세계가 사람들을 가깝게 만들고, 사람들과 나라들은 그들의 정체성을 유지하고 싶은 필요성을 다시 인식하고 있다. 즉, 그들은 차별화되고 싶은 것이다. 사람들과 나라들은 문화의 유사점이 아닌 문화의 차이점으로 지신들을 구별하고 싶어 한다. 사회심리학의 특수성 이론에 따르면, 사람들은 다른 사람들과 공통된 점이 아니라 구별되는 점을 가지고 다른 사람들과의 차이를 만든다고 한다. 그 결과 그들은 다른 조상, 종교, 언어 그리고 가치를 찾아서 다른 사람들로부터 자신들을 구분하는 것이다. 글로벌 문화에서 가장 중요한 것은 사람들과 국가들이 그들 자신들을 문화적인 용어로 규정하는 것이다. 강한 문화 정체성을 가지는 것은 사람들로 하여금 다른 사람들과의 관계를 강화시켜주고, 세계에서 그들의 위치를 더 강하게 만든다. 문화의 핵심이 없는 사람들은 자신들의 문화를 잃어버리고 다른 문화의 일부가 된다.

불행히도 사람들과 국가들이 전 세계를 통해서 문화적인 용어로 그들 자신을 차별화하는 것은 필연적으로 다른 문화 그룹 사이의 분쟁을 의미한다. 이러한 분쟁은 글로벌화된 관광에 큰 문제가 될 수 있고 매우 파괴적으로 나타날 수 있다.

17. 문화 거리감

문화 거리감(cultural distance : CD)은 나라의 문화 차이의 정도나 혹은 서로 다른 문화 체계 사이에 존재하는 차이를 말한다. 큰 문화 거리감은 분열의 원인이 될 수 있고 잠재적으로 나라들 사이의 모든 경제적, 사회적, 정치적 관계를 방해할 수 있다. 문화 거리감의 조성은 국제 관광에 적용될 수 있으며, 원래의 국가(관광객)의 문화가 지역주민의 문화와 얼마나 차이가 나는지의 정도로 규정된다. 문화 거리감은 한 문화와 관광객 그리고 방문하는 다른 문화 사이의 상호작용으로 나타난다. 국제적인 관광객과 관광지역 주민 사이의 큰 문화 거리감은 관광지역 주민 문화 쪽에서 더 큰 어려움을 경험할 가능성이 있다.

관광객과 관광지역 주민 문화 사이의 문화 거리감은 아주 작을 수도 있고 극단적으로 클 수도 있다. 그들 사이의 문화가 서로 비슷하면, 문화적 거리감이 적거나 존재하지 않는다. 그러나 그들 사이의 문화적 차이가 크면, 문화적 거리감은 아주 크다고 할 수 있다.

모든 문화는 서로 다른 가치와 규범을 가지고 서로 다른 하위문화로 이루어져 있어서 문화가 서로 다르다고 주장될 수 있다. 그러나 문화 거리감에 영향을 주는 것은 국가 문화의 차이가 있고 없음이 아니라, 문화 차이의 정도이다. 차이의 정도가 증가할수록 문화 거리감은 증가한다.

국가 문화의 차이의 정도에 따라서 문화 거리감을 몇개로 분류할 수 있다.

(1) 관광객과 관광지역주민 문화가 같거나 비슷하면 그들 사이의 문화 거리감은 매우 작거나 존재하지 않는다.
(2) 관광객과 관광지역주민 문화의 차이가 작거나 부수적이면, 그들 사이의 문화 거리감은 작다.
(3) 관광객과 관광지역주민 문화의 차이가 크거나 해결되지 않는 것이라면, 그들의 문화 거리감은 크다. 이런 경우에, 그들은 문화적인 유사성이 없고, 서로의 상호작용에서 어려움을 경험한다. 나라 문화의 차이가 증가할수록, 관광객과 관광지역주민은 오해, 분열, 분노 그리고 분쟁을 경험한다(수튼, 1967년).

이상의 내용으로 보면, 문화 거리감은 사람들의 국가 문화 차이의 정도로 규정할 수 있다. 문화 거리감이 크면 서로에 대한 인식을 왜곡시키고 분열로 이끌 수 있다. 관광객과 관광지 주인 사이의 국가 문화 거리감은 관광객의 대부분이 외국인인 경우에 크다. 결과적으로, 문화적으로 서로 다른 관광객과 관광지역주민 사이의 분쟁은 필연적이며 글로벌한 관광에 주요한 문제를 야기시킬 수 있다.

사모바르와 포터(1991년)는 최소치에서 최대치까지 나누어서 나라 사이의 문화 차이의 정도를 검사 척도를 만들었다(그림 5.8 참조). 문화 거리가 가장 큰 것은 아시아와 서구 문화의 차이이다. 이것이 의미하는 것은 아시아에서 서구로 가든지 또는 그 반대의 경우에, 서로 간에 유사성은 최소이고, 상호작용이 매우 어려우며, 문화 분쟁에 휩싸일 수가 있다는 것이다. 비록 어떤 문화 그룹들은 매우 비슷해 보이지만(예 미국, 영국, 캐나다), 그들도 역시 이런 문화 속에서 발견되는 서로 다른 다양성과 토착 그룹 때문에 문화적으로 다를 수가 있다.

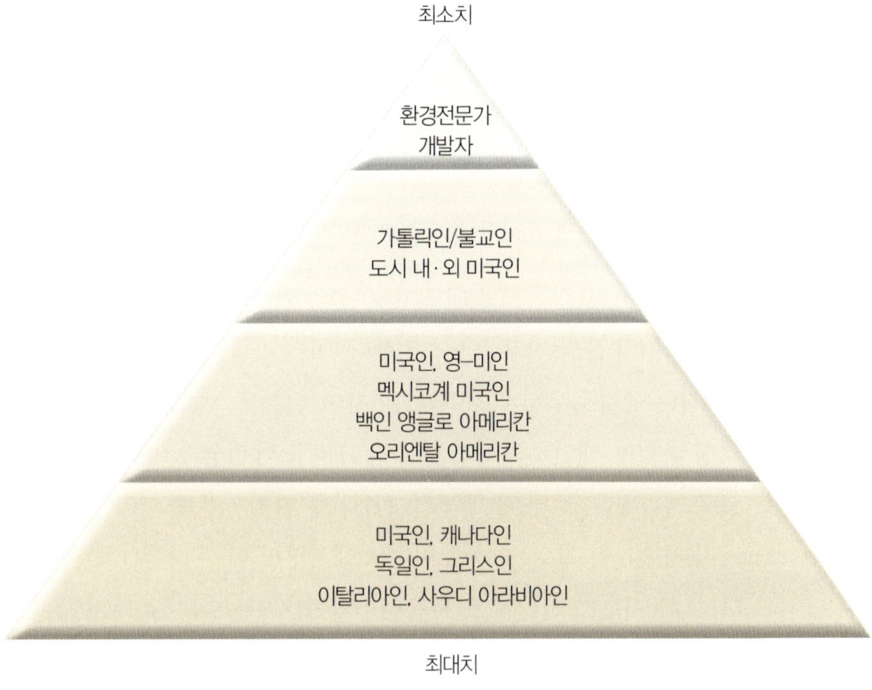

그림 5.8 사모바르와 포터에 따른 문화와 소문화 사이의 차이(1991)

출처 : Reisinger, Y., & Turner, L. (2003). Cross-cultural behavior in tourism: Concepts and analysis (p.29). Burlington, MA: Butterworth-Heinemann; based on Samovar, L., & Porter, R. (1988). Intercultural communication: A reader. Wadsworth, Belmont, CA.

18. 여행에 대한 문화 거리감의 영향

관광객과 관광지역주민 문화 사이의 거리감은 특정한 장소를 방문하려는 의지에 영향을 미친다. 많은 관광객이 비슷한 문화 배경을 공유하는 목적지로 여행을 가고 싶어 한다. 예를 들면, 홍콩 사람은 비슷한 문화 배경–혹시 있더라도 아주 작은–때문에 중국 본토에 자주 여행을 간다. 사우디의 관광객은 무슬림 국가를 방문하는 것을 선호한다(아바스, 1987년). 문화 거리감이 적은 목적지를 방문하는 것은 문화 분쟁의 정도를 줄이고 긍정적인 경험의 가능성을 증대시킨다. 비록 이러한 주장이 옳더라도, 문화의 차이는 목적지로 관광객을 더 모을 수 있다. 문화적으로 다른 목적지는 젊은 사람과 모험을 좋아하는 사람 그리고 교육받은 마케팅 부서의 사람들에게는 매력적인 여행 환경을 제공한다.

19. 문화 거리감의 측정

나라 사이의 문화 거리감을 측정하는 몇 개의 측정 방법이 있다.

문화 다양성 지수

잭슨(2001년)은 호프스테드(1980년)의 연구와 기준 국가(호주) 안에 포함된 50개국 사이의 문화 거리감을 측정했다. 이 국가들을 1에서부터 50까지 등급을 매겼다. 기준 국가로부터 각각 국가의 차이를 호프스테드의 문화 차원(권력 거리, 불확실성 회피, 개인주의와 집단주의 그리고 남성성과 여성성)을 적용해서 절대 순위로 계산했다. 전체 네 개의 절대 순위를 합쳐서 문화 다양성 지수를 만들었다(네 가지 차원). 이 지수는 아주 비슷(4)에서부터 아주 다름(196)까지 지수는 다양했다. 비록 지수가 간단하고 사용하기가 쉽지만, 1968년부터 1972년 사이에 업무와 연관된 가치에 기초하기 때문에 오늘날 개인의 문화 차이를 포착하지 못한다.

클러스터 분석

클락 그리고 푸흐(2001년)는 클러스터 분석으로 문화 거리감을 측정했다. 언어, 종교 그리고 지리를 기초로 해서 나라를 차별화시켜서 5개의 클러스터로 구분했는데, 이것은 앵글로, 노르딕, 게르만, 라틴(라틴 유럽과 라틴 아메리카) 그리고 나머지 세계(근동, 극동, 아랍과 독립 클러스터)이다. 그들은 각 클러스터의 그레이트 브리튼으로부터의 거리를, 그레이트 브리튼과 같은 거리는 1, 노르딕 클러스터의 나라는 2, 게르만 클러스터의 나라는 3, 라틴 클러스터의 나라는 4, 나머지 세계의 나라는 5로 코드화해서 계산했다. 그것이 보여주는 문화 거리 지수는 실증적인 증거에 의한 것이 아니라 주관적인 클러스터의 구분에 기초한 점수화로 진정한 문화 차이를 반영하지 못한다는 단점을 가지고 있다.

자아 등급

보야시길러(1990년)와 라오 슈미터(1998년)는 인식된 문화 거리를 측정하기 위해서 자아 측정을 사용했다. 설문조사에서, 응답자들은 낮고 높음의 척도를 사용하여 자신들의 나라와 다른 나라의 집합들에 대한 문화 차이에 대한 인식을 질문받았다("당신의 나라와 XYZ 나라 사이의 문화 차이는 얼마나 큽니까?"). 여기에서 나온 점수는 자신의 모국의 문화 거리의 측정에 사용되었다.

언어 거리감

문화가 나라의 경계에 꼭 부합되는 것은 아니기 때문에, 나라 문화 사이의 거리 측정은 단지 제한적인 접근밖에 허용하지 않는다. 많은 나라들이 다중적인 그룹으로 이루어져 있고, 지역적인 특성이 있으며, 다중의 국적(예 출생, 거주지 그리고 다른 출생지, 다른 거주지, 다른 국적)을 가진 사람들이 용인된다. 문화는 언어적, 윤리적 또는 종교적 경계 안에서 구별되고 정의된다. 따라서 문화적 거리감은 나라들 사이의 언어, 윤리, 종교가 문화적 차이를 평가하는 좋은 도구가 될 수 있다. 웨스트 그리고 그라함(2004년)은 문화 거리를 측정하는 방법으로서 언어 거리를 제안했다. 그들의 측정은 언어적 유전 형질 혹은 공동의 조상에 기초하고, 문법적인 유사성을 함축하고 있다. 웨스트와 그라함(2004년)은 영어를 말하는 나라로부터 50개국의 언어 거리를 측정해서 0(가장 낮은 거리)으로부터 7(가장 높은 거리)까지로 분류했다. 다중 언어를 사용하는 나라의 언어 거리는 그 나라에서 사용하는 공식적인 언어의 평균가중치로 계산했다.

요 약

문화는 규정하기가 매우 어렵고 복잡한 다중적인 현상이다. 문화에 대한 합의된 정의는 없다. 이 용어는 일반적으로 인간 행동의 유형과 사람들의 삶과 행동 방식을 의미한다. 문화는 문명과 종교와 비교된다. 서구 문명은 그 영향면에서 감소하고 있고, 비서구 문명은 그들 문화의 가치를 강화시키고 있다. 문화의 종류와 수준은 서로 다르다. 또한 문화는 다른 목적에 도움을 준다. 문화요소에는 유형요소와 무형요소가 있다. 큰 문화는 다양한 하위 문화로 이루어져 있다. 국가 문화는 거주지, 출생국 혹은 시민권(국적)에 의해서 결정되지 않는다. 문화 정체성은 글로벌화된 세계에서 점점 더 중요해지고 있다. 문화 거리감 혹은 국가 문화의 격차의 정도는 여행 의지와 목적지 선택에 영향을 미치는 국제 관광의 중요한 지수이다. 문화 거리는 문화 다양성 지수, 클러스터 분석, 자아 등급 그리고 언어 거리감 지수를 사용해서 측정될 수 있다.

논점과 질문

1. 문화를 정의하고 주요 요소를 설명하시오.
2. 문화의 목적은 무엇인가?
3. 문화요소는 다른 문화 그룹 사이에서 완전히 구별되는가?
4. 문화의 주요 수준은 무엇인가? 어떤 수준이 가장 중요한가?
5. 왜 문화가 문명과 비교되는가?
6. 당신의 국가 문화의 관점에서 지역적, 종교적, 지리적, 윤리적, 인종적, 사회경제적, 나이에 기초해서 그리고 성 정체성에 기초한 하위 문화를 구분하시오.
7. 국적, 시민권, 거주지와 출생국의 차이점을 설명하시오. 이러한 개념이 국가 문화를 결정할 수 있는가? 만약 그렇지 않다면, 그 이유는 무엇인가?
8. 국제 관광에서 문화 거리감의 개념을 이해해야 하는 것이 왜 중요한가?

사례 연구 5.1 미국의 소수 문화

아프리카계 미국인

아프리카계 미국인은 미국 인구의 13%를 차지하며, 그들의 구매력은 2010년까지 1조원에 달할 것으로 예상된다. 경제 수준과 구매력은 백인에 비해서 비교적 낮다. 미국에서 아프리카계 미국인 소비자는 가격에 민감하고 동네 가게에서 쇼핑을 한다.

이 점에도 불구하고, 이들 중에서 상류 계층의 급속한 증가가 있었다. 현재 아프리카계 미국인은 자동차나 대형 주방 제품, 가전제품, 통신, 오락, 여행 서비스, 금융 서비스, 보험 그리고 컴퓨터 관련 하드웨어와 소프트웨어 같은 비싼 생산품에 대한 매력적인 시장으로 떠오르고 있다. 또한 그들은 상대적으로 백인 소비자보다 더 옷에 소비를 많이 한다. 아프리카계 미국인은 대중문화의 결정권자이다. 그들은 자동차와 알코올음료 같은 높은 이미지 제품과 패션과 오락과 같은 아이들 생산품의 구매 선택에 영향을 미친다. 아프리카계 미국인은 모든 소비자 중에서도 브랜드를 중시하는 유행의 선도자이다.

히스패닉계 미국인

스페인어를 말하는 미국인은 세계의 5번째로 큰 히스패닉 국가를 이룬다. 히스패닉 혹은 라틴계 미국인은 두 번째로 크고 가장 빠르게 성장하는 미국의 소수 민족이다. 그들은 미국 인구의 10%를 나타내고 구매력은 곧 1조 달러에 달할 것이다. 이 그룹은 역사, 재산 그리고 계급적으로 매우 다양하다. 어떤 그룹은 부자이며, 또 다른 그룹은 보수가 적고, 낮은 지위의 일자리를 가진 열심히 일하는 이민자 그룹이다. 대부분은 가족의 가치를 소중하게 여기는 로만 가톨릭이다. 히스패닉의 처음 세대는 일반적으로 스페인어를 말하며 아주 호기심이 많고 미국에서 통용되는 생산품과 서비스에 대해서 열광적이다. 둘째, 셋째 세대의 히스패닉은 미국에서 태어나고 교육받아서 2개 국어를 말하며 양쪽의 문화를 가진다. 미국에서 살고 일하면서 스페인어를 말하는 능력으로 그들은 아주 특이한 경쟁력을 가지게 되었다. 어떤 사람들은 그들의 언어, 문화 가치 그리고 스페인, 멕시코, 중남미, 쿠바의 전통을 미국 문화에 대한 보상으로서 유지하고 싶어 한다. 히스패닉 미국인은 음식, 음료 그리고 가전제품뿐만 아니라 컴퓨터, 사진 장비, 여행, 오락과 금융 서비스와 같은 상류층의 소비 제품에 대한 수익성 좋고 영향력을 가진 시장을 대표한다. 히스패닉 미국인은 브랜드와 품질을 따지며 점점 늘어나는 스페인어 텔레비전, 라디오 그리고 인쇄매체를 통해서 쉽게 접근이 가능하다. 히스패닉은 12개의 히스패닉 텔레비전을 통해서 약 250개의 스페인어 방송국과 650개의 히스패닉 라디오 방송국 그리고 433개의 히스패닉 신문, 잡지 그리고 뉴스레터를 가지고 있다. 그들은 새로운 미디어를 아주 즐겨 이용한다. 효과적인 히스패닉 마케팅은 그들이 구매하도록 하기 위해서 소비자에게 정서적인 접촉에 초점을 맞추어야 한다. 2015년이 되면 히스패닉 인구는 75%가 증가할 것이고, 2050년이 되면 9천 6백만 명이 될 것이다.

아시아계 미국인

아시아계 미국인의 특징은 매력적이다. 아시아인은 미국의 모든 인종 그룹 중에서 가장 빠른 성장 비율을 경험하고 있다. 그들은 모든 그룹 중에서 가장 높은 중산층의 가구 소득을 보여서 비히스패닉 백인보다도 9,000달러가 앞서고 히스패닉과 아프리카계 미국인보다는 월등하게 높은 중산층 수입을 가지고 있다. 또한 그들은 미국의 모든 그룹 중에서 가장 높은 교육 수준을 가지고 있어서 아시안의 44%가 대학 이상의 학력을 가지고 있다. 더 나아가서 그들은 부적절하게 높은 사업 소유 비율을 가지고 있다. 그들은 국제 전화, 은행 그리고 금융 서비스의 우대 고객이다. 그들은 새 자동차와 화장품, 컴퓨터 하드웨어와 소프트웨어 그리고 여행과 레저 패키지 상품 같은 고급상품을 구매한다. 미국의 통계에 따르면, 아시아계 미국 인구는 2020년에 이르면 두 배가 넘어서 2천 3백만 명이 된다. 2050년이 되면 아시아계 미국인은 미국 전체 인구의 10%를 차지하게 될 것이다.

아프리카계 미국인, 히스패닉계 미국인 그리고 아시아계 미국인은 미국 인구의 거의 3분의 1을 차지한다. 그들은 이 나라에서 가장 빠르게 성장하는 인구 집단이다. 그들은 또한 캘리포니아 인구의 50%를 차지한다.

출처 : Gitlin, S. (2000, May-June), 아시아계 미국인 시장: 미국 시장을 위한 업데이트된 기회, Archives Multicultural Marketing News; Buford, H. (2007). 당신의 아프리카계 미국인 시장 공유를 최대화 시키기 위한 간단한 진실. L. Skriloff(편집)에서 다문화 전문가의 자료 책 2006/2007. New York: Multicultural Marketing Resources; Gitlin, S. (2007). 아시아계 미국인 시장: 헤딩 토워드 조사 2010년. New York: Multicultural Marketing Resources; Lopez Negrete, A. (2007). 에스파뇰이 여전히 히스패닉에게 마케팅하기에 충분한가? L. Skriloff(편집)에서 다문화 전문가의 자료책 2006/2007. New York: Multicultural Marketing Resources.

웹사이트 링크

1. Culture : http://www.en.wikipedia.org/wiki/Culture
2. Nationalty : http://www.en.wikipedia.org/wiki/Nationality
3. Residency : http://www.en.wikipedia.org/wiki/Culturalidentity
4. Cultural identity : http://www.en.wikipedia.org/Culturaidentity
5. Major religious group : http://en.wikipedia.org/wiki/Major_religious_groups
6. Certificates of non-citizen nationality : http://travel.state.gov/law/citizenship/citizenship_781.html

다양한 국가 사이에 많은 문화 차이가 있기 때문에, 다음 장에서는 국가 문화와 다른 주요 차원을 구별할 것이다.

문화 가변성

이 장의 목표는 문화 차이의 개념을 소개하고 국가 문화와 다른 주요한 문화의 차이를 구별한다.

목 표

이 장을 끝내고 나면 독자들은 다음을 할 수 있어야 한다.

- 문화 차이의 주요한 근거를 이해한다.
- 가치 체계와 가치 지향의 개념을 이해한다.
- 문화 가치에 대한 다양한 유형과 평가를 구별한다.
- 주요 가치 차이를 설명한다.
- 국제적 공동체 안에서 주요한 가치인 문화적 차이를 구별한다.

서론

문화 차이는 인간 행동에 영향을 미친다. 문화 가치는 인간 행동을 예측한다. 문화는 사람들이 어떻게 다른 문화를 넘어서 행동하고 의사소통을 하는지, 어떻게 사회적 관계를 발전시키는지 그리고 다른 사람에 대한 어떤 인식을 가져야 하는지 이해하는 방법을 제공한다. 이 장은 문화 차이에서 주요한 문화적 가치 차이를 구별하고 이것이 인간 행동에 영향을 미치는 방법을 알려준다.

1. 문화 차이의 근거

트라이안디스(1972년)는 문화의 주요소는 가치, 인식, 태도, 고정관념, 신념, 분류 방식, 평가 방식, 기대, 기억 그리고 의견이라고 주장했다. 다양한 문화가 이러한 요소들을 다른 방법으로 인식한다. 비슷한 문화를 가진 사람들은 이러한 요소들을 같은 방법으로 인식한다. 그들은 비슷한 가치, 규범, 규칙, 신념, 기대, 행동과 언어를 가지고 있다. 다른 한편으로, 다른 문화를 가진 사람들은 이러한 요소들을 다른 방법으로 인식한다. 그들은 다른 가치, 규범, 규칙, 신념 그리고 다른 언어를 가지고 있다. 그들은 사물을 다르게 인식하고 다르게 행동한다.

스콜런과 스콜런(1995년)은 문화 차이의 주요한 분야로 (a) 역사, 신념, 가치, 종교를 포함하는 이데올로기, (b) 교육, 문화화, 문화 변용, 학습을 포함하는 사회화, (c) 정보, 관계, 협상, 그룹 조화, 개인 복지를 포함하는 어휘적 의사소통 그리고 동작학(몸의 움직임), 근접학(공간 사용), 시간의 개념을 포함하는 비어휘적 의사소통 그리고 (d) 유대감, 자아의 개념, 그룹 안, 그룹 밖 관계와 공동체 사회(Gemeinschaft)와 이익 사회(Gesselschaft, Gesellschaft)를 포함하는 사회 조직이 있다고 보았다.

다른 사람들은 문화 차이의 근거를 언어(구어와 문어), 경제적이고 정치적 체계, 종교적 신념, 사회 기구, 계급, 가족 구조, 가치, 태도, 예절, 관습과 전통, 심미성, 교육 그리고 물질적 목록의 차이에서 구분한다(친코타 · 론카이넨, 1993년; 호프스테드, 1991년; 트롬페나아스, 1993년).

1) 의사소통에 있어서 문화 차이

문화는 의사소통 방법에 있어서 서로 다르다.

(a) 어휘적 소통의 다른 유형(언어와 상위 언어 : 억양, 웃음, 울음, 질문)
(b) 비어휘적 소통의 다른 유형(신체 언어, 얼굴 표현, 머리 움직임, 제스처, 공간 활용, 사람 사이의 신체적 거리 유지) (보스너, 1982년)

어휘 의사소통의 차이점과 특히, 언어가 사람들이 생각하는 방법에 영향을 미치는 방식의 차이점은 다음의 이유 때문이다.

(a) 어휘의 다양성(다른 단어가 같은 의미를 표현하는 데에 사용) 예를 들어서, 영국과 호주에서는 chips을 쓰지만, 미국에서는 French fries를 쓴다.
(b) 언어 문법의 다양성(시간, 사회적 위계 그리고 문화적 특징)
(c) 언어적 상대성과 문화간 의사소통(민족적, 사회적 계급, 세대적 그리고 정치적 이유로 차이 발생 ; 다른 사투리, 악센트, 은어) (호프, 1956년)
어휘적 의사소통은 ⓐ 소리(발음)의 차이, ⓑ 의미단위의 차이(형태론), ⓒ 단어 의미의 차이(의미론), ⓓ 단어 순서와 다른 단어에 대한 관계(통사론) 그리고 ⓔ 인식에 대한 언어의 차이(화용론) (러스티그·코에스터, 1993년)에 반영된다.

비어휘적 의사소통의 차이점은 다음과 같다.

- 몸동작(동작학, kinesics)과 같은 제스처(emblems), 어휘 메시지의 시각적 표현(illustrators), 얼굴과 몸의 운동(보이는 것에 영향을 줌), 머리를 끄덕이고 눈 접촉 같이 대화동기유발(규제자) 그리고 개인의 신체적 혹은 정신적인 상태에 대한 반응으로서의 몸동작(수용자)
- 개인적 공간 사용(친하고 개인적이며, 사회적이고 공식적), 같은 공간(근접학)과 영토성
- 신체 접촉의 의미 그리고 누구에게, 어디에서, 언제 그리고 얼마나 자주 신체 접촉할 수 있는가 하는 차이
- 과거, 현재 그리고 미래를 향한 시간 지향성, 시간 체제에 대한 지향(기술적 혹은 공식적, 비공식적), 시간 인식(길고 짧은 시간) 그리고 시간의 사용(시간 약속 있음, 시간 약속 없음)
- 음성 의사소통 목소리(고, 저, 빠름, 느림, 부드럽고, 날카롭고, 크고 약함)
- 자연적 체취, 눈물, 냄새(화학적 코드 시스템), 얼굴 홍조, 창백(피부 코드 시

스템), 얼굴 모습, 피부와 머리 색깔, 몸의 외형(육체적인 코드 시스템) 그리고 옷, 건물, 가구 배치, 보석, 조명, 화장품(공예품 코드 시스템) (러스티그·코에스터, 1993년)

문화 차이는 또한 다음에도 반영된다.

- 설득하는 스타일(발표와 유추)
- 주장하는 스타일(증거, 보증, 주장, 결론)
- 대화 구조(논의되는 주제, 주제 제시 방법, 발화와 침묵, 대화 규칙) (러스티그·코에스터, 1993년)

2) 사회 분야의 문화 카테고리

문화가 차이나는 다른 주요한 분야는 사회 분야이다. 사회적 역할, 지위, 계급, 위계, 사람에 대한 태도, 자연 환경, 활동, 시간, 개인 사이의 관계, 서 있는 것, 보는 것, 부끄러움 인식, 의무감, 책임감, 체면, 당황 회피, 대치, 주도권, 반응 그리고 외모(아지엘, 1967, 1978년; 다멘, 1987년; 도드, 1987년; 구디컨스터·킴, 1984년; 홀, 1955, 1959, 1976, 1983년; 테일러, 1974년; 씨에더만, 1989년)

3) 사회 행동 규칙의 문화 차이

문화에 있어서 다른 세 번째로 주요한 면은 사회 행동 규칙 차이이다. 사회 관계를 규정하고 그 중요성을 정하는 방법, 사회관계를 맺고 유지하는 방법, 인사법과 자신을 표현하는 법, 대화를 시작하는 법, 표현의 정도, 감정, 솔직함, 심각도, 일관성, 친함, 불만족과 비판을 표현하는 사회작용을 나타내는 법, 이유와 의견의 표현, 과장, 진실을 말하는 도덕적인 규칙, 농담, 개인적 질문을 하는 방법, 칭찬과 불만을 하는 방법 그리고 선물주는 방법(아기레, 1967, 1978년; 젠센, 1970년; 노무라·반룬드, 1983년; 트리안디스, 1972년; 와갓스마·로셋, 1986년)

2. 문화 가치

1) 개념과 정의

가치에는 많은 정의가 있다. 모든 사람은 특유한 가치의 집합이 있다. 이렇게 문화에 스며든 가치를 문화 가치라고 한다. 문화 가치는 무엇이 선과 악인지, 옳음과 틀림인지, 진실인지 거짓인지, 긍정인지 부정인지 그리고 그 외의 것들을 알려준다. 가치는 무엇을 해야 할지와 하지 말아야 할지, 무엇이 유용하고 유용하지 않은지, 적절한지 부적절한지, 어떤 종류의 사건이 사회적 인정과 만족으로 이끄는지를 규정한다. 그러나 정확히 가치를 구성하는 것이 무엇인지에 대해서는 합의가 되어있지 않다. 예를 들어서, 가치는 문화의 핵심(크로에버·클럭콘, 1952년), 세계관(레드필드, 1953년), 의미의 체계와 핵심(클럭콘, 1956년), 선호에 대한 특별한 신념(바잉르, 1969년), 기준과 영역(로케츠, 1973년), 개인과(바르턴, 1969년) 집합의(클럭콘, 1951년) 특성으로 정의되었다. 가치의 중요한 정의는 다음과 같다.

가치는 생활 상태, 선택 그리고 의사결정을 정의하고, 사회 질서를 만들어낸다. 가치는 사람의 특성이다. 이것은 감정적이고 인지적이며 능동적인 요소이다(클럭콘, 1951년). 가치는 인간의 행동 목표, 수단, 행동 방식에 영향을 주며, 집단이나 개인의 특성을 암시적으로 또는 명시적으로 나타내는 개념이다(클럭콘, 1951년, p.395).

가치는 개인이 자신과 다른 존재 목표와 행동 방식을 거부하면서 자신의 특정한 존재 목표와 행동 방식을 선호하는 변하지 않는 신념이라고 할 수 있다(로케츠, 1973년, p.5). 가치는 진리와 아름다움을 찾고, 진정성과 정의, 열정, 동정심, 존경심, 명예 그리고 충성심을 가지는 "행동의 바람직한 목표와 행동 방식에 관한 신념이다." 이러한 바람직한 행동 방식은, 안전, 행복, 자유, 평등, 우아한 상태 그리고 구원과 같은 바람직한 존재를 나타내는 추상적 개념이다(로케츠, 1973년). 가치는 수단이고 목적이다(로케츠, 1973년). 가치는 사회적으로 공유되고 바람직한 개념이고(로케츠, 1973년), 영역의 기준이다(윌리암스, 1970, 1979년). 가치는 우리가 "행동을 통제하고, … 자아 표현을 통제하고, … 나와 타인을 평가하기 위하여 사용하는, 경쟁력만 생각하지 않고 도덕을 생각하면서 우리 자신을 타인과 비교한다. 우리는 가치를, … 무엇에 대해서 논쟁할 만한 가치가 있거나 가치가 없다고 다른 사람들이 믿도록 영향을 미칠 수 있게 설득할 만한 가치를 결정한다. 우리는 … 행동과 사상 그리고 판단을 하도록 가치를 사용한다. 따라서, 인간 가치의 최종 목적은 우리의 욕구를 만족시키고 동시에 유지하고 … 자부심을 강화하고 … 도덕심과 경쟁력을 가진 것으로 우리 스스로가 보고, 타인들에 의해서 그렇게 보이도록 우리가 노력을 할 수 있게 하는 기준의 집합을 말한다(로케츠, 1973년).

가치는 판단과 칭찬 또는 벌을 주는 데에 중요한 역할을 한다(스미스, 1969년). 가치는 행동에 대한 선호이며 강한 정서적인 면을 가지고 있다(클럭콘, 1951년; 트리안디스, 1972년). 가치는 추상적인 분류이다(트리안디스, 1972년). 가치는 사람의 행동, 인식, 욕구 그리고 동기부여에 영향을 줄 수 있는 개인의 특성이다(베일리, 1991년; 클럭콘, 1951년).

2) 문화와 가치

그 구성원에 의해서 유지되는 문화와 가치는 서로 관련되어 있다(호프스테드, 1980년). 가치는 문화의 핵심이며(크롱버와 클럭콘, 1952년), 문화에 의존한다(프리젠, 1991년). 문화는 그 구성원의 공유된 가치 체계를 대표하며(베일리, 1991년), 문화는 가치에 그 뿌리를 두고 있다(호프스테드, 1980년). 가치는 같은 문화 안에서 사람들을 특징 짓는 심리적인 변수이다. 비슷한 가치를 가진 사람은 비슷한 문화에 소속되어 있다(세갈, 1986년). 가치의 차이는 사고나 활동, 인식, 태도의 이해, 동기부여 그리고 인간의 필요 같은 문화의 차이를 나타낸다(로케츠, 1973년). 가치의 차이는 특정한 문화의 구성원이 가치에 붙이는 중요성의 차이뿐만 아니라 각 사회의 구성원이 특정한 가치에 집착하는 정도, 그 가치가 한 사회에서 받아들여지는 정도 그리고 각 사회가 특정한 가치에 두는 중요성을 포함한다(윌리엄스, 1979년).

3) 가치 체계

가치는 체계적으로(로케츠, 1973년) 조직화되고 우선순위가 매겨진다(로케츠, 1979년). 가치 체계는 선호하는 행동 방법(선호하는 행동 모드)에 관계되는 신념의 조직 혹은 상대적 중요성의 연속체 중에서 마지막 상태이다. 가치 체계는 사람이 자신과 다른 사람의 행동을 평가해서 그것에 제재를 가하는 영역 체계이다. 이것은 한 사회의 기준을 보여주고 사람들이 행동해야 하는 방법을 자세히 말해주는 사회적 기준이며, 개인이 자기 자신, 다른 사람들, 사회, 자연 그리고 신과의 관계를 설명하는 체계이다(로케츠, 1973년).

가치 체계는 시간이 지나면 상대적으로 안정되지만 변할 수 있고 장기적으로 재조직된다. 가치의 변화는 사람의 생각, 신념 그리고 행동에 영향을 미친다. 가치 체계의 차이는 의견 충돌과 심지어 분쟁도 일으킨다. 예를 들면, 개인 수준에서, 한 사람은 얌전하고 친하게 지내는 것과 솔직한 것 사이에 분열을 일으킨다. 사회 수준에서, 다른 문화의 구성원은 가치의 중요성에 대해서 의견 충돌을 느낄 수 있다. 사람들이 서로 다른 문화를 가지고 있을 때, 가치의 차이는 사회적인 관계를 위험하게 할 수 있다. 다른 가치 체계를 가진 사람에 의한 가치 체계의 위반은 분쟁, 상처 그리고 모욕을 만들 수 있다.

4) 가치 지향

가치와 가치 지향 사이에는 구분이 있다. 가치 지향은 복잡하지만 … 공통적인 인간 문제에 대한 해법으로 … 인간 행동에 … 방향을 주는 … 형식화된 … 계급이 정해진 원칙이다(클럭콘·스트로드벡, 1961년, p.4). 가치 지향의 차이는 가장 중요한 문화적 차이이며 문화 구조의 중심이 된다(클럭콘·스트로드벡, 1961년). 사람들의 가치 지향은 문화 비교에서 가장 중요한 변수이다(자발로니, 1980년). 문화는 주요한 가치 지향에 있어서 인간 행동, 기준 그리고 행동 영역은 이러한 문화에서 다르다. 주요한 가치 지향은 이 장의 후반부에서 다루고 있다.

5) 가치의 종류

일반적으로 가치에는 두 종류가 있다. 즉, 도구적 가치(instrumental)와 종국적 가치(terminal)를 말한다(로케츠, 1973년; 클럭콘 1951년; 클럭콘 · 스트로드벡, 1961년). 도구적인 가치는 선호되는 행동 방식이나 방법(정직, 순종, 야망 그리고 자립, 사랑)이다. 이러한 가치는 도덕적이고 사회적으로 인정되는 것(정직한 행동, 도움, 사랑) 혹은 개인의 능력 혹은 자아실현에 관련되는 것(야망, 자아 조절, 논리, 상상력)일 수 있다. 종국적 가치는 목표(구원, 세계 평화, 자유, 편안한 삶, 진정한 우정)이다. 이것들은 개인적인 것(개인의 안전, 자유, 행복, 구원)과 사회적인 것

표 6.1 로케츠의 도구적 가치와 종국적 가치

도구적 가치	종국적 가치
야망적(열심히 일하고 출세 지향적)	편안한 삶(풍성한 삶)
넓은 마음(열린 마음)	즐거운 삶(자극적이고 능동적인 삶)
능력 있는(경쟁력 있고, 효율적)	성취의 느낌(오래가는 공헌)
즐거운(밝은 마음의, 명랑한)	평화의 세계(전쟁과 분쟁에서 자유로운)
깨끗한(단정한, 깔끔한)	아름다운 세계(자연과 예술의 아름다움)
용기를 가지는(당신의 신념을 지지하는)	평등(형제애, 모두에게 동등한 기회)
관용적(다른 사람을 용서)	가족의 안전(사랑하는 사람을 돌봄)
도움을 주는(다른 사람의 복지를 위함)	자유(독립, 자유로운 선택)
정직한(진정성, 진실성)	행복(만족)
상상력이 풍부한(대담한, 창조적)	내적인 조화(내적 분쟁으로부터 자유로움)
독립적인(자주적, 스스로 만족하는)	성숙한 사랑(성적이고 영적인 성숙)
지성적인(지적, 사색적인)	국가 안보(공격으로부터 보호)
논리적인(일관적, 이성적)	기쁨(즐길 수 있고 레저를 가지는 삶)
사랑스러운(사랑을 가지는, 부드러운)	구원(구원된, 영원한 삶)
순종하는(의무를 지키는, 존경스러운)	자존심을 가지는(자부심)
공손한(예의바른, 매너가 좋은)	사회적인 인정(존경, 공경)
책임감 있는(의지할 수 있는, 의존할 수 있는)	진정한 우정(가까운 동반자 관계)
스스로 조절하는(규제적, 스스로 절제하는)	지혜(삶에 대한 성숙한 지혜)

자료: Rokeach, M. (1973). 인간 가치의 속성. New York: Free Press; Rokeach, M. (1979). 인간 가치의 이해: 개인적인 것과 사회적인 것. New York: Free Press.

(국가 안보, 사회적인 인정, 진정한 우정)일 수 있다. 사람의 태도와 행동은 그들이 개인적이거나 사회적인 가치가 우선권을 가지느냐에 달려 있다(로케츠, 1973년). 도구적 가치는 종국적 가치(끝)의 수단이다. 예를 들면, 야망적이 되는 것은 사회적으로 인정받기 위한 수단이다. 표 6.1은 로케츠의 가치 설문조사(RVS)로부터 종국 가치와 도구 가치를 구분하고 있다(로케츠, 1973년).

가치의 숫자는 한 사람의 생물적, 사회문화적인 특징과 필요에 의해서 제한된다. 한 사람은 18개의 종국적인 가치와 60개에서 72개에 이르는 도구적 가치를 가지고 있다(로케츠, 1973년).

더 나아가서 가치는 개인과 그룹에 적용된다. 개인의 가치를 검사하면, 개인의 가치가 한 그룹이나 사회의 주요 문화 가치와 동일시되거나 또는 비슷하지는 않지만 특정한 그룹이나 사회의 문화적 가치를 구분하는 것이 가능하다.

6) 가치의 분류

가치는 사회 안에서 중요성에 따라서 분류될 수 있다. 첫째, 둘째, 셋째의 가치가 있다(사모바르와 포터, 1988년). 주요한 첫째 가치는 가장 중요한 것이며, 가치 위계의 가장 위에 있다. 그것은 무엇이 인간 생명을 희생할 만큼 가치 있는지 혹은 죽을 만큼 가치가 있는지를 자세히 말해준다. 둘째 가치는 매우 중요하지만 인간 생명을 희생할 만큼 강하지는 않다. 셋째 가치는 가치 체계의 아래에 있다(예 손님에게 친절한 것은 셋째 가치이다). 가치가 주된 첫째 것이든지, 둘째의 것이든지 혹은 셋째의 것이든지 한 개인의 국가 문화에 달려 있다.

7) 가치의 측정과 분석

가치는 직접적이나 간접적으로 측정될 수 있다. 직접적 측정에는 설문조사가 있다. 사람들은 가치의 중요성에 따라서 가치를 등급화 하거나(로케츠, 1973년) 혹은 척도(밀브레스, 1980년; 모윰, 1980년)로 평가한다. 간접적 측정에는 사람들에게 바람직하거나 바람직하지 않은 가치를 물어보거나 혹은 다른 사람에게 설명해주기를 요청하는 방법이 있다. 다른 사람에 대한 인식은 그들의 가치에 의해서 영향을 미친다. 가치는 또한 주관식 질문이나 서술식으로 설명할 수 있다. 그리고 사람의 선택이나 흥미, 보상과 처벌을 관찰하거나, 역사적 서류를 분석하고, 예술, 신화, 전설을 읽어서 분석할 수 있다.

가치는 서로 다른 기술로 측정된다. 사는 방법 테스트(모리스, 1956년), 대인 가치의 설문조사(고든, 1960년), 개인 가치 척도(스캇, 1965년), 등수 매기는 절차(콘, 1969년; 로케츠, 1973년), 로케츠의 가치 설문조사(1973년) 그리고 특정한 목적을 위한 다양한 설문지 측정법과 절차(미렐·가렛, 1971년; 스캇, 1965년)가 있다. 이런 모든 기술이 다 일반적 인정을 받은 것은 아니다. 예를 들면, 모리스(1956년)의 사는 방법 테스트는 오직 고학력의 응답자에게만 적절하다는 비판을 받았다. 스캇(1965년)의 개인 가치 척도는 강제로 선택된 입력 방식을 사용했다. 가장 유용한 테스트 중의 하나는 알포트-버논-린제이(AVL)의 테스트이다(알포트 등, 1951, 1960년). 또한 가치 설문조사는 성체값(adult value)에 대해서 연구하는 데에 아주 유용하다. 가치 설문 조사는 한 사람의 가치뿐만 아니라 다른 사람의 가치를 측정하기 때문에 좋은 평판을 받고 있다.

로케츠의 가치 설문조사(RVS)(1973년)는 인간의 가치를 조사하는 데에 가장 최고의 유용한 도구로 인정받았다. 로케츠는 18개의 알파벳 순서로 정리된 두 개의 도구적 가치와 종국적 가치를 도입했다(표 6.1 참조). 로케츠는 응답자에게 그들에게 중요한 순서대로 1부터 18까지의 가치를 정리하도록 요구했다. 그는 세 개의 가장 중요한 종국적 가치는 세계 평화, 가족의 안전 그리고 자유이며, 세 개의 가장 중요한 도구적 가치로서 정직, 야망 그리고 책임감을 발견했다.

RVS는 다양한 정치적, 종교적, 경제적, 세대 그리고 문화 그룹을 차별화하는 도구로 인정되었다(브레리스웨이트·로, 1985년). RVS는 인간의 가치를 측정하기 위한 많은 연구에 사용되었다. 이것은 서구와 아시아 국가 사이의 문화적 가치의 차이를 구분했다. 또한 RVS는 소유의 느낌, 재미와 즐거움, 다른 사람과의 따뜻한 관계, 자아충족감, 아주 존경받고 있는 느낌 그리고 성취, 안전, 자아존중, 흥분을 포함하는 '가치 목록'을 작성하는 데에도 사용되었다(카흘·티머, 1983년).

가치 설문조사는 문화 차이에 대한 설명을 허용하지 않아서 비판의 대상이 되었다. 어떤 가치 설문조사는 어휘 이해력이 부족한 덜 발전한 그룹과 사회에 대한 조사는 부적절했다. 어떤 가치들은 오해되거나 어떤 문화와는 관계가 없어서 설문조사에 포함되지 말았어야 했다. 비록 등위를 매기는 절차가 교육 덜 받은 그룹에게 가치 위계를 허용하지만, 그것의 유의미성은 의문시되었다. 결과적으로, 가장 최근의 가치 연구는 등위를 매기는 것보다는 점수를 매기는 방법을 적용하고 있다.

결론적으로 가치를 측정하고 검사하는 것은 어렵다는 것이다. 가치는 추상적으로 구성되어서 다른 언어로 번역하기가 어렵다. 그 해석은 응답자와 연구자의 문화 배경에 달려 있다. 다른 사람의 행동은 관측자의 가치와 신념 체계에 기초하기도 한다. 더구나 가치는 태도나 이해 같은 다른 개념과 혼돈될 수 있다. 어떤 가치가 측정되어야 하는지를 결정하는 것이 어렵기도 하다. 대개 개인에게 중요한 가치, 예를 들면 사랑, 가족 그리고 우정 같은 것이 경제적인 가치보다도 더 높은 등급을 받는데, 여가활동은 낮은 점수를 받는다. 가치를 평가하는 가장 최고의 기술은 덜 개인적이고, 더 문화적인 가치에 중점을 두는 것이다. 더군다나, 분석 기술의 선택은 문제를 만들어낸다. 각각의 측정 방법(직접, 간접, 설문 조사, 등위 매기기, 점수주기)은 장점과 단점을 가지고 있다. 가치 측정의 다중적인 방법을 사용하는 연구가 문화 가치에 대한 이해에 큰 도움이 되고 있다.

8) 관광에서 가치 연구

많은 가치 연구가 관광에서 이루어지지는 않았다. 신(1986년)은 펜실베니아 주민들이 휴가 목적지를 선택할 때에 개인적인 가치가 영향을 미치느냐를 평가하기 위해서 가치, 태도 그리고 라이프스타일(VALS) 분석방식을 활용하였다. 피츠와 우드사이드(1986년)는 관광 명소에 가는 방문객과 가지 않는 방문객을 설명하는 가치를 사용해서 각 그룹에 '가치 프로파일'로 구분했다. 그들은 문화적인 가치의 차이가 관광 명소에 가는 방문을 예상할 수 있음을 알아냈다. 피잠과 칼라톤(1987년)은 관광객의 휴가 행동에 관련된 가치 척도를 검사했다. 그들은 RVS

와 스캇의 개인 가치 척도(스캇, 1965년) 그리고 그 외의 것과 같은 가치를 측정하기 위해서 다른 척도를 사용했다. 피잠과 칼라톤(1987년)은 가치가 여행 행동을 예측한다는 것을 발견했다. 물러(1991년)는 토론토의 미국인 관광객의 다른 무리들이 다른 가치를 가지고 있으며, 따라서 도착지 결정에서 다른 중요성을 부여한다는 것을 발견했다. 마드리갈과 카흘(1994년)은 스칸디나비아 반도에 가는 영어를 사용하는 관광객 사이의 휴가 활동의 차이를 구분했는데, 이러한 차이는 관광객이 네 개의 가치 영역에 둔 다른 중요성에 의존했다. 위의 연구에 따르면, 가치는 관광객 행동과 방문 지역의 예측에서 중요한 변수로 보이고 있다.

9) 문화 가치 차원

문화 그룹 사이에는 많은 요소가 다르다. 이러한 요소가 모든 문화 사이에서 완전하고 적절하게 구별될 수 있을까? 문화 차이를 결정하기 위하여 얼마나 많은 문화요소가 달라야 할 필요가 있을까? 문화 차이를 나타내기 위하여 어떤 문화요소가 가장 중요할까? 어떤 문화요소가 인간 행동에 가장 중요한 효과를 가져 오는가? 사람과 국가 사이의 문화 차이를 나타내기 위하여 이런 문화요소가 달라야 할까? 성공적으로 문화를 비교하기 위하여 어떤 문화요소가 사용되어야 하는가?

서로 다른 문화요소 사이에서 가장 자주 사용되는 방법은 파슨즈(1951년)의 패턴 변수법, 클럭콘과 스트로드벡(1961년)의 가치 지향, 스튜어트(1971년)의 문화 패턴, 홀(1960, 1966, 1973, 1976, 1977, 1983년), 홀과 홀(1987년), 호프스테드(1998, 2001년), 호프스테드와 본드(1984년)의 문화 변동성의 차원, 아길레(1986년)의 것, 세인(1992년), 트롬페나스(1984, 1993년), 트롬페나스와 햄프덴-터너(1994년), 마즈네브스키(1994년) 그리고 슈나이더와 바소우(1997년)의 문화적인 차원이 있다. 이러한 차원은 사람들이 서로 다른 문화를 넘어서 어떻게 행동하고 의사소통하는지, 어떻게 사회적인 삶과 인간관계를 해 나가는지, 다른 사람과 관계할 때 어떤 어려움을 가질 수 있는지 그리고 다른 사람에 대해서 어떤 인식을 발전시키는지를 이해하게 한다. 이러한 차원은 또한 주요한 문화 차이가 어떻게 국제 문화적으로 다른 관광객과 관광지역 주인 사이의 사회적 관계에 영향을 미칠 수 있는지를 나타낸다. 이러한 주요 문화적 차원에 대한 문화적 차이를 아래에서 설명한다.

(1) 파슨즈의 패턴 변수

파슨즈(1951년)는 문화를 차별화시키는 6가지의 패턴 변수를 구분했다. 여기에는 보편주의–특정주의, 원인 규명–성취, 융합성–세부성, 감성성–감성중립성, 도구–표현 지향 그리고 자아 지향–집단 지향이 있다. 보편주의–특정주의 차원은 사람들이 사물을 표현하고 이 표현을 위하여 그들이 사용하는 규칙에 의존하는 문화를 차별화시킨다. 보편주의 지향의 문화에서, 사람들은 그들 스스로와 사물을 표현하기 위해서 공통적이고 일반적인 규칙과 기준을 사용한다. 또한 사람들은 사회적 상황과 환경에 관계없이 다른 사람들과 같은 방법으로 상호작용을 한다. 특정주의 지향을 가진 문화에서, 사람들은 그 상황에 특정한 범주에 자신과 다른 사람들이 함께 있는 것으로 표현한다. 다른 사람과 상호작용 그리고 의사소통 패턴은 상황에 따라서 다르다. 예를 들면, 미국과 캐나다는 지구에서 가장 일반적인 문화를 가지고 있고 일본, 싱가포르, 홍콩, 중국, 태국 그리고 남한은 좀 더 특정주의적이다(바라 등, 1985년).

원인 규명–성취 차원은 사람들이 서로를 어떻게 평가하느냐에 따라서 문화를 차별화시키는 차원이다. 원인 규명 지향의 사람들은 유전적인 자질(예 성별, 가족 유산, 인종, 토착그룹)을 기초로 하여 평가하고, 다른 사람의 행동을 그들에게 속한 특성을 기초로 하여 예측한다(인도, 중국, 일본, 인도네시아, 프랑스). 성취 지향에서, 사람들은 성취와 측정 가능한 결과로 다른 사람과 사물을 평가하고 다른 사람의 행동을 노력과 직업 상태 그리고 성취를 기초로 해서 예측한다(미국, 영국).

융합성–세부성 차원은 사람들이 타인과 사물을 어떻게 분류하는지에 따라서 문화를 차별화시키는 차원이다. 사람들은 다른 사람과 사물을 패턴, 구조 그리고 이론을 연구해서 더 큰 맥락 안에서 전체적인 방식으로 분류한다(집단 문화). 세부성 지향에서, 사람들은 다른 사람과 사물을 특정한 사실, 일 그리고 숫자로 분류하여 사람이나 사물의 특별한 측면, 예를 들어서 부여된 역할이나 책임감 같은 것에 반응한다(개인 문화). 일본, 태국, 말레이시아, 중국, 홍콩, 싱가포르 그리고 네팔이 전체 지향적이다. 캐나다, 호주, 프랑스, 독일, 미국, 네덜란드와 영국은 특별성 지향이다(조인트에서 햄프덴-터너와 폰스-트롬페나스, 1996년).

감성성-감성중립성은 사람들이 찾는 만족감, 감성적이고 비감성적인 반응 그리고 결정방법에 의존하는 문화들을 차별화시키는 차원이다. 감성 지향에서, 사람들은 즉각적인 만족을 찾고, 그들의 행동은 감정에 의해서 좌우된다(스페인, 이탈리아, 멕시코 같은 라틴 아메리카 문화). 감성중립성 지향에서는, 사람들은 스스로 규제하고, 행동과 결정은 인지적 정보와 사실에 의해서 만들어진다(미국, 호주, 영국).

도구-표현 지향 차원은 사람들이 사회적 상호교류 과정에서 추구하는 목표에 중점을 두면서 문화를 차별화하는 차원이다. 도구 차원에서, 사회적 상호작용은 그들이 특정한 목표를 성취하기 위하여 중요하고(미국), 표현 지향에서, 사회적 상호작용은 그들 자신의 목적을 위하여 중요하다(라틴 아메리카, 아랍문화). 표현 지향에서, 사람들은 도구 지향보다는 우정을 더 가치 있게 여긴다(구디컨스트·킴, 1997년).

자아 지향-집단 지향은 문화가 개인의 필요와 권리에 중점을 두느냐 혹은 다른 사람과 공동체의 복지에 중점을 맞추는가에 따라서 문화를 차별화시키는 차원이다. 자아 지향 문화에서 개인의 목표가 강조되고, 사람들은 자신만을 돌보며, 주도권을 가진다(미국, 영국). 집단문화에서, 사람들은 다른 사람의 이익과 복지를 돌본다(아시아). 미국인과 캐나다인은 지구상에서 가장 자아 지향적이고 개인주의적이다. 중국인, 싱가포르인, 홍콩, 말레이시아인과 한국인은 함께 일하거나 사회적으로 상호작용하는 그룹에게 더욱 관심을 가진다(햄프덴-터너와 폰스-트롬페나스, 1996년).

(2) 클럭콘(Kluckhohn)과 스트로드벡(Strodtbeck)의 가치 지향

클럭콘과 스트로드벡(1961년)은 문화를 인간 본성에 대한 사람들의 신념, 인류와 자연에 대한 관계, 인간 활동에 주어진 가치, 시간에 대한 지향성 그리고 사람들 서로에 대한 관련성을 기초로 하여 문화를 비교했다.

인간 본성에 대한 지향은 인간 내부의 특성, 즉 어떤 것이 선하고 악하며 또는 그 혼성적인지를 다룬다. 서구 사회에서 인간은 선하다고 생각하는 반면에, 동양 사회에서(예 중국), 인간은 선하기도 하고 악하기도 하다고 생각한다. 이러한 지향성은 신뢰 그리고 대인 관계의 접촉과 같은 사람들 서로에 대한 태도에 중요한 영향을 준다. 또한 인간은 변할 수 있는(달라지는) 혹은 변할 수 없는(달라지지 않는) 존재로 보여진다. 그 결과로서, 인간 본성에 대한 많은 다양한 요인들이 있다. 인간은 연약하지만 변할 수 있고, 연약하면서 변하지 않고, 선과 악에 대해서 중성적이고, 선과 악의 혼합이고, 선하지만 변할 수 있고 그리고 선하면서 변하지 않는다. 미국 사람들은 인간 본성을 연약하지만 변할 수 있는 것으로 보고 인간의 본성을 변화시키기 위해서 교육과 자제를 활용한다.

인류의 자연에 대한 관계는 인간이 자연을 다루는 방법을 제시하고 있다. 인간은 자연에 대해서 전체적 권한을 가지고 있고, 자연과 조화롭게 살거나 자연에 복종한다. 서구 사회는 자연을 지배할 수 있고 모든 자연의 힘(예 홍수, 폭풍)은 극복될 수 있고 극복되어야 한다고 믿는다. 동양 사회는 사람들이 자연과 조화롭게 살아야 하며 숭배해야 한다고 믿는다. 아시아 사회는 자연을 신의 창조로 보고 삶을 신의 의지로 본다. 그들은 신과 영적인 차원을 대신하는 것을 추구하는 서구 사회를 야만적이고, 믿을 수 없고, 비지성적이며, 사악한 것으로 본다. 라틴 사람들은 사람들이 자연에 복종해야 한다고 믿는다. 그들은 자연이 위협하면 어떤 것도 그것을 통제할 수 없다고 믿는다. 자연에 대한 지향은 사람들의 종교, 미적 관점, 물질 소유, 삶의 특성 그리고 분석 관계에 대한 태도에 영향을 준다.

인간 활동에 대한 지향은 활동에 대한 사람들의 태도를 다룬다. 사람들은 행동하거나, 존재하거나, 존재 생성 중일 수 있다. '하는 것' 그리고 '활동' 지향(미국이나 독일)의 사회는 활동, 업무 완성, 목표 획득, 업무 행동과 도전을 중요시한다. 그들은 활동이 유형적이고 측정될 수 있다고 믿는다. 예를 들면, 미국에서 흔한 질문은 "무엇을 하고 삽니까?"이다. 존재 지향은 행동 지향의 반대이다. 사람들은 라틴 문화와 같이 자발적인 활동에 참여하고, 기쁨에 도취되며, 자발성을 표현한다. 존재 생성 지향은 물질적인 삶보다는 영적인 것에 더 집중한다. 관점은 당신이 무엇을 소유했느냐가 아니라 자아 발전, 심사숙고, 명상 그리고 자아 향상(예 힌두교, 선불교 승려)에 있다. 존재와 존재 생성의 두 가지 문화에서는 사람들은 수동성과 방어를 중요시하며, 효율성을 희생해서라도 대인 관계에서 사회적 조화를 얻으려고 한다. 이러한 문화는 사람 지향적이고 사회 조화 지향적이다.

동양 문화는 존재 지향이거나 존재 생성 지향이다. 동양 문화는 동정심, 인내, 평화, 사회에 대한 개인적 의무, 그룹의 조화, 따뜻한 인간관계 그리고 선물 주기를 중요시한다(베티 등, 1991년). 활동 지향은 사람들의 의사결정에 대한 통찰력을 준다. 존재 지향의 사회에서 결정은 감정적이고, 인간 지향적이며, 행동 지향 사회에서 결정은 경제적이나 업무 지향으로 결정된다. 활동 지향 차원은 대인 관계에 중요한 영향을 준다.

시간에 대한 지향은 사람들의 시간에 대한 태도를 다루고 있다. 사람들은 과거, 현재 또는 미래에 중점을 둘 수 있다. 서구 사회는 미래 지향적이다. 그들은 미래를 '더 크고 더 밝게' 생각한다(예 미국). 다른 한편으로, 동양 사회는 과거와 전통 지향이다(예 중국, 일본). 그들은 상대적으로 시간계획과 약속 그리고 정확성에 덜 집중한다. 그들은 시간을 직선보다는 곡선으로 생각한다(예 인도네시아). 그러나 서구의 영향을 받은 홍콩에서는, 중국인들의 대부분은 시간 계획에 철저하다. 현재 지향의 사회는 순간이 가장 중요하다고 믿는다. 미래는 애매하며 잘 모른다. 진정으로 중요한 것은 '현재'이다. 사람들은 상대적으로 과거에 일어난 일에 대해서는 주의를 기울이지 않는다. 사람들은 그들이 '순간을 즐겨야' 한다고 믿는다. 필리핀, 멕시코 그리고 라틴 아메리카인들은 대개 현재 지향적이다. 또한 현재 지향은 북애리조나 주의 나바호 인디언들에게 지배적이다. 시간 지향은 사람들의 전통, 의식, 예절 그리고 대인 관계에 중요한 영향을 미친다.

타인에 대한 지향은 인간관계의 운영에 가장 중요한 것으로 보이며 동양과 서구의 가장 큰 차이점으로 보인다. 타인에 대한 지향에는 3가지가 있다. (1) 개인주의적(개인의 목표가 다른 목표보다 우선순위), (2) 상호적(개인은 상호적으로 관계를 넓혀서 만들어지는 사회 그룹의 일부분), (3) 직선적(시간을 통한 그룹의 지속성을 강조) (클럭콘·스트로드벡, 1961년). 서구 문화(미국)는 개인주의, 개인의 목표, 경쟁, 자아 이미지 그리고 비공식성을 강조한다. 다른 한편으로 동양 문화는 상호성과 직선성(위계)을 강조한다. 상호(집단적인) 관계는 개인과 그룹, 그룹의 조화, 합의, 그룹 규범의 일치 그리고 타인의 안녕에 대한 관심을 보이는 특징이 있다. 예를 들면, 중국인의 중요한 가치는 공손함, 절약 그리고 체면에 있으며 남의 체면을 구겨서 곤경에 빠지게 하는 것은 부적절한 행위로 간주된다(디멘트, 1991년). 부드러운 대인 관계, 공유의 중요성, 가족 간 정서 유대 그리고 가족 외부인과 친금감은 필리핀 사람들에게도 중요하다(홀스테이너, 1963년; 조카노, 1966년; 린치, 1964년).

비슷하게도, 태국인들은 부드러운 대인 관계, 공손함, 친절, 온화함 그리고 갈등 없음을 강조한다(코민, 1990년). 웃음은 태국인의 대인 관계에서 중요하다(가디너, 1972년). 또한 베트남인은 호의적 감정을 표시하면서 이방인과 사회적인 접촉을 할 준비가 되어 있다(포레스트, 1971년).

직선적 대인 관계는 사회 위계에 그 특징이 있다. 그 속성으로서 순종, 권위에 대한 충성심, 의무감, 책임감 그리고 그룹 연장자나 상관에 대한 복종, 동의하려는 욕구 그리고 존경심이 있다. 주요한 유교적인 가치는 사람들이 그 사람의 연장자에 대하여 부드럽고 도전하지 않는 것을 가르친다(룽, 1991년). 예를 들면, 중국 문화에서 권위에 대하여 공손해야 하고 존중하는 것이 미덕으로 간주된다(에터슨과 왜그너, 1991년). 중국인들의 중요한 유교적 가치 중의 하나는 권위의 이해와 기대(효심)를 통하여 부모와 연장자에 대한 의심 없는 존경을 하는 것이다(휴이턴, 1991년). 나이와 권위에 대한 존중, 체면, 연결(야우, 1988년) 그리고 조화 유지, 위엄 그리고 사회적 존경(휴이턴, 1991년)이 중국인들에게 중요하다. 중국인은 그룹의 조화를 파괴하는 것보다 삼가는 태도를 행하는 것이 더 낫다고 믿는다. 권위에 대한 복종, 동의하려는 욕구 그리고 효심이 베트남 문화의 특징이다(포레스트, 1971년). 유사성, 일치, 인내 그리고 존중이 필리핀의 대인 관계에서는 중요하다(린치, 1970년). 일반적으로 동양 사회는 더 통일적이고, 서구인보다 더 서로 기댄다(도이, 1981년). 표 6.2는 클럭콘과 스트로드벡의 가치 지향과 특성을 보여주고 있다.

표 6.2 클럭콘과 스트로드벡(1961년)의 가치 지향

인간 속성	악	중간	선
인간의 자연에 대한 관계	사람은 자연에 종속된다.	조화롭게 산다.	자연을 정복한다.
행동에 대한 지향	존재하는 것	존재 생성 중인 것	행동하는 것
시간에 대한 지향	과거	현재	미래
타인에 대한 관계	권위적	그룹	개인적

사회 조화의 중요성

동양 문화는 대인 관계와 자제심을 중요하게 보고 있다. 즉, 모든 인간관계에서 부정적 감정, 비평적 의견, 불평과 갈등의 회피를 중요하다고 생각한다. 동양 문화의 구성원들은 '체면'을 차리려고 하며 대인 관계에서 당황스러움을 피하고 조화를 이루려고 한다. 예를 들면, 중국에서는 '예'라고 말하면서 부정적인 진술을 한다(룽, 1991년). 일본에서는 공손하게 '아니요'를 말하는 몇 가지의 기술이 있다. 필리핀인은 사회적 소란, 불안 그리고 부조화를 회피하는데, 그 이유는 이것들이 부끄러움을 가져오기 때문이다(린, 1970년). 필리핀과 인도네시아의 부끄러움의 개념은 중국과 일본의 '체면'과 매우 흡사하다. 동양 사회에서 다른 사람 앞에서 비판하는 것은 사람의 체면을 잃게 만들고 비판하는 사람과의 관계를 훼손한다. 그래서 개인이 체면을 잃지 않게 하기 위해서, 동양 사람은 거의 실패를 비평하거나 인정하지 않는다. 예를 들면, 비평이 드물고 흔하게 체면을 깎는 태국 같은 곳에서는 비평에 대해서 오만하고 무시해 버린다(포아 등, 1969년). 태국 사람들에게 화를 표시하는 가장 많이 인정되는 방법은 '침묵을 지키는' 것이다(가르디너, 1968년). 일본인들은 좋은 유머가 인간관계에서 돈보다 더 중요하다(엘리스·엘리스, 1989년). 일본에서 사회관계는 상호 책임이며 아주 작은 호의라도 빚을 진 것으로 간주한다. 비슷하게, 조화는 홍콩 사람에게 최고의 중요성을 가진다(휴이턴, 1991년). 동양 사회에 비해서 서양 사회는 대인 관계를 마찰의 기회로 본다. 서

구인들은 사과에 잘 신경쓰지 않으며, 자부심이 강하다. 예를 들면, 서구인들에게 있어서 실패나 비평에 대한 반응은 업무 수행을 개선하고 유연성에 대한 인식을 끌어 올린다(포아 등, 1969년). 동양의 부끄러움의 개념은 서양에서 의미하는 신뢰성이나 직접 표현과 대비된다.

사과 표현의 중요성

사회의 조화를 위해서 동양 문화의 사람들은 자주 사과 표현을 한다. 일본 사람은 그들이 잘못하지 않았을 때에도 관계를 유지하거나 회복하기 위해서 스스로 잘못했다는 것을 인정한다(왜그너·로셋, 1986년). 다른 한편으로, 미국인은 그들이 잘못한 것을 알면서도 서로를 비난한다. 더구나 사회적 의무를 충실히 하는 것에 민감한 일본인은 의무를 다하지 못한 것에 대하여 자주 사과를 한다(콜마스, 1981년). 일본인은 보답이 가능하지 않고 다른 사람들에 대하여 보상을 해 주어야 할 경우에도 관계의 조화를 위해서 사과를 하는 경향이 있다. 다른 한편으로 미국인은 자신들의 행동에 대해서 설명을 하고 합리화한다(반룬드·요시오카, 1990년).

(3) 스튜어트(Stewart)의 문화 패턴

스튜어트(1971년)에 따르면, 문화는 구성원의 활동, 사회관계, 자아 그리고 세계에 대한 지향에 따라서 분류할 수 있다고 한다.

활동 지향은 클럭콘과 스트로드벡(1961년)의 활동 지향과 비슷한데, 이것은 사람들이 어떻게 활동을 보느냐와 어떤 활동(행동, 존재, 존재 생성)을 통해서 자신들을 표현하는지에 따른 분류이다. 행동 문화는 행동과 '업무종결'을 중요시하고, 변화를 찾고 삶을 조절하기를 원한다(유럽계 미국인). 존재 문화는 행동이 없는 것에 중점을 두며(아프리카계 미국인, 그리스인), 모든 것은 운명에 의해서 결정된다고 본다(인도의 힌두인). 존재 생성의 문화는 인간을 진화하고 변화하는 것으로 본다(미국 원주민, 남미인).

활동 지향(activity orientation)은 인간 삶의 속도를 결정한다. 행동 문화는 시간 계획과 약속에 의해서 지배되며, 바쁜 생활속도의 특징이 있다. 존재 생성 문화는 더 느리고 여유 있는 속도의 삶이 특징이다(러스티그·코에스터, 1993년). 활동 지향은 또한 사람들이 그들의 성공을 측정하는지를 결정한다. 행동 문화에서는 활동의 목표 설정과 활동 결과를 측정 가능한 영역으로 본다. 존재와 존재 생성 문화에서 절차는 결과보다 더 중요하다. 더구나 활동 지향은 일과 놀이의 관계에도 영향을 준다. 행동 문화에서 일은 놀이로부터 분리된다. 고용인들은 감독당하고 통제된다. 존재와 존재 생성 문화에서는 일은 끝을 의미하며, 일과 놀이 사이에는 뚜렷한 구분이 없다. 고용인들은 서로 섞이고 어울린다. 더 나아가 행동 문화에서는 나타나는 문제에 도전하고 해결한다. 존재와 존재 생성 문화에서는 도전과 제거 대신에 그것을 받아들인다. 더구나 행동 문화에서는 대인 관계와 의사소통은 특정한 일과 문제해결을 달성하는 데에 초점을 맞춘다. 존재와 존재 생성 문화에서는 사회적 상호작용은 공생에 초점을 맞춘다.

사회적 관계 지향은 파슨즈(1951년)의 자아 그룹 지향 그리고 클럭콘과 스트로드벡(1961년)이 주장한 개인과 부수적 관계(individual-collateral)와 선형 관계(linear relation ships)와 유사한 면이 있다. 이것은 어떻게 다른 사람들과 관련되느냐(공식적/비공식적, 평등적/위계적, 직접적/간접적)에 기초해서 문화를 분류한 것이다. 공식적인 문화에서 사람들은 사회의 위계질서를 따르고 다른 사람들을 적절히 호칭하면서 공식적인 방법으로 다룬다(일본, 독일). 비공식적 문화에서 사회관계는 평등성에 기초하며, 사람들은 비공식적으로 상호작용하고 의사소통한다(미국, 호주). 평등주의 문화(유럽과 미국)는 대인 관계의 평등과 균등, 독립성 그리고 최소의 의무와 책임감을 강조한다(미국, 호주, 영국). 위계적 문화(한국, 일본, 멕시코)에서는 개인 간의 차이, 의무 그리고 종속 관계를 중요시 한다(일본, 중국). 위계적 문화에서 의존도의 정도는 개인 간에 사회적 위치와 공식성에 의존한다. 직접적 문화에서는 대인 관계와 의사소통에서 직접성과 개방성을 강조한다(유럽, 미국). 간접적 문화에서는 애매성과 제3자 혹은 중재자의 역할을 강조한다(일본, 한국, 태국, 중국, 아프리카) (러스티그·코에스터, 1993년).

자아 지향은 파슨즈(1951년)의 자아 지향과 클럭콘과 스트로드벡(1961년)의 개인주의–집단주의와 유사한 점이 있다. 자아 지향은 사람들이 자신을 어떻게 보고 자신들의 정체성을 어떻게 형성하는지, 속성이 변화하는지, 무엇이 그들의 행동에 동기부여하는지 그리고 누가 가치 있고 존경받는지(자아/ 그룹 지향)에 따른 문화 차이를 분류한 것이다. 미국과 유럽에서는 개인적인 자아를 강조한다. 어린이들은 그들 자신의 결정을 하고 어린 시절부터 독립적이 될 것이 장려된다. 사람들은 혁신과 변화를 쫓는다. 그와는 대조적으로, 그룹 지향의 아시아 문화에서는 사람들은 그들 자신을 다른 사람들과의 관련성에서 규정한다. 한 개인은 그룹 없이는 살 수 없다. 사람들은 일터, 학교 그리고 집에서 그룹 없이는 살 수 없다. 그룹의 구성원들은 그룹에 대한 충성심, 의무 그리고 책임감(예 가족, 회사)에 의해서 동기부여된다. 또한 귀중한 삶의 경험과 지식을 가진 선배로부터 조언을 찾는다.

세계 지향은 클럭콘과 스트로드벡(1961년)이 주장한 자연과 시간 지향과 유사하다. 세계 지향은 사람들이 어떻게 영적인 세계와 자연을 관련시키는지에 따른 문화의 분류이다(복종, 조화, 조절). 유럽인, 미국인 그리고 캐나다인은 개인이 자연을 지배하고 통제하고 변화할 수 있다고 믿는다. 그들은 또한 육체와 영혼의 분리된 세계를 믿는다. 실체는 실험할 수 있고, 증명될 수 있으며 영성과는 반대되는 것이다. 다른 한편으로, 라틴 문화에서 인간은 자연의 힘을 조절할 수 있는 힘이 없으며, 따라서 자연에 복종해야 한다고 믿는다. 그들은 또한 영성에 아주 큰 가치를 둔다. 동양 문화는 자연과 조화를 이루어서 사는 것을 강조한다. 세계 지향은 또한 사람들이 시간을 보는 방법을 결정한다. 미국인과 유럽인들은 미래 지향적인 반면에, 미국 원주민과 라틴인은 현재 지향적이다(스튜어트, 1971년).

(4) 홀(Hall)의 문화 분류

홀은 서로 다른 의사소통의 스타일과 세계와 인간에 대한 지향에 기초해서 문화를 분류했다.

의사소통의 방식

홀(1976, 1983년)은 의사소통이 이루어지는 방법(저/고 맥락), 정보흐름(은밀한/공공연한 메시지), 언어(저/고 맥락) 그리고 개인의 공간 활용(공적, 사적)에 따라 문화를 분류했다.

맥 락

의사소통의 메시지에 관련되는 정보 수준에 따라서 저맥락 문화(LCC)와 고맥락 문화(HCC)가 있다. 낮은 맥락 문화에서, 대부분의 정보와 의미가 어휘적인 메시지에 포함되어 있고 맥락 메시지는 거의 없다. 메시지는 명백한 의미가 있고 직선적인 논리를 가지고 있다. 명백하고 직접적인 의사소통과 명확한 의지가 강조된다. 서구 문화(독일, 스웨덴, 스위스, 호주, 미국, 프랑스)는 LCC에 속하는데, 어떻게 행동해야 할지를 설명하는 명백한 표시와 사인과 절차의 필요성이 있다. 높은 맥락 문화에서는 어휘적 메시지에 매우 작은 정보가 코드화되고, 대부분의 정보는 비어휘적이고 맥락적인 메시지에 코드화된다. 모든 일은 맥락으로 이해되고, 의미는 환경에 아주 의존적이며 변화된다. 나선형 논리, 암시적이고 부정확하며 간접적 의사소통에 강조점이 있다. 의도가 명확히 나타나지 않으며 표현되는 주장은 감추어져서 전달된다(중국, 일본, 한국, 대만, 베트남, 라틴 아메리카, 멕시코). HCC 가치는 체면 살리기, 명예, 부끄러움과 의무를 중시하고 대립을 피하며 대인 관계에서 부드러운 전략을 사용한다. HCC의 구성원들은 또한 초기 접촉에서 더욱 주의하며 이방인의 문화 배경을 가지고 가정과 유추하는 경향이 있다. 그들은 더 간접적인 질문을 많이 하며(구디컨스트, 1983년) 직접적인 질문은 무례한 것으로 간주된다(엘라스마이, 1991년). HCC에 속하는 사람(일본, 중국, 남동아시아, 인도네시아, 미크로네시아, 인디언)들은 다른 사람들이 행동 규칙을 알 수 있기를 바란다(도드, 1987년).

정보의 흐름

문화는 개인 사이의 메시지의 구조와 속도를 기초로 분류된다. 고맥락의 문화의 구성원은 높은 맥락에서 은밀한 메시지를 사용한다. 맥락의 요점은 비어휘 코드와 함축된 의미에 있다. 사람들은 특정한 상황에서 특별한 메시지의 의미를 알고, 해석의 여지가 적어서 명백하게 드러낼 필요가 없다. 저맥락의 문화에서 구성원들은 낮은 맥락에서 명백한 메시지를 사용한다. 사람들은 명백한 메시지를 보내는데, 이것은 정확한 의미를 가진 명백한 설명을 포함한다. 자세한 어휘 코드와 단어가 의미 전달을 위해서 사용된다.

언 어

서로 다른 문화는 언어가 어떻게 사용되는지를 나타낸다. 언어는 적절한 토론의 주제(가족, 정치, 종교)와 표현의 정도를 결정한다. 예를 들면, 직접적이고 개방

표 6.3 저맥락 문화와 고맥락 문화의 특징

저맥락 문화	고맥락 문화
명백하고 분명한 의사소통	은밀하고 함축적인 의사소통
어휘적인 메시지	비어휘적이고 문맥적인 메시지
분명하고 정확한 지시, 표시, 규칙	부정확
명확한 의지	명확하지 않은 의지, 환경에 따른 의미
직선적 논리	나선형 논리
분열과 대립은 자연적	분열과 대립의 회피
행동과 해법이 중요하지 않음	체면, 다른 사람과의 관계, 사회적 조화
다른 사람을 희생해서라도 자신의 위엄을 보호	다른 사람에 의해서 인정받고 승인
토론과 논쟁, 표현	분열을 조정하기 위한 부드러운 전략
표면에 드러나는 반응	반응 자제
평등성	의무, 지위, 위치와 권력
고도로 조직화된 시간	유연한 시간
내부 그룹과 바깥 그룹의 유연성	내부 그룹과 바깥 그룹의 구별
짧게 유지되는 관계, 일상적이고 유연한 소속감	길게 유지되는 관계, 충성적, 진지하고 강한 소속감
산만한 권위, 책임감을 찍어내기 어려움	권위와 책임감의 중요성

적인 고맥락 문화에서는 감정을 나타내고 느낌을 보여주는 많은 어휘를 사용하는 것이 미성숙의 표시가 된다. 사회의 조화를 유지하고 다른 사람의 체면 또는 자부심을 위협하지 않기 위해서는 조용히 하고 참아야 한다. 저맥락의 문화에서, 분노를 표현하고 열광을 나타내며 시끄럽고 자신감을 보이는 것이 허용된다. 표 6.3은 낮고 높은 맥락 문화의 주요한 특징이다.

내부 그룹과 외부 그룹

저맥락 문화와 고맥락 문화의 차이로서 내부 그룹과 외부 그룹의 구별이 있다. 고맥락 문화에는 내부 그룹에 대한 강한 강조와 가족, 친구, 이웃 그리고 같은 업무 그룹에 속한 사람(내부 그룹, 내부자)과 비구성원, 부족, 조직 그리고 외국인과 같은 속하지 않은 사람(외부 그룹, 외부자) 사이에는 명백한 차이가 있다. 개인은 자신을 강하게 묶인 오직 몇 개의 그룹만으로 정체성을 인식한다(일본, 한국, 중국). 사람들은 규칙과 상황에 따라서 어떻게 행동해야 할지와 다른 사람의 행동으로부터 무엇을 기대할지를 안다. 이와는 대조적으로, 저맥락 문화에서는 외부 그룹에 중점을 둔다(미국, 유럽). 사람들은 평생 많은 다른 그룹에 속

표 6.4 내부 그룹과 바깥 그룹의 주요한 특징

내부 그룹	바깥 그룹
행동에 대한 일시적 기대	행동에 대한 고정된 기대
사람들 사이의 약한 유대	사람들 사이의 강한 유대
그룹에 대한 약한 정체성	그룹에 대한 강한 정체성
사람들 사이의 낮은 소속감	사람들 사이의 높은 소속감
자신을 자아의 관계에서 파악	그들 자신을 그룹의 멤버의 관계에서 파악
자신에 대한 책임감	다른 사람에 대한 책임감
독립적	비독립적
가족과 사회, 업무 그룹에 대한 단기 지속적 충성	가족과 사회, 업무 그룹에 대한 장기 지속적 충성
그룹에서 일시적인 멤버십	그룹에서의 영구적인 멤버십
사회 네트워크의 빈번한 변화	사회 네트워크의 정체된 변화

한다. 이러한 그룹의 구성원은 임시적이다. 사람들은 그룹을 바꾸고(예 일과 회사를 바꾸는 것), 다른 사람에 대해서 종속되거나 충성한다는 느낌을 가지지 않는다. 표 6.4는 내부 그룹과 외부 그룹의 주요한 특징을 구분한 것이다.

공 간

문화는 사람들이 의사소통의 공간을 다루는 방법에 따라서 다를 수가 있다. 공적인 공간 문화에서, 사람들은 비밀스럽게 이루어지는 활동에 대해서 의심스럽게 생각하고, 사회적 친밀함이 필요하며, 공적인 만남이 가치 있게 된다. 사적 공간 문화에서, 구성원들은 개인 공간, 사생활 가치를 존중하고, 사회적 거리를 지킨다.

세계와 사람에 대한 지향

세계와 사람에 대한 지향의 면에서, 학자들(Hall, 1960, 1966, 1973, 1987)은 인간 본성(동의), 인간관계(공간의 양, 소유, 우정, 권위), 시간(과거, 미래, 단일 연대적, 복수 연대적) 그리고 활동(변화/무변화)에 대한 지향을 기초로 하여 문화 사이를 분류했다.

인간 본성에 대한 지향

고맥락 사회에서, 구성원 사이의 동의는 문자언어보다는 구두언어(말)로 이루어진다. 문자로 된 계약서는 구속력이 없고 환경에 따라서 변할 수 있다. 그러나 저맥락 사회에서 동의는 구두(말)로 이루어지기보다는 문자화된다. 이러한 문자화된 동의는 최종적이고 법적으로 구속력이 있다.

인간관계 지향

문화는 사람들이 공간을 사용하는 방법에 따라서 다르다. 4가지 유형의 공간거리 구역이 있다.

친근한 것(사랑하고 편하고 보호나 혹은 대항을 위한 것), 개인적(친한 사람과의 대화, 친구), 사회적(비인칭적이고 사회적인 만남) 그리고 공식적(강의, 연설, 공연, 의식, 놀이). 사람들은 공간의 규칙을 이해하여 대화를 방해하거나 사생활을 침해하지 않고 서로 다른 사회 상황에서 어떻게 거리를 유지해야 할지를 알게 된다. 공간 거리는 문화에 따라서 다르다. 예를 들어서, 추운 기후에서 사는 사람(독일, 스칸디나비아, 영국)은 의사소통을 할 때에 넓은 물리적 거리를 유지한다. 따뜻한 기후에서 사는 사람(이탈리아, 그리스, 스페인, 아프리카)은 가까운 거리를 유지한다.

다양한 문화에서 사람들은 소유에 대한 태도가 다르다. 개인주의자들은 자동차, 의상, 사회적인 높은 지위와 권력과 같은 물질적인 소유에 의해서 동기부여된다. 집단주의자들은 그룹에 대한 책임감, 의무, 충성심 그리고 사회의 조화에 의해서 동기부여된다.

고맥락 문화에서 인간관계는 상대적으로 오래 가고 개인의 서로에 대한 소속감, 충성심 그리고 신뢰에 기초한다. 안정되고 긴 관계는 우정을 발전시키기에 필요하다. 저맥락 문화에서 인간관계는 상대적으로 짧고 더 일시적이며, 사람들 사이의 유대는 깨지기 쉽고, 장기간 관계의 소속 정도는 낮다. 다른 사람들과의 깊은 개인적인 소속은 가치의 비중이 낮다.

고맥락의 문화에서는 권위가 존중된다. 사람들은 종속된 행동에 개인적인 책임을 가진다. 저맥락의 문화에서는 권위는 용해되고 개인적인 책임은 묻기가 힘들다.

시간에 대한 지향

문화는 과거와 미래에 대하여 부여하는 중요성이 다르다. 미국인들은 과거에 대해서 신경쓰지 않는다. 그들은 과거는 상대적으로 덜 중요하다고 믿는다. 반대로, 유럽인과 아시아인들은 긴 역사와 뿌리 깊은 전통을 가지고 있어서, 과거에 관심을 기울이고 전통을 따른다. 고맥락 문화에서 시간은 열린, 덜 구성되고, 사람들의 욕구에 반응적이며, 외부의 목표에는 반응하지 않는 것으로 보인다. 저맥락의 문화에서 시간은 고도로 조직화되어 있어서 사람들은 다른 사람들과 같이 일하고 살 수 있다.

문화에는 단일 연대와 복수 연대가 있다. 앵글로 색슨(미국, 캐나다, 호주, 영국)과 북유럽 문화(스웨덴, 노르웨이, 핀란드, 독일)와 같은 단일 연대는 업무, 시간계획 그리고 절차 지향적이다. 그들은 시간을 부분으로 토막내어 잘라 쓸 수 있는 긴 리본으로 생각한다. 시간은 구조화되고 순서적이며 직선의 모양으로 된 것으로 여겨진다. 활동은 시간에 따라서 계획되고 "시간이 다 되었음" 할 때에 멈춰질 수 있다. 그래서 시간은 소비되고 모으고 빌려주고 잃을 수 있고 또는 심지어 죽일 수도 있는 돈처럼 취급된다. 사람들은 정확성, 시간대 그리고 약속계획에 관심을 가진다. 그들은 오직 한 가지만 한 번에 할 수 있다고 믿는다. 다른 것을 하기 전에 한 업무를 완성하고 결론을 내려야 한다고 믿는다. 인간관계는 시간에 의존한다. 다른 한편으로, 남유럽(스페인, 이탈리아, 포르투갈)과 중동의 복수 연대 문화에서는 시간은 제한이 없고, 직선이 아니며, 동시에 다양한 활동을 할 수 있게 확장될 수 있다고 여긴다. 구성원들은 시간을 그림 또는 배치로 생각한다. 정확성은 그렇게 중요하지 않으며 늦는 것과 시간 방해가 용인된다. 시간계획 안의 업무 완성보다도 관계에 더 중점을 둔다. 사람들은 서로에게 시간을 준다. 시간은 관계를 위해서 희생(라틴 아메리카, 아랍 국가)될 수도 있다. 그 결과로서, 복수 연대의 문화에서는 관계를 발전시키고 유지하며 인간 문제를 해결하는 데 있어 더 효과적이다(세인, 1992년). 더구나 아시아 문화에서 시간의 주기적 개념을 믿고 있다. 시간은 회전의 형태라기보다는 단계이다. 한 계절은 다른 계절로 이어지고, 한 삶은 다른 사람으로 들어간다(시씨-암누아이, 1968년).

활동과 변화에 대한 지향

시간 지향은 활동과 변화에 대한 지향에 영향을 미친다. 고맥락 문화에서 사람들은 변화에 대해서 주의를 기울인다. 저맥락 문화에서 사람들은 변화를 원하고, 더 빠르게 살고, 행동을 더 빠르게 변화시키고 싶어 한다. 예를 들면, 미국인들은 변화는 바람직하며 새로운 일이며, 사물에 대한 개선방법으로 본다. 유럽인들은 변화가 전통을 위협할 수 있기 때문에 위험한 것으로 본다. 아시아에서는 변화가 불확실성을 가져오기 때문에, 위험하고 피해야 할 것으로 본다(슈나이더·바르소, 1997년).

(5) 호프스테드의 문화 다양성의 차원

호프스테드(1980, 2001년)는 문화들 사이의 분류를 국가 문화 단위를 이용하였다. 거트 호프스테드(1980년)는 아마 어떻게 가치가 문화에 의해서 영향을 받는지에 대해서 가장 포괄적인 연구를 한 사람일 것이다. 그는 IBM에 의해서 1967년부터 1973년 사이에 70개국 이상에서 수집된 대규모 데이터베이스를 분석했다. 먼저 그는 40개국만을 사용했지만 나중에 50개국과 3개의 지역으로 확장했다. 처음에는 네 개의 구별되는 문화 차원을 권력 거리(PDI), 불확실성 회피(UAI), 개인주의(IDV) 그리고 남성성(MAS)으로 구분했다. 그는 각각 차원에 대해서 대략 0에서 100까지의 척도를 사용하여 각 나라에 점수를 매겼다. 점수가 더 높을수록 사회에서 그 차원이 더 드러나는 것이다. 호프스테드(1980년, 2001년)의 문화 차원은 아래에 제시된다.

권력 거리(PDI) 차원은 한 사회가 관계와 기관으로부터의 불평등한 권력 분배를 받아들이는 정도를 말한다. 높은 PDI 문화에서(말레이시아, 과테말라, 파나마, 필리핀, 멕시코, 베네수엘라, 중국), 사람들은 평등하지는 않지만 모든 사람이 다 적절한 장소를 차지하고 있다. 권력과 권위는 삶의 모습이고 지위, 계급, 순종, 일치, 감독 그리고 협력이 가치 있게 여겨진다. 낮은 PDI 문화(오스트리아, 이스라엘, 덴마크, 뉴질랜드, 아일랜드, 스웨덴)에서는 불평등이 최소화되어 있다. 사람들은 독립적인 의사결정 대신에 독립과 조언 그리고 개성을 가치 있게 여기며, 경쟁에 대한 강한 윤리의식이 있다. 호주, 미국 그리고 캐나다가 상대적으로 낮은 PDI 지수를 기록했다.

불확실성 회피(UAI) 차원은 한 사회가 불확실성과 애매한 상황에 대해서 위협을 느끼고 그것을 회피하려는 정도를 말한다. 높은 UAI 문화(그리스, 포르투갈, 벨기에, 일본, 프랑스, 페루)에서, 사람들은 사회가 구조화되어 있지 않고, 불분명하며, 예측 불가능한 상황에 대해서 불안감을 느낀다. 그들은 이러한 상황과 불확실한 삶에 대하여 싸워야만 되는 위협이라고 믿는다. 따라서 그들은 분열을 피하고 경쟁을 허락하지 않으며 정서적으로 긴장하지 않은 상태로 있고, 민족주의를 보이고 외국인에 대해서 의심하며, 익숙하지 않고 위험한 것으로 인식되는 이상한 행동과 새로운 아이디어를 거부한다. 사람들은 사람의 안전을 찾고 법과 질서를 희망한다. 그들은 위험을 피하기 위해서 어떻게 행동해야 할지를 말해주는 많은 행동에 대한 공식적이고 문서화된 규칙, 지침서 그리고 법률을 가지고 있다. 일본은 아시아 국가 중에서 가장 높은 UAI 차원을 기록했다(92/100). 일본인들은 확실히 애매성과 불확실한 상황을 회피한다. 낮은 UAI 문화(싱가포르, 덴마크, 스웨덴, 홍콩, 영국, 아일랜드, 인도)에서, 사회는 삶의 분쟁에 담긴 불확실성을 인정하고 애매성을 관용하며, 더 많은 위험성을 감수한다. 사람들은 다른 아이디어로 외국인을 받아들이며 새로운 아이디어가 위협한다고 생각하지 않는다. 사람들은 더 유연하며, 많은 규칙을 필요로 하지 않는다. 그들은 전문적인 것보다는 상식을 믿는다. 그들은 스트레스를 적게 받는다. 사회는 진보와 경쟁에 중점을 둔다. 호주, 미국 그리고 캐나다는 상대적으로 UAI 차원에서 낮은 점수를 기록했다.

개인주의(IDV) 차원은 사람들이 자신의 욕구를 강조하는 정도를 말한다. 높은 개인주의 문화(미국, 호주, 영국, 네덜란드, 뉴질랜드, 캐나다, 이탈리아)는 개인주의, 독립, 특이성, 자아실현, 자아발전, 자유, 자주, 도전, 주도권, 활동, 성취, 경제적인 안전, 자아 지향 그리고 사생활을 소중히 여긴다. 사회적인 단결은 약하다. 높은 집단주의 문화(과테말라, 에콰도르, 파나마, 베네수엘라, 콜롬비아, 파키스탄, 인도네시아, 페루, 대만, 태국)에서는 그룹의 목표, 권리, 결정, 합의 그리고 협동을 강조한다. 개인의 주도권은 무시되며 사람들은 '우리' 지향적이다. 사회와 가족의 단결은 강하다. 내부 그룹과 외부 그룹의 구별이 있다. 내부 그룹의 구성원들은 철저한 충성의 대가로 다른 구성원을 돌봐준다. 우정은 길고 안정적인 관계로 미리 정해진다. 동아시아 국가들이 특히 집단주의가 높고, 영어를 말하는 나라들이 특히 개인주의가 높았다.

개인주의와 집단주의 문화는 또한 사람들 사이의 관계가 수평적인지 수직적인지에 따라서 차이가 난다(트리안디스, 1995년). 수평적 문화에서, 사람들은 평등하게 대우받고 관점은 평등에 있다. 이와는 대조적으로, 수직적 문화에서 사람들은 자신을 다른 사람과 다르게 보며, 평등이 높게 평가되지 않는다. 수평적이고 집단적인 문화(스웨덴, 노르웨이)에서, 사람들은 개인적으로 행동할 것이 요구되며, 동시에 다른 사람들로부터 두드러져서는 안 된다. 수직적이고 집단적인 문화(미국, 영국, 프랑스, 독일)에서 사람들은 개인적으로 행동할 것이 요구되고 다른 사람보다도 뛰어나다.

남성성(MAS) 차원은 문화가 '남성적인' 행동, 예를 들면 '여성성'에 반대되는 결단력, 돈의 획득과 물질적 소유, 남을 잘 돌보지 않는 것과 삶의 질을 가치 있게 여기는 것을 말하고, 성 역할이 차별화되어 있는지의 정도를 말한다. 높은 남성성 문화(일본, 헝가리, 오스트리아, 베네수엘라, 이탈리아, 스위스, 멕시코)에서, 사회는 돈과 물질의 소유를 가치 있게 여긴다. 수행, 성장, 야망, 일하기 위해서 살기, 성공적 성취, 우월감, 지배 그리고 결단력이 강조된다. 사람들은 개인의 사생활에 대한 간섭을 받아들인다. 높은 일에 대한 스트레스가 있다. 일본이 남성성 지수가 95/100로 다른 모든 아시아 국가 중에서 가장 높은 점수를 기록했다. 높은 여성성 사회(스웨덴, 노르웨이, 네덜란드, 덴마크, 핀란드, 칠레, 포르투갈, 태국)에서는 사회의 관점은 삶의 질, 다른 사람의 행복, 보살피고 도움이 되는 행동 그리고 성공적이지 못한 것에 대한 동정에 중점이 두어진다. 성 역할은 동등하다. 사람들은 또한 환경의 중요성을 믿는다. 호주와 미국은 남성성 지수에서 상대적으로 높은 점수를 기록했고, 캐나다는 높고 낮음의 중간을 기록했다. 표 6.5는 점수, 표 6.6은 호프스테드와 호프스테드(2005년)의 5가치 차원의 74개국 순위이다.

호프스테드의 모델에 따르면, 말레이시아가 가장 높은 PDI(104)를 기록했고, 그리스가 가장 높은 UAI(112), 미국이 가장 높은 IDV(91), 일본이 가장 높은 MAS(95) 그리고 중국이 가장 높은 LTO(118)를 기록했다. 다른 한편으로, 오스트리아가 가장 낮은 PDI(11)를 얻었고, 싱가포르는 가장 낮은 UAI(8), 과테말라가 가장 낮은 IDV(6), 스웨덴이 가장 낮은 MAS(5), 미국과 영국 사람들이 낮은 LTO 점수를 얻었다.

표 6.5 5가지 가치 차원 (Hofstede & Hofstede, 2005)

국가	권력 거리	불확실성 회피	개인주의	남성성	장기간 지향
아랍국	80	68	38	53	
아르헨티나	49	86	46	56	
호주	36	51	90	61	31
오스트리아	11	70	55	79	31
방글라데시	80	60	20	55	40
벨기에 합계					38
플라망어권	61	97	78	43	
왈론어권	67	93	72	60	
브라질	69	76	38	49	65
불가리아	70	85	30	40	
캐나다 합계	39	48	80	52	23
캐나다 퀘벡	54	60	73	45	30
칠레	63	86	23	28	
중국	80	30	20	66	118
콜롬비아	67	80	13	64	
코스타리카	35	86	15	21	
크로아티아	73	80	33	40	
체코 공화국	57	74	58	57	13
덴마크	18	23	74	16	46
동아프리카	64	52	27	41	25
에콰도르	78	67	8	63	
엘살바도르	66	94	19	40	
에스토니아	40	60	60	30	
핀란드	33	59	63	26	41
프랑스	68	86	71	43	39
독일	35	65	67	66	31
영국	35	35	89	66	25
그리스	60	112	35	57	
과테말라	95	101	6	37	
홍콩	68	29	25	57	96
헝가리	46	82	80	88	50
인도	77	40	48	56	61
인도네시아	78	48	14	46	
이란	58	59	41	43	
아일랜드	28	35	70	68	43
이스라엘	13	81	54	47	
이탈리아	50	75	76	70	34
자메이카	45	13	39	68	
일본	54	92	46	95	80
룩셈부르크	40	70	60	50	

국가	권력 거리	불확실성 회피	개인주의	남성성	장기간 지향
말레이시아	104	36	26	50	
몰타	56	96	59	47	
멕시코	81	82	30	69	
모로코	70	68	46	53	
네덜란드	38	53	80	14	44
뉴질랜드	22	49	79	58	30
나이지리아					16
노르웨이	31	50	69	8	44
파키스탄	55	70	14	50	0
파나마	95	86	11	44	
페루	64	87	16	42	
필리핀	94	44	32	64	19
폴란드	68	93	60	64	32
포르투갈	63	104	27	31	30
루마니아	90	90	30	42	
러시아	93	95	39	36	
세르비아	86	92	25	43	
싱가포르	74	8	20	48	48
슬로바키아	104	51	52	110	38
슬로베니아	71	88	27	19	
남아프리카	49	49	65	63	
한국	60	85	18	39	75
스페인	57	86	51	42	19
수리남	85	92	47	37	
스웨덴	31	29	71	5	33
스위스					40
프랑스어권	70	70	64	58	
독일어권	26	56	69	72	
대만	58	69	17	45	87
태국	64	64	20	34	56
트리니다드	47	55	16	58	
터키	66	85	37	45	
미국	40	46	91	62	29
우루과이	61	100	36	38	
베네수엘라	81	76	12	73	
베트남	70	30	20	40	80
서아프리카	77	54	20	46	16
짐바브웨					25

* 차원이 높은 점수는 그 차원의 높은 평가를 나타낸다. 예를 들면, IDV 차원의 91점은 미국이 매우 개인적이라는 것을 나타낸다.

** 아랍국 : 이집트, 이라크, 쿠웨이트, 레바논, 리비아, 사우디아라비아, 아랍 에미리트연합, 동아프리카 : 에티오피아, 탄자니아, 잠비아, 서아프리카 : 가나, 나이지리아, 시에라리온.

출처 : Hofstede, G., & Hofstede, G. J. (2005). 문화와 조직 : 마음의 소프트웨어(2차 개정본). New York, USA: McGraw-Hill

호프스테드(Hofstede) 이론 적용의 단점

호프스테드(1980년)의 문화 차이에 대한 이론은 한 나라의 문화를 분석할 때에 아주 유용하다. 그러나 기억해야 할 몇 가지 점들이 있다. 첫째, 그 차원들은 나라를 비교하기 위해서 선택된 것이며, 측정 도구는 나라 또는 지리적인 지역 수준의 측정을 위한 것이라는 것이다. 한 나라의 평균은 그 나라의 개인과 관련된 것이 아니다. 그 차원은 개인의 가치의 비교를 위해서 사용될 수는 없다. 예를 들면, 어떤 사람의 나라가 강한 집단주의 성격을 가졌지만, 그 사람은 높은 개인주의적인 성향을 가질 수 있다. 비록 호프스테드 이론이 일반적인 인구에 적용될 때에는 상당히 옳다고 할 수 있지만, 모든 개인이나 또는 하위문화를 가진 지역조차도 그 이론에 맞는 것은 아니다. 구분된 차원은 나라 사이의 문화 차이를 이해하는 지표로만 사용되어야지 절대적인 것으로 사용되어서는 안 된다. 둘째, 데이터는 질문지를 통해서 나온 것이다. 그룹 지향의 문화에서는 설문조사를 시행하는 맥락이 아주 중요하다. 개인은 그들이 속한 그룹에 반응하는 식으로 질문을 대할 수 있다. 이와는 대조적으로, 개인주의 문화에서는 그 반응은 거의 그 개인의 눈으로 인식된다.

다음으로, 호프스테드는 한 나라(지리적 영토)가 하나의 문화 그룹에 대응한다는 것을 가정했다. 이것이 많은 나라에서는 옳지만, 종의 토착성이나 지리에 기초한 많은 강한 하위문화가 있는 나라들에서는 적용되지 않는다. 캐나다를 예를 들어보면, 영어권의 캐나다에 비교해서 불어권의 캐나다 문화는 다르다. 이탈리아는 북부 지방과 남부 지방이 다른 문화를 가지고 있다. 두 지역은 남성성의 차원에서 점수가 다르게 나올 것이다.

더구나 호프스테드의 연구는 업무 가치와 한 산업(컴퓨터 산업), 하나의 다국적기업(IBM)에서 수집된 것이다. 나라의 목록이 전체적으로 다 포함된 것은 아니다. 최종적으로 한 나라의 지배적인 문화는 안정적이지만, 그것이 다양한 내적 혹은 외적인 요소에 영향을 받기 때문에 긴 시간의 흐름에 의해서 영향을 받을 수 있다. 이리하여 호프스테드의 차원이 타당한 것으로 인정되지만 그 나라의 가치는 더 긴 시간의 흐름 때문에 바뀔 수 있다.

표 6-6 5가지 차원에 대한 여러 나라의 순위

순위	나라	PDI	순위	나라	UAI	순위	나라	IDV	순위	나라	MAS	순위	나라	LTO
1-2	말레이시아	104	1	그리스	112	1	미국	91	1	슬로바키아	110	1	중국	118
1-2	슬로바키아	104	2	포르투갈	104	2	호주	90	2	일본	95	2	홍콩	96
3-4	과테말라	95	3	과테말라	101	3	영국	89	3	헝가리	88	3	대만	87
3-4	파나마	95	4	우루과이	100	4-6	캐나다 전체	80	4	오스트리아	79	4-5	일본	80
5	필리핀	94	5	벨기에 플라망어권	97	4-6	헝가리	80	5	베네수엘라	73	4-5	베트남	80
6	러시아	93	6	몰타	96	4-6	네덜란드	80	6	스위스 독일어권	72	6	한국	75
7	루마니아	90	7	러시아	95	7	뉴질랜드	79	7	이탈리아	70	7	브라질	65
8	세르비아	86	8	엘살바도르	94	8	벨기에 플라망어권	78	8	멕시코	69	8	인도	61
9	수리남	85	9-10	벨기에 왈론어권	93	9	이탈리아	76	9-10	아일랜드	68	9	태국	93
10-11	멕시코	81	9-10	폴란드	93	10	덴마크	74	9-10	자메이카	68	10	헝가리	50
10-11	베네수엘라	81	11-13	일본	92	11	캐나다 퀘벡	73	11-13	중국	66	11	싱가포르	48
12-14	아랍 국가들	80	11-13	세르비아	92	12	벨기에 왈론어권	72	11-13	독일	66	12	덴마크	46
12-14	방글라데시	80	11-13	수리남	92	13-14	프랑스	71	11-13	영국	66	13-14	네덜란드	44
12-14	중국	80	14	루마니아	90	13-14	스웨덴	71	14-16	콜롬비아	64	13-14	노르웨이	44
15-16	에콰도르	78	15	슬로베니아	88	15	아일랜드	70	14-16	필리핀	64	15	아일랜드	43
15-16	인도네시아	78	16	페루	87	16-17	노르웨이	69	14-16	폴란드	64	16	핀란드	41
17-18	인도	77	17-22	아르헨티나	86	16-17	스위스 독일어권	69	17-18	남아프리카	63	17-18	방글라데시	40
17-18	서아프리카	77	17-22	칠레	86	18	독일	67	17-18	에콰도르	63	17-18	스위스	40
19	싱가포르	74	17-22	코스타리카	86	19	남아프리카	65	19	미국	62	19	프랑스	39
20	크로아티아	73	17-22	프랑스	86	20	스위스 프랑스어권	64	20	호주	61	20-21	벨기에 전체	38
21	슬로베니아	71	17-22	파나마	86	21	핀란드	63	21	벨기에 왈론어권	60	20-21	슬로바키아	38
22-25	불가리아	70	17-22	스페인	86	22-24	에스토니아	60	22-24	뉴질랜드	58	22	이탈리아	34
22-25	모로코	70	23-25	불가리아	85	22-24	룩셈부르크	60	22-24	스위스 프랑스어권	58	23	스웨덴	33
22-25	스위스 프랑스어권	70	23-25	한국	85	22-24	폴란드	60	22-24		58	24	폴란드	32

순위	나라	PDI	순위	나라	UAI	순위	나라	IDV	순위	나라	MAS	순위	나라	LTO
22-25	베트남	70	23-25	터키	85	25	몰타	59	25-27	체코 공화국	57	25-27	오스트리아	31
26	브라질	69	26-27	헝가리	82	26	체코 공화국	58	25-27	그리스	57	25-27	호주	31
27-29	프랑스	68	26-27	멕시코	82	27	오스트리아	55	25-27	홍콩	57	25-27	독일	31
27-29	홍콩	68	28	이스라엘	81	28	이스라엘	54	28-29	아르헨티나	56	28-30	캐나다 퀘벡	30
27-29	폴란드	68	29-30	콜롬비아	80	29	슬로바키아	52	28-29	인도	56	28-30	뉴질랜드	30
30-31	벨기에 왈론어권	67	29-30	크로아티아	80	30	스페인	51	30	방글라데시	55	28-30	포르투갈	30
30-31	콜롬비아	67	31-32	브라질	76	31	인도	48	31-32	아랍 국가들	53	31	미국	29
32-33	엘살바도르	66	31-32	베네수엘라	76	32	수리남	47	31-32	모로코	53	32-33	영국	25
32-33	터키	66	33	이탈리아	75	33-35	아르헨티나	46	33	캐나다 전체	52	32-33	짐바브웨	25
34-36	동아프리카	64	34	체코 공화국	74	33-35	일본	46	34-36	룩셈부르크	50	34	캐나다	23
34-36	페루	64	35-38	오스트리아	70	33-35	모로코	46	34-36	말레이시아	50	35-36	필리핀	19
34-36	태국	64	35-38	룩셈부르크	70	36	이란	41	34-36	파키스탄	50	35-36	스페인	19
37-38	칠레	64	35-38	파키스탄	70	37-38	자메이카	39	37	브라질	49	37	나이지리아	16
37-38	포르투갈	63	35-38	스위스 프랑스어권	70	37-38	러시아	39	38	싱가포르	48	38	체코 공화국	13
39-40	벨기에 플라망어권	61	39	대만	69	39-40	아랍 국가들	38	39-40	이스라엘	47	39	파키스탄	0
39-40	우루과이	61	40-41	아랍 국가들	68	39-40	브라질	38	39-40	몰타	47			
41-42	그리스	60	40-41	모로코	68	41	터키	37	41-42	인도네시아	46			
41-42	한국	60	42	에콰도르	67	42	우루과이	36	41-42	서아프리카	46			
43-44	이란	58	43	독일	65	43	그리스	35	43-45	캐나다 퀘벡	45			
43-44	대만	58	44	태국	64	44	크로아티아	33	43-45	대만	45			
45-46	체코 공화국	57	45-47	방글라데시	60	45	필리핀	32	43-45	터키	45			
45-46	스페인	57	45-47	캐나다 퀘벡	60	46-48	불가리아	30	46	파나마	44			
47	몰타	56	45-47	에스토니아	60	46-48	멕시코	30	47-50	벨기에 플라망어	43			
48	파키스탄	55	48-49	핀란드	59	46-48	루마니아	30	47-50	프랑스	43			

순위	나라	PDI	순위	나라	UAI	순위	나라	IDV	순위	나라	MAS	순위	나라	LTO
49-50	캐나다	54	48-49	이란	59	49-51	동아프리카	27	47-50	이란	43			
	퀘벡													
49-50	일본	54	50	스위스	56	49-51	포르투갈	27	47-50	세르비아	43			
				독일어권										
51	이탈리아	50	51	트리니다드	55	49-51	슬로베니아	27	51-53	페루	42			
52-53	아르헨티나	49	52	서아프리카	54	52	말레이시아	26	51-53	루마니아	42			
52-53	남아프리카	49	53	네덜란드	53	53-54	홍콩	25	51-53	스페인	42			
54	트리니다드	47	54	동아프리카	52	53-54	세르비아	25	54	동아프리카	41			
55	헝가리	46	55-56	호주	51	55	칠레	23	55-58	불가리아	40			
56	자메이카	45	55-56	슬로바키아	51	56-61	방글라데시	20	55-58	크로아티아	40			
57-59	에스토리나	40	57	노르웨이	50	56-61	중국	20	55-58	엘살바도르	40			
57-59	룩셈부르크	40	58-59	뉴질랜드	49	56-61	싱가포르	20	55-58	베트남	40			
57-59	미국	40	58-59	서아프리카	49	56-61	태국	20	59	한국	39			
60	캐나다 전체	39	60-61	캐나다 전체	48	56-61	베트남	20	60	우루과이	38			
61	네덜란드	38	60-61	인도네시아	48	56-61	서아프리카	20	61-62	과테말라	37			
62	호주	36	62	미국	46	62	엘살바도르	19	61-62	수리남	37			
63-65	코스타리카	35	63	필리핀	44	63	한국	18	63	러시아	36			
63-65	독일	35	64	인도	40	64	대만	17	64	태국	34			
63-65	영국	35	65	말레이시아	36	65-66	페루	16	65	포르투갈	31			
66	핀란드	33	66-67	영국	35	65-66	트리니다스	16	66	에스토니아	30			
67-68	노르웨이	31	66-67	아일랜드	35	67	코스타리카	15	67	칠레	28			
67-68	스웨덴	31	68-69	중국	30	68-69	인도네시아	14	68	핀란드	26			
69	아일랜드	28	68-69	베트남	30	68-69	파키스탄	14	69	코스타리카	21			
70	스위스	26	70-71	홍콩	29	70	콜롬비아	13	70	슬로베니아	19			
	독일어권													
71	뉴질랜드	22	70-71	스웨덴	29	71	베네수엘라	12	71	덴마크	16			
72	덴마크	18	72	덴마크	23	72	파나마	11	72	네덜란드	14			
73	이스라엘	13	73	자메이카	13	73	에콰도르	8	73	노르웨이	8			
74	오스트리아	11	74	싱가포르	8	74	과테말라	6	74	스웨덴	5			

* 권력 거리(PDI : Power distance), 불확실성 회피(UAI : uncertainty avoidance), 개인주의(IDV : individualism), 남성성(MAS : masculinity), 장기적 방향성(목표)(LTO : long-term orientation)

** 말레이시아의 높은 PDI 지수는 나라가 큰 권력의 차이를 선호하고, 오스트리아처럼 낮은 지수는 권력 차이가 적음을 나타낸다.

*** 아랍국가들 : 이집트, 이라크, 쿠웨이트, 레바논, 리비아, 사우디아라비아, 아랍에미리트 / 동아프리카 : 에티오피아, 탄자니아, 잠비아 / 서아프리카 : 가나, 나이제리아, 시에라 리온

출처: Hofstede, G., & Hofstede, G.J. (2005). Cultures and organizations: Software of the mind(Revised and expanded 2nd ed.). New York, USA: McGraw-Hill.

호프스테드(Hofstede) 이론의 장점

이러한 단점에도 불구하고, 호프스테드(1980년)의 연구는 국가 문화를 비교할 수 있게 한다(미드, 1998년). 예를 들면, 로렌과 센카(1985년)는 호프스테드의 연구에 기초해서 나라별 군집을 개발했다. 각각의 군집 안에 상당한 다양성이 있지만, 이러한 군집은 세계의 주어진 지역 안에서 무엇을 기대할지에 대한 감각을 제공한다(표 6.7 참조).

군집은 노르딕(덴마크, 핀란드, 노르웨이, 스웨덴), 게르만(오스트리아, 독일, 스위스), 앵글로(미국, 호주, 캐나다, 뉴질랜드, 영국, 아일랜드, 남아프리카), 라틴 유럽(포르투갈, 스페인, 이탈리아, 벨기에, 프랑스), 라틴 아메리카(콜롬비아, 페루, 멕시코, 칠레, 베네수엘라, 아르헨티나), 극동(태국, 남베트남, 인도네시아, 대만,

표 6.7 로넨과 센카르의 국가 문화와 호프스테드의 문화 차원

	권력 거리	개인주의	불확실성 회피	남성성
노르딕 : 덴마크, 노르웨이, 스웨덴, 핀란드,	저	중-고	저-중	저
게르만 : 독일, 오스트리아, 스위스	저	중-고	중	고
앵글로 : 영국, 미국, 캐나다, 호주, 뉴질랜드, 남아프리카, 아일랜드	저-중	고	저-중	고
라틴 유럽 : 프랑스, 벨기에, 이탈리아, 포르투갈, 스페인	고	고	고	다양함
라틴 아메리카 : 스페인, 포르투갈	고	저	고	다양함
극동 : 파키스탄, 인도, 대만, 홍콩, 태국, 필리핀, 싱가포르	고	저	저-중	중
근동 : 그리스, 이란, 전 유고슬라비아, 터키	고	저	고	중

출처 : Ronen, S. (1986). Comparative and multinational management (pp.262-265). ,New York: John Wiley & Sons; Ronen, S. & Shenkar, O. (1985). Clustering countries on attitudinal dimensions: A review and synthesis. Academy of Management Review, 10, 435-454.

싱가포르, 홍콩, 필리핀, 말레이시아), 아랍(아부다비, 오만, 바레인, 아랍 에미리트 연합, 쿠웨이트, 사우디아라비아) 그리고 근동(터키, 이란, 그리스)으로 구분할 수 있다.

더구나 호프스테드의 문화 차원은 세계적으로 주요 문화 그룹을 구분하는 것으로 인정받고 있다. 그것은 업무와 관련된 가치에 적절할 뿐만 아니라 일반적인 가치에 적합하며, 문화적 보편성으로 받아들여지고 있다. 호프스테드(1980년)의 연구는 수없이 조사 분석되어, 그 결과는 서로 다른 샘플에서 검증되었다.

2001년에 호프스테드는 그의 연구를 서로 다른 전 세계 인구단위로 확장했다. 그 결과 74개국과 지역이 1980년의 결과를 확인해 주었다. 호프스테드(2001년)의 연구 결과, 사회 행동에 영향을 주는 국가적·지역적 문화 단위가 존재하며, 이러한 문화 단위는 시간과 관계없이 항상 일정하다는 것을 증명하고 있다.

많은 연구들이 호프스테드(1980년)의 문화 차원의 연구를 기초로 해서 실시되었다. 예를 들어서, 호프스테드의 차원은 중국과 호주 문화(크로거 등, 1979년)뿐만 아니라 영국, 홍콩, 말레이시아 그리고 인도네시아의 문화(라이트 등, 1978년, 라이트와 필립, 1980년) 사이의 차이를 구분하는 데 매우 유용했다. 중국의 문화는 불평등, 연대 그리고 그룹 지향을 받아들이는 강한 집단적인 사회 구조를 가진 높은 권력 거리와 권위 차이의 특징이 있었다. 호주의 문화는 작은 권력 거리와 강한 개인주의, 불평등과 권위에 대한 낮은 용인, 느슨한 사회적 네트워크 그리고 사회적 낮은 의무감이 있었다.

중국인들은 또한 인간의 상호작용에서 사회적인 가치를 강조하는 것 같았고, 호주인들은 경쟁력과 개인주의를 강조했다.

IDV 차원은 문화를 분류하는 주요한 요인으로 평가되었다(추아·구디컨스트, 1987년; 구디컨스트·니시다, 1986년; 후이·트리안디스, 1986년; 킴·구디컨스트, 1988년; 클럭콘·스트로드벡, 1961년; 마르셀라 등, 1985년; 슈와르츠, 1990년; 팅-투미, 1985년; 트리안디스, 1988년). IDV 차원은 상호 문화의 차이를 설명(후이와 트리안디스, 1986년)하며, 사회적 상호작용에 대한 예측이 가능하다(트리안디스,

1988년). 예를 들어서, 개인주의와 집단주의에서 문화적 다양성은 문화 구성원들이 자신을 어떻게 생각하고, 어떻게 행동하며, 사회관계의 구성원으로 느끼고, 자신을 강조하는지를 결정한다(마르쿠스·키타야카, 1991년). 개인주의자는 자신에 대해서 관심을 가지고 자신의 성공과 실패에 대해서만 책임감을 느낀다(후이·트리안디스, 1986년). 자기 체면 유지에 관심이 있으며(킴·구디컨스트, 1988년), 그들의 내부 그룹으로부터 고립과 거리감을 경험한다(후이·트리안디스, 1986년). 다른 한편으로, 집단주의자는 다른 사람들과의 관계 조화를 중요시(후이·트리안디스, 1986년)하고, 그들의 행동을 다른 사람과의 관계를 고려하여, 다른 사람들과 물질적, 비물질적인 자원을 공유하며, 상호 보상에 관심을 가지고, 부끄러움에 의해서 조절된다(킴과 구디컨스트, 1988년). 따라서 그들은 내부 그룹과 친밀감을 경험한다. 집단주의자(인도네시아)는 그룹에 적응(노에스지르완, 1978년)하고, 호주인(개인주의자)은 그들이 그룹과 반대가 되더라도 "내 할 일은 하는" 것으로 나타나고 있다.

IDV 차원은 문화 사이의 의사소통의 차이를 설명할 수 있다(슈와르츠, 1994년; 트리안디스 등, 1988년). 낮고 높은 맥락의 의사소통은 개인주의와 집단주의의 기능이다(구디컨스트·팅투미, 1988년). 예를 들면, 개인주의 문화의 구성원은 더 감정적이고 표현력이 있고, 집단주의 문화의 구성원은 더 자제력이 있고, 분쟁을 회피하고, 상처받고, 남에게 짐을 지우는 것에 신경을 쓴다. 또한 목표를 성취하기 위해서 개인주의 문화의 구성원들은 가장 효율적인 전략으로서 직접적인 질문을 하는 반면에, 집단주의 문화의 구성원들은 직접적인 질문을 가장 덜 효과적인 전략으로 생각한다(킴·윌슨, 1994년). 집단주의적인 중국과 개인주의적인 미국 사이에는 문화 차이가 있다는 많은 증거가 있다(반런드, 1989년; 구디컨스트·니시다, 1983년; 오카베, 1983년).

호프스테드(1980년)의 문화 차원을 이용한 다른 연구들은 서로 다른 문화가 대인 관계에 대한 서로 다른 가치가 있음을 보여주었다(아르길, 1972년). 개인주의 문화는 개인주의적인 관계에 관심이 많았고, 집단주의 문화는 그룹 관계에 관심이 많았다(후이·트리안디스, 1986년; 트리안디스, 1988년). 일본과 홍콩 같은 집단주의 문화에서, 조화로운 관계를 유지하는 것이 가장 중요하게 생각된다(아르길, 1986년; 아르길 등, 1986년). 일본과 한국에서 인간관계는 개인주의 문화에서보다 더 개인적인 것으로 취급된다(구디컨스트 등, 1987년). 예를 들면, 일본에서 상호작용의 스타일에 오모테(공적, 형식적)와 우라(사적, 비형식적)의 구별이 있다(오카베, 1983년). 일본에서의 대인 관계는 개인과 그룹의 상호작용의 역할에 따라서 다르다(다멘, 1987년). 내부 그룹의 관계는 개인주의 문화보다 집단주의 문화에서 더 친밀하다(구디컨스트·니시다, 1986년). 신뢰가 있는 관계를 건설하는 데 들이는 시간 투자는 일본에서 아주 중요하다(엘라스마위, 1991년).

서로 다른 문화는 사회의 네트워크를 서로 다르게 발달시킨다. 예를 들면, 집단주의적인 아시아인은 가까운 네트워크를 발달시킨다. 유교는 사회적 관계에 대한 기초적 규칙을 제공한다(염, 1985, 1987년). 참여자 사이의 개인적인 유대를 만들고 개인의 결속을 주의 깊게 유지하는 것은 성공적인 관계를 위한 전제 조건이다. 서구 문화는 느슨한 사회 규범을 가지고 있다. 서로 다른 문화는 자기 표현(self-presentation)에 대한 서로 다른 태도를 가지고 있다(투, 1985년). 개인주의 문화(예 호주)에서는 자기 표현은 중요한데, 집단주의 문화(예 중국, 한국, 일본)에서는, 자아실현은 상황에 따라 다르다. 개인주의 문화의 구성원들은 다른 정도의 자아 노출(self-disclosure)을 가진다. 개인주의 문화의 구성원들은 집단주의 문화의 구성원들보다 더 친밀한 주제에 더 자아를 노출시키는 경향이 있다(팅투미, 1991년). 예를 들면, 일본인들은 미국인들보다 더 그룹의 조화와 단결을 강조하면서 관계에서 비밀스럽다(팅투미, 1991년). 서로 다른 문화는 이방인과 내부그룹에 대한 서로 다른 태도를 가지고 있다(륭·본드, 1984년; 트리안디스, 1972년). 그들은 또한 서로 다른 감정을 경험한다(스레러 등, 1986년). 예를 들면, 집단주의적인 아시아인들은 이방인과의 상호작용에서, 자신들의 낮은 직설적 태도와 관계없이 개인주의 문화의 구성원들에 비해서 더 큰 불안을 경험한다. 그 이유는 그들이 인간관계에 있어서 조화를 강조한다. 특히 분열은 대인 관계에 위협이 되는 사람들에 대해서는 더 그렇기 때문이다(자인 등, 1991년). 더구나 서로 다른 문화에서 사람들은 다른 사람들에 대한 서로 다른 정도의 책임감을 느낀다(아르길, 1972년). 개인주의 문화에서는 사람들은 그들에 의지하는 사람들을 돕는다. 집단주의 문화에서 도움이라는 것은 상호 보상을 의미한다(베르코위츠·프리드맨, 1967년). 또한 칭찬을 받아들이는 방법에도 차이가 있다. 집단주의 문화에서는 개인주의 문화보다 칭찬을 적게 하고 칭찬을 덜 받아들이는 것 같다(반룬드·아라키, 1985년). 마지막으로, 서로 다른 문화는 사회적인 상호작용의 인식도 다르게 발전시킨다. 집단주의적인 중국에서는 사회적인 상호작용은 사회적 유용성의 면에서 인식되고, 서구의 개인주의 사회에서 사회적인 상호작용을 경쟁력과 자신감 그리고 자유의 면으로 인식한다(킴· 구디컨스트, 1988년).

(6) 본드(Bond)의 유교 문화 패턴

호프스테드의 평가와 다른 유럽이나 미국 학자로 인한 서구의 편견을 극복하기 위해서, 마이크 본드는 홍콩과 대만의 학자들로 구성된, 중국 문화 관련성 지표(CCC) (1987년)와 같이 중국의 가치에 관한 설문조사를 개발했다. 이 설문조사는 40개의 중국의 중요한 가치의 기초 아래에서 개발되고 세계의 23개국에서 진행되었다. CCC는 문화 다양성의 4가지 차원으로서, 통합(사회적 안정성, 관용, 다른 사람들과의 조화, 비경쟁성, 대인 관계의 조화, 그룹 연대, 친밀한 우정), 인간 존엄성(인내, 예의, 동정심, 옳음의 감정, 다른 사람들에 대한 친절), 도덕 규칙(자제, 온건함, 이익에 초연하고 순수함, 적은 욕망, 현명함) 그리고 유교적 역동성(Confucian work dynamism)[고집, 검소, 염치, 지위 차이, 질서 관계(ordering relationship), 상호관계, 체면유지(protecting face), 전통의 중요성]을 발견했다.

처음 3가지의 CCC는 호프스테드에 의하여 설명된 문화 차원과 일치한다. 통합 차원은 호프스테드(1980년)의 IDV와 MAS 차원과 일치하고, 인간 존엄성 차원은 호프스테드(1980년)의 MAS 차원과 일치하고, 도덕 규칙은 호프스테드의 PDI에 관련된다. 오직 유교적 역동성만이 호프스테드(1980년)의 어떤 것에도 일치하지 않았다. 유교적 역동성의 가치는 공자의 가르침에 일치하는 것이다(사회 질서, 사람 사이의 불평등한 관계, 가족의 중요성, 적절한 사회적 행동, 교육, 근면, 온건함, 인내, 끈기).

호프스테드에 따르면, 유교적 역동성의 4가지는 긍정적 차원과 관련된다. – 지위에 따른 질서 관계와 질서 존중, 검소, 끈기, 염치, 삶에 대한 장기간의 지향성을 가진 사람의 특징 – CCC는 이러한 가치들이 중국 사회의 위계적 역동성의 현상을 반영한다고 주장했다. 다른 4개의 가치는 부정적 차원과 관련된다. 나와 다른 사람의 체면 살리기, 개인적 착실함, 안정성, 전통에 대한 존중, 인사, 부탁, 선물의 상호 보상성은 유교의 역동성에 어긋나고 삶에 대한 단기간의 지향성을 가진 사람의 특징이라고 주장한다. 유교 철학에 대한 강한 연관을 가진 아시아 국가 사람들이 서구 사람들과는 다르게 행동한다는 것을 발견하고서는 호프스테드는 유교의 역동성과 관련해서 5번째의 차원, 즉 장기간 지향성(Long-Term Orientation)을 그의 모델에 추가했다. 유교 모델 가치에서 높은 점수를 획득한 6개의 주요 국가는 중국, 홍콩, 대만, 일본, 남한(South Korea) 그리고 브라질이다(호프스테드, 1991년).

(7) 아르길(Argyle)의 문화 분류

아르길(1986년)은 대인 관계의 상호작용에서 공식성의 정도와 사람들 사이의 신체적 접촉의 정도에 따라서 문화를 분류했다.

공식성

문화는 매우 공식적인 것부터 비공식적인 것까지 다양하다(아르길, 1986년; 사모바르 · 포터, 1988년). 공식적인 사회(일본, 한국, 중국, 이집트, 터키, 이란, 독일)에서, 인사, 주장하기, 옷 입기, 말하기, 앉기 그리고 먹기를 포함해서 모든 행동이 사회적 에티켓과 지위 차이의 엄격한 규칙을 반영한다. 예를 들어서, 사람들은 다른 사람들을 구분하고 사회에서 그들의 위치를 구분하기 위해서 공식적인 호칭을 사용한다. 비공식적인 사회(미국과 호주)에서는 행동의 공식적인 규칙에 대해서는 거의 주의를 기울이지 않는다. 사람들은 서로를 비공식적으로 다루고, 다른 사람을 이름으로 부르고, 비공식적 옷차림을 하며, 사회의 위계에 대해서는 신경 쓰지 않는다.

구조적 경직성(Structual tightness)

공식적이고 경직된 사회에서는 사회적 행동에 요구되는 많은 규칙과 제재가 있다(트리안디스, 1994년). 이 규칙과 규범은 명확하고, 사람들은 그것들을 따를 것이 기대된다(펠토, 1996년). 이러한 규칙을 어기는 사람들에게는 제재가 따른다. 일본은 사람들이 반드시 "좋은 행동의 모든 규칙"을 따라야 하는 경직된 문화의 예가 된다(베네딕트, 1946년, p.225). 비공식적이고 유연한 문화에서는 규칙과 제재가 거의 없다. 규칙과 규범은 희미하고 유연하다. 사람들은 그것들로부터 벗어나는 것이 용인된다. 유연한 문화의 규칙을 어기는 것에 대한 제재는 경직된 문화보다 덜 심하다(펠토, 1968년). 태국은 사람들의 행동이 원칙과 규제가 결여된 유연한 문화의 예이다(필립스, 1965년).

신체 접촉(Touch)

신체 접촉이 빈번한 문화에서 사람들은 서로의 얼굴을 더 직접 쳐다보며, 가까이 서 있다(서구 사회). 비접촉 문화에서, 사람들은 덜 접촉하고 서로의 얼굴을 덜 직접 쳐다보며, 떨어져서 서 있다(아시아 나라). 예를 들어서, 일본에서 사람들은 서로의 눈을 잘 쳐다보지 않는다(모스바흐, 1973년). 너무 많이 응시하는 것은 무례, 위협 혹은 모욕이 된다(아르길·쿡, 1976년). 그러나 너무 적게 쳐다보는 것도 주의를 집중하지 않고, 예의가 없고, 진지하지 않고, 정직하지 않거나 수줍음으로 해석된다.

(8) 세인(Shein), 트롬페나스(Trompenaars)와 마즈네브스키(Maznevski)의 문화 분류

세인(1992년)은 인간성(악, 선, 혼합), 자연과의 관계(복종, 조화, 지배), 인간 활동(하는 것, 존재, 존재하고 있는 것; 일, 가족, 개인), 인간관계(개인주의, 집단주의;

참여와 포함; 역할 관계), 시간[계획, 발전; 자유재량 시간 범위(기능, 직업, 계급); 일시적 균형, 시간 조절; 과거, 현재, 가까운 혹은 먼 미래; 단일 연대기(monochronic), 복수 연대기(polychronic), 실제와 진실(물리적, 사회적, 개인적; 고맥락/저맥락, 도덕주의, 실용주의) 그리고 공간(친밀한, 개인적, 사회적, 공식적, 높은/낮은 지위) 차원에 기초해서 문화를 분류했다.

이러한 차원들은 아래에서 설명된다.

인간성(human nature)의 차원은 인간이 된다는 것이 무엇을 의미하며 인간 존재의 특성을 설명하는 것을 의미한다. 이것은 클럭콘과 스트로드벡(1961년)의 주장과 비슷하다. 서구와 아시아 사회는 매우 다른 자아 개념을 갖고 있다. 아시아 사람들은 개인이 그룹에서 분리된 자아실현에 부정적인데, 서양 사회는 개인주의와 자아의식이 강하다(레딘 · 마틴-존스, 1979년).

자연관계 차원은 인간이 자연환경과 관계에서 인간이 무엇을 하는 것이 옳은지를 규정하는 차원이다. 이것은 클럭콘과 스트로드벡(1961년) 그리고 스튜어트(1971년)의 관점과 비슷하다. 사람들은 자연을 지배할 수 있고(서구 전통), 자연과 조화롭게 살 수 있고(동양 종교와 사회), 자연에 종속(동남아시아 사회)된다.

인간활동 차원은 인간 활동의 적절한 수준(하는 것, 존재하는 것, 존재하게 되는 것)과 일, 놀이, 가족 그리고 개인적 관심사 사이의 관계를 규정하는 차원이다. 이것은 클럭콘과 스트로드벡(1961년) 그리고 스튜어트(1971년)의 개념과 비슷하다.

인간관계 차원은 사람이 서로에게 관계하고, 권력을 나누고, 사랑하는 올바른 방법에 대한 가정에 기초해서 문화를 규정하는 차원이다. 이 차원은 파슨즈(1951년)와 클럭콘과 스트로드벡(1961년)의 개인주의 차원과 경쟁력(미국), 그룹을 규정한 작업과 닮았다. 상호적이고 협동적인 그룹(일본) 그리고 직선적이고 위계적이며, 권위주의(라틴 국가들) 지향이 있다. 이 차원은 또한 호프스테드(1980년)의 PDI 차원과 사회적 위계에 대한 관점 그리고 스튜어트(1971년)의 위계적 관계와 자아 그리고 그룹 지향과도 관련된다. 세인(1992년)은 의사결정에서 참여와 관여 정도 그리고 권한의 사용 정도에 따라서 분류했다. 또한 다양한 역할에 따른 분류로서 권위적, 가부장적, 자문역할적, 민주적, 참여적, 권력공유적이 있으며 그리고 대표성과 비대표성 관계의 차이를 제시하고 있다.

시간 속성 차원은 시간의 기본적인 개념, 종류, 중요성 그리고 측정을 설명한다. 단일 연대 문화는 시간 계획의 특징이 있다. 즉, 사람들은 시간을 계획할 수 있고, 조종할 수 있는 대상으로 생각한다. 복수 연대 문화는 시간 개발의 특징이 있다. 사람들은 시간을 개발할 수 있고, 원하는 만큼 가질 수 있으며, 시간은 늦거나 빨리 갈 수 없는 것으로 생각한다. 시간은 어떠한 제한도 없고 미래로 확장될 수 있다. 또한 서로 다른 문화의 사람들은 시간에 대한 다른 태도를 가진다. 즉, 시간을 다른 방식으로 측정하고 평가한다. 시간에 대한 태도는 사람들의 기능, 직업 그리고 지위에 따라서 다르다. 기간도 서로 다른 계급과 일에 필요한 시간에 좌우된다. 시간은 또한 활동 유지 방법과 다른 직업, 계급 그리고 수준 유지 정도에 의해서 결정된다. 그 결과로서, '시간에 맞춘'이나 혹은 '즉시'라는 말은 상황에 따라서 다른 것을 의미할 수 있다.

실제와 진실 차원은 무엇이 실제와 진실을 구성하는지에 대한 가정에 기초하여 문화를 구분한다. 실제는 물리적, 사회적 그리고 개인적 수준에서 존재할 수 있고, 무엇이 실제로 존재하는지의 평가는 과학적 테스트, 사회적 합의 그리고 개인의 경험에 의존한다. 물리적 실체는 과학에 의해서 무엇이 논리적으로 증명되는가 하는 것이다. 사회적 실제는 어떤 문화 그룹의 구성원이 동의하는 것을 말한다. 예를 들면, 그룹 정체성, 그룹의 가치와 관계의 속성, 권력 분배, 삶의 의미, 이데올로기, 종교와 문화 그 자체 같은 것이다. 개인의 실제는 한 개인이 경험을 통하여 진실이라고 배워온 것을 말한다. 예를 들면, 앵글로 색슨 문화에서 물리적 실제 혹은 사실과 수치로 존재하고 과학적 테스트에 의해서 논리적으로 증명되고 평가되는 진리만을 믿는다. 다른 문화(브라질, 아시아)는 느낌, 직관 그리고 영성에 더 의존하며 영적인 세계를 실제로 믿는다. 단일 연대 문화의 구성원들은 철학, 도덕 체계, 종교 그리고 전통에서 진리를 찾으며, 실용적인 문화는 그들 자신의 경험, 지식 그리고 권위와 법체계에 기초한 지혜에서 진리를 찾는다. 유럽인들은 더 도덕적이고, 미국인들은 더 실용적인 것으로 밝혀졌다.

공간 차원은 문화를 공간에 대한 가정에 기초하여 문화를 분류한 것이다. 즉, 어떻게 할당되고 소유되느냐, 관계에서의 의미와 역할 그리고 친밀도와 사생활에 미치는 영향에 의한 분류이다. 이것은 홀(1966년)의 공간 차원(친밀도, 개인적, 사회적 공동)과 유사함을 보이고 있다.

트롬페나스(1984, 1993년)와 트롬페나스-터너(1994년)는 문화를 인간성(보편성/특수성), 속성(내부 지향성/외부 지향성), 활동(성취 상태/원인 규명/세부 분석/전체 통합), 인간관계(개인주의/공동체주의, 평등/위계, 정서적/중성적) 그리고 시간(순서/동시, 과거/현재/미래)에 따라서 분류했다.

인간성 지향은 파슨즈(1951년)의 보편주의/특정주의 차원과 비슷하다. 활동 지향은 파슨즈(1951년)의 성취/원인 규명 차원과 융합성/특별성 차원과 비슷하고, 인간관계 지향은 파슨즈(1951년)의 자아 지향/집단 지향과 클럭콘과 스트로드벡(1961년)의 개인주의적 대 상호적이며 직선적인 차원과 스튜어트(1971년)의 평등주의자 대 위계 관계와 자아와 그룹 지향, 호프스테드(1961년)의 개인주의와 집단주의 그리고 세인(1962년)의 개인주의와 그룹주의의 차원과 비슷하다. 인간관계 지향은 또한 평등에 중점을 두는 나라(미국, 캐나다, 네덜란드, 스웨덴, 영국)와 권위에 중점을 두는 나라(파키스탄, 홍콩, 인도네시아, 태국, 터키)를 구분한다. 다른 두 문화 지향은 트롬페나스와 햄프덴-터너에 의해서 다음과 같이 설명된다.

자연 지향 차원은 내부 지향 대 외부 지향을 하는 나라 사이를 분류한다. 어떤 나라의 구성원들은 그들의 행동을 내부적으로 지향한다. 그들은 자연을 포함하여 삶을 지배할 수 있다고 믿는다(미국, 영국, 캐나다). 다른 문화의 구성원들은 외부적으로 지향되고 자연에 귀를 기울인다(홍콩, 일본, 한국, 중국).

시간 지향은 정해진 방법에 따라서 계획하고, 빠르게 일하고, 시간에 맞추고 하는 것이 중요한 나라(미국, 영어를 말하는 나라)와 활동이 동시에 진행되고, 많은 일을 한꺼번에 하고, 시간은 탄력성이 있다고 믿고, 과거를 미래 발전으로 사용하는 나라(중국)와 구별되어 진다.

마즈네브스키(1994년)는 클럭콘과 스트로드벡(1961년)의 분류와 마찬가지로, 문화를 인성(선/악/변화 가능), 자연(종속/지배/조화), 활동(하는 것/존재하는 것/담고 지배하는 것) 그리고 인간관계(개인/집단, 위계)로 구별했다.

(9) 슈나이더(Schneider)와 바르소(Barsoux)의 문화 가설

슈나이더와 바르소(1997년)는 문화가설을 '환경과의 관계'와 '사람 사이의 관계'로 구분했다. 환경과의 관계(외부적 적용)는 자연과의 관계(지배, 불확실성 회피)와 인간관계의 속성(하는 것/존재하는 것, 성취/원인 규명) 그리고 진리와 실제의 속성에 대한 관한 가정을 포함한다. 반면에, '사람 사이의 관계'(내부적 적용)는 인성(선 대 악) 그리고 인간관계(업무 성취에 관한 관계의 중요성, 세부적 중요성 대 일반규칙, 상급자와 하급자와의 관계-위계 그리고 또래들과의 관계-개인주의/집단주의의 중요성)를 포함한다. 또한 환경과 사람에 대한 관계에 관련된 가설도 있다. 이것은 공간(사람/신체), 언어(고-저 맥락) 그리고 시간(단일 연대/복수 연대, 과거, 현재, 미래)과 관계된 것이다.

(10) 잉글하트(Inglehart)의 문화 차원

잉글하트(1997년)는 '모더니즘'과 '후기모더니즘'의 문화간 변이를 보여주는두 개의 중요한 차원으로서, 43개의 사회를 나타내는 세계 문화 지도를 개발했다. 이 두 개의 차원은 1990년 세계 가치 설문조사에서 응답자들에게 검사된 60,000개의 핵심 가치를 반영한다. 이 두 개의 차원은 다음과 같다.

1. 전통적인 권위 대 세속-합리적 권위. 이 차원은 전통적인 권위(대개 종교적인 권위)에 대한 순종, 가족과 공동체 의무의 고수 그리고 나눔의 규준 대 권위가 이성-법적인 규준에 의해서 세워지는 세속적인 세계관

2. 생존 가치 대 행복 가치. 이 차원은 행복 상태, 자원의 희소성, 근면과 자아부정 대 삶의 질을 강조하고, 여성과 성 소수자의 해방 그리고 자아 표현을 강조하는 후기모던주의 가치를 강조한다.

이러한 차원에 따라서 분류된 나라들의 군집은 내재적 일관성을 보여준다. 라틴아메리카, 가톨릭계 유럽, 동유럽, 북유럽 그리고 영어를 말하는 나라들이 그들에게 영향을 주는 중요한 정치적 혹은 종교적 영향력에 대한 우리의 이해에 기초하여 그룹화된 것이다.

(11) 민코브(Minkor)의 세계 가치 설문조사

호프스테드(1980, 2001년)의 문화 차원에 추가해서 민코브(2007년)는 세 개의 새로운 차원, 즉 배타주의 대 보편주의, 몰입 대 자제(IVR) 그리고 기념비주의 대 굴곡주의(나중에 자아 충족으로 명명) (MON)를 주장했다.

배타주의는 사람들이 자신들을 독특한 유형의 상황에 속한다고 설명하는 사회를 말하고 있다. 보편주의는 사람들이 자신과 사물을 상황에 관계없이 일반적인 규칙과 기준을 사용하여 설명하는 사회를 말한다. 몰입은 사람들이 욕구와 느낌의 만족, 특히 레저, 여행, 지출, 소비 그리고 성적 욕망에 대한 만족감을 가지게 하는 사회를 말한다. 반대인 자제는 그러한 만족감을 조절하고 사람들이 그들의 삶을 덜 즐긴다고 느끼는 사회를 말한다. 기념비주의는 자랑스럽고 변하지 않는 사람에게 보상해주는 사회를 말한다. 자아 충족은 겸손과 유연성을 보상해주는 사회를 말한다.

이 장의 주요한 문화 차원은 표 6.8에 나타나 있다. 표 6.8은 문화 사이의 차이를 분류하는 데 있어서 많은 비슷한 차원을 나타내는 반면에, 그림 6.1은 이러한 차원 사이의 관계를 보여주고 있다.

표 6.8 세계와 사람을 향한 특정 문화적 지향의 비교

파슨즈(1951년)	행동하기 전에 개인이 선택하는 것에 따른 문화 분류
보편주의-특정주의	사람이나 사물에 대한 분류 (일반/특정)
원인 규명-성취	부여된 특성으로 사람이나 사물의 처리 방법(내재적/측정 가능한 결과)
융합성-특별성	사람이나 사물에 대한 반응의 종류(전체적/특정적)
감정성-감정중립성	사람이 만족을 찾고 감정을 표현하는 정도(즉각/자제)
도구-표현 지향	다른 사람들과의 상호작용에서 추구하는 목표의 속성(다른 목표를 의미하는가, 목표 그 자체인가)
자아 지향-집단 지향	개인/그룹 필요
클럭콘과 스트로드벡(1961년)	지향하는 것을 기초로 한 문화 분류
인간 본성의 속성	인간성은 선, 선과 악의 혼합 혹은 악; 변화 가능과 변화 불가능
자연	인간은 자연에 종속, 자연과 함께 조화롭게 삶 혹은 자연을 지배
활동	문화는 '존재함', '존재가 되고 있는 것' 혹은 '하는 것'
시간	과거, 현재 그리고 미래
사람 사이의 관련성	개인(개인의 목표가 그룹 목표보다 우선), 상호(그룹 관계), 직선(위계적 관계)
공간	공적, 사적, 혼합
스튜어트(1971년)	세계와 사람에 대한 지향에 따른 분류
활동 지향	사람이 활동을 어떻게 보고 활동을 통해서 그들 자신들을 어떻게 표현하는가(하는 것, 존재, 존재 중)
사회관계	사람이 다른 사람과 어떻게 관계되는가(공식적/비공식적, 평등적/위계적, 직접적/간접적)
자아 지향	자신을 어떻게 보는가, 무엇이 그들의 행동을 동기부여하는가, 누가 가치 있고 존경받는가(그룹/자아 지향, 변화 가능/변화 불가능)
세계에 대한 지향	사람들이 영적인 세계와 자연을 관련시키는지에 따른 문화의 분류(자연에 대한 복종, 조화, 지배)
홀(1976, 1977, 1983년)	서로 다른 의사소통 방식에 기초한 문화를 분류
맥락	의사소통의 메시지에 포함되는 정보 수준(저/고 맥락)
정보흐름	개인 사이의 메시지의 구조와 속도(은밀한/공공연한 메시지)
언어	저맥락 문화(LCC) 대 고맥락 문화(HCC)
개인 공간의 조절	개인 공간의 조절(공적, 사적)을 통한 의사소통의 방법
시간	시간에 대한 서로 다른 인식과 지향[단일 연대(MTC)와 복수 연대(PTC)]

홀(1960, 1966, 1973년), 홀과 홀(1987년)	세계와 인간에 대한 지향을 기초로 한 문화 분류
인간성	동의(구두/문서)
인간관계	공간, 소유, 우정, 의사소통
시간에 대한 관계	과거/미래; 단일 연대/복수 연대
활동 지향	변화는 바람직하다/위험하다
공간 지향	공적/사적
호프스테드(1980, 2001년), 호프스테드와 본드(1984년)	다음과 같은 문화 차원에 따른 분류
권력 거리(PDI)	사회가 불평등을 받아들이는 정도
불확실성 회피(UAI)	사람들이 애매한 상황에 대해서 위협을 느끼는 정도
개인주의(IDV)-집단주의	개인의 목표와 요구가 그룹의 목표와 요구에 대한 우선권을 가지는 정도
남성성(MAS)-여성성	일과 성취 가치에 중점을 두거나 또는 삶의 질과 인간관계에 중점을 두는 정도(성별 역량의 차이 정도)
장-단기간 지향(LTO)	중국인들이 거주하는 나라에 가치를 부여하는 정도(장기간 지향)
아르길(1986년)	사람 사이의 공식성과 신체 접촉 수준에 따른 문화 분류
공식성	공식적/비공식적 문화
접촉	접촉/비접촉 문화
본드와 중국 문화 관련성(1987년) 유교 업무 역동성	나라가 유교 철학에 따르는 정도
세인(1992년)	세계와 사람에 대한 지향에 따른 문화 분류
인간성	악, 선, 혼합
자연과의 관계	지배/조화/복종
인간활동	하는 것, 존재, 존재하고 있는 것; 일, 가족, 개인
인간관계	개인주의, 그룹주의; 참여와 포함; 역할 관계
시간	계획, 발전 ; 자유재량 시간 범위(기능, 직업, 계급); 임시 균형, 속도 ; 과거, 현재, 가까운 혹은 먼 미래 ; 단일 연대기(monochronic), 복수 연대기(polychronic)
실제와 진실	물리적, 사회적, 개인적; 고맥락/저맥락, 도덕주의, 실용주의
공간	친밀한, 개인적, 사회적, 공적, 높은/낮은 지위
트리안디스(1994년)	사람들의 행동 규제에 따른 문화 분류
구조적 경직성	사람들의 행동에 대해서 규준, 규칙과 규제가 두어지는 정도(경직성/유연성)
트롬페나스(1984, 1993년)와 트롬페나스-터너(1994년)	세계와 사람에 대한 지향을 기초로 한 문화 분류

인간성	일반성/특유성
속성	내부 지향성/외부 지향성
활동	성취 지위/원인 규명 지위, 특정 분석/전체 통합
인간관계	개인주의/공동체주의와 평등/위계, 정서적/중성적
시간	순서/동시, 과거/현재/미래
마즈네브스키(1994년)	세계와 사람에 대한 지향에 따라서 문화 분류
인성	선/악/변화 가능
자연	종속/지배/조화
활동	하는 것/존재하는 것/담고 지배하는 것
인간관계	개인/집단, 위계
슈나이더와 바르소(1997년)	환경(외부적 적용)과의 관계와 사람 사이의 관계(내부적 적용)를 기초로 한 문화 분류
자연과의 관계	지배, 불확실성 회피
인간관계의 속성	하는 것/존재하는 것, 성취/원인 규명
인간성	선/악
인간 관계	사회적/업무 지향; 특정주의/보편주의; 위계적; 개인주의/집단주의
공간	개인적/신체적
언어	고/저 맥락
시간	단일 연대/복수 연대; 과거, 현재, 미래
잉글하트(1997년)	사람들에게 영향을 미치는 주요한 정치적 혹은 종교적인 영향에 기초해서 문화를 분류
전통주의-세속주의	전통적(종교적) 권위에 복종 혹은 세속적인 정도
생존-행복	사람들이 행복 상태, 근면 그리고 희생에 대한 가치 또는 삶의 질과 자아 표현을 가치
민코브(2007년)	독특함을 느끼고, 삶을 즐기고 유연할 수 있는 능력에 따라서 문화를 분류
배타주의-보편주의	사람들이 자신들을 독특하게 표현하거나 일반적으로 분류하는 정도
몰입-자제	사람들이 그들의 삶을 즐길 수 있다고 느끼느냐 하는 정도
기념비주의-자아 충족	사회가 유연성과 겸손을 보상하는 정도

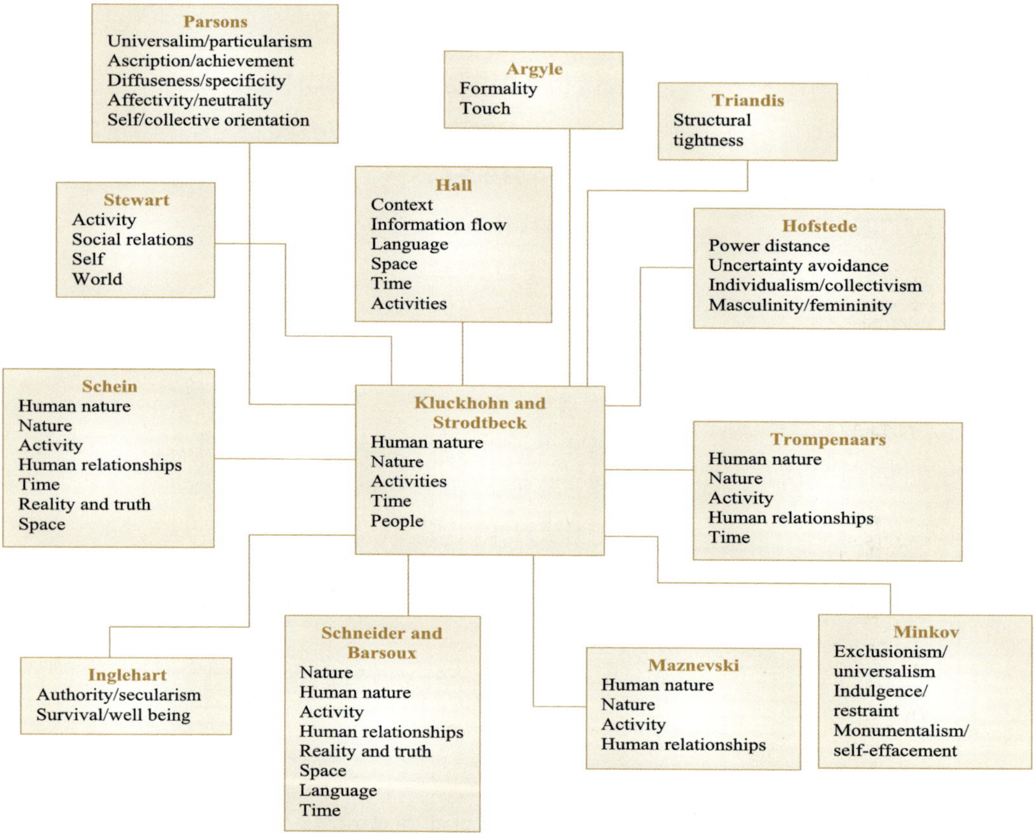

그림 6.1 Key Dimensions of Culture

요약

가치는 문화적으로 결정된 바람직한 사회적 행동의 기준이다. 그것들은 문화분류와 문화적인 차이를 설명하는 데에 우선적이다. 다시 말하자면, 그것들은 같은 문화에 있는 사람들을 다른 문화의 사람들로부터 구분해준다. 2가지의 가치분류로서, 수단적인 것과 종국적인 것이 있다. 가치를 측정하는 데에는 직접적이고 간접적인 방법이 있다. 로케츠의 가치 설문조사(1973년)는 가치 측정의 가장 최선의 방법으로 인정되고 있다. 호프스테드(1980년)의 문화 차원과 클럭콘과 스트로드벡(1961년)의 문화 지향은 문화를 분류하는 가장 잘 알려진 측정 방법이다.

논점과 질문

1. 어떤 문화요소가 문화 사이를 구분해 주는가?
2. 어떤 문화요소가 문화 차이의 가장 중요한 요소인가?
3. 어떤 문화요소가 성공적으로 문화를 비교하는 데에 사용되어야 하는가?
4. 집단주의 문화와 개인주의 문화 사이의 주요 문화 차이는 무엇인가?
5. 집단주의 문화와 개인주의 문화 사이의 의사소통에서 주요한 차이는 무엇인가?
6. 왜 사회적인 이슈가 고권력 거리 문화에서는 주요 이슈가 되고 저권력 거리 문화에서는 이슈가 되지 않는가?
7. 불확실성이 어떻게 사람들의 의사소통에 영향을 미치는가?
8. 의사소통의 맥락이 어떻게 의사소통하는 방법에 영향을 미치는가?
9. 모든 문화에서 어떤 문화 지향이 사회관계의 발전에 가장 영향을 많이 미치는가? 그리고 그 이유는 무엇인가?
10. 호프스테드(1980년)의 문화 차원이 서로 다른 문화적인 배경을 가진 관광객과 관광지역 주민 사이의 사회적 상호작용에서 어떻게 충돌을 일으키는지를 보여주는 2개의 예를 찾아보라.
11. 인성에 관해 자신의 자세와 미국 시민권자의 자세 사이의 차이를 설명해 보라.
12. 문화 차이에 대한 이해가 다음의 해결책을 찾는 데에 어떻게 도움을 줄 수 있는지 그 상황을 찾아보라. (1) 관광객과 관광지역 주민, (2) 카리브 해안에서 휴가를 같이 보내고 있는 다양한 국적을 가진 관광객들

연습

1. 그룹에서 당신의 국가 문화를 설명하는 4개의 핵심어를 적어보시오. 그룹의 구성원들에게 무엇이 당신의 국가 문화라고 생각하는지를 핵심어를 이용해서 물어보시오. 그 결과를 열린 토론의 형식으로 비교해 보시오.

(a) 자신의 국가 문화에서 중요한 4가지의 가치와 미국 문화에서 중요하다고 생각하는 4가지의 가치를 생각해 보시오.

나의 문화 : 가치 1, 2, 3, 4

미국 문화 : 가치 1, 2, 3, 4

(b) 다양한 국적을 가진 작은 그룹을 만드시오. 그들의 문화에 어떤 가치가 가장 중요한지를 결정하시오. 나의 문화와 그들의 문화에 중요한 가치를 비교하시오.

나의 문화 : 가치 1, 2, 3, 4

그들의 문화 : 가치 1, 2, 3, 4

(c) 동료에게 나의 문화와 미국의 문화에서 가장 중요한 4가지의 가치가 무엇인지를 물어보시오. 다른 문화 그룹들이 나의 문화를 설명하는 서로 다른 가치를 골랐는가? 미국 문화는 어떤가? 두 문화에 대한 그들의 설명은 무엇인가?

사례 연구 6.1 미국 문화

다음과 같이 미국 사람들의 특징이 발견되었다.

- 평가적이고 도덕적 : 사물과 사람의 평가, 판단은 단순하며 함축적이다. 즉, 어떤 사람이 옳거나 그르고, 좋거나 나쁘다 식이다.
- 인간적이고 평등적 : 모든 사람의 동등한 권리를 믿는다. 동정적인 이유에는 관대하다.

- 자연에 대한 지배와 완벽성 : 경제적인 목표 획득과 지식과 교육을 얻기 위해서 새로운 기술과 아이디어를 개발한다.
- 물질적이고 진보 지향적 : 물질 소유에 가치를 부여하고, 물질적이고 교육적인 진보를 믿는다.
- 개인주의적이고 성취적 : 성취에 가치를 부여하고, 목표를 달성하기 위해서 노력하고, 경쟁을 통해서 개인주의적이 된다.
- 시간 지향적 : 시간이 중요하고, 시간이 돈이라고 생각한다. 일은 시간에 맞추어서 행해져야 한다고 생각한다.
- 젊음 : 젊게 보이려고 노력한다. 젊은이의 활동에 관심이 있다.
- 활동적 : 근면을 중요시한다.
- 효율성과 실용성 : 진보와 더 나은 일하는 방법, 해법과 전략을 찾는다.
- 종교와 도덕성 : 종교적이고 미국 문화와 삶의 방법이 최선이라고 믿고, 그들의 의무는 다른 사람들이 미국인처럼 생각하고 행동하게 만드는 것이다.
- 사회적이고 순응적 : 팀워크, 사회적인 상호작용과 그 혜택을 장려한다.

출처 : Mill, R., & Morrison, A. (1985). *The tourism system*. Englewood Cliffs, NJ: Prentice Hall.

웹사이트 링크

1. Geert Hofstede : http://www.geerthofstede.nl; http://en.wikipedia.org/wiki/Geert_Hofstede
2. Geert Hofstede's cultural dimensions : http://www.geert-hofstede.com

주요 문화 차이가 사람들의 의사소통으로 인해 발생되므로, 다음 장에서는 의사소통에 있어서 문화적인 영향에 대하여 다룰 것이다.

문화간 의사소통에 대한 문화적 영향

7 CHAPTER

이 장의 목표는 의사소통에 있어서 문화적 영향을 살펴본다.

목 표

이 장을 끝내고 나면 여러분은 다음 내용들을 이해할 수 있어야 한다.

- 의사소통의 개념의 이해
- 의사소통에 대한 문화의 영향을 설명
- 의사소통에서 문화 차이를 구별
- 민족중심주의와 고정관념 그리고 의사소통에 미치는 영향
- 문화간 의사소통 전략에 대한 이해
- 문화간 의사소통의 윤리적 딜레마 구별

서 론

문화의 차이는 사람들이 다른 문화를 넘어서 의사소통하는 것에 영향을 미친다. 문화간 의사소통에 영향을 주는 주요한 문화 차이는 언어와 비언어적 의사소통이다. 이 장은 효과적인 문화간 의사소통이 매우 어렵기도 하며 불가능한 경우도 있음을 보여주고 있다.

1. 의사소통의 개념

의사소통이라는 말은 서로 다른 목적으로 다양하게 사용되기 때문에 규정하기가 어렵다. 초기의 의사소통을 연구하는 학자들 사이에서, 의사소통은 한 사람으로부터 다른 사람에게 정보가 전달되는 과정을 의미한다고 주장하였다.

이 절차는 서로 다른 사람들, 즉 메시지를 송신자와 수신자 사이에 어떠한 매체를 통해서 정보가 교환되는데 일방적 또는 서로 상호작용의 과정을 통해서 정보가 교환되는 것으로 인식되었다(그림 7.1 참조).

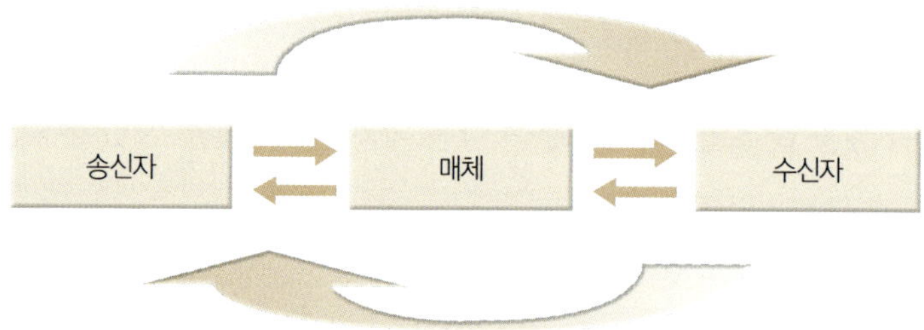

그림 7.1 의사소통 모델

1960년대부터 의사소통 이론학자들은 의사소통을 상징(symbol)과 표상(sign)을 통한 의미의 해석(바테스, 1972년; 레비스트라우스, 1967년; 소시르, 1960년) 혹은 의미를 만드는 절차로 규정하기 시작했다(베르거 · 러커맨, 1966년; 포컬트, 1969년). 러스티거와 코에스터(1993년)는 이러한 (후기)모더니즘 정의를 현대적 의사소통의 정의로 요약하고 있다. 즉, "사람들이 공유된 의미를 만드는 상직적, 해석적, 업무적, 맥락적 과정이다"(p.25).

의사소통 절차의 목적은 정보 전달이다.

- 상징(symbol) – 단어, 행동 또는 목적이 될 수 있는 것 – 사람들이 의사소통하려는 메시지나 정보를 나타낸다.
- 의사소통은 심벌이 서로 다른 당사자에 의해서 서로 다른 시간에 서로 다르게 해석될 수 있기 때문에 '해석적'이다.

- '업무적'이라는 용어는 의사소통자들이 정보 업무에 참가하고 있다는 것을 표시한다. 그들은 서로 정보를 주고받으며 대화 사이에 의미를 만들어낸다.
- 의사소통은 '맥락적'이다, 왜냐하면 이것은 물리적, 사회적, 역사적 그리고 문화적인 맥락에서 일어나기 때문이다. 이러한 맥락은 의사소통의 목적과 의사소통 당사자 그리고 그들의 행동에도 영향을 준다.
- 의사소통은 하나의 '절차'이다. 왜냐하면, 의미(메시지가 만들어내는 인식이나 느낌)가 계속 변하기 때문이다.
- '공유된 의미'라는 것은 서로의 의미에 대한 합의나 이해를 획득하기가 가능하다는 것을 암시하고 있다.

러스티거와 코에스터(1993년)는 의사소통의 정의에서 메시지의 전달(의사소통의 초기의 정의)뿐만 아니라 정보의 창조와 공유를 강조했다. 의사소통의 주요한 목적은 전달되는 메시지와 그것의 의미 이해를 얻는 것이다.

'의사소통'이라는 말은 '공통'을 의미하며, 다른 사람들의 생각과 경험을 받아들이고 공유해서, 공통적인 이해를 획득할 수 있는 능력을 나타낸다. '의사소통'이라는 말은 종종 의사소통에서 공유되는 생각이나 경험에서의 유사성, 일치 또는 합의를 암시한다.

예를 들면, "우리는 같은 주파수 대역에 있다."는 말은 메시지의 의미가 의사소통의 참여자 사이에서 이해되고, 공유된다는 것을 암시한다. 다양한 의사소통의 정의는 '공통성'이라는 것을 함축하고 있는데, 이것은 '공유된' 의미를 말한다. 거의 모든 이론과 정의가 다른 사람의 생각과 경험을 공유함으로써 공통적인 이해를 획득하는 것이 가능하다고 가정하고 있다. 의사소통 절차는 또한 피드백을 의미하는데, 그 목적은 공유된 정보를 얼마나 이해하고 있는가를 보여주는 것이다.

그러나 의사소통의 절차는 완벽하지 않다. 실제로 의사소통이라는 말이 유사성이나 일치의 수준을 함축적으로 나타내는 표현으로 잘못 사용되어지고 있는 경우가 많다. 하브케와 셉터(1993년)는 의사소통을 '불완전한 교환'의 절차로 설명하고 있다.

이들의 주장에 따르면, "복잡한 사상이 제한된 부호체계(code system)로 코드화되고, 신뢰하지 못한 채널로 전달되며, 다른 사람이 예측할 수 없는 사고 체계로 코드화된다. 코드화되는 절차는 제한적이고, 매개체는 위험하고, 해독하는 절차는 암호를 만든 사람의 이해와 조절에서 거리가 멀다."라고 말했다(p.421).

이 정의는 의사소통이 이해를 획득하는 것과는 거리가 먼 절차라는 것을 나타내고 있다. 의사소통은 유사성이나 일치를 획득하는 과정에 대한 것이 아니다. 이것은 다른 사람들이 의사소통하려고 하는 것과 그들의 메시지가 무엇인가에 대한 이해이다. 일치와 유사성을 획득하려는 것은 의사소통의 요구 조건이 아니다.

2. 문화간 의사소통이란 무엇인가?

문화간 의사소통이라는 것은 서로 다른 문화의 사람들이 문화간 의사소통하려는 것과 그 의미를 이해하려고 노력하는 과정이다. '문화간(intercultural)'이라는 용어는 최소한 두 사람 사이에서, 선호하는 의사소통 코드 혹은 의사소통에서 바라는 것이 서로 다른 문화를 가진 사람이 있다는 것을 나타낸다(러스티그·코에스터, 1993년).

관광의 맥락에서, 문화간 의사소통은 관광객이 외국 문화를 가진 주민을 만나고, 그 주민이 외국의 문화를 가진 관광객을 만났을 때 경험되는 것이다. 관광객과 주인 사이의 문화간 의사소통의 목적은 한쪽에서 의사소통하려는 시도를 이해하는 것이다. 즉, 관광지역주민은 관광객의 요구를 이해하여 관광객이 원하는 생산물을 가져다주고, 관광객은 그들이 원하는 생산물을 받기 위한 단순한 것이다. 그들은 의사소통에서 일치를 얻거나 공유된 의미를 창조할 필요는 없다.

3. 문화간 의사소통의 어려움

문화간 의사소통의 어려움은 문화 차이로 인하여 일어난다. 문화간 의사소통의 절차에서 관광객과 지역주민은 "고객, 가치, 기준 그리고 기대의 면에서 그들 자신의 문화 차이에 직면"(미세르, 1965년, p.555)하게 되고, 서로 다른 의사소통 기준을 고수한다.

그들은 어떻게 서로 의사소통해야 하며 서로에게 어떻게 반응해야 할지를 모른다. 관광객의 문화에서 적절한 의사소통 방식이 관광지역주민의 문화에서는 부적절할지도 모른다. 문화 차이가 크면 클수록, 의사소통의 어려움은 커진다.

예를 들면, 수튼(1967년)은 문화차이가 크고 양립하는 것이 불가능하면, 의사소통의 참여자 사이에서 문화적인 공통성은 더 적어진다고 말했다. 따라서 그들의 의사소통은 더욱 더 다문화적이 되고, 어렵고 그리고 덜 효과적이 된다. 이것은 분열과 오해와 잘못된 해석으로 이끌게 된다.

문화간 의사소통은 참여자들 사이의 문화 차이의 정도가 서로의 행동 이해를 왜곡시키고 다른 메시지와 해석을 만들 만큼 커지면 문제가 될 수 있다(러스티그와 코에스터, 1993년). 관광객들은 항상 문화 차이 때문에 주인과의 접촉에서 의사소통의 어려움을 경험한다(퍼스, 1982년). 문화 차이는 관광객-주인 사이의 분열, 오해 그리고 적대감을 야기한다(보처너, 1982년 브리덴, 1973년).

표 7.1~7.8은 문화간 의사소통의 어려움을 만드는 문화 차이의 중요한 차원의 일부를 보여주고 있다. 이러한 차원은 다른 어휘나 문장 구조의 어려움을 훨씬 뛰어넘는 문제들이다. 이것들은 문화의 가치와 규범 그리고 사회적인 기대의 핵심을 지적하고 있다.

1) 어휘 신호

언어에서 문화 차이는 서로 다른 언어, 사투리, 억양 그리고 은어에 있다. 즉, 말할 때의 서로 다른 소리 내기, 서로 다른 단어 순서 혹은 질문과 직접적인 표현의 정도에 대한 차이 등이다.

또한 언어에서 문화 차이는 적절한 단어 찾기 혹은 적절한 문장 만들기와 어떻게 단어가 의미를 만들기 위해서 쓰이는지의 차이와 관련이 있다. 서로 다른 문화에서 서로 다른 단어가 생각의 의미를 형상화하기 위해서 사용된다. 예를 들면, 영국에서는 칩스(chips)라고 부르지만, 미국에서는 프렌치프라이(French fries)로 부른다. 영국에서의 '부트(boot)'는 미국인들에게는 '트렁크(trunk)'를 의미한다. 또한 중국, 일본 그리고 한국 문화에서는 서로 다른 사회 계급과 성별, 나이 그룹에게 사용하는 다양한 수준을 표시하는 말이 있다(러스티그·코에스터, 1993년).

서로 다른 문화는 '나'를 구별하기 위해서 특별한 어휘들을 사용한다(러스티그와 코에스터, 1993년). 예를 들어서, 중국 언어에는 '나'를 나타내는 10개의 단어가 있고, 일본 언어에는 '나'를 나타내는 100개가 넘는 방법이 있다(브라우너, 1972년).

같은 말이 다른 의미를 가질 수도 있다. 예를 들면, 예 'yes'와 아니오 'no'가 다른 의미를 표시하기 위해서 다르게 사용될 수 있다. 어떤 아시아 나라에서, 사람들이 공공적으로 동의하지 않거나 'no'라고 대답하는 것은 무례하고 사회의 조화를 해치기 때문에 'no'를 사용하거나 부정적인 대답을 하는 것을 회피한다(에라스마위, 1991년). 'no'라고 말하기 위해서 아시아인들은 다른 말을 사용하거나 혹은 거짓말을 해서 회피하려고 대답하지 않거나, 진실이 아니더라도 기분 좋은 대답을 한다. 중국인들은 부정적인 대답을 'yes'라고 하기도 한다(륭, 1991년). 일본인들에게는 'no'라고 대답하는 몇 가지의 방법이 있다(디멘테, 1991년a). 일본인들은 'no'라고 대답하는 대신에, '아마도', '그럴 수도' 혹은 '나는 모릅니다'라고 한다. 멕시코계 미국인도 역시 직접적으로 반대하는 것은 무례하고 실례되는 말로 생각한다(클레시그, 1992년). 또한 아시아 문화에서 사람들은 공식적으로 비평하는 것을 피하는데, 그 이유는 그것이 다른 사람의 체면을 깎고 비난 당하는 사람과의 사회적 인간관계를 훼손하기 때문이다.

비난에 대한 반응도 역시 다르다. 예를 들어서, 태국은 비난을 당했을 때 대화에서 물러나는데, 미국인은 그 자신을 방어하려고 하고 혹은 그들이 인지하고 있는 상황들에 대해 유연성을 증가시키려고 한다(포아 등, 1969년). 아프리카계 미국인과 유럽계 미국인은 적절한 단어를 찾는 데에 매우 주의한다.

동양 문화에서는 사람들은 아무것도 말하지 않으면서 의사소통을 할 수 있다. 침묵 속에 있거나 되도록이면 말을 적게 하는 것이다. 그들은 침묵을 의사소통의 하나의 형태로 본다. 사람들은 침묵 속에서 편안함을 느낀다. 예를 들면, 일본, 한국 그리고 중국과 같은 아시아 국가와 남부 아프리카 문화에서, 침묵의 의미에 대해서, 또는 아무 말도 하지 않거나 꼭 필요한 만큼만 적게 말하는 것에 더 많은 중점을 둔다(킨케이드, 1987년). 일본은 말보다는 침묵에 더 중점을 둔다. 미국 원주민들은 침묵은 위대한 사람의 증거라고 믿는다(조한센, 1974년). 일본, 한국 그리고 중국에서 사람들은 말을 너무 많이 하는 사람들에 대해서 의심을 한다(러스티그·코에스터, 1993년). 말을 많이 하는 사람들은 존경받지 못한다. 그러나 미국인들은 대화 중에 계속 말하고, 대화 중 침묵하지 말아야 한다는 것에 압박을 느낀다. 미국인들은 조용한 사람은 약하고 의견이 없고, 큰소리를 치는 사람은 자신감이 있고, 유식하다고 믿는 경향이 있다.

서로 다른 문화에서 사람들은 맞장구에 대해 부여하는 가치도 다르다. 미국과 유럽에서는 사람들은 대화 도중 맞장구를 칠 것을 기대한다. 예를 들면, 유럽과 미국인들은 대화 중에 다른 사람이 말하는 것과 관련된 맞장구를 친다. 그러나 일본인들은 다른 사람이 말했던 것에 반응하기보다는 다른 사람의 말에 자신의 견해를 표현한다(구디컨스트 등, 1988년; 클로프, 1991년).

어떤 문화에서는 다른 문화에서보다도 더 많은 어휘로 된 의사소통을 한다. 유럽과 미국에서, 진정한 의도와 욕구를 반영하는 직접적인 단어와 명백한 의미가 중요한 반면에, 일본, 한국, 중국 그리고 남부 아프리카에서는 의사소통에서 많은 것을 말하기보다는 간접적인 비언어적 신호가 더 많이 사용된다(홀, 1976/1977년 1983년; 러스티그·코에스터, 1993년).

아랍과 라틴 문화의 사람들은 은유법과 속담을 광범위하게 사용하고 의사소통에 공을 들인다(구디컨스터 등, 1988년; 러스티그·코에스터, 1993년). 이것은 미국인과 유럽인이 직접적이고 명백한 의사소통을 하는 것과 대조적이다. 북미인들이 대화할 때 바로 대화 주제로 들어가는 것은 아시아 사람들에게는 공격적이고 무례한 것으로 보일 수 있고(러스티그·코에스터, 1993년), 심지어는 못 견딜 수도 있으며, 특별히 명료한 의사소통을 선호하고 절제된 표현을 사용하는 일본계 미국인과 중국계 미국인과 인도인들에게는 더욱 더 그러하다. 유럽인들은 아시아, 아랍 그리고 라틴 문화의 사람들을 부정확하고 혼란스런 사람들이라고 인식할 수 있다.

표 7.1 문화간 의사소통에 영향을 주는 어휘 표시

문화 특성	의사소통의 특징	특성을 나타내는 나라
어휘 표시		
단어가 지위를 나타냄	단어가 존경 또는 비존경을 나타냄	일본, 중국, 한국(러스티그·코에스터, 1993년)
복잡한 문화 참조	문화적으로 중요한 현상을 표시하는 복합 단어	아이슬랜드, 일본, 중국(륭, 1991년)
관례적인 어휘의 영향	반대 의미 표출('yes'가 'no' 의미)	일본(디멘테, 1991년a), 중국(륭, 1991년)
단어 대 침묵	단어, 공식문서의 중요성	유럽, 미국, 아프리카계 미국인(러스티그·코에스터, 1993년); 그리스, 이스라엘, 이탈리아, 아랍국들(사모바르 등, 1998년)
	침묵과 침묵의 의미	일본, 한국, 중국, 남아프리카(킨케이드, 1987년); 스와질란드, 잠비아, 레소토(킨케이드, 1987년); 일본, 인도, 미국 원주민(사모바르 등, 1998년); 한국(염, 1987년); 일본(추지무라, 1987년)
맞장구(comment)	맞장구는 대화 내용과 관련	유럽, 영국(구디컨스트 등, 1988년; 클로프, 1991년)
직접(구디컨스트 등, 1988년; 구디컨스트·팅투미, 1988년; 홀, 1976/1977, 1983년)	외형적인 어휘 메시지, 사실을 사용, 객관적이며 직접적인 대치, 직접적인 요구와 진정한 의도	북미(도드, 1998년); 유럽, 미국, 아프리카계 미국인(홀, 1976/1977, 1983년; 구디컨스트 등, 1988년) 일본, 한국(러스티그·코에스터, 1993년)
상세 설명(구디컨스트·팅투미, 1988년)	은유법, 속담과 비유적인 언어 사용	아랍과 라틴 문화(구디컨스트 등, 1988년; 구디컨스트·팅투미, 1988년)
간단명료(구디컨스트·팅투미, 1988년)	이해, 침묵, 긴 휴지(pause), 정확한 표현, 필요한 정확한 양의 정보, 더 이상도 아니고 더 이하도 아닌, 오직 필요한 것만 말함	일본계 미국인, 중국계 미국인(구디컨스트 등, 1988년; 구디컨스트·팅투미, 1988년; 러스티그·코에스터, 1993년)

2) 비언어적 신호

문화 사이에서 문화간 의사소통에 중요한 영향을 미치는 것은 몸의 움직임이나, 눈의 응시 그리고 얼굴 표현, 공간 사용 그리고 제스처와 동작과 같은 비언어적인 단서들이다. 예를 들면, 추운 지방에서 온 사람들은 의사소통할 때 따뜻한 지방에서 온 사람들보다 더 넓은 물리적인 거리를 둔다. 남유럽 사람들이 작은 의사소통 공간을 사용하는 데 비해서, 북유럽 사람들은 더 큰 공간을 사용한다. 그 결과, 지중해 지방 나라들은 북쪽 이웃으로부터 거슬리고 사생활 침해의 인식을 받는다(러스티그 · 코에스터, 1993년).

문화는 대인 관계에서 사람들 사이의 신체적 접촉을 인정하는 수준이 다르다(아르길, 1986년). 동아시아, 라틴 아메리카 그리고 남부 유럽과 같은 고접촉 문화의 사람들은 아시아나 북유럽, 북미 같은 덜 접촉하고 덜 얼굴을 마주치고, 더 멀리 떨어지는(아르길 · 쿡, 1976년), 비접촉 문화의 사람들(헤트 등, 1989년)보다 사회적 대화에서 서로에게 더 가까이 접근한다. 아랍인, 유태인, 동유럽인 그리고 지중해의 사람들은 접촉 혹은 신체 접촉 문화에 속하고 게르만, 영국 그리고 다른 백인 앵글로 색슨족은 사회관계에서 빈번한 신체 접촉을 용인하지 않기 때문에 비접촉 문화에 속한다(메흐라비안, 1971년). 게르만, 스칸디나비안 그리고 일본인은 브라질 사람들과 이탈리아 사람들에게는 차가운 민족으로 인식될 것이며, 반면에 브라질과 이탈리아계 사람들은 북유럽 사람들에게는 공격적이고, 과도하게 친근하다고 인식될 수 있다(러스티그 · 코에스터, 1993년).

문화는 사람들이 신체 어느 부분에 접촉할 수 있는지에 대해서도 다른 모습을 갖는다. 태국과 말레이시아에서는 어떤 사람의 머리를 만지는 것이 금지되어 있는데, 그 이유는 머리가 신성하며 한 사람의 영적이고 지적인 힘의 중심으로 여겨지기 때문이다. 문화는 또한 누가 접촉할 수 있는지에 대해서도 다르다. 예를 들어서, 중국에서는 반대의 성별을 가진 사람들 사이에 손을 흔드는 것이 용납되지만, 말레이시아에서는 그렇지 않다. 무슬림 나라에서는 성별이 다른 구성원들 사이의 접촉은 금지되어 있다(러스티그 · 코에스터, 1993년). 어떤 장소에서는 심지어 결혼한 부부들 사이에서도 공공적으로 보이는 껴안기나 키스가 법적으로 금지되어 있다.

표 7.2 문화간 의사소통에 영향을 미치는 비언어적 신호

문화 특성	의사소통의 특성	특성을 보이는 나라
간접적인 비어휘 신호(구디컨스트 등, 1988년; 구디컨스트 · 팅투미, 1988년; 러스티그 · 코에스터, 1993년)	함축적인 간접 메시지, 의미에 중점을 둠, 신체 언어와 비어휘 단서, 애매성, 매개체 사용	중동, 라틴 아메리카(도드, 1998년); 일본, 한국, 중국, 남아프리카(구디컨스트 등, 1988년; 홀, 1976/1977, 1983년) 아프리카계 미국인, 일본, 한국(러스티그 · 코에스터, 1993년); 아프리카계 미국인, 일본, 한국, 태국, 중국(콘돈 · 요셉, 1975년; 스튜어트, 1971년)
공간(근접) (홀, 1976/1977, 1983년)	의사소통 사이에 먼 신체적 거리, 개인 공간의 필요	북유럽, 북미(렘랜드 등, 1992년); 영국, 미국, 독일, 호주(구디컨스트 등, 1995년); 스코틀랜드, 스웨덴, 독일(홀 · 홀, 1990년); 일본, 중국, 미국(안데르센 등, 1990년); 북유럽, 캐나다(홀 · 홀, 1990년)
	가까운 신체적 거리, 신체적 친밀감이 중요	중동, 아프리카, 라틴 아메리카, 남유럽(도드, 1988년); 남아메리카, 라틴 아메리카, 남유럽, 지중해 지역, 아랍국들, 인도네시아(안데르센 등, 1990년); 중동(러치, 1989년); 멕시코(콘돈, 1985년)
접촉 문화(아르길, 1986년)	사회적 대화에서 서로 신체 접촉	중동, 라틴 아메리카, 남동 유럽(콘돈 · 요셉, 1975년; 헤트 등, 1989년; 스튜어트, 1971년); 멕시코(콘돈, 1985년); 라틴 아메리카, 중동, 이스라엘, 그리스, 동유럽(사모바르 등, 1998년)
비접촉 문화(거리 문화) (아르길, 1986년)	서로 신체 접촉하지 않음	아시아, 북유럽, 북미(헤트 등, 1989년; 스튜어트, 1971년; 콘돈 · 요셉, 1975년); 일본(로랜드, 1985년); 독일, 영국, 스칸디나비안(사모바르 등, 1998년)
눈 응시	대화 사이에 눈을 직접 응시 대화 사이에 눈을 돌려 버리고, 서로 적은 대면	유럽, 미국(러스티그 · 코에스터, 1993년), 아프리카계 미국인(러스티그 · 코에스터, 1993년)

문화는 눈의 마주침에 있어서도 다르다. 유럽인과 북미인은 이야기를 들을 때 다른 사람의 눈을 바로 쳐다보는데, 아프리카계 미국인은 딴 곳을 본다(러스티그·코에스터, 1993년). 유럽과 미국에서는 눈의 접촉을 피하는 사람들은 주의를 기울이지 않고 있거나 무례한 것으로 간주된다. 다른 한편으로, 일본, 한국에서는 다른 사람의 눈을 잘 쳐다보지 않는다(모르스바하, 1973년). 아시아인들은 너무 많이 쳐다보면 결례가 되고, 위협적이고 또는 모욕적인 것으로 간주한다(아르길·쿡, 1976년). 일본인들과 한국인들은 연장자나 상급자에게 말을 할 때에는 머리와 눈을 숙인다. 그러나 너무 보지 않는 것도 주의를 집중하지 않거나 무례하고, 불성실하며, 부정직하고 또는 부끄러워하는 것으로 인식된다. 한국과 일본에서는 눈에 의해서 의미가 전달된다(표 7.2 참조).

3) 관계 패턴

문화간 의사소통에 영향을 미치는 가장 중요한 요소 중의 하나는 다른 사람과 상호작용의 형태이다. 다양한 문화의 사람들은 타인과의 관계에서 어디에 서야 할지, 타인에 대한 의무가 무엇인지, 타인으로부터의 기대와 관계에서 그들이 수행하는 역할이 무엇인지를 알고 싶어 한다.

이 모든 요소들이 상호작용을 이끌고 의사소통의 형태를 형성한다. 협조적 형태(associative style)의 의사소통에서, 특정한 상황에 따라서 행동을 규제하는 의사소통의 맥락에 중점이 주어진다. 예를 들어서, 심리적, 관계적, 상황적, 환경적, 문화적 여건에 따라서 행동규칙과 맥락이 다를 수 있다. 즉, 어디에서, 누구와 그리고 특정한 상황에서 어떻게 의사소통을 해야 하는지, 무엇이 말해져야 하며, 어떤 식으로 말해져야 하는지가 중요한 것이다. 의사소통의 맥락적인 형태는 타인과의 관계에서 사람들이 수행하는 지위와 사회적 역할에 중점을 준다. 예를 들면, 일본, 중국 그리고 인도에서는 특정한 사람이 속해 있는 사회의 사회적 역할을 강조한다. 그들의 의사소통 형태는 공식적이며 지위 차이에 중점을 둔다(러스티그·코에스터, 1993년). 중국, 한국 그리고 일본에서는 옷, 매너 그리고 자아를 나타내는 것도 사회적인 지위 차이에 따른다.

동양 문화는 대인 관계에서 수직성을 적용하며 엄격한 위계질서의 규칙을 따른다[클럭콘·스트로드벡(1961년)]. 사회관계의 중점은 권위에 대한 순종과 충성심, 연장자 혹은 상급자에 대한 순종, 의무감, 책임감, 존경 그리고 동의하려는 욕구에 둔다. 유교는 상위 계급의 우세성에 도전할 수 없다고 가르친다(룽, 1991년). 동양 문화는 획일적이고 사람들이 서로에게 의존하는 경향이 크다(도이, 1981년). 야우(1988년)는 중국인들에게 중요한 것은 나이와 권위에 대한 존경이라고 한다.

또한 동양 문화는 대인 관계에서 상호성을 강조하는데, 이것은 '상호적으로 확장되는 관계로부터 나오는 사회적 질서'로 특징지어지고(클럭콘·스트로드벡1961년, p.18), 그룹의 합의, 그룹의 조화 그리고 타인의 행복에 관심을 가진다. 그룹 지향과 연결성은 중국인들에게 중요하다(야우, 1988년). 중국인들은 사회적으로 그리고 심리적으로 매우 타인에게 의존한다(수, 1953, 1971, 1972, 1981년). 비슷하게, 필리핀 문화는 함께 하는 것, 가족과 정서적으로 가까운 것 그리고 친근한 관계의 중요성을 강조한다(불라타오, 1962년; 홀레스테이너, 1963년; 조카노, 1966년). 상호적인 문화에서 의사소통의 형태는 그룹 지향적이다.

미국, 호주, 영국 그리고 캐나다와 같이 매우 개인적인 서구 사회에서는 개인의 권리와 필요 그리고 자신의 운명에 대한 지배에 중점을 둔다. 자유, 자주, 주도권, 성취, 경제적인 안전, 사생활과 개인의 의견이 중요하다(호프스테드, 1980, 1981년). 사회적인 단결은 느슨하다. 의사소통의 형태는 더 개인적이고 수평적이다. 반면에 과테말라, 에콰도르, 베네수엘라, 콜롬비아, 남미의 파나마, 인도네시아, 대한민국, 태국, 싱가포르 같은 나라에서 사회는 '우리' 지향적이고 개인은 무시된다. 사회적인 단결은 매우 강하다. 내부 그룹의 구성원들은 다른 구성원들을 돌봐 주어야 한다. 의사소통의 형태는 그룹 지향적이다.

어떤 문화는 높은 권위주의적 특징을 가지고 있다. 이러한 문화의 구성원들은 권위주의적 리더와 권위주의 사회의 관계를 믿는다(예 아랍 국가). 그들은 엄격한 공동체의 규칙, 연장자의 충고, 상급자의 주문을 따른다. 이러한 문화의 사람들은 어떤 사람들은 리더로 태어나고, 어떤 사람들은 그렇지 않다고 강하게 믿는다. 예를 들면, 중국 문화에서는 권위에 대한 존중이 미덕으로 간주된다(에텐선·

와그너, 1991년). 중국은 권위에 대한 이해와 기대를 통하여 부모와 연장자에 대한 의문의 여지없는 존경심을 가진다(휴이턴, 1991년). 또한 필리핀인과 베트남인은 권위에 대해서 순응하며 일치하려는 경향을 가지고 있다(포레스트, 1971년; 헤어·피버디, 1971년).

개인적인 문화에서는 개인이 강조되며, 개인이 행동과 토론의 중심이다. 의사소통의 형태는 비공식적이며 덜 지위 지향적이다(러스티그·코에스터, 1993년).

아시아와 유럽의 공식적인 문화에서 모든 인간의 행동은 엄격한 사회 규칙, 지위 그리고 근엄함에 의해서 수행된다. 사회에서 서로 대면한 상태에서 사람을 구분할 때에는 항상 가족의 성과 직위로 불려진다. 일본, 이집트, 터키, 이란, 독일은 고도로 공식적인 문화에 속한다(도드, 1998년). 이러한 문화는 사람들 사이의 지위 차이에 매우 관심이 많고, 그들의 언어 체계는 사람들의 사회 지배의 정도에 기초하여 구분하게 된다. 예를 들어, 일본에서는 오모테(형식적, 공적)와 우라(사적, 비공식적) 형태의 상호작용의 구분이 있다. 한편, 호주와 영국같이 비공식적인 문화에서는 공식적인 규칙에 거의 관심을 두지 않으며, 사람들은 사회관계에 더 접근을 한다.

일본, 태국, 한국과 같은 공식적인 사회에서는 절을 하고 비즈니스 카드를 주고받는 것이 인사이다. 미국인이나 유럽인을 만날 때는 손을 흔드는 것이 적절하다. 유럽에서는 타인의 가족 이름으로 부르고 '박사님'이나 '미스터'와 같은 직업적인 타이틀로 부른다. 이와 반대로, 비공식적인 호주와 미국인들은 사람을 이름으로 부른다. 이것은 많은 유럽 사람들과 아시아인들에게는 인위적이고 무례한 것으로 여겨질 수 있다. 아시아 문화에서는 적절하고 공식적인 말은 많이 정제해서 차별화되고 사회적인 지위, 나이와 성별에 따르기 때문이다.

문화에 따라서 사람들 사이의 사회적인 결합은 강하기도 하고 약하기도 하다. 자신의 성공과 자아실현에만 관심을 가지는 개인주의 문화의 구성원들은 약한 사회적인 결합을 경험한다. 반면에, 타인에 대한 행동의 의미와 타인과의 관계의 조화, 나와 타인의 체면을 지키는 것에 관심을 가지는 집단주의 문화는 강한 사회적인 결합을 경험한다(후이·트리안디스, 1986년; 킴·구디컨스트, 1988년).

사회적인 결합의 강도는 사람들 간의 우정의 의미를 이해하고 발전시키는 방법을 결정한다. 다양한 문화에서 우정의 의미는 다르다. 예를 들면, 개인주의적인 미국인들은 우정을 인위적이고 의무감 없이 생각하지만, 중국인들은 우정을 상호 의무와 서로 간의 지켜야 하는 당연한 개념으로 생각한다(웨이 등, 1989년). 사교성을 표현하는 방법도 다르다. 남미, 라틴 아메리카, 남부 유럽, 아랍 나라들과 지중해 지역의 사람들은 높은 정도의 사교성을 나타낸다. 일본, 중국, 미국, 캐나다 그리고 북유럽의 사람들은 낮은 수준의 사교성을 나타낸다(앤더슨 등, 1990년).

문화간 의사소통은 또한 인성 지향에 따라서 다르다(클럭콘과 스트로드벡, 1961년). 사람을 선하다고 보는 서구 사회에서는 서로를 신뢰하지만, 인성이 좋거나 혹은 나쁠 수도 있다고 믿는 동양 사회에서는 서로를 믿지 않는 경향이 있다(표 7.3 참조).

표 7.3 문화간 의사소통에 영향을 미치는 의사소통의 관계 패턴

문화 특징	의사소통 특징	특성을 보이는 나라
교제적	맥락의 중요성	중국, 일본, 한국, 베트남, 멕시코, 라틴 문화(홀, 1976년)
맥락적(구디컨스트 · 팅투미, 1988년)	사회적 역할, 지위, 일체성, 대칭적인 권력을 강조	일본, 중국, 인도(구디컨스트 등, 1988년; 구디컨스트 · 팅투미, 1988년)
직선성(클럭콘 · 스트로드벡, 1961년)	위계적 관계, 상급자에 대한 복종, 다른 사람들에 대한 의무, 사회적 상호 보상성과 의존, 지위의 중요성	중국(얼리, 1969년; 에텐선 · 와그너, 1991년; 미드, 1970년; 야우, 1988년); 홍콩(시 등, 1069년); 태국(레이츠 · 그라프, 1972년); 베트남(포레스트, 1971년); 필리핀(헤어 · 피버디, 1971년; 린치, 1970년)
상호성(클럭콘 · 스트로드벡, 1961년)	그룹 관계, 그룹 합의, 그룹 규범과 일치	중국(디멘테, 1991년b); 필리핀(부라타오, 1962년; 조카노, 1966년; 홀스이너, 1963년; 린치, 1964, 1970년); 태국(코민, 1990년; 가디너, 1972년); 베트남(포레스트, 1971년)

문화 특징	의사소통 특징	특성을 보이는 나라
개인주의(호프스테드, 1980, 2001년; 스트로드벡, 1961년)	연설의 자유, 개인 의견, 문제 해결, 다른 사람과의 대처, 인권, 개인 지위와 권력, 자아 지시, 직접적인 의사소통, 직접적인 말	미국, 호주, 영국, 캐나다, 네덜란드, 뉴질랜드, 이탈리아, 벨기에, 덴마크(호프스테드, 1980, 2001년)
집단주의(호프스테드, 1980, 2001년)	그룹 지향, 그룹 합의와 의사결정에 중점, 제3자가 문제 해결하게 하고 체면을 차리는 기술을 사용, 그룹에 충성, 개인의 희생, 타인에 대한 의무감과 책임감, 상호 보상, 간접적 의사소통, 타인에 대한 관심	과테말라, 에콰도르, 파나마, 베네수엘라, 파키스탄, 인도네시아, 대만, 남한, 태국, 싱가포르(호프스테드, 1980, 2001년)
권위주의	지도자와 추종자 인정	아랍국(클럭콘 · 스트로드벡, 1961년); 중국(미드, 1970년), 필리핀(헤어 · 피버디, 1971년); 인도네시아(노에스지리완, 1970년)
개인적(구디컨스트 · 팅 투미, 1988년)	의사소통하는 당사자가 가장 중요, 비공식적, 낮은 지위 지향적, 대화와 행동의 중심	
공식적 (사모바르 · 포터, 1988년)	의사소통과 행동이 사회 에티켓의 규칙에 따라서 수행, 사회 지위 차이, 호칭과 적절한 옷에 중점	일본(발런드, 1989년), 라틴 아메리카, 유럽(특히 독일), 아시아 이집트, 터키, 이란(사모바르 등, 1998년), 독일(홀 · 홀, 1990년)
비공식적 (사모바르와 포터, 1988년)	의사소통의 규칙과 사회적 행동에 별로 주의를 기울이지 않음, 사회 지위, 타이틀, 매너에 중점을 두지 않음	미국, 호주(사모바르 등, 1998년)
약한 인간적인 결속	장기간의 관계와 의사소통에 대한 참여와 유대가 적고 그룹 구성원이 빠르게 변동, 개인적 필요에 대해서 직접적 표현	미국, 호주, 영국, 캐나다, 네덜란드, 뉴질랜드, 이탈리아, 벨기에, 덴마크, 스웨덴(호프스테드, 1980, 2001년); 독일, 스칸디나비아, 스위스, 미국(홀, 1976/1977, 1983년; 팅-투미, 1985년)

문화 특징	의사소통 특징	특성을 보이는 나라
강한 인간적 유대	사람들 간의 높고 깊은 유대, 그룹과 책임감에 대한 중요성, 내부 그룹에 대한 쉬운 인식, 대치가 없고, 체면 차리기와 사회적인 조화에 중점	일본, 한국, 태국, 중국(스튜어트, 1971년)
선한 인간성(클럭콘·스트로드벡, 1961년)	의사소통은 신뢰에 기초	불교도(예 태국) (클럭콘·스트로드벡, 1961년)
악한 인간성(클럭콘·스트로드벡, 1961년)	의사소통은 불신에 기초	중동(클럭콘·스트로드벡, 1961년)
선하고 악한 인간성(클럭콘·스트로드벡, 1961년)	의사소통은 신뢰와 불신에 기초	유럽(클럭콘·스트로드벡, 1961년)

4) 대화 형태

문화에 따라서 대화 형태가 서로 다르다. 즉, 사람들이 생각하는 논리성, 명확성, 합리성, 적절성이 문화에 따라서 상당한 차이를 보이고 있다. 예를 들면, 유럽과 아메리카 같은 문화에서는 객관적인 사실에 중점을 둔다. 사람들은 물리적인 현상과 눈으로 본 증거를 믿는다. 그러나 중국과 아프리카 문화에서는, 물리적 증거는 가볍게 보여진다. 아프리카 문화에서는 눈으로 본 말들은 인정하지 않는데, 그 이유는 어느 누구도 객관적이거나 사심이 없는 것으로 생각하지 않기 때문이다. 어떤 사람이 무엇인가 본 것을 소리 높여서 말한다면, 사람들은 그 사람이 마음속에 어떤 의도가 있다고 믿는다(러스티그·코에스터, 1993년). 아시아나 라틴 아메리카처럼 정서적인 문화에서는 느낌과 정서에 중점이 두어지고, 독일, 스위스 같은 이론적인 문화에서 사람들은 사실에서 추론하는 넓은 원칙을 따른다.

대화는 사람들이 의미를 얼마나, 어떻게 표현하는지에 따라서 다르다. 예를 들면, 일본 문화에서는 말하는 사람은 주제 주위를 돌아야 한다. 그들은 토론되고 있는 것과 듣는 사람이 알기를 원하는 것을 간접적으로만 말한다. 그들은 듣는

표 7.4 문화간 의사소통에 영향을 미치는 대화 스타일

문화 특성	의사소통의 특성	특성을 보이는 나라
추상적	주장과 사실에 중점	독일, 스칸디나비아, 스위스, 미국(홀, 1976/1977, 1983년; 팅-투미, 1985년)
감성적-직관적	사실 대신 주관적 느낌과 감정을 포함	중국, 일본, 한국, 베트남, 멕시코, 라틴 문화(홀, 1976년); 미국 원주민, 라틴계 미국인, 아프리카계 미국인(사모바르 등, 1998년)
공리적-연역적	이론적이고 사실이 입증하는 넓은 원칙에서 시작	독일, 스칸디나비아, 스위질랜드, 미국(홀, 1976/1977, 1983년; 팅-투미, 1985년)
순환 논리와 사고	영역을 내포하는 그 주제 주위를 순환	일본(발란드, 1989년); 중국, 일본, 한국, 베트남, 멕시코, 라틴 문화(홀, 1976년), 라틴계 미국인, 아프리카계 미국인(사모바르 등, 1988년); 아랍, 아시아, 라틴계 미국인 문화(홀, 1983년)
직선적 논리와 사고	바로 요점으로 진입, 의미에 대한 분명한 의도와 설명, 정보 전달은 순서적이고, 나누어지고, 질서 있게 진행	영국, 미국(도드, 1988년; 러스터그·코에스터, 1993년); 독일, 오스트리아, 스위스, 미국(홀, 1983년)
직선적 (도드, 1988년)	대화의 주제는 하나, 처음과 끝, 핵심과 하위 핵심이 조직되어 있고, 논리와 실증	미국, 영국(도드, 1988년); 영국(미스라, 1982년)
비직선적 (도드, 1988년)	대화의 주제가 하나 이상, 전통적인 지혜와 권위로부터 증거, 비어휘적인 의사소통으로 고조되고, 그 자체가 관계와 개인적인 상호작용으로 연결, 비계획적	인도(카츠루, 1988년); 중국(영, 1982년)
비직선적-직선적 (도드, 1988년)	다양한 하위 주제를 가진 하나의 중심 주제가 있고, 동시에 다양한 주제가 그려지고, 정밀한 처음과 끝이 있고, 증거는 경험, 사회적인 규범과 문화적 주제	

사람이 의미를 구축하기를 바란다. 말하는 사람이 직접적으로 특정한 논점을 인식시키는 것은 무례하다고 생각한다(러스티그 · 코에스터, 1993년). 베트남인들은 항상 주제를 돌려서 말한다(포레스트, 1971년). 이와는 반대로, 영어를 말하는 문화에서는 말하는 사람은 명확해야 하고, 확실한 설명을 해야 하고, 직선적인 논리를 따라야 한다. 그 결과 일본인이나 베트남인들은 영어로 말하는 사회의 구성원들을 무례하고 공격적으로 생각할 수 있고, 영어를 말하는 사회의 구성원들은 일본인들을 부정확하고 혼란스럽게 생각할 수 있다.

더구나, 서구 사회는 직선적인 용어로 생각한다. 대화는 조직화되고 항상 처음과 끝이 있어야 한다. 다른 한편으로, 동양과 아시아 문화에서는 비직선적으로 생각한다. 대화는 계획이 없고, 혼란스럽고 끝이 없으며 그리고 방해될 수도 있다(표 7.4 참조).

5) 상호작용 형태

상호작용 형태에는 문화 차이가 있다. 예를 들어서, 아프리카계 미국인, 요르단인, 이란인 그리고 라틴인은 일반적으로 표현력이 있고 역동적이며 드러내 보이는 스타일이다(버터필드 · 조던, 1989년; 구디컨스트 등, 1988년). 이와는 반대로, 유럽 아메리카인의 스타일은 온건하고 정서적으로 억제되어 있다(버터필드 · 조던, 1989년). 결과적으로, 표현적인 문화에서 온 사람들에 비교하면 유럽 아메리카인은 수동적이고 내성적인 사람으로 인식될 수 있다(러스티그 · 코에스터, 1993년). 아시아 문화는 심지어 더 내성적이고 온건함을 믿어서 공격적이고 인정할 수 없는 것으로 인식될 수 있는 서구 문화와 반대가 된다. 예를 들면, 남지중해의 사람들은, 슬픔을 미소와 웃음 안에 숨기는 일본인과 태국인들에게는 슬픔의 감정을 과장한다고 인식될 수 있다(하퍼 등, 1978년). 동양과 아시아 나라의 구성원들은 상황에 관계없이 웃는 수가 있다. 일본인들의 웃음은 행복 대신에 당황의 표현일 수도 있다.

미국인들은 의사소통의 형태가 단정적이고 대립적으로 보인다(사모바르 등, 1988년). 그들은 직선적이고 소리가 크다. 큰소리는 미국에서 강함으로 인식된다.

다른 한편으로, 아시아에서 큰소리는 공격성으로 인식된다. 그들은 공격을 피하고 조용하고 겸손하려고 한다. 특히 분열은 대인 관계에 위협이 되며, 대인 관계에서 조화와 유지를 강조한다(제인 등, 1991년). 결과적으로, 백인에 비해서 단정적이든 아니든 간에 아시아인들은 이방인들과의 관계에서 더 큰 불안과 죄책감을 경험한다(제인 등, 1991년).

동양 사회의 대인 관계에 있어서, 사회적 조화를 위한 자제심을 강조한다. 또한 부정적인 의견, 비평, 불만, 불일치를 회피하고 질문과 분열이 없는 것을 중요한 가치로 여긴다. 동양 문화의 구성원들은 '체면 차리기'를 하려고 하며 당황함을 피하려고 한다(도드, 1987년). 중국에서는 어떤 다른 사람을 당황하게 하는 것은 부적절한 행위로 간주된다(디멘테, 1991년b).

필리핀인들은 사회적인 동요, 당황 그리고 불일치는 부끄러움을 가져올 수 있다고 믿는다(린치, 1970년). 홍콩, 일본, 태국과 베트남 같은 아시아 나라들은 다른 사람의 실패를 인정하지 않고, 자신과 다른 사람들의 체면을 잃는 것을 방어하기 위해 다른 사람들을 공적으로 비평하지 않는다. 예를 들면, 면전에서 비판을 하면, 태국인들은 조용해지거나(가디너, 1968년) 대화로부터 빠져버린다(포아 등, 1969년). 아시아의 부끄러움과 '체면 살리기'는 서구인들이 진실성과 단정적 표현을 강조하는 것과는 대조를 이룬다. 서구 문화의 구성원들은 진실-단정적적이고 투명한 대화를 하는 것이 사회의 조화를 이루는 올바른 방법이라고 믿는다. 또한 비평받았을 때에는, 미국인들은 잘못한 것에 대하여 침묵을 지키기보다는 남을 비판하거나 그들의 행동을 진보시키려고 노력한다(포아 등, 1969년).

문화간 의사소통은 상호작용의 형태에 의존한다. 상호작용의 형태는 사람들이 다른 사람들에 대하여 책임감을 느끼는 정도에 따라서 다르다(아르길, 1972년). 개인 문화의 사회에서는 사람들은 그들에게 의존하는 사람들을 돕는데, 집단주의 문화에서의 도움은 상호 보완성과 상호 책임감의 기능을 한다. 아무리 작은 부탁이라도 반드시 보상되어야 한다(베로코위츠 · 프리드만, 1967년; 엘리스 · 엘리스, 1989년). 일본인들은 사회적 의무를 다해야 한다고 생각하며, 의무를 다하지 못하는 사람은 사과해야 한다고 생각한다. 따라서 상호 보상이 가능하지 않으면 일본인들은 자주 사과를 하는 경향이 있다(코울마스, 1981년). 일본인들은 또한 다른 사람이 잘못을 했더라도 좋은 관계를 유지하려는 의지를 나타내기 위해서 자신들의 잘못을 인정한다(와가추마 · 로셋, 1981년). 다른 한편으로, 서구 사회는 자부심과 자존심에 더 중점을 맞추기 때문에 사과를 많이 하지 않는다. 미국 사람들은 그들이 잘못했다는 것을 알더라도 그들의 잘못에 대해서 남들을 비난한다. 일본인들은 관계의 조화를 유지하기 위해서 다른 사람들에게 보상을 하지만, 미국인들은 그들의 행동에 대해서 설명을 하고 정당화하려고 한다(반런드 · 요시오카, 1990년).

아시아인들은 칭찬도 잘 하지 않는다. 그들은 칭찬이 사회적인 조화를 훼손할 수 있다고 여긴다. 일본인들은 미국인들보다 칭찬을 덜 받아들이고 덜 칭찬한다(반런드 · 요시오카, 1990년).

개인주의 문화의 구성원은 집단주의 문화의 구성원보다도 더 친근한 주제에 대해서 개방적이고 자신을 노출시키는 경향이 있다(팅-투미, 1991년). 그들은 느낌과 개인적인 경험을 자유롭게 말한다. 유럽 미국인들은 아프리카계 미국인들보다 더 노출을 하고, 아프리카계 미국인들은 멕시코계 미국인들보다도 많은 노출을 한다(리틀필드, 1974년). 한편, 집단주의 문화의 구성원들은 개인적인 느낌에 대해서 말하는 것은 공손함과 존경에 관한 문화 규칙을 어기는 것이라고 생각한다. 가족의 어떤 구성원이 상처받고 화가 날 때, 또는 자신의 느낌을 말하지 않더라도 다른 구성원이나 친구가 알아차리는 것이 그들의 의무라고 여긴다. 남들에게 자신들을 드러내는 것은 나약함의 증거이므로, 그 사람은 믿을 수 없는 사람이 된다. 개방적이고, 친절하고, 솔직하게 말하고 그리고 신뢰받는 것은 대부분의 서구 문화에서는 존경받는 것이다. 그러나 동양 사회에서는 서구인들은 위엄과 매너 그리고 똑똑함이 없다고 보면서 그다지 존경받지 못한다(크레이그, 1979년)(표 7.5 참조).

표 7.5 문화간 의사소통에 영향을 미치는 상호작용 스타일

문화 특성	의사소통의 특성	특성을 보이는 나라
과시적	감정적, 표현적, 역동적	이란, 남아메리카, 라틴 아메리카, 남유럽, 지중해 지역, 아랍 문화, 아프리카계 미국인, 인도네시아(버터필드 · 조던, 1989년)
감정적(구디컨스트 · 팅-투미, 1988년)	감정적, 민감하고, 강렬하고, 역동적, 과시적, 절차 지향형, 듣는 사람 중심	아프리카계 미국인, 요르단, 이란, 라틴인(구디컨스트 등, 1988년; 구디컨스트 · 팅-투미, 1988년); 아프리카계 미국인(코츠만, 1990년); 아프리카계 미국인(버터필드 · 조던, 1989년); 요르단, 이란, 아프리카계 미국인, 라틴인(러스티그 · 코에스터, 1993년)
자제	겸손하고, 수동적이고 내성적 과장된 느낌 표현	북유럽, 미국, 일본, 중국, 캐나다(버터필드 · 조던, 1989년); 유럽계 미국인, 브리티시(버터필드 · 조던, 1989년; 러스티그 · 코에스터, 1993년) 남지중해 지역(스튜어트, 1971년; 콘돈 · 요셉, 1975년)
단정적	공격적 의사소통, 불일치, 표현의 자유, 직접성 개인의 이익을 나타낼 때 주도적, 불일치, 대치, 큰소리, 비자연적 개인 속성	미국(사모바르 등, 1998년)
대인 관계의 조화	공격성, 대치, 사과와 겸손한 태도의 회피, 보상의 중요성	태국(가디너, 1968년; 포아 등, 1969년); 필리핀(고체노르, 1990년; 린치, 1970년); 일본(해리스 · 모란, 1979년, 헨드리와 1987년; 모에란, 1968년); 중국(첸 · 지아오, 1993년; 휴이턴, 1991년); 말레이시아(압둘라, 1993년)
도구적(구디컨스트 · 팅-투미, 1988년)	목표 지향, 외형적 메시지, 감정 자제, 보내는 사람 중심	유럽계 미국인(구디컨스트 등, 1988년; 구디컨스트 · 팅-투미, 1988년)
자아 표시가 많음	개방성, 공유, 자신에 대해서 개인적이고 친밀한 정보를 드러냄	독일, 스칸디나비아, 스위스, 미국(홀, 1976/1977, 1983년; 팅-투미, 1985년); 유럽 미국인(니시다, 1991년)
자아 표시가 적음	자신에 대한 정보를 드러내지 않음	중국, 일본, 한국, 베트남, 멕시코, 라틴 문화(홀, 1976년); 미국 원주민, 라틴계 미국인, 아프리카계 미국인(사모바르 등, 1998년); 일본(니시다, 1991년)

6) 가치

다문화 의사소통은 문화적인 가치에 따라서 다르다. 예를 들면, 자연에 대한 지향(클럭콘 · 스트로드벡, 1961년)은 다문화 의사소통에서 중요한 역할을 한다. 중국, 일본과 같은 동양 사회에서는 사람들이 자연과 조화를 이루고 그것을 숭배해야 한다고 믿고, 심지어 인도, 남아메리카에서는 자연에 종속된다고 믿는다. 동양 사회는 자연과 생명은 신에 의해서 창조되었고, 따라서 자연을 보호해야 한다고 믿는다. 서구 사회에서는 그들이 자연을 지배할 수 있다고 믿는다. 따라서 동양 사회는 서구 사회를 지성적이지 못하고 편견을 가진다고 여긴다. 자연에 대한 지향은 서구와 동양 사회 사이의 의사소통의 문제를 야기할 것이다.

남성성(MAS) 차원(호프스테드, 1980, 2001년)도 문화를 구분하는데, 문화 안에는 독단적 의사소통과 협동적 의사소통이 있다. 높은 남성성 문화(일본, 헝가리, 오스트리아)의 구성원들은 성취, 성장, 독립과 일하기 위해 사는 것을 가치 있게 여긴다. 의사소통은 외부적인 가치, 수행, 야망, 능숙함, 획득, 돈과 물질적인 소유에 중점을 둔다. 의사소통 형태는 더 공격적이고 공식적이다. 다른 사람에 대한 삶의 질에 대한 고려는 없다. 사람들은 스트레스를 받고 남성과 여성은 다르게 대우받는다. 높은 여성성 사회(스웨덴, 노르웨이, 네덜란드, 덴마크)는 타인과 그들의 행복을 지향하는 사회로서 내적인 가치, 삶의 질, 가족 그리고 조화에 중점을 둔다. 여성과 남성은 평등하게 대우받는다. 의사소통 형태는 더욱 부드럽고 비형식적이다.

문화간 의사소통 스타일은 활동 지향(클럭콘 · 스트로드벡, 1961년)에도 의존한다. 활동 지향적 서구 문화의 구성원들은 일이 완성되고 목표가 성취되는 것에 대한 대화에 중점을 둔다. 동양 문화의 구성원들은 존재 지향이면서 수동성, 사람의 중요성과 효율성을 희생한 사회 조화를 강조하며, 대치를 피하고 참을성 있고 겸손하며 친구들과의 대화에서 즐거움을 찾는다. 미국과 같은 활동 지향적 사회에서의 의사결정은 경제적인 요인에 의해서 이루어진다. 업무 지향적이며, 존재 지향의 사회에서의 결정은 좀 더 정서적이고 사람 지향적이다. 또한 다른 사람의 가치를 존중하고 다른 사람과의 따뜻한 관계를 즐기는 사회 구성원들은 자아 중심에 가치를 보이는 사람들보다도 선물을 더 주고 선물 선택에 공을 들인다(베티 등, 1991년). 예를 들면, 프랑스에서는 선물은 준 사람 앞에서 열어 보아야 하며, 일본에서는 선물은 보기만 하고 포장을 뜯지 않은 채 다른 곳에 두어야 한다(디멘테, 1991년a).

문화간 의사소통에 영향을 주는 또 다른 문화 차원은 불확실성 회피이다(UAI). 이것은 불확실성과 애매한 상황에서 어떤 사회가 얼마나 위협받는지의 정도를 말한다(호프스테드, 1980, 1981년). 높은 불확실성 회피 문화(그리스, 포르투갈, 과테말라, 우루과이, 일본)에서 사람들은 의사소통의 혼란을 피하고 대화에서 합의와 문서화된 규칙과 규정을 통한 안전과 체면 살리기를 찾는다. 이러한 사회의 구성원들은 불안하고 공격적이며 정서적으로 긴장되어 있고, 그룹의 결정에 충성한다. 그들은 종종 민족주의적이며 외국인에 대해서 의심한다. 낮은 불확실성 회피 문화(싱가포르, 덴마크, 스웨덴, 홍콩, 영국, 인도 그리고 미국, 뉴질랜드)에서, 사람들은 대화 속에서 애매성과 불확실성을 피하고 새로운 아이디어에 대해서 이야기하고, 하나의 공동체로 이끄는 규칙을 필요로 하지 않는다. 그들은 분열과 불일치가 자연스러운 것이라고 믿는다. 그들은 다른 생각을 가진 외국인들은 받아들이며, 미래에 대해서 낙관적이다.

권력 거리(PDI) 차원은 사회가 불공평한 사회적 권력의 분배를 받아들이는 정도(호프스테드, 1980, 1981년)를 말하는데, 이것도 역시 문화간 의사소통에 영향을 미친다. 사람들은 평등하지 않고, 모든 사람은 각자의 정당한 위치가 있다는 생각을 가진 높은 권력 거리 문화(말레이시아, 과테말라, 파나마, 필리핀, 멕시코, 중국)의 사회에서, 사람들은 권위와 상급자에게 복종하고 결정은 권위적으로 만들어진다. 사람들은 다른 사회 계급의 사람들과는 분리된 의사소통 형태와 언어, 말하는 방법을 사용한다. 사회 위계가 없는 낮은 권력 거리 문화(오스트리아, 이스라엘, 덴마크, 뉴질랜드, 스웨덴) 사회에서, 사람들은 서로 상담하고, 모두에게 같은 의사소통 형태를 사용하고, 자립과 개성에 중점을 둔다(표 7.6 참조).

표 7.6 문화간 의사소통에 영향을 미치는 가치

문화 특성	의사소통의 특성	특성을 보이는 나라
자연 지배 (클럭콘 · 스트로드벡, 1961년)	모든 것이 가능하고, 자연에 대한 오만과 힘을 보임	북미 (클럭콘 · 스트로드벡, 1961년)
자연과 조화롭게 살아감 (클럭콘 · 스트로드벡, 1961년)	사람들은 자연과 조화롭게 살아야 함, 자연에 대한 인정과 존경	아시아, 미국 원주민(자인트 · 커서만, 1997년; 클럭콘 · 스트로드벡, 1961년)
자연에 종속됨(클럭콘 · 스트로드벡, 1961년)	운명을 변화시키려고 해서는 안 되고 받아들이며 사람은 자연에 의해서 지배	인도, 남아메리카 (클럭콘 · 스트로드벡, 1961년)
이상주의론	의사소통은 항상 이상적 원칙(종교적, 정치적, 사회적 그리고 법적)의 맥락에서 결정	
실용주의	문제를 해결하고 확실한 결론을 얻기 위해서 정확하고 실용적인 문제가 언급	
남성성 (호프스테드, 1980, 2001년)	당돌함과 성취, 야망, 불평등, 경쟁, 물질적인 가치에 중점	일본, 헝가리, 오스트리아, 베네수엘라, 이탈리아, 스위스, 멕시코, 아일랜드, 중국, 영국, 독일, 콜롬비아, 필리핀(호프스테드, 1980, 2001년)
여성성 (호프스테드, 1980, 2001년)	협동, 사회적 수용, 삶의 질, 다른 사람에 대한 서비스, 불행에 대한 동정, 평등, 내적인 가치에 중점	스웨덴, 노르웨이, 네덜란드, 덴마크, 핀란드, 칠레, 포르투갈, 태국, 과테말라, 남한, 스페인(호프스테드, 1980, 2001년)
하는 것 문화 (호프스테드, 1980, 2001년)	활동, 성취, 변화, 지배, 업무 완성, 목표 성취, 업무 종결, 경쟁에 중점	미국(호프스테드, 1980, 2001년); 유럽계 미국인(러스티그 · 코에스터, 1993년)
존재의 문화 (호프스테드, 1980, 2001년)	비활동, 수동성, 인정, 방어성, 사회적 조화, 친구와의 대화에서 즐거움을 느낌, 인내, 겸손, 공개적 충돌 회피, 영성, 심사숙고, 명상	힌두교(인도), 불교(태국) (클럭콘 · 스트로드벡, 1961년); 그리스, 아프리카계 미국인, 인도(러스티그 · 코에스터, 1993년)

문화 특성	의사소통의 특성	특성을 보이는 나라
존재가 되고 있는 문화 (호프스테드, 1980, 2001년)	진화와 변화를 믿고, 동시적인 활동	미국 원주민, 유럽, 멕시코와 라틴 문화(클럭콘 · 스트로드벡, 1961년); 미국 원주민, 남미인(러스티그 · 코에스터, 1993년)
저불확실성 회피 (호프스테드, 1980, 2001년)	분쟁, 애매성과 새로운 아이디어를 가지고 이상한 행동을 하는 외국인들을 관용하고, 일치와 전제가 없음	싱가포르, 덴마크, 스웨덴, 홍콩, 영국, 아일랜드, 말레이시아, 인도, 중국, 필리핀, 미국, 인도네시아, 뉴질랜드, 캐나다(호프스테드, 1980, 2001년)
고불확실성 회피 (호프스테드, 1980, 2001년)	분쟁, 불일치의 회피, 성문화된 규칙과 절차를 통해서 합의, 일치, 안전을 추구, 체면 중요	그리스, 포르투갈, 과테말라, 우루과이, 벨기에, 폴란드, 일본, 페루, 아르헨티나, 프랑스, 스페인, 남한, 터키(호프스테드, 1980, 2001년)
저권력 거리 (호프스테드, 1980, 2001년)	평등, 성 역할이 같음, 사회적 위계가 없음	오스트리아, 이스라엘, 덴마크, 뉴질랜드, 아일랜드, 스웨덴, 노르웨이, 핀란드, 스위스, 영국, 독일, 호주(호프스테드, 1980, 2001년)
고권력 거리(호프스테드, 1980, 2001년)	사회적 위계와 지위, 독재와 지시적인 의사결정, 서로 다른 사회 계급에 따른 분리된 언어 형태, 공식적 언어 표현	말레이시아, 과테말라, 파나마, 필리핀, 멕시코, 베네수엘라, 중국, 인도네시아, 인도, 싱가포르(호프스테드, 1980, 2001년)

7) 시간 지향

시간 가치에 따른 문화 차이(홀, 1983년; 클럭콘 · 스트로드벡, 1961년)는 문화간 의사소통에 중요한 영향을 미친다. 서구의 단일 연대 시간 체계에서는, 사람과 인간관계는 시간에 의존한다. 예를 들면, 사람들은 언제라도 하나의 절차와 업무를 맡고, 한 번에 한 사람 또는 몇 사람과만 상호작용을 한다. 시간은 재산이며 그것을 방해하는 것은 받아들이지 않는다. 예를 들면, 유럽 미국인들은 관심을 먼저 하나에만 두고 그 다음 다른 것으로 옮겨간다. 복

표 7.7 문화간 의사소통에 영향을 미치는 시간 지향

문화 특성	의사소통의 특성	특성을 보이는 나라
단일 연대 (홀, 1976/1977, 1983년)	시간은 고도로 조직되며, 직선이고, 나누어지며, 관리할 수 있고, 업무와 절차 지향이며, 약속과 스케줄이 중요하고, 하나의 업무는 한 번에 맡을 수 있으며, 의사소통과 상호작용은 한 번에 몇몇의 사람들과만 할 수 있고 방해는 인정되지 않음	독일, 오스트리아, 스위스, 미국(홀, 1983년); 미국, 영국, 캐나다, 독일(도드, 1988년); 독일(홀 · 홀, 1990년)
복수 연대 (홀, 1976/1977, 1983년)	시간은 유연하며 열려 있고, 사람들의 요구에 반응하며, 같은 시간에 서너 개의 일을 할 수 있고, 약속은 깨질 수 있으며, 마감 시간은 못 지킬 수도 있고, 동시에 몇 명과 상호작용을 할 수 있으며, 대화의 방해는 인정되고, 의사소통 스타일은 동시적이고 구조화되어 있지 않고 사람들이 중요	아랍, 아시아와 라틴 아메리카(홀, 1983년; 드레서, 1996년); 라틴 아메리카, 아프리카, 중동, 남유럽(도드, 1998년); 인도네시아(해리스 · 모란, 1996, 1979년); 일본(브리슬린, 1993년)
과거 지향(클럭콘 · 스트로드벡, 1961년)	전통과 과거의 경험이 중요하고, 과거가 대화, 상호작용, 의사결정과 진실을 결정하는 가이드	중국, 일본, 영국(클럭콘 · 스트로드벡, 1961년); 중국, 그리스, 일본, 프랑스(사모바르 등, 1989년)
현재 지향(클럭콘 · 스트로드벡, 1961년)	현재는 있는 그대로, 실제로 지금 존재하는 그대로 즐기고 받아들여야 하고, 친구와 대화로 즐거움	필리핀, 멕시코, 라틴 아메리카(클럭콘 · 스트로드벡, 1961년)
미래 지향(클럭콘 · 스트로드벡, 1961년)	계획 지향, 장기간의 계획을 중요시, 내일은 사람들의 손에 달려 있고, 과학의 성취 인정, 행동의 결과를 지배	미국(클럭콘 · 스트로드벡, 1961년)

수 연대 시간 체계(중남미의 스페인어 계통 문화)에서는, 인간관계는 시간에 의존하지 않는다. 비록 사람들이 동시에 몇 개의 일을 해도, 언제나 친구와 친척들에게 말할 시간이 있다. 그들은 약속은 깨질 수 있고, 마감 시간은 맞추지 않을 수도 있

다. 그들에게 가족과 친구들이 더 중요하다.

서구 사회는 시간을 직선 공간의 면으로 생각해서 과거, 현재 그리고 미래가 있다고 생각한다. 과거 지향(동아시아, 중국, 영국, 미국 원주민)의 사회는 나이든 세대의 지혜에 중점을 맞추고, 조상을 숭배하는 강한 가족 전통이 있다. 전통과 과거가 그들의 대화와 의사결정에 영향을 준다. 또한 시간 계획과 정확성에 큰 중요성을 부가하지 않는다. 그들은 시간을 직선적인 것보다는 원형의 것으로 생각(예 인도네시아)하거나 끝이 없는 것으로 인식한다. 현재 지향 사회(필리핀과 많은 중남미 국가들)는 현재와 지금의 경험을 가장 중요한 것으로 생각한다. 사람들은 친구와의 대화에서 즐거움을 가진다. 미래 지향 사회(유럽, 미국인)는 내일이 그들의 손에 달려 있다고 믿는다. 그들은 작전 지향이고, 장기간의 계획을 세우며, 미래를 위하여 현재의 즐거움을 포기한다. 그들은 가족과 친구들을 위하여 많은 시간을 할애하지 않는다(표 7.7 참조).

8) 맥락 지향

맥락은 의사소통에 포함되는 정보의 수준을 말한다. 맥락은 서로 다른 의사소통의 차이를 구별하는 데 사용될 수 있다. 저맥락 문화(LCC) (호주, 미국)에서, 정보의 대부분은 명백하고 언어적 메시지 안에 포함된다. 실제로 직선적인 논리 그리고 명확한 의도를 나타내는 경향이 있다. 어떻게 행동해야 하는지를 설명해주는 명백한 규칙, 가이드라인 그리고 정책이 필요하다. 고맥락 문화(HCC) (중국, 일본, 한국)에서는, 대부분의 정보가 비언어적, 메시지 안에 코드화된다. 중점을 두는 것은 의미, 나선형 논리, 자신의 의견을 표현하는 재량권(팅-투미이, 1991년)과 간접적인 의사소통의 사용에 놓여진다(구디컨스트 등, 1988년; 홀, 1976년). 고맥락 문화는 체면 살리기, 명예, 부끄러움과 의무를 가치 있게 생각하기 때문에, 대인 관계의 분열을 처리하기 위한 협약과 부드럽게 하는 전략을 사용하기도 한다(킴·구디컨스트, 1988년). 그들은 내성적이고, 대립을 하지 않고, 이방인과의 초기 상호작용에 더욱 신중하다. 그들은 다른 사람의 문화적 배경에 많은 추정을 한다. 그들은 다른 사람들이 행동의 규칙을 알아차리는 것을 기대하기도 한다(도드, 1987년) (표 7.8 참조).

표 7.8 문화간 의사소통에 미치는 맥락 지향

문화 특성	의사소통의 특성	특성을 보이는 나라
고맥락 문화(HCC) (홀, 1976/1977, 1983년; 킴 · 구디컨스트, 1988년, 팅-투미, 1991년)	은밀하고 함축적인 비어휘적이고 맥락적인 메시지 의미에 중점, 난선형 논리, 그룹 지향, 내부 그룹과 외부 그룹의 구별, 내성적 반응, 비대치적 태도, 체면 살리기와 사회적 관계 지향, 갈등, 협의, 상호 보상을 위해서 부드럽고 은밀한 전략	중국, 일본, 한국, 베트남, 멕시코, 라틴 문화(홀, 1976년; 팅-투미, 1991년); 일본(도드, 1998년); 일본, 중국, 한국, 아프리카계 미국인, 미국 원주민, 라틴계 미국인(사모바르 등, 1998년); 일본, 아프리카계 미국인, 멕시코(스튜어트, 1971년; 콘돈 · 요셉, 1975년)
저맥락 문화(LCC) (홀, 1976/1977, 1983년; 킴 · 구디컨스트, 1988년, 팅-투미, 1991년)	명백하고 외형적 특정한 단어로 표현된 어휘로 자세히 설명된 메시지, 명백한 의도와 사실에 중점, 직선적인 논리, 개인 지향, 유연한 내부 그룹과 외부 그룹, 즉각적인 관측과 외형적 반응, 대치적 태도, 행동과 해결 지향, 분열적이고 대면적 협상에 대처하기 위한 직접적이고 지배적 전략	독일, 스칸디나비아, 스위스, 미국(홀, 1976/1977, 1983년; 팅-투미, 1985년); 독일, 스칸디나비아, 스위스, 북미, 프랑스(사모바르 등, 1998년); 독일, 스웨덴, 영국(스튜어트, 1971년; 콘돈 · 요셉, 1975년)

4. 문화간 의사소통이 가능한가?

문화적으로 다른 맥락에서 의사소통은 다음의 이유로 인하여 어렵거나 불가능하다. 문화간 의사소통에 어려움을 만들 수 있는 복잡한 차원은 다양하다(6장과 표 6.8 참조). 이러한 문화 차원은 많은 그룹으로 나누어 질 수 있다. 또한 각 그룹간 문화 차이는 의사소통하는 데 있어서 인식의 차이로 나타날 수 있다. 어떤 차이점은 더 큰 문제를 만들 수도 있다. 어떤 차이점은 아주 매력적이고 관심을 끌 수도 있다(예 외국어 억양).

다양한 사회의 문화 차이의 정도를 측정할 수 있는 인정된 도구는 아직 없다. 현존하는 도구는 종종 의문시되고 있으며, 새로운 측정도구를 개발해야 할 필요성이 있다.

다문화 맥락에서 모든 문화 차이를 완전히 이해하는 것은 불가능하다. 한 언어에서 다른 언어를 구별하는 광범위한 언어적 차이로 인해 개인은 세계를 다르게 보고 경험한다. 문화간 의사소통에서 사용되는 모든 언어와 비언어의 코드의 자연스러운 사용법을 습득하는 것은 사실상 불가능하다. 한 사람이 외국의 언어와 문법을 배워서 그 언어 사용자를 이해한다고 해도, 자신과 다른 언어로 의사소통하는 것은 피곤하고 어려움을 느낄 수 있다.

언어를 효과적이고 성공적으로 번역하는 것은 아주 어렵다. 관광객들이 문화간 의사소통의 차이를 넘어서기 위하여 번역가에 의존하는 것은 결코 적절하지 않다. 그들에 의해 모든 개념과 의미가 해석되는 것은 아니다. 다중언어 환경에서 자라고 양쪽의 문화와 언어에 익숙한 사람만이 의사소통을 정확히 하기 위한 단어와 범주를 효과적으로 사용할 수 있다.

관광산업에서 문화적으로 다른 관광객과 관광지역 주민은 각자 문화의 의사소통 규칙에 서투를 수 있다. 대부분의 문화간 관광객-주민의 만남은 의사소통에 어려움이 있다는 특징이 있다. 이러한 어려움은 외국 문화의 규칙을 배우고, 어떻게 그리고 왜 지역주민들이 그런 방식으로 하는지를 이해해서 최소화하거나 제거할 수도 있다. 다른 나라의 문화와 언어를 배우면 지역주민들의 경험을 나누고 이해할 수 있는 것으로 주장된다. 그러나 문화적으로 다른 사람들의 행동을 이해하기 위해서는 외국의 의사소통의 규칙에 대한 깊은 이해가 필요하다. 이것은 외국 문화에 대한 역사적, 정치적, 경제적, 종교적인 광범위한 지식과 교육적인 수행을 필요로 한다. 즉, 지역주민의 가치, 신념, 태도 그리고 사고방식 등을 알아야 한다. 그러한 지식은 절대로 완전하지 않고, 다른 문화를 가진 사람들에 대한 지식은 오직 상대적으로만 이해될 수 있다. 문화 지식을 획득하고, 문화 기술을 배우고, 문화 차이에 대하여 관용하고 동정적이고 민감한 것이 효과적인 문화간 의사소통을 보장해 줄 수 있다. 그러나 다양한 문화와 외국 언어에 대한 지식, 문화, 기술을 배우고 관용적이고 동정적이 된다는 것이 성공적인 문화간 의사소통을 보장해주지 못한다. 개인 간의 문화 차이가 문화간 의사소통에 영향을 주는 유일한 영향력은 아니다. 사람들 사이의 의사소통 절차에 영향을 주는 많은 조건에는 지리적, 인구학적, 사회경제적, 심리도식적(psychographic), 정치적, 종교적인 요소들이 있다. 문화간 의사소통은 의사소통에 참여하는 개인의 개성과 특성, 사회적 기술에 좌우된다. 문화간 의사소통에서, 문화와 관계없이 사람들의 생각과 행동분별 능력에 의존한다. 더구나 다양한 내부 그룹의 요소, 예를 들어서 자신의 사회문화 그룹 정체성을 지키고 싶은 욕구가 있는데, 이것은 성공적인 문화간 의사소통을 위험하게 할 수 있다.

사람들 사이의 의사소통은 불가능하지는 않다 하더라도 아주 어려운 일이다. 독일 철학자인 하이데거(1962년)에 따르면, 각각의 사람은 특유한 경험을 가진다고 한다. 따라서 사람은 다른 사람의 경험을 이해할 수 없다. 경험의 의미를 창조하고 공유하는 것은, 사람이 스스로 의미를 창조하고 공유할 수 없기 때문에 불가능하다. 사람이 자신의 경험을 나눌 때, 그 사람은 '의사소통'을 위하여 개인성과 정체성을 버리는 것이다. 사람들이 상상한 합의로 그들이 공유하는 정보를 전달할 때, 이것은 진정한 의사소통이 아니다. 사람들은 다른 사람과 연결됨을 느끼고 하나의 공동체로서 정의되기 위해서 그들의 의사소통을 구성하는 것이다(낸시, 1991년). 사람들이 진정으로 정의하고 싶은(예 공동체) 사람들로부터 그들 자신을 다르게 규정할 때, 오해와 분열이 항상 발생한다.

진실되고 근본적인 의사소통은 다른 사람들과 유사점이나 공통점을 찾기보다는 차이점과 독특한 점을 인정하고 존중해주는 능력에 관한 것이다. 진정한 의사소통은 사람들이 어떻게 다른지를 볼 수 있어서, 자신과 다른 사람들의 독특함에 감사할 수 있게 하는 것이다. 진정한 의사소통은 자신을 열고 다중적인 정체성과 관점을 보는 능력이다.

사람들이 의사소통을 할 때, 서로 다른 경험에 중점을 둔다. 비록 경험이 공통적인 면을 가지고 있더라도, 진지함과 중요성은 서로 다르다(하이데거, 1962년). 예를 들어서, 한국인과 일본인들에게 흰색이 애도와 슬픔을 상징하지만, 유럽인들에게는 순수를 의미한다. 결과적으로, 외국인 관광객의 경험이 그들이 여행하는 지역주민의 경험과는 매우 다르기 때문에, 관광에서 문화간 의사소통은 불가능하다. 그러나 가능한 것은 의사소통과 경험의 유사점을 얻는 것이다.

문화간 의사소통은 사람들의 고정관념, 편견, 주관적 사고, 민족 중심주의, 부정 그리고 인종주의에 의해서 왜곡될 수 있다. 이러한 요소들은 문화적으로 구분되는 그룹 사이의 긴장, 고립 그리고 대립을 야기시킨다.

5. 민족 중심주의

민족 중심주의라는 개념은 그리스어에서 유래하고 있으며 사람들이나 나라를 의미하는 에토스(etos)와 중심을 의미하는 케트론(ketron)으로서, 문화 그룹의 중심을 말하고 있다. 민족 중심주의는 어떤 사람 자신의 문화적인 우월성, 자신 문화의 관습 그리고 전통과 행동 관행이 다른 문화보다 더 우월하거나 최소한 그래야 한다는 신념이다. 다른 문화는 무시되든지, 열등한 것으로 취급된다. 민족 중심주의는 다른 사람들의 행동을 그들의 문화가 있는가, 없는가에 상관하지 않고 자신의 규칙과 가치에 따라 판단하고 해석한다. 그들은 다른 문화에서 온 사람들의 행동과 업무 방식이 나쁘고 잘못되었다고 생각한다.

왜 사람들이 민족 중심적인가?

사람들은 다른 사람들의 행동이 자신의 가치로 평가될 수 있다는 것을 알 때, 자신에 대하여 기분이 좋다고 느낄 때 민족 중심이 된다. 그러나 다른 문화 기준이 있다는 것을 안다는 것은, 그들의 삶의 방식이 문화적으로 다양한 환경 속에서 반드시 효과적이지는 않다는 것을 받아들이고, 따라서 더 배워야 할 것이 있다는 것을 의미한다.

왜 민족 중심주의가 문제가 되는가?

자신의 문화가 우월하다고 믿는 사람들은 객관적으로 다른 문화나 다른 사람들에게 접근하지 못한다. 다른 사람의 행동을 자신의 가치에 따라서 해석하고 판단한다. 민족 중심주의는 다른 문화에 의해서 사용되는 의미와 상징을 이해하는 능력을 제한하게 된다. 민족 중심주의는 또한 신념과 관행에서 가장 두드러지게 차이가 나는 점을 부각시켜서 문화 차이를 과장하여 남을 무시하는 경향이 있다. 민족 중심주의는 효과적인 문화간 상호작용과 의사소통을 제한하는데, 그 이유는 민족 중심주의가 서로 다른 사람들을 이해하는 것을 허용하지 않기 때문이다. 민족 중심주의는 문화 오만, 회피, 포기, 결점 비난(고정관념) 그리고 편견과 차별로 이어진다. 극단적인 민족 중심주의는 분쟁과 전쟁으로 갈 수도 있다(로저스·스테인팻, 1999년).

6. 고정관념

고정관념은 사람들이 가지고 있는 어떤 특별한 속성을 말하는데, 일반적 성격에 근거하여 타인에 대하여 선입견이나 꼬리표를 가지거나 또는 특수한 성격이나 그룹 구성원에 근거하여 타인에 대하여 판단하는 속성이 있다. 고정관념은 문화, 직업, 나이, 인종, 토착성, 종교, 성적인 지향 혹은 다른 그룹의 어떤 구성원에 기초해서 발달될 수 있다. 고정관념은 그룹에 속하는 소수의 개인들에 기초해서 그 사람이 속한 그룹을 일반화한다. 새로운 사람을 만나고, 새로운 상황을 마주치고 혹은 그 그룹에 대한 깊은 지식을 결여했을 때 고정관념을 사용한다. 유럽, 특히 영국의 경우에 미국 사람들이 자신만만하고 무식하며 자아 중심적이고 뚱뚱하다는 고정관념이 있다. 이것은 아마도 미국의 음식과 맥도날드나 버거킹 같은(이것들이 미국의 비만을 부채질했다) 프랜차이즈에 대한 인식 때문이다. 또한 미국인들은 야구 모자를 쓰고 평상복을 입고 야구 게임을 보며 코카콜라를 마시고 햄버거, 감자튀김 그리고 피자를 먹는다는 고정관념이 있다. 어떤 사람들은 미국 사람들을 서부의 카우보이로 생각한다.

독일 사람들은 냉담하고 차갑고 정밀하고 정확하다는 고정관념이 있다. 독일 사람들은 규칙을 지키고 맥주를 마시며 노래하고 민속음악을 듣고 어색한 옷을 입고 걸어 다니는 것으로 생각한다. 아시아 사람들은 '이국적'이며, 아주 오래되고, 영적이고, 신비하고, 고대의 지혜를 많이 가지고 있다는 고정관념을 가지고 있다. 이탈리아 사람들은 음식과 패션을 사랑한다는 고정관념, 프랑스 사람들은 사랑과 키스를 잘한다는 고정관념을 가지고 있다. 아랍 사람들은 벨리 댄스 혹은 갑부라는 고정관념을 가지고 있다.

고정관념은 긍정적인 고정관념과 부정적인 고정관념이 있다. 긍정적인 고정관념으로서, 아시아 사람들은 총명하다, 라틴 사람들은 춤을 잘 춘다, 백인들은 성공적이다, 그리고 중국과 일본 사람들은 근면하고, 조용하고, 목표 지향적이라는 것들이 있다. 부정적인 고정관념으로서, 아시아 사람들은 교활하다, 라틴 사람들은 복지혜택을 받고 있다, 그리고 백인들은 인종주의자들이다. 관광객들은 부유하며, 시끄럽고, 관광지역 공동체의 요구를 들어주지 않고, 관광지역 주민은 가난하고 관광객들에게 착취당하는 고정관념을 가지고 있다(프랑코브스키-브라간자, 1983년).

사람들은 새로운 사람이나 상황에 대하여 공정한 판단을 내릴 수 없거나 내리고 싶지 않을 때 고정관념을 사용한다. 고정관념은 일반화를 빠르게 허용한다. 사람들은 때때로 모르는 상태에서 고정관념을 만들어낸다. 많은 고정관념은 개인의 경험이나, 책과 잡지를 읽고, 영화나 텔레비전을 보고 혹은 친구와 가족과의 이야기와 잡담으로 만들어진다. 많은 경우에 고정관념은 상당히 정확하고 그 안에 핵심이 되는 진실을 담고 있다.

고정관념의 중요성

관광에서 고정관념은 관광객들과 지역주민들을 설명하기 위해서 사용된다. 고정관념은 관광객과 관광지역 주인이 서로에게 가지고 있는 인식에 영향을 줄 수 있다(맥커넬, 1984년). 긍정적 고정관념은 관광객들을 끌어 모으고, 부정적 고정관념은 관광객들을 쫓아내어 버린다. 예를 들어서, 타히티의 여자들이 아름답다는 고정관념은 많은 관광객들을 끌어모은다(페티-스키너, 1977년).

고정관념은 관광지역 주민과 관광객의 상호작용을 안내하고 그들의 행동을 설명해주면서 관광객들의 다양한 분류를 구분할 수 있게 한다(피-선너, 1978년). 고정관념은 짧은 기간 동안에 관광객-관광지역 주민의 관계에 상호작용할 수 있는 방법을 보여준다(프랑코브스키-브라간자, 1983년).

많은 관광지에서, 지역주민들은 관광객들의 국적에 따라서 특정한 고정관념을 발전시킨다. 예를 들면, 일본인 관광객들은 그룹으로 여행을 다니고, 만나는 모든 사람에게 절을 하고, 사진을 아주 많이 찍는 것으로 고정관념화되어 있다(조, 1991년). 한국인 관광객들은 자신들의 정체성을 자랑스러워하고, 한국인의 삶의 방식과 비슷한 모든 것을 받아들이며, 한국 식당에 가기를 고집한다고 고정관념화되어 있다(비즈니스 한국, 1991년). 미국인 관광객들은 조심스럽고, 계산적이며, 목적 의식이 있고, 돈에 주의하는 것으로 고정관념화되어 있다(브류어, 1984년). 스웨덴의 관광객들은 절약적이며, 프랑스와 이탈리아인은 과도한 요구를 많이 하는 것으로 고정관념화되어 있다(보이세바인 · 잉그롯, 1979년).

고정관념의 약점

많은 고정관념은 부정확하고 일반적인 규칙에 대한 차이와 예외를 인정하지 않는다(스콜론 · 스콜론, 1995년). 부정적인 점은 강조되고 긍정적인 점은 무시되기도 한다. 고정관념은 다른 사람의 행동을 해석하는 데 있어서 실수하게 만들고, 사람들을 분류하는 데 있어서 나쁜 영향을 미친다(러스티그 · 코에스터, 1999년). 고정관념은 인간 행동의 이해를 제한한다(스콜론 · 스콜론, 1995년). 고정관념은 심각한 오해의 원천이 될 수 있다. 부정적 고정관념은 불신을 만들고, 차별로 이끌며, 무례함과 적대적인 행위(프리겐, 1991년)와 사회적 상호작용을 방해(잔드트, 1998년)한다. 부정적 고정관념은 자신의 문화와 다른 문화에서 온 사람들에 대한 편견과 차별을 촉진할 수 있고(러스티그 · 코에스터, 1995년), 더 나아가서 박해를 가하기도 한다. 고정관념은 다른 문화와 하위문화를 배움으로써 감소될 수 있다.

7. 편 견

편견은 어떤 사건이나 사례에 대하여 올바른 사실 인식이나 충분한 근거 없이 찬성하거나 반대하는 치우친 관념이다. 편견은 어떤 문제에 대하여 판단이 이루어지기 전에 먼저 나타난다. 편견은 특정한 인종, 종교 또는 그룹에 대한 불관용이나 적대감으로 나타나기도 한다. 오늘날 고정관념이라는 단어는 사람들의 인종에 갖게 되는 적대적인 태도에 대해서 자주 쓰이고 있다. 올포트(1954년)는 한 사회에서 편견의 정도를 특징짓는 차별 척도를 만들었다. 이 척도는 5단계로 이루어져 있다. 처음 단계는 언어적인 적대감으로 불리는데, 사람들은 다른 사람들(대개 소수 민족)에 대해서 부정적인 고정관념과 이미지를 가지고 말하고 농담을 한다. 그들의 행동은 대개 악의는 없지만 더 심각한 편견의 표시를 만드는 단계이다. 회피라고 불리는 두 번째 단계에서 사람들은 소수 민족 사람들을 회피한다. 비록 그들이 누구에게도 신체적인 위협을 가하지는 않지만, 그들은 소수 민족을 격리시켜서 정신적으로 해를 가하려는 의도를 가지고 있다. 고립이라고 불리는 세 번째 단계에서, 다수 그룹은 소수 그룹을 취업이나 교육 같은 기회와 서비스의 목표 획득을 방해하여 해를 끼치려고 한다. 네 번째 단계는 신체적 공격인데, 다수 그룹은 소수 그룹 사람들에 대하여 재산을 훼손하고 폭력적인 공격을 가한다. 최종적으로 몰살의 단계에서, 다수 그룹은 소수 그룹의 몰살을 꾀한다. 이것은 부정적 고정관념이 얼마나 다른 문화나 인종 출신 사람들에 대한 차별을 만들어 내는지를 보여주고 있다.

8. 인종주의

인종주의는 특정한 인종의 모든 구성원이 다른 인종보다 우등 또는 열등하며, 특별한 특징이나 능력을 가지고 있다는 믿음이다. 인종주의는 한 인종이 다른 인종을 다스리거나 지배할 수 있는 권리를 가지고 있다는 것을 포함하고 있다. 인종주의는 사회적인 차별, 인종 차별, 악의적 연설과 폭력에 대한 동기부여의 요소가 되어 왔다.

인종 차별이라는 말은 '정치적, 경제적, 사회적, 문화적 혹은 어떤 다른 공적인 삶의 다른 분야에서 동등한 입장과 인권과 기본적인 자유에 기초한 인식과 행사의 향유를 무효로 하고 무력하게 만들려는 목적을 가진, 인종, 피부색, 취향, 국가 혹은 나라의 기원에 근거한 어떤 구별, 배제, 제한'을 말한다(1966년 유엔의 모든 종류의 인종 차별의 금지에 대한 국제 협약 제1조 제1항).

2001년에 유럽연합은 기본적인 권리의 조항에서 다른 형태의 사회적인 차별과 함께 인종주의를 금지했다. 그 조항의 제21조는, 인종, 피부색, 민족 또는 사회적 기원, 유전적 특징, 언어, 종교, 신념, 정치, 다른 의견, 민족적 소수 구성원, 가난, 장애, 나이, 성적인 지향 그리고 국적에 따른 차별을 금지하고 있다. 인종 차별은 많은 나라에서 법적으로 금지되어 있다.

9. 문화간 의사소통 증진을 위한 전략

문화간 의사소통이 성공적인 것이 되려면, 자신을 새로운 경험에 노출해야 한다. 유연해지고, 다른 견해를 판단하거나 기각하지 않고 기꺼이 받아들여야 한다. 이러한 개방성이 관광업에서 일하기 위하여 매우 중요하다. 국제 관광객과 지역 주민은 다른 새로운 사람, 생각, 행동 그리고 사고방식에 노출된다. 새로운 생각과 경험에서 이익을 얻기 위해서 이런 아이디어와 경험을 살리고, 단지 새롭거나 이상하다는 이유만으로 배제해서는 안 된다. 반드시 새로운 생각을 받아들이고 동의할 필요는 없다. 그러나 상대방과 의사소통이 잘 되고 효과적이라는 것을 확실히 하기 위해서는 비판하지 말아야 하는 필요가 있다.

관광객과 관광지역 주민이 서로의 특유성과 차이점을 인식하고 받아들일 때, 어떤 공통적인 행동과 사고의 패턴을 맹목적으로 따라가는 것이 줄어들 것이다. 그들은 새로운 것들에 대해서 자신의 생각을 가지게 된다. 이것은 또 다른 관점을 가지는 것을 도와준다. 또한 자신들만의 관점이 유일하거나 최선이 아니라는 것을 인식하게 된다. 더 신중해지고 말하기 전에 생각하게 된다. 이것은 더 주의 깊게 듣도록, 서로를 더 철저하게 공부하고 분석하고 자신의 관점을 더욱 철저히 평가하도록 촉진시킨다. 이것은 더 효과적인 문화간 의사소통자가 되게 한다.

10. 문화간 의사소통의 윤리

관광객과 지역주민은 그들이 상호작용하는 사람의 신념, 가치와 기준에 맞추기 위하여 그들의 행동 변화를 결정해야 한다. 행동과 의사소통을 문화에 적응하는 것이 주인에 대한 관광객의 의무인가 또는 관광객에 대한 주인의 의무인가? 오래된 격언 "로마에 가면 로마의 법에 따르라."라는 말이 있다. 이것은 분명히 관광객이 새로운 문화를 방문할 때 행동을 바꾸어야 한다는 것을 말해주고 있다. 그러나 이 규칙은 주인에 의해서도 적용되어야 한다. 서로의 문화 기준을 인정하고 관광객의 문화에 대해서 존중을 표시해야 한다. 이러한 행동은 상호 간 진정성의 기초가 되어 상호작용을 할 수 있게 해줄 것이다.

문화간 의사소통의 윤리적인 딜레마는 어느 정도로 다른 문화의 행동을 채용할 것인가의 문제이다. 상호 간 문화에서 틀렸다고 생각되는 행동들을 해야 할까? 문화간 의사소통의 이익은 무엇인가? 문화간 의사소통의 결과는 긍정적인가? 어느 정도로 관광객과 지역주민이 자아정체성의 감각을 버려야 할까? 어느 정도에서 서로에게 적대적이 되는가? 문화간 의사소통과 외국인에 대한 상호작용의 이익이 크지만 어떤 결과는 부정적이다. 예를 들어서, 자연자원에 대한 과다한 소비, 부정적 고정관념이나 편견 혹은 모욕의 증가가 있다. 결과가 부정적이더라도 관광객과 지역주민 사이의 문화간 상호작용과 의사소통이 촉진되어야 할까? 국제적인 관광과 여행이 촉진되어야 할까? 지방민들이 다른 문화 기준에 노출되고, 그 노출이 부정적이고 더구나 충격을 준다는 사실을 알고서도 그렇게 하는 것이 윤리적일까? 외국어를 못하면서도 외국을 여행하는 것이 윤리적일까 또는 편견과 민족주의적인 것일까? 관광객에게 그들의 기준을 버리고 지역의 기준에 적응하라는 것이 윤리적일까? 서로 다른 문화권의 사람들이 서로의 문화적인 가치와 신념을 무시하면서 의사소통과 상호작용을 강요하는 것이 윤리적일까? 이러한 질문들은 반드시 해야 하는 질문들이다. 이러한 질문들 중에 간단하게 대답될 수 있는 것은 아무것도 없다.

요 약

문화간 의사소통은 다른 문화에서 온 사람들이 의사소통하려고 노력하는 것을 이해하려는 절차이다. 문화간 의사소통은 절대로 완벽하지 않다. 이러한 어려움은 언어, 비언어적 신호, 관계 패턴, 대화와 상호작용 형태, 문화 가치 그리고 시간과 맥락 지향의 문화적 차이에 의해서 발생된다. 문화적으로 서로 다른 맥락에서 의사소통하는 것은 다양하고 복잡한 차원이 있고, 모든 문화 차원의 완벽한 이해는 다른 문화간 완벽한 언어 번역은 불가능하기 때문에 매우 어렵다. 관광객과 주인은 서로의 문화 규칙으로 의사소통하는 데 능숙하지 않다. 문화적 지식, 기술, 배움 그리고 관용이 성공적인 문화간 의사소통을 위해서 충분하지는 않다. 다양한 지리적, 심리도식적, 정치적 그리고 종교적인 요소가 참가하는 개인의 특성과 함께 고려되어야 한다. 내부 그룹 요소, 민족 중심주의, 고정관념과 인종주의는 성공적인 문화간 의사소통을 방해한다. 성공적인 문화간 의사소통을 위하여, 사람들은 새로운 경험에 대하여 자신들을 열고 자신과 다른 사람들의 특이성과 차이를 받아들여야 한다. 문화간 의사소통은 다양한 윤리적인 딜레마를 만들어낸다.

논점과 질문

1. 고정관념이 무엇이며 이것이 어떻게 사람들의 삶에 영향을 미치는가?
2. 당신의 삶에서 고정관념과 편견의 예들을 생각해보라. 그 결과는 어떠했는가?
3. 대중매체(신문, 텔레비전, 영화)가 고정관념을 어떻게 발전시키는가?
4. 어떤 그룹이 다른 그룹보다 더 고정관념이 강하다고 생각하는가? 그렇다면 그 이유는 무엇인가?
5. 개인이 편견과 고정관념을 감소시키는 데 도움을 줄 수 있다고 생각하는가?
6. 대중매체(신문, 텔레비전, 영화)가 어떻게 고정관념을 감소시킬 수 있다고 생각하는가?

사례 연구 1 태국과 호주의 예의바름과 공손함

태국 사람들은 매우 친절하고 모두를 기쁘게 하려고 한다. 그들은 사회의 에티켓, 존경과 공손함의 기준에 일치되어야 하며, 불쾌한 것과 분열을 피하는 데에 필요한 것은 무엇이든지 필요하다고 말한다. 호주 사람들은 상황에 의존하지 않는 것은 절대적인 진리라고 믿는다. 태국 사람들은 거의 '제발(please)' 혹은 '감사합니다(thank you)'라는 말을 하지 않는데, 그 이유는 태국의 공손한 말들은 그 안에 'please'이라는 의미를 가지고 있기 때문이다. 그 결과로서, 영어를 말하는 사람들은 태국 사람들이 요구하는 것이라고 생각하지만 태국어를 말하는 사람들은 그들이 공손한 부탁을 하고 있는 것으로 생각한다. 태국 사람들은 또한 공손한 말 대신에 웃음을 사용한다. 이것은 'please'와 'thank you'라는 말을 흔하게 사용하는 호주 사람들과 비교된다. 태국에서는, 존중이 지식, 머리, 충성, 존경 그리고 삶과 관련된 책, 모자, 우산, 코끼리 그리고 쌀 등의 일상생활의 물건을 포함한 더 높은 지위나 나이에 보여진다. 이것은 덜 존중하고 신성한 상징을 많이 가지지 않은 호주 사람들과 비교된다.

출처 : Reisinger, Y., & Turner, L. (1998). 관광의 문화 차이 : 호주의 태국관광의 리즈렐 연구. 인도차이나와 남동아시아의 관광 호텔산업 회의에 제출된 논문, 타일랜드, 푸껫, 1998년 6월 4-6일

웹사이트 링크

1. 고정관념 : http://homepages.rtlnet.de/krkarworth/stereotype.html#What_are_stereotypes_
2. 고정관념의 예 : www.ask.com
3. 고정관념의 위험성 : http://www.culturalsavvy.com/stereotyping.htm

문화 차이는 사람들이 상호작용하는 방법에서 나타나기 때문에, 다음 장에서는 사회적 상호작용의 개념과 문화 차이를 논의한다.

사회적 상호작용에 대한 문화적 영향

이 장의 목표는 사회적 상호작용에서의 문화적 영향과 차이를 설명한다.

목 표

이 장을 끝내고 나면 여러분들은 다음 내용을 이해할 수 있어야 한다.

- 사회적 상호작용의 개념, 목적 그리고 중요한 특징을 설명할 수 있다.
- 관광에서 사회적 상호작용의 개념을 설명하고, 그 유형과 결정 요인을 구별할 수 있다.
- 문화간 사회적 상호작용, 차원과 유형을 설명할 수 있다.
- 문화간 맥락에서 사회적 상호작용의 모델을 그려볼 수 있다.
- 접촉 가설과 결과를 설명할 수 있다.
- 사회적 상호작용과 관련된 어려움을 토론할 수 있다.
- 문화 충격의 개념과 종류 그리고 문화 충격의 과정과 단계를 설명할 수 있다.

서 론

문화 차이는 사람들이 상호작용하는 방법에 영향을 준다. 다른 문화 배경을 가진 사람들 사이의 상호작용은 그들의 문화 유사성의 정도에 따라서 좌우되는 경향이 있다. 문화 충격은 외국 문화에서 마주치는 가장 큰 어려움 중의 하나이다.

1. 사회적 상호작용의 개념

사회적 상호작용은 사람들 사이에서 나타나는 일상적인 상호작용을 말한다. 사회적 상호작용은 어떤 환경에서 발생하는 개인적인 교류이다. 그리고 그 범위는 어떤 의사소통 없이 다른 그룹 구성원을 관찰하는 것에서 친근한 교류까지 광범위하게 나타나고 있다(쿡 · 셀리츠, 1955년, pp.52-53). 사회적 상호작용은 친한 인사, 짧은 미팅, 대화, 장기간의 관계 그리고 우정의 형태로 나타난다. 사회적 상호작용은 서로 다른 상황, 즉 일터, 가정, 거주지의 이웃, 아이들, 어른들, 대학생들, 의사들, 버스 운전사들 그리고 다른 사람들 사이에서 일어날 수 있다. 사회적 상호작용의 중요한 목적은 특정한 상황에서 다른 사람들과 교제하고, 대화에 참여하고, 관점과 경험을 비교하고, 서로 배우고, 사회적 연결을 알아내고, 관계를 발전시키는 것이다.

사회적 상호작용의 주요한 특징

사회적 상호작용의 분석이론에 따르면, 사회적 상호작용의 중요한 특징은 목표, 규칙, 역할, 행동 요인, 행동 순서, 개념과 인식구조, 환경적 배경, 언어와 말 그리고 어려움과 기술이다(아르길 등, 1981년) (표 8.1 참조).

표 8.1 사회적 상호작용의 중요한 특징

사회적 상호작용 이론의 분석
• 사회적 상호작용을 동기부여하는 목표 • 사회적 상호작용을 규제하여 목표가 성취되도록 하는 규칙 • 참여자의 의무, 책무 또는 권리를 결정하는 역할 • 상황에 적절한 언어, 비언어적 행동의 단서를 대표하는 요인들 • 적절한 행동의 순서를 설명하는 일련의 행동 • 개인의 효과적 행동을 위한 개념과 인지 구조 • 상호작용이 일어나는 환경 • 개인이 무엇이 일어나고 있는지와 상호작용에서 어떻게 행동해야 하는지를 이해할 수 있게 하는 언어와 말, 예를 들면 언어 속에 나타나는 어휘, 변이 요소 • 적절히 이해되기 위한 특별한 기술(인식, 운동, 기억, 언어)을 요구하는 어려움과 기술

출처 : Argyle, M., Furnham, A., & Graham, J. (1981) Social situations. Cambridge: Cambridge University Press.

각각의 사회적 상호작용은 다음과 같은 요인에 따라서 성공적이거나 실패로 나타나기도 한다. 즉, 개인의 상호작용에 대한 동기부여, 개인의 행동이 사회적으로 인정된 규칙을 따르는지, 권리와 의무를 아는지, 특정한 상황에 맞는 언어, 비언어적인 신호를 사용할 수 있는지 그리고 어떻게, 언제 적절한 행동을 하는지, 개인은 또한 그들의 상호작용이 일어나는 환경을 이해하며, 그 환경에 적절한 언어를 말하고 사용해야 한다. 즉, 대인 관계, 언어, 기억, 신체 언어 기술이 개인이 상호작용에서 어려움을 겪을지를 결정한다. 이러한 기술을 가진 사람은 부드럽게 상호작용을 하는 반면에 반대의 경우는 어려움을 겪는다.

2. 관광에 있어서 사회적 상호작용

관광에서 사회적 상호작용은 관광객들이 비행기나 버스로 여행할 때, 호텔에 머무를 때, 식당에서 식사할 때, 관광 명소를 방문할 때, 쇼핑이나 나이트클럽에 갈 때, 안내원에게 이야기할 때 또는 지방의 댄스를 관람할 때에 일어난다. 관광에서 사회적 상호작용은 다양한 범주의 관광객과 관광지역 주인 사이에서 일어난다. 관광객은 여행 계획의 제도화 정도, 여행 형태, 동기부여, 활동의 선호도, 개성, 휴일의 종류, 여행객의 지위 등에 따라서 종류가 다르다(표 8.2 참조).

여행객들의 분류는 사람들이 문화 경계를 넘으면 더욱 강조된다(국내 대 국제). 또한 세계의 많은 지역에서 여행자들은 체류자, 여행자 그리고 방문객으로 불리고 때때로 손님으로 대접받는다(노자와, 1991년). 예를 들면, 남태평양에서는 관광객이 '손님'으로 대접받는데(부소니와이라라, 1980년), 관광객과 지역주민 사이의 많은 사회적 상호작용은 상호 보완성을 포함하여 사회적인 의무의 개념에 기초한다. 서구의 관광객은 이러한 상호 보완성의 개념을 이해하지 못하고 그들에게 요구되는 의무를 이행하지 못하는데, 이것은 관광지역 주민에 대한 착취로 이어진다.

표 8.2 관광객의 종류

종 류	특 징	저 자
욕구나 갈망(Sunlust)	휴양과 휴식을 위한 여행	그레이(1970년)
욕구나 갈망(Wanderlust)	배움을 위한 여행	
제도화	편함을 추구하고, 관광산업에 의존함	코헨(1972, 1974년)
조직된 대량 관광객	휴일 패키지로 조직된 관광, 지역 공동체와 최소의 접촉, 의미 있는 관광객–관광지역 주인 관계 발전에 대한 기회가 거의 없고, 환경적인 거품으로 둘러싸이고, 서비스 공급자에 대한 사회적인 접촉 제한	
개인 관광객	비슷한 시설을 이용하지만 조직화된 관광에 포함되지 않은 다른 곳을 방문하기를 원함	
비제도화	자신의 일정을 따르고 관광산업과 거의 접촉이 없음	코헨(1972, 1974년)
탐험가	독립적으로 여행하고 지역 공동체와 접촉하고 경험하고 싶어함	
떠돌이	다른 관광객과 접촉하지 않으려 하고, 관광지역 공동체에 살고 싶어함	
쾌락 추구자		코헨(1979년)
행락객	휴양을 목적으로 여행하고, 오락과 휴식을 찾음	
탈출추구자(diversionary)	일상생활의 탈출을 추구함	
순례 관광객		
경험적(experiential)	토착적인 경험을 원하고, 지역 문화를 전혀 구분하지 않음	
실험적(experimental)	대안을 찾지만 외국 문화에 완전히 동화되지는 않음	
존재적(existential)	외국 문화에 완전히 동화	

종류	특징	저자
전세 관광객, 대중 관광객, 초기 대중 관광객, 특이한 관광객, 색다른 관광객, 엘리트 관광객, 탐험가	휴일을 즐기기 위해 대규모로 비행기를 타고 도착하는 (전세)관광객으로부터 시작해서 새로운 지역을 탐험하고 지역 문화를 완전히 받아들이는 소수의 관광객으로 변화	스미스(1989년)
상호작용하는 관광객	도착지, 장소, 지역 혹은 현장과 친근함과 제도화의 수준에 기초해서 상호작용	코헨(1972년), 로익 등(1992년), 머피(1985년)
인지-규범적인 관광객	야외 활동에 특별한 동기를 가지고 있음, 예를 들면 환경 관광객	
환경 관광객		흐베네가드(2002년)
활동에 근거	야생 생활을 보고, 오솔길을 걷는 등 지배적인 활동	
동기에 근거	새, 야생 생활, 문화 그리고 고산족(hilltribe), 풍경, 폭포와 같은 볼거리에 의해서 동기부여	
고활동(고에너지) 외향성	다양한 활동과 선택 사양이 많아야 하고 관광객 같지 않은 분위기를 원함	피스크·마디(1961년)
저활동(저에너지) 내향성	휴식하는 분위기, 편암함을 강조하는 패키지화된 생산물과 서비스를 찾고, 몇 가지의 선택과 도착지와 생산물에 친근성	
정신이상적(Psychocentric)	불안하고, 내성적이고, 모험을 좋아하지 않고, 내부에 중점을 맞추고, 수입이 적고, 편안함, 안전, 친숙함을 추구하고, 단거리 여행 목적지, 패키지 관광객과 인기 지역 선호	플로그(1974년)
중간적(Midcentric)	연속체의 중간을 이루고, 휴식과 즐거움 혹은 변화를 위해서 여행하며 가장 큰 여행객 숫자를 구성	
타인 중심적(Allocentric)	모험심과 자신감이 강하고, 호기심이 많고, 외향적이고, 수입이 많고, 새로운 경험, 참신함, 도전, 열광, 장거리 여행을 찾고, 자유로운 휴가 일정을 선호하고, 지역 문화에 포함되기를 원함	

종 류	특 징	저 자
고에너지 여행자	활동적, 높은 수준의 활동, 많은 활동	플로그(1979년)
저에너지 여행자	덜 활동적, 적은 활동을 선호	
모험가	탐험하고, 처음 사용자가 되기를 원함	플로그(1987년)
기쁨 추구자	여행의 모든 면에서 고급스럽고 편안함을 원함	
충동적 여행자	즉각적 행동, 빠른 결정을 하고, 무계획적이며, 많이 소비	
자신감	특이한 일을 하고 싶어함, 예를 들면 예외적인 장소, 특이한 목적지 혹은 활동을 찾음	
계획적 유형	미리 여행을 계획하고, 물건 값을 깎고, 미리 패키지화된 여행을 찾음	
남성형	활동 지향적, 외부 활동을 찾고, 자동차 여행, 많은 것을 가져감	
지성형	문화 활동에 특별한 관심, 탐험하고 발견하고, 연극을 보고 박물관 탐방	
사람 지향형	사람과 가까워지려고 함, 세계의 문화 경험, 사회적, 무계획하고 충동적인 모험가	
모험가	지성적인 리더, 세계 탐험, 열광과 새로운 경험을 찾고, 성취자, 자존심, 성공적, 편안함과 경제적인 이익보다는 오락 추구, 다른 사람이 찾기 전에 새로운 목적지를 찾아냄, 발견하기를 좋아하고 지방과 토착 음식에 적응하고 준비 덜 된 숙박을 이용, 외국 문화에 편안함을 느끼고, 다른 언어 사용자를 두려워하지 않음	플로그(2002년)
의존형	우유부단, 불안, 안전과 편안함을 찾고, 정해진 정체성을 가지고 있는 브랜드 상품을 사용, 잘 알려지고 발전된 목적지 방문, 매년 같은 목적지를 찾고, 활기있고 재미있는 스포츠 선호, 집 같은 분위기를 좋아하고 패스트푸드 식당, 영화, 극장, 반복되는 것, 주위 사람들이 추천하는 것에 귀를 기울이고, 모험보다는 여행을 함	
고독한 여행자	개인주의이고 자아 지향, 자신의 이익을 추구하기 위하여 혼자 여행함	메흐메토글루(2004년)
그룹 혹은 패키지 여행자	집단적이고 타자 지향적이며 다른 여행객들을 만나서 타인 지향적이며 친목, 관계를 찾기 위해서 여행	

관광지역 주체(host)는 지역 주민이 될 수 있고 토착 주민, 투자자, 개발업자 그리고 관광객에게 서비스를 제공하는 사람들(호텔리어, 프론트 오피스 고용인, 웨이터, 상점 보조원, 고객 사무원, 관광 가이드, 관광 매니저, 택시와 버스 운전사)이 될 수 있다. 이러한 서비스 제공자는 '직업적인 관광지역 주체'(네테코벤, 1979년)라고 불린다.

관광에서 사회적 상호작용은, (1) 관광객과 다른 관광객(국제적, 국내적), (2) 관광객과 서비스 제공업자, (3) 관광객과 지역 주민, (4) 관광객과 토착 주민/제공자, (5) 관광객과 수입된 근로자, (6) 관광객과 투자자 사이에서 일어날 수 있다.

관광에서 사회적 상호작용은 (1) 관광객과 주민이 관광 장소나 혹은 상호 활동에 참석해서 점차 친근하게 되는 개인적인 만남, (2) 두 당사자가 정보 교환의 절차 동안에 대면하게 되는 관광객 정보센터나 프론트 오피스에서의 질문, (3) 관광객이 가게, 레스토랑, 항공사에서 물건과 서비스를 거래를 할 때 이루어질 수 있다(데카트, 1979년).

1) 관광객 – 관광지역 주민의 사회적 상호작용의 속성

관광객–관광지역 주민의 사회적 상호작용은 대개 간단하고 일시적이다. 관광객은 대부분 짧은 기간 동안 머물러서 관광객과 지역주민 사이에 의미 있는 관계를 발전시킬 기회가 없다. 전통적인 친절함은 지나치게 이용될 수 있고, 상호작용은 착취가 될 가능성도 있다. 관광객과 지역주민은 서로 다른 사회적 지위를 가지며, 서로 다른 역할을 하고, 서로 다른 목적을 가지고 있다. 관광객들은 서비스를 받고, 주인들은 서비스를 주는 사람이 된다. 관광객은 레저를 즐기고 주인은 일을 한다. 관광객들은 레저로 동기가 부여되고, 지역주민은 경제적인 이익 때문에 동기부여된다. 그 결과 서로에게 다른 태도와 행동을 발전시키게 된다. 관광객과 지역주민은 또한 부와 정보, 약속과 책임 그리고 사회경제적 지위와 문화 정체성에 대하여 다른 접근을 한다. 관광객의 가시적인 부는 질투, 증오 그리고 착취로 이어지기도 한다. 관광객과 지역주민의 접촉은 자발적이 아니라, 인공적인 것이다. 접촉은 상업적인 것이고, 사업상의 거래에 제한되며 경제적인 이익의 자료로 그 모습이 바뀐다. 그러나 동시에 이익의 목적을 위하여 친근함과 서비스의 질에 대한 관심을 요구하기도 한다. 접촉은 관광객과 지역주민이 (1) 관광 장소에서 만나거나, (2) 정보와 아이디어를 교환하거나, (3) 관광객이 지역주민으로부터 물건과 서비스를 구입하거나 하는 행위에 따라서 공적인 것이 된다. 처음과 세 번째의 상호작용의 종류가 더 흔하고 공적이다. 관광객-지역주민의 접촉은 또한 경쟁적이며, 새로운 경험을 요구하는 동시에 애매하다(코헨과 쿠퍼, 1986년; 데카트, 1979년; 딘, 1989년; 호이빅과 헤이버그, 1980년 자파리, 1989년; 네테코벤, 1979년; 수턴, 1967년; 반 덴 베르거, 1980년; 반 덴 베르거와 케이스, 1984년).

2) 관광객 – 관광지역 주민의 사회적 상호작용의 맥락

관광객-지역주민의 상호작용은 (1) 공간적(예 관광객과 지역주민에 의해서 공유되는 물리적 공간 또는 물리적 거리, 상호작용자의 사회적 지위, 행동 규칙), (2) 임시적(예 관광객들이 목적지에 머무는 시간, 접촉 시간, 상호작용자에 의해서 수행되는 서로 다른 역할), (3) 의사소통적(예 상대방의 언어를 말하고 비언어적인 행동을 이해하는 능력), (4) 문화적(예 서로 다른 문화적 가치, 인식, 태도, 서로의 가치와 경험을 공유하려는 의지) 맥락에서 이루어진다.

임시적이고 공간적인 맥락

관광객-지역주민의 접촉은 참가자들이 서로 상호작용하고, 서로를 알고, 서로를 이해하는 접촉의 기회가 있을 때 일어난다. 만약 그러한 기회가 없으면 그러한 접촉은 일어나지 않는다. 그러나 관광객과 지역주민의 접촉이 일어나는 바람직하지 못한 조건 때문에, 이 접촉은 깊은 상호작용에 많은 기회를 제공하지 못한다. 그 결과 일시적이고, 피상적이고, 불평등하고 착취, 불신 그리고 고정관념의 형성이 발생된다. 이러한 요인들은 상호 간 의미 있는 접촉의 기회를 제공한다고 볼 수 없다. 관광객과 지역주민 대면의 최대의 기회는 관광객들이 '관광밀집지역'에 고립되어서 '직업적인 주민'(서비스 제공자) (네테코벤, 1979년)을 대면하는 곳에서 발생한다. 또한 더 깊은 정도의 상호작용은 서로 대인 관계의 끌림(트리안디스, 1977년), 특히 서로 문화적인 유사성에 의존한다. 문화 배경의 유사성이 더 크면 클수록 서로에게 더 끌리고, 그들의 접촉이 더 깊어진다.

관용, 열정, 관심, 호의, 환영 태도 그리고 서로의 필요를 듣고 이해하려는 태도, 상호 존경 같은 관광객과 지역주민의 개인적인 특성은 서로의 상호작용을 증가시킨다. 다른 한편으로, 분노, 무시, 무례, 상호 문화 배경에 대한 이해의 결여, 자만심 그리고 우월감의 감정은 상호작용을 감소시킨다.

또한 관광객과 지역주민 사이의 사회적 상호작용은 그들의 접촉 동기에 좌우된다. 그러나 많은 관광객과 주인은 그러한 동기부여 없이 서로를 대면한다. 어떤 관광객들은 지역주민보다는 동료 관광객과 상호작용하기를 더 선호한다. 다른 관광객들은 가게나 레스토랑에서 지역주민과 대화하고 그들 자신의 나라에 대한 정보를 교환하기를 선호하지만, 더 이상의 상호작용은 갖지 못한다. 어떤 관광객들은 대화에 참여하기를 좋아하지만 더 이상의 교제는 없다. 오직 몇몇의 관광객만이 상호작용하기를 좋아하고, 깊고 긴 대화에 참여하며, 서로를 더 잘 알고, 개인적인 경험을 공유하고, 장기간의 우정으로 발전시킨다.

더 나아가서, 상호작용의 목표와 목적은 상호작용의 결정에 중요한 역할을 한다. 레저 활동을 하고 있는 관광객은 지역주민과의 상호작용을 경험으로 생각하고 사회적인 만남을 추구하는 것 같다. 이와는 대조적으로, 일을 하고 있는 지역주민은 상호작용에서 경제적인 이익을 더 추구하는 경향이 있다. 관광객과 지역주민 사이의 관계는 '경제적 교환'에 기초하기 때문에 그들의 상호작용은 긴장, 스트레스, 심지어는 분쟁을 포함할 수 있다.

관광객과 지역주민 사이의 사회적 상호작용은 사회적 행동의 규칙에 의해서 지배된다. 이러한 규칙은 소개, 인사 그리고 작별, 이름과 호칭, 공공장소에서의 행동 등을 포함한다. 이러한 규칙은 사회적으로 그리고 문화적으로 다른 상황에서 어떻게 행동해야 할지에 대한 가이드라인을 결정하게 된다(9장 참고).

더구나, 사회적 상호작용의 발전은 관광 활동 참가자의 지위, 상호 이익, 활동 그리고 공통의 목표에 의존한다(보셔너, 1982년; 셀리처·쿡, 1962년; 트리안디스·바실리오, 1967년). 관광객과 관광지역 지역주민 사이에서 한쪽의 지위가 낮거나 동기가 다르면, 상호작용은 일어나지 않을 수 있다.

관광에서 상호작용은 관광이 보상으로서 인식되거나(트리안디스, 1877년) 혹은 관광 혜택이 초과 수익으로 되면 증가한다. 상호작용의 보상(즐거움, 기쁨, 만족)이 크고, 비용(걸치레, 스트레스)이 적을수록 상호작용이 일어날 가능성이 높아진다. 비용과 혜택의 평가는 관광 참여자 사이의 문화적인 유사성과 차이에 좌우된다. 문화적으로 유사성이 많을수록, 그들은 더욱 더 상호작용을 보상으로 생각한다. 문화적으로 다르면 다를수록, 상호작용은 비용이 더 많이 든다고 생각한다.

관광객-지역주민의 상호작용에서 교환되는 돈, 물건, 서비스, 사랑, 지위 그리고 정보 같은 자원도 상호작용을 결정한다. 교환되는 자원은 가치와 문화적인 신념과 규범에 따라 좌우된다.

예를 들어서, 폴리네시아에서 환대나 환영의 표시는 선물, 음식, 공예품, 금전적 기여로서 서로 상호 교환된다(Bermo, 1999). 서구의 관광객들에게 있어서, 그들이 거래로 알게 된 상대방으로부터 오랫동안 지속되는 보답의 개념을 거의 이해하지 못한다(Van den Berghe, 1994).

의사소통 맥락

사람들은 효과적으로 의사소통을 할 수 있는 사람들과 사회적으로 상호작용을 한다. 비슷한 사람과의 상호작용은 다른 사람과의 상호작용보다도 더 효과적이다. 사람들은 대개 이방인과 접촉을 하지 않으려고 하는데(구디컨스트 · 킴, 1997년), 그 이유는 이방인과의 의사소통은 그들이 생각하는 만큼 효과적이지 않기 때문이다.

문화 맥락

문화적 가치는 사회적 상호작용에 상당한 영향을 미친다. 문화적 가치는 상호작용의 동기와 참여자의 이해, 위치 인식, 개인적 목표의 중요성, 활동, 협력, 경쟁의지, 개인적 매력 그리고 의사소통의 형태를 결정한다.

사회적 상호작용에 의해 서로 교환되는 보답이나 물건들은 그것을 받는 사람과 친근하다면 좀 더 가치 있는 행위로 여겨진다. 예를 들어서, 폴리네시아 사람들에게 금전적 이익은 가치 있는 것으로 여겨지지 않는다. 그리고 서구 사람들에게 있어서, 상호 보상은 중요한 행위로 여겨지지 않기도 하다(Berno, 1999).

문화는 사람들에 대한 특정한 태도의 발전을 촉진한다. 이러한 태도의 강도는 사회관계의 발전에 영향을 준다. 강한 긍정적인 태도를 가진 사람들은 사회적 상호작용에서 강한 활동적인 경향이 있고, 약한 긍정적인 태도를 가진 사람들은 약한 활동적인 경향이 있다(페스팅거 · 켈리, 1951년). 부정적인 태도는 내성적인 성격, 의심, 불만족 그리고 이해의 결여를 만들고 상호작용의 발전을 좌절시킨다. 부정적인 태도는 적대적인 관계, 고정관념 그리고 편견을 만든다. 사람이 편견을 가지면 가질수록, 상호작용에 적게 참여하는 것 같다. 그러나 편견이 접촉의 회피를 의미하지는 않는다. 오히려 편견이 많은 사람도 다른 사람과의 접촉을 추구한다. 또한 문화는 사람에 대한 서로 다른 인식의 발전을 촉진한다. 어떤 사람이 다른 사람을 긍정적으로 인식하면, 거꾸로 다른 사람들에 의하여 긍정적으로 인식된다(트리안디스, 1977년). 따라서 상호의 긍정적인 인식은 사회적 상호작용을 강화시키고, 부정적인 인식은 그것을 감소시킨다.

문화적 친근함과 유사성은 불확실성과 불안을 감소시키기 때문에 상호작용을 촉진시킨다. 사람들은 상대적으로 비슷한 사람들에 대한 사회적 상호작용을 발전시킨다. 사람들은 같은 문화 그룹이나 서로 잘 아는 사람들이 다른 문화에 속하고 서로 잘 모르는 사람들보다 상호작용을 더 잘하게 된다(트리안디스, 1977년). 또한 사람들은 친구는 아니더라도 비슷한 배경을 가진 사람끼리 사회적 상호작용을 발전시키는 것을 더 선호한다. 따라서 관광객과 지역주민 사이의 문화 유사성은 그들의 사회적 상호작용을 결정하는 아주 중요한 요소이다.

문화 유사성에 대한 인식은 문화 가치에 좌우된다. 가치가 비슷한 사람들은 비슷하지 않다고 생각하는 사람들보다도 사회적으로 더 상호작용을 하게 된다. 문화 가치 체계가 크게 차이나면 상호작용을 방해하게 된다(피터, 1980년). 문화 유사성은 서로를 끌리고 좋아하게 하는 것에 영향을 미친다. 비슷한 문화 가치를 가진 사람들은 서로 좋아하고 상호작용하게 된다. 그러나 문화적 불일치도 사람들을 서로 끌리게 하는 것에 영향을 미치고 사회적 장벽의 감소를 가져오기도 한다.

또한 여행 계획이나 문화 브로커(예 관광가이드), 관광 발전의 종류나 단계 그리고 방문 목적지의 관광객과 지역주민의 숫자 등과 같은 요소들도 관광객과 주민의 접촉에 영향을 준다. 예를 들면, 목적지 발전의 성숙 단계(버틀러, 1980년)에서 범죄, 관광과 인구 밀집에 대한 주민들의 불만, 관광객과 상호작용하지 않으려는 주인의 의지 같은 바람직하지 않은 사회적 충격이 나타난다. 이와 같은 요소들은 이 책의 범위를 넘기 때문에 연구되지 않았지만, 미래의 문화간 관광 연구에서는 밝혀져야 할 것이다.

3. 문화간 사회적 상호작용

문화간 사회적 상호작용은 서로 다른 문화에서 온 개인들 간의 직접적인 대면을 말한다. 문화간 사회적 상호작용은 대개 가치, 의사소통 형태, 기대, 인식, 행동 규칙 그리고 다양한 의사소통의 의미를 말한다. 또한 문화적으로 서로 다른 두 개의 문화로부터 온 사람들 사이의 상호작용을 포함한다. 사람들은 다른 문화에 살고, 다른 언어를 말하고, 의사소통에 다른 상징을 사용한다. 이러한 종류의 상호작용은 관광객이 국내의 문화를 떠나서 관광지역 문화로 가거나, 지역주민이 그들 자신의 문화와는 다른 문화를 가진 관광객을 만날 때 경험된다. 문화간 사회적 상호작용의 한 예로서, 미국 사람과 아시아 문화 그룹 간의 상호작용이다.

문화간(Intercultural)이라는 말은 부족 간, 인종 간, 문화 내, 교차 문화라는 말과 혼동되고 있는데, 부족 간과 인종 간이라는 말은 같은 나라 안에서 서로 다른 부족과 인종 그룹에 속한 구성원을 말한다. 문화 내 상호작용이라는 말은 비슷한 문화에서 온 개인 간의 상호작용을 말한다.

비교 문화(Cross-cultural)라는 말은 두 개 이상의 문화 그룹으로부터 온 개인 간의 상호작용을 말하고, 같은 문화에서 온 사람들과 다른 문화에서 온 사람들과의 비교를 포함한다(러스티그 · 코에스터, 1999년). 교차 문화 상호작용의 예로서, 미국 사람들과 아시아 사람들 간의 상호작용을 들 수 있는데, 이것은 문화 그룹의 차이를 대표한다.

1) 문화간 접촉 차원

문화간 접촉은 2개의 차원을 만나는데, 즉 시간(만남의 길이)과 여행 목적(만남에 참가하는 동기)이 있다. 문화간 접촉은 다양한 형태에서 일어나고 국제 관광객, 학생, 이민자, 사업가, 외국인 근로자, 외교관이나 망명객을 포함할 수 있다. 각각의 관광객, 사업가, 이민자 또는 학생에게는 상호작용할 수백 명의 많은 사람들이 있다. 강제든지, 자발적이든지, 단기적이거나 장기적인지 각각의 만남은 서로 다른 행동과 기대를 포함한다.

2) 사회적 상호작용의 상호 문화(다문화)

사회적 상호작용은 최소한의 상호 문화로부터 최대한의 상호 문화로까지의 순서로 정리할 수 있다(그림 8.1 참조). 개인이 서로 문화적으로 너무나 유사한 만남은 최소의 문화간 접촉이고, 개인이 서로 문화적으로 너무나 다른 만남은 최대의 문화간 접촉이다(러스티그와 코에스터, 1999년).

최소 문화 차이 ―――――――――――――――― 최대 문화 차이

출처: based on Listig, M., & Koester, J. (1993). Intercultural competence. New York: Harper Collins College Publishers

그림 8.1 문화간 연속체

각각의 사회적 만남은 어느 정도는 문화간 만남인데, 그 이유는 모든 상호작용하는 개인은 문화 배경과 다른 특성에서 차이가 나기 때문이다.

3) 상호 문화(다문화)의 정도

상호 문화에서 사회적 접촉은 문화 차이가 있고 없고 뿐만 아니라, 접촉 차이의 정도에 좌우된다(킴 · 구디컨스트, 1988년). 차이의 정도는 매우 작은 것에서부터

극심한 것까지 다양하다. 차이의 정도가 크면 상호 문화의 수준이 증가한다(사바흐, 1988년). 사모발과 포터(1991년)는 이러한 차이를 최소와 최대 차원으로 나타내고, 최대의 문화 차이는 아시아인과 서구 문화간이라고 보고했다. 최대의 차이가 나는 문화 그룹의 구성원들은 비슷한 문화 그룹의 구성원들과는 반대로 서로 다른 언어를 사용하고, 서로 다른 종교 신념을 따르고, 서로 다른 경험과 인식을 가지고 있으며, 그들의 세계를 다르게 본다. 그러나 비슷한 문화 그룹도 어느 정도 다를 수 있는데, 그 이유는 그들도 다양한 신념, 가치 그리고 태도를 가진 많은 하위문화 그룹으로 구성되어 있을 수 있기 때문이다.

4. 문화간 상호작용의 종류

문화간 성질의 정도나 개인의 문화 배경의 유사성과 차이 그리고 그들의 상호 문화적 정도에 따라서, 여러 유형의 문화간 상호작용이 있다. 개인의 문화 배경이 (1) 같거나 혹은 유사한 경우, (2) 다르지만, 그 차이가 작거나 보충적일 경우, (3) 다르면서 차이가 크고 양립 불가능할 경우가 있다(수튼, 1967년). 처음 두 가지 경우에, 개인들은 비슷한 배경을 가지고 문화적 유사성을 공유하며 문화간 접촉의 수준은 낮고, 서로를 정확히 이해하며, 사회적 접촉은 매우 효과적이다. 세 번째 유형에서 큰 문화적 차이에 의해서 분리되며, 상호작용은 더 어렵고 비효율적이다(수튼, 1967년). 접촉하는 참여자 사이의 문화 차이가 증가할수록, 그 접촉은 더 상호문화의 상호작용을 방해하는 분열, 오해, 잘못된 해석이 될 수 있는데(트리안디스, 1977년), 그 이유는 행동의 의미를 왜곡할 가능성이 높고, 정보의 교환과 의사소통이 덜 효과적일 수 있기 때문이다.

그러나 몇몇의 문화 그룹은 문화적으로 비슷할 수도 있고 다를 수도 있다. 미국인, 영국인, 캐나다인 그리고 호주인은 서구 문화에 속해 있고 영어를 말하지만, 그들은 삶에 대한 다양한 가치, 신념, 태도를 가지고 있다. 이러한 이유로 사회적 접촉의 상호 문화적 특성은 개인 사이의 문화적인 차이의 중요성에 좌우된다. 문화 차이가 작거나 중요하지 않은 경우에, 상호 문화적 접촉은 문화 차이에 의해 영향을 받지 않는다. 그러나 문화 차이가 크거나 중요한 경우에, 상호 문화적 접촉은 문화적 문제점이나 갈등이 높게 나타날 가능성이 있다. 관광객의 다수가 외국인인 관광지에서는, 지역주민들은 대부분 그들과는 매우 다른 것으로 인식한다. 반면에, 관광객의 대부분이 국내인인 관광지에서는, 지역주민들은 관광객을 비슷하거나 혹은 같은 것으로 인식한다(피즈마와 테리스만-코스타, 1989년).

5. 비교 문화 사회적 상호작용의 모델

그림 8.2는 비교 문화의 맥락에서 사회적 상호작용의 모델을 나타내고 있다. 이 모델은 사모발과 포터(1998년)의 문화간 의사소통 절차 모델에 기초한 것이다. 이 그림은 3개의 문화 차이, 즉 문화 A, 문화 B, C를 보여주고 있다. 문화 A와 문화 B는 더 비슷하고, 문화 C는 문화 A와 문화 B와 덜 비슷하다. 문화 A, B 그리고 C에는 3개의 문화를 '여행하고' 각 문화에 의해서 영향을 받고 있는 개인(a)를 나타내는 내부의 형태가 있다. 한 개인에 대한 3개 문화의 영향은 그 개인의 서로 다른 모양과 색깔로 나타나고 있다. 비록 우수 문화인 A와 개인은 원래는 같았지만(문화 A는 그 개인의 원래의 문화이다), 그 개인의 모양과 색깔은 다른 문화를 방문할 때 변한다. 문화 A에서 온 개인이 그의 문화를 떠나서 문화 B에 도달하면 행동(모양)은 문화적으로 다른 사회 B의 영향으로 변한다. 문화 A에서 온 사람과 문화 B에서 온 사람에게 미치는 문화의 영향은 문화 A와 문화 B의 불일치의 기능 때문이다. 비슷하게, 문화 B에서 온 사람이 그것을 떠나서 문화 C로 갈 때, 문화적으로 다른 사회인(C) 때문에 행동도 역시 변한다. 문화 B에서 온 사람과 문화 C에서 온 사람에게 미치는 문화의 영향은 문화 B와 문화 C의 비일치 기능 때문이다.

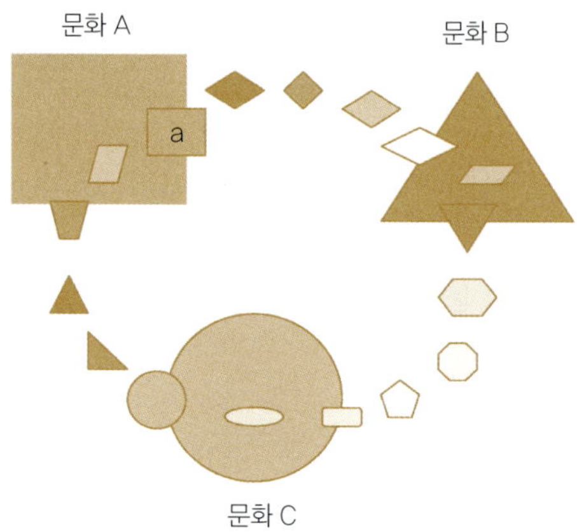

그림 8.2 비교 문화적 상호작용의 모델

출처 : Reisinger, Y., & Tumer, L. (2003). 관광에서의 문화행동: 개념과 분석(p.32). Burlington, MA Butterworth-Heinemann; Porter, R., & Samovar, L. (1988).
사모바르와 포터의 '이 문화 커뮤니케이션의 접근', 이 문화 커뮤니케이션: 리더 Wadworth Belmont, CA:

6. 접촉 가설

'접촉 가설'은 서로 다른 문화 그룹에서 온 개인들 사이의 사회적인 접촉에 관계된다(올포트, 1954년; 쿡, 1962년). 접촉 가설에 따르면, 서로 다른 문화 배경에서 온 사람들 사이의 사회적 상호작용은 긍정적, 부정적 결과를 초래할 수 있다. 긍정적 결과로는, 상호 감사, 이해, 존중, 관용, 선호, 긍정적 태도의 발달, 민족적 편견의 감소, 고정관념 그리고 인종적 긴장과 개인 사이의 사회적 상호작용의 진전이다. 또한 문화적 풍부함과 타인 문화 학습에 도움이 된다(보스너, 1982년; 코헨, 1971년; 유네스코, 1976년).

그러나 같은 접촉도 부정적 태도, 편견, 고정관념, 오해, 긴장 증가, 적대감, 의심, 가치 충돌, 분열, 부조화, 공동 활동 배제, 사회적 장벽과 열등감, 우정 형성의 어려움, 적응 문제, 자기부정, 분노, 초조, 좌절과 스트레스, 의사소통 문제, 안전과 정서적 상실감과 민족 중심주의를 발전시킬 수 있다. 문화적으로 다른 사람들 사이의 사회적 접촉은 위협적인 경험일 수도 있다. 외부인 같이 느낄 수 있고, 다른 문화의 가치를 침범하고 훼손한다고 느낄 수도 있다(아르길 등, 1981년; 비들콤, 1981년; 보스너, 1982년; 보이스반, 1979년; 브류어, 1984년; 코헨, 1982년; 데카트, 1979년; 독시, 1976년; 에반스-프리차드, 1989년; 홀, 1984년; 린치, 1960년; 페티-스키너, 1977년; 피선너, 1978, 1982년; 서튼, 1967년; 태프트, 1977년; 트리안디스·바실로우, 1967년). 그러한 접촉은 미래의 사회적 상호작용을 방해할 수 있다. 서로 다른 문화를 가진 사람들 사이의 사회적 접촉이 빈번할수록 그들은 부정적인 느낌을 더 많이 발전시킨다(아낭트, 1971년).

7. 관광에서 접촉 가설

문화적으로 서로 다른 관광객과 관광지역 주민 사이의 접촉은 서로의 문화를 배우면서 서로에 대한 태도가 강화되고 긍정적인 태도로 이어질 수 있다. 관광객들이 친절해지고, 존중하고, 주인 사회에 관심을 보이면, 지역주민들은 그들의 지역 문화에 대한 자부심을 발달시키고, 관광객들과 교제하고, 그들의 언어를 배울 수 있다. 서로에 대한 많은 접촉은 서로에 대해서 더욱 긍정적인 태도를 발전시킬 수 있다. 관광객과 지역주민의 접촉은 편지와 선물 교환, 개인적인 관계의 발전과 우정을 가져올 수 있다(보스너, 1982년; 보이스바인, 1979년; 퍼스, 1982, 1988년).

반면에, 서로 다른 문화를 가진 관광객과 지역주민 사이의 접촉은 문화적 접촉의 가장 특별한 형태이다(호프스테드, 1997년). 서로에 대한 관광객과 지역주민의 인식은 매우 왜곡될 수 있다. 지역주민은 옷이나 음악과 같은 상징에 기초하여 관광객에 대한 인식을 만들고, 관광객은 상호 간의 상업적인 교환의 결과물에 기초해서 그들의 견해를 발달시킨다. 이러한 인식은 의사소통의 문제를 발생시키고 부정적인 태도를 가져올 수 있다.

또한 관광객-지역주민의 접촉은 가치의 분열을 만들어낸다. 예를 들면, 부적절한 옷차림이나 알코올 음료를 마시는 서구의 자유 가치를 추구하는 비이슬람계 관광객들이 있다. 이들은 이슬람교와 대립되어서 사회적이고 문화적인 규칙을 파괴할 수 있다. 그러한 상황은 아랍 관광지에서 환영하지 않는 태도와 관광객 고립, 분리 그리고 관광지역 공동체로부터의 차별로 이어질 수 있다. 관광객이 지역의 가치를 위반하면, 그들은 또한 언어적 그리고 신체적 학대를 포함한 희생과 약탈과 사기를 당할 수 있다.

또한 서로 다른 문화를 가진 관광객과 지역주민 사이의 접촉은 의사소통과 건강 문제, 안전, 짐의 보관에 대한 집착을 가지게 할 수 있다(다운스·스테아, 1977년; 퍼스, 1977, 1982년).

관광객과 지역주민 사이의 문화 차이가 덜 발달된 나라에서는 직접적인 관광객-지역주민 접촉의 부정적인 효과가 더 클 수 있다. 제3세계를 방문하는 부유한 관광객들은 지역 가치를 존중하지 않는 경향이 있다. 따라서 관광객들은 공격적이고 둔감한 것으로 인식되어서 약탈당하고 공격당하고 희생된다(퍼스, 1982, 1988년).

8. 비교 문화 상호작용의 어려움

개인이 자신과 다른 문화와 마주치는 사회적 상호작용에서, 많은 상황들이 익숙하지 않다. 그들은 어떤 행동이 바람직하고 적절한지를 모르며, 무슨 말을 해야 할지와 무엇을 해야 할지를 모른다. 비교 문화의 맥락에서 일어나는 사회적 상호작용의 어려움은 (1) 대인 관계의 의사소통(언어, 비언어적), (2) 사회적 행동이다. 언어적 의사소통의 어려움은 언어 능숙도, 공손한 언어 사용, 태도, 표현, 느낌, 정서와 같은 언어적 기술의 차이 때문이다. 비언어적 의사소통의 어려움은 얼굴 표정, 눈의 응시, 공간적인 행동, 신체 접촉, 자세, 제스처와 같은 비언어적 기술의 차이 때문이다. 사회적 행동의 어려움은 인사나 자기 소개 그리고 요청의 거절과 같은 사회적 행동의 규칙의 차이 때문이다(보스너, 1982년) (9장 참조). 예를 들면, 아시아 문화에서 개인적인 감정을 드러내는 것은 공손함과 존중의 문화 규칙을 어기는 것이다. 반대로 서구 문화에서는 그들의 느낌과 감정을 이야기한다. 아시아 문화에서는 친구와 가족 구성원들이 다른 사람의 느낌을 알아차려야 한다고 믿는다. 또한 각각의 문화는 적절한 소개, 의견 표현, 존경 표시와 식사 습관에 특별한 규칙을 가지고 있다. 예를 들면, 식사용 도구의 사용에 대한 다른 관습 또는 와인 잔을 두는 법은 짜증나게 하고 오해와 상호작용의 어려움에 대한 이유가 된다.

언어와 비언어적 의사소통과 사회적 행동의 규칙과 형식의 차이점은 관광객과 지역주민의 서로에 대한 인식에 영향을 미친다. 의사소통과 대인 관계 기술을 가진 사람들은 국내 문화에서는 효과적으로 상호작용을 할 수 있다. 그러나 외국의 문화에서는 부드럽게 상호작용을 할 수 없을지도 모른다. 그 결과 문화 차이는 상호작용의 어려움과 상호 인식에 영향을 끼치는 중요한 요소이다.

그러나 관광객과 지역주민 사이의 사회적 상호작용은 어려움의 특징만을 가지고 있다고는 할 수 없다. 이러한 어려움들은 관광객과 지역주민이 서로 차이를 인식하고 이해하려고 하면 최소한도로 축소되거나 제거될 수 있다. 관광객과 지역주민 사이의 사회적 상호작용의 잠재적 어려움은 3장에서 논의된 의미 조화 관리 이론(Coordinated Management of Meaning Theory : CMMT)에 의해 확인될 수 있다. 즉, 성공적인 문화간 상호작용이 언어나 비언어적 행동, 언어 표현 방식, 에피소드, 관계, 생활기록 그리고 문화적 형식과 같은 6개 수준을 이해할 필요가 있다(크로넨과 셔터, 1983년).

9. 문화 충격

문화 충격은 해외로 여행하는 국제적인 관광객뿐만 아니라 외국 문화를 대하는 개인들이 가장 많이 경험하는 어려움 중의 하나이다(아들러, 1975년; 보셔너, 1982년; 오베르그, 1960년; 태프트, 1977년). 문화 충격은 개인이 모르거나 '외래의' 것과 대립할 때 느끼는 불쾌한 놀라움이나 충격을 말한다. 이 충격은 개인의 기대가 현실과 맞지 않을 때 일어난다. 이 충격은 새로운 문화적 상황을 극복할 수 없을 때, 익숙치 않은 자극에 반응할 때, 다른 방식의 생활과 행동에 직면할 때, 질문을 하고 그 대답을 이해하지 못했을 때, 음식을 구별하지 못했을 때에도 일어난다(로저스·스테인팻, 1999년). 문화 충격은 외국 문화를 방문한 개인이 외국 문화의 차이 때문에 '균형의 상실'이나 '사회적 교류에서 익숙한 신호나 상징의 상실'을 경험하고(크레이그, 1079년, p.159), 새로운 문화에서 어떻게 행동해야 할지에 대한 지식이 부족하고(오베르그, 1960년), 새로운 환경 적응의 어려움으로 고통받을 때 일어난다. 점점 더 많은 다른 문화 배경을 가진 사람들이 전 세계를 여행다니면서 생소한 외래문화에 대한 어려움을 경험하면서 문화 충격은 일상의 일부분이 되고 있다.

1) 문화 충격의 증상

새로운 문화를 방문하거나 새로운 문화에서 일을 하는 것은 다양한 반응을 만들어낼 수 있다. 표 8.3은 문화 충격의 주요한 증상을 나타낸다.

외래문화의 방문객은 가장 간단한 것이라도, 어려움을 가지고 다시 배워야 하는 아이처럼 행동한다. 이것은 보통 무력감, 방향 감각 상실, 슬픔, 새로운 환경에 대한 적대감까지도 일으킬 수 있다. 문화 충격 때문에, 외국에 가는 많은 방문자들은 육체적으로, 정신적으로 아프고, 향수병에 걸려서 집으로 빨리 돌아가기를 원하고, 심지어 자살까지도 시도한다(호프스테드, 1997년).

2) 문화 충격의 종류

문화 충격에는 몇 가지의 종류가 있다.

- 역할 충격 : 행동 규칙에 대한 지식 부족으로 발생(바이런스, 1966년)
- 언어 충격 : 익숙하지 않은 언어와 의사소통을 적절히 하지 못하는 무능력으로 발생(스말리, 1963년)
- 문화 피로 : 피곤함과 새로운 문화 규칙에 계속 적응해야 하는 필요성 때문에 발생(태프트, 1977년)
- 전환 충격 : 변화와 새로운 문화 환경에 적응하는 것에 대한 부정적인 반응, 새로운 환경 안에서 효율적으로 상호작용하지 못하는 무능력 때문에 발생(베넷, 1977년)

- 재진입 충격 : 해외에서 국내로 들어와서 정서적이고 심리적으로 어려움을 경험 때문에 발생(굴라혼 · 굴라혼, 1963년)

3) 문화 충격은 얼마나 오래 가는가?

표 8.3 문화 충격의 종류

정신이 나가서 먼 곳을 바라봄	좌절
외래의 관습에 대해서 분노	당황
불안	비적절한 사회적 행동
자신의 가치, 역할, 자아정체성에 대한 혼란	무능, 불면증
갈망	고립
새로운 나라에 대한 비판	짜증
주도권 쇠퇴	피로
우울	식욕 감퇴
혐오	주인에 대한 부정적인 느낌
방향 감각 상실	신경과민
당황	자신의 나라에 대한 지나친 의존
정서적이고 지적인 포기	청결과 걱정에 대한 집착
지나치게 손을 씻음	새로운 언어를 배우는 것을 거부함
물 마시고 지역 음식 섭취의 지나친 걱정	자기 부정
새로운 나라 사람과 신체 접촉의 두려움	익숙한 환경으로부터 소외에 대한 상실감
교제에 대한 공포	피부 염증, 약간의 고통
새로운 환경의 구성원으로부터 따돌림 느낌	새로운 환경에 적응하려는 노력에 대한 긴장
친구, 지위, 직업과 소유 관계에 느끼는 박탈감	건강과 안전에 대한 스트레스
무력감, 새로운 환경 안에서 극복하지 못하고	집으로 돌아가고 싶은 강한 욕구
대처 소홀	알코올과 약물 복용
새로운 문화의 구성원에 대한 거부감	

출처 : Bocher(1982), Brislin & Pedersen(1976), Oberg(1960), Taft(1977)

* 재진입의 충격 : 해외로부터 집으로 돌아오는 과정에서 경험하는 감정적인 요소와 생리학적 어려움들로 인해 발생한다.

대부분의 사람들은 문화 충격을 외국의 장소에서 짧게 경험하는 것이라고 생각한다. 그것에 적절하게 대응하지 않으면 그 효과가 더 깊어지고 더 연장되는 것이라고 생각하는 사람은 거의 없다. 무력감, 불안 또는 걱정의 느낌이 크면 클수록, 방문객이 경험하는 문화 충격의 기간은 더 커진다. 그 결과 문화 충격을 줄이기 위하여, 증상이 나타날 때 올바로 대처해야만 한다는 것을 암시하고 있다.

4) 문화 충격과 사회적 상호작용

문화 충격은 문화간 상호작용과 의사소통에 대한 부정적인 영향을 미친다. 즉, 두 가지 모두 효과가 떨어진다. 문화간 상호작용의 참여자들은 다른 사람들의 분노와 좌절을 적대감이나 미움으로 해석한다. 문화 접촉의 차이가 크면 클수록, 그들이 경험하는 문화 충격의 크기는 더 커지고, 정보가 덜 교환되면 될수록, 그들의 상호작용이 덜 효과적이다.

5) 관광에서의 문화 충격

문화 충격을 경험하지 않는 관광객들이나 또는 장기간 체류하는 방문객들, 즉 외교관이나, 초청 근로자, 사업가들은 적은 수준의 충격을 경험한다고 잘못 알고 있다. 사실은, 외국의 문화를 방문하는 관광객들의 반응이 다른 외국 방문객들과 다르지 않다는 것이다. 많은 관광객들은 외국 문화를 방문하여 택시 운전사, 안내 직원, 상점 점원 그리고 세관 직원을 만날 때 문화 충격을 경험한다. 관광객은 관광지역주민이 무엇을 할지 모르고 지역주민은 관광객이 무엇을 할지 모른다. 지역주민은 종종 관광객에게 이상한 방식으로 행동하고, 관광객은 종종 지역주민이 이해하지 못하는 방식으로 행동한다. 같은 행동이 한 문화에서는 적절한 것으로 여겨지고, 다른 문화에서는 부적절하고, 무례한 행동으로 여겨진다. 관광객들은 때때로 외국 문화에서 어떻게 인사해야 할지를 모르고, 대화에서 무엇을 말하는 것이 적절한지 또는 웨이터에게 팁을 얼마나 주어야 할지 모른다. 많은 사회적 상황이 그들에게 혼란스럽고 여행을 힘들게 한다. 따라서 외국 사회의 관광지역 주민과 성공적인 상호작용을 하기 위하여 관광객들은 지역의 규칙, 관습 그리고 가치에 적응해야 한다.

또한 단지 관광객들만이 문화 충격을 경험하는 것이 아니고 관광지역 주민들도 경험한다. 그들이 새로운 가치와 행동에 직면하기 때문에 서로 스트레스를 받게 된다. 그러나 관광지역 주민들은 외국 문화에 제한된 노출을 받기 때문에, 지역주민들에 대한 관광객의 사회문화적이고 심리적 충격은 더 클 것이다(피어스, 1982, 1988년).

6) 문화 충격의 단계

외국으로 가거나 또는 국제적으로 일하는 것으로 인하여, 개인은 문화 충격의 주기를 통과하게 한다. 오베르그(1960년)에 의하면, 문화 충격에는 4단계가 있다. 처음 단계는 허니문 단계인데, 매혹과 낙관에 의해서 특징지어진다. 방문객들은 새로운 장소에서 만나는 모든 만남을 흥미롭고 긍정적이고 자극적인 것으로 본다. 새로운 문화에서의 삶은 배움과 교제 그리고 삶을 즐기는 기회를 제공해주는 것으로 보여진다. 방문객들은 개방적이고 호기심이 많으며, 무슨 일이 일어나더라도 받아들일 준비가 되어 있다. 사소한 짜증거리는 참는다. 음식이나, 풍경이나, 사람과 시골 같은 하기 좋고 보기 좋고 경험하기에 좋은 것에 몰두한다. 두 번째 단계는 관광지역 주민 사회에 대한 방문객의 부정적인 태도와 동료 체류자들과의 접촉 증가로 특징지어진다. 이 단계에서 방문자들은 새로운 방식의 규칙, 관습에 대해서 화를 내고 짜증낸다. 그들은 외래문화의 모든 새로운 요소를 적용하려 하지 않는다. 그들은 실망하고 새로운 문화로 통합하려 하지 않는다. 오직 동료 방문객들만 접촉한다. 세 번째 단계는 회복 단계인데, 방문객들의 새로운 환경에 적응하려는 노력의 증가이다. 방문객들은 외래문화에서 삶의 새로운 방법을 배우고 이해하려고 노력한다. 네 번째 단계는 적응 단계인데, 새로운 문화 환경의 인정과 즐거움이 그 특징이다. 방문객들은 새로운 환경에서 편안함을 느끼고 자신감이 있으며 받아들인다.

아주 비슷한 문화 충격의 패턴이 굴라혼(1963년)에 의해서 소개되었는데, 그는 문화 적응 또는 여행에서의 만족에 대한 U곡선을 제시하고 있다. 이것은 (1) 처음의 낙관, (2) 뒤따르는 실망, (3) 적응, (4) 점진적 회복의 4단계로 구성되어 있다. U곡선은 추가적인 재진입(국내 복귀)을 도입해서 W곡선으로 확장되었다(굴라혼, 1963년; 트리포노비치, 1977년). 그 결과로서 다음의 문화 충격, 변화, 적응의 단계가 제시되었다.

1. 허니문 단계(Honeymoon stage) : 여행자들은 스스로 여행 준비를 하고, 기대감을 가지며 새로운 문화를 방문하는 것에 대하여 완전히 낙관적이고 높은 기대치를 가진다.
2. 적대 단계(Hostility stage) : 여행객들은 새로운 문화에 도착하여 새로운 환경을 경험한다. 그들은 새로운 지역과 국내의 문화적 차이점을 발견하고 좌절을 느끼고, 스트레스를 받고, 실망하는데, 그 이유는 문제를 친근한 방법으로 해결할 수가 없기 때문이다. 그들은 새로운 문화를 거부하고 국내 문화에서 온 사람들을 찾는다.
3. 유머 단계(Humor stage) : 방문객들은 새로운 문화에 적응하고, 차이를 받아들이며, 새로운 문화를 이해하기 시작한다. 국내 사람들과 시간을 덜 보내고, 지역 사람들과 더 시간을 보내며, 지역 언어와 습관을 배우고, 심지어 외국 언어로 농담까지 한다. 방문객들은 새로운 문화에 적응한다.
4. 국내 단계(At home stage) : 방문객들은 국내로 돌아갈 것을 기대하고, 새로운 문화를 떠나는 것을 아쉽게 생각하며, 국내로 복귀하는 것에 대해서 행복해한다.
5. 역문화 충격(Reverse culture shock) : 여행자들은 국내 문화에 복귀하면서 재진입 충격을 경험한다. 그들은 국내의 문화가 변했다고 느낀다. 그들은 국내의 환경에 대처할 수가 없고, 혼란을 느끼며, 소외되고 우울해한다.
6. 재적응 단계(Readjustment stage) : 여행객들은 국내의 문제에 대처하는 것을 배운다(그림 8.3 참고).

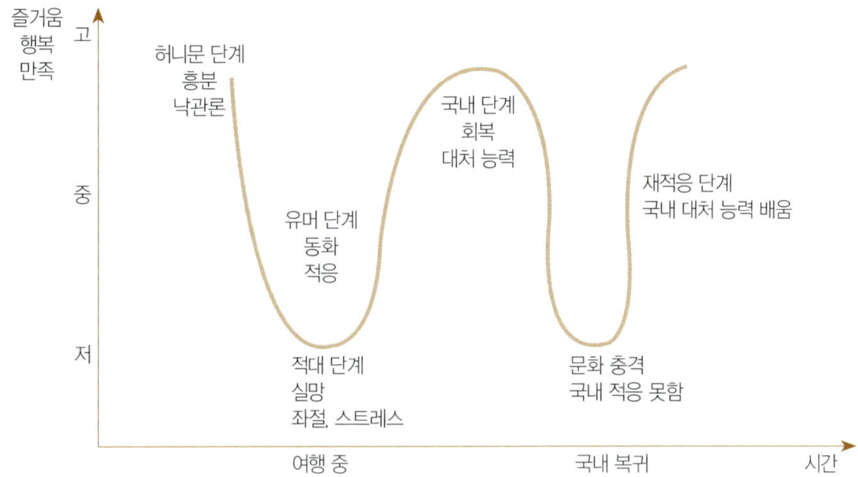

그림 8.3 시간 변화에 따른 문화 변화와 적응의 U곡선과 W곡선

출처 : Reisinger, Y., & Turner, L. (2003). 관광에서의 문화적인 행동: 개념과 분석(p.60). Burlington, MA: Butterworth-Heinemann.

문화 충격과 역충격은 문화가 인간 행동에 매우 중요하기도 하며, 유익한 학습 기회라는 것을 보여주고 있다. 문화 충격과 역충격의 경험을 통하여, 개인은 하나 이상의 문화와 상대성에 대한 이해를 할 수 있으며, 문화 차이에 대한 더 나은 인식과 다음 여행에 대한 준비를 할 수 있다(로저스·스테인페트, 1999년).

문화 충격을 경험하는 것은 약점이나 혹은 미래의 국제적인 실패를 나타내는 것이 아니다. 그와는 반대로, 다양한 형태의 문화 충격 경험이 정상이다. 문화 충격과 역충격을 경험하는 사람들은 가장 문화적으로 효율적인 사람들인데, 그 이유는 대부분 그들 자신과 감정 그리고 다른 사람들과의 차이점을 인식하여, 나중에 더 효과적으로 적응할 수 있기 때문이다. 문화 충격을 경험하는 것은 성공적인 적응 단계이며, 문화 변용과 문화 동화의 절차를 상당히 촉진시킬 수 있다.

호프스테드(1997년)는 여행자 느낌의 변화를 다음과 같이 문화 변용의 곡선으로 제시했다.

1. 짧은 1단계 희열(Euphoria) : 개인은 여행하고 새로운 장소를 보는 즐거운 기분을 느낀다.
2. 긴 2단계 문화 충격(Culture shock) : 개인은 새로운 환경에서 생활하는 다른 방법을 경험한다.
3. 가장 긴 3단계 문화 변용(Acculturation) : 개인은 새로운 문화 환경에서 기능하는 것을 배우고, 지역 가치와 관습의 일부분을 적용하고, 더 자신감 있고 사회적인 관계를 발전시킨다.
4. 4단계 안정 상태(Stables state) : 개인은 마음의 안정 단계에 도달한다. (a) 외국 환경에 대한 부정적 인식으로 외부인 같은 느낌을 계속 유지하거나, (b) 국내와 같은 느낌으로 남아서 자기 스스로를 양쪽 문화에 적응된 사람으로 여기거나, (c) 국내와 비교해서 외국 환경에 더 긍정적으로 되어서 '원주민'처럼 될 수 있다(그림 8.4 참조).

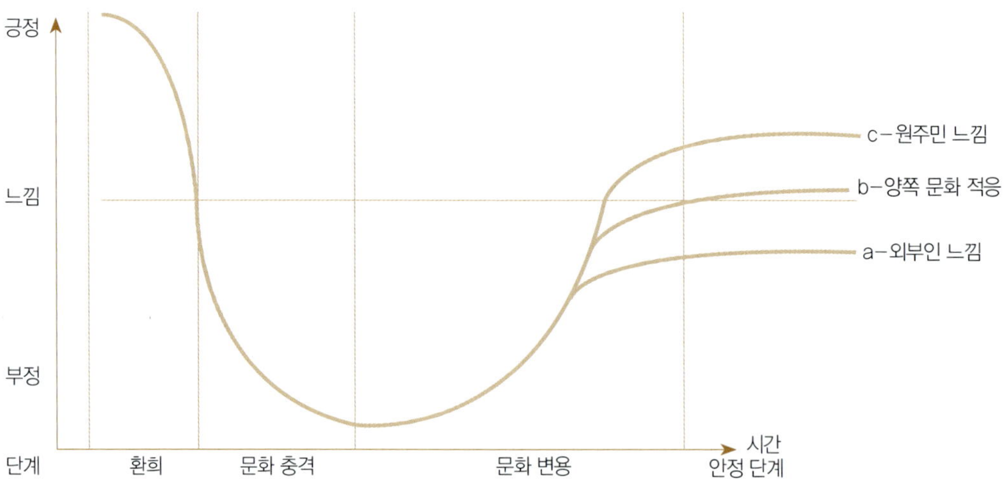

그림 8.4 문화 변용 곡선

출처 : 호프스테드 G & 호프스테드 J에 근거한 것이다(2005). 문화와 조직: 마음의 소프트웨어(2차 개정본). 뉴욕: 맥그로; 잭슨 D(2004). 엔지니어링 학생의 문화 권한 개발: 세미나의 방법과 구성들을 위한 제안. 세계 협정과 기술 교육, (3(1), 23-28; Weiss, T. 문화적 목표의 안전 모드. 2004. 1. 30. Sea Border 센트럴 세미나 발표. http://www.more.fi/files/IOM_Presentation.ppt.

7) 문화 충격의 강도와 기간

문화 충격의 강도와 기간은 방문객과 관광지역 주민의 문화 차이, 개인의 문화 지식, 적응 능력, 해외 여행의 동기와 빈도, 관광지의 친구 숫자, 여행 일정의 종류, 외국에 체류하는 기간, 대인 관계와 외국어 능력, 인성 그리고 다른 많은 요인에 좌우된다. 예를 들면, 관광객과 지역주민의 문화 차이의 정도가 클수록, 문화 충격은 더 심각해진다. 어떤 관광객은 문화 충격을 초기 단계에서만 경험할 수 있다. 다른 사람들은 '허니문'이나 '희열'이 절대로 떠나지 않을 수도 있다. 특히, 외국 문화에서의 체류 기간이 매우 짧으면 관광객은 그들의 동기를 충족시키는 환희만을 경험할 수도 있다. 다른 한편으로, 다른 사람들은 계속적으로 혼란을 느낄 수가 있다. 또한 외국 문화를 자주 방문하거나, 더 나은 문화 지식을 가진 사람들은 문화 충격을 더 잘 극복할 수 있다. 더 나은 사회적, 언어적 지식을 가진 사람은 더 빨리 적응할 수 있다. 그러나 자신의 문화에서 좋은 의사소통 능력과 대인 관계 기술을 가진 사람들도 외국 문화에서는 극복하기 어려운 것을 발견할 수도 있다.

외국 문화에서 짧은 기간을 머무는 사람들도 문화 충격의 모든 단계를 경험할 수 있다. 더 길게(예 몇 년) 머무는 사람들도 긴 시간 단위로(예 1년) 문화 충격의 각 단계를 경험할 수 있고, 그들이 적응하거나 또는 완전히 변용 혹은 동화되기에 더욱 긴 시간이 걸릴 수도 있다. 짧은 시간에 많은 문화를 방문하는 관광객들은 지속적 충격(태프트, 1977년)을 겪을 수도 있는데, 각각의 새로운 문화에 빠르게 적응할 기회가 거의 없기 때문이다. 관광지역 공동체에 친구가 있는 사람들은 친구가 없는 사람들보다 문화 충격을 덜 경험한다(세리츠 · 쿡, 1962년). 그러나 모든 종류의 관광객이 문화 충격을 경험하지는 않는다. 조직화된 대량의 관광객들은 문화 충격을 전혀 경험하지 않는다. 미리 구매한 조직화된 패키지와 관광가이드가 있는 관광은 새로운 문화와 지역주민과 직접 접촉할 기회를 제한하고, 스트레스와 불안의 경험으로부터 보호하는 환경을 제공한다. 비교적으로 새로운 문화를 경험하면서 관광지역 공동체 문화와 접촉을 찾는 개인적이고 비제도화된 종류의 관광객들은 더 큰 문화 충격을 경험할 수 있다.

8) 독시의 '짜증지수'

관광지역 주민과 손님의 상호작용에 관한 이론 중에서 문화 충격과 직접적으로 연결된 이론은 독시의 '짜증지수(Irridex 또는 Irritation Index)'이다(독시, 1976년). 독시의 이론에 따르면, 어떤 지역에 관광객의 활동이 없으면, 지역주민은 관광객에게 호기심을 품고 흥미를 가진다(환희 단계). 관광객들은 환영받고, 주인은 반갑게 대하고 관광객의 존재에 대해서 열광한다. 그러나 관광객들의 숫자가 늘어나면, 그들은 당연하게 여겨지고, 관광객과 지역주민의 접촉은 더 공식적이 되고 지역주민들은 관광객들에 대해서 무심하게 된다. 그들은 관광객들을 환영해야 할지 말아야 할지를 모른다(무관심 단계). 관광객들의 숫자가 최대치에 다르면, 관광 발전은 포화상태에 이르고 관광 성장의 비율은 더 높아질 것으로 예상되며, 지역주민들은 가격 상승, 범죄, 관광객의 무례함에 관심을 가지며, 문화 규칙이 깨지고, 결국은 관광객들의 존재에 짜증을 내게 된다. 관광객들은 성가신 존재로 인식하게 된다(짜증 혹은 불쾌함 단계). 관

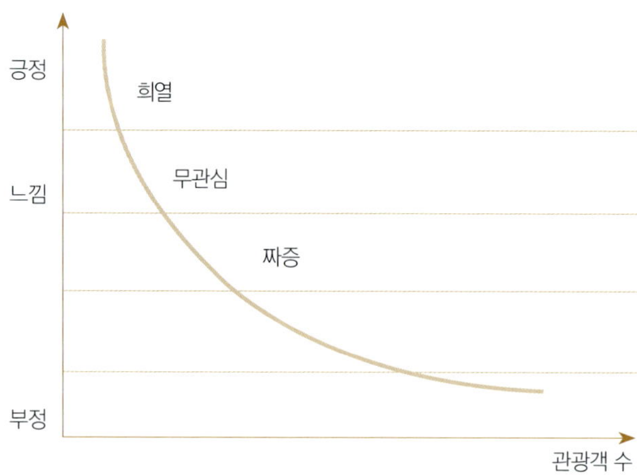

그림 8.5 독시의 '짜증' 지수

출처: Doxey, G에 근거한 자료이다(1976). 관광 방법론과 연구조사의 추론의 요인 원인설 여행과 관광 주사협회의 제6회 회의절차: 관광의 영향.(pp.207-210) San Diego, CA.

광객들이 지역주민 사회의 모든 잘못의 원인으로 비난받게 되고, 인간성의 가치가 결여한 것으로 보여지면, 지역주민은 관광객들에게 적대적으로 된다. 또한 지역주민들은 관광객들이 착취할 수도 있다는 생각을 가지게 된다(적의 혹은 적대감 단계). 결국, 지역주민들은 관광 발전의 부정적인 효과를 해소할 수 있는 행동을 취하게 된다(그림 8.5 참조).

요약

사회적 상호작용은 서로 다른 형태와 맥락에서 일어나는 개인적인 연관성을 말한다. 관광에서 사회적 상호작용을 결정하는 주요한 요소는 다음과 같다.

(a) 임시적, (b) 공간적(관광객 – 지역주민 접촉 그 자체의 속성과 접촉 기회, 접촉 장소, 개인의 성격, 동기, 대인 관계의 매력, 사회적 지위, 활동과 흥미, 상호작용의 목적, 사회적 행동 규칙, 태도, 사회적 기술, 비용과 이익, 교환된 자원을 포함하는 사회적인 성격), (c) 의사소통(효율성), (d) 문화적(가치, 태도, 인식, 문화적 친근성과 유사성)

문화간 상호작용은 참여자 사이의 문화 차이의 정도에 의해서 결정되는 상호문화의 정도에 좌우된다. 접촉 가설은 서로 다른 문화 배경을 가진 관광객과 지역주민 사이의 접촉은 긍정적이고 부정적인 결과를 가져올 수 있다는 것을 암시하고 있다. 문화 배경의 유사성은 관광객과 지역주민 사이의 통합을 촉진하고, 비유사성은 그것을 감소시킨다. 서로 다른 문화 배경을 가진 관광객과 지역주민은 상호작용에서 어려움을 경험할 수 있다. 대부분의 어려움은 의사소통과 사회적인 행동의 규칙에 대한 문화적 차이 때문이다. 문화 충격은 외국 문화에서 관광객들이 경험하는 어려움이다. 관광객들은 외국 문화를 여행할 때에 문화 충격을 경험한다. 문화 충격에는 몇 가지 증상이 있다.

논점과 질문

1. 사회적 상호작용의 개념을 설명하고, 그것이 어떻게 관광업의 맥락에서 적용되는지를 설명하시오.
2. 관광객-관광지역 주민 접촉의 특이한 점을 구분하시오.
3. 서로 다른 문화를 가진 관광객과 지역주민 사이의 사회적 상호작용이 긍정적인 결과와 부정적인 결과를 가져오는 예를 들어보시오.
4. 문화 충격의 단계를 설명해 보시오. 모든 관광객들이 문화 충격을 경험한다고 생각하는가?
5. 문화 충격이 국제적 경험의 실패의 증거라고 생각하는가? 그렇지 않다면 그 이유는 무엇인가?
6. 문화 충격을 경험하는 장점은 무엇인가?

웹사이트 링크

1. 사회적 상호작용 : http://en.wikipedia.org/wiki/Social_interaction, http://www.hawaii.edu /powerkills/TCH.CHAP9.HTM
2. 문화 충격 : http://en.wikipedia.org/wiki/Culture_shock, http://kidshealth.org /teen/your_mind/emotions/culture_shock.html

사람들이 상호작용을 하는 방법은 사회 규칙에 의해서 결정되므로, 다음 장에서는 사회적 행동 규칙의 개념과 문화적 차이를 논의할 것이다.

사례 연구 8.1 상하이 밤 혹은 악몽?

2005년 여름에 추엔과 그녀의 태국, 베트남, 인도의 학교 친구들은 상하이로 놀러 갔다. 추엔은 상하이를 영화에서 보았다. 많은 재미있는 영화들이 상하이에서 만들어지고 있었다. 추엔은 아름다운 후앙포 강을 보고 '상하이 밤'을 경험했다.

상하이의 현대적인 거리는 추엔의 상상 이상이었다. 높이 솟은 빌딩, 고속도로 그리고 상업 센터가 아주 많았다. 잘 디자인된 공원, 아름다운 후앙포 강, 오래된 집으로 된 도시의 오래된 구역이 매력과 아름다움을 더했다. 택시 운전사는 영어를 조금 말했고, 요금도 쌌다. 추엔과 그녀의 친구들은 '첫눈에' 그 도시와 사랑에 빠졌다. 그들은 긴 거리를 관광하고, 식사하고, 사진을 찍고, 쇼핑하면서 걸었다.

첫날 밤, 그들이 후앙푸 강변을 걷고 있을 때 한 예술가가 추엔에게 다가와서 그녀의 그림을 그려주겠다고 했다. 추엔은 가격을 물었고, 그 사람은 가격을 네 손가락으로 보여주었으므로 4위안인 줄 알았다. 그러나 초상화가 완성되었을 때, 추엔은 그녀의 얼굴을 초상화 어디서도 볼 수 없었다. 그 예술가는 40위안을 요구했고, 그의 영어가 좋지 못했기 때문에 그는 '4'를 '40'으로 잘못 이해했다고 말했다.

둘째 날, 추엔과 그녀의 친구들은 지역 레스토랑에 식사를 하러 갔다. 식사의 가격은 한 접시 당 4위안이었다. 그들이 식사를 즐기고 있을 때에 주인이 200위안의 계산서를 가져왔다. 추엔은 주인에게 계산을 다시 하라고 부탁했고 가격은 98위안까지 내려왔다. 케첩과 양념과 고기 소스가 주 요리로 계산되어 있었다.

셋째 날, 추엔과 그녀의 친구들은 후앙푸 강 아래의 터널로 갔다. 패키지 투어에는 수족관 방문, '마술 소리' 방 그리고 성 문화 전시가 포함되어 있었다. 전체 금액은 35위안이었다. 불행하게도, 수족관은 가짜 물고기로 가득 차 있었고, '마술 소리' 방은 비와 번개 소리를 닮은 평범한 일상의 소리였으며, 중국말 하는 소리도 들어 있었다.

넷째 날, 그들은 시장 안으로 쇼핑을 하러 갔다. 추엔의 한 친구가 셔츠를 100위안에 샀는데, 주인은 300위안을 달라고 했다. 추엔과 그 친구들은 다른 사람들은 같은 셔츠를 겨우 25위안에 사고 있는 것을 알았다. 그들은 흥정을 할 줄 몰랐고, 사기를 당한 것처럼 느꼈다.

오늘 추엔은 상하이에 대한 좋고 나쁜 기억을 함께 가지고 있다. 중국 정부가 상하이를 매력적인 목적지로 크게 홍보하고 있지만, 그녀의 여행은 지역 주민들로 인해서 망쳐져 버렸다. 관광객들에 대한 사기 행위는 항상 단기적인 이익만을 가져온다. 추엔은 상하이에 다시는 오지 않기로 결심했다. 또한 그녀는 그곳을 친구들에게도 추천하지 않을 것이다. 그녀는 돈을 도둑질당한 것처럼 느꼈다.

사회적 상호작용 규칙에 대한 문화적 영향

이 장의 목표는 사회적 상호작용 규칙의 문화적인 차이를 구별하는 것이다.

목 표

- 이 장을 끝내고 나면 여러분들은 다음을 이해할 수 있어야 한다.
- 사회적 행동의 개념 이해
- 사회적 행동 규칙의 유형 구별
- 사회적 행동 규칙에 대한 문화의 영향을 설명
- 사회 규칙 파괴의 결과
- 사회 규칙의 문화적 차이 구별

서론

사회적 행동 규칙은 인간의 상호작용에 중심적인 역할을 한다. 그 행동 규칙의 역할은 조화로운 인간관계를 유지하는 것이다. 사회적 행동 규칙은 문화적으로 결정된다. 비교 문화 또는 상호 문화적 맥락에서 볼 때, 사회적 관계를 유지하기 위한 사회적 규칙을 아는 것은 사회적 관계를 향상시키는 중요한 요인이다.

1. 사회적 상호작용의 규칙

특히 비교 문화의 맥락에서, 관광객과 관광지역 주민 사이의 상호작용의 중요한 요인과 상호작용의 어려움은 사회적 상호작용의 규칙이라고 불리는 사회적 행동 규칙이다. 사회적 상호작용의 규칙은 개인의 행동을 지시하는 가이드라인과 기준이다. 그것들은 사람들이 어떻게 다양한 상황과 맥락에서 행동해야 하는지, 행동하면 안 되는지, 특정한 상황에서 적절한 또는 부적절한 행동이 무엇인지 그리고 어떤 행동이 인정되고, 어떤 행동이 인정되지 않는지를 지시한다. 사회적 상호작용의 규칙은 특정한 상황에서 행동의 의미를 말해준다. 그것들은 상호작용을 쉽게 만들어주고, 다른 사람들을 이해하게 한다. 그것들은 개인 사이의 상호작용을 조직하고 규제해서 공공의 질서와 사회적 조화를 유지하게 만든다. 규칙은 또한 다른 사람들의 미래의 행동을 예측하게 한다.

사회적 상호작용의 규칙은 사회의 상호 동의에 의해서 만들어진다. 사회적으로 인정되는 규칙에 적합한 행동은 적절한 것으로 여겨진다. 규칙은 상호작용이 일어나는 사회적 상황과 맥락에 좌우된다. 규칙은 서로 다른 해석을 할 수 있으며, 따라서 그것들은 깨질 수 있다. 더구나 많은 규칙은 법으로 강제될 수 없다(예 함축적 규칙).

2. 규칙의 순서와 종류

규칙에는 세 가지 순서가 있다. 첫 번째 규칙은 사회적 에티켓에 관련된 것이다. 두 번째 규칙은 사회적 관계(사회적 관계를 발달시키고 사회적 위계 유지)에 관한 것이다(하레, 1974년). 세 번째 규칙은 규칙 그 자체, 예를 들면 자아실현이나 자아수행, 자아 이미지를 어떻게 보일 것인가 하는 것이다(고프만, 1969년). 또한 다양한 종류의 사회적 상호작용이 있다(표 9.1 참조).

아르길, 그라함 그리고 화이트(1979년)는 25개의 사회적 상황을 연구하고 나서,

모든 사회적 상황에서 적용해야 하는 '친절해야 하는'과 '대화에서 즐거운 주제를 말해야 하는' 규칙을 발견했다. 관광객과 주인이 따라야 하는 보편적인 규칙은 공손, 정직, 개방성, 친근함, 진심 그리고 존중이다(피어스, 1988년).

표 9.1 사회적 상호작용의 종류

종 류	예
대인관계	공손하고, 가까이 하기에 좋고
업무	도와야 하고
보상 요구	지원해야 하고
분열 예방	협조하고 불만이 없어야 하고
행동 규칙	일찍 일어나고
행위 규칙	절도가 있어야 하고
능력	질문받았을 때에 말해야 하고
규제	다른 사람이 이야기할 때 떠들지 말고
외형적인 것(쓰고, 말하고, 직접적이고, 다수가 아는 것)	학교와 업무 규칙
내적인 것(함축되고 간접적인 것)	사회의 에티켓 규칙, 함축적이고 간접적
공식적	공적이고 제도적인 규칙
비공식적	사적인 모임
어휘적인 행동	다른 사람들과 이야기할 때 직접적이고 특정한 단어 사용
비어휘적인 행동	다른 사람들과 이야기할 때 신체적 거리를 유지
상황	서로 어떻게 인사하는지(예 손을 흔드는 것), 선물 교환, 대화 시작하기, 대화 중에 무엇을 말하는지 혹은 어떤 분위기가 적절한지
관계	손님, 이방인 혹은 친구와의 관계에서 어떻게 행동해야 할지
일반적	거의 모든 상황과 문화에 적용(예 친절해야 하고, 대화에서 즐거운 주제를 말해야 하고)
특정	특정한 상황에서 어떻게 행동해야 하는지

관광객과 관광지역 주민은 공손하게, 정직하게, 마음을 열고, 친근하게, 진실어린 마음으로 경의를 표하며 행해야 한다(Pearce, 1988).

3. 관계 규칙

관계 규칙은 사회관계를 지배한다. 그것은 공식적이고, 직접적으로 설명되고(외형적), 쓰여지거나 말해지는 언어로 코드화되어 있고, 잘 알려져 있으며, 예를 들면 공식적이거나 제도화된 규칙이다. 또한 그것은 비공식적이고, 간접적으로 설명되고(함축적), 사회적이거나 혹은 다른 사람들에 대한 관찰로 학습된다. 비자발적인 관계에서는 행동들은 외형적인 규칙에 의해서 규제된다. 따라서 관계가 비자발적인 집단주의 문화에서, 공식적이고 외형적인 관계 규칙이 많다. 다른 한편으로, 자발적인 관계에서는 행동이 공식적인 규칙에 의해서 규제될 필요가 없다. 말하자면, 개인주의적 문화에서는 비공식적인 관계의 규칙이 많다. 관광에서 관광객과 지역주민 혹은 서비스 공급업자 사이의 사회적 상호작용은 일종의 자발적인 관계이다. 따라서 공식적인 규칙에 의해서 규제될 필요가 적고, 비공식적이고 함축적인 규칙이 이러한 상호작용에서 더 중요한 역할을 한다.

4. 사회적 상호작용의 규칙에 대한 문화적 영향

사회적 상호작용의 규칙은 그러한 상호작용에 참가하는 사람들의 문화적 가치에 의해서 영향을 받는다. 문화가 사회적 상호작용의 규칙을 결정하기 때문에, 규칙은 접촉하는 참여자의 국가 문화에 따라 다르다(만, 1986년). 비슷한 사회 규칙을 따르는 비슷한 문화의 구성원들은 그들의 규칙을 이해하고, 다른 규칙을 가지는 다른 문화의 구성원들은 서로의 규칙을 이해하지 못한다. 예를 들면, 서로 다른 문화는 사회적 상호작용, 인사, 대화 시작, 작별, 의견 표현, 친밀감, 공손함, 불만족과 비평, 우정 이해, 농담, 온정, 사과, 진심 말하기, 주도권을 잡고 책임지기, 의무감, 다른 사람들과 대치, 당황스러움을 회피, 부끄러움의 느낌 인식, 솔직함, 일관성, 합리화, 과장, 사회 지위에 대한 태도, 신체적인 접근과 사생활, 사회적 공간과 시간의 사용, 상호작용의 인식 정도, 선물 주기, 팁 주기,

먹기, 마시기 그리고 손님 접대를 규정하고 수립하고 유지하는 다른 규칙을 가지고 있다(아르길, 1967, 1972년; 아르길 등, 1978년; 도드, 1987년; 고프만, 1963년; 구디컨스트·킴. 1984년; 홀, 1966, 1983년; 젠센, 1970년; 노무라·반런드; 왜이 등, 1989년).

다른 문화가 행동에 대한 다른 규칙을 가지고 있기 때문에, 이러한 규칙에 대한 기대와 의미도 역시 문화에 따라서 다르다. 그 결과 다른 문화의 구성원들은 다른 문화 규칙에 대하여 오해와 잘못된 해석을 할 수 있다. 이것은 혼란을 일으키고, 긴장과 분열까지도 일으킨다. 지역주민들과 다른 문화 배경을 가진 많은 국제적인 관광객들은 사회적 행동 규칙의 차이점 때문에 지역주민들과의 상호작용에서 어려움을 겪는다고 한다. 식사습관이나 심지어 포크와 나이프를 잡는 방법이 다른 점도 짜증나게 할 수 있다(스트링거, 1981년).

5. 사회적 상호작용 규칙의 이해

사회적 상호작용을 지배하는 규칙을 이해하는 것은 매우 중요하다. 그러한 이해는 상호 간 경험을 공유하고 상호 발전을 촉진하게 할 수 있다. 그러나 외국 문화의 사회적 상호작용의 규칙을 이해하는 것은 언어적, 비언어적인 표현과 외국인들이 어떻게, 왜 그들의 방식대로 상호작용을 하는지에 대한 깊은 이해를 필요로 한다. 다음으로 이것은 가치, 신념, 태도 그리고 사고방식을 포함한, 관련 당사자들의 광범위한 역사적, 정치적, 경제적, 종교적 그리고 교육적 환경에 대한 지식을 필요로 한다. 이러한 행동을 지배하는 규칙에 대한 이해 없이는 문화적으로 다른 행동을 이해하는 것은 불가능하다. 국제적인 관광이 관광객과 관광지역 주민 사이의 상호작용에 대한 기회를 많이 만들고 있으므로, 서로의 규칙을 배우는 것이 필요하다.

6. 규칙의 파괴

많은 사람들이 행동 규칙의 문화적인 차이를 인식하지 못해서 규칙을 파괴하거나 무시하기도 한다. 관광객들은 거리에서, 가게에서, 은행에서, 식사 시간에, 종교 집회에서 부적절한 옷차림, 제스처 혹은 언어를 사용해서 사회 규칙을 파괴한다. 관광객들은 그들이 방문하는 나라의 규칙을 모르기 때문에 사회 규칙을 어긴다. 그들이 방문하는 나라에서의 체류 기간이 대개 짧고 일시적이기 때문에, 관광 지역 주민들과의 적절한 상호작용 규칙을 배울 기회가 아주 적다. 결과적으로, 관광지역 공동체는 관광객들에 대해서 건방지고, 무례하고, 존중하지 않는 태도를 가졌다는 고정관념을 발전시킨다. 규칙의 파괴는 관광객-지역주민의 관계를 악화시킨다. 다른 사람의 사회적 역할에 대한 인정은 부드러운 인간관계의 발전을 위하여 필요하다.

7. 사회적 상호작용 규칙의 비교 문화 차이

집단주의와 고불확실성 회피 문화의 구성원들은 이방인들에 대해서 더욱 경계하기 때문에, 외부 그룹에 관한 많은 규칙을 가지고 있다. 집단주의와 고권력 거리 문화의 구성원들은 위계적 업무 관계와 사회적 관계에 대한 많은 공식적인 규칙을 가지고 있다. 그들은 사회관계와 상호 보완적인 사회 정보를 확보하려고 많은 시간을 소비한다. 이와 비교하여, 개인주의적이고 저권력 거리 문화의 구성원들은 대부분의 시간을 자아 표출과 그들의 사생활에 대한 정보 교환에 사용한다(구디컨스트 등, 1988년). 그 결과 개인주의 문화의 구성원들은 집단주의 문화의 구성원들보다 자아 표출을 규제하는 규칙을 적게 가지고 있다. 또한 집단주의 문화에서는 자기 주장과 자아실현을 강조하는 개인주의 문화와는 다르게 그룹의 조화를 강조하기 때문에 조화로운 관계에 관련되는 규칙들이 많다(데리베라, 1977년). 공개적 대립과 부정적인 비판을 회피하는 집단주의 문화에서는 공개적 비판을 금지하는 많은 규칙이 있다. 고불확실성 회피 문화의 구성원들은 공적인 행동 규칙의 위반을 인정하는 저불확실성 회피 문화의 구성원들과는 달리, 화합 행동을 지원하는 규칙을 많이 가지고 있다. 더 나아가서 남성적 사회에서는 조화로운 관계를 유지하는 규칙보다도 업무 수행에 대한 규칙이 더 많다.

일본 혹은 홍콩과 같은 아시아 문화에서는 공적이고 인간관계를 다루는, 분열을 규제하고, 공적인 불일치와 비평을 회피하고, 감정을 억제하고, 체면을 차리고, 위계와 권력 차이를 인정하고, 권위에 사람들을 복종시키고, 의무를 교환하고, 빚을 갚고, 선물을 주고받고, 농담과 괴롭힘을 금지하고, 긍정적인 편을 가르치고, 사생활 보호와 부모, 조상 그리고 의무를 존중하는 규칙을 많이 가지고 있다(아르길 등, 1986년; 베푸, 1971년; 베네딕트, 1967년; 모르스바하, 1977년). 일본인들은 공적인 관계(도이, 1973년)와 업무에서 상급자와 하급자와의 관계를 규제하는 공식적인 규칙, 절제와 순종 규칙 그리고 충성심, 그룹의 조화, 분열 회피와 '체면 차리기'에 관계되는 규칙을 많이 가지고 있다(레브라, 1976년).

요 약

사회적 관계의 규칙은 인간의 상호작용에서 아주 중요한 역할을 한다. 그 역할은 행동을 조절하고, 분열을 회피하고, 조화로운 상호작용을 유지하는 것이다. 사회 행동의 규칙에는 일반적인 것과 문화에 특징적인 것이 있다. 다양한 문화 사이에서는 사회 행동의 차이가 있다. 관광객-관광지역 주민의 문화간 혹은 비교 문화를 지배하는 사회 행동의 규칙에 대한 지식은 관광객과 주인 사이의 관계를 향상시키는 데에 중요한 요소이다.

논점과 질문

1. 사회적 행동 규칙의 역할은 무엇인가?

2. 모든 문화에 일반적인 사회적 행동과 서로 다른 사회적 행동의 다섯 가지 규칙을 말해보자.
3. 관광객과 관광지역 주민 사이의 사회적 상호작용에 따라야 하는 5가지의 일반적인 규칙을 말해보자.
4. 호프스테드(1980년)의 4가지 문화 차원, 즉 개인주의와 집단주의, 권력 거리, 불확실성 회피 그리고 남성성과 여성성에 관련되는 사회적 상호작용 규칙의 문화적 차이점을 말해보자.
5. 사회적이고 직업적인 영역에서 자신 이외의 문화에서 온 사람의 행동을 서술하고 설명하라.
6. 사업차 방문한 사람을 즐겁게 하기 위한 일에서 문화는 어떻게 다른가? 당신의 문화에서 손님을 즐겁게 하기 위해서는 어떤 일을 하는가?

사례 연구 9.1 사회적 관계의 일반적인 규칙과 특정한 규칙

영국 연구자들(아르길 · 헨더슨, 1984, 1985년a, 1985년b; 아르길 등, 1985, 1986년)은 영국, 이탈리아, 홍콩 그리고 일본의 관계 규칙을 9단계 양극 척도(nine-point bipolar scale)로 응답자들에게 점수를 매겨달라고 요청하여 분석했다. 관계 규칙은 4개의 모든 문화에서 중요한 요소로 조사되었다. 많은 나라들이 비슷한 규칙을 가지고 있었다. 4개의 문화 그룹에서 규칙을 지지하는 많은 유사점이 발견되었다. 예를 들면, 직업적으로 공식적인 관계에서 사람의 인간적인 모습을 보고, 예의와 존중을 보이고, 사회적인 친밀감을 피하는 일관된 규칙이 있었다. 대부분의 사회적 관계에서 모든 상황에 공통적인 것은 다음이었다. (a) 다른 사람의 사생활을 존중하라. (b) 대화 동안에 상대방의 눈을 보라. (c) 확신을 가지고 말한 것은 토론하지 마라. (d) 성적인 행동은 즐기거나 또는 삼가한다. (e) 대중들 앞에서 다른 사람을 비판해서는 안 된다. (f) 아무리 사소하더라도 빚이나 부탁이나 혹은 칭찬은 받으면 갚아주어야 한다. 4개 모든 문화의 사회적 관계에서 유일하게 지지된 것은 사생활에 대한 존중이었다. 그러나 이 규칙은 다른 문화에서 다른 의미를 가지고 있었다. 또한 4개 문화에서 사회관계에 특정한 규칙이 있었다. 예를 들면, 일본에서 선호하는 가까운 우정을 위한 규칙은 이탈리아에서 선호하는 규칙과는 아주 달랐다. 일본인들은 감정, 의견, 애정 표현 그리고 도움과 충고의 표현에 대해서 이탈리아인들보다 덜 강조했다. 친밀함에 관계되는 규칙에도 차이가 있었다. 동양에서는 자아 표현(self-presentation)의 중요성 때문에 순종, 분열 회피 그리고 체면에 관계되는 것, 조화로운 관계 유지, 감정적인 표현을 자제하고 '체면 깎는' 규칙이 더 많았다. 홍콩에서는 부모에 대한 존경을 나타내는 규칙이 중요했다. 일본에서는 위계적인 업무 관계에 관한 규칙이 많았고, 가족에 대해서는 작았고, 분열 회피와 외부 그룹에 대한 규칙이 많았다. 일본인들은 보상의 교환에 대한 규칙을 많이 가지고 있지 않았는데(아르길 등, 1986년), 그 이유는 이 연구가 영국의 문화 배경을 기초로 하였기 때문에, 공손표현, 간접적 거절 표현, 이방인에 대한 사생활 질문 그리고 개인적 의견 표명 보류 등의 일본인이 가진 특정한 규칙은 포함되지 않았음을 알 수 있다(나오츠카·사카모토, 1981년).

웹사이트 링크

1. 호주의 사회적 에티켓 : http://www.convictcreations.com/culture/socialrules.htm
2. 이슬람 국가에서의 옷과 행동 규칙 : http://www.enel.ucalgary.ca/People/far/hobbies/iran/dress.html

사회 행동의 규칙은 서비스의 인식에 영향을 미치므로, 다음 장은 서비스의 개념과 서비스 인식에서 문화적 차이를 논의할 것이다.

10 CHAPTER

서비스에 대한 문화의 영향

이 장의 목표는 서비스에 대한 국가 문화의 영향을 탐구하고 서비스 인식에 있어서 문화의 차이를 확인하는 것이다.

목 표

이 장을 끝내고 나면 여러분들은 다음을 이해할 수 있어야 한다.

- 서비스와 서비스의 질과 만족도 개념을 이해한다.
- 서비스에 대한 문화 영향의 역할과 중요성을 이해한다.
- 다양한 나라에서 서비스 인식에 대한 문화 차이를 구별한다.

서 론

국가 문화는 서비스에 대한 기대와 질 그리고 만족도에 영향을 미치는 중요한 요소이다. 서로 다른 문화 그룹은 서비스의 질에 서로 다른 중요성을 부여한다. 서비스 질의 인식과 기대의 문화적 차이가 제시된다.

1. 서비스의 개념

서비스는 한 당사자가 다른 당사자에게 전달할 수 있는 유형의 활동이다. 이것은 어떤 소유권을 발생시키지 않는다. 서비스는 경제의 모든 면에 제공된다. 즉,

소매업, 도매업, 교통, 통신, 금융, 건강, 교육, 관광업, 환대산업 그리고 레저를 포함한 많은 영역에서 제공된다. 관광은 교통, 통신, 숙박, 음식, 볼거리, 활동, 오락, 정보(예 언어 해석과 번역)와 같은 다양한 분야의 서비스를 만들어낸다. 이러한 활동은 직접적으로 관광객들의 요구를 맞추어 준다. 관광객들은 또한 금융, 의료, 보험, 소매업, 도매업, 청소, 인쇄, 식수, 하수도, 전기와 같은 간접적 서비스에 대한 수요도 만들어낸다. 간접적인 서비스 없이는 직접적인 서비스의 공급은 불가능할 것이다. 그 결과로서 관광 생산물은 유형의 생산물이 아니라 대부분이 서비스이다.

2. 서비스의 발생

서비스의 중점은 서비스의 절차, 수행, 즉 서비스의 발생인데, 이것은 (1) 고객과 회사 또는 서비스 공급업자의 상호작용, (2) 공급자와 소비자의 서로 간의 대치의 기간, (3) '진실의 순간' – 고객이 얼마나 그들의 서비스 기대가 충족되었느냐의 순간으로 규정된다. 고객과 공급자 간에 일어나는 이 '진실의 순간'이 고객에게 제공되는 서비스의 질과 고객이 서비스에 만족하느냐를 결정한다.

3. 서비스의 분류

서비스 발생에 대한 개인적 접촉의 정도는 다음과 같이 분류가 가능하다. (1) 유지–상호작용적(거래에서 위험성이 거의 없기 때문에 공급자와 고객 사이에 상호작용이 거의 없는 것이 특징, 예 패스트푸드 레스토랑의 서비스), (2) 업무–상호작용적(거래에서 큰 위험성이 있기 때문에 높은 수준의 상호작용이 특징, 고객은 정보와 기술을 서비스 공급자에게 의존, 예 은행 서비스, 부동산 서비스), (3) 개인적–상호작용적(공급자와 고객 사이의 최고의 밀접한 상호작용, 고객 맞춤, 정보 교환 그리고 높은 수준의 신뢰성 요구, 예 관광업과 환대산업 서비스) (밀스, 1986년)

4. 서비스의 중요한 특징

서비스는 유형성, 이질성, 비분리성, 소멸성, 무소유권 그리고 사람들과 그들의 개성을 중요시한다.

유형성

서비스는 무형적이다. 그것들은 볼 수 없고, 맛볼 수 없고, 느낄 수 없고, 들을 수 없고 또는 구입하기 전에 냄새를 맡을 수도 없다. 그 결과로서, 그것들을 평가하고 비교하기가 어렵다. 고객은 유형의 물건보다는 경험(예 호텔의 분위기, 프런트 데스크에서 고객이 대접받는 방법)을 사고, 이익(예 호텔 침대의 안락함과 같은 신체적 또는 심리적 편안함) 그리고 기억을 구매한다. 대부분의 서비스는 무형과 유형의 합작품을 제공한다. 예를 들면, 레스토랑은 분위기 혹은 안내 형태로 무형적인 상품과 음식과 같은 유형적인 상품을 제공한다. 항공사는 교통의 형태로 무형적인 요소를 제공하고, 항공기, 음식, 좌석, 베개 그리고 담요의 형태로 유형적인 요소를 제공한다. 호텔은 호텔 로비의 분위기 같은 무형의 요소, 호텔의 디자인과 건축과 같은 유형적인 요소를 제공한다. 서비스의 평가는 고객의 선호도와 서비스의 유형, 무형의 요소에 부여된 중요성에 의존한다. 다른 문화 그룹은 서비스의 유형, 무형의 요소에 다른 중요한 요소를 부여한다. 예를 들면, 일본의 관광객은 영국이나 미국, 호주 그리고 대만의 관광객에 비교하여 유형의(물리적 시설과 환경, 장비 그리고 개인의 외형) 요소로부터 가장 낮은 기대를 가진다(목·암스트롱, 1998년).

이질성

서비스는 아주 다양하다(이질성). 그것들은 사람 대 사람으로 전달되므로 다양하다. 각각의 서비스 경험은 누가 수행하느냐, 언제 수행되느냐 그리고 어떤 상황에서 수행되느냐(예 계절성)에 따라서 다르다. 서비스의 수행은 매일, 매주, 매월을 기초로 변동하고, 전문적인 기술뿐만 아니라 제공자의 기분과 느낌에 좌우된다. 서비스는 누구에게 제공되는지에도 좌우된다. 고객과 제공자의 사회문화적, 경제적, 심리적, 문화적 속성이 서비스가 수행되고, 전달되고 평가되는 방법에 영향을 미친다. 특히, 문화적인 배경이 아주 중요한데, 그것은 공급자와 고객이 생각할 때, 서비스의 기준, 고객의 요구 그리고 서비스 기대 요인을 결정하기 때문이다. 서비스의 질에서 서비스 수행의 일관성과 균일성을 획득하는 것은 어렵다. 그 결과 서비스는 각각의 서비스 그룹 혹은 상황에 맞춰줘야 한다. 다른 문화 그룹은 다른 수준과 종류의 맞춤 서비스를 요구한다. 예를 들면, 일본인 관광객을 위한 호주의 좋은 호텔 객실은 큰 목욕탕과 실내화를 가져야 하는 데 반해, 영국 관광객을 위한 호텔 객실은 바다가 보이는 경치와 에어컨이 갖춰줘야 한다. 요구와 기준이 문화적으로 다른 고객에게 서비스를 제공하는 것은 어려운 일이다.

비분리성

관광업에서의 서비스는 먼저 팔리고 생산되는 동시에 소비된다. 예를 들면, 승객은 항공권을 먼저 사고 기내 서비스가 만들어지면서 그것을 이용한다. 여행을 가고 싶은 관광객은 목적지가 제공하는 서비스를 소비하기 위하여 목적지로 여행을 가야 한다. 관광 서비스는 고객과 서비스 제공자가 그들의 생산과 소비의 기간 동안에 동시에 있어야 한다. 그 결과 관광 서비스는 관광객의 제공자와 상호작용 동안에 제공된다. 이 상호작용의 질은 서비스의 평가에 너무나 중요하다. 다른 문화 그룹이 개인적인 상호작용의 질에 중요성을 부여한다. 예를 들면, 집단적인 아시아 문화는 물리적인 시설이나 장비보다는 상대적으로 서비스의 대인 관계적인 요소에 더 큰 중요성을 부여하고, 개인주의적인 서구 문화는 서비스의 적절성, 신뢰성 그리고 서비스의 유형적인 요소에 더 주의를 기울인다.

소멸성

관광업에서의 서비스는 소멸성이 있다. 즉, 그것은 저장될 수 없고 생산과 동시에 소비되어야 한다. 예를 들면, 만약 내일의 비행기 좌석이 모두 예약이 이루어졌다면, 오늘 출발하는 비행기의 좌석을 저장해서 그 전체 비행의 경험을 내일로 미룰 수 없는 것이다. 팔리지 않은 비행기의 좌석은 '잃은' 것이기 때문에 그 이후의

날짜에 사용될 수 없다. 비행기가 출발하면, 그 빈 좌석은 팔릴 수가 없다. 비슷한 예로서, 팔리지 않은 호텔 객실은 공실로 둔 채 하루 뒤에 사용할 수 없다. 대부분의 관광과 환대산업의 서비스가 보류나 연기될 수 없지만, 어떤 부분은 보류나 연기될 수 있다. 예를 들면, 레스토랑은 식사를 제한된 시간 안에서 보류나 연기할 수 있다. 그러나 금요일 저녁의 예약을 토요일 밤의 피크 타임을 위해서 보류나 연기할 수는 없다.

관광 서비스는 짧은 기간의 서비스이므로 항공사들은 모든 비행기 좌석을 다 채우려고 하고, 호텔은 매일 밤마다 객실을 다 채워야 하고, 레스토랑은 매일 저녁 자리를 다 채우려고 해야만 한다. 그들의 서비스는 오직 승객들이 비행기를 타고, 호텔에서 밤을 보내고, 레스토랑에서 식사해야만 존재하는 것이다. 이런 이유로 항공사 승객과 레스토랑의 손님에게 서비스 요구를 충족하기 위해서, 그들에게 제공되는 서비스의 수준과 종류에 대한 문화적 요구를 적절히 적응해야 하는 것은 반드시 해야 하는 것이다.

소유권

호텔이나 항공사 서비스의 구입이나 소비는 항공사나 호텔 체인의 소유권과는 상관없다. 여행객들이 항공사 서비스를 구입할 때, 그들은 교통 서비스를 이용하는 일시적인 권리를 구입하는 것이다. 그러나 그 서비스나 서비스에 대한 타이틀을 구입하는 것은 아니다. 여행객은 오직 교통 서비스(예 비행 경험, 기내 오락, 승무원의 미소 혹은 다른 여행객들과 교제 기회)의 혜택을 이용하는 것이지 서비스 자체는 아니다. 여행객이 목적지에 도착하면 티켓이나 탑승권만 있을 뿐이다. 그 결과 여행객들이 관광 서비스에 지불하는 가격은 제공자의 환영 태도나 친절 그리고 미소를 포함한 혜택과 경험에 대한 가격이다. 그러나 문화 그룹 사이에는 서비스의 혜택과 경험에 두는 중요성에 상당한 차이가 있다. 따라서 특정한 서비스를 이용하려는 의지에도 차이가 발생한다. 아시아 관광객들은 서비스 제공자가 서비스를 전달하는 매너를 상대적으로 중요시하는 반면에, 서구 관광객들은 고객이 실제로 서비스받는 것을 중요시한다.

사람과 인성 중점

관광, 환대산업, 레저 서비스는 사람에 의해서 제공되고 사람을 위하여 제공된다. 사람(제공자와 소비자)은 서비스 절차와 경험의 일부이다. 제공자와 소비자의 행동은 서비스의 경험을 손상시키거나 더 좋게 할 수 있다. 제공자의 감정, 기술, 지식 그리고 서비스를 수행하는 방법은 서비스에 대한 소비자의 경험을 결정한다. 고객에게 개인적인 흥미를 보이고, 감사할 줄 알고, 기지가 있고, 배려하고, 반응이 빠르고, 보살피고, 적절하며, 정직하고, 단정하게 옷을 입는 것은 서비스의 경험을 더 좋게 만든다. 그 반대의 경우로서, 제공자의 문화에 흥미를 보이고, 질문하고, 친절하며 존중하는 태도를 보이는 고객은 또한 서비스의 경험을 더 좋게 만든다. 그러나 여행 상담자가 무례하고 환영적이지 않으면, 관광객들은 패키지 투어의 티켓을 구입하지 않을 것이다. 만약 손님들이 그들의 요구를 적절히 의사소통할 수 없으면, 프런트 오피스의 직원들이 손님의 호텔 객실을 바다 방향으로 잡아주는 것을 보장 못할 수도 있다.

5. 서비스 인식의 중요성

관광과 환대산업은 관광객에게 서비스를 제공하는 사람(레스토랑 직원이나 호텔 직원, 비행기 승무원, 가게의 판매원과 계산원)에 대한 긍정적인 인식에 의존한다. 서비스 제공자에 대한 인식이 관광상품의 질에 대한 전체적인 인식을 결정한다. 서비스가 좋지 않고 관광객들이 환영 분위기를 느끼지 못한다면, 최고의 볼거리나 숙박, 교통, 오락과 활동이라고 해도 관광객을 끌어 모으지 못할 것이다.

서비스 제공자의 특성은 고객의 서비스에 대한 인식에 영향을 준다. 제공자가 친절하고 재치 있고 존중의 태도가 있다면 그 서비스는 긍정적으로 느껴질 것이고, 제공자가 무례하고, 느리고, 성의가 없다면 그 서비스는 부정적으로 느껴질 것이다. 서비스에 대한 부정적인 인식은 관광객들의 재방문과 재구매를 막을 것이고, 서비스에 대한 긍정적 인식은 그 상품을 다시 구입하게 될 것이다.

그러나 서비스에 대한 인식은 매우 주관적이고, 높은 질의 서비스를 규정하는 개인의 문화적 성향과 기준에 좌우된다. 고객의 문화적인 기대와 요구가 충족되면 서비스의 질은 좋은 것으로 인식되고, 문화적인 기대가 나쁘면 서비스의 질이 나쁜 것으로 인식된다.

6. 서비스의 기대와 문화 차이

관광객과 관광지역 주민의 문화 차이는 서비스의 기대와 손님들에 대한 적절한 대우에 영향을 미친다(셀던 · 팍스, 1988년; 웨이 등, 1989년). 유럽이나 미국(개인적인 문화)에서 양질의 서비스로 인식되는 것이 일본이나 중국(집단적인 문화)과 같은 나라에서는 그렇게 인식되지 않을 수도 있다. 예를 들면, 중국에서 주인은 손님의 기대를 무시한다. 주인은 손님을 많은 장소에 데리고 가서, 그들에게 매우 타이트한 여행 일정을 제공하면서, 손님이 스스로 중국인의 삶에 대한 체험을 할 어떤 기회도 주지 않는다. 중국인들은 손님 시간을 완전히 가지는 것이 예의를 보여주는 것이라고 생각한다. 그러나 유럽이나 미국에서 온 서구 관광객들은 그러한 친절을 매우 불편하고 사생활 침해라고 생각할 수 있다. 반면에, 일본의 주인은 미리 손님의 필요를 예상하고, 손님의 일을 돌봐주고, 필요로 하기 전에 충족시키려고 애쓴다(베푸, 1971년). 일본인들은 주인이 손님의 필요가 무엇인지를 가장 잘 안다고 생각한다. 그러한 서비스와 손님에 대한 태도도 자신의 필요는 자신이 가장 잘 안다고 생각하는 서구 관광객들에게는 역시 실망스러운 것일 수 있다. 서구의 관광객들은 또한 일본의 친절을 불편하게 여길 수도 있다. 다른 한편으로, 손님의 요구를 미리 예상하지 않고 그들이 원하는 것은 무엇이든지 할 수 있게 '자유 시간'을 주는 서구의 전통은 일본인 관광객에게 부정적으로 인식될 수 있고, 서구 주인의 친절에 대한 그들의 만족도에 영향을 미칠 수 있다. 관광객과 제공자 사이의 서비스 기대의 문화적 차이는 많은 부정적인 인식을 발전시킬 수 있다.

서비스 기대의 많은 차이는 일본, 한국, 중국 그리고 미국의 관광객들의 면세품 구입, 기내 독서 자료의 유용 여부 그리고 음식과 음료의 추가 요구 등에서 볼 수 있다. 예를 들면, 일본 승객들은 승무원들에 대해 최고로 존중하는 태도를 보이고, 중국과 한국 승객은 잦은 요구를 하여 승무원들의 업무를 방해한다(킴·프리독스, 2003년).

7. 서비스의 질과 가치

서비스의 질은 고객에게 제공된 도움과 지원의 적절성 그리고 지불된 가격에 대한 가치와 혜택을 말한다. 관광객이 무형적인 서비스에 대한 평가를 하는 것은 어렵다. 유일하게 믿을 만한 평가 기준은 가격과 서비스가 제공된 물리적 환경이다. 그러나 가격은 항상 평가 측정의 도구로 쓸 수는 없는데, 그 이유는 생산자에 의해서 정해지고 개인 소비자의 가치 인식과 혜택을 반영하지 않기 때문이다. 서비스의 질을 규정하는 데의 어려움은 서비스의 주관적인 속성 때문에 더욱 어렵다. 더구나, 대부분의 관광 서비스는 경험의 비중이 높고, 오직 구매 혹은 소비 후에만 평가될 수 있고(예 맛, 신뢰성, 분위기, 친절, 식사), 심지어 구매와 소비 후에도(예 경쟁력, 명성, 안전) 자신 있게 평가할 수 없는 경우도 있다. 그 결과로서, 관광 서비스는 평가하기가 힘들고, 구매 후에라도 평가가 불가능할 수 있다(다비·킴, 1973년; 넬슨, 1974년).

서비스 질의 평가를 촉진하기 위해서 몇 개의 특징적인 서비스 차원이 구분되어야 한다. 즉, (1) 물리적(서비스의 물리적 측면), (2) 기업적(조직의 이미지 혹은 속성), (3) 상호작용적(접촉한 개인과 고객 사이의 상호작용) (레티넨·레티넨, 1982년), (4) 절차적(속성의 기계성, 상품판매와 유통의 질), (5) 우호적(대인 관계적 속성, 고객에 대한 서비스 제공자의 긍정적 태도, 적절한 언어와 비언어 기술) (마르틴, 1987년), (6) 기술적(서비스 제공자와의 상호작용의 결과로 소비자가 실제로 얻는 것) 그리고 (7) 기능적(서비스 제공자가 고객에게 서비스를 전달하는 방법) (그론루스, 1984년)으로 구분된다. 상호작용적, 우호적 그리고 기능적인 차원은 속성상 대인 관계적이다. 이러한 차원은 고객에 대한 관심, 친근, 감사, 제안, 재치, 요구 배려, 도움 준비로 인하여 고객이 좋아함, 존경, 휴식, 편안함, 중요함, 애정 그리고 환영받고 있음을 느낄 수 있는 제공자의 속성에 관한 것이다. 상호작용적, 절차적, 우호적 그리고 기능적 서비스 질의 차원은 전체적인 서비스의 평가에 매우 중요하다(파라수라만 등, 1985, 1986년; 유리, 1991년).

서비스를 평가할 때 가장 흔하게 사용되는 영역은 신뢰성, 반응성, 경쟁력, 접촉성, 예의, 의사소통, 신용, 안전, 고객에 대한 이해와 지식, 유형성이다. 이러한 영역은 서비스 질의 5가지의 주요 차원으로 묶여지는데, 이것은 유형성, 신뢰성, 반응성, 확실성, 공감이다(파라수라만 등, 1985년).

고객에 의해서 서비스 질에 부여되는 중요성과 차원은 다양한 문화에서 다르게 나타난다. 예를 들면, 영국, 미국, 호주, 일본, 대만에서 온 관광객들은 호텔 서비스에서 유형성과 공감 차원에서 다른 기대를 가지고 있었다. 아시아 관광객들은 공감 차원에 더 중요성을 부여했고, 서구 국가들은 유형적인 것과 신뢰성에 더 높은 중요성을 부여했다(목·암스트롱, 1998년). 지위 인식을 많이 하는 국가의 구성원들은 평등 사회의 구성원들보다 서비스의 형식에 더 중요성을 부여했고, 개인주의 사회의 구성원들은 집단주의 사회보다도 서비스의 개인화에 더 중요성을 부여했다(윈스테드, 1999년).

저남성성 사회와 고남성성 사회 사이에서 서비스 차원의 주요한 차이가 발견되었다. 다른 사람들에 대한 동정심이 많은 저남성성 사회(예 브라질과 대만)의 사람들은 공항 시설에 대해서 더 긍정적으로 평가했고 항공사에 더 충성적이었다. 단정적이고 평가적이며 다른 사람의 감정에 무감각한 고남성성 사회의 사람들은 항공사의 서비스의 질을 낮게 평가하고 항공사에 대한 충성심이 덜했다. 또한 저남성성 사회의 사람들은 자주 만족을 표시했고, 고남성성 사회의 사람들은 자주 불만을 표시했다. 그 이유로서, 저남성성 사회의 사람들은 서비스의 단점을 무시하고 더 남성적인 사회의 사람들에 비해서 덜 비판적이기 때문이다(크로트·에드만, 2000년). 또한 파키스탄 승객들은 다른 승객들보다 더 인내심이 많은 것으로 발견되었는데, 그들은 런던에서 파키스탄으로 가는 여객기가 7시간을 지연 출발했는데도 인내심을 보여주었다. 대부분의 영국 승객들은 3시간을 지연했는데 다른 항공사로 바꾸어달라고 요구했고, 미국 승객들은 4시간의 지연 후에 항공사를 고소하겠다고 위협했다(크로츠·어드만, 2000년). 파키스탄(50)은 호프스테드의 남성상 지수에서 영국(66)과 미국(62)보다 낮은 점수를 기록했다.

8. 서비스 만족

서비스의 질은 서비스의 긍정적 인식 발달의 요소에 관계된 것이고, 만족은 서비스 경험에서 나온 심리적 결과와 평가에 대한 반응으로 나타난 고객의 느낌과 감정을 말한다. 대개 높은 질의 서비스는 긍정적인 서비스 인식을 발전시키고, 높은 만족도를 가져온다. 낮은 서비스의 질은 부정적인 서비스의 인식과 불만족을 발전시킨다. 따라서 서비스의 질은 고객 만족을 결정한다.

서비스 제공자의 고객에 대한 태도, 어휘 기술, 고객의 필요와 요구에 대한 지식은 서비스의 기술적 전달보다도 더 많은 만족을 줄 수 있다. 따라서 서비스 공급자와 고객 사이의 긍정적인 사회 작용은 서비스에 대한 높은 만족을 가져오지만, 낮은 기술적 서비스에 대한 낮은 질을 보상해 줄 수 있다.

서비스 질 차원의 고객 만족의 중요성은 다양한 문화끼리 서로 다르다. 예를 들어서, 윈스테드(1999년)는 미국과 일본의 서비스 차원을 분석했는데, 일본 소비자의 만족도는 서비스의 형식성에 의해서 영향을 받고, 미국 소비자의 만족도는 서비스의 개인성에 의해서 영향을 받는다는 것을 발견했다. 초이와 추(2000년)는 아시아 여행객들의 만족도는 주로 가치 요소에서 나오고, 서구 여행객들의 만족도는 객실의 질 요소에서 나온다는 것을 발견했다.

9. 문화 차이가 항상 중요한가?

서비스 제공자와 고객의 문화는 적절한 서비스의 기준과 서비스 제공 방법을 가르쳐 주기 때문에, 서비스의 질과 만족도에 영향을 준다는 것이 일반적인 가설이다. 서로 다른 문화에서 온 개인은 서비스 수행을 다르게 평가하고, 특정한 서비스의 요구에 서로 다른 기대와 인식을 가지고 있다. 그 결과, 다른 문화 배경을 가지고 다른 관점 때문에 서비스의 발생에서 문제가 나타날 수 있다. 잘못된 결합은 외국 문화를 가진 고객과 국내 공급자의 기대와 인식 사이에서 차이가 될 수 있다. 다양한 서비스 질의 차원에서 문화 차이를 이해하는 것은 문화적으로 다른 고객으로부터의 서비스 종류를 결정하는 데 도움을 줄 수 있다.

그러나 서비스 질의 기대와 인식은 공급자와 고객 사이의 문화적 근접성 혹은 문화적 거리에 좌우된다. 다양한 나라들 사이의 문화적 거리는 글로벌로부터 지역에 이르기까지의 연속적 체계로 분류된다. 이 두 극단 사이에는 관광객의 행동을 지배하고 서비스 질의 인식에 영향을 미치는 다양한 범주의 하위문화가 있다. 각 범주의 거리는 각각 다르게 서비스 질의 인식과 만족도에 영향을 미친다.

또한 문화 차이는 특정한 서비스 질의 차원에만 중요한 경향이 있다. 관광객들은 토산품과 서비스를 포함하는 경험에 대해서는 더 관용적이고 덜 비평적인 것이다(예 지역 서비스, 음식, 오락, 사람들의 외모). 관광객들은 교통 서비스, 안전, 심미적인 것, 선택 혹은 다양성의 자유와 재미, 서비스의 접근성 그리고 쇼핑처럼 특정한 관광객 행동과 같은 공유된 가치를 가진 서비스에 대해서 더 비평적이다(바이마르 · 후치스, 1999년).

여행의 증가와 경험은 전세계적으로 일반적이고 기준적인 서비스 질의 수요를 만들어내고, 특히 기술의 질 차원(기능 차원과는 반대로)에서 그러하다(그론루스, 1984년). 목적지로 가고 오는 교통 서비스가 글로벌하게 공유된 가치이며 기준이므로 모든 관광객들에게 중요한 것으로 인식되고, 평가되며, 판단되었다. 특히 여행의 편리성, 여행 스케줄의 정확성 그리고 고객 지향성이 중요하다(바이마르 · 후치스, 1999년). 문화 차이는 대기 시간과 대기인 숫자, 추가 서비스 구성과 교통 선택과 같은 서비스 영역의 인식과 평가에 중요한 영향을 미치고 있다(베커 · 무만, 1999년).

요 약

서비스는 한 당사자에게서 다른 당사자에게로 전달되는 무형의 활동이나 혜택이다. 서비스는 무형성, 이질성, 비분리성, 소멸성 그리고 무소유권이라는 특징이 있다. 서비스의 기대와 평가 그리고 만족에는 문화 차이가 있다. 서로 다른 문화 그룹은 서비스 질의 영역과 차원에 대해서 서로 다른 중요성을 부여한다. 그러나 문화 차이는 오직 특정한 서비스 질의 차원에서도 문제가 된다. 여행의 증가는 여행에 대한 평가에 대하여 세계 보편적인 서비스 질에 대한 요구를 만들어 낸다.

논점과 질문

1. 국가 문화가 고객의 여행 서비스의 평가에 영향을 미치는가? 그렇다면 그 이유는 무엇인가?
2. 다른 문화에서 서비스의 차이를 말해 보시오.
3. 어떻게 민족 문화가 서비스에 대한 만족에 영향을 미치는지에 대한 실제적인 예를 몇 가지 들어 보시오.

사례 연구 10.1 프랑스에서의 중국인 여행객들

중국의 개방으로 중국 사람들이 해외로 여행을 가게 되었다. 프랑스는 중국인 여행객들에게 아주 인기 있는 관광지이다. 그러나 프랑스에서 판매되는 상품과 서비스는 중국인 여행자들에게 충분히 맞추어지지 않았다. 프랑스로 여행 오는 중국인 방문자의 증가 때문에 프랑스는 호텔, 레스토랑 그리고 공항의 서비스를 걱정했다.

중국의 여행객들은 외국으로 여행할 때 위험을 회피하고 대개 미리 조직된 여행 패키지 상품을 구매하며, 집단으로 여행을 다닌다. 그들은 익숙함과 안전함을 찾고 중국 레스토랑에서 식사하기를 좋아한다. 그들을 프랑스 레스토랑으로 안내하면 실망하고 팁 주는 것에 대해서 불만을 가지며, 특히 공공장소에서 흡연을 하지 못하는 이유를 이해하지 못한다. 프랑스의 관광 전문가들은 그들의 생산물과 서비스를 중국인 관광객들에게 맞춤식으로 서비스하여 그들의 요구에 맞추기 위하여 중국 문화를 더 잘 이해해야만 한다. 현재 중국인 여행객들과 의사소통하기 위해서 대책이 취해지고 있다. 파리에서 관광 명소에 중국어 안내판이 세워지고 있다. 홍보 책자와 관광가이드가 중국 표준어로 인쇄되고 있으며, 산업 관계자들이 중국 어휘를 배우고 있다. 중국 표준어 음성 가이드가 자주 이용되고 있다. 아코르 그리고 인터콘티넨털 호텔 체인은 고향을 그리워하는 중국인 여행객들에게 찻잔세트를 서비스하고 있고, 중국 신문과 아시아 스타일의 아침을 제공하고 있다.

중국인의 해외 여행은 앞으로 수년간 성장할 것으로 기대되고 있다. 유럽 국가와 중국 사이의 문화 차이는 심각한 도전을 주고 있다. 관광업 대표자들은 중국인의 요구에 민감하게 반응해야 하고 중국의 문화적인 기대와 전통을 맞추는 생산물을 디자인할 때 문화 지식을 사용해야 한다.

웹사이트 링크

1. 문화 차이 서비스 : http://neuropetravel.suite101.com/blog.cfm/cultural_differences_service

글로벌 경쟁 세계에서 사람들과 비즈니스는 윤리적인 방법과 행동이 기대되고 있다. 다음 장에서는 윤리와 문화 차이를 논의한다.

윤리에 대한 문화적 영향

이 장의 목표는 윤리의 개념과 윤리적인 행동에서 문화적 차이점을 구별한다.

목 표

이 장을 끝내고 나면 여러분들은 다음을 이해할 수 있어야 한다.

- 윤리와 윤리적 행동의 개념
- 관광업에서 윤리의 중요성을 설명
- 비교 문화 맥락에서 윤리 규정
- 윤리적 행동에 대한 문화적 영향을 설명
- 가장 논쟁이 되는 산업 윤리적 이슈의 이해
- 윤리적 행동 관행과 윤리적 주요 갈등 요인 구별
- 윤리적 딜레마에 대응하는 윤리 이론과 구조
- 윤리적 딜레마를 관리하는 전략의 구분
- 관광업에서 글로벌 윤리 코드에 대한 학습

서론

오늘날 경쟁적인 환경에서 사람과 기업은 윤리적인 방법으로 행동하고 윤리적인 기준을 따라야 한다. 이러한 기준들은 윤리적인 기준에 의해서 지시되고 있다. 다양한 윤리적 기준, 예를 들면 살인, 도둑질, 거짓말 등을 징계하는 윤리적 기준이 전 세계 사람들에 의해서 만들어진다. 이러한 기준들은 사회에서 인간의 존재와 삶에 중심이 되는 것이다. 그러나 어느 나라에서는 윤리적이지만 다른 나라에서는 비윤리적인 것으로 인정되는 기준들이 있다. 어려운 문제는 윤리적 방법으로 행동하고 지역 주민에 의해서 지켜지는 윤리적 기준을 따르는 것이다. 기업과 사람들이 윤리적 방법으로 행동하지 않는다면, 그들은 소비자나 대중의 부정적인 반응에 직면하게 되며, 이러한 부정적 행위에 대하여 법적인 제재까지 야기시킬 수 있다(사이, 2005년).

윤리의 개념

윤리는 무엇인가? 윤리는 무엇이 옳고, 옳지 않느냐의 관점에서 한 개인이나 그룹의 행동을 규제하는 데 일반적으로 인정되는 도덕적 법칙과 가치이다. 윤리는 상대방에 대한 행동에 대하여 사람들이 어떻게 생각하느냐와 그들의 결정과 행동이 인간생활에 어떤 영향을 미치느냐와 관계가 있다(사이, 2005년).

기업 윤리란 무엇인가? 기업 윤리는 기업 업무의 수행에 대한 옳고, 틀림을 말하고 있다. 기업 윤리는 상업적 관계의 원리에 의해 이끌어지며(디커선 · 크로에거, 1973년), 기업 안에 적용되는 올바른 도덕 기준인데(홀트 · 위긴턴, 2002년), 사업에서 올바르고 선한 것을 보여주는 지표이다(호프만 · 무어, 1990년).

윤리와 도덕성 사이의 차이는 무엇인가?

윤리는 윤리에서 발전한 도덕과 도덕 법률을 체계적으로 수립하는 기초가 된다. 도덕성은 주어진 문화에서 적절한 인간 행동을 지배하는 행동이다(처칠, 1982년). 사람들의 행동은 어떻게 행동해야 할지를 보여주는 도덕 규칙과 의무에 의해 행해진다. 사람들은 그들의 삶에서 많은 도덕적 의무를 가지고 있다. 예를 들면, 부모가 아이를 돌보는 것, 자신의 나라를 지키는 것도 도덕적 의무이다.

어떻게 윤리적인 의무가 발전되는가?

윤리적 의무는 사람들의 신체적, 정서적, 인지적 능력을 통하여 발전된다. 사람들은 가족, 친구, 경험, 종교적 신념, 교육 기관, 미디어를 통하여 윤리적 행동을 배운다(사이, 2005년). 기업 윤리는 사회의 윤리에 의해서 형성된다.

윤리적 행동은 무엇인가?

윤리적인 행동은 사회적으로 책임을 지는 행동이다. 사회적으로 책임을 지는 행동은 조직뿐만 아니라 인간 복지와 사회 이익을 강하게 만드는 행동이다. 사회적으로 책임을 지는 행동의 예로는, 법 준수, 진실 말하기, 사람들에 대한 존중, 누군가에게 해를 끼치지 않기, 책임 있는 행동, 인권 투쟁, 생산의 안전 보장, 환경 보호 또는 지역 문화와 유산 보호 등이 있다(사이, 2005년). 사회적으로 무책임한 행동의 예로는, 뇌물 주기, 고문하기, 특허와 저작권 침해하기, 물건의 성능과 안전에 대한 기만과 사기, 환경에 해로운 물건의 사용, 국제적인 환경오염, 차별, 위험스러운 근로 조건, 약속 위반, 거짓된 선전과 금융 보고서 그리고 이미지 왜곡 등이다(사이, 2005년). 오늘날 사람들과 기업은 사회적으로 책임을 지고 윤리적인 매너를 수용해야 한다. 기업의 사회적 책임의 개념은 점차적으로 기업들에 의해서 더욱 많이 받아들여지고 있다. 사적이고 공적인 조직들은 이제 사회적 책임의 목표, 전략 그리고 획득을 위한 연례 보고서를 출판하고 있다.

윤리적 행동은 법적인 행동과 동일한가?

어떤 윤리적인 행동은 파업이나 환경을 보존하기 위하여 법을 어기는 환경주의자들의 활동과 같이 위법이다. 또한 고객에 대한 사기나 거짓말 같은 많은 비윤리적인 행동은 불법은 아니지만 고객들에게 외면당하는 부정적인 결과를 만들어낼 수 있다. 사람들과 기업은 윤리적으로 행동하는 것뿐만이 아니라, 도덕적 법칙도 따라야 한다. 따라서 윤리적 행동은 반드시 법적인 행동이어야 한다.

어떻게 윤리적 비즈니스 활동이 이루어지는가?

윤리적인 기업 활동은, 소비자와 고용인의 인권을 존중하고, 지역 주민의 문화와 지역 주민들을 존중하며, 생태계와 고객 안전을 지원하고, 새로운 산업을 발전시키며, 정의의 도입(법과 규정)을 추진하도록 지역 정부와 협의한다. 또한 공정한 몫의 세금을 내며, 비교 문화 환경에서 사업을 하고 있을 때 지역의 법을 따르고, 누구에게도 의도적으로 손실을 끼치지 않으며, 지역주민의 문화 발전에 공헌하고, 황금률, 즉 "남에게 대접받고 싶은 대로 남을 대접하라."의 규칙을 따름으로써 성취된다.

1. 관광에서의 윤리

윤리는 국제 관광 발전에서 매우 중요하다. 윤리와 사회적인 책임감은 성공적이고 지속 가능한 관광 발전의 기초이다. 관광에서의 윤리적인 행동은 다음과 같은 윤리적 행동을 요구한다. 인간성에 공통적인 가치 존중, 종교와 신념의 다양성에 대한 이해와 존중, 소수 민족과 토착민의 사회적, 문화적 전통과 관행 보호, 자연환경과 문화유산 보호, 관광객들을 범죄, 공격 혹은 다른 결함 있는 물건이나 판매 대리인의 비윤리적 행동으로부터 보호, 그들을 안전하고 안심하게 해서, 그들에게 정확하고 신뢰할 만한 정보를 제공할 것, 특별한 요구 수용, 관광 시설 보호에 대한 이해 촉진 등이다. 관광에서의 윤리적 행동은 산업 근로자를 비윤리적 관행(예 안전하지 않은 근무 환경)으로부터 보호하고, 비즈니스를 고용주의 비윤리적 행동(예 비즈니스의 좋은 이름에 손해를 끼치는 것)과 비윤리적 경쟁(예 가격 담합)으로부터 보호하는 것을 요구한다. 윤리적 행동은 사회 보호(예 문화 가치를 무시하고 경제적인 사기에 대항하는 것)와 사회의 가치 체계의 보호를 요구한다(사이, 2005년). 관광 발전에 포함된 모든 사람들, 즉 개인, 조직 그리고 사회는 사회와 개인의 복지를 강화하기 위해서 윤리적으로 행동해야만 한다.

윤리는 관광 마케팅, 특히 효과적인 분업, 적절한 목적지 의사소통, 관광자원과 목적지의 자연에 대한 이해 그리고 환경 취약성에 대한 인식에 특별히 효과적이다(힐러, 1995년). 예를 들면, 기업은 홍보 기술과 여행 감상에 대한 시상(view pricing)을 관광객을 유치하는 추가적인 중심 요소로 사용한다. 이러한 환경에 대한 효과는 매우 가시적이며, 그 범위는 야생동식물의 멸종부터 국립공원 오솔길의 파괴 그리고 급격한 발전으로 인한 해안 파괴까지 다양하다. 여행 안내책자는 잠재적인 관광객들의 마음에 목적지에 대한 긍정적 이미지를 만들기 위해서 햇빛이 비치고, 깨끗하고, 혼잡하지 않은 목적지를 선전한다. 그러나 기업은 이러한 이미지가 실제와 부합하고 관광객들을 실망시키지 않아야 할 의무도 가지고 있다(휠러, 1995년).

대규모 관광의 발전은 환경적, 사회문화적인 파괴를 가져온다. 문제점은 관광의 발전과 관광객들을 전 세계로 여행 다니게 만드는 것이 윤리적이냐는 것이다. 어떤 사람들은 그것에 대해서 의문을 가지고 있다. 대규모 관광객들에 의해서 야기되는 환경적인 문제에 대한 윤리적 반응은 녹색(green) 자연친화적 관광이다. 이것은 환경과 조화를 이루는 소규모 관광을 지지하며, 신중하고 교육받고 윤리적인 여행객들을 목표로 한다. 녹색 환경친화적인 관광의 개념은 종족을 보존하고, 시골길을 돌보며, 세계의 문화와 유산을 보존하고, 물질적이고 자아 중심적인 가치를 포기하고, 보살피고, 나누고, 사회적, 문화적, 환경적으로 민감해지고, 도덕적으로 바른 선택을 할 것을 요구한다(휠러, 1995년). 결과적으로, 그린 관광(green tourism)의 개념은 윤리적이며 사회적으로 책임을 지는 것이다.

도시 관광지들도 스스로 환경에 주목하고 있다. 예를 들면, 알버트 왕자의 지도 아래 모나코 왕국은 지속 가능한 발전을 위한 노력을 하고 있다. 모나코의 주요 관광산업가인 소시에떼 데 바인스 메르(Sociéte ded Bains de Mer), 즉 호텔과 레스토랑, 리조트, 스파의 소유자와 세계적으로 유명한 몬테카를로 카지노(Monte Carlo Casino)는 최근에 에너지 소비와 탄소 배출 감소를 위한 환경 차트를 적극적으로 개발하고 있다. 그러나 전 세계에서 호화로운 제트 여객기를 타고 오는 관광객들이 이러한 환경 문제에 관심을 갖겠는가?

관광산업은 기업의 사회적인 책임을 향해서 갈 길이 멀다. 2008년 영국 관광의 마케팅 대리업체 비지트브리튼(VisitBritain)은 영국이 제공하는 여행의 모든 부분을 그린화(green) 정책을 시행할 것으로 트레블몰(Travelmole)은 보고했다(http://www.travelmole.com). 이 단체의 임무는 "그린 여행을 2010년까지 틈새 시장에서 주류로 만들겠다."는 것이며, 이 단체의 슬로건은 '지속 가능한 비즈니스를 지지합니다. – 책임 있는 여행객 지지'라고 단정적으로 말하고 있다. 그러나 영국의 알려진 5만 개의 관광 조직(호텔과 방문객 유치〈VisitBritain's Green Tourism〉 장소) 중에서, 현재까지 300개만이 비지트브리튼의 그린 여행 초기 단계 승인 계획, 즉 '그린 스타트(Green Start)'에 관심을 보였다.

2. 비교 문화 맥락에서의 윤리

국제 관광과 같은 비교 문화 맥락에서 윤리는 설명하거나 적용하기 어려운 용어이다. 국제적 맥락에서 윤리는, 국내 환경에서 윤리에 두어지는 기준과 가치는 일관적인 방식으로 쉽게 충족될 수 없는 문제이다. 그리고 아주 복잡한 사회적이고 문화적인 의무와 책임의 집합을 말한다. 한 나라에서 윤리적인 행동이 종종 다른 나라에서는 비윤리적으로 보여진다(사이, 2005년). 예를 들면, 중동지역에서 선물 주기는 윤리적으로 인정되지만, 서구 사회에서는 뇌물이며 비윤리적인 것으로 여겨진다. 따라서 국제적인 환경에서 윤리적인 문제가 무엇이 옳은지와 그른지의 문화적 인식 차이 때문에 윤리적 문제가 발생할 수 있다.

3. 윤리적 행동에 대한 문화적 영향

윤리적 행동의 차이는 문화적, 사회적, 경제적인 요소의 차이 때문이다(불러 등, 1991년). 특히 문화는 비즈니스 윤리와 사회적인 책임에 영향을 준다. 문화는 무엇이 옳고 그른지에 대한 기준이며, 서로 다른 기대와 윤리적인 규범에 의하여 다른 행동을 만들어낸다. 사람들은 문화적인 환경에서 윤리적 기준과 가치를 배운다. 그 결과 서로 다른 나라, 민족, 더 넓은 문화 그룹 속에서 개인은 도덕과 윤리적 면에서 서로 다르다(스른카, 1997년).

문화적 가치는 윤리적 행동에서 특별히 중요한 예측 변수이다. 문화적 가치는 무엇이 윤리적이고 무엇이 비윤리적인지를 결정한다. 따라서 서로 다른 문화에서 서로 다른 윤리적 가치가 존재한다. 결과적으로 서로 다른 윤리적 가치가 뒤따를 때에는 윤리적 결정은 내리기가 어렵다. 또한 문화적 가치는 윤리적인 딜레마의 인식에 영향을 미친다.

무엇이 윤리적 행동인지는 환경에 좌우되며, 문화적으로 결정된 사회적 의무와 개인 간의 유대에 의하여 영향을 받는다(데 베티그니스, 1991년, 슈나이더 · 바르소, 1997년에서 인용). 예를 들면, 미국과 같은 나라에서는 윤리적 결정이 개인적이며 개인적인 책임, 신뢰성, 도덕성, 자아 비평을 요구한다. 윤리적 행동은 '다른 사람들보다도 자신과 같이 살아야 하는' 개인의 면에서 규정된다. '윤리는 개인적인 양심 가책의 문제, 개인과 양심 사이의 비밀스러운 일'(보겔, 1992년), 다른 한편으로, 유럽과 아시아에서 윤리적인 결정은 더 '동의하는' 것으로 여겨진다. 예를 들면 아시아에서, 윤리적 행동과 도덕성은 독립적인 것보다는 의존적인 면으로 규정된다(마르쿠스 · 키타야마). 그룹에 속하지 않고 같은 가치를 공유하지 않은 사람은 그룹의 행복에 관심을 가지지 않은 사람으로 여겨져서 사업을 할 기회를 주지 않는다.

문화는 윤리가 어떻게 규정되고 판단되는지에 영향을 미친다. 예를 들면, 미국에서 윤리는 일반적인 것으로 간주된다. 윤리와 같은 규칙이 모두에게 적용된다. 이러한 규칙은 명시적이며(저맥락 문화), 문서의 형태로 제시되고, 집단에게 보이고, 모든 사람들은 이 규칙을 따라야 한다. 반대로, 프랑스에서는 그러한 규칙들이 전통적으로 수백년 전부터 세대에서 세대로 전해왔기 때문에, 윤리적 행동의 문서화된 규칙을 누구도 필요로 하지 않는다. 프랑스 사람들은 조상들로부터 윤리적 규칙을 배우며 삶에서 어떻게 행동해야 하는지를 알고 있다(보겔, 1992년).

문화는 기업의 행동 강령의 적용에 영향을 준다(슈나이더 · 바르소, 1997년). 행동 강령은 '회사 윤리, 행동 규칙, 수행 규칙, 고용인의 책임, 주주, 소비자, 환경 혹은 회사에 관계되는 사회의 외부에 대한 것을 정하는 진술'이다(랭그로시스 · 셀겔밀흐, 1990년). 거의 모든 미국 회사들이 행동 강령을 가지고 있는데, 독일 회사는 51%, 프랑스 회사는 겨우 30%만 가지고 있다.

행동 강령은 문화에 따라서 다르다. 예를 들면, 유럽의 행동 강령은 회사에 대한 고용인의 태도와 집단적 행동에 중점을 두고, 미국의 행동 강령은 고용인에 대한 회사 정책에 중점을 둔다. 미국 회사에서는 공정성과 평등으로 고용인들을 다루고 공정한 기회의 권리를 보장하는 반면에, 프랑스와 영국의 회사에서는 고용인의 회사에 대한 중요성, 집단적 목표와 소속감을 강조하는 것이 중요하다. 독일 회사는 기술과 혁신뿐만 아니라 책임 공유, 신뢰성 그리고 충성심을 강조하고, 프랑스는 고객과의 관계를 중요시한다(슈나이더·바르소, 1997년).

각 나라들은 윤리적인 딜레마를 해결하는 데에 있어서도 다르다. 미국의 매니저들은 홍콩의 매니저들보다 상사와 상담하는 경우가 많고, 홍콩의 매니저들은 그 문제를 친구와 의논을 많이 한다. 이러한 차이점은 미국에 비해서 홍콩의 심한 집단주의, 즉 그룹의 합의, 획일성 그리고 충성심을 강조하는 증거를 보여주고 있다. 홍콩에서 법과 규칙은 필요하지 않은 것 같다. 공공적인 노출과 체면 손상은 비윤리적인 행동에 대한 충분한 처벌로 고려되고 있다(베커·프리츠슈, 1987년).

그러나 문화가 비즈니스의 윤리적인 의사결정을 결정하는 유일한 결정 요인은 아니다. 성별이나 나이, 교육, 종교, 정치, 무엇이 옳고 그른지에 대한 사람들의 인식을 결정하는 제도화된 다른 요소들도 있다.

4. 가장 논란이 되는 비즈니스 윤리 문제

오늘날 가장 논란이 되는 윤리적인 문제는 다음과 같다. (1) 기업의 목표가 이익인가 아니면 윤리인가? (2) 이익을 보는 것이 윤리적인가 아니면 비윤리적인가? (3) 이익이 윤리보다 더 중요한가? (4) 윤리가 국제적인 비즈니스를 운영하는 데에 필요한가? (5) 윤리의 일반적인 규칙이 있고 적용될 수 있을까? (6) 글로벌화된 세계에서 무엇이 윤리적인지를 규정하는 것이 가능한가?(슈나이더와 바르소, 1997년) 이러한 문제에 대한 모든 해결 방안은 문화에 달려 있다는 것이다.

비즈니스의 목표가 이익인가 혹은 윤리인가?

많은 서구 문화에서 비즈니스의 주요 목표는 이익의 극대화이다. 약 50%의 미국 매니저들은 주요 목표로서 이익 축적을 꼽는다(트롬페나스, 1993년). 서구의 업무 윤리는 돈을 벌고 이익을 위해서 일하는 것이 도덕적이라고 가르친다. 조직과 매니저는 경제적 이익 그리고 자신의 이익에 의해서 움직이는 것이다. 그러나 프랑스에서는 이익을 위해서 일하는 것은 종종 의심스럽게 보인다. 프랑스 사람들은 사회적인 지위와 명예가 그 사람이 하는 일이나 소득에서 나오지 않고, 그 사람이 누구인지와 그 사람의 문화와 교육 그리고 가족 관계에서 나온다고 믿는다. 공산주의 이데올로기하에 있던 러시아에서는 이익을 보는 것이 이기적이고 비윤리적인 것으로 취급받았다. 일본에서는 기업의 주요 목표는 주주와 고용인에 대한 보살핌이다. 일본인의 겨우 4%만이 이익을 비즈니스의 주요 목표로서 선택했다(트롬페나스, 1993년). 그러나 오늘날 글로벌화되고 고도로 경쟁화된 사회에서 서구의 많은 회사들이 사회의 복지를 촉진하고 사회적인 책임에 관심을 두고 있다(슈나이더·바르소, 1997년). 돈 버는 것을 장려하는 아시아 국가들도 역시 마찬가지이다. 그러나 이익의 의미는 다른 문화에서는 또 다르게 해석된다는 것을 명심해야 한다(슈나이더·바르소, 1997년).

이익을 보는 것이 비윤리적인가?

많은 미국인들은 공장을 닫고, 근로자를 해고하고, 경제적인 이익을 위하여 그들을 방치하는 것이 윤리적이라고 생각한다. 그러나 유럽과 아시아에서는 그러한 행동은 비윤리적이라고 생각한다. 즉, 이것은 사회에 대한 인식이 부족해서라고 생각한다. 더구나 많은 미국인들과 호주인들은 임금이나 승진을 위하여 자주 직업을 바꾼다. 일본과 다른 아시아 국가들에서는 일자리를 바꾸는 것은 덜 자주 있는 일이며 비도덕적으로 보인다. 그러나 오늘날 유럽과 아시아 국가들이 경제 불황과 증가하는 경쟁 속에서, 그들도 역시 재구조화와 사업 축소를 해야 한다. 이것은 일과 사회적인 혜택의 상실에 대한 고용자들의 불안과 공포를 가져온다. 그 결과로서, 과거에 윤리적으로 행동했던 회사들이 심화되는 글로벌화와 경쟁 속에서 비윤리적으로 행동할 수 있다는 것이다(사이, 2005년).

이익이 윤리보다 더 중요한가?

서로 다른 문화에서 비즈니스를 하는 방법이 서로 다르다. 서로 다른 목표를 추구한다. 어떤 회사는 사회적으로 책임을 지는 것보다 이익을 보는 것이 더 중요하다고 믿는다. 어떤 회사는 사회적인 책임이 이익보다 더 중요하며 이것을 위해서 경제적인 이익을 희생한다. 예를 들면, 레비 스트라우스는 사업이 잘되는 중국 시장에서, 인권 탄압을 하는 중국 정부에 대한 항의의 표시로 4천만 불을 회수했다(슈나이더·바르소, 1997년).

어떤 회사는 사회적으로 책임을 지는 것은 이익에 좌우된다고 생각한다. 생산과 판매가 잘되면, 이익이 증가하고 지역 공동체에 일자리를 많이 만들며 공동체의 발전에 기여한다는 것이다. 또한 사회의 책임 원칙을 따라서 경제적으로 성공하는 회사도 있다. 예를 들면, 'The Body Shop' 또는 화장품 회사들은 '자연적인' 생산물 판매와 '비동물 실험' 정책을 실시해서 막대한 이익을 누리고 있다.

국제적 비즈니스에서도 윤리가 필수적인가?

어떤 사람들은 윤리가 기업을 경영하는 데 필수적이라고 믿고 있다. 윤리적인 행동은 도덕적인 책임감이고 자유 사회와 자유 경제의 기본이라고 믿고 있다(슈나이더·바르소, 1997년). 어떤 자유 사회나 자유 경제도 윤리 없이는 생존할 수 없다(사이먼, 1976년). 그러나 비즈니스에서 윤리적이고 필수적인 것이 국가 문화 마다 다르게 이해되고 있다. 예를 들면, 인권의 개념은 서구와 아시아에서 서로 다른 의미를 가지고 있다. 아시아인의 관점에서, 서구의 윤리 규칙과 민주주의, 표현의 자유는 분열과 불안정성을 부추기고, 혼란으로 이끌기 때문에 바람직하지 않은 것들이다. 따라서 그것들은 거부되어야 한다. 아시아의 지도자들은 자신들만의, '아시아의 방식'을 따르고 싶어 한다. 그들은 개발도상에 있는 아시아 국가들은 권위적인 정부, 사회적인 위계, 규칙이 필요하다고 주장한다. 개인의 권리는 공동체와 나라의 더 큰 권리에 영향을 미치지 않는 범위 내에서 존중된다. 인권의 서구적 기준, 민주주의의 이해, 환경보호는 부적절하며, 특히 아시아는 상승하고, 서구는 쇠퇴하고 있기 때문이다(몰렛, 1994년). 문화적인 적대감은 서구 나라들이 중국의 관행에 항의하고 베이징 올림픽에 불참하겠다고 위협하면서 명백하게 드러났다.

윤리의 보편적 규칙은 존재하며 적용 가능한가?

정직, 통합 그리고 사회, 고객, 고용인, 환경과 어린이 보호, 모든 사람들에게 공평한 배당, 생산물과 시장에 공평한 기회와 접근 제공, 국내의 이익만을 보호하지 않는 등의 일반적 규칙이 있다고 믿어진다. 이러한 일반적 규칙은 모든 나라가 따라야 한다. 이러한 규칙들이, 수행을 중시하는 서구 나라들에게는 성공적으로 적용될지 모른다. 그러나 인간적 관계, 개인적 네트워크, 소속을 중시하는 아시아 국가들에게는 같은 규칙을 공유하지 않을 수 있다. 예를 들면, 서구와 아시아 국가들은 공정성에 대한 다른 이해를 가지고 있다. 아시아 국가들은 서구의 '공정의 분배'의 개념을 업무 수행에 두는 반면에, 서구 문화는 아시아의 가족 혹은 부모-자식 간 관계의 맥락에서 '공정의 분배'의 개념을 받아들이지 않는다(슈나이더·바르소, 1997년). 결과적으로, 나라들마다 윤리의 일반적인 규칙에 따르게 요구하는 글로벌화는 비즈니스가 수행 방법에서 충돌을 일으키고, 문화적 측면에서 많은 비즈니스의 원칙들은 어려운 입장이다.

글로벌화된 세계에서 윤리적 규정은 가능한가?

글로벌화된 세계에서 무엇이 윤리적인지를 규정하는 것은 불가능하다. 무엇이 윤리적이고 도덕적인지는 문화적으로 결정하고 문화적 의미와 상징에 좌우된다. 집단적인 문화에서 윤리적인 행동은 많은 수의 사람들에게 가장 큰 혜택, 사회적인 위계, 사회적인 역할과 지위, 가족 관련과 그룹 합의에 의해서 결정된다. 개인주의 문화에서, 윤리적인 행동은 개인, 평등, 자유, 민주주의의 혜택에 의해서 결정된다. 무엇이 일반적으로 윤리적인 행동인가를 이해하기 위해서 사람들의 일반적인 윤리적 행동의 유사점, 차이점 그리고 문화 행동의 특성을 먼저 배워야만 한다. 사람들은 서로 다른 문화적 개념을 구별하고, 문화 행동의 특성을 이해해야 하며, 다른 사람들의 문화적 개념을 부정해서는 안 된다(슈나이더·바르소, 1997년).

5. 관광과 환대산업에서 윤리와 관행의 갈등 : 윤리적 딜레마

글로벌화한 경제에서 회사는 점점 더 많은 윤리적 갈등을 일으키는 다양한 사회문화적 환경을 경험하고 있다. 갈등은 외국 회사나 관광객들이 지방의 기준과 행동을 직면하여 그 나라의 문화적인 복잡성 혹은 종교 전통과 신념을 받아들이는 데에 실패할 때에 일어난다. 예를 들면, 맥도날드가 '패스트푸드 글로벌 공식'인 고기 패티에 프렌치 프라이를 넣고 소고기 버거를 판매하는 점포를, 거의 1억 명의 인도 힌두 주민이 소를 신성한 존재로 숭상한다는 사실을 잊어버린 채 영업하기로 했다. 이리하여 외국에서는 윤리적인 관행이 그 나라에서는 비윤리적일 수 있는 것이다.

두 가지 이상의 관행이 갈등을 빚고 명확한 옳음과 그름이 없을 때, 비교 문화가 딜레마에 빠지게 되는 것이다. 관광업과 환대산업에 직접적인 관계가 있는 주요 윤리적 딜레마에는 뇌물과 부패, 성과 인종 차별, 성적 괴롭힘, 인권 침해, 자연 자원의 훼손, 건강에 해로운 음식 판매, 거짓과 잘못된 선전, 족벌주의 그리고 소프트웨어 저작권이 있다.

뇌 물

뇌물은 업무 계약과 업무 수행의 속성과 일치하지 않는 일에 대한 보수이다. 뇌물은 일반적으로 위법이며 비도덕적, 비윤리적인 비즈니스의 관행으로 인정된다. 실제로 뇌물은 어떤 문화에서는 비즈니스를 하는 유일한 방법이다(워씨, 1989년). 뇌물은 아시아, 아프리카, 중동의 개발도상국들 사이에서는 흔한 윤리적인 비즈니스이다. 프랑스와 독일의 매니저들은 경우에 따라서 뇌물을 필요한 것, 즉 비즈니스를 하는 대가로 여기지만, 미국의 매니저들은 그러한 행위를 위법이고, 비윤리적이며, 회사의 방침에 어긋나는 것으로 본다(베커 · 프리츠스, 1987년). 프랑스, 벨기에, 그리스, 독일 그리고 룩셈부르크에서는 외국의 뇌물을 비즈니스 비용으로 공제하는 것은 법적인 관행이다. 그러나 미국의 기업인들은 다른 나라에서 뇌물에 대한 유죄가 판명되면 미국 안에서 기소될 수 있다(보겔, 1992년).

부 패

부패는 반드시 금전적인 이익이 아니더라도 개인적인 이익을 위하여 권위를 남용하는 것을 말한다. 부패는 뇌물, 족벌주의, 고문 그리고 부정직하게 점유된 물건이며 대개 돈을 말한다. 돈은 어떤 사람에게 위탁되어지거나(횡령), 개인에게 속하지 않은 재원을 그 자신의 사적인 목적으로 점유해서 이용하는 것이다(무자파르, 1980년). 많은 아시아 나라들은 부패를 사업 수행을 위한 필수적인 것으로 생각하지만, 미국의 임원들은 그와 같은 행동을 비윤리적이고 위법으로 생각한다.

성 차별

개인주의 사회와 집단주의 사회에서 가장 차이가 심한 것 중의 하나는 성 평등이다. 아직도 여성과 남성 사이에는, 사회적 역할, 책임, 근무 조건, 여행 기회, 보수면에서 차별이 존재한다. 예를 들면, 미국과 다른 선진국에는 여성의 차별에 대응하는 법이 있다. 많은 고위 관리직에는 여성들이 많다. 예를 들면, 노르웨이에서는 거의 50%의 고위 관리의 자리에 여성들이 있다. 다른 한편으로, 일본, 한국, 사우디아라비아에는 성 차별이 있다. 비즈니스 조직과 보수면에서 남성이 여성에 비해서 선호된다. 사우디아라비아에서는 여성이 종교적 연관성과 문화적인 신념으로 인해 회사의 매니저로 허용되지 않는다. 그들의 역할은 교육과 건강 간호 부문에만 엄격히 제한된다(페로, 2004년). 한국에서는 여성이 더 기술이 좋고 재능이 있어도, 남성이 더 나은 취업 기회를 가지고 월급을 더 많이 받는다(디멘테, 1991년c).

많은 선진국에서 여성들은 평등기회법(예 영국)으로 보호받는다. 그러나 여성들은 구직 면접에서 가정을 언제 꾸릴 것이며 아이 계획에 대한 질문을 받는다. 이탈리아에서, 남성과 여성평등법(ETA)의 발효에도 불구하고 여성들은 직장에서 차별받는다(ETA) (사이, 2005년).

어떤 나라에서는 전통적인 책임 때문에 여성들은 여행에 제약을 받기도 한다. 그들이 여행을 가지 못하도록 말리거나 심지어는 못 가도록 규제된다. 예를 들면, 남성과 동반하지 않으면 어떤 서비스에 접근할 수 없다. 혼자 사는 여성은 사우디아라비아에 들어갈 수 없고, 방문 비자를 받으려면 그들의 남편과 같이 동반해야만 한다.

성적 괴롭힘

성적 괴롭힘에 대한 태도는 문화에 따라서 다양하다. 예를 들면, 프랑스와 스페인 여성들은 여성 칭찬, 가벼운 신체 접촉 그리고 일상적 장난은 인정하며, 심지어 사회적인 관계에서 바람직하다고 생각한다. 그러나 미국 여성들은 그러한 행동을 받아들이지 않고 여성에 대한 심각한 위협으로 생각한다.

어린이 노동 착취

가난한 나라들에서 어떤 회사들은 미성년 아이들을 싼 임금으로 고용하여 일을 시킨다. 많은 아이들이 부엌 설거지, 청소부, 구두닦이, 판매원으로 고용된다. 개발도상국에서는 실업 비율이 높고, 열악한 주거 조건, 심한 가난으로 인하여 정당한 관행이 되기도 한다. 그러나 선진국에서 그러한 관행이 인정되지 않는다.

어린이 성 학대

가난한 나라에서는 미성년 아이들을 성관계를 위해서 파는 일이 흔하다. 어떤 개발도상국가에서는, 아이들의 상업적인 성 착취가 해외 어린이 섹스 관광에 관련되어 있다. 상대적으로 높은 수입과 교육에 대한 낮은 가치 부여와 가정을 도와야 한다는 문화적인 의무감 때문에, 아이들이 육체적이고 성적인 학대, 약물 남용, 어린이 포르노와 성희롱에 취약하게 된다. 선진국에서는 그러한 관행은 인정받지 못하며 야만적인 것으로 여겨진다.

족벌주의

개발도상국에서 일에 대한 능력이나 적합성에 관계없이 친척들에게 혜택을 주는 것은 자주 있는 관행이다. 예를 들면, 인도와 아시아 회사들은 고용인들의 자녀가 학교를 졸업하면, 다른 지원자들의 능력이 더 우수하더라도 그들의 자녀들을 그 회사에 취업하게 한다. 인도 사람들의 맥락에서 강한 가족 관계, 특권, 가족의 유대는 정당한 관습이지만, 서구에서 그러한 특혜는 인정되지 않는다.

환경과 생태계에 대한 관심

환경적인 훼손과 환경에 대한 책임은 다른 문화 사이에서 다양하다. 예를 들면, 프랑스와 독일의 매니저들은 환경오염이 환경을 해치지 않는다고 생각하지만, 미국의 매니저들은 환경오염이 환경에 대한 중요한 위협이라고 믿고 있다(사이, 2005년). 그러나 증가하는 환경 문제에 대한 인식과 지구 온난화는 그러한 전 세계적인 관심에 대한 태도를 바꾸고 있는 것 같다.

거짓 정보

거짓말과 다른 회사와 고객에 대한 거짓 정보는 복잡한 윤리적 딜레마이다. 예를 들면, 여행 안내 홍보물의 거짓말, 잘못된 정보와 왜곡된 미디어의 이미지가 선전에 사용되기도 한다. 그러나 거짓말과 사기에 대한 태도는 나라에 따라서 다르다. 말레이시아와 홍콩 같은 집단적인 문화에서 잘못된 정보는 인정되지만, 영국과 호주, 미국에서 잘못된 정보는 심각한 문제를 일으킬 수 있다.

비슷한 경우로서, 저작권 침해 문제도 나라마다 태도가 다를 수 있다. 캐나다와 미국, 유럽에서는 저작권 침해가 비윤리적이지만, 인도네시아, 태국에서는 저작권 침해가 인정된다. 인도네시아와 태국의 많은 사업가들은 책, 소프트웨어, DVD 등에 대하여 저작권을 침해하면서 상점에서 판매하고 있으며, 인정되고 합법적으로 받아들여지고 있다. 그들은 지식을 넓히기 위해 저렴한 책과 소프트웨어가 필요하며, 그들의 나라가 미래에 발전하는 것을 도울 것이라고 믿는다(사이, 2005년). 다른 한편으로, 일본과 필리핀은 소프트웨어 저작권 침해를 반대한다. 또한 지출 비용 부풀리기도 홍콩과 말레이시아에서는 매우 비윤리적인 관행이지만, 미국 매니저에게는 윤리적인 문제로 고려되고 있다(맥도날드 · 제프, 1988년).

사회적 책임의 인정과 회피

사회의 복지를 지키기 위해서 회사가 비즈니스를 수행하는 방법은 나라에 따라 다르다. 어떤 회사는 그들의 유일한 책임은 주주를 위해서 돈을 버는 것이라고 믿고, 어떤 회사는 돈 버는 것 외에도 책임이 있다고 믿는다. 이러한 책임은 자선 단체와 교육 연구를 후원하고, 물건, 지식, 경험을 기부하며, 특별한 요구가 있는 그룹에 무료 서비스를 제공하고, 환경을 보존하고 지키며, 환경친화적인 물건을 생산하고, 선진국의 기준에 부합하는 근무 기준을 만들며, 안전한 물건을 만들고, 국제적인 도움을 제공하며, 폐수와 쓰레기를 환경적으로 건전한 방법으로 처리하는 것 등을 포함한다(산얄, 2001년).

6. 윤리적 딜레마를 다루는 이론과 토대

어떤 행동이 윤리적으로 옳은지 아닌지를 설명하는 몇 개의 이론과 프레임워크가 있다. 이러한 이론들은 (1) 신학(theology), (2) 의무론(deontology), (3) 정의 이론(the theory of justice), (4) 문화 상대주의(cultural relativism) (파탁, 1997년; 사이, 2005년)가 있다.

신학은 바람직한 결과나 성과를 만들기만 하면, 어떤 행동이 사회적으로 용인된다고 가르친다(예 업무에서의 승진, 증가된 시장 분배). 2개의 신학적인 접근 방법이 있는데, 자기 중심주의와 공리주의이다. 자기 중심주의에서는 개인의 자아 이익을 최대로 하는 것이 윤리적이라고 가르치고, 자기 이익에 반대되게 행동하는 것은 비윤리적이라고 한다(호프만 · 무어, 1990년). 모든 개인은 그 이익이 무엇(돈, 사회적 지위, 권력)이든지 자기 이익을 추구해야 한다. 공리주의는 '최대 다수의 최대 행복'을 최대화하기를 가르친다. 그러나 이 이론은 옳지 않은데, 그 이유는 사람이 다수의 이익을 위해서 소수의 재화를 사용해도 된다는 것을 가정하기 때문이다(http://en.wikipedia.org/wiki/utilitarian).

의무론에 따르면, 사람은 결과나 성과보다는 자신의 의무(Deon, 그리스어로 의무)의 느낌에 따라서 행동해야 한다고 가르친다(밀, 1957년). 사람의 의무의 느낌은 그들의 도덕성을 말한다. 일반적인 도덕 의무는 '옳은 일을 하는 것'이다. 예를 들면, 도덕 법칙에 따라서 행동하고 다른 사람을 존중과 위엄으로써 대하며 목적을 위한 수단으로 대하지 않는 것은 모든 사람의 의무라는 것이다. 또한 아무리 목적이 되는 목표가 선하더라도, 다른 사람에게 해를 끼치면 안 된다는 것이다.

정의 이론에 의하면, 사람과 기업은 윤리적인 결정을 만드는 세 가지 원칙을 따라야 한다고 한다. 즉, 평등하고 공정하며, 편파적이지 않은 것이다(파탁, 1997년).

문화 상대주의 이론은 행동의 옳고 그름은 없는데, 그 이유는 무엇이 옳고 그른가는 상대적이고 문화에 의존하기 때문이라고 한다. 모든 문화는 무엇이 옳고 그른가에 대한 서로 다른 기준이 있다. 이러한 기준은 특정한 문화 혹은 사회의 문화, 관습, 법률에 좌우된다. 문화가 다르기 때문에 인정되는 행동도 역시 다르다는 것이며, 일반적으로 인정되는 행동이라는 것은 없다는 것이다. 또한 더 좋거나 더 나쁜 기준이라는 것도 없다고 한다. 사람은 항상 특정한 문화의 규칙과 기준을 따라야 하고, 그 기준들을 평가하지 않는다. 예를 들면, 불교, 기독교, 유교, 힌두교, 유대교, 이슬람교 같은 종교는 행동하는 바른 규칙을 가지고 있다. 아무도 이러한 규칙을 비판하거나 폄하하지 않는다.

문화 상대주의는 "로마에 가면 로마법을 따르라."라는 모토에 따라서 지역의 규칙, 습관, 기준을 따를 것을 가르친다. 사람들은 적응해야 한다. 그들이 그렇게 하지 않을 때 중요한 네트워크와 특권을 잃게 될 것이다. 그러나 관광지역의 사회적이고 문화적으로 인정된 규칙을 따르는 것이 위법이 될 수도 있으며, 국내 법률에서는 비윤리적인 것이 될 수 있다는 것을 명심해야 한다(예 부패는 이탈리아에서 인정되지만, 미국에서는 인정되지 않는다). 그 결과 국제적인 맥락에서 사업을 할 때 항상 양쪽 문화, 즉 관광지역과 국내 문화의 윤리적인 기준과 법률, 규칙을 따라야 한다.

또한 소위 규칙-근거 'rule-based' 이론도 있다. 예를 들면, 근본주의는 다양한 예언자들과 함께 성경, 코란, 토라의 규칙을 따를 것을 가르친다. 보편설은 모든 사람이 준수해야 하는 보편적인 규칙, 임무, 의무를 따를 것을 가르친다. 이 이론은 서로 다른 사회와 문화의 차이와 그 자체의 기준을 유지해야 할 필요성을 무시한다. 이 이론에 따르면, 사람들은 지역의 관습을 초월하는 보편적인 원칙의 이름으로 어디에서든지 국내에서 행동하는 것과 똑같은 방법으로 행동해야 한다. 인정되는 규칙은 하나의 목록만이 존재할 뿐이며, 이러한 규칙을 위반하면 그 사람은 비도덕적이다. 보편 이론은 민족 윤리 또는 하위 민족 윤리의 존재를 부정하며, '만인에게 모두 다 적용되는 접근(one-fit-for-all-approach)'을 주장한다(페로, 2004년).

7. 비즈니스의 윤리적 딜레마의 해결 전략

국내 환경에서 인정되는 많은 윤리적인 행동이 주인 나라의 환경에서는 적용될 수 없다. 딜레마는 국내의 규칙을 적용할 것인지 혹은 주인 나라의 규칙을 적용할 것인지 하는 것이다. 개인과 기업은 주인 사회의 규칙에 복종해서는 안 된다는 주장이 있다. 즉, 주인 사회의 어떤 규칙들은 외국 환경에서 다루기가 어렵다는 것이다. 다른 한편으로, 어떤 사람들은 외국의 규칙과 법률을 따르지 않으면 큰 문제가 발생하는 것을 알 수 있다. "로마에 가면 로마법을 따르라."는 규칙을 따르는 것이 외국 회사에게는 심각한 문제를 일으키는 것(예 이탈리아에서 부정은 인정된다)으로 증명되었다.

또한 외국 관광객과 회사가 관광지역의 손님이고, 그들 스스로가 지역의 규칙을 준수하여 외국 규칙을 따라 행동해야 하지만(슈미트, 1980년), 여행객과 외국 회사는 그들 자신과 관광지역 사이의 사회적인 문제를 일으킬 수 있다. 지역의 규칙을 회피하느냐 또는 이행하느냐의 문제이다. 이 질문에 대답하기 위해서는, 여행객과 회사 매니저는 먼저 그들 자신과 회사, 산업, 관광지역의 문화 배경을 알아야만 한다. 그들은 각 나라에서 무엇이 윤리적이고 비윤리적인지에 대한 틀(국내와 주인 문화)을 만들고, 각 나라에서 윤리적인 행위를 판단하는 적절한 영역을 결정하고, 차이점을 구분하며, 이러한 차이점의 원인을 이해하고, 서로 인정할 만한 윤리 기준을 개발할 필요가 있다. 예를 들면, 공산주의 치하의 러시아에서 사업을 하는 것은 정치적, 경제적 불확실성 때문에 어려웠다. 비록 러시아에서 이윤을 얻는 것이 비도덕적이고 개인주의적인 것으로 보였지만, 러시아와 미국의 매니저들은 서로 인정될 수 있는 정직, 진실성, 신뢰, 공정의 윤리적 가치를 따랐다(슈나이더·바르소, 1997년).

윤리적 가치가 일반적이긴 하지만, 이익의 극대화, 사회의 복지와 같은 것들은 문화적으로 특징적인 것들이다. 이러한 문화적으로 특징적인 윤리 기준은, 특정 사회가 그룹을 위한 것이 옳은지 혹은 개인을 위한 것이 옳은지, 성취가 옳은지 혹은 소유가 옳은지, 사회 조화가 옳은지 혹은 추상적 가치를 고수하는 것이 옳은지에 대한 중요성을 반영한다. 추천할만한 방안으로서, 윤리적 행동의 차이점을 구분하고 그것들을 어떤 특정한 도덕 기준으로 평가하라는 것이다(스타크, 1993년).

또한 이 세계에서의 윤리적 딜레마를 해결하기 위해서 윤리의 공통적인 체계(슈나이더·바르소, 1997년)를 만들어야 한다고 한다. 그러나 개인과 기업이 보편적인 윤리 규정 체계를 따른다고 해도, 특정한 나라에서 취해지는 결정은 거의 대부분 문화적으로 결정될 것이다. 개인주의 문화의 사람들은 그들 스스로를 위할 것이고, 집단 문화에서 온 사람들은 다른 사람들을 위할 것이다. 저맥락 문화에서 온 사람들은 명시적이고 문서화된 윤리 규정을 따를 것이고, 고맥락 문화에서 온 사람들은 함축적이고 공동체의 구성원들에 의해서 공유된 기준을 따를 것이다. 보편적인 문화에서 온 사람들은 모두에게 적용되는 규칙을 따를 것이고, 특정한 문화에서 온 사람들은 환경과 거기에 관계된 사람들에게 더 주의를 기울일 것이다(슈나이더·바르소, 1997년).

서로 다른 나라에서 의사결정은 문화적인 결정의 몫으로 남겨지지만, 글로벌화는 윤리적 행동과 공유되고 보편적으로 인정되는 도덕 규칙의 통합을 요구하게 될 것이다. 글로벌 관광과 환대산업의 매니저들은 문화 차이와 사람들의 다양성을 인정해야 하고, 다른 사람의 가치를 공유해야 한다. 그들의 서로 다른 가치(예 인권, 자유, 민주주의)에도 불구하고 다른 문화에서 생존하거나 혹은 의사결정을 하려면, 그들 자신들의 윤리 기준을 적응시켜야 할 것이다.

8. 관광업에 대한 글로벌 윤리 헌장

세계관광기구(The World Tourism Organization : WTO)는 관광업에 대한 글로벌 윤리 헌장(Global Code Ethic for Tourism : GCET)이라고 불리는 관광객과 관광제공업자를 위한 보편적인 윤리 행동 헌장을 개발했다. GCET는 새로운 밀레니엄의 책임과 지속 가능한 발전을 위한 참고의 틀로서 세워졌다. 이것은 다른 많은 선언의 영감을 가져오고 21세기 사회의 변화를 반영하는 원칙과 산업의 헌장을 추가했다. 이 헌장은 지역 주민에 대하여 손실을 끼친 기회주의적인 관광의 발전 이후에 수립되었다. 이 헌장의 개요는 목적지, 정부, 관광업자, 개발업자, 여행 대리인, 근로자 그리고 여행자 자신들이 지속적으로 지도해야 하는 '게임의 법칙'이다. 이 헌장은 관광업 주주들이 윤리적으로 행동하기 위하여 따라야 하는 정치적, 경제적, 환경적, 사회적, 문화적인 원칙들을 구분하고 있다. 관광에서 보편적 윤리 헌장의 목적은 관광 환경, 관광지역 공동체, 문화유산에 대한 부정적인 영향을 최소화하고, 사적인 부분뿐만 아니라, 그 지역 주민들의 잠재적인 이익을 최대화하기 위함이다.

이 헌장은 관광 발전에 제기된 대부분의 윤리적인 관심을 10개의 조항으로 구성하고 있다. 처음 조항은 관광 발전의 모든 참여자와 관광객 자신들이 사회문화적 전통과 소수 민족과 토착민을 포함한 모든 사람들의 관행을 인정해야 한다는 것을 강조하고 있다. 이 헌장은 어떤 형식이든지 착취, 특히 성적인 착취를 징계하고, 관광 정책이 지역 주민들에게 혜택을 주어야 하고, 유산을 보존하고 빛나게 하며, 전통 공예품과 민속이 번성하게 해야 함을 강조하고 있다. 제10조의 요약이 다음의 사례 연구 11.1에 나타나 있다.

요약

윤리는 사람과 비즈니스의 행동을 지도하는 도덕적인 원칙이다. 윤리는 인간 존재의 원천이다. 윤리적인 행동은 인간 복지와 사회와 조직의 이익을 강화시키는 사회적으로 책임 있는 행동이다. 하나의 문화에서 윤리적인 행동이 다른 문화에서는 비윤리적인 행동이 될 수도 있다. 가장 논란이 되는 비즈니스의 윤리적인 딜레마는 사회적인 책임보다 이익에 더 큰 가치를 부여하는가의 문제이다. 관광에서 가장 논란이 되는 윤리에 관계된 행동은 뇌물과 부패, 인종 차별, 성적인 학대, 아동 노동, 아동 성 학대, 환경 훼손, 거짓이나 잘못된 정보 제공, 사회 책임의 회피이다. 윤리적 행동의 차이점은 문화요소 때문이다. 점점 경쟁이 심화되고 있는 글로벌 관광의 매니저들은 윤리적 행동의 차이점을 인정하고 다른 문화에서 의사결정을 할 때, 그들 자신의 윤리적 기준을 적응해야 한다.

논점과 질문

1. 무엇이 윤리이며, 왜 윤리적인 행동이 중요한가?
2. 윤리에 대한 이해가 국제적인 관광업의 매니저들에게 중요한 이유는 무엇인가?
3. 관광업과 환대산업에서 비즈니스 윤리가 필요한 이유는 무엇인가?
4. "한 문화에서 윤리적으로 잘못된 것이 다른 문화에서는 인정될 수 있다." 이것을 비판적으로 토론하고 예를 들어보시오.
5. 전 세계에서 가장 논쟁이 되는 윤리적 딜레마는 무엇이며, 가장 논란을 일으키는 윤리적인 문제는 무엇인가?
6. 당신의 국가 문화에서 가장 윤리적이고 비윤리적인 행동의 예를 들고 그것을 다른 문화와 비교하시오. 이러한 행동의 차이에 대한 이유를 말해보시오.
7. 인터넷을 검색하여 TUI와 ACCOR와 같은 환대산업과 관광업 회사가 연례 보고서로 발간하는 회사의 사회적 책임에 대한 보고서를 찾아보시오. 이러한 회사들이 중점을 두고 있는 주요한 사회적이고 환경적인 문제를 분류해 보시오.

사례 연구 11.1 관광업에 대한 글로벌 윤리 헌장

제1조. 민족 간 및 사회 간 상호 이해와 존중에 공헌하는 관광

1. 종교적, 철학적, 도덕적 신념의 다양성을 인정하고 존중하는 자세로 인류 공통의 윤리적 가치를 이해하고 증진하는 것은 책임 있는 관광의 기반이자 결과이다. 관광 발전에 관계되는 주체들과 관광객 자신은 소수 민족과 원주민을 포함한 모든 민족의 사회문화적 전통과 관습을 준수하고 그 가치를 인정해야 한다.
2. 관광 활동은 관광객 유치 지역과 국가의 특성 및 전통과 조화를 이루어야 하며 그들의 법률과 관습, 관행을 존중하여야 한다.
3. 관광객을 유치하는 지역 사회나 현지 업계 종사자들은 자기 지역을 방문하는 관광객을 잘 이해하고 그들을 존중하여야 하며 그들의 생활양식과 취향, 기대를 파악하여야 한다. 업계 종사자에 대한 교육과 훈련은 친절한 관광객 환대에 기여한다.
4. 관광객과 방문객 및 그들의 소지품을 보호하는 것은 공공기관의 임무이다. 공공기관은 특히 취약할 수 있는 외국인 관광객들의 안전에 각별한 주의를 기울여야

한다. 필요한 정보, 예방, 보안, 보험 및 지원을 위한 수단들이 시행되도록 도와야 한다. 관광 시설물이나 문화유산 또는 자연유산을 고의로 파괴하는 것과 관광객이나 관광업계 종사자들에 대한 온갖 형태의 공격, 폭행, 납치나 위협은 각국의 법률에 따라 엄격하게 처벌받아야 한다.

5. 관광객과 방문객들은 여행 시 범죄 행위를 하거나 방문국의 법률이 범죄로 간주하는 행위들을 하지 말아야 하며, 현지 주민들을 불쾌하게 하거나 해칠 수 있는 행위들, 또는 현지 환경을 해칠 수 있는 행위들을 삼가야 한다. 마약, 무기, 골동품, 보호동·식물, 위험하거나 규정상 금지된 제품과 물질을 불법으로 거래하지 말아야 한다.
6. 관광객과 방문객은 여행 출발 이전부터 방문 예정 국가들의 특성을 파악할 책임이 있으며, 일상적인 환경을 벗어난 모든 여행에 내재되어 있는 건강과 안전의 위험을 인식하고 그러한 위험을 최소화할 수 있도록 행동하여야 한다.

제2조. 개인 및 집단적인 자아 성취를 위한 수단으로서의 관광

1. 휴식과 안정, 스포츠, 문화와 자연에의 접근과 주로 관련되는 활동인 관광은 개인 및 집단의 자아 성취를 위한 주요 수단으로서 계획되고 실천되어야 한다. 관광이 충분히 개방적인 자세로 이루어진다면 관광은 자율적인 학습, 상호 관용, 민족 간 및 문화간의 차이와 다양성을 배울 수 있는 둘도 없는 요인이 된다.
2. 관광 활동은 남성과 여성의 평등을 존중해야 한다. 관광 활동은 인권을 증진해야 하며, 무엇보다도 특히 가장 취약한 집단인 어린이, 노인, 장애인, 소수 민족과 원주민의 개별적 권익을 증진해야 한다.
3. 모든 형태의 인간 착취, 특히 아동에 대한 성적 착취는 관광의 기본적인 목적에 위반되며 관광을 부정하는 것이다. 그러한 경우 국제법에 따라 모든 관련 국가들의 협력으로 적극 대처하여야 하며, 이러한 행위가 국외에서 행하여진 경우라도 방문국가 및 본국의 법에 따라 예외 없이 처벌되도록 하여야 한다.
4. 종교, 건강, 교육, 문화 또는 언어 교류 목적의 여행은 특히 유익한 형태의 관광이며, 권장되어야 한다.
5. 관광객 교류의 가치와 그로 인한 경제적, 사회적, 문화적 편익, 또한 그로 인한 위험에 관한 내용들이 교육 과정에 적극 도입되어야 한다.

제3조. 지속 가능한 개발 요소로서의 관광

1. 관광개발과 관련된 모든 이해관계자들은 현재와 미래 세대의 필요와 열망을 공평히 만족시킬 수 있도록 건전하고 계속적이며 지속 가능한 경제 성장을 달성한

다는 관점에서 자연환경을 보호하여야 한다.

2. 국가와 지역의 공공기관들은 폐기물 발생을 최소화하고 희소하고 귀중한 자원들, 특히 수자원과 에너지 절약을 추구하는 관광 개발에 대해 우선권을 부여하고 장려하여야 한다.
3. 특히 유급휴가와 방학으로 인한 관광객과 방문객을 시공간적으로 분산시키고 휴가철도 균등하게 분산함으로써 관광 활동이 환경에 미치는 부하를 줄이고 관광산업과 지역 경제에 대한 혜택을 증진시키도록 하여야 한다.
4. 관광 인프라와 관광 활동은 생태계와 생물 다양성으로 이루어진 자연유산을 보호하고 멸종 위기에 처한 야생 동·식물을 보존할 수 있는 방향으로 기획되어야 한다. 관광 개발의 이해당사자, 특히 관광업 전문 종사자들은 자연보호지역이나 보호구역으로 지정될 만한 사막, 극지방, 고산 지역, 해안 지역, 열대림이나 습지와 같은 민감한 지역에서는 관광 활동에 대한 제약이나 제한 조치를 받아들여야 한다.
5. 자연 관광과 생태 관광은 그것이 자연유산과 지역 주민을 존중하고 관광지의 수용능력 내에서 이루어지는 경우에는, 특히 관광의 위상을 높이는 데 이바지 한다.

제4조. 인류 문화유산의 이용자이자 문화유산 향상에 공헌하는 관광

1. 관광 자원은 인류 공동의 유산에 속한다. 관광 자원이 속해 있는 지역 사회는 관광 자원에 대한 특별한 권리와 의무를 갖는다.
2. 관광 정책과 활동은 예술적, 고고학적, 문화적 유산을 존중하도록 시행되어 이러한 유산을 보존하고, 후대에 물려주도록 하여야 한다. 관광객들에게 폭넓게 개방되어야 할 고고학적, 역사적 현장은 물론 기념물과 성지, 박물관을 보존하고 개선하는 데 각별한 관심을 기울여야 한다. 종교 건축물에 대해서는 예배를 침해하지 않는 범위에서 그리고 개인 소유의 문화재와 기념물에 대해서는 소유주의 권리를 존중하는 범위 내에서 일반인의 접근을 장려하여야 한다.
3. 문화유적지와 기념물 방문으로 인해 발생한 재정 수입은 최소한 일부나마 해당 문화유산을 유지, 보존, 개발하고 꾸미는 데 사용되어야 한다.
4. 관광 활동은 전통문화 상품, 수공예품, 민속의 품질 저하나 규격화보다는 전승되어 꽃 피울 수 있는 방향으로 기획되어야 한다.

제5조. 관광객 유치 국가와 지역 사회에 유익한 활동으로서의 관광

1. 지역 주민들은 관광 활동에 연계되어야 하며, 그것으로 인하여 발생한 경제적, 사

회적, 문화적 혜택, 특히 관광을 통한 직·간접적인 고용 창출의 혜택을 골고루 누릴 수 있어야 한다.

2. 관광 정책은 방문 지역 주민들의 생활 수준을 향상시키고 그들의 욕구를 충족시키는 방향으로 적용되어야 한다. 따라서 관광 리조트와 숙박 시설의 계획과 건축 방식 및 운영은 가능한 한 해당 경제 사회 구조 내에서 이런 목적들을 통합시키도록 해야 한다. 동일한 기능을 보유한 경우라면 해당 지역의 인력을 우선적으로 고려하여야 한다.
3. 관광은 전통적인 경제 활동의 쇠퇴 속에서 지역 경제를 발전시키는 소중한 기회가 될 수 있으므로, 해안 및 도서 지역의 특수한 문제들 그리고 취약한 농촌 및 산간 지역에 대해 특별한 관심을 기울여야 한다.
4. 공공기관 규정의 규제를 받는 관광업계 전문 종사자들, 특히 투자가들은 그들의 개발 프로젝트가 환경과 자연에 미치는 영향을 연구하여야 한다. 또한 그들은 향후 프로그램 및 예상되는 영향에 관한 정보를 최대한 투명하고 객관적으로 주민들에게 제공해야 하며, 그 내용에 관해 해당 주민들과 적극 대화하여야 한다.

제6조. 관광 개발 관련 이해관계자들의 의무

1. 관광업계 종사자들은 관광객들에게 관광 목적지와 여행 조건, 서비스, 체류 조건에 관해 객관적이고 정직한 정보를 제공할 의무가 있다. 고객에게 제시하는 계약 조항은 자신들이 제공하기로 한 서비스의 성격과 가격, 질, 자신들의 일방적인 계약 위반 시 지불할 금전적인 보상에 관해 알기 쉽게 기술하여야 한다.
2. 관광업계 종사자들은 공공기관과의 협력을 통해 자신들의 서비스를 필요로 하는 사람들의 보안과 안전, 사고 예방, 건강 보호 및 식품 안전에 대해 관심을 기울여야 한다. 마찬가지로, 적절한 보험 및 지원 제도도 갖추어야 한다. 또한 국가 법률로 규정된 보고 의무를 수용하고 계약상의 의무를 지키지 못했을 때에는 정당한 보상을 지불하여야 한다.
3. 관광업계 종사자들은 관광객들이 문화적, 정신적 충족감을 가질 수 있도록 하여야 하며, 여행 중 종교 활동을 할 수 있도록 배려하여야 한다.
4. 관광객 송출 국가와 유치 국가의 공공기관은 여행을 기획한 업체가 파산한 경우, 관련 종사자 및 협회와 협조하여 관광객들을 본국으로 귀국시키는 데 필요한 절차를 마련해야 한다.
5. 정부는 특히 위기 사태 시 해외 여행 중 겪을 수 있는 어려운 상황이나 위험에 대하여 자국민들에게 알릴 권리와 의무가 있다. 그러나 정보 제공이 관광객 유치 국가의 관광산업 및 자국 관광업체의 이익을 침해하지 않도록 정당하고 적정한 수준에서 이루어지도록 할 책임이 있다. 따라서 여행 권고의 내용은 사전에 관광객

유치 국가의 당국 및 관련 종사자들과 협의되어야 한다. 권고안의 내용은 상황의 경중에 따라 적절히 작성되어야 하며 불안정한 사태가 발생한 지역에만 한정되어야 한다. 여행 권고는 상황이 회복되는 즉시 완화 또는 해제되어야 한다.

6. 언론, 특히 여행 전문 언론과 현대적인 전자통신 수단 등의 미디어는 관광객의 이동에 영향을 미칠 수 있는 사건이나 상황에 관하여 사실적이고 균형 있는 보도를 하여야 한다. 언론은 또 관광 서비스의 소비자들에게 정확하고 신뢰할 수 있는 정보를 제공하여야 한다. 이를 위해 새로운 통신과 전자상거래 기술이 개발되고 활용되어야 한다. 언론매체와 이 새로운 기술은 결코 매춘 관광을 조장하지 말아야 한다.

제7조. 관광에 대한 권리

1. 지구의 자원을 직접 그리고 개인적으로 발견하고 향유하려는 기대는 전 세계 인류에게 평등하게 개방된 권리이다. 국내 및 국제 관광이 폭넓게 증가하는 것은 여가시간의 지속적인 증가를 잘 보여주는 것으로서 앞으로도 지속되어야 한다.
2. 관광에 대한 보편적인 권리는 세계인권선언문 제24조 및 경제적, 사회적 및 문화적 권리에 관한 국제규약(A 규약) 제7조 d항에 의하여 보장된 노동시간의 합리적인 제한 및 정기 유급휴가를 포함하는 휴식 및 여가의 권리에 따른 당연한 결과로 간주되어야 한다.
3. 여가, 여행, 휴가에 대한 폭넓은 접근을 용이하게 하는 사회적 관광, 특히 조합 관광(associative tourism)은 공공기관의 지원으로 개발되어야 한다.
4. 가족, 청소년, 학생 및 노인 관광 그리고 장애인을 위한 관광을 장려하고 촉진하여야 한다.

제8조. 관광객 이동의 자유

1. 관광객과 방문객은 세계인권선언문 제13조에 의거하여 국제법과 국내 법규에 따라 자국 내에서는 물론 국가 간 이동의 자유를 누릴 수 있어야 한다. 이들은 과도한 절차나 차별 없이 경유지, 체류지, 관광지 및 문화유적에 접근할 수 있어야 한다.
2. 관광객과 방문객은 이용 가능한 모든 형태의 내부 또는 외부 통신에 접근할 수 있어야 한다. 현지의 행정 및 법률, 보건 서비스를 신속하고 손쉽게 이용할 수 있어야 한다. 또한 유효한 외교 조약에 따라 자국 영사 대표부와 자유롭게 접촉할 수 있어야 한다.
3. 관광객과 방문객들은 특히 전자매체로 저장되는 자신들의 신상자료와 정보 보안

의 권리를 방문 국가의 시민들과 동일하게 누려야 한다.

4. 비자·보건 또는 세관 절차와 같은 출입국 관련 행정 절차는 국가 관할이든 또는 국제 협정에 의한 것이든 여행의 자유와 국제 관광에 대한 접근을 최대한 보장하도록 보완되어야 한다. 이러한 절차들을 조정하고 간소화하기 위한 국가들 간의 협정은 장려되어야 한다. 관광산업에 부과되어 경쟁력을 약화시키는 특별세와 부담금은 점차 폐지 또는 개선되어야 한다.
5. 여행자 본국의 경제적 상황이 허용하는 한, 여행자는 여행에 필요한 통화로 환전할 수 있어야 한다.

제9조. 관광산업 근로자와 기업가의 권리

1. 관광산업 및 관계된 활동에 종사하는 근로자와 자영업자의 기본적인 권리는 이들 종사자들 활동의 계절성에 따른 특정 제약, 관광산업의 범지구적 차원, 업무 성격상 요구되는 유연성을 고려할 때, 자국은 물론 관광객 유치 국가의 중앙 및 지방 행정기관의 감독하에 각별히 보장되어야 한다.
2. 관광산업 및 관련 활동에 종사하는 근로자와 자영업자는 적절한 초기 교육 및 지속적인 훈련을 받을 권리와 의무가 있다. 이들에게는 적절한 사회적 보호가 부여되어야 한다. 고용 불안정은 최소한으로 제한되어야 한다. 관광 부문의 계절적 근로자들에게는 특히 사회 복지와 관련하여 특별한 지위가 부여되어야 한다.
3. 자연인이나 법인을 막론하고 필요한 능력과 기술을 갖고 있다면 현행 국가 법률하에 관광 분야의 직업 활동을 개발할 수 있는 권리가 부여되어야 한다. 특히 중소기업 분야에서는 기업가와 투자가들이 최소한도의 법적·행정적 규제로 관광 부문에 자유롭게 진입할 수 있도록 하여야 한다.
4. 유급 여부를 불문하고 다른 국가 출신의 경영자와 근로자에게 제공되는 경험의 교류는 세계 관광산업의 발전에 이바지한다. 따라서 이러한 이동은 해당 국가의 법률과 국제 협약에 따라 이러한 이동을 가능한 한 촉진하여야 한다.
5. 국제 교류의 발전과 역동적인 성장의 과정에서 연합을 초래하게 하는 관광업계의 다국적기업은 자신이 점유할 수 있는 지배적인 지위를 남용하지 말아야 한다. 이들 다국적기업들은 해당 지역 사회에 인위적으로 부과되는 문화적, 사회적 모델을 강요하는 매체가 되지 말아야 한다. 이들은 투자 및 교역의 자유를 전적으로 보장받는 대신에 수익이나 유발된 수입의 과도한 본국 상환으로 인해 자신들의 활동 기반인 현지 경제에 대한 기여도를 저하시키지 않도록 하면서 현지 지역 발전에 참여하여야 한다.
6. 송출 국가와 유치 국가의 기업들 간 협력 및 균형적인 관계를 수립하는 것은 지속

가능한 관광 발전과 성장 혜택의 공평한 분배에 기여한다.

제10조. 세계 관광 윤리 강령 원칙의 이행

1. 관광 발전과 관련된 공공 및 민간의 이해관계자들은 이러한 원칙들의 이행을 위해 협력하고 그 원칙들이 효과적으로 적용되는지 점검하여야 한다.
2. 관광 발전의 이해관계자들은 국제법의 일반 원칙들을 마땅히 존중하고, 국제기구, 특히 세계관광기구(WTO)의 역할을 최우선적으로 인정해야 하며, 관광 진흥과 발전, 인권, 환경, 건강 보호와 관련된 역량 있는 비정부 기구(NGO)들의 역할도 인정하여야 한다.
3. 이들 이해관계자들은 세계 관광 윤리 강령의 적용이나 해석과 관련된 분쟁을 공정한 제3자 기구인 세계관광윤리위원회(World Committee on Tourism Ethics)에 회부하여 조정하겠다는 의사를 밝혀야 한다.

웹사이트 링크

1. 비즈니스 윤리 : http://www.business-ethics.com
2. 세계 윤리 : http://www.ethicsworld.org
3. 관광윤리 : http://www.world-tourism.org/code_ethics/eng.html
4. http://www.knowledge.wharton.upenn.edu/category.cfm=11

다음 장은 관광객 행동을 구분하고, 관광객의 구매 행동의 문화적 차이점을 구분할 것이다.

PART 4

관광객 행동

이 장은 관광객의 구매 행동에서 관광객의 행동과 문화적 차이의 개념을 이해한다.

인간 행동 : 그 속성과 결정요인

이 장의 목적은 인간 행동의 개념과 그것에 대한 서로 다른 이론을 소개한다. 또한 관광객 행동의 개념과 속성 그리고 비교 문화의 맥락에서 설명한다.

목 표

이 장을 끝내고 나면 독자들은 다음을 할 수 있어야 한다.

- 인간 행동의 개념과 다양한 속성을 이해한다.
- 인간 행동에 영향을 미치는 환경적인 요인들을 구별한다.
- 인간 행동의 주요 이론을 배운다.
- 인간 행동을 이끄는 기본적인 요소를 구별한다.
- 관광객 행동의 속성과 의미를 설명한다.
- 비교 문화 맥락뿐만 아니라 일반적인 의미에서 관광객 행동의 중요성을 이해한다.
- 비교 문화 맥락에서 관광객 행동에 대한 학습의 장점을 이해한다.

서 론

관광산업은 인간의 본성과 관련되어 있다. 관광산업은 사람에 의존한다. 즉, 사람에 의해서 운영되고 사람을 위하여 운영된다. 관광산업에서의 성공은 직·간접적으로 그 산업에 연관된 사람들에 의존한다. 이 사람들은 관광 지역 주민이나 관광객들에게 서비스를 제공하는 근로자나 관광객들 자신, 개발자, 투자자, 마케터 그리고 매니저가 될 수 있다. 관광산업은 인간의 다양한 개성, 기술 그리고 능력을 자본화한다. 인간 존재에 대한 이해와 관광산업에 있어서 인간의 영향을 이해하는 것은 미래에 관광산업이 번성하기 위한 필수적이다.

인간 행동은 매우 다양하며 복잡하다. 왜 사람들이 그들이 하는 식으로 행동하는지를 파악하고 확인하는 것은 어렵다. 사람들의 행동과 그들의 세계관은 그들의 배경, 생활방식, 필요성에 의해서 결정된다. 우리는 환경이 그들의 행동에 깊이 미치는 영향을 이해하지 못한 채, 다른 사람들에게 접근하는 경향이 있다. 관광에서 우리는 왜 사람들이 여행하며, 왜 즐기기를 원하며 그리고 왜 돈을 쓰기를 원하는지를 알려고 노력한다. 관광객들이 어디에서 오는지, 어떤 환경에서 오는지, 어떻게 여행 결정을 내리는지는 관광산업을 결정하는 기본적인 요소들이다. 관광객들과 관광산업 종사자에 대하여 올바로 이해하지 못하면 관광객과 산업에 부정적인 영향을 미칠 것이다. 잘못된 해석, 오해, 인식의 왜곡 혹은 부정적인 경험은 부정적인 결과의 예들이다. 이러한 문제의 최종적인 결과는 관광업의 수요와 재방문 감소, 판매와 이익 그리고 비즈니스의 실패를 가져올 수 있다.

1. 인간 행동의 개념

인간 행동의 개념은 인간이 존재하고 행동하는 방식을 말한다. 즉, 사람들이 일하고 놀고, 환경에 반응하는 방법, 업무와 책임을 수행하는 방법과 일상생활을 영위하는 방법을 말한다. 그러한 행동에 영향을 미치는 요소를 알아보자.

마음, 신체 그리고 정신

인간 행동은 3개의 주요 요소가 있다. 즉, 마음, 신체 그리고 정신이다(휴이트, 2003년) (그림 12.1 참조).

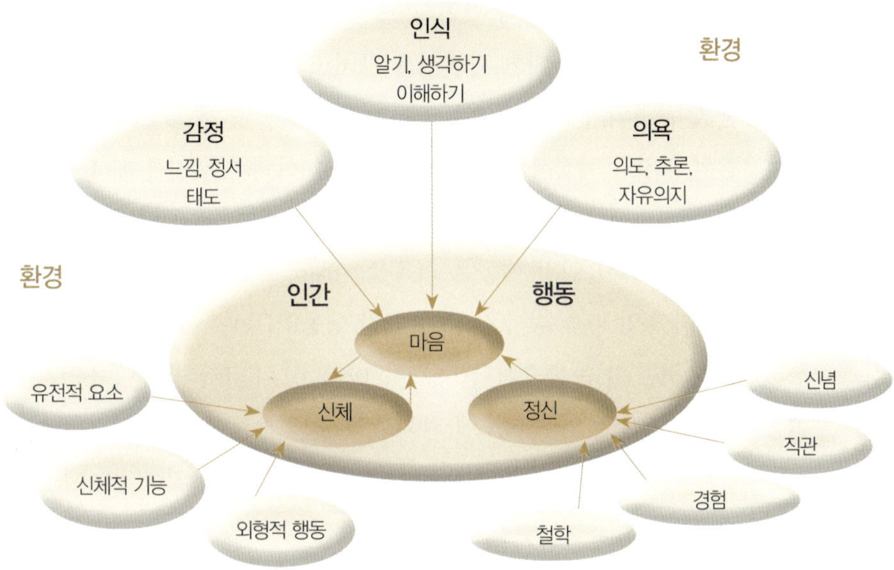

그림 12.1 인간 행동의 주요 요소

마음(인간 개성이라고도 불림)은 (1) 인식(인지, 이해, 사고, 행동), (2) 감정(태도, 전제, 정서, 느낌) 그리고 (3) 의욕(행동 의도, 행위 이유, 자유의지, 의지) (에이센코, 1947년; 밀러)의 3가지 차원이 있다. 인식은 지식을 얻고 지식의 절차를 이해하는 것이다. 암호화하고, 저장하고, 진행하고 그리고 환경으로부터 정보를 얻어 오는 것이다. 메리암 웹스터 사전의 정의에 따르면, 인식은 "가장 넓은 의미에서 아는 것을 의미한다. 특히 인식이나 아이디어로부터 지식이 얻어지는 지성적인 절차이다." 인식은 일반적으로 사상 혹은 행동과 '무엇'이라는 질문과 관계되어 있다(예 무엇이 의미인가? 무엇이 일어났는가?) (휴이트, 1999년a).

감정은 깊은 감수성, 욕구 혹은 감정의 결과인데, 예를 들면 개인의 마음속에서 일어나는 사랑, 공포 그리고 미움 혹은 성가심의 느낌을 말한다. 감정은 또한 인식, 정보 혹은 지식의 정서적인 해석도 말한다. 이것은 일반적으로, '어떻게'라는 질문과 관련되어 있다(예 내가 이것을 어떻게 느끼지? 어떻게 그 일이 일어났지?). 감정은 대개 사람, 사물, 아이디어에 대한 사람의 긍정적 혹은 부정적인 태도, 인식 또는 말에 관계되어 있다(휴이트, 1999년b). 사람은 다른 사람에 대한 선호에 대한 호감이나 비호감 태도, 인식, 느낌을 가질 수 있다.

의욕은 지식에 대한 관련성을 말하고 행동에 영향을 주며, 그리고 '왜'라는 질문과 관련되어 있다(예 너는 왜 그곳에 갔었지? 왜 그 일이 일어났지?). 의욕은 사람의 의지와 밀접하게 관련되어 있으며, 선택과 무엇을 할지에 대해서 영향을 미친다(미스첼, 1996년). 의욕은 의지와 행동에 대한 개인적인 동기부여에 있다(반두라, 1997년). 인간 행동은 의욕을 이해하지 않고는 설명될 수 없으며(밀러, 1991년), 지식(인식)과 정서(감정)가 인간 행동(의욕)에 어떻게 영향을 미치는지를 이해하는 것은 아주 중요하다(바고지, 1992년). 더 나아가서, 마음의 발전과 기능은 신체적이고 영혼적인 요소에 의해서 영향을 받는다(그림 12.1 참조). 신체는 (1) 생물적 혹은 유전적 요소, (2) 신체적 기능 그리고 (3) 외형적인 행동(스키너, 1953년)에 의해서 대표된다. 마음은 신체로부터 정보를 받으며 신체에 정보를 보낸다. 마음은 신체를 통해서 행동에 영향을 끼친다. 어떤 이론들에 따르면, 마음(정신적으로)과 두뇌(생물적으로)는 서로 연결(두뇌가 멈추면, 마음도 역시 기능을 멈춘다)된다고 주장하는 데 반해서, 다른 사람들은 마음과 두뇌는 분리된 실체라고 주장한다(마음의 기능은 두뇌로부터 분리되어 있다. 마음은 영적이거나 혹은 초 육체적인 면을 가진다). 후자의 주장에 따르면, 인간 존재와 행동은 육체적인 신체에만 제한되지 않는다. 인간은 마음의 기능에 영향을 미치는 영혼 또는 정신을 가지고 있어서 신체가 죽고 난 뒤에도 계속해서 존재한다. 정신적인 요소는 종교적 신념, 직관, 개인적 경험 혹은 철학일 수도 있다. 그것들은 정신의 성장 발달과 사람들이 배우고, 생각하고, 느끼고, 추론하고, 결정을 내리는 데에 아주 중요하다. 영혼적인 요소는 인간 행동에 중대한 영향을 끼친다. 실제로 영성은 누가(허들스톤, 1993년), 왜 그들이 사람인지 그리고 그들이 어디로 가는지를 규정한다(휴이트, 2003년). 이러한 이론은 오늘날의 관광에 중요한데, 오늘날의 관광은 전 세계의 영혼적인 경험을 더 요구하고, 여행에 대한 중요한 동기이다. 영혼적인 여행은 사람이 보거나 또는 이해할 수 있는 것 이외에도 무엇인가 더 존재한다는 가정에 근거한 새로운 종류의 관광이다.

요약하면, 인간 행동에는 주요한 5가지의 구성요소가 있다.

1. 인식 – 지식을 얻고, 정보를 배우고, 인식하고, 저장하고, 진행하고, 획득하는 것이다.
2. 감정 – 느낌, 인식 그리고 생각을(인식적으로 진행되기 전과 후에) 발전시키는 것이다.
3. 의욕 – 선택하거나, 개인적인 동기부여 그리고 의지(입·출력 기능을 지시하거나 관리) (내적, 외적 행동)에 관계한다.
4. 정신 – 내적인 행동(개인적 입력), 즉 신념, 직관 그리고 경험을 개발하고, 어떻게 인간이 미지의 것에 접근하며, 어떻게 그들이 신성한 것과 관련되는지를 결정한다.
5. 행동 – 명시적인 행동(개인의 산출)에 대한 것에 관계한다(휴이트, 2003년).

2. 인간 행동에 영향을 주는 환경적 요소

인간 행동은 인간 발전에 중요한 역할을 하는 환경적 요소에 영향을 받고, 또한 인간 행동 그 자체에 의해서도 영향을 받는다. 인간 존재에 영향을 주는 다양한 환경은 다른 수준에서 파악될 수 있다. 첫 단계는, 마이크로(micro)라고 불리는데, 이것은 개인의 행동과 발전에 가장 즉각적인 영향을 미친다. 이것에는 가족, 이웃 혹은 공동체 기구(예 학교, 종교 기관), 또래 그룹이 있으며, 가족이나 공동체의 특정한 문화가 있다. 두 번째 단계는 메소(meso)라고 불리는데, 사회 기관, 직업 그룹, 교통이나 오락, 건강 기구 등과 같은 활동에 관계되는 산업의 중간적인 영향이다. 세 번째 단계는 매크로(macro)인데, 경제, 정치, 문화, 사회 체계를 포함한다. 네 번째 최고의 단계는 수프라(supra)로 개인 행동에 가장 희미한 영향을 끼치는데, 이것은 국제 정세, 전 세계적인 변화를 포함한다. 이 단계에서 개인, 가족, 공동체와 사회는 국제적이고 글로벌한 경제, 정보기술, 정치 그리고 사회 경제의 추세와 그것들의 발전, 종교 그리고 민족성에 영향을 받는다(그림 12.2 참조).

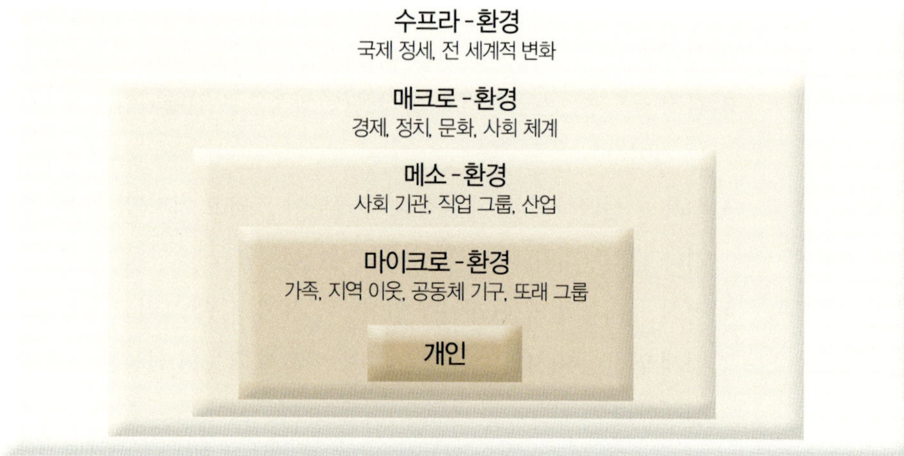

그림 12.2 인간 행동에 영향을 미치는 환경의 단계

수프라와 매크로 환경은 더 넓은 환경을 나타낸다. 메소와 마이크로는 더 가까운 환경을 나타낸다. 수프라, 매크로, 메소와 마이크로 환경은 인간 행동에 영향을 주는 방법이 다르고, 인간 행동이 그것에 영향을 주는 방법이 다르다. 예를 들면, 가족(마이크로), 사회 기구(메소), 국가 경제(매크로) 그리고 국제적이고 글로벌(수프라) 방식은 인간 행동에 영향을 준다. 이와 같이, 인간 행동은 지역 이웃과 공동체와 또래 그룹(마이크로), 직업 그룹과 산업(메소), 지역 정치와 사회생활(매크로) 그리고 국제적이고 글로벌한 발전(수프라)에 영향을 준다. 더 나아가서, 이 모든 환경 요인은 서로에게 영향을 준다. 그것들은 서로를 떠나서 존재할 수 없다. 예를 들면, 건강 시설(메소)은 가족과 친구들의 건강 행동에 즉각적인 영향을 주고, 동시에 그들 자신들은 경제와 정치의 국가적인 추세에 좌우된다. 반대로, 정보기술의 진보는(수프라), 국제 공동체의 의사소통과 지역 산업(매크로), 가족(마이크로) 그리고 개인 자신에 막대한 영향을 준다. 더 가까운 환경(메소와 마이크로)은 인간 행동과 계속되는(예 학교생활, 가족, 친구) 일상의 상호작용에 영향을 미치고, 더 넓은 영향은 인간 행동을 빈도가 더 낮고 덜 정기적으로(정치, 산업) 영향을 준다. 비슷한 경우로서, 인간 행동 그 자체는 더 정기적이고 지속적 기초 위에서 더 넓은 범위의 환경(산업, 국가적인 경제)뿐만 아니라 가까운 환경(가족, 이웃)에 덜 강하게 영향을 미친다(스르나카, 2004년).

요약하여 말하자면, 인간 행동은 다음의 결과이다.

1. 정신(인식), 감정(느낌) 그리고 의지(의도)의 상호 관련
2. 생물적, 유전적 그리고 정신적인 요소의 영향
3. 인간 행동이 일어나는 환경의 영향
4. 개인 행동의 결과인 환경으로부터의 피드백(휴이트, 2003년)

3. 인간 행동의 이론

인간 행동에 영향을 미치는 가장 중요한 요소는 동기이다. 동기는 행동을 활성화시키고 에너지를 주고 방향을 주며(클레잉나·클레잉나, 1981년a, b), 욕구를 만족시키는(루시에, 1990년) 것을 목표로 하며 행동으로 유도한다. 동기는 외적(개인에 외부적인 것) 혹은 내적(내부적인 것)으로 나눌 수 있다. 내적 동기부여는 신체/육체적, 영혼/정신적(예 인식적, 감정적, 의지적) 혹은 인간 내적/영혼적으로 다시 분류할 수 있다(그림 12.3 참조). 행동은 동기부여되지 않거나 에너지화가 되지 않으면 일어나지 않는다.

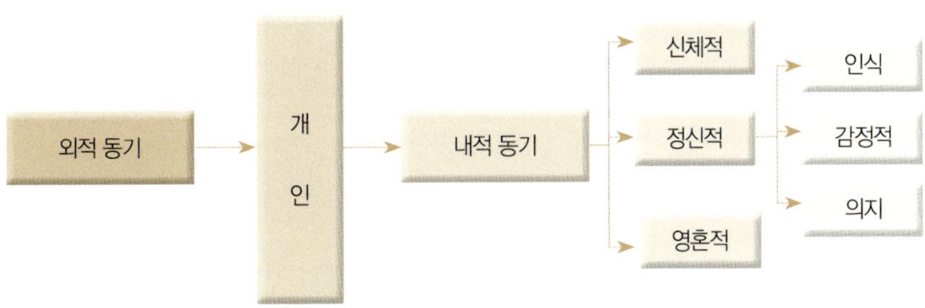

그림 12.3 동기의 분류와 요소

출처: based on Huitt, W. (2001). Motivation to learn: An overview. Valdosta, GA: Valdosta State Vniver Sity. http://chiron.voldosta//whuitt/col/motivation/motivate.html

1) 원인-동기-행동-목표 이론

원인-동기-행동-목표 이론(리빗, 1978년; 리빗 등, 1990년)에 의하면, 인간의 행동은 3가지의 중요한 특성을 가지고 있다.

1. 행동은 원인이 있어야 한다(행동은 일어나는 것이 아니라, 개인이 인식하든 안 하든 원인에 의해서 일어난다).
2. 행동은 지도되는 것이다(행동은 그 자체의 목표가 있다. 모든 개인이 이러한 목표를 인식하든지 안 하든지에 관계없이 특정한 목표를 성취하려고 한다).
3. 행동은 동기부여된다(동기는 개인의 행동과 개인이 하는 일을 결정하며, 목표를 획득하는 에너지를 제공한다).

원인, 동기 그리고 목표는 개인에 따라 다르다. 사람이 특정한 행동에 참여할 이유가 있을 때, 이 이유는 그 사람이 특정한 목표를 획득하게 하는 동기부여 필요, 욕구 또는 에너지를 만들어낸다. 어떤 목표가 성취되면, 행동의 필요는 생존하기를 멈춘다. 원인의 제거는 동기를 제거하는데, 이것은 행동을 제거한다. 예를 들면, 목마른 사람이 갈증을 채우면, 더 이상 필요(물 마실 동기)가 없어져서 물을 찾지 않는다. 갈증(원인)을 제거함으로써, 그 사람은 물 찾기(동기)를 멈춘 것이다. 리빗(1978년) 그리고 리빗과 동료들(1990년)이 연구한 원인, 동기 그리고 목표와의 관계 모델은 그림 12.4에 나타나 있다.

그림 12.4 원인–동기–행동–목표 모델

유감스럽게도, 리빗(1978년) 그리고 리빗과 동료들(1990년)의 모델은 욕구를 성취하기가 어렵거나 부분적으로만 성취될 때는 맞지 않는다(예 전쟁 때 안전한 것). 또한 모델을 방해하는 사회적인 맥락(예 사람, 긴장, 좌절, 스트레스, 분열)의 영향과 같은 환경적인 요소도 있다. 더구나 개인은 서로 다른 능력 때문에 행동, 동기와 목표에 따라서 아주 큰 차이가 있다. 또한 개인은 서로 다른 환경에서 서로 다르게 환경적인 영향에 반응한다. 비슷한 경우로서, 개인은 환경적인 자극에 반응하기 위한 동기에 있어서 서로 다른 이유와 에너지 수준(다른 수준의 동기)을 가지고 있다.

2) 매슬로우(Maslow)의 욕구 단계

매슬로우의 욕구 단계(1954년)에 따르면, 인간의 행동은 인간이 만족시키고 싶은 욕구에 좌우된다. 모든 인간은 다섯 개의 주요한 욕구를 가지고 있다. 즉, 생리적인 욕구(공기, 물, 음식, 편안함, 쓰레기 제거, 온도 조절, 수면, 성행위), 안전의 욕구(보호, 질서, 안정성, 육체적인 위험과 공포로부터의 자유), 사회적인 욕구(사랑, 가족, 가족 간의 친밀, 사회적인 인정), 존경의 욕구(성취, 경쟁, 인정, 동의, 지위, 좋은 명성, 명예) 그리고 자아 성취(개인적인 발전과 성장, 자아실현, 도전)가 있다. 이러한 위계를 가진 다섯 개의 욕구는 그림 12.5에 나타나 있다. 가장 기본적인 욕구는 생존 그 자체이다. 즉, 먹고, 잠자고, 휴식할 곳을 가지는 욕구이다. 가장 높은 수준의 욕구는 자아실현, 개인의 발전 그리고 성장의 욕구이다. 오직 낮은 수준의 신체적인 욕구가 만족되었을 때, 사람은 더 높은 개인의 성장과 자아 충족의 욕구가 동기부여된다. 예를 들어서, 음식과 쉼터에 대한 생리적인 욕구가 충족되었을 때, 사람이 사회적인 것이나 오락의 욕구에 대해서 생각하게 된다는 것이다.

일단 어떤 욕구가 충족되고 나면, 더 이상 개인을 동기부여하지 못한다. 예를 들면, 물 컵의 물로 목마름을 채운 사람은 더 이상 목마르지 않기 때문에 목마름으로 동기부여되지 않는다. 비슷하게, 안전하며 위험으로부터 자유로운 사람은 더 이상 안전에 대해서 걱정하지 않기 때문에 쉼터를 찾는 것으로 동기부여되지 않는다.

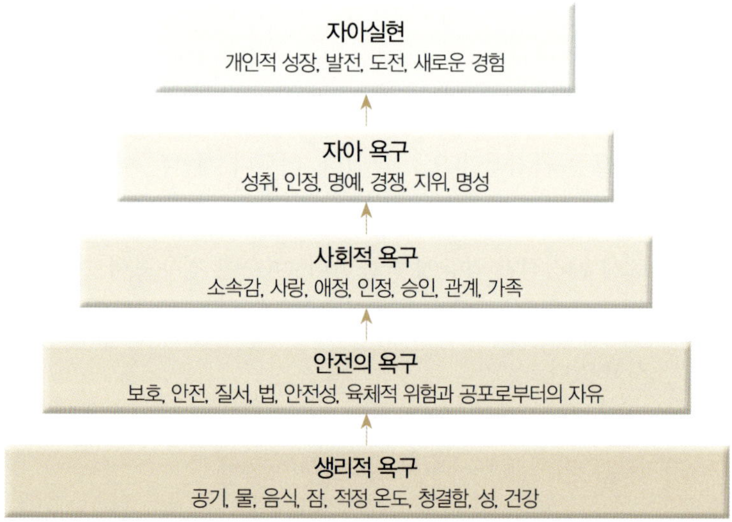

그림 12.5 매슬로우의 욕구 단계(초기 5단계 모델)

매슬로우의 다섯 가지 욕구의 위계는 부족 욕구와 성장 욕구로 나눌 수 있다. 각 부족 욕구는 개인이 더 높은 수준의 욕구로 가기 전에 만족되어야 된다. 부족 욕구가 감지되면, 개인은 그 부족을 제거하려고 행동할 것이다. 그 욕구가 충족되면, 개인은 성장 욕구를 찾아서 위로 상승할 것이다. 매슬로우의 초기 5단계 모델(그림 12.5 참조)에서 오직 하나의 성장, 즉 자아실현의 욕구만 있었다. 자아실현의 욕구에 의해서 동기부여된 개인은 개인적 발전, 성장, 도전과 새로운 경험을 찾는다. 매슬로우는 그의 후기의 모델에서, 자아실현의 성장의 욕구를 분화시켜서, 일반적인 자아실현의 욕구 이전의 두 개의 더 낮은 수준의 성장 욕구를 구분(매슬로우와 로우리, 1998년)하고 그 수준보다(매슬로우, 1971년) 더 높은 하나의 수준을 구분했다. 처음의 두 낮은 수준의 욕구는 인지적 욕구(알고, 이해하고, 탐구하는)와 심미적인 욕구(아름다움과 조화, 균형, 대칭, 질서)이다. 자아실현의 욕구보다 더 높은 욕구는 초월의 욕구(자아 충족하고 잠재력을 깨닫도록 도와주는 욕구)이다(그림 12.6 참조).

초월의 욕구는 한 개인의 욕구라기보다는 전 세계 사람들의 욕구에 관한 것이다. 초월의 욕구는 자아 이상의 무엇인가에 연결되고 싶은 욕구를 포함할 수 있다. 이것은 봉사, 인권 옹호, 차별 반대, 사회 정의, 환경 보존과 보호, 윤리, 보편 종교, 조화로운 삶 그리고 자연, 미술과 음악의 감상을 포함한다. 이러한 욕구를 충족시키기 위하여, 많은 사람들이 그들 자신의 외부적인 표현에서 내부의 변화와 영혼적인 여행을 한다. 많은 사람들이 신성한 에너지, 전 우주의 초월성, 죽음 이후의 삶, 윤회, 사물과 인간의 몸을 둘러싸고 있는 보이지 않는 에너지, 정신적인 힘을 찾고, 어떤 사람은 그들과 다른 사람들을 치유할 필요를 찾는다. 사람이 더 초월적이 될수록 더 지혜로워진다. 인간의 욕구 중에서 가장 높은 초월의 욕구를 구분한 것이 인간 행동과 동기에 대한 매슬로우의 연구에서 가장 중요한 공헌이다.

그림 12.6 매슬로우의 욕구 단계(8단계 모델)

매슬로우의 모델은 인간 행동을 예측하는 데에 사용할 수 있다. 한 개인이 어느 욕구에 있는지를 알면, 그 사람은 충족시키고자 하는 다음 수준의 욕구를 결정할 수 있을 것이다. 유감스럽게도, 그 모델은 모든 삶의 상황에 적용되지 못하는 것으로 비판되어 왔다. 서로 다른 사람이 다양한 욕구를 가지고 있다. 어떤 사람은 다른 사람보다 수면이나, 음식, 관계를 덜 요구할 수 있다. 어떤 사람은 더 낮은 수준의 욕구에 만족하지만, 어떤 사람은 더 높은 수준의 욕구에 만족할 수 있다. 어떤 사람은 다른 사람들이 특정한 욕구를 만족하는 것이 필요할 수 있고(예 넓은 사회적 네트워크에 대한 욕구), 어떤 사람은 특정한 욕구(예 단 음식 섭취, 해외 여행)를 가지지 못하도록 배울 수도 있고, 대신에 그것들을 충족시키는 다른 방법을 찾도록(과일 섭취, 국내 여행) 할 수 있다. 이것은 그 사람이 그러한 욕구를 가지지 않고 있다는 것이 아니라 그것들을 자제하는 것이다.

더구나 그들이 만족시키려고 하는 욕구의 순서가 다르다. 예를 들면, 어떤 사람들은 보안과 안전에 대해서는 걱정을 하지 않고, 생리적이고 생물적인 욕구를 채웠을 때 즉각적으로 사회적인 욕구를 충족시키려 할지 모른다. 어떤 사람들은 하루 혹은 같은 순간에 여러 가지의 욕구를 가질지도 모른다. 예를 들면, 같은 날에 여러 종류의 욕구를 가질지도 모른다. 같은 사람이 갈증과 배고픔을 동시에 느낄 수도 있고, 거리에서 개인적인 안전을 걱정할 수 있고, 친구들 사이에서 사회적인 인정을 원할 수 있고, 직장에서 인정과 발전을 추구할 수 있다. 더구나, 같은 사람이 인간애와 환경 보호에 공헌하고 싶을 수 있다.

또한 한 사람이 같은 수준의 몇 개의 욕구에 의해서 그리고 몇 개 수준의 욕구에 의해서 동기부여될 수 있다. 또한 어떤 사람이 아주 강하고 위급한 욕구들이 있어서, 그 욕구를 즉각적으로 충족시키고 싶지만(예 따뜻함이나 수면), 그 욕구들을 동시에 충족시킬 수가 없어서 욕구의 갈등을 가질 수 있다. 인간 욕구의 갈등은 종종 생리적 욕구와 보안-안전의 욕구 사이에서, 사회와 자아(ego)의 욕구 사이에서 혹은 자아와 자기 충족의 욕구 사이에서 일어날 수 있다. 예를 들면, 성취를 위한 욕구를 가진 사람은 일터에서 사회적인 관계의 욕구와 충돌을 일으킬 수 있다. 이 경우에는, 그 사람은 동료들과의 사회적인 관계에 상처를 입히지 않게 하기 위하여 야망을 눌러야 할 수도 있다. 아니면 그 사람은 직업적인 인정과 근무 지위를 상승시키기 위하여 동료들과의 사회적 관계의 욕구를 억제할 수도 있다.

비평에도 불구하고, 매슬로우의 욕구 위계는 현재 가장 인정되고 있는 동기 부여 이론 중의 하나이다. 이것은 무엇이 개인을 동기부여하고, 개인이 서로 다른 욕구의 수준에서 어떤 종류의 정보를 찾느냐를 확인하는 데에 사용된다. 예를 들면, 가장 낮은 수준의 욕구를 가진 개인은 기초적인 욕구를 만족시키는 데에 필요한 정보를 찾을 것이다. 보안 수준의 개인은 어떻게 하면 보안을 유지하고 안전해질 수 있는지에 대한 정보를 찾을 것이다. 사회적인 욕구 수준의 개인은 소속의 욕구를 만족시키기 위해서 깨달음의 욕구를 추구할 것이다. 자부심 수준의 개인은 자아를 발전시키기 위하여 힘을 주는 정보를 찾을 것이다. 최종적으로 인식, 심미성 그리고 자아실현의 성장의 자부심 욕구 수준에서, 개인은 자신 이상의 혹은 다른 사람들을 고양시키는 교화적인 정보를 추구할 것이다(노우드, 2000년) (그림 12.7 참조).

그림 12.7 매슬로우의 욕구 단계와 욕구 수준의 정보 추구

동기부여를 시키는 욕구들은 다양한 인성과 관련되어 있다. 인성은 사람들이 어떻게 각각의 욕구에 관련되어 있는지에 따라서 차별화된다. 문학에서 언급이 많이 되는 인성의 부류는 내성적인 것과 외향적인 것이다. 내성적인 사람은 개인적인 발전, 지식 혹은 그들의 특별한 기술을 찾는 반면에, 외향적인 사람은 그들의 경쟁력을 발전시키면서 다른 사람들을 돕는다. 사회적 수준에서 내성적인 사람은 개인적인 인정과 그룹(소속)에 포함이 되는 것을 추구하고, 같은 수준에서 외향적인 사람은 어떻게 다른 사람들이 그 구성원임(자부심)을 가치 있게 보는가에 대하여 주의를 기울인다. 자아실현에 있어서 내성적인 사람은 그 자신의 정신적이고 생물적인 욕구를 만족시키려 하지만, 외향적인 사람은 다른 사람들과의 연결성과 안전에 관심이 있다.

3) 앨더퍼(Alderfer)의 ERG 이론

앨더퍼(1972년)에 의하면, 낮은 수준의 욕구는, 높은 수준의 욕구가 동기화되기 전에는 완전히 충족될 필요가 없다고 한다. 또한 개인이 높은 수준의 욕구를 만족시키지 못하면, 그 개인은 퇴행하여 낮은 수준의 욕구가 동기부여의 주요 결정자가 된다고 한다.

4) 허츠버그(Herzberg), 마우스너(Mausner) 그리고 스나이더만(Snyderman)의 2요소 이론

허츠버그 동료들(1962년)에 따르면, 인간 행동의 이론은 근무 환경에 관계되어 있다. 그들은 인간의 욕구를 채우는 것이 항상 만족으로 이끌지는 않는다고 주장했다. 모든 직업에서 근무 환경에는 2가지의 중요한 면이 있는데, (1) 일 만족, 즉 일의 과제 (2) 일 맥락, 즉 일을 하는 맥락이 있다는 것이다. 일의 만족은 '동기부여'와 관련이 있고, 일의 맥락 혹은 환경은 '위생 요소'와 관련이 있다는 것이다. 일의 만족(예 인정, 진보) 동기부여는 개인의 성장 욕구를 만족시켜서 일의 만족이 일어난다. 동기부여가 성장의 욕구를 만족시킬 수 없다면, 일의 불만족이 일어난다. 그러나 같은 일이 위생 요소에는 일어나지 않는다. 일의 맥락적 위생 요소(예 보수, 근무 조건)가 개인을 만족시키지 못하면, 일의 불만족이 일어난다. 그러나 위생 요소가 개인을 만족시킬 때는 불만족이나 만족이 일어나지 않는다.

허츠버그 동료들(1962년)의 이론은 동기부여-위생 이론이라고 불린다. 종합하면, 이 이론은 개인의 낮은 수준의 욕구(위생 요소)는 노력을 하도록 만들지 않고, 불만을 가지지 않게만 한다는 것이다. 높은 수준의 욕구(동기부여)가 만족되어야만 개인이 동기부여된다는 것이다. '서비스에는 아무 문제없음'(만족이 없음)은 고객을 만족시키는 데에 충분하지가 않다. 즉, 내적인 만족은 구매를 동기부여하는 것을 보여야 한다(만족시키는 것이 있어야 한다).

5) 기대 이론

브룸(1964년)에 따르면, 사람이 동기부여되기 위해서는 3가지의 요소가 필요하다. 즉, 기대감(인식된 성공의 가능성이나 행동의 결과, 기대), 수단[행동의 첫 결과 인식(예 성공)인 두 번째 결과(예 보상)에 관계될 것] 그리고 유의성(기대된 결과가 매력적인지 아닌지의 정도, 행동의 결과에 부여된 가치, 목표를 획득하는 가치)의 세 개 변수가 사람들에게 동기부여로 제시되어야 한다. 개인은 목표를 기대하거나 성취할 수 있다고 믿고, 자신의 행동과 목표의 획득(예 자아 에고의 강화) 사이의 관련성을 보면, 개인은 행동에 참여하게 동기부여되는 것이다. 그러나 이러한 동기부여 중의 하나라도 존재하지 않으면(예 수단과 유의성은 높지만 기대치가 없다), 그 사람은 동기부여되지 않는다.

6) 인지적 불협화음 이론

인지적 불협화음 이론(페스팅거, 1976년)에서, 개인이 2개 이상의 충돌하는 욕구를 충족시키려고 할 때, 자신의 행동을 바꾼다고 주장한다. 예를 들면, 인간 욕구에 충돌하는 가치나 행동이 있으면, 그 개인은 이러한 충돌을 해결하는 특정한 방법으로 행동할 것이다. 그들은 행동과 생각을 바꾸고, 이것은 더 큰 욕구와 행동을 바꾸도록 할 것이다. 그러나 머레이(1938년)는 인간의 욕구는 독립적으로 바뀐다고 한다. 하나의 욕구를 만족시키려는 욕구가 필수적으로 다른 욕구를 만족시키려는 욕구를 설명하지는 않는다고 한다. 예를 들어서, 여행을 가고 싶은 욕구가 음식이나 마시는 욕구를 꼭 설명해 주는 것은 아니다.

7) 강화 이론

강화 이론(스키너, 1969년)은 만족스러운 결과는 반복된 행동을 만들어내고, 불만족스러운 결과는 반복된 행동을 만들어내지 못한다고 주장한다. 예를 들면, 만족한 관광객은 같은 목적지에 돌아오지만, 불만족한 관광객은 다른 곳으로 간다. 따라서 특정한 행동(예 반복된 방문)을 동기부여하기 위하여, 이러한 행동의 긍정적인 결과를 강화시켜야 한다. 다시 말하면, 관광객이 같은 물건을 사도록 하기 위하여 판매원은 그 물건에 대한 관광객의 경험이 긍정적이고 즐거운 결과가 되도록 해야 한다는 것이다.

8) 평등 이론

평등 이론에 따르면, 개인은 그들의 노력과 보상에 관련하여 다른 사람의 것과 사회적인 비교를 한다는 것이다. 보상의 공정성에 대한 인식은 그들의 동기부여에 영향을 미친다. 그들이 동기부여되기 위해서, 보상에 대한 비율이 다른 사람들의 것과 같아야만 한다.

9) 맥클랜드(McClelland)의 학습 욕구 이론

맥클랜드(1953년)에 따르면, 인간 행동은 특정한 문화에서 발전된 욕구에 의존한다고 한다. 인간은 그들의 문화에서 욕구를 배우는데, 이것이 어떤 욕구가 중요하며, 어떤 욕구가 먼저 충족되어야 할지 그리고 왜 그런지를 지시한다는 것이다. 예를 들면, 호주를 여행하는 영국 관광객들은 대개 바다가 보이는 호텔 객실을 찾고, 일본 관광객들은 큰 욕조와 실내화를 제공하는 호텔을 선택한다.

위에서 제시된 인간 행동 이론들은 우리가 환경적인 자극에 대한 반응과 어떻게 영향을 주고 조절하는지 그리고 반응을 예상하는지를 이해하게 해준다. 이러한 이론들은 관광객 행동에 대한 이해의 상당한 잠재력을 나타낸다. 물론 문학에서 더 자세한 인간 행동에 대한 다른 이론들도 있다.

4. 인간 행동의 기본적 욕구

인간 욕구의 5가지 종류(생리적, 보안과 안전, 사회적, 자아, 자아 충족)을 구별한 매슬로우(1954년)와는 별도로, 인간 행동을 이끄는 다른 종류의 욕구도 있다. 머레이(1938년)는 인간 욕구를 (1) 성취(어떤 어려운 것을 달성하거나 성취), (2) 지배(다른 사람들을 조절하고 조직하고 지배), (3) 자주(독립의 느낌), (4) 교제(다른 사람이나 그룹과 관계), (5) 오락(휴식하고, 즐기고, 환희를 느끼고, 재미를 찾고, 웃고, 농담하고, 행복해하고, 스스로 위안을 찾고, 스스로 즐겁게 하고, 심각한 긴장을 피하고) 그리고 (6) 인지(탐구하고, 인식하고, 이해하고, 관찰하고, 질문하고, 호기심을 만족시키고, 보고, 듣고, 검사하고, 읽고, 지식 탐구)의 6가지로 분류했다.

허츠버그와 동료들(1962년)은 두 종류의 인간 행동을 구분했는데, (1) 성장 욕구와 (2) 회피 욕구이다. 성장 욕구는 성취, 인식, 책임감, 진보 혹은 일 그 자체와 같은 만족자들에 의해서 충족되고, 회피 욕구는 위생 요소, 즉 보수, 대인 관계, 근무 조건, 정책과 행정 혹은 감독에 의해서 충족된다.

앨더퍼(1972년)는 모든 형태의 존재 욕구(매슬로우의 생리적 욕구와 안전 종류와 비슷), 다른 사람들과의 관계를 포함하는 관계 욕구(매슬로우의 소속과 자부심 욕구와 비슷), 자신과 자신의 환경 그리고 자신의 기능성에 관계되는 것에 중점을 두는 성장 욕구(매슬로우의 자부심과 자아실현의 욕구와 관련됨)

맥클랜드(1976년)는 3개의 인간의 기본적인 욕구를 구분했다. 즉, (1) 성취(책임, 도전), (2) 교제(사회적인 교제의 수립, 유지, 다른 사람들과의 원만한 교제) 그리고, (3) 권력(명성, 자신의 환경을 지배, 다른 사람들에게 영향)이다. 맥클랜드에 따르면, 2종류의 권력의 욕구가 있는데, 그룹과 조직의 이익을 위한 것과 개인적인 권력, 그룹을 희생하여 자신의 이익을 위한 것이 있다.

라이안과 데시(2000년)는 세 가지의 인간 욕구를 구분했는데, 이것은 자주, 경쟁 그리고 관련성이다. 노리아와 동료들(2001년)은 4가지의 기본적인 욕구가 있다고 주장했다. 즉, (1) 사물과 경험을 획득, (2) 다른 사람들과의 결속, 상호 보살핌 그리고 헌신, (3) 세계와 자신에 대한 지식을 획득 그리고 (4) 해악으로부터 자신과 사랑하는 사람들을 보호. The Institute for Management Excellence(2001년)는 9개의 인간 욕구를 구분했다. 즉, (1) 안전, (2) 모험, (3) 자유, (4) 교역, (5) 권력, (6) 확대, (7) 인정, (8) 공동체 그리고 (9) 표현이다.

5. 인간 욕구에 영향을 주는 요인

다양한 문화서술적, 사회문화적, 경제적, 지리적 그리고 정신적인 요소가 욕구의 추구에서 사람들을 움직이게 한다. 이러한 요소들은 인간 행동에 영향을 주는 동기부여의 형식을 만들어낸다(그림 12.8 참조).

6. 관광객 행동의 개념

관광객 행동의 개념은 소비자 행동과 관련된 주제에서 설명될 수 있다. 소비자 행동이란 소비자가 만족을 기대하는 상품과 서비스에 대한 선택, 구매, 사용 그리고 평가하는 행동이다. 소비자 행동은 소비자가 몇 개의 대안 혹은 선택을 가지고 의사결정을 하는 과정에서 보이는 행동이다.

관광객 행동의 연구는 관광객들이 관광상품, 서비스 그리고 경험을 선택하고 사용하고 평가하는 방법에 관심을 둔다. 관광객 행동 연구는 관광객들이 어떻게 유용한 자원, 즉 시간, 돈 그리고 노력을 여행에 관련된 상품과 서비스에 소비하는지 이해하려고 한다. 관광객 행동은 관광객의 (1) 인식(생각, 인지, 이해, 인식,

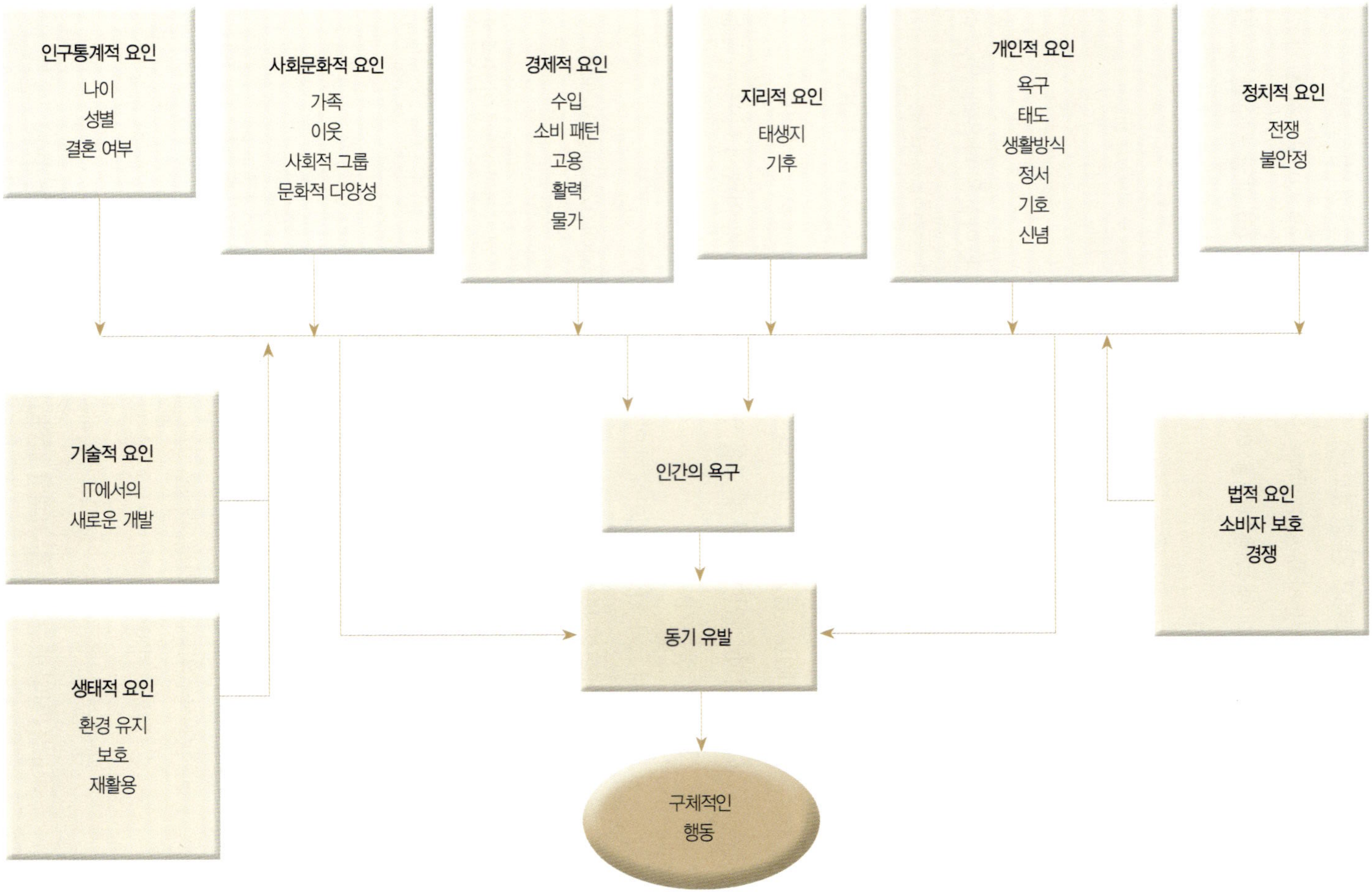

그림 12.8 인간의 욕구에 영향을 미치는 요인

저장, 절차 진행 그리고 환경 정보)을 포함한 정신, 감정(느낌, 정서, 태도, 성향)과 의지(특정한 행동 방식과 의도, 추론, 자발성과 자유 의지), (2) 명시적 신체 행동, (3) 영혼, (4) 관광객 행동에 영향을 미치는 환경 그리고 (5) 관광객이 환경으로부터 받는 피드백이다.

7. 관광객 행동

관광객 행동의 연구는 그 속성에 있어서 학구적이다. 이것은 다음과 같은 다양한 학문에서 사회학자에 의해서 개발된 개념과 이론에 근거하고 있다.

- 정신학(개인에 대한 연구)
- 사회학(개인 그룹과 그들의 사회적인 관련성에 대한 연구)
- 사회심리학(개인이 어떻게 그룹 안에서 행동하는지, 어떻게 다른 사람들과 상호작용하는지)
- 인류학(사회가 어떻게 개인에게 영향을 미치는지)
- 경제학(개인이 물건과 서비스의 구입에서 어떻게 혜택을 최대화하는지)
- 마케팅(어떻게 고객을 만들어내고 관리하는지)
- 경영(물건을 어떻게 계획하고 조직하는지 그리고 개인을 동기부여하여 만족을 얻을 수 있는지, 효율적인 경영 전략을 디자인하기 위하여 어떻게 개인의 소비 결정에 영향을 미치는지)

관광객 행동의 연구는 다음에서 빌려온 개념을 기초로 한다.

- 레저와 오락(개인이 어떻게 신체적, 정신적으로 재창조하는가)
- 지리(지구의 기후, 인구, 작물, 토지 사용이 개인에게 영향을 미치는가)
- 도시와 지역적인 계획(도시, 도심, 도시 공동체를 어떻게 개인에게 편안한 주거 환경을 제공할 수 있도록 계획하고 발달시킬 것인가)
- 교통(어떻게 승객들을 최대한 편하고 안전하게 운송할 것인가)

- 법률(어떻게 정부의 합법적 원칙과 정책을 사람들에게 적용할 것인가)
- 농업(어떻게 땅-삼림 그리고 농장을 경작할 것인가)
- 교육(어떻게 지식과 훈련을 얻을 것인가)

관광객 행동에 대한 접근은 위에 나타낸 대로 학문적인 관점에 따라서 다양하다. 즉, 관광객 행동을 이해하는 목적은 다양한 관광객의 요구에 더 나은 반응을 하는 것이다. 또한 증가하는 관광객을 더 잘 관리하여 상호 이익이 되는 관계를 만들고자 하는 것이다.

8. 관광객 행동의 의미

관광객의 경험과 그 경험에 대한 의미는 사람에 따라서 다르다. 이러한 이유는 몇 가지가 있다. 첫째, 많은 종류의 관광객이 있고, 다양한 분류의 관광객이 있다. 여기에는 인구통계적 다양성(예 나이, 성, 결혼 여부, 삶의 단계), 사회문화적 다양성(예 사회 지위), 경제적 다양성(예 수입, 소비 패턴, 고용), 문화적 다양성(예 가치, 규준, 관습), 지리적 다양성(예 기원, 여행 목적지), 개인적 다양성(예 개성, 욕구, 태도, 생활방식, 정서, 선호, 추구하는 신념) 그리고 정치적 다양성(예 전쟁, 불안정)이 있다. 그러므로 여러 종류의 관광객을 다룬다는 것은 다중적이고 다양한 행동을 다루는 것이다.

둘째, 관광객들은 다양한 욕구를 수많은 맥락에서, 즉 사회적, 문화적, 지리적, 경제적 그리고 정치적으로 맞추려고 한다. 이러한 맥락은 그 속성이 매우 다양하고 관광객들은 그들의 행동을 다양한 면으로 표현한다.

셋째, 관광객들의 행동을 특징짓는 데에 사용되는 많은 문화서술적, 경제적 혹은 사회-심리적 변수가 흔하지만(예 생활방식, 흥미, 수입), 개인 관광객들이 자신들을 표현하는 방법은 아주 다르다. 관광객은 자신들의 행동을 결정하는 데 있어서 크고 다양한 목표, 관심 그리고 선호도를 가지고 있다. 예를 들면, 환상적인 목적지를 여행하는 배낭 여행객들과 나이 많은 그룹 관광객들은 관광이라는 공통된 동기를 가지고 있지만, 두 종류의 관광객들은 나이, 사회 지위, 체력 소모, 가치 그리고 이해 차이 때문에 다른 행동을 표현한다. 배낭 여행객들은 야외 활동과 살아있는 오락 그리고 원주민들과의 교제에 흥미를 가질 것이고, 나이 든 관광객들은 아마 집에서 가까운 목적지를 여행하고 평화롭고 휴식을 주는 분위기를 선호할 것이다.

9. 관광객 행동 연구의 중요성

왜 관광객 행동 연구가 중요한지에는 몇 가지가 있다. 먼저, 더 나은 전략적인 결정을 내리기 위하여 마케터와 매니저들이 관광객이 무엇을 사는지, 왜, 어디에서 그리고 어떻게 그들이 구매를 하는지 파악해야 한다. 또한 관광객이 어떤 목적지를 가는지, 어떤 여행 계획을 세우는지, 어떤 생활 편의 시설을 선호하는지를 알아야 한다. 토착적인 혹은 만들어진 볼거리에 관심이 있는가? 스포츠를 좋아하는가 혹은 도박을 좋아하는가? 무엇이 그들로 하여금 여행을 하게 혹은 안 하게 만드는가? 얼마나 오랜 기간 집에서 떨어진 곳으로 여행을 할 준비를 하는가? 얼마나 소비하려고 계획하는가? 관광 마케터들과 매니저들은 관광객들이 어떤 종류의 특정한 휴일 목적지, 상품 그리고 서비스를 구매하는지 알아야 한다. 활동적인가 아니면 편안함을 추구하는가? 외향적이고 야외에 나가기를 좋아하고 심지어 모험적인가 혹은 내향적이고 수줍어하는가? 무엇이 그들을 사게 만드는가? 어떻게 물건을 찾는가? 어떤 물건의 특성을 찾는가? 그들이 찾는 편의성은 무엇이며 왜인가? 어떻게 정보를 검색하는가? 어떻게 목적지와 상품에 대해서 검색하는가? 어떻게 대안 사이에서 평가하고 선택하는가? 어떤 선택을 하는가? 누가 관광객의 선택에 영향을 미치는가? 얼마나 같은 목적지를 재방문하고 같은 여행상품과 서비스를 사용할 것 같은가? 이러한 모든 질문에 대한 답은, 관광 마케터들과 매니저들에게 관광객의 요구에 더 잘 반응할 수 있는 전략을 디자인하는 데 중요한 정보가 된다. 예를 들면, 관광객이 휴일 목적지로 선택한 곳에 대해서, 서비스가 결여되거나 혹은 유용한 활동에 대한 정보가 없어서 불만을 느낀다면, 그들은 미래에 같은 목적지를 방문하지 않을 것이다. 그들은 친구와 친척들에게 불만을 표현하고 미래에 그곳에 가는 것을 막을 것이다. 관광객들은 같은 장소에 두 번 다시 오지 않을 것이며, 미래의 선택에서 제외할 것이다. 관광객들이 왜 특정한 상품과 서비스를 구매하지 않는지를 이해하는 것은 그들의 다른 상품 구매를 이해하는 것만큼 중요하다.

관광상품에 대한 관광객의 평가를 연구하는 것 이외에도, 마케터들은 관광객들이 새로 구입한 상품으로 무엇을 하는지를 알아야 한다. 예를 들면, 관광객들이 물건을 구입한 이후에, 그들이 그것을 사용하는가(㉾ 하와이에 가서 리조트에 머무는가?) 혹은 그것을 팔든지 혹은 임대하는가(㉾ 시간 공유). 관광객들이 물건을 구입하는 빈도는 마케터들이 제공하는 정보와 일치되어야 한다.

마케터들이 관광객 행동과 의사결정을 이해한다면, 미래의 관광객들이 어떻게 새로운 상품과 서비스, 정보 그리고 행동하는지를 예측할 수 있다. 관광객의 속성과 의사결정의 절차를 이해하는 마케터들은 관광 시장에서 상당한 경쟁적인 이익을 기대할 수 있다.

10. 비교 문화 관점에서 관광객 행동의 연구

지난 50여 년 동안 국제 관광의 대규모 증가는 사람들의 증가된 기동력을 나타낸다. 글로벌화, 경제 발전 그리고 중국과 동유럽의 개방을 이끈 정치적인 변화는 국가의 경계를 넘는 관광객의 숫자를 크게 증가시켰다. 국제 관광에서 증가되는 수요는 미래의 관광객들을 문화적으로 다른 사회에 노출시킨다. 그것은 많은 다양한 문화를 함께 만들고, 먼 대륙과 나라에서 오는 사람들을 만날 멋진 기회를 제공하고, 전 세계를 통하여 문화를 접촉하는 기회를 제공한다. 많은 사람들이 다른 문화를 경험하면서 여행하고, 외국의 음식을 맛보고, 패션을 구경하고 혹은 외국의 음악을 듣는다. 그러나 대부분은 다른 생활방식, 관습, 전통 그리고 교역과 비즈니스를 위해서 여행할 것이다.

2020년 예측에 따르면, 문화적으로 다양한 방문객들이 국제 관광의 목표가 될 것으로 보여지고 있다. 이것은 관광산업이 그 생산품을 글로벌하게 표준화하고, 동시에 문화에 근거한 관광객 유치에 어려움이 예상된다. 문화적으로 구별되는 관광객들을 철저히 이해하고, 그들과 지역 사이의 문화적 차이점과 유사점을 구분하는 것은 관광산업에서 아주 중요하게 된다.

미래에 관광산업 발전을 위하여, 외국어 학습의 중요성을 인식해야 한다. 그러나 문화적인 차이는 언어, 음식 혹은 옷에만 국한되는 것이 아니다. 문화적인 차이는 특히 문화 가치, 필요, 선호 그리고 태도와 관련된다. 이러한 차이점은 말이나 신체 언어, 제스처나 시간 지향, 종교적 신념 그리고 다양한 상호작용을 통해서 경험된다. 이러한 차이점 이해의 실패는 공격이나 불안한 상황이나 오해와 잘못된 해석 그리고 사람들 사이의 분쟁과 같은 심각한 결과를 초래한다. 예를 들면, 커피나 차 한 잔의 거절이 무례한 것으로 인식될 수도 있다. 초대의 거절이나 늦는 것이 모욕으로 간주될 수 있다. 비슷한 경우로서, 마감 시간이나 일정짜기와 방문객에게 특정한 시간에 여행할 것을 요구하는 것은 공격적이고 위협적으로 간주된다. 국제적인 방문자들을 성공적으로 유치하여 만족시키고, 문화적인 실수와 비난받지 않기 위하여 미래의 관광산업의 고용인들은 국제적인 관광객 시장의 문화적인 차이점, 즉 무엇이 받아들여지는 행동이고 아닌가를 구분할 줄 알아야 한다.

국제적인 방문객 행동의 문화적 차이점을 배우는 것은 특정한 시장에 효율적인 부분화, 목표화 그리고 홍보 유치 전략의 주요 요인이다. 예를 들면, 모든 여성들이 쇼핑에 관심이 있지만, 아시아의 (사무직) 여성들은 특히 쇼핑을 위해서 여행을 하는 것으로 알려져 있다. 그들은 브랜드가 있는 핸드백과 고급 상품들을 구매한다(사례 연구 12.1 참조). 따라서, 여성 여행객들이 같은 흥미를 공유하더라도, 그들 사이에는 분명한 차이점이 있다. 그 결과로서, 국제적인 관광객들 사이에는 유사점이 있지만, 그들 사이에는 분명한 차이점이 있다. 그러나 일반적인 생각과는 반대로, 많은 국제 관광객들은 여러 가지 면에서 비슷하다. 적절하게 구분하는 것이 가능하다면, 문화적 유사성에 따라서 관광객을 그룹으로 나누는 것이 중요하다. 예를 들면, 항공사들이 문화적으로 구별되는 시장에 따라서 홍보 전략을 분리할 필요가 있지만, 1등급이나 혹은 비즈니스 승객들을 위한 고급 시설을 강조하는 전략도 있어야 한다. 문화적 마켓의 성공은 다양한 시장의 선택, 물건의 사용에 대한 신념, 가치 그리고 관습이 얼마나 다르고 비슷한지에 달려 있다.

이 책은 국제적인 관광객들 사이의 유사점뿐만 아니라 문화적인 차이점이 중요한 시장의 도구라는 주장을 지지한다. 이전의 장은 서로 다른 문화 배경을 가진 사람들 사이에 존재하는 차이점과 유사점, 그리고 그들을 특정한 시장 부분으로 분화시키는 외부 문화를 설명하고 있다. 이러한 국제 관광객들 사이의 문화적인 차이점은 문화적인 요구에 기초한 특정한 부분에 대한 시장 전략의 맞춤화로 이끌 것이다.

11. 비교 문화 관점에서 관광객 행동을 이해하는 장점

비교 문화 관점에서 관광객 행동을 이해하는 것은 매우 중요하다. 그 이유는 국제적인 관광객을 이해하고 관광객과 지역 주민 사이의 차이점을 인정하며, 특정 그룹의 국제 관광객을 목표로 하여 효율적인 시장 전략을 세우고 이 전략을 시행할 수 있기 때문이다. 국제 관광객 시장 사이의 차이점이 크면 클수록, 구별되고 각 시장에 맞춰진 전략을 사용하는 것이 바람직하다. 특정한 시장의 문화 가치, 신념 그리고 관습이 아주 다르면, 각 시장에 개별화된 시장 전략을 개발해야 한다. 다른 한편으로, 관광 시장에 문화적인 유사점이 있으면, 모든 시장에는 비슷한 시장 전략이 사용된다. 국제 관광객 시장의 문화적 유사점과 차이점을 구분하는 것은 관광객 행동은 문화적인 것이며, 문화는 관광객의 행동과 전체 산업에 깊은 영향을 준다는 것을 이해하게 한다. 목표 시장의 문화적 배경을 이해하고, 문화 차이에 민감해지며, 이러한 차이점을 받아들이고 존중하는 것은 비교 문화 마케팅과 경영의 실수를 최소화할 수 있다. 또한 관광객의 휴일 경험과 만족을 더 좋게 하고, 관광상품의 수요를 증대시키며, 비즈니스 이익을 증진시키고, 결과적으로 관광산업의 발전에 공헌할 것이다.

1) 관광객 전망

관광객들이 지역 주민의 문화에 대하여 배우는 것은 중요하다. 관광지역에 대하여 아는 것은 관광객들의 생소한 환경 적응에 도움이 된다. 많은 여행객들이 비행기에서 내리자마자 문화 충격을 경험한다. 그들은 외국말을 모르고, 어떻게 도움을 청해야 할지, 팁을 얼마나 주어야 할지, 식사를 어떻게 주문해야 할지, 새로운 문화에서 어떻게 말해야 할지도 모른다. 지역 주민의 행동을 이해하지 못하여, 관광객은 화나고, 당황하며 그리고 모욕을 당할지 모른다. 관광객이 처음에는 다른 목적지를 보고 경험할 기회에 대하여 흥분할지 모르지만, 곧 그들은 새로운 환경에 적응할 수 없는 무능력에 스트레스를 받을 수 있다. 이러한 스트레스와 성가심을 줄이기 위해서 많은 여행객들은 그룹으로 여행한다. 그러나 독립적으로 여행하고 '문화적인 차이'를 경험하려는 관광객의 숫자가 늘어나고 있다.

많은 관광객들이 외국의 장소에서 무엇이 일어날지와 어떤 문화적 문제에 직면할지를 모른다. 그들은 가족들과 친구들에게 도움을 구한다. 불행하게도, 다른 사람의 경험은 아주 주관적이며 오해일 수 있다. 불안, 불쾌, 실망 혹은 모욕을 회피하기 위한 최고의 전략은 지역 문화를 배우고 이해하는 것이다. 지역 문화와 행동에 대한 지식은 관광객들이 자신감을 키우고 안정감, 조절 그리고 도전적 느낌을 만들어낼 수 있다. 외국 문화를 이해하는 것은 관광객들이 특정 상황에서 어떻게 행동해야 하는지를 도와준다. 지역주민의 행동, 관습, 옷차림과 수면 습관을 이해하는 것은 흥미로운 교육적인 경험이 될 수 있다. 예를 들면, 중국을 방문하면서, 관광객들은 서양의 중국 음식은 중국의 것과는 매우 다를 수 있다는 것을 배운다. 미국을 방문하면서 관광객들은 식사 전에 얼음이 담긴 컵을 받는 것은 관례적이라는 것을 배울 수 있다. 관광객들이 진정한 교육적인 경험을 찾는다면, 외국의 문화를 이해하는 것이 외국 문화를 더 객관적으로 보고, 더 긍정적인 경험을 가지고 그리고 부정적인 태도를 바꿀 수 있게 할 수 있다.

2) 지역 주민 전망

지역 주민들이 국제 관광객들의 문화에 대한 학습도 역시 중요하다. 국제 관광객들의 문화에 대한 이해는 지역 주민들이 관광객들의 문화적 요구에 반응하는 것을 도와줄 수 있다. 많은 지역 주민들은 국제 관광객들에게 말하는 것에 대해서 어려움을 가진다. 그들은 관광객의 말을 이해하지 못한다. 그래서 관광객이 무엇을 요구하는 것인지 혹은 무엇을 원하는지를 모른다. 지역 주민들이 통역과 관광가이드에게 의존하지만, 그들은 국제 관광객들과의 의사소통과 상호작용에 어려움을 경험하기도 한다. 관광객의 행동을 이해하지 못하면, 지역 주민들은 그들에게 서비스를 제공하는 데 무능함을 느끼며, 좌절과 스트레스로 나타난다.

관광객의 문화와 지식을 아는 것은 지역 주민들이 자신감을 느끼고 생산물을 관광객들에게 즐겁게 줄 수 있게 한다. 지역 주민들은 그들의 행동을 완전히 관광객들에게 맞출 필요는 없다. 지역 문화의 문화적인 고유성은 관광객들에게는 매우 매력적이 될 수 있다. 오히려 지역 주민들은 관광객 문화를 받아들이고 존중해야 한다. 국제 관광객의 행동을 지켜보고, 관광객에게 말을 걸고, 그들의 요구와 호감에 귀를 기울이고, 그들의 습관을 배우는 것은 지역 주민들로 하여금 문화적인 실수를 하지 않게 된다. 예를 들면, 유럽계 미국인 남자들에게 부인의 안부를 물어보는 것은 아주 적절한 일이지만, 그러한 행위는 아랍 에미리트 연합국의 남자들에게 사회적인 에티켓의 위반이 될 것이다.

관광객과 지역 주민의 문화적 이해를 통하여 얻는 가장 중요한 혜택 중의 하나는 관광객과 지역 주민이 서로에게 긍정적인 인상을 준다는 것이다. 대부분의 사람들은 그들 문화에 대한 외국인의 인식에 대해서 민감하다. 어떤 사람이 다른 나라의 문화에 대하여 환호하거나 관심과 지식을 가지고 있다면, 이것은 흥미와 관심으로 해석되고 그 나라의 문화가 배울 만하고 존중의 대상으로 여겨진다. 외국문화에 대해서 능동적인 관심과 참여를 보이는 사람들은 대개 공손하고, 존중적이며, 지식적인 사람으로 대접받는다. 사람들은 대개 그들의 문화에 관심을 보이는 사람에게는 매우 따뜻하게 반응한다. 관광객과 지역주민이 상대방의 문화에 대한 작은 인식이나 배우려는 의지를 보이더라도, 그들은 서로에 대해서 좋은 인상과 우정까지도 가질 수 있다. 외국 문화에 대한 개인적 관심은 필수적이다.

더구나, 사람들이 다른 사람의 문화에 대한 존중을 느낀다면, 그들은 진정한 사회적이고 직업적인 관계를 형성하게 된다(후커, 2003년).

요 약

인간 행동은 마음(사고, 느낌, 의지), 신체(생물, 유전), 영혼(신념, 경험, 직관), 마이크로, 메소, 매크로 그리고 개인에 대한 수프라-환경 그리고 환경으로부터의 피드백 처리 과정의 결과이다. 인간의 행동은 목표 획득을 향해서 에너지를 사용할 필요가 있을 때만 일어난다. 많은 종류의 욕구가 있다. 매슬로우(1954년)에 따르면, 낮은 순서의 욕구가 충족되면, 인간은 더 높은 순서의 욕구가 동기부여된다. 만족된 욕구는 동기부여되기를 멈춘다. 앨더퍼(1972년)에 의하면 높은 수준의 욕구가 충족되지 못하면, 낮은 수준의 욕구가 주요한 동기부여자가 된다. 허츠버그와 동료들(1962년)은, 어떤 욕구를 충족시킨다고 해서, 반드시 만족에 이른다고는 할 수 없다고 한다. 브룸(1964년)은 목표를 가지고 자신의 행동과 그 목표의 성취 사이의 관련성을 보는 것이 동기부여의 요소가 된다고 한다. 페스팅거(1957년)는 인간은 동기를 문화에서 얻는다고 주장했는데, 그 문화는 어떤 동기가 먼저 충족되어야 하는지와 그 이유를 알려준다.

관광객 행동은 서로 다른 의미를 가지고 있다. 그것은 매우 다양하고, 다중 차원적이며, 속성이 학구적이다. 관광객 행동은 소비자 행동과 연관된 주제에 관련해서 검사될 수 있다.

현재 관광산업은 전 세계에 걸쳐서 전례 없이 성장하고 있다. 문화적으로 다양한 방문객들이 국제 관광산업의 미래의 목표이다. 국제적인 관광객의 문화적 배경을 이해하는 것은 관광산업의 가장 우선적인 문제이다. 관광객 행동에 대한 문화적인 접근은 관광객 행동 이해에 풍부한 자료가 된다. 그러한 마케팅에 대한 문화적인 접근은 관광산업에 대한 장기적인 성공에 아주 중요하다.

논점과 질문

1. 인간 행동의 주요한 면은 무엇인가? 그것들은 어떻게 관련되어 있는가?
2. 인간 행동에 영향을 미치는 요소는 무엇인가?
3. 매슬로우의 욕구단계가 인간의 행동을 설명하는가?
4. 당신의 경험에서 당신 나라의 여행 전문가들이 문화 차이에 민감한가? 당신의 주장을 증명하는 예를 들어 보아라.
5. 마케터와 매니저들이 관광객의 행동 연구에 대한 문화적인 접근을 해야 한다고 생각하는가? 비교 문화 맥락에서의 관광객 행동의 연구를 지지하는 어떤 주장을 제시할 수 있는가?
6. 국외 여행을 해본 적이 있는가? 그렇다면 당신이 주목한 나라와 그 나라 사람들 사이의 몇 가지 문화적 가치, 행동 그리고 여행 패턴을 말해보시오.

사례 연구 12.1 아시아 여자들의 쇼핑 경험 : 태국에서의 새로운 조사

미국과 아시아 사이에는 쇼핑 패턴과 동기가 서로 다르다. 미국과 같이 산업화된 경제에서는 미국 소비자들은 스트레스를 해소하고 흥정을 하기 위해서 소비를 한다. 미국 여자들은 정서적인 만족을 위해서 쇼핑을 한다. 그들은 '삶의 작은 사치'를 위해서 그들 스스로에게 작은 선물을 한다. 그들은 종종 필요하지 않은 물건들을 산다. 따라서 상품이 그들의 직접적인 기능적인 욕구를 만족시키지 않는다. 또한 미국 여자들은 그들의 사회적인 지위를 위한 표현을 위해서 브랜드를 가진 물건을 산다. 미국 여자들은 최고 품질을 가진 디자이너의 물건을 싸게 살 수 있다는 것에 자부심을 느낀다. 많은 미국인들은 쇼핑을 일상으로 여기고 일부는 중독이다.

다른 한편으로, 아시아 여자들은 정서적이나 자아실현을 위해서나 명품을 흥정하기 위해서 쇼핑을 하지 않는다. 그들은 정서적인 치료나 혹은 소유보다는, 쇼핑의 짜릿함을 즐기고 재미를 위해서 일상적으로 쇼핑몰에 간다. 오늘날 동남아시아 여자들은 대부분이 일하고 경제적으로 독립적이다. 아시아 여자들은 쇼핑을 그들의 새로운 부유함을 보이거나 혹은 친구들과 교제하기 위해서 한다.

많은 동남아시아 나라들에서, 여자들은 고급스러운 상점에서 쇼핑하는 것에 큰 가치를 둔다. 서구의 여성들이 쇼핑하는 것을 일상적으로 생각하는 것에 반해서, 동남아시아의 쇼핑몰은 십 년밖에 안되고 사회적인 지위를 나타내는 것으로 인식된다. 젊은 미혼의 아시아 여성들은 상점 주위를 활보하고 비싼 핸드백, 옷 그리고 보석을 구입해서 그들의 부를 뽐낸다. 일본에서는 젊은이들과 흥정에 민감한 사람들 사이에서는 디자이너 핸드백을 모으는 것이 유행이 되었고, 특히 아직 학생인 사람과 가격에 관심이 많은 사람들 사이에서 더 그러하다. 아시아 여성들은 또한 상점에서 쇼핑하는 것을 친구들과의 사회적 행사로 여긴다. 방콕의 많은 미혼 여성들은 열심히 일해서 돈을 쇼핑에 쓴다. 그들은 한 달에 네 번 브랜드 쇼핑 상점에 가서 장남감과 옷 같은 낮은 가격의 물건을 산다.

일상생활로서의 쇼핑은 아시아에서 증가하고 있고, 특히 증가하는 중산층 계급의 여성들 사이에서 그러하다.

출처 : 아시아 마켓 리서치 뉴스, 2003년 6월 20일 검색, [http://www.asianmarketresearch.com/news/000309.html]

웹사이트 링크

1. 매슬로우의 욕구단계 : http://www.businessballs.com/maslow/htm
2. 소비자 문화와 문화 : 글로벌 마케팅과 선전의 효과, http://www.sagepub.com/booktoc/ aspx?pid=9647&sc=1
3. 중국 문화의 음식 : http://askasia.org/frclasrm/readings/r000044.htm
4. 시간별 문화차이 : http://www.harbus.org/news/365215.html
5. 당신의 생산물을 어떻게 국제적으로 마케팅할까 : http://www.1fpackage.com/ international_marketing.htm

관광객들의 구매 행동을 이해하기 위하여 소비자의 구매 행동을 배워야 한다. 다음 장은 소비자의 구매 행동을 논의할 것이다.

13 CHAPTER

소비자 구매 행동

이 장에서는 소비자 구매 행동과 소비자 구매 결정 과정을 기술한다.

목표

이 장을 읽은 후 여러분들은 다음의 내용을 이해할 수 있다.

- 외부적 환경 요인들과 내부적 소비자의 특성들이 구매 행동에 영향을 미치는지를 이해할 수 있다.
- 소비자들의 구매 의사 결정과 반응을 이해할 수 있다.
- 마케터들(marketers)이 소비자의 의사결정을 분석하는 방법을 이해할 수 있다.

서론

소비자 구매 행동은 많은 요인들에 의해서 영향을 받는다. 소비자들이 구매 의사를 결정할 때 가질 수 있는 질문들, 즉 무엇을, 왜, 어떻게, 그리고 장소와 시간은 다음의 3가지의 주요 요인 (1) 환경적 요인 (2) 구매자 요인 (3) 구매자의 반응 요인(그림 13.1)에 영향을 받는다.

환경적 요인들은 다음과 같은 세 가지 종류가 있다. 첫째는 소비자의 통제가 불가능한 환경적 자극이다(예 인구통계학적, 경제적, 역사적, 법적, 정치적, 기술적, 경쟁적 자극). 둘째는 주로 마케팅 관리자들(marketing managers)에 의해 통제가 되는 시장 요인들(market stimuli)로 예를 들면 회사, 소비자들, 공급자들, 중개인들, 일반 대중들이다. 셋째는 마케팅 활동을 말하는데, 판매, 가격책정, 분배, 상품들과 서비스 홍보 그리고 그것을 전달하는 사람들을 가리킨다. 이러한 환경적 요인들이 구매자 요인에 영향을 미친다.

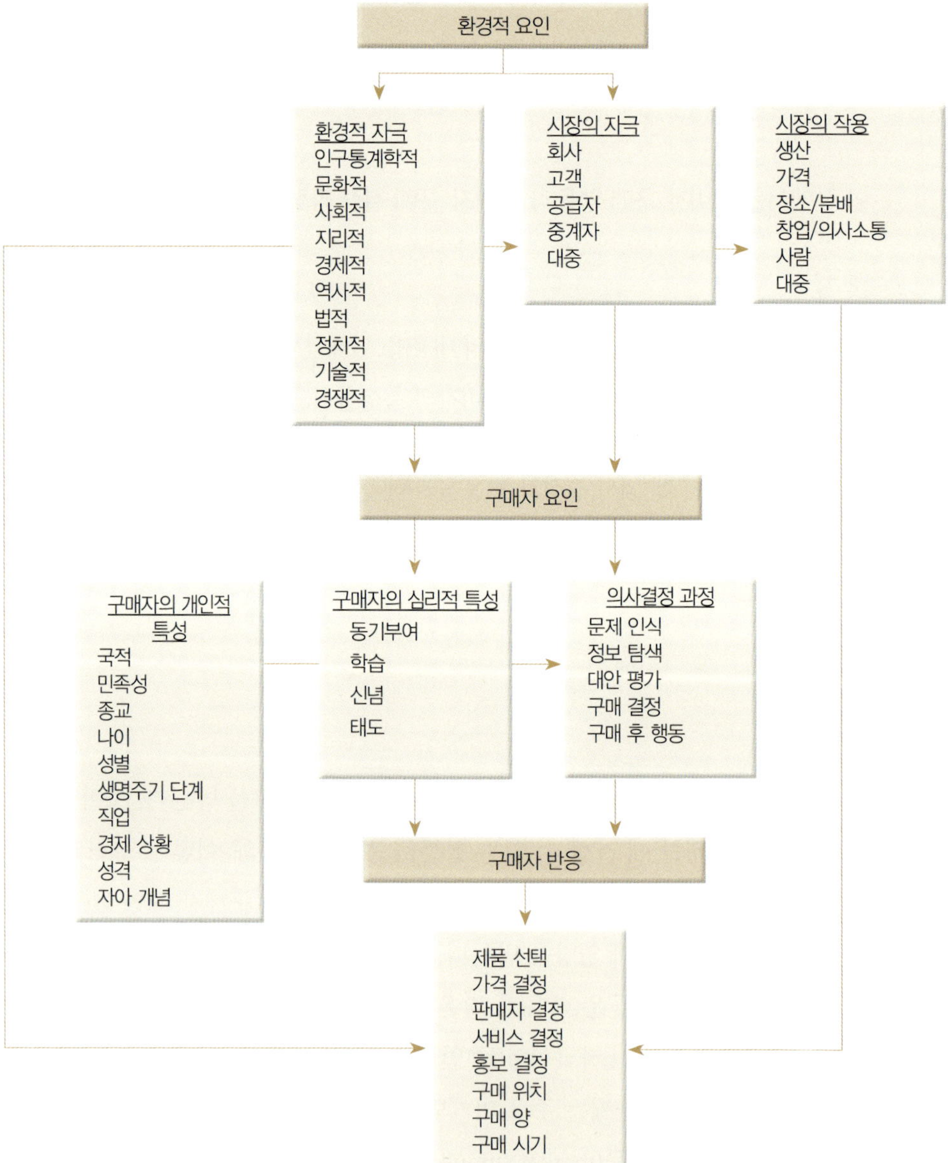

그림 13.1 소비자 구매 행동 과정

구매자 요인들에는 다음과 같은 세 가지 종류가 있다. 첫째 구매자들의 개인적인 특성, 둘째 구매자들의 심리적인 특성 그리고 셋째 의사결정 과정이다. 구매자의 개인적 특성에는 국적, 민족성, 종교, 나이, 성별, 생명주기(lifecycle), 직업, 경제적 지위, 생활방식, 성격 그리고 자아 개념(self-concept)이 포함된다. 구매자의 심리적 특성에는 동기, 지각, 학습, 신념 그리고 태도들을 포함한다. 구매자의 개인적 그리고 심리적 특성들 모두는 의사결정 과정에 영향을 미친다. 예를 들어 구매자들이 자신의 요구를 확인하고, 정보를 찾으며, 상품 평가를 위한 기준을 고르고, 상품들을 평가하고, 구매의사 결정을 하고 그리고 상품에 대한 느낌들을 말한다. 의사결정의 중요한 다섯 가지의 단계는 (1) 문제 인식, (2) 정보 탐색, (3) 대안 평가, (4) 구매 결정, (5) 구매 후 행동이다.

구매자의 개인적인 특성들과 심리적인 특성들 그리고 의사결정 과정은 구매자의 반응, 즉 상품 선택, 가격 선택, 파는 사람과 서비스 선택, 상품 홍보에 대한 반응, 구매 장소, 상품의 양 그리고 구매 시기에 영향을 미친다(그림 13.1 참조).

1. 환경적 요인들

1) 환경적 자극

인구통계학적 환경

구매자들의 행동에 영향을 미치는 주된 인구통계학적 요인들은 구매자들인데 구매자란 개개인의 소비자뿐만 아니라 인구로 정의를 내릴 수 있는 모든 사람들이다. 인구통계학적 요인들에는 나이, 성별, 교육, 사회-경제적 지위, 결혼 상태 그리고 사람의 생물학적 단계(life stage)를 포함한다. 인구 증가의 추세와 발전, 세대 혼합, 분산, 밀도 그리고 다양성이 그 중에서도 특히 중요하다. 현 세계 인구는 60억을 넘으며 또한 2020년까지 80억에서 100억에 다다를 것이라고 예측되고 있다. 현재 세계의 인구는 과밀도, 오염, 자연적 그리고 문화적 자산의 질적 하락 그리고 생활의 질(quality)의 악화라는 문제들을 가지고 있다. 이러한 문제들은 미래에 더 악화될 것이다. 그 결과 많은 소비자들은 조금 더 간편한 삶을 찾는다. 예를 들어서, 저밀도 인구 지역에 더 작고 더 싼 아파트로 옮기고, 발전이 덜 된 시골에 집 한 채를 더 사거나, 덜 소비적이고 덜 복잡하고 그리고 스트레스가 덜한 생활 방식을 택하며, 더 환경친화적인 곳으로 여행을 한다.

인구 증가의 대부분이 저개발 국가에서 나타나고 있으며, 이는 세계 인구 증가의 70%를 차지하고 있다. 가장 인구 증가가 낮은 나라들은 선진국 특히 이탈리아, 폴란드, 스위스 그리고 스웨덴이다. 미국에서 가장 빠른 인구 성장을 보이는 곳은 남부 지역과 남서부 지역을 들 수 있다. 가장 높은 증가를 보이는 이 지역들은 미래의 관광 발생 지역이 될 것이며 폭넓고 다양한 관광상품과 서비스를 요구할 것이다.

인구 세대 혼합(age mix)은 각기 다르다. 예를 들면, 멕시코는 아주 어린 인구층이 많고 인구가 급증하는 반면, 일본 그리고 이탈리아처럼 노년층 인구가 많고 인구가 감소하는 지역도 있다. 모든 연령층 집단 세분화에서 34~54세 그리고 65세 이상의 집단들은 가장 큰 발전을 경험한다. 미래에 그들은 중요한 관광 시장이 될 것이며 그들의 욕구가 적절히 충족되어져야 할 것이다. 세계의 인구는 매우 분산이 되어 있는데, 그 이유는 소련의 붕괴로 인한 나라와 나라들 사이 또는 나라 내에서의 이주 인구 때문이다. 또한 발칸 제국과 중동 민족의 혼란, 유럽 연합 구성 그리고 동유럽과 중앙 유럽 국가들 간의 국경선 생성 때문이다. 세계 인구는 바다와 해양을 따라 그리고 큰 거대 도시 지역을 따라 매우 집중되어 있다.

다양한 인구 그룹들은 다른 국적, 민족성, 인종, 종교, 다양한 인구통계학적 그리고 문화적 요인들을 바탕으로 그들 스스로를 구별한다. 미국, 오스트레일리아 그리고 캐나다의 인구는 사실상 모든 나라들로부터 모인 사람들이다. 처음에는 이것을 'melting pot(용광로)'이라고 불렀으며 지금은 'salad bowl(샐러드 단지)'이라고 부르는 미국 사회는 여러 민족 집단들이 있으며, 그들은 그들 민족의 다른 점들, 이웃, 문화 그리고 전통을 유지하고 있다. 이러한 추세들은 소비자가 어디에 있는지 그리고 어떤 유형의 사람들이 미래의 관광 그리고 관광상품의 소비자가 될 것인지를 가리킨다.

다음은 앞으로 서구 소비자들의 구매 행위를 크게 바꾸어 놓게 될 주요한 인구통계학적 추세들이다. (1) 늘어나는 세계 인구, (2) 상대적으로 낮은 출생률, (3) 10대와 아이들 숫자의 감소, (4) 인구의 노령화와 실버 센츄리(Silver-Century : 전 세계적으로 60세 이상의 인구가 5세 미만의 인구 비율을 넘어서게 되었는데 학자들이 이를 21세기 실버 센츄리라고 명명한다)의 등장, (5) 미국에서의 베이비 붐 세대 인구들(baby boomers)의 노령화 그리고 더 나이들고 더 성숙해진 소비자들(35~54세)로의 전환, (6) 증가된 평균 수명, (7) 연장된 퇴직, (8) 영향력이 늘어난 베이비 붐 세대(baby boomers)의 가치와 태도, (9) 더 젊고 건강하고 활동적인 생활방식을 유지하는 데 중점, (10) 지리적, 사회적, 직업적 이동성의 증가, (11) 지리적인 인구 이동[도시에서 교외로 그리고 마이크로폴리탄(micropolitan) 지역들로], (12) 늘어나는 도시, 교외 지역 그리고 시골 지역 간의 지리적 격차, (13) 결혼 형태의 변화, 전문적인 직업 그리고 부모 역할, (14) 가족 구조의 변화(더 많이 늘어난 독신들, 아이를 낳지 않는 가정들), 늦은 결혼, 별거와 이혼의 높은 비율, 결혼하지 않고 일하는 독신 여성들, (15) 늘어나는 동성애자들 그리고 동성 가정, (16) 출생 추세의 변화(노령화 출산 엄마들, 보다 적어지는 십대 임신), (17) 의사 결정자로서 여성의 중요성 증가, (18) 늘어나는 교육 수준, (19) 증가된 사무직 인구(고등학교 교육의 높은 비율, 줄어드는 육체 노동자들), (20) 합법적 그리고 불법적인 이민자들의 증가 그리고 그들의 높은 출생률, (21) 민족적, 인종적 다양성 혼합의 증가, (22) 높아지는 라틴 아메리카계의 사람들(Hispanic)과 아시아 사람들의 영향력, (23) 줄어드는 서구 영향력이다.

예를 들면, 여성들은 나이가 들면 이동을 많이 하거나 개인적 혹은 직업적인 이유에서나 여행을 더 많이 하는 대신에 가족을 더 많이 부양하게 될 것으로 예측되어진다. 선진국에서는 일하는 여성들의 수, 특히 높은 행정 또는 관리직 여성들의 수가 계속적으로 증가할 것이다. 앞으로 비즈니스 분야의 반은 여성이 차지할 것이라는 증거가 말해주고 있다. 또한 여성들이 남성들보다 미래에 더 많이 여행을 할 것이다(Staats et al., 2006년). 미래 여행에 대한 여성들의 욕구는 여행 경험이 있는 일하는 여성 집단의 등장의 영향이다. 특히, 대학 졸업 여성들이 여행에 대한 좋은 혜택에 대해 알고 있다(Staats et al., 2006년). 과거에는 여성들이 남성들보다 더 적게 여행했다. 왜냐하면 가족을 돌봐야 했기 때문에 여행을 할 수 없으며 할 의지가 없다고 인지되어졌다(Adler, 1993년, Markhametal 1986년). 오늘날 여행은 여성들에게 일의 발전과 인적 네트워크 형성의 중요한 기회를 제공한다.

더 나아가서 어린아이들이 있는 가족들은 아이를 중심으로 여행지를 찾을 것이고 휴가지에 아이를 돌봐주는 시설이 있는 곳을 찾을 것이라고 예상된다. 같은 성(gender)을 가진 사람들끼리 살면서 여행을 같이 하는 사람들을 위한 고객 맞춤 여행상품들이 늘어날 것이다. 대학을 졸업하고 집으로 돌아오는 아이들은 부모에 대한 감사의 표시로 고급 여행상품을 선물로 찾을지도 모른다. 늘어나는 이주민들의 수는 그들의 문화적, 종교적 욕구(민속적인 음식, 옷, 예술, 공예품 또는 종교 서적들)를 충족시키는 상품들을 요구하게 될 것이다. 표 13.1은 소비자의 인구통계학적 분류와 그들의 미래 구매 욕구들을 보여준다.

특히, 미국에서 볼 수 있으며 다른 나라에서도 이미 볼 수 있는 소비자의 구매행동의 변화를 가져올 수 있고 새로운 마케팅 기회를 만들어 줄 수 있는 다른 요인들은 다음과 같다. (1) 일의 속성의 변화(정보기술에 더 초점을 맞추고 자동화된 서비스), (2) 아이들과 어른들의 늘어난 비만(시간 압박, 외식으로 인한 부적절한 식습관), (3) 건강 문제의 인식, (4) 저탄수화물 식단의 수요 증가, (5) 다른 사람들로부터 다르게 보여져야 한다는 압박감, (6) 삶의 속도가 빨라지고 그리고 보다 느린 속도의 생활과 더 보상받는 삶에 대한 요구, (7) 삶의 기쁨과 자유로움에 대한 요구 증가, (8) 감정적 표출의 요구와 더 많은 사회적 관계들 그리고 (9) 안전과 보안의 요구이다.

대부분 미국의 상황에서 여행과 관광의 새로운 기회를 크게 만들고 미래 마케팅 노력의 방향에 영향을 줄 수도 있는 시장 구분(market segments)을 표 13.2에서 확인할 수 있다.

표 13.1 미래 소비자 분류와 구매 욕구

구 분	일반적 특성	구매 욕구
어른 중심의 가족	부모님과 아이들	교육적인 여행, 집에서 가까운 여행
가정 혼합 가족	예전 배우자 사이에서의 아이와 다시 결혼해서 살고 있는 가족으로 처음부터 다시 시작할 필요가 있는 가족	휴가를 포함
부메랑 아이들(다시 부모와 살려고 들어온 아이들)	대학 졸업 후 집으로 돌아온 아이들로서 높은 재량 소득이 있고 가끔 숙소와 식사에 대해 돈을 지불하지 않음	여행, 주말 여행, 크루즈 여행과 같은 부모님을 위한 선물
맞벌이 가족	두 배우자가 모두 일을 함	편리하고 고급스럽고 경비가 비싼 여행, 옷, 머리손질, 손톱손질, 마사지, 얼굴마사지, 고급 가방, 보석
자식이 출가한 가족	아이들이 없는 가족	고급 상품, 이국적이고 모험적인 여행, 스포츠 차, 디자이너의 의상
확대 가족	재혼 부부 자녀, 손녀 손자들, 나이 든 부모님, 조부모, 배우자, 아픈 친척들, 입양한 아이들이 포함되어 있는 가족	관심과 욕구에 따른 구매
친구들이 가족인 가족	친구들이 가족 구성원처럼 우정과 연민으로 결합된 가족	선물, 동행 주말 여행, 크루즈 여행
조부모가 있는 가족	여러 조부모님들이 있는 가족	젊은 사람들과 나이 든 어르신들 전체를 포함한 상품, 교육적인 부분에 초점을 맞춘, 편안하게 모든 것이 갖추어진 여행
다세대 가족 혹은 수직적 가족 (vertical family)	여러 세대가 동시에 살고 있는 가족	모든 나이 그리고 능력이 있는 사용자가 편한 상품, 확대 가족 휴가, 다세대 가족들 여행, 스케줄이 짜여진 이벤트와 저녁식사, 다른 가족 구성원들에 의해 각각 경비를 충당하는 상품
독신	결혼을 하거나 하지 않았거나 혼자의 생활방식을 즐김. 대부분 나이 든 여성들, 남편/부인이 죽거나 이혼을 한 사람	보고 느낌이 좋은 상품과 서비스, 문제가 없는 생활을 유지하고 보안, 예를 들어 헬스클럽, 건강과 스파 상품, 치료서비스, 여행 보험, 교육적인 정보
소울 메이트	오랜 기간 동안의 관계, 재정적으로 안정적	휴양 여행, 크루즈 여행, 온천, 레스토랑과 같은 고급 상품

표 13.2 미래 중요한 시장 구분

베이비 붐 세대(Baby Boomers)
성숙한 50년대 전후 1946년과 1954년 사이에 태어난 약 8,000만으로 고등 교육을 받았고 부유하며 그리고 새로운 발견에 관심이 있는 기동성 있는 사람들, 탐험, 레저 상품들, 휴가, 크루즈 그리고 럭셔리한 상품. 활동적이고 젊기를 원하며 헬스케어(healthcare) 상품 그리고 육체적인 활동, 신체적 건강(예 스포츠, 레크리에이션, 헬스클럽, 체중감량 클리닉, 다이어트 상품)을 위한 활동, 서비스 그리고 장비의 요구. 건강과 젊음을 촉진할 수 있는 의료와 건강 상품(헬스클럽, 요양 캠프, 스파, 화장품). 편안한 생활방식에 관심이 있으며, 캐주얼 스포츠 옷과 신발들. 여행하기에 편한 상품 요구(예 가볍고 작은 상품), 제약회사, 의료와 치료서비스, 원조받는 여행 그리고 쇼핑시설. 편안함, 상품의 질 그리고 안전을 요구. 여행 보험이 요구되고, 재정적인 서비스, 2차 주거지, 차, 홈케어 상품 그리고 교육적인 정보
X세대(Generation X)
1965년과 1976년 사이에 태어났으며 4천 5백만의 젊고 자유주의적 성향이 강한 사람들을 상징하며 그들은 불경기 그리고 구조 조정의 시기 동안 살며 AIDS(에이즈) 시대에 살았고, 환경 그리고 사회 중심이며, 물질만능적인 성향이 덜하며, 직업적인 경력과 승진보다는 만족과 삶의 질을 찾는다. 회의적이고 냉소적이나 정직함과 자기를 중요시 여긴다. 도보여행과 자전거 타는 것과 같은 레크리에이션 활동들을 좋아한다.
Y세대(Generation Y)
1977년과 1994년 사이에 태어났으며 컴퓨터들과 디지털 미디어의 의해 둘러싸여서 자라온 8천 명의 북아메리카인들을 나타낸다. 컴퓨터, 인터넷과 디지털 기술에 능하다(N세대 또는 Net세대). 편안함, 간단함 그리고 패스트푸드를 좋아한다. 가끔씩 에코 부머들(Echo boomers : 베이비 붐 세대가 낳은 자녀 세대)이라고 부른다.
M세대(Generation M)
인터넷 혹은 구글 세대. 컴퓨터 기술과 함께 자라온 세대, 그들의 지식의 근원은 인터넷이다. 구글은 가장 인기 있는 검색엔진(search engine) 중의 하나이다. 인터넷이 널리 사용되기 이전에 성장한 이전 세대, 즉 주된 지식의 근원들은 책들과 가까운 도서관들인 이전 세대와는 뚜렷이 구별이 된다.
밀레니얼 세대(Millennial Generation)
1978~1982년에서 2003년까지 태어난 가장 어른 세대로서 베이비 부머들의 자녀 세대들이다.
D세대(Generation D)
세 살에서 다섯 살 아이들로 과학기술을 이해하고 자신들만의 아이팟, 패스트푸드, 빠른 영상 그리고 일시적인 즐거움을 요구한다. 절대로 오래 기다리지 않는다.
샌드위치 세대(Sandwich Generation)
자식들의 양육이 끝나고, 늙은 부모님을 돌보고, 부모들의 부모가 된다. 아이들의 대학등록금 내는 것에 힘들어하고 가정적, 재정적, 의료적인 그리고 부모들의 감정적인 문제들도 처리를 해야 한다. 몇몇은 30대 혹은 40대이며 성장하는 아이들과 부모들의 욕구들 사이에서 꼼짝을 못한다. 다른 일부의 사람들은 50대 혹은 60대이며 휴양이나 여행을 계획하는 이들도 있다.
XL세대(Generation XL)
과체중의 아이들 혹은 젊은이들이다. 왜냐하면 인터넷을 기반으로 하는 직업 때문에 균형 잡힌 식사와 규칙적인 운동을 포기했다. 주로 대학교 학생들로, 몸에 좋지 않은 음식을 먹고 거의 운동을 하지 않으며, 건강하지 못한 생활방식을 한다. 건강 문제로서 당뇨, 심장마비 그리고 중풍을 가지고 있다.

문화적 환경

문화는 사람의 욕구와 행동의 기본적인 결정 요소이다. 사람들의 구매 행동에 영향을 미치는 주된 문화적 요인들은 가치, 신념, 언어, 종교, 관심, 전통 그리고 가족 관계이다. 문화는 어떤 종류의 옷을 사는지, 어떤 음식을 먹는지, 어떻게 옷을 입는지 그리고 여가 시간을 어떻게 보낼지를 결정한다. 문화는 상품과 서비스에 대한 사람들의 욕구이다. 문화는 어떤 상품을 사야 하는지, 어떤 상품은 배제해야 하는지, 어디서 사야 하는지, 얼마나 자주 어떤 정보원에 의존을 해야 하는지, 새로운 아이디어들을 받아들일 때 유연하게 아니면 단호하게 받아들여야 할지, 상품을 평가할 때 어떤 기준을 사용할지, 어떤 종류의 서비스를 받아들여야 할지를 결정한다. 문화적으로 각각 다른 소비자 그룹들은 각각 다른 생활 경험 그리고 상황들을 바탕으로 하기 때문에, 상품 기대치와 선호도가 다르고 소비 패턴 그리고 홍보 메시지에 대한 반응도 다르다. 물건을 파는 사람들은 그 나라의 문화들이 어떻게 소비자들의 구매 욕구와 패턴에 영향을 주는지 알 필요가 있다. 나라의 문화가 문화적으로 다른 소비자 그룹들에게 어떻게 영향을 미치는지를 아는 것은 다른 소비자 구분(customer segments)을 위한 효과적이고 성공적인 상품 개발에 도움이 된다.

2020년까지 세계의 인구의 반은 중국 본토, 인도, 이전의 소련 연방, 미국, 인도네시아에 살게 될 것이다. 이러한 지역들은 잠재적인 소비자들의 주요 시장이 될 것이다. 문화적으로 다른 점들을 이해하는 것은 여러 나라의 다양한 소비자 시장들에 필수적인 사항이다. 예를 들면, 몇몇 나라에서는 문화적으로 다른 전통 때문에, 특히 성별 간에 여성과 남성 사이의 역할이나 권리에 있어서 뚜렷한 다른 태도를 보이고 있다. 예를 들면, 대부분의 아시아와 이슬람 국가들에서는 남성들을 선호하는 모습을 볼 수 있다. 중국은 남아 선호 사상이 뚜렷하고 여아의 낙태 현상이 만연하고 있다. 사우디아라비아에서는 여성의 사회, 경제적인 지위를 무시한다. 여성들은 여학교에 다니며 집 밖에서 일하는 것을 제한한다. 일하는 것이 허락된 여성들은 오직 여성들만 만나는 것으로 제한하고 있다. 여성들은 차를 운전하거나 남성의 동반 없이 택시를 타지 못한다. 이러한 가부장적 구조는 라틴 아메리카계 지역 사회(Hispanic community)에서도 나타난다. 역할과 책임 또한 문화적으로 다르며 이런 점들은 관광 행동에서도 다르게 나타난다. 예를 들면, 아이를 돌봐야 하는 것이 여성의 책임이며 생계를 책임지고 돈을 버는 남성에게 의존을 하는 사회에서 여성들은 남성들에 비해 여행에 더 많은 제약을 받는다. 여성들은 남성적인 활동들을 못하기 때문에 혼자 여행을 가지 못한다(Henderson et al 1988). 반면에 서양 문화에서 여성들은 훨씬 더 독립적이다. 그리고 휴가나 비즈니스의 목적으로 여행을 더 자주한다.

몇몇 나라에서는 여성들과 남성들에게 적당하다고 여겨지는 급여와 일의 종류가 있으며 이러한 면에서 상당히 문화적인 차이를 보여준다. 예를 들어, 스웨덴에서는 행정과 경영의 자리를 여성들이 거의 반을 차지하고 있는 데 비해, 스페인은 5% 미만이다. 세계의 많은 국가에서는 여성들의 급여나 일하는 환경이 열악하다. 결론적으로, 성별에 대한 태도에서 문화적으로 다른 것을 이해한다면, 특정한 나라에서 여성과 남성의 관광 행동(travel behavior)을 결정하고 예상하는 데 도움을 줄 수 있다. 예를 들면, 그들이 어떤 상품을 찾을 것인지, 홍보적인 광고에 대해 어떤 반응을 보일 것인지, 또는 구매 결정은 누가 할 것인지 등이다.

사회적 환경

소비자 구매 행동은 사회 계층, 사회적 자극, 가족, 사회적 역할들 그리고 사회적 지위와 같은 사회적 요인들에 의해 영향을 받는다. 사회 계급은 구성원들의 수입의 형태와 정도, 직업, 거주지, 관심, 의견 그리고 생활방식, 선호도들을 바탕으로 비슷한 가치, 흥미, 사회적 지위 또는 직위 등으로 나누는 구성원들의 사회 집단이다. 사회 계급에는 최상위층(upper-uppers), 저상위층(lower-uppers), 상중위층(upper-middles), 중산층(middle-class), 상하위층(upper-lowers) 그리고 최하위층(lower-lowers)을 포함한다. 오직 인구의 1%만이 최상류층이고 12%는 상중위층이며 9%는 상하위층에 속해 있다. 같은 사회 계층 내에서 사람들은 비슷한 행동을 하는 경향이 있다. 그러나 사회 계층의 각 구성원들은 다르게 행동하며 옷, 가구, 가전제품, 전자제품, 자동차, 관광 레크리에이션 그리고 레저 활동에 있어서도 상품과 브랜드 선호도가 다르다.

사회적 자극이나 영향은 대인 관계와 개인에게 미칠 수 있다. 대인 관계에 관련된 자극에는 (1) 사람들이 속해 있고 속하고 싶은 더 큰 사회적 그리고 문화적 집단(예 가족, 친구 혹은 관심, 성별 그리고 나이를 기본으로 하는 집단들 혹은 구성원 집단들) 그리고 (2) 더 작은 동료와 준거집단들이다. 일반적으로 사람들의 행위나 의사결정에 영향을 미치는 준거집단들의 주요한 세 가지 범주가 있다. 이 준거집단들에는 (1) 개인이 현재 속해 있는 집단, (2) 개인이 속하고 싶은 열망집단들(aspirational groups) (예 스포츠 클럽) 그리고 (3) 개인이 속하고 싶지 않은 회피집단들(dissociative groups) (예 마약을 하거나 술을 마시는 사람들의 집단들)이 있다. 열망집단들은 그들의 기준을 따르도록 압력을 가하고 개인의 태도와 자아 개념에 영향을 준다. 이 영향의 강도는 그 집단들의 가치와 기준 그리고 그 집단에 속하고 싶어 하는 사람들에 따라 다르다.

개인의 내적 자극은 개인의 행동을 특징짓고 바꾸는 욕구, 지각 그리고 태도를 말한다. 개인들은 다르며 개개인의 시장 구분화를 만들어내며, 그것은 그들 행동에 영향을 미치는 다른 욕구와 태도에 영향을 받는다. 예를 들어, 노년층 소비자 집단(65세 그리고 더 이상)과 젊은 소비자 집단(35세 이하)과는 다르다. 노인들은 보통 건강과 편리함의 상품을 요구하는 반면, 젊은이들은 좀 더 재미있고 모험적인 것을 찾는다.

가족은 특히 사람들의 구매 행동에 영향을 미친다. 가족은 부모, 아이들, 조부모, 고모, 이모, 삼촌 그리고 사촌으로 구성되며, 그들의 모두는 개인의 가치, 종교에 대한 태도들, 정치, 경제, 개인의 삶의 방식 그리고 야망에도 영향을 미친다. 배우자와 아이들은 훨씬 다른 어떤 집단들보다도 더 직접적인 영향을 미친다. 가족들은 크기, 강도 그리고 구성원들의 문화적 성향에 따른 친밀도에 따라 다양하다. 예를 들어, 노르웨이, 스웨덴 가족의 크기가 더 작고, 이탈리아 그리고 중국 가족의 크기는 더 크다. 지중해 그리고 라틴 아메리카 국가들은 가족이 가장 중요한 사회 그룹을 대표한다. 그리고 가족은 가족구성원들의 행동에 가장 큰 영향력을 가진다. 그리스 계통 그리고 한국의 지역 사회는 매우 강한 가족 유대를 가지고 있으며, 이것은 협력적인 가족 비즈니스 사업에서도(패밀리 레스토랑, 가족이 운영하는 가게들) 나타난다.

가족들은 또한 그들의 경제적 지위, 종교적 신념, 정치적 성향 혹은 아내, 남편, 아이들의 역할과 책임에 대한 태도에 따라 다양하다. 어떤 가족들은 남편 중심적인 반면에, 다른 가족들은 아내 중심적이다. 어떤 가족들은 구매 결정을 남편과 아내가 같이 결정하는 반면에, 다른 가족들은 각각 결정한다. 몇몇 가족들은 남편이 차를 사는 것에 대한 재정적 투자에 책임이 있는 반면에, 부인은 음식을 사거나 주방용품, 세탁용품, 개인 의상 그리고 화장품 사는 것을 결정하며, 함께 결정을 하는 것은 연중휴가, 학교 그리고 집, 오락들이다. 아이들이 부모의 구매에 매우 큰 영향을 미치는 가족들도 있다.

사회적 역할은 가족에서 혹은 사회에서 개인에게 기대되는 활동들을 말한다(예 아들, 딸, 남편, 선생님 또는 의사로서의 역할). 각각의 역할은 개인의 행동을 결정한다. 예를 들어, 엄마는 아이를 돌볼 것으로 기대된다. 사회적 역할들은 외부환경에 영향을 받는다. 예를 들어, 부모와 최고급 호텔에서 휴가를 보낸 아이들은 학교 캠프에서 다른 아이들과 여행을 할 때와는 다르게 행동한다.

각각의 사회적 역할은 사회에 의해 주어진 개인의 지위를 반영한다. 사람들은 대개 사회에서 그들의 사회적 지위를 보여주는 상품과 서비스를 구매한다. 예를 들어, 공장에서 일하는 노동자와 변호사는 서로 다른 사회적 지위를 가지고 있다. 공장에서 일하는 사람들은 편하고 캐주얼한 옷을 사는 반면에, 변호사는 사회적 지위가 다름을 강조하기 위해 정장 착용과 우아한 서류가방 그리고 고급 자동차를 구입한다. 비슷한 경우로서, 비즈니스를 위해 여행하는 사람들은 비즈니스 좌석 또는 일등 좌석으로 여행하기를 기대하며, 이코노미 좌석으로 여행하는 것은 그들의 사회적 지위를 잃는다는 것을 뜻할 수 있다.

지리적 환경

사람들의 구매 행동에 영향을 미치는 주요한 지리적 변수들은 물, 숲, 해변, 야생생물, 산호초, 깨끗한 공기, 식물 그리고 토지 사용과 같은 천연자원들이다. 대부분의 관광객들은 그들이 거주하는 장소보다는 뚜렷하게 다른 지리적 환경을 가진 여행지로 휴가를 간다. 예를 들어, 많은 북유럽 관광객들은 따뜻한 지중해 기후에서 몸을 녹이기 위해 남유럽으로 여행을 간다. 더 나아가서 다양한 지리적 지역들은 다른 기후, 경제, 정치, 종교 그리고 관습에 의해 특징이 지어지며 이것은 독특한 생활방식, 가치 그리고 문화를 갖게 한다. 예를 들어서, 북동부 지역의 미국은 아주 바쁘고 스트레스를 많이 받는 생활을 한다. 이와 비슷하게, 유럽, 독일은 딱딱하고 융통성이 없는 생활을 하고 있다. 이와 반대로 미국의 남동부 지역은 점점 많아지는 히스패닉계의 영향을 받아 조금 느리고 느긋하며 전원적 생활방식을 즐기며 또한 오락과 밤의 유흥생활로 유명하다. 마찬가지로 호주는 태평하고 편안한 생활을 하며, 사회와 가족 중심적이고 환경 보호로 잘 알려져 있다.

경제적 환경

개인 소비자뿐만 아니라 모든 인구의 구매와 소비 권한에 영향을 주는 주요한 경제적 요인들은 (1) 가처분 소득(세금 내고 남은 소득), (2) 재량 소득(세금과 청구서 필수품에 대한 돈을 지불하고 남은 소득), (3) 필수품 가격(예 매일 먹는 음식, 옷) 그리고 (4) 고급 상품들의 가격(예 여행, 레크리에이션, 교육)이다. 엥겔의 법칙에 따르면, 가처분과 재량 소득이 증가하면 (1) 필수품에 대한 소비를 줄이고, (2) 숙박에 대한 소비는 유지한다. (3) 사치품에 대한 소비는 증가한다(예 자동차, 보석, 여행, 요트). 수요의 가격 탄력도(the law of price elasticity) 법칙에 따르면 사치품의 가격이 증가하면 사람들은 (1) 필수품에 대한 소비를 유지하고, (2) 사치품 소비를 줄인다. 하지만 어떤 사람들은 사회적 지위를 높이기 위해 사치품 가격이 높아질수록 그에 대한 소비를 늘린다. 사람들의 구매와 소비 패턴에 영향을 미치는 경제적인 다른 요인들은 경기순환(business cycles), 인플레이션, 실업률, 이자율, 환율, 저축 정책, 빚, 신용가용성, 세금 정책, 수출, 수입이다. 예를 들어, 경기순환(business cycles)에 대하여 말하자면, 번성기에 사람들은 더 높은 임금을 받으므로 더 많이 구매하게 된다. 그들은 대개 비싸고 고급상품을 사는 데 소비를 더 많이 한다. 불경기 동안 소비자들은 재량 소득(기초생활비를 뺀 여윳돈 : 지출 가능 소득)이 훨씬 적으므로 덜 구입하며 보통 기본적이고 낮은 가격의 생산품을 찾게 된다. 인플레이션의 경우, 급격한 가격 증가는 소비자들의 구매력을 감소시키는 원인이 되거나 소비 패턴을 바꾼다(예 자동차를 사기보다는 자전거를 사며, 구입하기보다는 임대를 한다). 높은 실업률은 소비자의 소비와 구매를 줄인다. 환율의 하락(예 낮은 국내 통화)은 그 지역의 상품을 더 싸게 하며 해외에서 구입한 상품은 더 비싸다. 반면에, 환율이 올라가면(예 높은 국내 통화) 해외 상품은 싸고 그 지역의 상품들 이외에도 구입할 수 있는 가능성이 높아진다. 상품과 서비스의 높은 판매 세금(예 VAT, GST)은 소비자들에게 돈 쓰는 것을 제한하고 여행가는 것을 단념하게 한다. 예를 들어서, 지금은 낮은 세금 때문에 아시아, 유럽 또는 북아메리카보다도 값싼 중앙아메리카로의 여행을 선호한다.

역사적 환경

역사적 그리고 선조와(historical and ancestral) 유대는 사람들의 행동에 영향을 미치는 중요한 요인이다. 예를 들면, 제 2차 세계대전 이후 서로 간의 원한 때문에 많은 폴란드인들은 독일 제품을 구입하지 않았으며 독일로 여행가지 않았다. 마찬가지로, 일본과 한국인들도 협력하거나 다양한 경제 사회 활동에 참여를 거부한 적이 있다.

법적 그리고 정치적 환경

사람들의 구매와 소비 행동에 영향을 미치는 법적, 정치적 환경은 법, 법률, 정치, 규제, 정부기관들 그리고 압력단체로 이루어져 있다. 통화 재정 정책은 얼마나 많은 돈을 상품과 서비스에 쓸 것인지, 얼마나 많은 돈을 소비자가 쓸 수 있는지 그리고 세금과 필수품에 돈을 쓴 후 얼마나 많은 재량 소득 수입이 남는가를 결정한다. 사회적 법률은 시민의 권리를 결정하며, 환경 보호 법률은 여행을 포함해서 사람들이 환경을 어느 정도 사용할 것인지를 결정한다. 개인 산업들과 정부와의 관계는 농업과 관광을 위한 보조금을 결정한다. 법률은 불공평한 경쟁, 가격, 소비자 차별, 잘못된 광고 그리고 감춰진 가격들에 대처한다. 규칙들은 항공사 규제 완화(자유화), 아동 보호, 소비자 신용 보호, 안전한 식품, 위생 과정, 알코올 소비 규제, 정해진 세일기간, 호텔과 레스토랑의 세금, 포장과 상표(labeling) 제도를 통제한다.

요즈음 사회적으로 책임 있는 구매와 윤리를 강조하고 있다. 예를 들어서, 공공장소에서의 금연, 음주운전 단속, 윤리적 동물 취급 등을 더 강조하고 있다. 그리고 공정무역 상품 구입, 특별한 이익집단의 권리, 즉 여성들, 노인, 장애인, 소수집단, 동성애자들에게 더 많은 관심이 집중되고 있다. 개인 소비자들의 사생활 보호와 정체성을 보호하는 법들도 있다.

기술적 환경

새로운 기술은 사람들의 구매 행위에 상당한 효과가 있다. 인터넷, 세련된 웹사이트들(sophisticated websites), 컴퓨터화된 예약과 지불 시스템, WebCTs, 휴대폰, 바코드, ATM, ebay, skype 등은 파는 사람들과 소비자들에게 서로 의사소통하고 돈을 지불하는 방법들을 바꾸는 것을 가능하게 하고 있다. 예를 들어서, 인터넷에 접근할 수 있는 개인들은 상품들을 구매하기 이전에 보고 경험할 수 있다. 가격정보, 특별할인요금, 계절 할인, 특가상품 그리고 상품 상태 그리고 다른 공급자들의 가격들과 비교할 수 있다. 이러한 웹사이트들은 구매자들에게 집에서 편하게 쇼핑할 수 있게 한다. 더 나아가서 이러한 기술은 텔레마케팅 TV/컴퓨터, 홈쇼핑을 위한 기회를 주고 있다.

여행과 관광에 영향을 미치는 가장 큰 힘은 미국의 SABRE와 유럽의 Amadeus 같은 GDS(Global Distribution System)의 등장 그리고 Expedia, Travelocity, opodo and orbitz와 같은 온라인 여행사들이다. 이러한 기술은 전통적인 여행사(traditional travel agent)를 도와주며 개인 구매자들에게 예약을 가능하게 해 주고 그들 스스로 비행기 티켓, 숙박, 렌트카, 여행 보험들을 구입할 수 있게 한다.

더구나 소비자들은 업소에서 자동화된 시스템들을 만날 수 있다. 많은 업소에서는 자동검색과 자동출입장치를 사용하고 있다. 미국의 소비자들은 생체인식(biometric identification) 장치를 사용하기 시작했다. 많은 업소에서 카드, 수표, 신용카드 사용의 필요성이 없어지고 있다. 곧 바코드는 RFID 기술(radio-frequency identification)로 대체가 될 것이다. 이미 모바일폰 사용자들은 인터넷을 검색하여 상품과 서비스를 구매할 수 있고 그리고 박물관을 방문할 때 온라인 설명(online interpretation)에 접근할 수 있다. SNCF(프랑스 철도회사) 그리고 에어 프랑스와 같은 회사들은 소비자들이 모바일폰으로 티켓을 구입할 수 있고 여행/비행을 체크인할 수 있는 응용프로그램을 개발했다.

여행 회사들은 이미 개인에게 맞는 문자, 이메일 메시지로 소비자들에게 접근하고 있다. 즉, 특별한 취미를 가진 그룹, 스키 관광객, 골프 관광객 그리고 비즈니스 관광객을 겨냥한 고객 맞춤 상품들을 제공한다. 소비자들은 개인적인 관심에 관련된 상품과 활동에 대한 무선 메시지(wireless message)나 제안을 받을 수 있다. 기술은 사이트를 방문하는 고객들을 인식할 수 있도록 하며, 이전의 온라인 행동 또는 구매를 바탕으로 하여 제안들을 조정한다(Kat cited in Dickson & Uladimir 2004). 휴대정보단말기(PDAs)를 포함해서 모바일폰, 랩톱 컴퓨터와 같은 무선기술은 세계 어느 곳이나 상품들과 위치 기반 서비스들을 쇼핑하는 데 보편적으로 사용되어질 것이다.

어떤 발전들은 혁신(biotechnology, computers, telecommunication, robotics)의 기회를 가져왔음에도 불구하고, 사람들의 사생활, 간편함 또는 삶의 질을 위협한다. 따라서 사회는 음식, 자동차, 옷, 가전제품, 교통, 건설의 안정성을 더욱 찾는다.

경쟁적 환경

경쟁적인 환경은 시장 구조에 따라 다양하다. 예를 들어서, 순수한 시장 구조에서 많은 비슷한 상품들은 많은 구매자들에게 제공되며 미미한 상품 가격의 증가는 그것에 대한 수요를 배제한다. 소수에 의해 독점이 되는(oligopolistic) 시장 구조에서는 시장을 점령한 큰 판매자들 몇 명에 의해 비슷한 상품들이 제공된다. 상품가격을 조금이라도 낮추는 것은 즉시 경쟁사들에 의해 추가적인 세일을 하게 한다. 독점적인 시장 구조에서 경쟁이 없다. 단 하나의 판매자(주로 정부나 민간 부문)에 의해서 시장이 지배되며, 판매자의 만족과 소비자의 불만족을 초래하는 가격의 상승으로 수요는 탄력적이지 못하다.

2. 구매자 요인들

1) 구매자의 개인적 특성들

국 적

잠재 구매자들의 행동은 그들의 국적과 언어에 영향을 받는다. 국가 문화는 사람들이 무엇을 사고, 어떻게 옷을 입고, 어떤 음악을 듣는지, 어디로 여행을 하는지에 영향을 미칠 수 있다. 다른 국적 출신의 많은 이주자들은 그 지역에서 민속 음식의 맛과 관습을 결정한다.

호주, 캐나다, 영국 그리고 미국과 같은 나라들은 출신이나 문화가 다양한 다른 국적을 가진 사람들로 구성되어 있다. 이 나라들에 거주하는 많은 이주자들은 그들이 살고 있는 나라의 문화와 동화하려는 반면에, 많은 사람들은 자신들의 문화적 정체성을 강조하기 위해 자신들의 전통적 가치나 행동 규범들을 따르고 모국어로 말한다.

민족성

민족성은 민족 특성들, 즉 육체적 속성, 종교, 공통 의식, 인식, 가치, 전통 그리고 지리적 위치들을 바탕으로 하여 더 큰 사회 안에서의 인간 집단들의 정체성을 형성하는 과정이다. 예를 들어서, 아프리카계 미국인, 아시아계 미국인, 히스패닉계 그리고 프랑스계 캐나다인들은 독특한 민족 집단으로서 그들은 다른 민족 집단들과 다른 자신들만의 민족적 상징들을 사용한다. 때때로 민족 집단들(ethnic groups)이라는 용어는 하위문화(subcultures)와 공통으로 사용되어진다. 하위문화(subcultures)는 보다 큰 문화 안에서의 작은 집단을 나타내는 것으로 일반적으로 알려지고 있다. 그러나 어떤 사람들은 하위문화라는 용어는 쓰지 않아야 한다고 믿는데, 그 이유는 하위(sub)의 함축적인 의미는 민족 그룹의 열등감을 뜻하기 때문이다.

종 교

종교는 사람들의 구매에 중요한 영향을 미친다. 각각 다른 종교 집단들은 레저나 오락에 있어서 각기 다른 소비 습관이나 선호도를 가지고 있다. 종교는 사람들에게 방향을 제시하고, 무엇이 도덕적으로 적당한지, 적당하지 않은지를 가르친다. 예를 들어, 유대인들은 코셔 식료품(Kosher food products : 전통적인 유태인의 의식, 식사법에 따라 식물을 선택, 조제한 음식 제품)들을 먹으며, 제칠일 안식일 예수재림교인들은 고기 섭취를 제한한다. 모르몬교인들은(Mormons) 담배와 술을 구매하지 않으며, 개신교 정통파 기독교인들은(Evangelical Christians) 보석을 사지 않는다. 이슬람교인들은 일반적으로 돼지고기를 먹지 않으며 술도 마시지 않는다. 히스패닉계 사람들은 옷 사는 것을 좋아하고 패션과 춤추러 가는 것에 많은 돈을 쓴다. 이탈리아 사람들은 음식에 그리고 아프리카계 미국인들은 음악에 많은 소비를 한다. 아프리카계 미국인들은 종종 디스코에 가며 음악 앨범을 사며 예술과 공예를 하는 반면, 백인 미국인들은 외식을 좋아하고, 골프 치기와 보트 타기를 좋아한다(Blackwell, 1979). 종교적으로 다른 것은 이러한 많은 다른 것을 설명할 수 있음에도 불구하고 어떤 사람들은 소득 차이 때문이라고 생각할지도 모른다.

나 이

나이는 사람들이 사는 물건의 종류와 사람들이 행동하는 방식을 결정한다. 예를 들어, 35세보다 어린 젊은 사람들은 인터넷으로부터 음악을 다운로드받고 유행하는 드레스와 스포츠 장비들을 구입하며 오락과 모험을 추구하기도 한다. 반면에, 65세 그리고 그 이상의 어른들은 여전히 CD로 음악을 구입하며 대개 건강과 편리한 상품들을 요구하고 여분의 약과 보험을 구매한다.

성 별

사람들의 구매 행위와 소비 패턴은 그들의 성별에 따라 다르다. 여성들은 남성들과는 다른 쇼핑 행동을 보여주는 것으로 알려져 있다. 그들은 옷이나 액세서리들을 사기 위해 쇼핑하는 것을 좋아하는 반면, 남성들은 자동차나 소비 전자제품에 관심을 보이는 것으로 알려져 있다. 여성들은 대개 식료품 쇼핑을 결정하고 남성들은 자동차 구매를 결정한다.

생활주기 단계

가족 생활주기(family lifecycle : FLC)는 얼마나 가족들이 구매 행위와 소비 패턴에 영향을 미치는가를 설명하는 유용한 개념이다. FLC에 따르면, 전형적인 가족은 많은 독특한 단계를 거친다. 각 단계는 다른 소비 욕구와 형식으로 특징지어져 있다. 예를 들어, 아이가 없는 젊은 기혼자들은 재량 소득이 더 높으므로 아이들이 있는 가족보다는 여행을 더 많이 하고 외식을 더 자주 한다. 미국에서 가족이 있는 가족들은 집에서 음식을 배달해서 먹거나 테이크아웃(take out) 음식을 먹는다.

직 업

사람들의 직업은 그들의 행동과 상품에 대한 욕구에 영향을 미친다. 예를 들어, 기업체 간부들은 주로 풀 서비스(full-service) 레스토랑에서 점심을 먹는 반면, 사무원들은(clerical employees) 점심을 집에서 가져 오거나 또는 가까운 퀵서비스 레스토랑에서 구입하여 먹는다.

경제적 지위

경제적 지위는 무엇을 선택할 때나 구매할 상품들에 영향을 미친다. 예를 들어, 재량 소득이 낮은 사람들은 저금을 적게 하고 외식도 레스토랑에서 자주 먹지 않으며 오락이나 비싼 휴가에 돈을 많이 쓰지 않는다. 재량 소득이 높은 사람들은 럭셔리한 물건들, 즉 보석이나 비싼 와인, 비싼 맥주, 고급스러운 호텔들 그리고 상위 등급 비행기 여행 등에 돈을 더 많이 쓴다.

생활방식

생활방식은 일, 레저, 정치, 레크리에이션 분야에서 개인의 특정한 활동(Activities), 관심(Interests) 그리고 의견(Opinions) (AIO)을 의미한다. 어떤 사람들은 매우 사교적인 생활방식으로 주변에 친구들과 가족들이 많다. 그들은 외향적이며 자신감이 있고, 특히 사교적인 목적으로 자주 여행을 한다. 어떤 사람들은 수줍음을 타며 고독을 찾고 집에서 가까운 곳을 여행한다. 어떤 사람들은 평화롭고 자연을 바탕으로 하는 활동을 추구하는데, 즉 산책, 하이킹 또는 새 관찰하는 것을 좋아하는 반면, 어떤 사람들은 모험적인 활동들, 즉 번지점프나 산에 오르는 활동들을 좋아한다.

가장 대중적인 생활방식의 분류는 소비자의 가치와 생활방식을 기준으로 한 VALS 구조(Values and Lifestyles)이며, 이것은 미국 어른들의 각기 다른 생활방식에 따라 여덟 그룹으로 분류한다. (1) believers(17%), 보수적, 관습적, 전통적, 종교적 지역 사회 그리고 국가 중심(country-oriented) 성향이다. (2) achievers(14%), 성공했으며 일 중심적이고 높은 지위를 추구하며 가족과 일에 만족한다. (3) experiencers(13%), 젊고 생기 있으며 열정적이고 충동적이며 다양함과 즐거움을 찾고 옷, 패스트푸드, 음악 그리고 비디오를 구매하는 데 돈을 많이 쓰는 사람들이다. (4) strivers(12%), 일생 새로운 장소를 찾아다니고 그들 자신에 대해 확신이 없으며 낮은 사회경제적 지위에 있다. (5) makers(12%), 실용적이고 스스로 만족하며 세상을 경험해 보려고 노력한다. 보수적인 정치 성향을 가지고 있으며 새로운 아이디어에 신중하고 개인 권리의 정부 침해에 대해서 분개한다. (6) strugglers(13%), 가난하고 교육을 받지 못했으며 낮은 기술력을 가졌고 나이가 많으며 안정과 안전에 대해 걱정하고 또한 소비에 대해 신중하다. (7) fulfillers(11%), 성숙하고 교육을 잘 받았으며 아는 것이 많으며 책임감이 있고 만족하며 보수적이고 실용적이며 최근에 퇴직을 한 사람들이다. (8) actualizers(10%), 성공했고 교양이 있으며 활동적이고 사회적인 지위가 아닌 취향 그리고 특성에 있어서 이미지 중심적 성향이 있으며 높은 자부심을 가지고 있고 상당한 자산을 가지고 있다.

성격

성격은 개인의 환경에 특정한 반응들을 보이며, 개인이 다른 사람들과 구별되는 각자의 심리적인 특성을 말한다. 각각 다른 성격을 가진 사람들은 다르게 행동하며 다른 욕구를 가진다. Fiske와 Maddi(1961)는 성격개발 활성이론을 소개했으며 중요한 두 가지의 성격을 명시했다. (1) 고활동 외향적인 사람 그리고 (2) 저활동 내성적인 사람이다. 고활동 유형은 여러 가지 다양한 활동을 필요로 하며 그리고 그것들로부터 선택할 대안들을 필요로 하는 반면, 저활동 유형의 사람들은 편안하고 친숙한 것을 찾으며 레스토랑이나 호텔에 대한 선택도 거의 잘 하지 않는다.

자아 개념

자아 개념은 자아 이미지 또는 자아의 정신적 그림이다. 자아 이미지는 사람들이 어떻게 그들 스스로를 보는지 그리고 스스로가 자아 이미지를 향상시키기 위해 무엇을 구매할지 결정하는 중요한 역할을 한다. 예를 들어, 외향적이고 적극적이라고 생각하는 사람들은 수줍어하지 않고, 감정표현을 꺼리지 않으며 자신을 드러내는 성향을 가지고 있다. 그들은 매우 사교적이고 새로운 아이디어나 새로운 것에 대해 개방적이다. 그들은 혈기왕성하고 힘과 새로운 아이디어들이 넘치고 있다. 젊고, 활기가 넘치며 성공적인 사람들을 위한 상품이라고 알려진 상품들에 마음이 끌린다.

구매자의 심리적 특성들

구매 행위에 영향을 미치는 개인 내적인 요인들에 대해 살펴볼 때, 우리는 동기부여, 지각, 교육, 신념 그리고 태도와 같은 심리적 요인들의 영향을 확인해야 한다.

동 기

동기(motive)는 개인의 행동을 이끌어내는 중요한 요인이다. 개인은 만족할 수 있는 욕구에 의해 내부적 그리고 외부적으로 자극을 받는다. 모든 사람들은 어떤 욕구를 가지고 있으며, 욕구를 채울 수 있다고 여겨지는 방법으로 행동하고 반응한다. 욕구를 만족하지 못하면 긴장을 유발하며 그 욕구가 일단 채워지면 그것은 사라진다. 사람들이 만족하기 위해 찾는 욕구는 개인적인 특성에 따라 다르다. 중요한 동기이론들은 Chapter 12에서 다루어졌다.

일반적인 소비, 즉 식료품, 컴퓨터 또는 여행에 대한 욕구를 자극하는 기본적인 동기들이 있고 저칼로리 음식 상품 또는 애플 컴퓨터(Apple computers)와 같은 특정한 상품의 소비에 대한 선택적 동기도 있다. 개인이 욕구를 느끼고 어떤 방식으로 행동하기 위하여 동기는 자극이 되어져야 한다. 그러나 동기가 어떻게 자극되어지는가 하는 것은 어떤 동기유발 환경에 대한 개인적 지각(perception)에 따라 다르다.

인 식

인식은 사람들이 그들 자신들 내부에서(예 스트레스 혹은 좌절감) 혹은 외부 환경(예 관광 광고들)으로부터 자극을 선택, 조직화 그리고 해석하는 과정이다. 인식은 사람마다 다르다. 예를 들어, 어떤 사람이 한 종업원을 보고 느긋해 보이고 세심하지 못하다고 인식할 수도 있는 반면, 다른 한 사람은 같은 종업원을 보더라도 그를 형식적이고 차갑다고 느낄 수도 있다. 사람들은 각각 다른 지각을 가진다. 왜냐하면 그들은 그들의 특성이나 성격에 따라 같은 자극이나 정보를 다른 방식으로 경험하기 때문이다. 다양한 자극에 대한 선택과 해석은 다를 수 있는데 그것은 다른 감각능력을 가지고 있기 때문이다.

학 습

학습은 경험에서 비롯되며 그 경험을 통해 사람의 행동은 바뀐다. 대부분 사람들의 행동은 학습에 의해 이루어진다. 그러므로 사람들은 배우게 된다. 학습은 자극, 관찰, 활동적 참여, 사회화, 반응 그리고 강화를 통해서 이루어진다. 사람들은 어떤 특정한 방식으로 행동하며 환경으로부터 배운 정보를 바탕으로 선택한다. 예를 들어서, 관광객들이 여행 안내책자로부터 얻은 정보를 바탕으로, 호텔 손님들과 이야기해 보거나 호텔 시설을 직접 경험하여 숙소를 선택한다.

신 념

신념은 지식, 믿음 또는 의견을 바탕으로 사람들이 어떤 것에 대해 가지고 있는 생각들이다. 예를 들어, 손님들은 어떤 레스토랑의 서비스가 진실이든 아니든 상관하지 않고 도시에서 가장 좋다고 믿을 수도 있다. 신념은 이미지들을 강화하며 사람들은 그들의 이미지와 믿는 것에 따라 행동한다.

태 도

태도는 어떤 대상(옷, 음식, 음악 등)과, 아이디어(종교, 정치 등) 그리고 타인에 대하여 일관적인 방법으로 행동하고 인식하는 평가, 느낌 그리고 경향을 말한다. 태도는 사람들이 어떤 대상들, 아이디어 또는 사람들에 대하여 좋아할지 싫어할지를 결정한다. 태도는 어린시기에 발달이 되고 성인시기 동안 형태를 갖추고 조정이 된다. 조정의 정도는 개인이 환경으로부터 배운 것에 의해 좌우된다. 즉 주로 사회적 그룹과 수신된 정보 그리고 과거의 경험에 의해 영향을 받는다. 태도의 강도는 사람들의 동기와 개인적인 특성에 따라 결정된다. 태도는 상품 구매뿐만 아니라 욕구를 만족시켜 줄 상품에 대한 인식에 영향을 주고, 자아 이미지를 발전시키며, 문화적인 가치에 반응하고 그리고 신념과 경험에 의미를 부여한다. 태도는 사람들의 행동을 예상한다. 부정적 태도를 가진 사람들은 긍정적 태도를 가진 사람들과 다르게 행동한다. 부정적 태도는 바꾸기 어렵다.

2) 의사결정 과정

구매자의 개인적 그리고 심리적인 특성들은 구매자의 의사결정 과정에 영향을 미친다(그림 13.2). 그 결정 과정은 중요한 다섯 가지 단계로 이루어진다. (1) 문제 인식, (2) 정보 검색, (3) 대안 평가, (4) 구매 결정, (5) 사후 구매 행위 단계이다. 각 구매자들은 이러한 다섯 가지 단계를 반드시 거치게 된다.

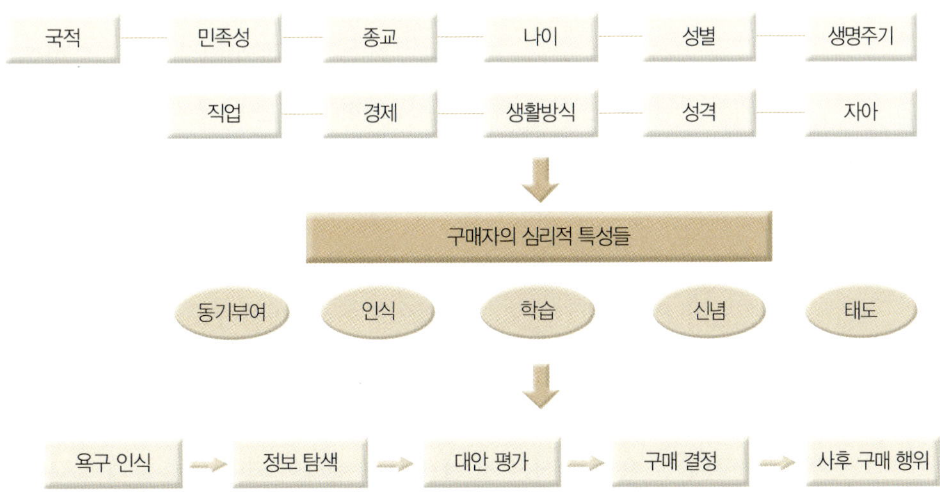

그림 13.2 의사결정 과정에 영향을 주는 구매자의 개인적 · 심리적 특성

1단계

결정 과정은 욕구 인식이라고 불리는 첫 단계부터 시작한다. 예비 구매자들은 일로 인하여 피곤이나 휴식이 필요하다고 생각할 때 욕구를 인지한다. 구매자들은 이러한 문제를 해결하는 것이 제일 좋은 방법이라고 느낀다. 그리고 휴식을 취하기 위해 일을 그만두거나 여행을 통하여 그 욕구를 만족시킨다. 만약 구매자가 문제 인식 단계에서 피곤함을 인지하면 실제적인 구매 단계에 있다. 구매자가 경험하고 싶은 새로운 어떤 곳으로 여행을 원한다면 구매 희망 단계에 있다.

욕구에 대한 인식 또는 문제는 예를 들어 배고픔, 피곤함 또는 아픔과 같은 내적 또는 외적 자극에 의해 유발되어질 수 있다. 예비 구매자들은 다른 종류의 욕구 또는 구매를 야기하는 문제들을 가지고 있을지도 모른다. 내적 그리고 외적인 자극은 예비 구매자들이 구매(예 휴가 여행) 동기가 생길 가능성이 있는 만족되지 않는 욕구를 야기한다. 예비 구매자는 쉬고 싶고 일로부터 벗어나고 싶은 욕구를 느낀다면, 평화롭고 휴식을 취할 수 있는 여행지로 휴가를 갈 동기가 부여될 수 있다. 그러나 만약 예비 구매자가 남아메리카에 대해서 배울 필요가 있다고 생각하고 새로운 문화에 친숙해지고 싶어 하는 욕구(내적 자극)가 있다면, 페루 또는 아르헨티나를 탐험하기 위한 동기부여가 되어질 수 있다. 두 가지의 욕구는 그 기회를 사용하고 싶은 욕구와 결합이 되어질 수도 있고, 할인된 비행기표(외적 자극) 또는 여행 패키지를 구매하고 싶은 욕구와 결합이 되어질 수도 있다. 예비 구매자들이 어떤 종류의 욕구 또는 문제들을 가지고 있는지 예상하는 것은 중요하다.

욕구/문제 인식은 간단하면서도 복잡한 과정일 수 있다. 간단한 욕구 인식은 자주 일어나며 쉽게 그리고 자동적으로 처리되어질 수도 있다. 예를 들어, 예비 구매자는 음료수나 그 날의 뉴스에 대한 필요성을 인식할 때, 자동판매기에서 음료수를 구입할 수 있거나 그 지역 신문을 파는 사람으로부터 잡지를 구입할 수도 있다. 복잡한 욕구 인식은 긴 기간 동안 형성이 되며 실제 단계의 구매자가 욕구 단계의 구매자로 바뀔 수도 있다. 예를 들어, 페루를 방문하고 난 후 구매자들은 남아프리카로 여행갈 것을 고려할 수도 있다. 이것은 페루 여행의 구매 실제 단계에서 남아프리카 여행의 구매 욕구 단계의 구매자로 바뀔 수 있다.

2단계

정보 탐색이라고 불리는 두 번째 단계에서 잠재 구매자들은 구매를 하기 위한 욕구를 느낀다. 그리고 그들은 상품에 대한 정보를 찾기 시작한다. 만약 욕구가 충분히 강하고 구매에 대해 만족할 수 있다면, 구매자는 아마도 정보를 찾을 필요가 없으며 당장 구매를 하지 않을 수도 있다. 그렇지 않으면 구매자는 상품에 대한 정보를 모을 것이다.

잠재적 구매자들은 두 가지 방법으로 정보를 찾을 수 있다. (1) 어떤 구매자들은 간단한 정보 탐색을 할 수 있으며 그 방법은 상품에 대한 관심을 향상시킬 수 있고 상품 정보에 대해 더 잘 받아들일 수 있도록 한다. (2) 어떤 구매자들은 강력하고 복잡한 정보 탐색을 한다. 이 방법은 그들에게 정보를 광범위하게 찾도록 한다. 잠재적 구매자들의 정보 탐색에 대한 관심은 구매자의 동기 정도, 필요하고 이용 가능한 정보의 양, 정보 획득의 어려움, 정보출처에 대한 신뢰, 구매자에게 정보원의 가치, 정보 탐색 과정 참여에 대한 만족 그리고 인지된 위험에 따라 다르다. 고위험 상황(예 비싼 휴가 상품 구입)에서 예비 구매자들은 강력하고 복잡한 정보 탐색에 참여할 가능성이 크다. 저위험 상황(일간신문 구입)에서 구매자들은 아주 단순한 정보 검색을 사용할 가능성이 훨씬 더 크다. 소비자들의 구매 전 정보탐색이 증가할 가능성이 있는 다른 요소들은 표 13.3에 명시되어 있다.

잠재적 구매자들은 정보를 내적 또는 외적인 정보출처에서 정보를 획득할 수 있다. 구매자들은 정보 탐색에 있어 적극적이거나 수동적일 수 있다. 정보를 찾는 적극적인 방법은 과거의 정보 또는 개인적인 경험들에 대한 기억을 활용하는 것인데 그것은 선택을 할 수 있는 답을 제시해 줄 수도 있다. 예를 들어, 친구에게 충고를 듣거나 홍보 자료를 읽거나 상품에 대한 경험을 가지고 있는 다른 사람들에게 상담을 할 수 있다. 소극적인 정보 탐색은 구매자가 구매에 많이 참여하지 않는다. 구매자가 TV광고를 보거나 라디오를 듣거나 도로 옆의 도로 광고판을 통하여 상품에 대한 정보를 습득한다. 소비자들은 소비자가 실제로 상품을 필요로 할 때 정보 탐색에 더욱 적극적이다.

잠재적 구매자들은 외부 정보를 더 많이 찾는다. 그들이 상품에 대한 이전의 경험이 없거나 경험이 아주 적을 경우 더 폭넓은 정보 검색을 한다. 이러한 경우 그들은 정보를 검색하는 데 있어서 적극적으로 관여한다. 구매자들은 개인적 정보출처, 즉 친구나 친척들에게 충고나 입소문(word of mouth), 개인적인 정보원, 마케팅(홍보, 광고), 여행사 또는 여행가이드들과 같은 중립적인 정보출처와 접촉한다. 또는 이전에 상품을 경험해 본 사람들을 언급할 수도 있다. 잠재 구매자들은 관련 있는 과거 경험이 많을수록 외부 정보를 적게 필요로 하며 그리고 훨씬 덜 광범위하게 정보를 찾아도 된다.

표 13.3 구매 전 정보 탐색에 영향을 미치는 요인들

구매자 요인들
사회적-인구통계적 특성[예 나이, 성별, 교육, 직업, 사회 계층, 생활주기(lifecycle) 단계] 심리적 특성[예 성격, 즉 외향적/내성적 혹은 완전주의자/제너럴리스트(generalist : 다방면에 지식을 가진 사람), 동기부여, 신념, 태도, 흥미, 생활방식, 자아 이미지] 문화적 특성(예 가치, 전통, 관심, 위험에 대한 태도, 가족과 사회 집단의 중요성) 경제적 지위[예 수입, 대출금(mortgages), 지불해야 할 세금, 신용접근도]
상품 요인들
상품 종류(필수품 대 럭셔리 상품), 가격, 브랜드, 각각 다른 특징, 수요, 상품 가시성 그리고 경쟁, 대안 상품들의 이용 가능성, 품위, 포장, 상표(labeling)
상황 요인들
생태적 고려사항(예 과거 경험, 구매 빈도와 구매 형태) 경제적 고려사항(예 인플레이션, 불경기, 이자율, 환율) 기술적 고려사항[예 정보기술의 새로운 발전, 인터넷 접속, 인터넷 경매 사이트(eBay), 온라인 웹사이트의 이용 가능성] 정치적 고려사항(예 전쟁, 정치적 불안정, 테러) 법적 고려사항[예 보증(warranties), 보장(guarantees), 소비자 보호] 경쟁적 고려사항(예 시장 구조, 경쟁업체의 수와 크기)

정보출처는 (1) 개인적 또는 비개인적이거나 (2) 상업적 또는 비상업적으로 분류가 되어질 수 있다. 개인적 상업적 정보출처는 판매대표자들, 판매자 그리고 대리인들의 보증을 포함한다. 개인적 비상업적인 정보원은 가족, 친척, 친구, 이웃, 지인 또는 직장 동료로부터의 추천을 포함한다. 비개인적 상업적인 정보출처는 상업적인 광고, 광고용 우편물, 상품 포장 및 진열을 포함한다. 비개인적 비상업적 정보출처는 신문, 잡지 기사, 여행 기사, 레스토랑에 대한 평가, 여행 부문이나 소비자 평가기관에서의 사설을 포함한다. 상품을 시험해 보거나, 사용해 보거나, 만져 보거나, 냄새를 맡아 보거나, 맛을 보는 실험적 정보출처도 있다. 가장 강력한 상품에 대한 정보를 얻는 방법 중 하나는, 예를 들어 친구, 직장, 지인으로부터 추천을 받는 것과 같이 입에서 입으로 전하는 구전(word of mouth)이다. 구전(word of mouth)은 가장 믿을 수 있고, 가격이 절감되며, 가장 영향력이 있는 것으로서 이미 믿을 수 있다고 인식되어지기 때문이다. 잠재 구매자들에게 있어서 각 정보출처의 영향을 결정하는 것과 이 정보가 어떻게 구매자들에게 제공이 되어질 수 있는가를 이해하는 것은 중요하다(예 상업 정보를 TV 또는 라디오, 전문적인 기관이나 언론을 통해서, 또는 개인적인 정보를 사용해서 퍼트리는 것). 정보를 모음으로써, 잠재 구매자들은 가능한 선택과 상품들의 특징들에 대해서 알 수 있다. 수집된 정보는 구매자들에게 다른 대안 상품들과 비교해 상품을 평가할 수 있게 해준다.

3단계

의사결정의 세 번째 단계는 대안 평가(alternative evaluation)라고 부른다. 잠재 구매자들은 상품과 그것을 대체할 수 있는 상품들을 평가하기 위하여 수집된 정보를 사용한다. 이 단계에서 잠재 구매자들은 최종 선택을 하게 되며 최종 선택을 구매한다. 잠재 구매자들은 대안들은 어떻게 평가하고 최종 결정에 이르는 것인가? 먼저 잠재 구매자들은 세 가지 다른 선택 상품군들로 형성이 된다.

첫째는 선택할 때 잠재 구매자들이 고려하는 선택 가능한 제품들 또는 브랜드들이다. 이것을 환기 또는 고려상품군(evoked or consideration set)이라고 부른다. 환기상품군(evoked set)은 대개 잠재 구매자들과 친숙하거나 이미 알고 있는 적은 수의 상품들과 브랜드들로 이루어진다. 예를 들어, 여행과 관광의 환기상품군은 구매자가 알고 있으며 구매자가 구매하게 될 여행지를 말한다. 이러한 여행지들은 잠재 여행자가 그것에 대해서 좋다고 느끼고, 선택할 가능성이 있는 대체상품 리스트에 올려진다. 예비 구매자들은 구매로부터 어떤 상품이나 상품유형들을 제외한다. 구매로부터 제외되어진 상품군을 거부상품군(inpet set)이라고 부른다. 몇몇 상품들은 구매로부터 제외가 되어진다. 왜냐하면 그것들은 (1) 잘 알려지지 않았고(예 미디어나 광고로부터 잘 노출이 되어지지 않음), (2) 인정되어지지 않았고(예 형편없는 특징들을 가지고 있음), (3) 간과되어졌으며[예 목표 시장(target market)에서 자리를 잘 잡지 못함], (4) 상품이 선택되기에는 구매자들의 욕구를 충분히 충족하지 못했기 때문이다.

이러한 상품들은 구매자들을 불편하게 한다. 예를 들어, 관광에서 거부상품군에 포함된 여행지는 잠재 여행자들이 싫어하는 여행지역들이고 그래서 더 이상 고려할 가치가 없다고 여긴다. 가끔 구매로부터 상품들이 제외되는 것은 잠재 구매자들이 정보를 쉽게 이용할 수 있다고 해도 이러한 상품들에 대해 모든 정보를 처리할 수 없기 때문이다.

잠재 구매자들은 어떤 상품이나 여행지에 대해서 무관심할 수도 있는데, 그것은 상품이나 여행지가 어떤 특별한 특성들을 가지지 않았거나 이득을 줄 수 없기 때문이다. 이러한 상품들은 거부상품군으로 포함된다. 관광에 있어서 거부상품군은 여행자가 좋아하지 않는 여행지를 말한다. 잠재 여행자가 대개 이러한 여행지에 대한 정보를 획득한다 할지라도, 여행자는 그러한 정보를 적극적으로 탐색하지 않는다(그림 13.3). 관광 마케팅 담당자들(tourism marketers)의 과제는 거부상품군(무관심한 상품들)을 환기상품군(받아들일 수 있는 상품들)으로 바꾸는 것이다.

잠재 구매자들은 그들이 선택한 것들을 머릿속에 상품이나 여행지 그리고 그것들의 특성들에 대해 리스트를 만들며 또한 평가하는 데 사용될 기준을 만든다. 예를 들어, 사업가는 호텔선택에 있어서 일련의 기준을 가지고 있다. 무선인터넷을 제공하는 호텔을 고려한다. 비즈니스 센터에 팩스와 전화회의 가능성 그리고 모임과 컨퍼런스를 위한 회의실을 고려한다. 어떤 호텔이 그 기준을 충족한다면 비즈니스 여행객들은 대개 선택한다. 가장 편리한 위치에 있는 호텔을 잠재 레저 여행객들이 여행지를 평가하기 위해 사용되어진 기준의 예들은 표 13.4에서 보여주고 있다.

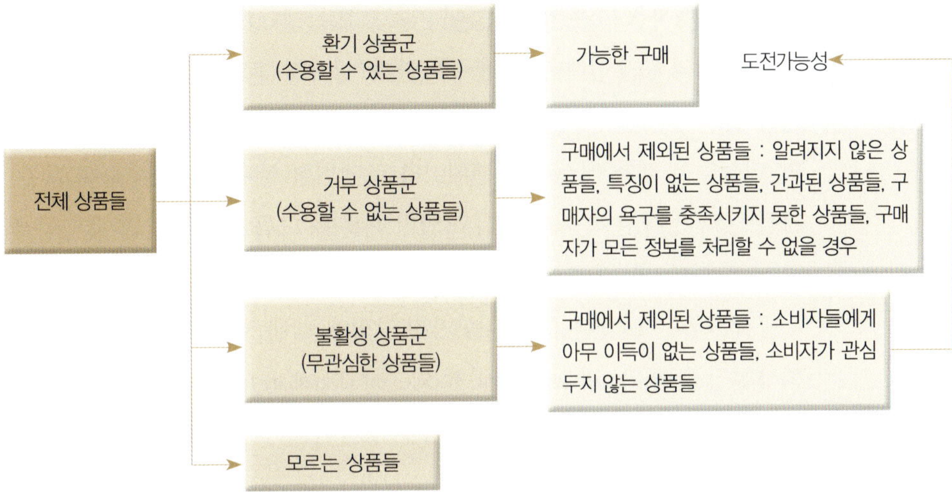

그림 13.3 소비자의 선택 가능 상품 유형

표 13.4 관광지역 평가 기준

숙소(고급, 저렴한 숙소)	역사적 관광 명소(건물, 박물관)
접근성	여행지 이미지
활동(실내, 실외)	산업 명소
편의시설(다양함과 질)	관광지 물가
건축물/건물들	자연적인 명소(국립공원, 야생생물)
외국어 지원	야간에 할 수 있는 오락(나이트클럽)
분위기(편하고, 평화로운 분위기)	모험의 기회
관광객 정보이용성	지역민과 사귈 수 있는 기회
해변	쇼핑할 수 있는 기회
음식서비스(음식과 음료)	관광의 기회
청결(깨끗한 편의시설)	레크리에이션 기회 그리고 편의시설
목적지 도착 비행기표 값 또는 교통비	휴식과 휴양
목적	여행지의 안전과 보안
기후	경치와 풍경
문화자원(극장, 갤러리)	서비스의 질
다른 문화/관습들	지역주민들의 사회적 수용성
다른 음식과 음료	특별한 이벤트(전시회, 축제)
목적지 도착의 편리성	스포츠 활동
지역 교통의 편리성	테마 공원
오락(라이브 콘서트, 극장)	외국어를 말하는 관광가이드
이국적인 환경	지역 교통
관광지의 친절함	오염되지 않은 환경

예비 구매자들은 여행상품들이 가지고 있는 특성을 분류한다. 예비구매자들은 그 상품들의 중요한 특성들에 주목한다. 구매자들은 상품/여행지 특성의 중요성이나 필요성에 따라 평가한다. 예를 들어, 남성들은 주차시설에 중요성을 두는 반면, 여성들은 대개 레스토랑 분위기나 로맨틱한 분위기에 우선순위를 둔다. 구매자들은 각기 다른 욕구를 가지고 있기 때문에, 그들은 특성들의 중요성에 대해 각기 다르게 부여한다.

구매자들은 알맞은 특성들을 가진 알맞은 상품/여행지를 고를 수 있는 다속성 의사결정 모델(a multi-attribute model of decision making)에 따를 수 있다. 구매자들은 상품/여행지의 각각의 특성을 평가하고 점수를 매기며, 10점을 만점으로 전체적인 점수를 매긴다(1–가장 낮은 점수, 10–가장 높은 점수). 예를 들어, 여행지 C가 선택된 것은 C가 다른 세 가지 대안들 중 가장 좋은 점수를 받았기 때문이다(표 13.5).

구매자들은 각각의 상품/여행지를 다른 특성들과 비교하여 상대적으로 중요성에 대해 평가할 수 있다. 이러한 수치들을 가중치(importance weights)라고 부른다. 구매자들은 각각의 상품/여행지의 중요성을 계산하거나 점수를 합계하는데, 전체적인 점수를 얻기 위해 각각 특성들의 가치와 가중치를 곱하고 그리고 그것을 더한다. 구매자들은 대안들 중에서 가장 점수가 높은 상품/여행지를 고른다.

표 13.5 가설적 여행지 평가의 예

여행지 속성	여행지 A	여행지 B	여행지 C
숙소	6	7	10
활동들	10	8	10
음식서비스	6	6	10
청결	5	7	10
이미지	5	8	10
자연 명소	4	9	8
쇼핑	3	7	8
전체 점수	39	52	66

Note: 평가는 10점 만점 (1=제일 낮은 점수, 10=제일 높은 점수)

표 13.6 여행지 구매 결정 : 속성 평가기준

여행지	숙소	음식서비스	관광 명소들
	가치 가중치	가치 가중치	가치 가중치
A	6 0.3	7 0.3	10 0.6
B	7 0.2	5 0.1	9 0.6
C	8 0.3	4 0.2	8 0.5

Note: 1에서 10까지의 가중치부여 (1=가장 중요하지 않음, 10=가장 중요함)

표 13.6에서는 잠재 여행자가 세 개의 다른 여행지를 숙박, 음식서비스 그리고 관광 명소들을 어떻게 평가하는지를 10점 만점으로 해서 1은 가장 중요하지 않은 것이고 10은 가장 중요한 것을 보여준다.

관광 명소들은 숙소, 음식서비스보다 여행자에게 있어서 더 중요하다. 여행자는 여행지 A와 B에 0.6을 여행지 C에는 0.5를 부여했다. 여행지 A는 여행지 B(9) 그리고 여행지 C(8)와 비교할 때 가장 좋은 관광 명소를 제공한다. 구매자는 속성가치들과 가중치를 곱하고 이것들을 모두 더하여 여행지 A에 대해 9.9의 점수를(6×0.3+7×0.3+10×0.6=9.9), 여행지 B는(7×0.2+5×0.1+9×0.6=7.3), 여행지 C는(8×0.3+4×0.2+8×0.5=7.2)이다. 세 개의 선택 대안들 중에서 여행지 A는 가장 높은 점수를 받았기 때문에 여행지 A가 선택된다(표 13.6). 그래서 예비 구매자들이 여행지 특성들을 중요시하는 가중치들을 안다면, 여행지 선택을 예측할 수 있다.

구매자가 가장 중요하다고 생각하는 상품/여행지 속성들의 평가는 구매자의 구매 행동을 특징짓는 데 사용이 되어질 수 있다. 예를 들어, 만약 구매자가 상품/여행지 명성에 가장 높은 점수를 준다면 구매자는 지위 중심적일 수 있다는 것을 가리키는 반면, 소비자가 낮은 가격이 가장 중요하다고 여긴다면 구매자는 절약/경제 중심적이라는 것을 보여줄 수도 있다.

구매자들은 이용 가능한 상품/여행지에 대한 이미지를 일단 형성한다. 구매자들은 이러한 상품/여행지들에 대해 선택적 지각, 왜곡, 유지 그리고 특성을 예상기대 수준 이론에 따라서 등급을 매긴다. 이러한 과정의 결과로서 예비 구매자들은 상품/여행지 특성에 대한 태도를 가지며, 그 상품에 대한 구매할지를 결정한다. 구매자들은 어떤 상품이나 그 특성에 대한 정보가 부족할 수도 있다. 왜냐하면 부적절한 홍보 광고 또는 구매자의 기억력 때문이다.

어떤 상품/여행지들을 오직 사용해 보거나 경험해 본 후 평가가 되어질 수도 있다(예 관광지는 오직 방문 후 평가가 되어질 수 있다). 없는 정보에 대처하기 위해 구매자들은 (1) 추가적인 정보를 찾기 위해 마지막 구매 결정을 연기한다. (2) 이용 가능한 정보를 사용해서 구매를 한다. (3) 없는 정보를 수용하고 욕구를 채울 수 있는 상품/여행지를 선택한다. (4) 없는 정보를 추론한다. 구매자는 기대수준을 낮출 수도 있고, 가장 좋은 대안을 구매할 수도 있으며, 추가적인 선택 대안들에 대해 더 많은 정보를 찾는다. 만약 그 상품이 여분의 가방처럼 반드시 구입할 필요가 없거나 값비싼 상품(예 휴가 여행)이라면 구매자는 구매를 늦출 수도 있다.

여행상품 평가와 마지막 구매 결정에 영향을 미칠 수 있는 다른 많은 상황적인 요인들도 있다. 여기에는 물리적 환경(예 날씨, 호텔 장식), 사회적 환경(예 누구와 여행을 하는지, 호텔이나 비행기에 아이들이 있는지) 그리고 여행 시기와 계절, 시간적인 압박감, 여행자의 기분, 구매 결정에서 타인의 역할, 구매 신속성 정도와 구매 상태, 구매 결정의 수준과 종류들을 포함한다.

사람들은 또한 구매 결정에 서로 다른 역할을 한다.

- 제안자(initiator) : 상품/서비스(예 휴가의 욕구)에 대한 욕구를 처음으로 인식하고 구매를 제안하는 사람이다.
- 영향력 행사자들(influencers) : 어떤 상품 구입(예 어디로 여행을 할지)에 대한 결정에 영향을 미치는 사람들이다.
- 결정자(decider) : 최종적인 구매 결정을 할 수 있는 권한이 있으며 구매할지 또는 구매하지 않을지를 결정하는 사람이다.
- 구매자(purchaser) : 상품에 대해 지불할 돈에 대한 권한이 있는 사람이며 혹은 그 상품에 돈을 쓰는 사람이다(예 여행패키지를 구매할 돈).
- 사용자(user) : 상품(예 휴가로 여행을 간다)을 실제로 사용하는 사람들이다.

가족이 여름 리조트로 여행상품을 구매할 것을 고려하고 있다면 남편, 아내 그리고 아이들은 그 의사결정에 참여한다. 아내는 처음으로 가족 휴가에 대한 욕구를 인지하며 구매 과정을 제안하는 사람이다. 가족이 학교 방학 동안만 여행할 수 있기 때문에 아이들은 부모의 결정에 큰 영향을 미칠 수 있다. 남편은 여행상품을 구매하는 것에 대해 결정할 수 있다. 남편이 돈을 지불한 후 모든 가족은 실제 리조트로 여행을 갈 수 있으며 휴가를 즐길 수 있다.

구매 결정을 할 때 사람들이 가지는 서로 다른 역할들은 서로 다른 욕구가 있으며 다른 혜택을 찾는다는 것을 암시한다. 휴가 상품을 구매할 때 아내는 아마 그 결정의 제안자가 될 수 있으며 휴식적인 면을 고려한다. 그러나 남편은 가격에 대해서 걱정할 수도 있다. 부모들은 아이들이 좋은 휴가를 보낼지를 걱정하는 반면, 아이들의 가장 큰 관심사는 재미있게 노는 것이다. 아이들은 결정자 또는 구매자가 아니라고 하더라도 영향력 행사자들이며 사용자들이다.

예비 구매자들은 구매 신속성에 대한 여러가지 단계로 나뉘어질 수 있는데 (Rogers, 1995), 특히 상품/여행지가 시장에서 새로운 것이라면 다섯 가지 유형의 구매자가 있으며 각각 구매에 있어서 다른 태도를 가지고 있고 구매하는 신속함의 정도 또한 다르다.

- 개혁자들(Innovators) : 첫 구매자들이다. 그들은 새로운 상품 구입을 원하며 새로운 여행지로 여행하고 싶어 한다. 가격에 상관하지 않고 모험적이다. 새로운 여행지들을 처음 여행하는 사람이 되고 싶어 하며 새로운 상품들을 가지려고 노력한다. 만약 그 상품이 좋다면, 그것에 대한 긍정적인 말들을 입에서 입으로 전하고 나중에 이용하게 될 사람들에게 퍼트린다. 개혁자들은 시장에서 가장 적은 부분을 차지한다.
- 조기 수용자들(Early adopters) : 개혁자들 다음으로 두 번째이다. 그들은 새로운 여행지와 새로운 상품을 경험하려고 애쓴다. 새로운 상품이 개혁가들에 의해 성공적으로 받아들여졌다면 조기 수용자들은 그것에 투자한다. 그들은 조기 의견 제시자(early opinion)들이다. 시장에서 적은 부분을 차지한다.

- 초기 다수 수용자(Early majority) : 새로운 상품/여행지에 관심이 있다. 하지만 그들은 기다리며 새로운 여행지가 짧은 기간의 트렌드로 사라질지 아니면 그들의 삶을 정말로 향상시킬지에 대한 결정을 기다리며 지켜본다. 새로운 상품(예 새로운 여행지로 여행)을 보통 사람들이 받아들이기 전에 초기 다수 수용자는 받아들인다. 그들은 시장에서 큰 그룹을 이룬다.
- 후기 다수 수용자(Late majority) : 초기 다수 수용자와 비슷하다. 그러나 그들은 더 회의적이다. 구매하기 이전에 새로운 여행지가 확고한 평판을 받는지 아닌지 보기를 원한다. 대부분의 사람들이 그것을 사용해 본 후 또는 그 곳에 여행을 가 본 후, 새로운 상품(새로운 여행지로의 여행)을 받아들인다.
- 지각 수용자(Laggards) : 새로운 상품에 관심이 없다. 그들은 회의적이고 전통에 얽매인다. 새로운 상품을 구매하지 않으나 시장에서 많은 부분을 차지한다.

새로운 상품이나 여행지에 대한 구매자의 태도를 이해하는 것은 중요하다. 특히, 상품에 대한 충분한 정보가 없고 구매 결정이 광범위하고 복잡하다면, 상품을 사는 것은 위험하다. 새로운 상품을 구매하는 데 있어서 또는 새로운 아이디어를 받아들이는 데 있어서 각기 다르다. 개혁자들에 의해 받은 정보 또는 초기 수용자들에 의해 받은 상품 정보는 나중에 구매자들이 가질 수 있는 위험을 줄여줄 수 있다.

개인의 의사결정의 참여 정도와 의사결정에 필요한 노력 또한 다양할 수 있다. 구매 결정에는 세 가지 단계의 관여도가 있다. 각 단계는 다른 의사결정을 요구한다.

- 일반적 혹은 습관적 의사결정(Routinized or habitual decision making) : 구매자들이 그 상품들을 어느 정도 경험할 때, 상품을 평가할 때, 상품과 잘 갖추어진 기준 그리고 충분한 정보를 가질 때 일어난다. 습관적 의사결정은 저비용, 저위험, 저관여 의사결정으로서, 구매는 충동적 혹은 습관적으로 일어난다(예 간단한 일상용품 구입, 즉 일간신문 또는 음료수). 예비 구매자는 대개 그

상품에 대하여 충분히 알고 있기 때문에 여분의 정보를 찾을 필요가 없다. 그리고 대안 평가에 참여한다. 구매자는 그 상품을 사용해 보고나서 받아들인다.

- 제한적 의사결정(Limited decision making) : 구매자가 어떤 상품에 익숙할 때 그리고 상품 평가에 대한 기준이 잘 갖추어져 있을 때 일어난다. 그러나 그들은 모든 상품의 특성에 대해서 친숙하지 않으며, 어떤 상품을 선호하는지 아직 결정하지 않았다. 결과적으로, 구매자들은 고려하고 있는 다른 상품과 어떻게 다른지 그 상품의 특성에 대해서 더 알기 위한 추가적 정보를 찾는다. 제한적 의사결정은 일반적, 습관적 의사결정보다 고비용, 고위험 그리고 적극적 의사결정과 관련된다. 구매는 추가적 정보를 모은 후 이루어진다.
- 광범위한 혹은 복잡한 의사결정(Extensive or complex decision making) : 구매자가 익숙하지 않은 많은 수의 상품과 선택해야 할 대안들이 있을 때 일어난다. 구매자들이 상품에 대해 마련된 평가기준이 있다고 해도, 특정한 상품 또는 특징을 어떻게 평가하는지 모른다. 그 결과 구매자들은 상품과 특징들을 평가하는 데 더 많은 정보가 필요하다. 광범위한 혹은 복잡한 의사결정은 고비용, 다양한 고위험 그리고 고관여 의사결정과 관련 있다. 구매자들은 대개 의사결정의 많은 단계를 거치게 되는데, 처음 상품을 알고, 상품에 대한 지식을 가지고, 상품에 관한 관심을 향상시키고, 정보를 탐색하고, 그것의 대체품을 평가하고, 상품 시험에 참여하고 그리고 최종적으로 그 상품을 채택한다.

4단계

구매 결정 단계에서 구매자들은 구매 의향이 있다. 그들에게는 세 가지 종류 구매 형태가 있다. 즉, 시험구매, 반복구매 그리고 장기지향적 구매가 있을 수 있다. 구매자가 처음으로 상품을 구매할 때, 아무런 조건 없이 시험구매(trial purchase)를 선택한다. 이 단계에서 구매자는 평상시보다 더 적은 양을 사서 상품을 탐색해 보고 평가한다. 예를 들어, 여행자들은 잘 알지 못하는 공동사용 시설(timeshare)을 구매하고 그것을 경험해 보기를 원한다. 처음에 그들은 일주일

동안 방 하나를 임대하여 숙소에서 짧은 휴가를 보낸다. 그들은 종종 상품을 구매할 의도로 일주일 휴가를 받는다. 이것은 상품의 시험구매에 대하여 상당히 영향을 미친다.

구매자가 시험구매에 만족하여 그 상품이 승인을 얻을 때, 그들은 그 상품을 더 자주 더 많은 양을 다시 구매할 의향이 있다. 이 단계에서 구매자들은 그 상품을 다시 구입할[예 구매자가 공동사용시설(timeshare)을 더 많이 구입한다] 가능성이 높다. 그 상품 브랜드가 품질이 우수하다면(예 Marriott time share) 구매자들은 상품을 반복 구매를 하게 될 가능성이 있으며, 상당히 장기구매 지향성을 보장하는 상표 신뢰성을 가진다.

최종 구매 결정에 영향을 미칠 수 있는 두 가지 변수가 있는데, 첫째는 다른 사람들의 태도이고, 두 번째는 기대하지 않았던 상황적 요인들이다. 다른 사람들의 태도가 미치는 영향의 강도는 이러한 태도들의 강도, 구매자들의 특성, 성격, 구매 동기 그리고 구매자와 다른 사람들의 친밀도에 따라 다르다. 예를 들어, 가족의 태도들이 대개 구매자의 결정에 가장 직접적이고 강한 영향을 미친다. 구매자의 결정에 영향을 미칠 수 있는 기대하지 않았던 요인들은 가격의 변동, 동기 변화, 또는 구매에 대한 위험 증가도 포함된다. 예를 들어, 구매자가 높은 구매 위험(high purchase risk)을 지각할 때 구매를 연기할 수도 있으며 추가적인 정보를 수집하거나 다른 상품을 사게 될 수도 있다.

예비 구매자들이 지각하게 될지도 모르는 많은 종류의 위험이 있는데, 이것은 구매 과정 동안 그리고 관광상품을 소비하는 동안 경험을 하게 될 수도 있다. 여행 상황에서 일어날 수 있는 많은 종류의 위험들은 표 13.7에서 확인할 수 있다. 예를 들어, 자연적 재앙의 인지된 위험 또는 테러는 관광객들에게 아시아와 그리고 중동의 여행지 방문을 못하게 할 수도 있다. 높은 범죄율은 여행객들이 희망하는 여행지 도시에 대한 여행 결정에 영향을 미칠 수 있다. 여행객들은 여행을 연기하며 목적지에 대한 더 많은 정보를 찾으며 또는 훨씬 안전하다고 생각하는 여행지를 간다.

표 13.7 관광에 연관된 위험의 종류

위험의 종류	예들
범죄	강도의 가능성, 폭행 혹은 살인의 대상이 될 가능성
문화적	외국인들과의 의사소통의 어려움을 경험할 가능성, 문화적 오해, 외국의 생활 방식과 기준에 부적응
도구	여행 동안 혹은 여행지에서의 기계, 도구 조작의 문제가 일어날 가능성(교통, 숙소, 관광 명소)
재정적	여행에 대한 기대가 충족되지 못하여 돈에 대한 가치를 얻지 못하며 돈을 잃거나 낭비할 가능성
건강	여행 동안 혹은 여행지에서 아플 가능성
수행	여행상품 혹은 서비스가 잘 수행이 되지 않아 휴가 혜택을 받지 못할 가능성
신체적	건강을 해칠 수 있는 위험과 사고를 포함한 신체적으로 다칠 가능성
정치적	방문하는 나라의 정치적 혼란에 관여될 가능성
심리적	여행 경험이 여행자의 성격 또는 자아 이미지를 반영하지 않을 가능성, 자아 이미지의 손상, 성격을 불충분하게 반영
만족	개인적인 만족과 여행 경험으로 자아실현을 얻지 못할 가능성
사회적	휴가 선택 혹은 활동이 친구, 가족, 단체들에 의해서 인정을 받지 못할 가능성, 그래서 개인적, 사회적 지위가 떨어지고 유행에 뒤쳐진 것처럼 보일 가능성
테러	비행기 혹은 개인적인 납치, 폭탄 폭발, 생화학 공격과 같은 테러리스트들의 행동에 관여될 가능성
시간	여행에 너무 많은 시간이 걸릴 가능성, 여행을 제시간에 수행하지 못해 여행자가 시간을 잃거나 낭비할 가능성

5단계

구매를 한 다음에 발생하는 구매 이후 행위이다. 구매자들이 같은 여행지를 다시 방문할지 또는 다른 여행지를 선택할지를 결정해야 한다. 이 결정은 여행상품에 대한 구매자들의 평가 그리고 상품 구매 후의 만족도가 크게 영향을 미칠 수 있다. 구매자는 그 상품에 대한 자신의 경험과 이전의 기대사항들을 비교한다. 이러한 평가에는 세 가지 가능한 결과가 있다.

(a) 구매자들의 기대가 구매자들의 경험으로 충족되어, 그 결과 중립적 감정을 가진다.
(b) 구매자들의 경험(상품 성과)이 기대를 능가하여 기대 일치를 가져오고 상품에 대한 만족을 이끌어낸다.
(c) 구매자들의 기대가 경험(상품 성과)을 초과한다. 경험(상품 성과)이 기대 불일치를 가져오고, 이것은 상품에 대해 불만족을 이끌어낸다.

만약 여행상품 성과가 구매자들의 경험을 훨씬 크게 초과한다면, 구매자는 긍정적 인지 부조화(positive cognitive dissonance)를 경험할 가능성이 크다. 그러나 여행상품 성과가 구매자들의 기대에 훨씬 미치지 못한다면, 구매자는 불만, 즉 부정적 인지 부조화(negative cognitive dissonance)를 경험할 가능성이 크다.

구매자가 만족하거나 혹은 크게 만족을 하기 위해서는 구매자들의 기대들(구매자들이 무엇을 얻을지 그리고 구매자가 지각하고 있는 무엇을 얻는 것)을 충족하거나 또는 훨씬 능가하는 것이 중요하다. 그러나 현 세계는 매우 경쟁적이므로 경쟁자들보다 훨씬 더 좋은 가치와 만족을 이끌어내는 것이 중요하다. 오늘날 구매자들은 단지 만족하기보다는 기쁨을 얻는 것이 필요하다. 구매자를 기쁘게 한다는 것은 구매(구매자가 무엇을 얻기를 기대하고 그리고 구매자가 지각하는 무엇을 얻는 것)에 상품의 놀라움의 요소에 의해 성취되어질 수 있다. 예를 들어, 무료 서비스 또는 무료 점심 제공이 있다. 구매자들이 좋다고 혹은 동의한 것보다 구매자들이 정말 원하는 것을 제공함으로써 구매자의 경험이 덜 희생되는 것을 도와주는 것이 중요하다. 구매자들의 느낌 그리고 감정에 초점을 맞추는 것은 구매자를 잘 파악하고 있다고 느낄 것이다. 구매자를 잘 돌보는 것은 고객충성도에 필수적이다. 구매자들이 가치가 있다고 생각하고 잘 대접받는다고 생각할 때 그들은 그 상품에 대해 장기간 신뢰성(long-term royalty)을 갖게 된다. 구매자의 감정에 오직 초점을 맞추고 구매자들을 잘 돌보는 것은 구매자들에게 기쁨을 가져다 줄 수 있는 요소가 되며 그 상품에 대한 장기간 신뢰성(long-term royalty)을 불어넣어 줄 수 있다. 결과적으로 최고의 가치를 준다는 것은 상품의 이성적 그리고 감정적인 두 요소를 포함한다는 뜻이다.

긍정적 인지 부조화(positive cognitive dissonance)의 효과는 만족스럽거나 또는 기뻐하는 구매자들이 상품을 다시 구입할 가능성이 있으며(예 여행지 방문을 반복), 그것에 충성도를 가지고 긍정적인 입소문(word of mouth)을 퍼트리며, 다른 사람들에게 추천하고, 그것에 돈을 더 쓰고 그리고 그것에 대한 기억을 오랫동안 소중히 간직한다. 감정에 의해 영향을 미친 구매 결정은 이성적인 생각만을 바탕으로 한 물건 구매보다도 더 깊고 더 오랫동안 지속된다. 구매에 대해 기뻐하는 소비자들은 여행지에 대한 가장 좋은 광고가 될 가능성이 많다.

부정적 인지 부조화(negative cognitive dissonance)의 효과는 물건을 영구적으로나 임시적으로나 구입하지 않을 가능성이 있는 구매에 불만족한 구매자이다(예 같은 여행지로 여행하지 않는다). 불만족스러운 구매자는 판매자에게 다시 그 상품을 돌려 줄 수도 있으며(예 비행기 티켓 반환), 친구, 가족, 준거집단 또는 동료들에게 불평하며 같은 상품을 사지 못하게 한다. 더구나 구매에 행복하지 못한 구매자들은 환불과 상품 교환을(호텔 객실 교체) 요구할 수도 있거나 그 상품을 팔 계획이거나 물물 교환할 수도 있다. 어떤 행복하지 않은 구매자들은 그 상품을 원하지 않는 선물이지만 다른 사람에게 줄 수도 있고, 보관할 수도 있으며 혹은 다른 것으로 바꿀 수도 있다. 불만족도가 큰 구매자들의 경우는 소송을 제기할 수도 있다.

부정적 부조화(기대와 경험 사이의 적절하지 못한 차이)를 감소시키거나 회피하기 위해서 구매자들은 그들의 선택에 대한 불확실성을 줄이기 위해 다음과 같은 방법을 사용한다. (1) 결정이 현명했다고 스스로를 확신시키기에 노력하거나 (2) 그 물건의 선택을 뒷받침할 만한 그리고 확신할 만한 더 많은 정보를 찾거나 (3) 친구들에게 똑같은 상품을 사도록 설득하거나 또는 (4) 결정을 스스로 다시 확신하기 위해 다른 소유자들과 연락을 하는 방법들이다.

3. 소비자 의사결정에 대한 다른 이론들

어떻게 소비자가 의사결정하는가에 대한 다른 이론들과 접근 방법들이 있다. 대부분의 행동에는 낮은 단계에서 높은 단계로의 반응까지 세 가지의 기본적인 단계들이 있다. 인지적 단계(cognitive stage)라고 불리는 가장 낮은 반응의 단계에서, 구매자들은 상품에 대해서 생각하며 지각한다. 그리고 그 상품의 특성들과 혜택들에 대한 지식을 얻는다. 인지적 단계보다 더 높은 감성적 단계(affective stage)에서, 구매자가 그 상품에 대한 느낌들을 가지게 되고 그것을 지각하기 시작한다. 그 상품에 대한 지각이 긍정적이라면, 구매자는 그 상품을 좋아하게 되고 관심을 가지거나 또는 긍정적인 태도를 가지게 된다. 구매자의 욕구와 요구가 충족될 때 긍정적인 태도를 가진다. 다양한 상품의 대안들을 평가한 후 구매자는 특정한 상품에 대한 선호 또는 욕구를 가지며, 구매자의 요구와 욕구가 상품의 혜택들과 일치한다고 확신한다. 행동 단계(behavioral stage)라고 불리는 가장 마지막 단계에서, 잠재 구매자가 구매할 때 방해가 될 수 있는 것을 평가하는 기회를 가진다. 예를 들면, 돈이 부족하거나 대중교통의 부족과 같은 방해요소가 없어진다면, 구매자는 그 상품을 선택하며 구매한다.

요 약

소비자의 구매 행동은 하나의 과정이다. 환경적인 요소들에는 (a) 소비자의 통제를 넘어서는 환경적 자극(예 인구통계학적, 문화적, 사회적, 경제적 자극), (b) 마케팅 매니저의 통제 아래에 있는 시장 자극, (c) 마케팅 노력들이 있다. 구매자의 요인도 있는데 여기에는 (a) 개인적 특성(예 국적, 종교, 나이, 성별, 직업), (b) 심리적 특성(예 동기, 지각, 학습, 신념, 태도)이 있으며 구매자의 개인적이고 심리적인 특성들 모두는 의사결정 과정에 영향을 미치며, 이 과정은 다섯 단계로 구성되어 있다. 다섯 단계에는 (a) 문제 인식, (b) 정보 탐색, (c) 대안 평가, (d) 구매 결정 그리고 (e) 구매 이후 행동 단계가 있다. 구매자들의 특성들과 구매 결정 과정은 구매자의 구매 반응들에 영향을 미친다.

구매자는 내적 그리고 외적 요소들에서 구매 정보를 얻는다. 그들은 적극적 또는 수동적 방법으로 정보를 찾을 수 있다. 그들은 세 가지, 즉 환기(evoked), 거부(inept) 그리고 비활성(inert) 상품 선택군을 형성한다. 구매자들은 상품/여행지들을 특성들의 묶음으로 여기며 상품/여행지를 평가한다. 구매자들에게 이러한 특성들의 중요성에 따라서, 구매 결정에 여러 가지, 즉 제시자, 영향력 행사자, 결정자, 구매자, 사용자의 역할을 한다. 예비 구매자들은 또한 새로운 상품 구매 신속성에 따라 혁신자, 조기 수용자, 초기 다수 수용자, 후기 다수 수용자 그리고 지각자로 있을 수 있다. 각각의 단계는 새로운 상품을 구입하는 데 있어서 각각의 다른 태도를 가진다. 더구나 구매자들은 일상적, 제한적, 광범위한 구매 결정 참여의 세 가지 다른 유형으로 참여할 수 있다. 구매자들은 세 가지, 즉 시험구매, 재구매 그리고 장기간 지속적 구매 유형이 있다. 예비 구매자들이 지각할 수도 있는 많은 종류의 위험들이 있으며 구매 과정 동안 경험한다. 만약 상품/여행지가 기대했던 것보다 훨씬 좋다고 여긴다면, 그 구매자는 긍정적 인지 부조화를 경험한다. 만약 상품/여행지의 경험보다 구매자의 기대가 크다면, 그 구매자는 부정적 인지 부조화를 경험한다. 소비자 결정의 이론들은 세 가지 단계가 있다. 즉, 인지적, 감성적 그리고 행동적 단계로 이루어진다.

논점과 질문

1. 정치적이고 법적인 환경이 (a) 하와이에 있는 시간별 공동사용시설 구매(buying time shares in Hawaii), (b) 비행기 티켓 구매에 어떻게 영향을 미치는지 서술하시오.
2. 사회, 경제 그리고 문화적 환경이 (a) 지역 레스토랑에서 식사를 하는 것과 (b) 영화 티켓을 사는 것에 어떻게 영향을 미치는지 서술하시오.
3. 소비 패턴에서 당신 문화의 사람들과 다른 문화의 사람들이 (a) 요구와 욕구, (b) 정보 탐색(예 다른 홍보 기술에 대한 태도), (c) 상품 구입 동기, (d) 상

품 평가(예 특정한 상품 품질에 대한 태도, 다른 상품들에 대한 소비 패턴, 상품의 속성, 브랜드 인식), (e) 선택(예 쇼핑 스타일, 브랜드 상품 구입, 불평, 상품 특성의 중요성), (f) 구매 후 행동(예 재판매, 확장, 타인에게 대여, 재사용)에서 어떻게 다른지 서술하시오.

4. 다른 문화의 여행객은 어떻게 쇼핑을 하는가? 왜 그들은 그러한 방식으로 쇼핑을 하는가? 일본 문화 특성을 말하고 일본 쇼핑 행동을 설명하시오.
5. 구매 전 많은 정보 탐색이 요구된다고 믿는 각기 다른 여행상품에 대하여 토론하시오. 그리고 이러한 상품들이 구매 전 많은 정보 탐색을 하게 되는 특별한 이유에 대하여 말하시오.
6. 당신이 내년에 방문하려고 계획하고 있는 각각 다른 지역들을 평가할 때, 구매 기준으로 사용할 특성있는 여행지의 목록을 작성하시오.

웹사이트 링크

1. Skriloff, L(1999). The 1. 5 Generation : A New Window to the Multicultural Market. Multicultural Marketing Resources, Inc. Http://multicultural.com/archives/articles/99_56_mmr.htm
2. Break the resistance of consumer buying behavior : http://sbinformation.about.com/od/advertisingpr/a/behavior.htm
3. Marketing factors : Consumer buying behavior : http:www.associatedcontent.com/article/ 19593/marketing_factors_consumer_buying_behavior.html
4. http://www.udel.edu/alex/chapt6.html

다음 장에서는 여행객 구매 행위에 있어서 문화적 차이점을 알아볼 것이다.

관광객 구매 행동에 미치는 문화적 영향들

14 CHAPTER

이 장의 목표는 관광객의 구매 행위와 의사결정 과정에서 문화적 차이점들을 구별하는 것이다.

목 표

이 장을 다 읽은 후 여러분들은 다음의 내용을 이해할 수 있다.

- 국가의 문화가 관광객의 개인적 그리고 심리적 특성에 미치는 영향을 알 수 있다.
- 국가의 문화가 욕구 인식, 정보 검색, 제품 평가, 구매 결정, 구매 후 행동에 미치는 영향을 이해할 수 있다.
- 국가의 문화가 구매자들의 느낌, 감정 그리고 구매 결정 이외에 다른 요인들에 미치는 영향을 설명할 수 있다.

서 론

오늘날 문화 차이점에 대한 연구를 통하여, 다양한 문화 집단의 관광객들 사이에 많은 다른 행동들이 확인되고 있다. 예를 들어, 문화적 차이점들은 다음의 범주들 안에서 찾을 수 있다. 관광객의 동기(Ahmed & Krohn, 1992; Jang & Cai, 2002; Kozak, 2002; Laing & Crouch 2005; Sangpikul, 2008; You et al., 2000), 정보 탐색(Chen, 2000a; Money & Crotts, 2003), 계획과 국제적 휴가 상품의 구매(Money & Crotts, 2003), 여행 특성(Richardson & Crompton, 1988; Sussmann & Rashcovsky, 1997), 여행지 인식(Reisinger & Mavondo, 2006a), 이미지(Litvin et al., 2004) ; 사회

적 상호작용(Reisinger & Turner, 1997a, 1997b, 1998a, 1998b, 1998c, 1999a, 1999b, 2002a, 2002b), 여행 위험의 인식, 우려 그리고 안전(Dolnicar, 2005; Mitchell and Vassos, 1997; Reisinger & Mavondo, 2005, 2006a, 2006b), 관광행동(Litvin et al., 2004), 관광객의 고정관념에 대한 인식(Pizam & Jeong, 1996; Pizam & Reichel, 1996; Pizam & Sussmann, 1995; Pizam & Telisman-Kosuta, 1989; Pizam et al., 1997), 서비스 질의 인식과 만족(Mattila, 1996b, 1999c; Reisinger & Turner, 1999a, 1997a; Tsang & Ap, 2007; Weiermair, 2000), 호텔 시설들에 대한 인식(Bauer et al., 1993; Choi & Chu, 2000; Mattila, 1999a), 관광서비스의 평가(Crotts & Erdmann, 2000) 그리고 소비 패턴(Rosenbaum & Spears, 2005)이다.

많은 연구에서 국제 관광객들이 숙소의 중요도에 대한 문화적인 차이점들을 확인할 수 있다(Becker & Murmann, 1999; McClearly et al., 1998; Sussmann & Rashcovsky, 1997). 관광 정보(Sussmann & Armstrong et al., 1997), 레스토랑과 음식물 취급시설(Becker & Murmann, 1999; Sheldon & Fox, 1988) 그리고 차이점에 대한 연구들이 있다.

위의 연구들에 따르면, 관광객의 행동과 여행 유형들은 문화적 특수성이라는 것을 보여준다(You et al., 2000). Piam과 Sussmann(1995)에 의하면 국제 관광객들의 행동의 차이점은 문화적 영향에서 기인한다고 한다. 몇몇 연구들에서 관광객 행동의 문화적인 차이점을 확인할 수 있고 각 나라의 문화들이 관광객의 행동, 관광지 선택, 관광상품과 서비스 그리고 의사결정에 영향을 미친다는 것을 주장한다. 그러나 국가 문화가 관광객 행동에 영향을 미친다는 것을 토론하기 이전에 각 나라의 문화가 관광객 개인과 심리적인 특성에 미친 영향에 대해서 알아본다.

1. 구매자의 개인적 특성에 미치는 문화적 영향

1) 성별 역할

성별의 역할은 각 문화마다 다르게 나타난다. 예를 들어, 여성들과 남성들이 행동면에서 다른 것은 문화적으로 결정되어진 역할에 차이가 있음을 반영한다. 어떤 나라들에서는 여성들이 집에서 아이들을 돌보는 것이 전통적인 가치관이다. 이러한 문화에서 여성들은 남편은 가족을 위해 생계를 책임지는 사람으로 생각한다. 여성들의 책임은 가족과 가정을 돌보는 것이다. 결과적으로 여성들은 남성들보다 여행에 있어서 훨씬 더 제약을 받는다(Jackson & Henderson, 1995). 예를 들어, 멕시칸-미국인(Maxican-American) 가족들은, 남성들이 여성들을 앵글로(Anglo) 가족들보다 더 많이 우위를 차지한다(Imperia et al., 1985). 여성의 역할은 집에 있으면서 아내로서, 엄마로서 가족을 위해 희생한다(Gonzales, 1982). 여성은 아이들을 보호하는 것으로 기대되어지며 남편에 복종적이기를 기대한다(Rosen & La Raia, 1972). 앵글로 미국인들(Anglo-American)의 성 역할(gender roles)은 자율적이고 평등하다(Woodside & Motes, 1979). 다른 문화에서(예 아랍 문화) 여자들은 어떤 활동들, 즉 스포츠에 참여하거나 혼자 여행을 못하게 하는데, 이러한 활동들은 남성적이고 여성들에게 적당하지 않는 것으로 인식되어져 있기 때문이다(Henderson et al., 1988). 서구 문화인 미국, 영국에서의 여성들은 독립적이며 휴가 또는 비즈니스 목적으로 여행을 자주 한다.

2) 생활방식과 활동들

생활방식은 공유가치, 관심, 의견, 태도 그리고 행동을 언급하는 것이다. 생활방식은 여행상품, 서비스, 여행지 그리고 여행 관련 생활방식에 대한 개인적 선호도를 반영한다.

여행과 관련된 생활방식은 각 문화에서 다양하게 나타난다. 남성적 문화(masculine culture)보다 여성적 문화(feminine culture)에서, 사람들은 그들의 집과 거주지에 더 많이 관련이 되어져 있다고 느낀다. 여성적 문화 구성원들은 집 주변을 여행하기 좋아하고 숙박에 돈을 적게 쓰는 반면에, 남성적 문화 구성원들은 먼 거리의 여행지로 여행하는 것을 좋아하고 호텔에 머무르고 그리고 숙박에 돈을 더 많이 쓴다.

여행 선호도도 각 문화마다 다르다. 예를 들어, 미국 대학생들은 일본 학생들 보다 더 적은 구성원을 지어서 같이 여행하는 것을 선호하며, 모험적이고 다른 여행지를 방문하는 것을 선호한다. 일본 학생들은 미국 학생들보다 개인적으로 계획한 여행을 선호한다. 미국인과 일본인들은 또한 여행의 알로센트릭 유형(allocentric type : 친숙하지 않은 곳을 좋아하고 모험성, 활동성이 강한 곳을 선호하며 새로운 사람들과 만남과 교류를 더 좋아하는 타입)의 선호도 또한 다르다. 집단주의적 성향이 강한 일본 학생들일수록 알로센트릭 유형의 여행을 선호할 가능성이 적으며 사이코센트릭 유형(psychocentric : 자아 중심적, 전통주의, 보수주의 성향으로 친숙하지 않은 곳을 좋아하고 모험성, 활동성이 강한 곳을 선호하며 새로운 사람들과의 만남과 교류를 더 좋아하는 유형)의 여행을 더 선호할 가능성이 크다(Sakakida et al., 2004).

한국 관광객의 여행 유형은 일본 관광객들과는 다르다. 패키지 관광이 여행하기 쉽고, 빠른 방법이기 때문에 한국 관광객들은 패키지 관광을 이용한다(Kim & Prideaux, 1998). 관광 활동을 선택하는 데 있어서 한국 관광객들은 일본 관광객들보다 더 모험적이고 구매를 하는 데 있어서도 훨씬 더 충동적이다(March, 1997). 또한 한국 관광객들은 일본 관광객들보다 의사결정하는 데 훨씬 더 짧은 시간이 걸린다(Iverson, 1997).

국가의 문화는 관광객들이 여행지에서 머무는 시간, 지출, 숙박시설과 편의시설의 선호도에도 영향을 미친다. 예를 들어, 일본 관광객들은 짧은 휴가를 선호하는 반면에, 유럽 사람들은 좀 더 긴 휴가를 선호한다(Ritter, 1987). 일본 관광객들은 휴가 때 모든 것이 포함된 패키지를 더 많이 이용할 가능성이 있는 반면에, 독일 관광객들은 해변이 있고, 스키, 골프 그리고 테니스를 할 수 있는 편의시설이 포함된 휴양지를 이용한다(Dybka, 1988). 중국 본토인(Mainland Chinese)들은 미국 관광객들보다 훨씬 더 많이 그룹으로 여행한다. 홍콩을 방문하는 본토 중국 사람들은 4일 정도 머무는 좀 더 짧은 여행을 하는 반면에, 미국 관광객들은 전체 여행이 13일 이상으로 긴 여행을 한다. 더구나 중국 본토 관광객들은 미국 관광객들보다도 더 적은 휴가를 보낸다(Yoo et al., 2004).

미국 관광객들은 일본과 한국 관광객들보다 다른 나라 사람들과 사귀는 것을 더 선호한다(Pizam & Jeong, 1996). 일본 관광객들은 휴가 때 새로운 음식을 먹는 것을 꺼린다(Sheldon & Fox, 1988). 독일과 같은 저불확실성 회피지수(low UAI : low Uncertainty Avoidance Index) 문화의 관광객들과 일본과 같은 고불확실성 회피지수 문화에서의 관광객들은 정보 탐색 패턴, 여행 계획, 여행 예측시간, 관광 단체 그리고 여행 특성들이 다르다(Money & Crotts, 2003).

각 나라의 문화는 관광객들의 활동이 다르다는 것을 설명한다(㉔ Pizam & Jeong, 1996; Pizam & Sussmann, 1995; Sheldon & Fox, 1988). 이슬람 사람들과 아랍 사람들은 유럽 사람들보다 덜 활동적이고 훨씬 레저 중심적이며 사회 중심적 성향이 더 강하다. 문화 규범에서 그들이 여성들을 보호해야 한다고 명시하고 있기 때문에, 그들은 레크리에이션 레저활동에서 사생활을 찾는다. 남성, 여성의 성별 분리 현상이 있는 이슬람과 아랍 사람들은 유럽이나 미국에서 찾을 수 있는 스포츠나 놀이와 같은 형태의 활동들에 참여하지 못한다(Groetzbach, 1988).

각 나라의 문화는 쇼핑에 있어서도 차이점이 있다는 것을 말해준다. 미국, 캐나다 그리고 호주와 같은 개인주의적 문화의 구성원들은 쇼핑을 오락적인 혹은 싸게 물건을 살 수 있는 활동으로 여기는 반면에, 아시아와 같은 집단주의적 문화의 구성원들은 쇼핑을 사회적인 활동으로 여길 수 있다. 개인주의적 문화의 소비자들은 대형상점(mega mall) 또는 대량 쇼핑이 가능한 큰 상점으로 가는 반면에, 유럽 사람들과 아시아인들은 그들의 일상의 일로 가까운 작은 슈퍼마켓에 들른다(DeMooij, 2004).

더구나 다섯 그룹, 즉 일본인, 한국인, 중국인(본토 중국인, 타이완 사람, 홍콩 중국인), 서구 사람들(미국인, 유럽인) 그리고 그 이외의 나라(스리랑카인, 필리핀인, 방글라데시인, 타이인, 말레이시아인)이 온 카지노 손님으로 올 경우 팁을 주는데도 다른 점이 있다는 연구가 있다. 중국인들이 가장 방해하는 행동을 하는 반면에, 일본인들이 가장 방해하는 행동을 적게 보여주었다. 일본과 한국 사람들은 딜러에게 팁을 주는 경향이 가장 많으며, 일본인들은 음료를 서빙하는 웨이터리스들에게 팁을 주는 가능성이 가장 크다. 중국인들과 그 이외의 나라 손님들은 거의 팁을 주지 않는다. 또한 중국 손님들이 바에서 음료를 사는 경향이 가장 높은 반면에, 일본 손님들은 웨이터리스들에게 음료를 주문할 가능성이 가장 크다. 일본 손님들은 중국 손님들과는 반대로 술을 마실 가능성이 가장 크다(Kim et al., 2002).

더 나아가서, 각 나라의 문화는 관광객들의 여행지 선택에 영향을 미친다(McKercher & duCross, 2003). 높은 개인적 문화의 사람들은 문화적으로 비슷한 여행지를 선택하는 경향이 있다. 고집단주의적 문화의 사람들은 문화적으로 비슷하지 않는 여행지를 고르는 경향이 있다(Jackson, 2001). 이것은 개인주의적 성향이 강한 나라 사람들은 집단 속에서 서로 상호 의존도가 덜하며 소속감을 가질 필요성이 적기 때문이다(Franzoi, 1996).

3) 성 격

성격은 환경에 일정한 반응을 가지는 개인의 능력, 기술, 동기 혹은 가치로 구별되는 자질 또는 특성의 총체이다. 각 개인은 행동에 영향을 미치는 독특한 성격을 지닌다. 그러나 성격은 각 문화마다 다를 수 있다.

아시아, 남아메리카 그리고 아프리카와 같은 집단주의적 문화에서 사람들은 서로서로 의지하며 그들의 행동은 사회적 상황에 따라 다르다. 개인은 사회적 네트워크나 관계의 일부이다. 반면에 개인주의 문화에서 개인의 행동은 그 개인에 따라 다르며 개인의 성격에 의해 결정된다.

각 나라의 문화는 여행지, 추구하는 활동 그리고 위험 회피에 대한 개인의 유형에 영향을 미친다(McKercher & Crow, 2001). Plog(1990, 2002)는 동유럽의 집단주의자들은 덜 모험적이고, 친숙하고, 위협이 없으며 문화적으로 근접한 여행지에 끌린다. 서구의 개인주의자들은 일반적으로 알로센트릭(allocentric) 유형이며 모험가들이며 문화적으로 먼 여행지에 끌린다. 비슷하게도 sunlusts(지중해 연안의 따뜻한 기후와 해변을 찾는 사람들) (Gray, 1970), institutional tourists(제도화된 관광객 : 모든 것이 짜여져 있는 패키지 관광객) (Cohen, 1972, 1974), 레크리에이션 관광객(Cohen, 1979), 대량 관광객(Smith, 1989), 저활동 관광객(Fiske & Maddi, 1961), 오락 추구 관광객(Plog, 1987), 의존적 관광객(Plog, 2002) 그리고 그룹 또는 패키지 관광객(Mehmetoglu, 2004)은 여행지가 친밀하고 집의 분위기가 나며 일상적이고, 편안하고, 패키지 상품과 서비스의 안정성을 제공하는 여행지에 끌린다(Chapter 8). 전통적으로 그러한 관광객들의 성격은 집단주의적 성향이다. 즉, 다른 사람 중심적인 성향으로 동행과 인간 관계를 찾기 위해 아니면 다른 관광객들의 욕구가 맞을 경우 여행을 한다. 반면에 wanderlusts(새로운 사람과 문화를 탐구하고 새로운 경험을 얻기 위해 여행하는 사람) (Gray, 1970), 탐험가나 떠돌이 여행객 같은 비제도화된 관광객(Chhen, 1972, 1974), 경험적이고 실험적인 관광객(Cohen, 1979), 미확인 지역 관광객(Smith, 1989), 생태 관광객(Hvenegaard, 2002), 고활동 관광객(Fiske & Mad, 1961), 자신감 있는 관광객(Plog, 1987), 모험가(Plog, 2002) 그리고 독신여행 관광객(Mehmetoglu, 2004)은 신비로움, 학습, 진정한 경험들과 외국 문화에 빠져들어 볼 수 있는 기회들과 거기에서 선택할 수 있는 다양한 활동들이 제공되고, 독립적으로 여행할 수 있다. 그리고 자신의 관심을 추구할 수 있는 기회를 가질 수 있는 독특한 여행지들을 선택한다(Chapter 8 참고). 전통적으로 그러한 관광객들은 개인적인 성향의 성격을 가진 사람들이며 자기 중심적이고 자신의 욕구에 만족할 목적으로 여행을 한다.

관광객들은 다양한 성격 유형들을 가지고 있으며 이러한 유형들은 각기 다른 여행지들을 선호한다. 그러나 사람의 성격은 매우 복잡하고 관광객들의 성격은 매우 다르기 때문에 하나의 이론으로 모든 관광객들의 욕구를 설명할 수 없다.

4) 자아 개념

자아 개념도 개인의 행동에 중요한 역할을 한다. 자아 개념은 자기가 누구인지를 결정한다. 그 개념은 개인이 자란 문화적인 상황에 영향을 받는다. 그리고 평가와 가치에 영향을 미친다. 자아 개념은 성격의 개념이고 정체성과 태도와 관련이 있다. 개인적 자율성, 자아정체성 그리고 집단과 다른 자신에 중점을 두는 개인주의적 문화에서의 자아는 독립적이다. 매우 복잡한 위계적 사회관계에서 사람들의 의존성에 중점을 두고, 집단과 같이 되려고 하는 데 중점을 두는 집단주의적 문화의 사람들은 자아가 다른 사람에 의존적이다(DeMooij, 2004).

결과적으로 개인주의적 문화의 사람들은 스스로를 독립적이라고 간주하는 반면에, 집단주의적 문화의 사람들은 스스로를 더 큰 집단의 한 구성원이라고 생각한다. 북아메리카 사람들과 같은 개인주의자들은 긍정적으로 자신을 평가하며 그들 자신의 유일함에 중점을 맞추는 경향이 있다. 아시아 사람들과 같은 집단주의자들은 자아 비판, 겸손, 중립 그리고 자아 향상에 중점을 둔다. 북아메리카에서 자아 비판이나 자신에 대한 부정적 성향을 갖는 것은 만족감이나 독립심 결여 또는 세상 대처능력의 부족으로 인식된다(DeMooij, 2004).

필리핀, 한국 또는 태국과 같은 집단주의적 문화에서 자아 발전은 집단을 통하여, 사회적 수용과 사회적 이미지를 통해서 성취가 되어진다고 생각한다. 미국인들은 사회적 수용 그리고 집단을 통해 성취된 자아 이미지는 그렇게 중요하게 여기지 않는다. 미국인들은 다른 사람의 의견에 대하여 중요하다고 생각하지 않는다. 즉, 자기 자신의 가치 시스템이 중요하며 자신의 의견에 더 의존한다.

2. 구매자의 심리적 특성에 미치는 문화적 영향

1) 동기와 필요성

동기와 필요성의 정도는 그 나라의 문화에 의해서 영향을 받는다. 예를 들어, 아시아인들과 코카시안(Caucasian : 백인-미국, 영국인) 관광객들은 한국 문화 엑스포에 참석하게 된 동기들이 다르다는 것을 알 수 있었다(Lee, 2000). 영국과 독일 관광객들은 마요로카 섬(Mallorca : 스페인에 있는 섬) 그리고 터키를 방문하는 동기가 다르고 만족의 정도 또한 다른 것으로 나타났다(Koak, 2001, 2002). 남성적 문화에서 온 관광객들은 대개 더 물질적 성공(material success), 위치, 사회적 지위, 이국적 휴가 그리고 고급 휴양지에 의해 동기가 더 많이 유발되어진다. 개인주의적 문화에서 온 관광객들은 쾌락주의, 편리함, 즐거움 추구, 오락, 자극, 즐기는 것 그리고 자아 만족에 의해 동기가 유발된다. 집단주의적 문화에서는 사람들과 교제 그리고 그룹 활동, 특히 자연을 바탕으로 한 활동에 동기부여가 되어진다.

고권력 거리(high power distance) 문화에서 온 관광객들은 사회적인 지위 그리고 이미지에 의해 동기가 유발된다. 여성적 문화에서의 사람들은 가족 여행 그리고 친구들과 같이 시간을 보내고 싶어 하는 것에 동기부여가 유발된다.

또한 국제 관광객들에게는 문화 그 자체가 여행 동기를 부여하는 데 중요한 역할을 한다(Hanquin & Lam, 1999; Kim & Chalip, 2004; McGehee et al., 1996; Oh et al., 1995). 예를 들어, 문화는 중요한 여행지 속성과 여행목적으로서 확인되었다(McKercher & duCross, 2003). 그리고 호주의 레저 여행 시장이 미국으로 향하는 중요한 동기가 되었다(McGehee et al., 1996). 호주 관광객들의 많은 비율은 다른 문화를 경험 함으로써 지식을 넓히려고 한다(Oh et al., 1995).

2) 인식과 이미지

각기 다른 문화 집단들은 다르게 인식한다(Mayo & Jarvis, 1981). 각 나라의 문화는 국제 관광객들에 대한 지역 주민들의 인식에 영향을 미친다(Piam & Sussmann, 1995; Richardson & Crompton, 1988). 예를 들어, 일본인들은 그룹으로 여행을 하고, 모든 사람들에게 고개 숙여 인사하며, 돈을 많이 쓰고, 사진 찍는 것에 지속적으로 많은 시간을 보내는 것으로 인식된다(Cho, 1991). 또한 가족들과 떨어져 있는 시간을 피하기 위해 짧은 휴가를 보내고 보다 더 큰 그룹들을 위한 편의시설과 서비스를 기대하는 것으로 인식된다(Ritter, 1987). 한국 사람들은 자신의 문화 정체성에 충실하며, 자신들과 다른 생활방식을 받아들이려는 의지가 부족하며, 유교 철학에 자부심을 가지며, 그룹으로 여행을 하고, 자유롭게 돈을 지출한다(Cho, 1991). 그러나 한국 사람들은 일본 사람들에 비해 상대적으로 느슨하고 계획적이지 않게 여행을 하고, 미국 사람들에 비해 상대적으로 느슨하지 않고 계획적으로 여행을 한다(Pizam & Jeong, 1996).

각 나라의 문화는 관광객들에 대한 지역주민의 인식에 영향을 미친다(Hoffman & Low, 1981). 서비스 직원들에 대한 인식은 관광객들이 여행지나 지역 주민들에 대한 인식을 형성하고 판단하는 가장 기본적인 방법이다(Wei et al., 1989). 그러나 서비스 품질의 인식은 문화마다 다르다. 예를 들어, 홍콩을 방문한 아시아-태평양 지역에서 온 관광객들과 유럽, 미국 관광객들의 서비스 품질에 대한 인식은 각기 다르다(Luk et al., 1993). 유럽, 아시아 그리고 영국 사람들은 각각 홍콩 호텔산업에서의 서비스 품질에 대한 인식이 상당히 다르다(Amstrong et al., 1997).

각 나라의 문화는 손님 접대에 대한 인식 또한 다르다. 예를 들어, 중국 사람들에 따르면 주인은 그들의 손님이 어디를 가든 에스코트해야 하며 그들에게 아주 잘 짜여진 여행 일정을 제공해야 하는 것이 예의 바르고 높은 수준의 서비스라고 여긴다(Sheldon & Fox, 1988). 일본 주인들은 손님들의 일을 사전에 미리 준비하여 손님의 요구를 기대 이상으로 충족시킨다(Befu, 1987). 일본 사람들은 주인이 손님들의 요구가 무엇인지를 가장 잘 안다고 믿는다. 그러나 서양 관광객들은 그러한 환대가 편안하지 않고 방해를 받는다고 생각하거나 혹은 신뢰가 부족한 것으로 인식한다.

각 나라의 문화는 국제 관광객들의 유사점과 차이점들에 대한 관광가이드들의 인식에도 영향을 미친다. 예를 들어, Pizam과 Sussmann(1995)에 따르면, 영국 관광 가이드들은 일본인, 프랑스인, 이탈리아인 그리고 미국 관광객들이 사회적 상호작용, 활동 선호도, 물건 구매, 여행지의 지식 그리고 상업적 거래들과 관련한 20개의 행동 특성에서 18개는 다른 것으로 인식한다고 했다. 일본 관광객들이 가장 뚜렷하게 구별되어지고, 이탈리아 관광객들은 다른 국적의 관광객들과 가장 비슷했다. 이탈리아인들과 프랑스인들은 서로 그들의 행동에 비슷한 점들이 많았으며, 미국인들과 이탈리아인들이 그 다음으로 비슷했다. 프랑스 관광객들과 미국 관광객들의 행동은 가장 비슷한 점이 없었다.

Pizam과 Jeong(1996)에 따르면, 미국 관광객들이 일본, 미국 그리고 한국 관광객들 사이에서 가장 뚜렷이 구별이 된다고 한국인 관광가이드들은 생각하고 있다. 한국인과 일본 관광객들은 유사하다고 밝혔다. 미국 그리고 일본 관광객들은 한국인들보다도 외국 여행지에 대해 더 많이 알고 있다. 한국인들은 사람보다는 인공물체(artfacts)에 더 많은 관심을 보이고, 미국인과 일본인들은 인공물체보다는 사람에 더 많은 관심을 가지고 있다.

Pizam과 Jeong(1996)에 따르면, 미국인들은 사람에 가장 관심이 많으며, 새로운 것, 자연에 접근 그리고 국립공원과 국립기념관 방문에 가장 관심이 많다. 그들은 여행을 엄격하게 그리고 꼼꼼하게 계획하며 긴 여행을 선호한다. 그들은 가장 사교적이고, 모험적이며, 활동적이며 높은 위험을 감수하기 때문이다. 이와는 대조적으로, 한국인과 일본인들 모두 상대적으로 집에서 가까운 외국 여행지로 여행하는 것을 좋아한다. 한국인들이 일본인들보다 더 긴 여행을 선호한다. 한국인들과 일본인들은 가장 덜 활동적이며 새로운 사회 상황에 대해서 가장 보수적인 것은 아마도 그들의 집단주의적이고 높은 불확실성 회피의 특성 때문이다. 또한 한국인들과 일본인들은 기념품들을 미국인들보다 더 많이 사는 데, 그 이유는 그들의 특별한 여행지에 대한 방문을 기념하고 집에 남겨둔 사랑하는 가족을 잊지 않았다는 것을 알림으로써 사회적 임무를 이행하려고 하기 때문이다. 더구나 일본인과 한국인들은 그룹으로 여행을 하며 미국인들보다 더 많이 상품을 구매한다.

한국인들이 가장 사람에 관심이 적으며 음식에 대해서도 과감하지 않다. 그들은 회의적이며 신뢰감이 덜하다. 그들은 여행을 느슨하고 계획되지 않는 방법으로 여행을 한다. 일본인들은 음식 선호에 있어서 가장 모험적이고 여행을 엄격하게, 세심하게 계획하지만 짧은 여행을 선택한다.

더 나아가서, 각 나라의 문화는 선택적인 인식에 영향을 미친다. 선택적 인식이란 그들 스스로의 필요성, 감성, 신념과 연관되는 현실에 따르는 것을 말한다. 사람들은 그들이 원하는 것을 인식한다. 사람들은 일반적으로 자신의 문화와 유사한 것을 인식하고 그 문화적 기준에 따라서 인식한다. 개인주의적 문화에서 사람들은 가치나 자극에 대한 비슷한 반응을 가진다고 생각하며, 메시지에 대해 비슷하게 해석한다. 집단주의적 문화에서 반대로 사람들의 인식은 사회적 상황에 의존한다. 개인주의적 그리고 집단주의적 문화의 구성원들은 비슷한 사람과 물건을 본다고 해도, 해석이 달라질 수 있는데 그것은 해석하는 상황이 다르기 때문이다. 그러므로 인식은 가장 주관적이다. 결과적으로, 개인주의적이며 집단주의적 문화권의 사람들 사이에는 오해가 일어날 수 있다.

이미지란 어떤 한 사람이나 사물을 다른 사람들이 어떻게 지각하고 평가하는지, 예를 들어 어떤 한 여행지에 대해서 어떻게 인식하는가의 문제이다. 각각의 문화 그룹은 독특한 이미지들을 개발하고 있으며 그들 자신만의 독특한 정의(definition)를 가지고 있다. 집단주의적 아시아 문화들에서 미디어에서 그려진 사람들, 그룹들, 물건들 혹은 성별의 이미지들은 개인주의적 서구 문화에서와는 다르다. 예를 들어, 한국에서 긍정적인 자아 이미지와 정체성은 사회적 지위가 높은 가족들 속에 있다는 것과 연관되어 있다. 서구 문화에서 자아 이미지와 다른 사람들의 정체성은 성격과 개인적인 특성들, 즉 나이, 직업 그리고 대부분 물질적인 소유물에 대한 평가로 이루어진다. 많은 서구 사회에서 사람들은 자아 이미지나 사회적인 지위를 구매한다. 사람들은 유형적(tangible) 물건들, 즉 자동차, 고급 아파트, 보석 그리고 고급스러운 여행들에 자신의 특별한 이미지를 개발하기 위하여 구매하며 그로 인해 그들이 좀 더 높은 사회 계급 출신이라는 것을 보여준다. 그러나 프랑스, 많은 아시아 문화 그리고 인도에서는 사람들은 그들의 사회적 지위 혹은 자아 이미지를 살 수 없다고 믿으며, 자아 이미지와 지위는 타고난 것으로 여긴다. 이러한 문화에서 자아 정체성과 이미지는 가족 선조와 연결되어 있고 전통을 바탕으로 평가가 이루어진다.

더구나, 서구 문화에서 성공한 사람들의 이미지와 연관되어지는 것이 중요하다. 성공, 행복 그리고 보다 큰 자긍심을 만들어내는 외적인 모습이 훨씬 더 중요하다고 여긴다. 그러나 아시아 문화에서는 외부적인 요소는 덜 중요하며 성공과 행복은 사회적 관계의 질(quality)에 의해 평가되어진다.

3) 학습과 지식

학습은 문화마다 다양하다. 개인주의적 서구 문화에서 학습의 중점은 논리적이고 구술 능력이다. 일본에서 학습은 사회적인 성공, 사회 능력 그리고 다른 사람들과 공감할 수 있는 능력이라는 점으로 이해를 한다. 아프리카에서 학습이란 지혜를 얻는 것이다. 즉 어떻게 신뢰하며, 사회에 귀 기울이며 그리고 책임감 있는 사람이 될 수 있는가를 배우는 것이다. 개인주의적 서구 문화에서 학습의 목표는 성취이다. 그러나 집단주의적 사회에서 학습이란 평생 학습이다. 집단주의적 문화에서 지식과 교육은 인생에 있어서 가장 중요한 투자들의 하나로 여겨진다. 개인주의적 문화에서 사람들은 성취의 다른 능력 중의 하나는 돈을 버는 능력 그리고 물건들을 살 수 있는 것이 성취라고 믿는다(DeMooij, 2004).

학습의 차이점은 각기 다른 커뮤니케이션 스타일로 결정된다. 저배경-직접적 문화(in low context-direct culture)에서 학습이란 더 추상적이고, 사회적 환경과 분리가 되어진 것이며, 구술 능력을 기본으로 한다. 고배경-간접적 문화(high-context-indirect culture)에서 학습이란 사회적 환경과 관련이 된 것이며 비언어적 능력을 기본으로 한다.

4) 태 도

사람들의 태도는 문화적인 가치들에 의해서 영향을 받는다. 태도는 감성적(느낌, 감정) 요소들과 인지적(속성, 기능, 지식, 학습) 요소들을 가지고 있다. 서구문화에서 태도는 지식을 얻는 데 도움이 되고, 사람들의 환경을 만들고, 기준틀(frames of reference)을 제공한다. 적절한 태도는 사람이 성공하는 것을 돕고 보상을 극대화시키며 인생의 즐거움을 높여주고, 비용과 고난을 최소화해준다. 집단주의적 문화, 즉 상황적인 요소들이 행동에 영향을 미치는 곳에서 태도는 사회적 정체성 기능과 의무를 행하는 데 도움을 준다. 사람들은 행동을 할 때, 상황(situations)에 의해 더 많은 제한을 받고 사회적으로 인정하는 행동을 하기 위해 더 많은 압력을 받으며 또한 다른 사람들의 태도를 고려한다. 개인주의적 문화에서 사람들이 행동할 때 사람들은 사회적 상황에 덜 제한을 받으며 사회적 압력에 통제를 덜 받는다(DeMooij, 2004).

태도는 문화마다 다양하다. 예를 들어, 음식에 대한 태도에 있어서 중요한 각기 다른 점들이 있다. 영국과 일본의 관광객들은 음식은 좋은 휴가에 있어서 가장 중요한 일부분이다. 호주인들에게 있어서 음식은 세 번째이며, 독일인들에게 있어서는 다섯 번째이고, 프랑스인들에게 있어서 음식이 결코 중요한 것이 아니다(Sheldon & Fox, 1989). 높은 불확실성 회피 문화의 사람들에게 있어서, 미리 요리가 되어진 음식에 대한 태도는 더 부정적이다. 왜냐하면 낮은 불확실성 회피 문화의 사람들은 패스트푸드를 자주 구매하고 섭취하는 사람들보다 음식의 순도와 품질에 대해서 더 염려하기 때문이다. 또한 문화는 먹는 습관에도 영향을 준다. Robertson(1987)에 따르면, 미국인들은 굴은 먹지만 달팽이는 먹지 않고 프랑스인들은 달팽이는 먹지만 메뚜기는 먹지 않는다. 줄루족(Zulus : 남아프리카의 한 종족)은 메뚜기는 먹지만 생선은 먹지 않고, 유대인들은 생선은 먹지만 돼지고기는 먹지 않고, 힌두교인들은 돼지고기는 먹지만 쇠고기는 먹지 않으며, 러시아인들은 쇠고기는 먹지만 뱀은 먹지 않는다. 그리고 중국인들은 뱀은 먹지만 사람은 먹지 않으며, 뉴기니아 Jelas 사람들은 사람이 맛있다고 한다.

각 나라의 문화에서 성공에 대한 태도 또한 큰 차이점들이 있다. 개인주의적 그리고 남성적 성향이 강한 사회인 미국, 영국, 독일 그리고 호주인들은 성공이 물질적인 상품의 소유로 여긴다. 호주, 독일, 일본인들과 같이 보다 더 높은 불확실성 회피 문화의 사람들은 성공과 행복은 더 안정성과 사회적인 안전이라고 정의를 내리고 있다. 여성적 문화의 사람들은 삶의 질을 더 강조한다(예 가족 모임이나 가족과 같이 시간을 보내는 것에 대해 더 강조한다) (DeMooij, 2004).

문화적으로 다른 사람들은 특정 문화의 사람들에 대한 태도가 다르다. 한 특정 국가에 대해 긍정적이거나 부정적인 태도를 가진 사람들은 그 국민들에 대해서 호의적이거나 호의적이지 못한 반응을 보여준다. 일본에 대하여 볼 때 기술적인 발전에 대해 감탄을 하며 일본인들을 기술적으로 유능한 사람으로 여기고 있다. 독일은 정확성, 규칙성, 섬세함 그리고 절제력으로 인식된다. 프랑스와 이탈리아는 좋은 음식과 패션으로 유명하다. 그래서 프랑스 사람과 이탈리아 사람들은 좋은 음식을 사랑하고 스타일이나 디자인에 있어서 전문가라고 여겨진다. 미국은 기회를 제공하는 자유 그리고 독립적인 곳으로 알려져 있다. 결과적으로, 미국인들은 자유를 사랑하는 국민들로 인식되어져 있다. 유럽은 역사와 문화로 잘 알려져 있다.

Kang과 Moscardo(2006)에 따르면, 문화가 환경적인 보호와 보전에 대한 태도에도 영향을 미친다. 예를 들어, 한국, 호주 그리고 영국의 관광객들은 관광객 행동에 대한 태도 또한 각기 다르다. 한국 관광객들은 여행하기 전에 여행지의 환경,

그 지역 주민들의 생활방식 그리고 환경친화적 관광인지 연구하고 정보를 수집하면서 시간을 보낼 가능성이 가장 크다. 또한 환경 교육 프로그램에 참석하기 위하여 노력하고, 여행하는 동안 환경 보존과 관리비용지출에 긍정적이다.

5) 요인 분석

요인 분석은 어떤 현상이나 행동의 이유들을 찾는 것을 말한다. 사람의 행동에 원인을 안다면 사람은 다른 사람의 행동에 대해서 예측하고 설명할 수 있다. 속성이론(Heider, 1958)에 따르면, 모든 개인들은 자신의 행동이나 다른 사람들의 행동을 설명하기 위하여 어떤 속성들을 부과한다. 이러한 속성들은 내적인 것과 외적인 것이 있다. 내적 속성은 개인 안에서 원인을 찾는 것이며, 외적 속성은 개인의 외부적인 곳에서 원인을 찾는 것을 말한다. 개인적 문화에서 사람들은 그들의 행동을 성격과 특성과 같은 내적인 속성으로 원인을 파악한다. 그리고 다른 사람의 행동을 그들의 성격 특성과 과거의 행동을 바탕으로 예측한다. 집단주의적 문화에서 사람들은 행동의 원인을 상황적인 것으로 생각하며, 다른 사람의 행동을 상황적 배경을 바탕으로 예측한다.

3. 구매자의 결정 과정에 미치는 문화적 영향

구매 결정과 의사결정에 있어서 국가 문화의 영향은 아래의 사항들에 의해서 결정된다.

1) 욕구 인식

사람들의 욕구는 문화마다 다양하다. 모든 문화에 걸쳐 사람들은 다른 이유로 같은 여행지를 여행하거나 같은 물건들을 살 수도 있다. 예를 들어, 중국 본토 사람들과 미국 사람들은 홍콩 여행에 대한 이유가 서로 다르다. 중국 사람들은 홍콩을 사업이나 모임의 목적으로 방문을 더 많이 하며, 미국 사람들은 휴가나 레저의 목적으로 방문한다(Yoo et al., 2004). 또한 사람들은 같은 이유로 다른 것을 사거나, 무엇을 하거나 다른 여행지로 여행을 할 수도 있다. 예를 들어, 사람들은 휴양과 휴식의 이유로 겨울 스키 여행을 갈 수도 있고 열대 휴양지를 갈 수도 있다.

서로 다른 문화에서 동일한 욕구가 있다고 해도, 그 중요성의 정도는 다양할 수 있다. 예를 들어, 개인주의적 그리고 집단주의적 문화 사이에 상당히 다른 점들 중의 하나는 일치성 욕구이다. 집단주의적 사람들은 그룹에 순응하려는 의지가 더 강하며 그들의 행동이 다른 사람들에게 영향을 끼친다고 생각한다. 개인주의적 사람들은 그들 자신의 욕구와 개인의 이익에 따라 행동한다. 또한 유교적 집단주의적 문화에서 사람들은 자신들의 체면과 다른 사람들의 체면을 위하여 다른 사람들의 사회적 기대를 반드시 충족해야만 한다. 만약 그들의 행동이 사회가 인정하는 최소한의 기준에 미치지 못한다면, 그들은 체면을 잃을지도 모른다. 예를 들어, 한국과 미국에서 선물에 대한 욕구는 다르다. 한국 사람들은 더 많은 경우 더 많은 선물을 하며, 미국인들에 비해 선물에 대한 예산을 더 크게 배정한다. 한국 사람들은 집단공감적 개념과 체면에 의해 동기가 부여되어진다. 그러나 미국인들은 이타주의에 의해 동기가 부여되어진다(Park, 1988). 한국 사람들은 특별한 경우, 그룹 안에서 구성원에게 선물을 주지 않는다면 다른 사람들의 기대에 부응하지 않았다고 여겨질 수도 있다.

또한 집단주의적 소비자들은 그룹 안에서 구성원들과 비슷하기 위해 구매를 한다. 그러나 개인주의적 소비자들은 다른 사람과 다르기 위해 구매를 한다. 서구의 개인들은 개인적 욕구를 만족시키기 위해 구매를 하고 자신의 성격과 우월성을 강조하기 위해 구매를 한다. 그러나 집단주의자들은 중용(modesty), 삼가는 태도(self-effacement) 그리고 절제(moderation)의 원칙들을 따른다. 그들은 그룹에서 두드러져 보이는 것을 원하지 않는다. 예를 들어, 중국 소비자들은 대개 요구하지 않으며 거의 욕구를 가지지 않는 경향이 있다. 절약의 중요성 때문에 욕구에 대한 인식은 제한되어지고, 욕구를 스스로 제한한다. 중국 소비자들은 자주 구매를 바라기 보다는 실제적으로 구매한다. 중국인들은 개인주의적 소비자들과 다른 양상을 보여준다.

2) 정보 검색과 정보출처의 선택

각 나라의 문화는 외부적 여행정보 출처의 사용에 영향을 미친다. 고권력 거리 문화(high power distance)와 불확실성 회피 문화(uncertainty-avoidance cultures)에서 대부분의 소비자들은 개인적 정보원들로부터 정보를 찾는다. 그러나 연구들은 항상 그렇지 않음을 보여준다. 예를 들어, 미국을 여행하는 일본, 한국 그리고 호주의 관광객들은 외부적인 정보원들에 각기 다른 선호도들을 가지고 있다(Chen, 2000a). 매우 집단주의적인 일본과 한국의 비즈니스 여행자들은 관광 회사, 기업 여행사, 관광가이드 그리고 친구와 친척들의 충고에 많이 의존한다. 호주에서 온 비즈니스 여행자들은 항공사나 여행사로부터 직접적으로 정보를 획득하는 것을 선호한다(Chen, 2000a). 일본 사람들은 정보출처를 프린트 미디어에 많이 의존한다. 이것은 가족, 친구들로부터의 입소문(word of mouth)과 충고에 더 의지하는 독일 사람들과 비교된다(Mihalik et al., 1995).

각 나라의 문화는 광고의 선호도에도 영향을 미친다. 저배경 문화의 미국 소비자들은 높은 수준의 광고를 선호한다(Taylor et al., 1997). 미국에서 개인주의적 소비자들은 개인적인 이익을 강조하고 설득력 있는 광고에 끌릴 수 있다. 그러나 집단주의적 소비자들인 중국인들은 가족 혹은 그룹의 이익에 중점을 두는 광고에 끌릴 수 있다(Aasker & Maheswaran, 1997). 가족과 그룹 중심의 가치 때문에 중국 소비자들은 입소문에 많이 의존한다. 또한 중국인들은 자기 자신과 다른 사람들의 과거 경험을 미국인들보다 더 많이 의존한다(Moore, 1998). 권위를 존중하는 경향이 많기 때문에 중국인들은 공식적인 미디어가 가장 믿을 수 있는 것이라고 믿는다.

한국에서는 집단주의가 우세하기 때문에 개인주의적인 미국보다는 인터넷 사용에 더 많이 의지한다. 한국인들은 그들의 행동과 의견 기준이 될 수 있는 동료들과 높은 일치성을 보여주기 위해 온라인에 더 많은 시간을 보낸다(Park & Jun, 2003). 미국인들은 대부분 정보를 찾는데 스스로 인터넷 사용에 의존을 한다.

(1) 준거집단의 역할

개인주의와 집단주의에 대한 문화적 성향은 준거집단의 역할이 구매 결정에 가장 강한 영향을 미친다. 개인주의적 문화와는 다르게 집단주의적 문화에서 사람들은 그룹, 클럽 그리고 단체에 속해 있지 않는다. 준거집단의 영향은 개인주의자들과 고불확실성 문화 사람들보다 집단주의자들에게 훨씬 덜 중요하다. 고불확실성 회피 문화의 구성원들은 전문 그룹들을 저불확실성 회피 문화 구성원들보다 훨씬 더 존경한다(DeMooij, 2004).

준거집단의 영향은 구매한 상품의 유형에 따라 다르다. 만약 여행상품과 같이 상품이 비싸고 럭셔리한 것을 살 때는 생필품을 살 때보다 준거집단의 의견들이 더 중요하다. 더구나, 개인주의적 문화에서 준거집단과 동료의 영향이 물건을 살 때 대중보다도 더 많은 영향을 미친다. 집단주의적 문화에서 그룹 내 동료들의 영향이 훨씬 더 강하다. 왜냐하면 대가족의 가족 구성원들이 개인적인 의사결정에 영향을 미칠 수 있으나, 가족 그룹 이외의 동료들이나 준거집단의 영향은 약하다. 반대로 개인주의적 문화에서 가족의 영향이 개인적인 물건들을 사는 데 있어서 제한적이다(DeMooij, 2004).

(2) 의견 선도력의 역할

의견 선도자들(opinion leaders) 역할은 문화에 따라 다르다. 불확실 회피성이 강한 문화는 리더들, 전문가들, 전문직 종사자들의 의견을 듣고 따를 가능성이 있다. 비슷하게, 남성적 문화는 리더들, 전문가들, 전문직 종사자들 그리고 유명인들의 의견이 존중되어진다. 개인주의적 문화보다는 집단주의적 문화에서는 어르신들과 최고 중역들의 의견들이 더 적당하다고 여기며 존중되어진다. 고권력 거리 문화(high-power-distance culture)에서는 권력을 가진 사람들의 의견이 중요하다. 의견 리더들에 의해 얻어지는 정보출처는 문화마다 다르다. 개인주의적 문화에서, 의견 리더들은 외부적 정보출처, 즉 미디어와 같은 곳에서 받는다. 집단주의적 문화에서 내부적 정보출처, 즉 사회적 네트워크로부터 얻는다. 집단주의적 문화에서 미디어로부터 받은 정보는 사회적 네트워크에서 받은 정보보다 훨씬 덜 믿을 만하다고 여긴다.

(3) 가족 의사결정

가족의 영향의 정도는 개인주의적 문화에서보다 집단주의적 문화에서 더 강하다. 왜냐하면 다른 가족 구성원들에게 의지하는 정도 때문이다. 한국에서는 대가족, 이웃 그리고 친구들은 구매 결정에 있어서 미국보다도 더 큰 영향력을 가지고 있다(Park & Jun, 2003).

일본에서는 관광객이 여행지를 선택할 때 가족 구성원 모두 의사결정에 참여한다. 선택된 여행지는 그룹의 조화를 지키기 위하여 선택되어져야 한다(Reisinger & Turner, 1997c, 1999a).

(4) 구매 역할

집단주의적 문화에서 구매 결정은 그룹, 가족 그리고 동료들의 의견 일치에 의해 총괄적으로 이루어진다. 친구들과 동료들은 미디어와 광고 혹은 소비자들에게 영향을 미친다. 부모와 조부모들은 구매를 시작하고 영향을 미치고 의사결정을 한다. 아이들은 부모의 가이드라인들을 따르도록 배운다. 개인주의적 문화에서 의사결정은 개인적인 것을 바탕으로 이루어진다. 부모가 의사결정에 참여한다고 해도, 아이들은 자신의 의견을 가지며 자신의 욕구에 의해 결정을 하도록 배운다. 아이들은 구매를 시작하고 구매에 영향을 미친다. 고권력 거리 문화에서 어르신들은 의사결정에 있어서 중요한 역할을 한다. 그들은 최종 구매에 대하여 영향을 미치기도 한다.

히스패닉(Hispanic)계의 가족들은 남편이 중요한 의사결정 단계인 물건 구입의 결정에서 우위에 있다. 부인은 구매의 중요하지 않은 단계 그리고 구매를 제안하는 데 우위에 있다(Kenkel, 1961). 남편은 자동차를 사거나 혹은 여행가는 것에 대해 결정하는 반면에, 부인은 가전제품을 구매할 때 결정한다(Webster, 1994). 남편은 가격과 같은 중요하고 기능적인 제품 속성에 대하여 결정하는 반면에, 부인들은 작고 미적인 제품, 즉 색깔과 같은 것에 치중한다(Davis, 1970; Woodside &

Motes, 1979). 북아메리카인들은 누가 무엇을 살지 결정하는 데 있어서 남성 그리고 여성의 전통적인 역할들을 가지고 있다. 그러나 이러한 역할들은 집단주의적 문화에서 엄격하게 지켜지고 있지는 않다.

(5) 의사결정의 정도

구매결정과 의사결정 정도에 있어서 개인의 참여는 문화마다 변수들이 있다. 집단주의적 배경 문화에서는 개인들이 적극적으로 정보를 수집하고 의사를 결정한다. 의사결정의 상황이 소비자가 살 것을 설득하는 구두의 메시지보다 더 중요하다. 의사결정의 정도는 개인주의적 문화보다도 더 광범위하다. 의존도와 느낌에 초점을 맞추는 것은 소비자들의 주목을 유도한다. 개인주의적 문화에서 중점은 의사결정의 논쟁 그리고 이성적인 면이다(DeMooij, 2004).

개인주의적 그리고 저불확실성 회피 문화에서 개인들은 의사결정 과정에 그렇게 많이 참여하지 않는다. 의사결정 정도는 훨씬 더 일상적이고 제한적이다. 구매는 충동적으로 이루어지기도 한다. 사람들은 구입할 의도 없이 상점을 방문하지만 항상 무엇인가를 구입한다. 개인주의적 문화에서 이러한 충동구매는 다양성, 새로움, 자극을 위한 욕구와 관련 있다. 반면에 상호 의존, 감정 통제 그리고 절제에 더 초점을 맞추고 있는 집단주의적 문화에서의 구매는 더 계획적이다(DeMooij, 2004).

Lee(2005)는 중국 소비자들은 내적 그리고 외적 정보 탐색을 하며 가능한 한 많은 대안 상품들과 비교함으로써, 충동구매를 할 가능성이 적다고 말한다. 중국에서 "구입 전에 3곳의 가게들을 비교해 보아라(Compare three shops before purchasing)" 하는 것은 가장 널리 일반적으로 인정된 정보 탐색의 접근 방법이다. 최종 구매를 하기 이전에 중국 소비자들은 구경하는 시간을 많이 가짐으로써, 충동구매를 하지 않게 된다. 중국 소비자들은 충분히 계획하거나 구매를 부분적으로 계획한다. 돈 낭비를 부끄럽게 여기고 회피해야 하는 것으로 여긴다(Gong, 2003).

(6) 새로운 상품 구매

새로운 상품에 대한 적응과 아이디어를 받아들이는 것은 문화마다 다르다. 개인주의적 그리고 저불확실성 문화에서 새로운 아이디어와 상품에 대한 적응, 새로운 장소로의 여행 그리고 새로운 사람들을 만나는 것이 집단주의적이고 고불확실성 회피 문화 사람들보다 더 빠르다. 개인주의적 문화에서 사람들은 더 많은 선택과 새로운 것을 원한다. 그래서 새로운 아이디어들과 상품들 그리고 새로운 행동들이 시도가 되어지고 심지어 요구가 되어지기도 한다. 이러한 행동은 성취와 성공에 대한 욕구이다. 새로운 아이디어와 변화 없이 사람들은 자신의 사회적 위치나 자긍심을 발전시킬 수 없고 경쟁하고 성공할 수 없다고 생각한다. 집단주의적 문화에서는 새로운 아이디어와 상품들을 받아들이는 것이 느리다. 사람들은 새로운 아이디어들에 대해, 새로운 곳으로 여행과 새로운 사람들을 만나는 것에 의구심을 가진다. 저불확실성 회피 문화에서 조기 수용자(early adapters)의 비율이 고불확실성 회피 문화에서보다 훨씬 더 높다. 고불확실성 회피 그리고 집단주의적 문화에서는 후기 수용자(late adapters)가 더 많은 비율을 차지한다.

예를 들어, 일본 문화(고집단주의 그리고 고불확실성 회피 문화)에서 새로운 상품, 아이디어와 낯선 사람들에 대해 매우 의구심이 많다. 중국 소비자들 또한 새로운 물건이나 서비스를 시도하는 것을 꺼리고 새로운 여행지로 여행 시도하는 것을 꺼리는데 그 이유는 위험을 회피하기 때문이다. 중국 소비자들은 오래된 것이지만 여전히 좋은 상태의 물건들을 즐기고 사용하는 경향이 있다. 중국 소비자들에게 있어서 새로움과 변화를 위해 브랜드를 바꾸거나 여행지를 바꿀 가능성은 없다. 중국 소비자들은 새로운 상품을 받아들이는 데 늦다고 한다. 그러나 중국 사람들은 저불확실성 회피 문화에 속해 있기 때문에, 새로운 것에 대한 적응에 대해 호기심이 가장 적은 것으로 보여진다.

3) 기준과 상품 평가

각 나라의 문화는 SERVOUAL(서비스 품질을 측정하는 도구)로 서비스 품질의

5가지 차원에서 무엇이 더 중요하다고 생각하는지에 영향을 미친다(Furrer et al., 2000). 서구 문화를 배경으로 하는 소비자들은 아시아 문화 배경을 가진 소비자들보다도 더 물리적인 환경의 유형적인 단서들(tangible cues)에 의존한다. 향락적(hedonic) 차원의 소비 경험은 아시아인들보다 서구의 소비자들에게 있어서 더 중요하다(Winsted, 1999).

Tasur와 동료들(2005)에 따르면 서비스 품질의 모든 면에서 세 가지의 문화적인 그룹, 전통적 영국인들(persons of English Heritage), 아시아인들 그리고 유럽인들 사이에 다른 점들이 있다. 전통적 영국인(English Heritage) 그룹 사람들은 유형설비, 신뢰성, 자신감 그리고 공감이 더 좋은 서비스 품질을 위한 척도라고 인지한다. 서비스 품질을 평가하는 데 있어서 전통적 영국인들은 물리적인 환경에서 유형적인 단서들에 더 의존을 한다. 전통적 영국인들과 유럽 그룹 사람들은 그들의 행동의 의도들이 아시아 사람들보다 더 충실하다(loyal). 그리고 전통적 영국인들은 아시아인과 유럽 사람들보다 서비스에 지불할 의지가 더 많다고 한다.

아시아 소비자들의 서비스 접점(service-encounter : 소비자가 구매하고자 하는 서비스와 직접적으로 상호작용을 하는 시점) 평가를 결정할 때, 대인 관계의 특성이 중요한 요인이다. 그러나 서구 소비자들은 목표 달성, 효율성 그리고 시간 절약에 대해 더 강조한다. 아시안 관광객들은 서구 상대방에 비해 서비스질의 특성(all the relational quality service attributes)에 상당히 점수를 더 적게 준다. 아시아 관광객들은 서비스에 대한 이해, 서비스의 신뢰성 그리고 민첩성들에 대해 평가한다. 반면에 서구 관광객들은 직원의 서비스 의지와 분위기 그리고 직원의 능력에 대해 평가한다. 이것은 서구 관광객들이 단순한 서비스 제공 이외의 눈에 보이지 않는 면들을 찾는 것을 알 수 있다(Tsang & Ap, 2007).

아시아 국가들은 권력 지향성이 큰 특징이 있기 때문에, 서비스 제공자들에게 사회적 계급에 주목하도록 요구한다. 서구의 소비자들은 권력 지향성이 적기 때문에, 소비자들은 사회적 지위의 차이를 덜 인식하고 평등주의적인 서비스를 더 기대한다(Mattila, 1966b, 1999c). 예를 들어, 일상적인 서구의 소비자-종사자 서비스 접점으로는 한국 손님들을 만족시키지 못한다. 왜냐하면 서비스 종사자가 소비자의 사회적 지위를 이해하지 못했기 때문이다. 한국인들은 서비스 접점에서 형식적인 관계를 기대하는데, 특히 최고급 레스토랑에서 그렇다. 한국 사람들은 서비스 접점에서 불필요한 관여를 원하지 않는데, 그것은 그들과 지위가 다른 서비스 제공자들과의 친밀성을 바라지 않는다. 한국 서비스 제공자들은 사회적 거리(social distance : 개인 혹은 집단 간의 친근도)를 위해 소비자들에게 존경을 보이도록 요구하며 친밀성을 나타내는 표현들은 피한다(Kong & Jogaratnam, 2007).

서비스로부터 기대는 문화마다 다르다. 예를 들어, 일본 사람들은 요구가 훨씬 더 많고 서비스에 대한 기대치가 다른 나라의 관광객들보다 더 높다. 일본 관광객들은 미국 관광객들에 비해 더 많이 주목해 주기를 바라고 요구한다(Ahmed & Krohn, 1992). 일본인들은 섬세함, 미적인 면, 품질 그리고 더 높은 서비스 기대치를 가진다(Turcq & Usunier, 1985).

영국, 미국, 호주, 일본, 타이완의 관광객들은 호텔 서비스 품질에 대해 각기 다른 기대치를 가진다. 영국 관광객들이 가장 높은 기대치를 가지고 있는 것으로 알려져 있으며, 그 다음은 미국에서 온 관광객들이고 그리고 호주, 타이완 그리고 일본 관광객들 순서다. 일본 관광객들은 서비스 품질의 유형적 그리고 공감적(empathic) 차원에 대한 기대치가 가장 낮았다. 타이완 관광객들은 베풀고 그리고 개인에게 주목해주는 공감적 차원의 기대치는 낮았다(Mok & Armstrong, 1998).

서비스 타이밍에 대한 선호 또한 문화마다 다양하다. 형식적이지 않는 레스토랑에서 각 나라의 손님들은 서비스 타이밍에 대한 다른 선호도를 가지고 있다. 미국 관광객들은 식사 전 자리가 배정되기 전까지 시간이 좀 더 길더라도 그것을 수용할 수 있다. 홍콩 관광객들은 식사가 끝난 후 계산서가 올 때까지 시간이 좀 더 길더라도 괜찮다고 여긴다. 그러나 미국 손님들은 식사가 끝난 후 계산서 줄 때까지의 시간이 길어진다면 그것은 손님을 배려하지 않는 태만한 서비스라고 인식한다(Becker & Murmann, 1999).

일반적으로 개인주의적 문화에서 온 관광객들은 더 효율적이고 신속하고 그리고 실수가 없는 서비스를 요구한다. 집단주의적 문화에서 온 관광객들은 사람

중심적인 서비스와 서비스 종사자들이 보여주는 신뢰성이 가장 중요하다고 여긴다. 개인주의적 소비자들은 서비스 제공자들로부터 기대치가 집단주의적 손님들에 비해 높다. 그 이유는 소비자들이 서비스 제공자들로부터 받고 있는 서비스에 대한 자신감을 줄 것이라고 기대하기 때문이다(Donthu & Yoo, 1998). 그러나 개인주의자들은 그들과 서비스 제공자 사이에 거리를 유지하려는 것으로 보여지고, 상호작용을 통한 친밀성을 줄이기 위해서 서비스의 유형적인 요소들을 사용한다(Furrer et al., 2000). 또한 개인주의자들은 개인 맞춤 서비스가 가장 중요하다고 여긴다. 그러나 집단주의자들은 개인 맞춤 서비스보다는 일관성이 가장 중요하다고 생각한다(Kong & Jogaratnam, 2007).

더구나, 문화적 거리(cultural distance)가 상당히 있는 나라로부터 온 관광객들은 서비스에 대한 요구를 덜 하며, 서비스 품질을 평가하는 데 있어서 더 관대하다(Weiermair, 2000). 예를 들어, 홍콩을 방문한 한국 관광객들은 그들이 받는 서비스에 대해 서구의 관광객들보다 더 비판적이다. 왜냐하면 아시아 관광객들의 문화가 홍콩의 문화와 훨씬 더 가깝기 때문이다.

서구 나라에서 온 구매자들은 호기심과 유용성(예 새로운 상품 조사)을 제공하도록 디자인되어진 상품 속성들에 대해서 아시아에서 온 구매자들에 비해 훨씬 더 비중을 두고 있다(Jones & McCleary, 2005).

문화적으로 다른 소비자들은 다른 나라에서 만든 상품들에 대한 각기 다른 인식을 가지고 있음을 연구들은 보여주고 있고, 이러한 다양한 지각들은 대안 평가(alternative evaluations)에 영향을 준다(Lee, 2005). 예를 들어, 중국 소비자들은 국내에서 만든 제품보다 수입된 제품들이 더 좋다고 여긴다(Tai, 1998). 중국인들은 중국에서 만든 제품보다 품질, 디자인, 혁신성(innovation), 소비자 서비스 그리고 전체적인 가치적인 면에서 수입된 제품들에 대해 더 호의적인 태도를 가진다(Lee, 2005).

유교 문화적 영향과 근검절약 정신이 잘 결합되어져 있는 중국 소비자들이 수용할 수 있는 가격의 범위가 서구 소비자들보다 훨씬 좁은(Gong, 2003) 이유는 부분적으로 서구 소비자들에 비해 구매력이 상대적으로 떨어지기 때문이다. 그러나 권력 지향성이 크고 집단주의의 영향 때문에, 중국 소비자들은 구매에 있어 사회적 위험에 중요성을 두는 경향이 있다. 특히 구매 행동이 선물을 주는 것과 관련이 되어져 있을 때 그렇다. 또한 중국인들은 'cheap product is never good'(싼 제품은 절대로 좋지 않다)라고 믿고 있으며, 싼 제품을 구매하는 것은 구매자의 체면을 잃게 되는 것이며, 개인적인 관계에 있어서 손해가 될 수도 있다고 여긴다.

더구나, 국가 문화는 여행 서비스와 여행지의 평가에 영향을 미친다(Crotts & Erdmann, 2000). 일반적으로 서양 문화에서 온 관광객들은 휴가지에서 그들의 경험을 동양 문화에서 온 관광객들보다 더 높게 평가하는 경향이 있지만, 그들의 평가의 강도가 항상 일정하지는 않다. 서양 문화에서 온 관광객들이 그들의 만족도가 높다고 하더라도, 다른 나라들에 비해서 같은 여행지를 다시 방문할 가능성은 상대적으로 낮다(McCleary et al., 2006).

4) 구매 결정

문화는 사람들마다 의사결정을 다르게 하는 가장 중요한 이유로 인식되어진다(Hofstede, 1980; Kluckhohn, 1951; Rokeach, 1973a, b). 개인주의자들은 집단주의자들과 다르게 결정한다. 개인주의자들은 스스로 의사결정을 하지만, 집단주의자들은 다른 사람들의 의사결정도 허락한다. 체념적 문화(fatalistic culture) 사람들은 신, 행운 그리고 신앙(faith)과 같은 통제할 수 없는 고차원적인 영향력(higher-order forces)에 결정을 맡긴다. 어떤 문화에서는 사람들이 의사결정을 미룬다(manner syndrome=do it tomorrow) (DeMooij, 2004).

개인주의자들은 각자 의견을 결정하는데, 집단주의자들은 그룹과 의견의 일치로 결정한다. 개인주의자들은 그들의 행동을 개인적인 특성들과 감정에 따른 것으로 여긴다. 그들의 구매 행동은 더 감정에 이끌린 것이다. 집단주의자들은 행동을 상황적인(situational) 요인들에 기인한 것으로 여기며, 구매 행동은 덜 감정적이고 더 이성적이다(McDonald, 1995; Usunier & Lee, 1996).

중국인들의 구매 행동 연구들에서, 중국 사람들은 유교에 깊은 뿌리를 가지고 있다는 것을 보여주며 절약, 근면 그리고 가치 의식(value consciousness)을 강조한다. 중국 사람들에게 있어서 절약은 매우 옹호되어지며 중국 사람들은 '오늘을 위해 살아가는 것'(living for today) 혹은 '지금 사고 계산은 나중에(buying now and paying later)' 대신에, '어려울 때를 위해 아끼자(save for a rainy day)'를 중요하게 생각한다. 돈을 저축하고 꼼꼼하게 쇼핑하는 것을 사회적으로 바람직한 것으로 여긴다(Lee, 2005). 중국 소비자들은 저축 중심적이다. 돈을 빌리는 것을 부끄러운 것으로 보고 있으며, 그것은 분수에 맞지 않게 산다는 것을 뜻한다. 중국인들은 신용카드를 쓰는 것을 아주 싫어하며 신용카드로 사는 것보다는 현금으로 물건 사는 것을 더 선호한다(Gavin, 1994). 중국 소비자들은 무엇을 사는지 그리고 어렵게 번 돈을 어떻게 쓰는지 주시한다. 중국인들에게 쇼핑은 주로 계획되어지고 계산되어진 과제를 실행하는 것이다. 그들을 서구인들과 비교해 보았을 때, 더 보수적이고 실용적이며 기능 중심적이다(Li, 1998). 그들은 오래된 제품들을 계속 사용하는 소비자이며, 이미 가지고 있는 제품은 다시 구매하여 사용하지 않는 사람들로 여겨진다.

구매 위험

위험에 대한 인식은 문화에 따라 다르다는 것을 많은 연구에서 보여준다(Goszczynska et al.,1991; Hoover et al., 1978; Verhage et al., 1990). 예를 들어, 위험 인식(risk perception : 소비자가 새로운 서비스 제공자를 찾는다고 가정했을 때 느끼는 위험 부담)에 대해 중국인, 미국인, 독일인 그리고 폴란드인들 사이에는 상당한 차이가 있다. 미국인, 멕시코인, 네덜란드인, 터키인, 태국인 그리고 사우디 소비자들은 소비 상품에 대한 위험 인식이 각각 다르다(Yavas et al., 1992).

위험 회피(risk-adverse) 성향이 강한 문화에서 온 관광객들은 저위험 회피(low-risk advoidance) 문화에서 온 관광객들과는 다르게 행동한다. 예를 들어, 일본 관광객들은 여행채널로부터 여행 이전에 정보를 찾고, 미리 지불한 관광 패키지를 구매하며, 독일 관광객들보다 좀 더 큰 그룹으로 여행을 하며, 좀 더 짧은 기간 동안 좀 더 적게 여행지들을 방문함으로써 위험 불확실성을 줄이려는 행동을 한다(Money & Crotts, 2003). 관광객과 관광지 문화 사이의 문화적 거리(cultural distance)가 클수록 국제 관광객들은 관광 패키지와 패키지 여행 전문업자를 활용하고, 더 짧은 기간 동안 여행하며, 더 적은 여행지를 방문함으로써, 위험을 줄이는 여행 행동을 할 가능성이 크다(Crotts, 2004).

Litvin과 동료들(2004)은 높은 UAI(불확실성 회피 문화) (일본인, 그리스인)에서 온 관광객들은 친구들, 친척들, 주 또는 시의 여행사무소로부터 더 많은 정보를 얻는다. 그러나 낮은 UAI 문화(독일인, 영국인)에서 온 관광객들은 TV 그리고 라디오 광고와 같은 마케팅 중심의 정보출처의 정보와 여행가이드들을 활용한다. 높은 UAI 관광객들은 관광 계획에 시간을 더 적게 사용한다. 낮은 UAI 문화에서 온 관광객들은 관광 계획을 하면서 기쁨을 찾고 그것에 대한 세부사항들을 정리하면서 시간을 더 보내는 것을 택한다. 높은 UAI 관광객들보다도 위험 회피(risk-avoidant)를 덜 하는 관광객들은 여행을 혼자 할 가능성이 크며, 훨씬 적은 무리와 여행을 할 가능성이 크다. 높은 UAI 문화에서 온 관광객들은 패키지 관광상품을 상당히 더 많이 구입한다. 낮은 UAI 문화에서 온 관광객들은 자동차를 임대할 가능성이 더 크다. 낮은 UAI 관광객들과 비교를 해 보았을 때, 높은 UAI 관광객들은 여행하는 동안 더 적은 여행지들을 방문하며 방문한 나라에서 더 적은 기간 동안 머문다(Litvin et al., 2004).

다른 국적의 관광객들은 같은 위험에 대하여 다르게 인식할 수 있다(Richardson & Grompton, 1988). 미국인들과 중국계 말레이시아 학생들이 여행지로 호주를 선택했을 때, 위험 인식(perceived-risk)에 대해서 상당한 차이가 있다(Summers & McColl-Kenney, 1998). 그리고 국제 관광객들이 이스라엘을 방문할 때도 마찬가지이다(Fuchs & Reichel, 2004). 미국, 홍콩 그리고 호주에서 온 관광객들은 여행 위험을 더 인식하고 덜 안전하다고 느끼고 더 많이 걱정한다. 따라서 그들은 영국, 캐나다, 그리스에서 온 관광객들보다도 여행을 더 하는 것을 꺼린다(Reisinger & Mavondo, 2006b).

위험 인식(risk perception)은 안전에 대한 인식(perception of safety)에 영향을 미친다(Reisinger & Mavondo, 2005). 안전에 대한 인식도 문화마다 다르다. 예를 들어, 뉴질랜드의 오클랜드(Auckland)에서 열린 2000 아메리카 컵(America's Cup)

에 참석한 국제 관광객들은 국내 관광객들보다도 안전성이 더 중요하다고 여겼다(Barker et al., 2003). 유럽 방문객들과 비교를 했을 때, 중국 방문객들은 상대적으로 안전함을 느꼈고 일본 방문객들은 상대적으로 안전하지 못하다고 느꼈다. 일본인들은 북아메리카인들과 유럽 비즈니스 그룹들에 비해 관광상품 안전성에 더 관심을 가진다(Sun & Gartner, 2004). 또한 일본, 한국 그리고 미국 여행객들은 안전과 모험에 대한 욕구가 서로 다르다(Pizam & Jeong, 1996).

5) 구매 결정 후 행동

(1) 만 족

소비자들이 관광상품에 대하여 느끼는 만족과 불만족의 정도는 국가 문화에 의해 많은 영향을 받는다. 집단주의적 사회에서 소비자 만족은 종종 신뢰, 관심, 분담 의무(shared duty) 그리고 장기간 책임 인식에 따라 결정된다. 이것은 서비스 계약기간을 넘어서 제공되는 서비스이다. 즉, 모든 관련 사항들에 대한 관심, 감사를 표현, 제품 애호에 대한 보상 그리고 손님의 관심이 항상 그 회사의 관심보다 우위에 있다는 것이다. 개인주의적 사회에서 소비자의 만족은 효용성, 신속성 그리고 실수 없는 서비스에 따라 결정되어진다.

미국에서 식사하는 손님들의 만족은 개인 맞춤 서비스가 중요하다고 알려져 있다. 그러나 한국 손님의 경우 개인적 인식 그리고 서비스 개인화는 덜 중요하다. 한국인들은 일반인보다 서비스를 제공하는 사람들이 시간을 잘 지켜야 하고, 존경심을 가져야 하며, 예의 바르고 잘 돌볼 줄 알아야 한다고 믿는다. 한국 사람들은 이전에 저녁식사를 즐겁게 한 곳이라면 다시 그 레스토랑을 방문할 가능성이 가장 많다(Kong & Jogaratnam, 2007).

고문화적 거리(high cultural distance)의 거주자(방문자와 관광 지역 사이에 큰 문화적 차이) 그리고 완전한 패키지 여행(잠재적 갈등을 최소화하기 위해)을 하는 사람들은 여행 경험에 더 높은 만족도를 보이고, 다시 방문할 가능성이 있다고 한다. 저문화적 거리(low cultural distance)의 거주자와 자유롭고 독립적인 여행을 하는 사람들은 규격화된 여행자들보다 더 높은 만족도를 보였고 다시 방문할 의도가 있는 것으로 나타났다(Crotts & McKercher, 2006). 매우 남성적인 사회의 관광객들은 남성적 성향이 낮거나 중립적인 사회에서 온 관광객들에 비해서 높은 불만족을 나타냈다(Crotts & Erdmann, 2000).

(2) 신뢰도

강화 이론(reinforcement theory)에 따르면 즐거운 결과는 다시 행동을 되풀이할 가능성이 있다. 그러나 즐겁지 못한 결과는 반복되는 행동을 일으키지 않는다. 소비자들에게 다시 구매하게 하고 방문하게 하기 위한 동기를 부여하기 위하여 그들의 만족을 높이기 위한 긍정적인 인식을 가질 수 있도록 해야 한다. 만족은 다시 신뢰도를 만들어낸다.

손님의 신뢰도와 만족도는 문화마다 다르다. 손님마다 신뢰도가 다른 것은 구매 경험 이후의 기대와 만족의 정도에 따라 다르다. 예를 들어, 집단주의의 소비자들은 대개 더 만족하고, 구매 행동이 개인주의적 구매자들보다도 더 만족도가 높다. 중국과 한국인들은 다른 사람들의 이익을 위해 자기 자신을 희생할 수도 있다. 그러나 필리핀 소비자들은 미국 소비자들에 비해 덜 만족한다(Sun et al., 2004). 필리핀 손님의 낮은 만족도는 미국인들에 비해 브랜드에 대한 지식의 부족과 재정적으로 덜 만족한 것에서 기인된다. 또한 낮은 남성적 문화에서 온 관광객들은 관광 서비스들을 평가할 때 높은 남성적인 사회에서 온 관광객들보다 더 만족도를 보인 반면, 높은 남성적 문화에서 온 관광객들은 강한 고객 이탈현상을 보인다(Crotts & Erdmann, 2000b).

(3) 비판과 불평

불만족한 소비자들은 (1) 불만족을 말할 수 있고, (2) 부정적인 말들을 퍼트릴 수 있으며, (3) 다른 상품으로 바꿀 수 있고, (4) 법적인 조치를 취할 수도 있다. 사회적 조화와 충성심 유지에 초점을 맞추는 집단주의적 문화에서, 소비자들은 구매한 후 문제를 경험했을 때 불평을 말하거나 법적인 조치를 취하는 것을 망설인다.

예를 들어, 미국인들에 비해서 중국인들은 잘못된 상품에 대해서 형식적인 불평을 말할 가능성이 더 적다(Lowe & Corkindale, 1998). 중국인들은 자연은 모든 것을 원래의 상태로 만드는 방법이 있다고 믿고 있으며, 그래서 물건을 얻거나 잃어버린 것에 너무 많은 집착은 현명하지 않다고 여긴다(Chan, 1963). 중국인들은 또한 Yuan(Karma : 업보)을 믿으며 그것은 사람이 통제할 수 있는 것이 아니라고 여긴다. 개인적인 문화에서 사람들은 자신의 삶을 통제할 것을 찾기를 바란다. 중국 사람들은 자신들의 개인적인 운명-운명주의에 복종한다. 그들은 일반적으로 구매한 물건들에 대해 기대치가 적으며, 잘못된 상품 구입은 회사나 제조업자들에게 잘못이 있는 것이라기보다는 자신의 운명이라고 여긴다(Yao, 1988).

사회적 조화 유지가 희망인 중국 소비자들에게 그들의 불만족을 내보이는 것을 못하게 한다. 만약 그들이 불평하기를 원한다면 그들은 스스로 애매한 방법으로 표현을 한다. 중국 사람들은 어느 정도 불만을 나타내는 것은 현명한 결정을 하지 못하는 것에 대한 징후라고 믿는다. 또한 사람들은 불평으로부터 긍정적인 결과를 얻지 못하며 다른 사람들 앞에서 체면을 잃을 수 있다고 생각한다(Lowe & Corkindale, 1988).

유교는 개인들에게 상황(context)에 적응, 감정 통제, 회피, 경쟁과 투쟁의 회피 그리고 조화를 유지하도록 요구하기(Lee, 2005) 때문에 중국인들은 절제의 원칙과 중용을 지킨다. 중국 소비자들이 불만족에 대해 인내의 정도를 증대시키는 경향이 있다(Lowe & Corkindale, 19898). 그러나 그들은 부정적인 말들을 그룹 내의 구성원들에게 퍼트릴 가능성이 크다. 반대로 개인주의적 그리고 남성적 문화에서 소비자는 주로 불평을 하며 또한 법적인 조치를 하는 경향이 있다.

고불확실성 회피 문화에서 온 관광객들은 긍정적인 서비스 품질을 경험했다면 서비스 제공자들에게 칭찬을 하고 찬사를 보내는 의지가 높다. 만약 그들이 문제를 경험했다고 해도, 그들은 서비스를 제공하는 사람을 바꿀 의지는 낮으며 부정적인 말과 불평 의지가 낮음을 보여준다(Liu & McClure, 2001).

그러나 젊은 타이완 소비자들은 미국 소비자들보다 레스토랑 서비스 제공자들을 바꿀 가능성이 더 많다. 다른 서비스 제공자로 바꾸는 것은 그들에게 호기심과 새로움 그리고 다양성의 욕구를 만족시켜준다. 또한 그들의 개인성을 표현하고 소비자의 선택에 대한 자극(stimulation)을 주며 집단주의적이고 엄격한 중심 문화적 가치로부터 새로운 방법을 찾는 것을 허락한다. 타이완 사람들은 미국 소비자들보다 다른 사람의 체면 손상을 회피하며 직접적으로 좋지 않은 서비스에 대해서 불평할 가능성은 적다(Lin & Mattila, 2006).

유교적 신념에 따르면, 사람들은 삶이 용서와 사회적인 조화를 유지하기 위한 협상에 의해서 이끌어져야만 한다. 반대로 개인적인 욕구가 우선이라고 믿는 북아메리카 사람들은 운명은 스스로 통제한다고 믿으며, 타이완 사람들과 비교하여 불만족을 말할 수 있는 가능성이 더욱 크다(Hui & Au, 2001).

호텔의 불만족한 서비스 반응에 대한 연구에서, 미국 사람들은 그 호텔에 더 이상 방문하지 않으며 호텔 경영에 불평하고 가족과 친구들에게 그 사실을 알린다. 이와 반대로 일본인들은 경영에 대해서 불평할 가능성이 적으며 친구들과 친척들에게 불만족한 경험들에 대해서 말한다(Huang et al, 1996).

불평하는 행동 또한 문화마다 다르다. 예를 들어, 미국 텍사스주 휴스턴의 손님들보다도 홍콩 SAR에 있는 호텔 레스토랑의 손님들이 음식 맛, 온도 그리고 신선도에 대해서 불평할 가능성이 더 많다. 또한 홍콩 손님들은 소음의 정도에 대해서 불평한다. 그러나 휴스턴 손님들은 온도와 호텔 레스토랑의 장식에 대해서 불평을 더 한다. 효율성, 인사, 정중함 그리고 서비스는 최고급 호텔에서 손님들이 불평할 수 있는 속성들이다. 그러나 그들은 서로 다르게 점수를 매긴다. 휴스턴 손님들보다 홍콩 손님들은 인사에 더 높은 점수를 준다(DeFranco et al, 2005).

(4) 상품 처분

국가의 문화는 소비자가 구매 후 상품을 어떻게 할 것인지에 큰 영향을 미친다. 예를 들어, 절약과 절제의 가치를 따르는 집단주의적 소비자들은 그 상품이 사용 가능하고 이득을 준다면 그 상품을 사용할 가능성이 크다. 그들은 오래된 상품들을 오랫동안 가지고 있거나 아이들이나 가족들에게 물려준다. 반대로 즐거움과 즉각적인 만족감의 가치를 따르는 개인주의적 소비자들은 낡거나 사용한 물건을 처분하고 새로운 것을 구입할 가능성이 크다. 유럽 소비자들은 상품을 버리기보다는 수선해서 사용할 가능성이 크다. 새로운 상품을 구입하거나 대체하는 것보다, 고쳐 쓰거나 재사용을 선호하는 문화의 구성원들은 재구매자들을 이해하지 못한다.

6) 구매 결정 이후

(1) 기억과 의미

문화는 기억에 영향을 미친다. 같은 문화 사람들은 그들의 문화적인 배경과 일치하는 중요한 활동들과 이벤트들을 잘 기억한다. 비슷한 문화의 사람들은 메시지들을 기억하기 위해 비슷한 단서들을 사용한다. 예를 들어서, 중국과 같은 고배경 문화의 아시아 언어권 사람들(Asian speakers)은 눈에 보이는 것에 더 많이 의존한다. 그러나 저배경 문화의 영어권 구성원들은 말하는 소리에 더 의지를 한다. 중국과 일본과 같은 고배경 문화에서는 시각적인 것이 기억을 촉진시킨다. 그러나 저배경 문화에서는 같은 말의 뚜렷한 되풀이가 기억을 촉진시킨다(DeMooij, 2004).

선호도와 의미들은 또한 문화마다 다르다. 예를 들어, 유럽에서 흰색은 순수와 결혼과 연관되어 있으나 검은색은 슬픔과 연관되어 있다. 반대로 일본에서 흰색은 슬픔과 연관되어 있으나, 검은색은 행복과 연관되어 있다. 일본, 중국, 한국에서 보라색은 비싼 것과 연관되어 있으나, 미국에서 보라색은 싼 것으로 연관되어 있다(DeMooij, 2004).

(2) 감정과 느낌

아픔, 기쁨, 슬픔, 분노, 두려움, 스트레스 혹은 흥분과 같은 감정은 관광에 있어서 매우 중요한 개념을 뜻한다. 관광은 정신적, 육체적 그리고 영적으로 좋게 느끼게 하는 모든 것이다. 관광 서비스의 소비에 대한 감정적인 반응은 만족도,

지속적인 단골 혹은 여행지 방문으로 설명할 수 있다. 감정은 문화적인 것에 의존한다. 많은 감정은 보편적이지만 문화권마다 사람들은 감정을 다르게 표현한다.

감정은 눈에 보이게(흉내, 얼굴 표정) 표현이 되어질 수 있고, 소리로(목소리) 그리고 다른 감각들(냄새, 접촉)을 사용함으로써 표현되어질 수 있다. 웃음은 한 문화에서는 행복을 나타내는 데 사용이 되지만, 다른 한 문화에서는 불신으로, 또 다른 문화에서는 사회적 상호작용으로서 초대로 의미가 되어질 수 있다. 집단주의적 사회에서 사람들은 감정을 통제한다. 그리고 부정적인 감정, 불쾌감 혹은 불만족 표현들을 억제한다. 왜냐하면 그것들이 그룹에 부정적으로 반영되어지기 때문이다. 그들은 항상 예의 바르게 표현하도록 노력한다. 집단주의적 문화에서 감정 표현은 배경(context)과 속해 있는 그룹에 따라 다르다. 개인주의적 문화에서 분노와 좌절감의 표현은 더 쉽게 참아질 수 있다. 저불확실성 회피 문화에서 사람들은 감정 표현들에 통제가 약하다. 그러나 고불확실성 회피 문화에서 사람들은 감정을 보여주며 때때로 당황과 죄의식을 보여준다.

예를 들어, 일본에서는 공공장소에서 비판하거나 불평을 하는 것은 사회적 예의범절의 심각한 위반이다. 반대로 서양에서는 공적으로 감정과 생각을 표현하고 좋은 것을 칭찬하고 크게 말하는 것이 흔한 관행이다. 일본에서는 겸손하고 사과적인 태도가 감정을 보여주는 적당한 방법이다. 감정을 너무 드러내는 것은 예의 바르지 못한 것이다. 서양인들은 개인적인 관계의 감정 인식은 너무 차갑고, 너무 객관적이고 그리고 무감각한 것으로 생각한다. 말을 너무 많이 하거나 목소리를 높이는 사람들은 신중하지 못하고 싸움을 일으키는 것으로 인식한다.

인도네시아 사회에서는 부정적 그리고 긍정적인 감정 표현은 극히 드물며 그러한 표현들이 그들 관계의 부드러운 흐름(현 가족 구성원들 그리고 가까운 친구들은 제외)을 방해한다고 여긴다. 또한 사랑의 표현들은 공공장소에서 허락되지 않는다. 반대로 호주 사람들은 부정적이고 긍정적인 표현을 통제하지 않으며 비형식적 행동들도 인정된다(Reisinger & Turner, 1997b).

집단주의적 문화에서 감정은 더 관계적이고 사회적이다. 그러나 개인주의적 문화에서 감정은 더 개인적인 것이다. 집단주의적 문화에서 감정은 다른 사람들 중심적(예 동정, 부끄러움, 교감, 사회적 의무, 체면)이며, 개인주의적 사회에서 감정들은 자아 중심적(예 분노, 좌절, 자부심) 이다(DeMooij, 2004).

분노, 행복 그리고 슬픔은 서구와 아시아 문화에서 다르게 표현된다. 서양 문화에서 사람들은 행복할 때 웃고, 슬픔에 직면했을 때 울고 그리고 놀랐을 때 입을 벌리거나 눈을 크게 뜬다. 아시아 집단주의적 문화에서 사람들은 종종 미소 짓거나 웃는 것은 슬픔을 감추거나 당황스러움과 부끄러움을 감출 때 그렇게 한다. 그러한 미소는 행복을 반영하는 것이 아니다. 아시아 집단주의적 문화에서 사람들은 행복할 때 웃는 경우도 있다.

부정적 서비스 접점(service encounters)에서 감정적인 반응은 문화마다 다르다. 영국 손님들은 요구한 서비스를 잘못했다고 서비스 종사자들을 비난한다. 그러나 아프리카 손님은 규칙 이행의 필요성을 강조하고 판매자가 도움이 될 수 있기를 기대하면서 슬픔의 감정(모욕, 당황)을 강조한다. 그러한 감정들은 서비스 제공자의 업무태도를 바꾸는데 영향을 미칠 가능성이 있다(Smith, 2006).

어떤 문화에서 감정을 나타내는 하나의 단어에 다양한 감정들을 포함한다. 예를 들어, 일본인들은 'jodo'의 뜻에 분노, 행복, 슬픔, 심사숙고 그리고 계산 등도 포함한다. 독일말에 'Schadenfreude'의 뜻은 악의적인 기쁨으로 다른 사람들의 고통 혹은 나쁜 행운을 즐긴다는 뜻이다(DeMooij, 2004).

감정의 개념을 이해하는 것은 개인적인 동기, 욕구, 경험, 그리고 이러한 경험들의 결과를 결정하는 데 도움이 된다. 그러나 감정은 같은 나라 문화의 구성원들에 의해서만 올바르게 이해 되어질 수 있다.

요 약

많은 연구에서 문화적으로 다른 관광객들은 행동에 있어서 차이점들을 확인할 수 있었다. 이러한 연구들은 나라의 문화가 개인적인 특성(성별 역할, 생활방식, 활동, 성격, 자아)에 영향을 미친다. 또한 심리적인 특성인 동기부여, 욕구 인식, 이미지, 학습 지식 그리고 태도에도 영향을 미치는 것에 대해 언급하고 있다. 나라의 문화는 욕구 인식, 정보 탐색, 정보출처 선택, 상품/여행지 평가 그리고 구매 후 행동을 포함하는 관광객들의 의사결정 과정에도 영향을 미친다. 나라의 문화는 어떻게 준거집단, 의견 리더 그리고 가족들이 관광객들에게 영향을 미치는가를 결정한다. 또한 구매 역할, 의사결정 수준, 새로운 상품과 여행지 선호도를 결정한다. 국가의 문화는 상품에 대한 관광객들의 구매와 여행 위험, 상품만족도와 신뢰도 그리고 비판에 영향을 미친다. 마지막으로 국가의 문화는 관광객들의 욕구와 경험 그리고 이러한 경험들의 결과와 더불어 감정과 느낌에 영향을 미친다.

논점과 질문

1. 관광객의 성격이 어떻게 관광객의 여행지 선택과 행동에 영향을 미치는가?
2. 어떤 변수(동기 혹은 성격)가 국제 관광객들의 욕구를 가장 잘 설명해 주는가? 당신의 반응을 정의하고 예를 들어 보시오
3. 문화가 관광의 본질(여행지 선택, 여행 목적, 여행 계획, 여행 일정과 시간, 체류 기간, 소비 패턴, 동행, 여행 활동, 관심 사항, 위험 발생)에 어떻게 영향을 미치는가?

사례 14.1 일본 관광객의 행동

문화적 배경이 일본 관광객 소비 행동에 크게 영향을 미친다. 예를 들어, 일본인들은 휴가지를 선택할 때 호주의 국내 관광객들과 다르게 여행지를 선택한다. 휴가의 혜택들을 극대화하기 위해 일본인들은 미리 여행을 조심스럽게 계획한다. 모든 대안 여행지들을 조사하고 장점 그리고 단점들을 조사하며 추가적인 비용이 들어가지 않도록 다양한 가격 정책들에 대해서도 고려한다. 그 결과 구매하기 이전의 소비자 단계에서 일본인들은 많은 시간을 의사결정하는 데 보낸다. 의사결정 과정이 서양 소비자들에 비해 더 긴 이유로서, 일본인들은 위반이 되는 것과 그룹의 조화를 방해하는 것을 피하려고 노력하기 때문이다(Aiff-Levine, 1990). 평가 단계에서 일본인들은 상품들을 평가하고 서비스에 대해 평가한다. 일본인들의 휴가 만족의 정도는 항상 부정적인 감정을 표현하는 것을 꺼리는 데 중점을 둔다. 반대로 구매 이전의 단계에서 일반 미국 관광객들의 의사결정 과정은 짧다. 호주 사람들은 휴가지에 대해 결정하는 데 많은 시간을 소비하지 않는다. 때때로 그들의 휴가는 계획하지 않으며 걱정도 없고 느긋하다. 또한 그들은 개인적인 욕구를 중심으로 계획한다. 그러나 구매 단계가 더 길다. 그 이유는 호주 관광객들은 가장 좋은 것을 사기 위해 다양한 여행사들을 둘러본다. 평가 단계에서 호주 사람들은 휴가에 대한 불만족은 자유롭고 직접 표현하고 논쟁을 하며 사실에 대해서 언급한다.

출처 : Reisinger, Y., & Turner, L (1999). 일본 관광객의 문화 분석: 관광 시장에 대한 도전, European Journal of Marketing, 33(11012), 1203-1227.

사례 14.2 관광 행동의 문화적 영향

Helen은 노르웨이 Flam 관광객 정보센터에서 근무를 했었다. 그녀는 세계의 많은 관광객들을 만났다. 그녀는 다른 국적의 관광객들에게서 그들의 행동이 다르다는 것을 알았다. Helen에 따르면 다른 문화에서 온 관광객들은 숙소, 음식 서비스, 관광 명소, 활동 등에 대한 요구들이 다르다는 것이다. 하루는 Helen이 게스트하우스에 대한 긍정적인 인상에 대하여 이야기하기 위해 정보센터로 온 미국 젊은 여성과 말을 했다. 미국 여성은 그 서비스가 정말 훌륭하고 방은 아늑하고 멋있다고 생각했다. 그녀는 Flam으로 다음 해에도 반드시 오겠다고 했다. Helen은 그것을 듣고 기뻤다. 그러나 조금 후에 거의 같은 날 한 영국 여성이 사무실로 왔다. 그녀는 게스트하우스가 감옥처럼 보인다고 했고 방은 너무 어둡고 너무 작다고 했으며 서비스는 없다고 했다. 그 여성은 노르웨이 관광부의 주소를 요구했으며 그녀는 불평의 편지를 썼다. 그 다음날 그 게스트하우스에서 전에 머문 적이 있는 네덜란드 여성이 폭포 앞에서 찍은 사진을 붙이고 관광객 사무실로 엽서를 썼다. 그녀는 좋은 휴가를 보낸 것에 대해 그 사무실에 감사했다.

웹사이트 링크

1. Dealing with cultural differences in tourism and hospitality : http://www.vea.com.au/Product.aspx?id=376
2. Tourism and cultural differences : http://rielworld.com/2007/05/29/tourism-and-cultural-diffences/
3. Representing foreign nationals : http://representingforeignnationals.blogspoot.com/2008/02/cultural-diffences-conviction-of.html

다음은 국제 사회들의 문화적인 경향을 비교할 것이다.

PART 5

문화 비교

Part 5에서는 국제 사회의 문화적 성향을 비교한다.

15 CHAPTER

국제 사회 간의 문화적 차이점

이 장의 목적은 가장 중요한 문화적 가치와 국제 사회의 행동들을 비교하고 요약하는 것이다.

목 표

이 장을 다 읽은 후 여러분들은 다음 사항을 이해한다.

- 아프리카, 아시아, 호주, 유럽, 인도, 라틴 그리고 북아메리카 그리고 중동 사회 사이에서 중요한 문화적 차이점과 공통점을 이해한다.
- 중요한 문화적 가치 성향과 지정된 지역의 행동들을 비교한다.

서론

이 장에서는 아프리카, 아시아, 호주, 인도, 유럽, 라틴 그리고 북아메리카 그리고 중동의 중요한 문화적 패턴들과 행동들을 중심으로 한다. 많은 나라들의 가치들과 행동들도 비교가 된다. 일반적 문화 그룹들에서 독특한 문화 그룹들의 가치들이 조명된다.

1. 아프리카

아프리카 사회에서 가장 중요한 단위는 가족이며 가족은 대부분의 경우 대가족 혹은 부족이 포함된다. 마을의 아프리카 가족생활 센터에는 음식이 모여지는 곳이다. 마을의 노인들은 지도자들이며 규칙들을 판단하고 명령한다. 가족 부족은 수용이 되어지는 행동, 개인적인 권리, 의무, 결혼, 상속 그리고 성공의 규칙들을 정한다. 아프리카 사람들은 사람과 사회의 관계가 우선이라고 믿는다. 신뢰와 성실을 바탕으로 하는 우정은 매우 가치가 있는 것이다. 사람들은 누구나 친구라는 것을 받아들인다. 존경을 보여주는 것은 사회적 조화에 가장 중요한 요소이다. 노인들은 가장 존경받는다. 젊은이들은 의견을 표현하는 것이 허용되지 않는다. 아프리카 사람들은 따뜻하고, 친절하고, 느긋하고 그리고 형식적이지 않다. 절대 서두르지 않으며 시간을 유연한 것으로 여긴다. 사업을 의논하기 이전에 서로서로를 잘 알기 위해 앉아서 얘기하는 것을 좋아한다. 시간은 제한되어 있지 않다. 오늘 하지 못한 것을 내일로 미룰 수 있다. 그러나 이러한 시간의 개념이 큰 도시에서는 바뀌고 있다. 아프리카에서 부패는 흔한 일이다. 가난과 불충분한 월급 그리고 열악한 작업 조건과 연관되어 있다(Harris et al., 2004).

2. 아시아

아시아의 공통적 가치들

대부분의 아시아 문화에 있어서 수많은 가치들은 공통적이다. 여기에는 다음과 같은 것이 속해 있다. 사회적 계급, 노인, 부모, 조상들에 대한 존경, 전통 존중, 가족의 중요성, 자아 가치의 원천인 가족 유대, 그룹 안과 그룹 밖 사이의 차이, 사회적 조화, 의무감, 체면 유지, 그룹 일치, 충성심, 협력, 간접주의, 애매모호, 침묵 그리고 감정 통제(Dodd, 1995), 인내심, 강한 감정 회피, 관계 형성, 자아 존중 그리고 평판(Tung cited in Joynt & Warner, 1996), 집단주의, 수행, 교육의 중요성, 의례, 갈등 회피, 도덕적 책임

중국

중국의 인구는 13억이다. 나라 이름의 뜻은 세계의 중심이다. 그 결과 중국 사람들은 그들의 문화가 인간 문명의 중심이라고 여기며 스스로 높은 존중심을 가지고 있다. 중국의 문화는 유교, 도교 그리고 불교의 가르침에 영향을 받았다. 중국은 위계 사회이고 사람들은 권리, 종속을 믿는다. 그들은 사회적인 에티켓의 형식적인 규칙을 따른다. 사회적 지위는 중요하다. 개인적인 특성들은 투지, 침착, 명예, 일관성 그리고 인내심이 있다. 중국 문화는 그룹 중심적이며, 그룹 활동, 일치, 협력, 지지 그리고 충성심은 사회적 조화에 필수적이다. 중국 문화는 고배경 문화이다. 중국 사람들은 비언어적 신호들을 이해하고 대화에서 그것들을 진실된 의미를 보내기 위해 사용한다. 중국인들은 장기 지향적이다. 그들은 장기간의 이익에 더 관심이 있다. 전통으로 묶여져 있으며 조상들을 자랑스럽게 생각한다. 중개인 혹은 제3자를 통해 이야기하고 거래한다. 계약에 사인한 것이 완전한 동의라고 믿지 않는다. 상황은 변할 수도 있다. 초대와 그리고 선물에 화답한다(Harris et al., 2004).

중국 사람들은 시간을 잘 지키고, 옷을 형식에 맞게 입으며, 다른 사람을 부를 때 이름 혹은 직함(title)으로 부른다. 소개를 할 때 명함을 사용하며 적절한 에티켓을 지킨다. 그들은 내성적이며 점잖고 세심하다. 사생활 보호의 개념은 없다. 종종 월급 혹은 수입에 대해서 묻는다. 개인적인 정보는 자주 토론되어진다. 사랑을 표현하는 것을 피하며, 말을 할 때는 거리를 유지하고 신체 접촉하지 않으며 소란한 행동은 인정하지 않는다(Harris et al., 2004).

중국인들에게 네 가지의 가장 중요한 마지막 가치는 진정한 우정, 지혜, 자유 그리고 성숙한 사랑이다. 반면에 네 개의 가장 덜 중요한 마지막 가치는 가족 안전, 편안한 생활, 즐거운 삶 그리고 구원이다. 네 개의 가장 중요한 도구적 가치들은 야망, 너그러움, 지성 그리고 용감함이다. 반면에 가장 덜 중요한 네 가지 도구적 가치들은 용서, 도움, 청결 그리고 복종이다(Feather, 1976, 1980b). 표 15.1은 중국 표준어를 쓰는 중국인들과 호주 사회의 중요한 문화적 차이점들이다.

표 15.1 Mandarin(중국 표준어) 사용 관광객과 호주 주민 사이의 문화적 차이점들

중국 표준어를 쓰는 관광객	호주 주민
그룹적 성향	개인적 성향
같이 하는 것에 중점	독립적인 것에 중점
위계질서	평등주의
나이와 지위의 중요성	성취의 중요성
그룹 활동들과 복종의 중요성	열심히 일하고 능력의 중요성
비물질적 가치들이 우선	물질적 그리고 감정적인 가치 우선
의지적인 것에 중점	자아 의지에 중점
사생활 보호가 존재하지 않음	사생활 보호에 중점
형식적인 옷차림	유연성에 중점
인간관계를 추구	비형식적인 옷
사회적 조화에 중점	의견 일치를 추구
형식적 에티켓이 중점	가장 좋은 거래를 신속히 처리
선물 주는 전통	비형식적인 행동에 중점
감정 억제	선물 주는 전통이 없음
암시적	명시적
위험 회피	위험 감수
의무에 중점	두드러지는 것에 중점

출처 : Reisinger, Y., & Turner, L. (1998). 중국 표준어를 쓰는 관광객들과 호주 주민과 관광지역주민, 상호작용에 의한 그들의 영향 사이의 문화적 차이점들. Journal of Business Research, 42(2), 175-187.

인도네시아

인도네시아의 인구는 2억 3천 2백만이다. 주요 민족 그룹은 자바인(Javanese)과 순다인(Sundanese)이다. 인도네시아는 세계에서 가장 큰 이슬람 국가로서 전체 인구의 90%가 이슬람교를 믿는 것으로 나타난다. 일반적으로 사람들은 코란의 규칙보다는 마을의 법(아다트 : Adat)을 우선으로 한다. 인도네시아는 계급 사회이다. 인도네시아 사람들은 개인적인 모든 관계를 사회적 계급의 규칙에 따른다. 가족은 생활의 가장 기본적인 단위이다. 인도네시아 사람들은 그룹 중심이다. 그들은 순응하고 따른다. 맞서는 것과 다른 사람에게 창피를 주는 것과 모욕하거나 혹은 당황하게 하는 것을 피한다. 다른 사람들 앞에서 사람을 비판하거나 반박하는 것은 피해야 한다. 왜냐하면 그것은 사람의 체면을 깎는 원인이 될 수 있기 때문이다. 간접적 대화표현을 사용하며, 공공장소에서 개인적인 질문을 하는 것과 신체 접촉(touch)은 금지되어 있다. 사람들은 고개를 끄덕이며 인사를 하

고 왼손 사용은 피한다. 압력을 받는 것을 좋아하지 않으며, 시간은 고무줄 시간(rubber time)으로 탄력적인 것이며 제한이 없는 것으로 믿는다(Harris et al., 2004). 표 15.2에서 호주와 인도네시아 사회에서의 가장 중요한 문화적 차이점들을 보여 준다.

표 15.2 인도네시아 관광객들과 호주 주민들

인도네시아 관광객	호주 주민
가족 중심	자기 중심
그룹 중심	개인 중심
지역 사회, 연대감, 사회성 강조	개인주의 그리고 사생활 강조
의존성, 복종, 다른 사람의 행복에 중점	독립성, 도전, 자기의 이익에 중점
신체적 그리고 감정적 친밀 강조	사생활 강조
독점적 우애 금지	강한 독점적 우애
의견 일치에 중점	개인적인 의사결정
의무와 그룹의 뜻에, 복종에 중점	개인적인 자치권과 주도권에 중점
행동에 대한 집단책임	자기 자신의 행동에 도덕적 책임
사회 계급	평등주의
연령 계급	연령 계급 없음
노인들과 그들의 충고를 존중	노인들과 그들의 충고를 존중하지 않음
올바른 행동 양식	직접적 그리고 자유로운 행동 방식
의견의 간접적 표현	의견의 간접적 표현
감정 통제, 의견 불일치의 회피	의견 불일치를 나타냄
부드러운 상호 관계	효율성과 신속성
위험 회피성	위험 감수
서두르지 않고 대화하면서 인사	대화 없는 간단한 인사
음식과 연관된 사회적 의식	사교에 있어서 음식은 일부분이 아님
시간은 늘릴 수 있음	시간은 돈
서두르는 것을 피하고, 자주 늦음	시간을 바쁘게 사용하고, 시간 엄수
스트레스가 없음	스트레스와 근심이 많음
형식적인 옷차림의 중요성	비형식적인 옷차림
사회적인 만남에서 자주 웃음	순수 기쁨을 표현하는 데 웃음을 사용
공식 자리에서의 시선의 마주침을 피함	더 자주 시선을 마주침
빈번한 신체 접촉	신체 접촉을 피함
상대방과의 신체적 거리가 가까움	상대방과의 떨어진 신체적 거리
제한된 몸동작(gesticulation)	제한되지 않은 몸동작
왼손 사용을 피함	두 손 모두 사용함
발 그리고 다리의 움직임을 제한	자유로운 다리의 움직임

출처: Reisinger, Y., & Turner, L. (1997). 관광에서의 문화적 차이점들: 호주에 있는 인도네시아 관광객들. Tourism Management, 18(3), 139-147.

일본

일본의 인구는 1억 3천만이다. 인구의 99% 이상은 일본인으로 이루어져 있다. 전통적으로 일본은 명예, 자부심 그리고 인내에 높은 가치를 두고 있다. 그러나 일본 문화는 천천히 바뀌고 있다. 현실 세계의 가치를 따르고 있다. 중요한 종교들은 신도(Shintoism)와 불교이다. 일본인들은 그룹, 가족, 소속감과 충성심을 크게 강조한다. 사회적 계급, 권리 그리고 노인들을 존경한다. 그들은 누구에게라도 불편을 끼치지 않으려고 노력한다. 사회적 조화를 지키기 위해서 다른 사람들은 물론 자기 자신의 체면을 차린다. 칭찬, 찬사 그리고 비판을 피한다. 그룹에서 두드러지려고 않는다. 일본인들은 간접적이고 애매한 의사소통 방식을 사용한다. 언어적 메시지의 내용보다는 상황에 중점을 둔다. 그들에게 비언어적 언어가 언어적 표현보다 더 중요하다. 문장들을 끝내지 않는 이유는 다른 사람들이 결론을 내리도록 하기 위해서이다. 일본어는 뉘앙스(nuances : 미묘한 의미를 많이 담고 있는 말)로 가득하다. 그것은 다른 사회 계급들을 위한 다양한 예의와 존경을 내포하고 있기 때문이다. 제3자는 소개되어지고 서로서로 신뢰를 쌓게 된다. 일본인들은 직업적 직함이 명시된 명함(business card : meishi)을 사용하는 것이 관습이다. 명함들은 대개 영어로 번역되어 있는 형식이다. 고개를 숙이는 것이 전통적인 인사 방법이다. 일본인들은 시간을 의식하고 시간을 잘 지킨다. 또한 선물을 주는 것이 의무이며 이러한 전통을 따른다. 선물은 사회적인 어떤 행사에서 주어지며 그리고 반드시 보답해야 하는 것이다. 일본인들은 질서, 깨끗함 그리고 정신수행(discipline)을 좋아한다. 다른 사람이 무엇을 생각하고 그들에게 무엇을 기대하는가에 민감하다. 위험을 피하며 육체적 그리고 심리적인 안전을 요구한다. 낯선 사람들과 외국인들을 대하는 것을 어려워한다. 많은 사람들이 상황적응과 소외감의 어려움을 경험한다(Frager, 1970). 행복하고 슬플 때 웃기도 하며 배타적(insular) 국민성을 가지고 있다. 교육, 새로운 기술적 발전에 가치를 둔다. 일에 자부심을 가지고 열심히 일한다.

일본인들은 자신의 행동이 다른 사람에게 미칠 것을 고려한다. 휴가 때 일본 관광객들은 아무것도 하지 않기 위해 여행을 하는 서양 관광객들과는 다르게 활동 중심적이다. 쇼핑은 그들에게 있어서 매우 중요하다. 선물 주는 의무와 지나치지 않은 예의를 중요하게 여긴다. 망신당하지 않으려고 하고, 다른 사람을 화나게 하지 않으려고 노력하며, 그룹의 조화를 깨려고 하지 않는다. 믿음과 관계를 쌓는 것은 중요하다(Ziff-Levine, 1990). 높은 수준의 서비스는 일본인들의 만족에 있어서 중요하다(Reisinger, 1990).

일본 문화에 대한 많은 연구들이 이루어지고 있다. 일본인들은 예의 바르고, 도덕적이며, 다른 사람들에게 충실하고(gimur), 의무감, 의리(giri)가 있으며, 체면 유지(kao)를 위해 노력하고, 다른 사람들에게 창피함과 웃음거리로 만드는 것을 하지 않는다. 자신의 생각을 나타낼 때 올바른 관습을 따르며, 감정을 나타내지 않고, 종교 의식에 참여하며, 비언어적 의사표현을 사용한다. 일본인들은 평화, 복종, 상호 간의 의무 그리고 계급 구조를 가치 있게 여긴다(Isomura et al., 1987). 그들은 개인의 흥미는 그룹에 종속되어야 한다고 여기며, 서로 협력하고 그룹을 위한 충성을 기대한다(Moeran, 1984). 그들의 행동은 갈등과 난처한 상황을 줄이고 조화를 유지하기 위해 형식적이다. 명치(세이신 : Seisbin) 정신은 자기 수양(극기), 명령, 희생, 헌신, 위계, 충성, 책임, 선행 그리고 집단 활동을 가르친다. 자기자신과 다른 사람들을 위해 아름다워야 하며 물질적인 불이익은 무시된다(Moeran, 1984). 그 정신은 의리(giri)의 중요성, 은혜(on) 그리고 도리를 강조한다(Lebra, 1976). 불교는 일본인들에게 자연과 조화를 이루며 살 것을 가르친다. 낯선 사람은 적이 아니라 친구이며 그리고 그 목적은 일치를 이루고 타협에 이르는 것이다(Schinzinger, 1983).

유교와 불교는 집단주의, 권리의 위계 구도, 높은 지위, 상급자에게 복종을 지시한다(중국, 일본, 한국, 동남아시아 중국인). 일본 문화에서 사회적 위계의 중요성은 권력 지향적 그리고 남성적인 것에 높은 점수를 주며, 개인주의에 낮은 점수를 준다는 것으로 설명될 수 있다. 사회적 지위의 다름은 비언어적 행동에 영향을 준다(Matsumo & Kudoh, 1987). 일본 문화는 집단주의의 높은 정도에 의해서 특성화되며 순응, 소속감, 공감 그리고 의지를 강조한다(Benedict, 1946; Lebra, 1976; Nakane, 1973). 일본인들은 용기, 정의감, 사랑, 동료애, 신뢰 그리고 우정이 중요하다고 생각하며, 전쟁과 평화에 관심이 있다(Triandis, 1972). 일본인들은 편안함에 가치를 두지 않으며, 자아 적응, 발전 그리고 평온에 가치를 둔다. 일본인들은 집단 중심적이며 개인 간 관계의 조화, 결속, 충성 그리고 소속감을 강조한다. 일본 사회는 외부인들에게는 배타적이다(Mourer & Sugimoto, 1979). 말한 것과 실제적으로 행동하는 것, 드러난 행동과 진정한 의도 그리고 형식적·비형식적 행동의 사이에는 차이가 있다. 다른 사람들을 아프게 하지 않게 하기 위해서 부정적인 대답을 하지 않는다. 그들은 'no'라고 말하는 몇 가지 방법이 있다. 서로 의지하고, 협력하며 공개적인 갈등이나 경쟁을 자제하고 그룹의 안녕을 위해 노력한다(Kracht & Morsbach, 1981). 그들은 서양인들을 이상한 사람으로 인식하는데, 그 이유는 서양인들이 개인주의에 중점을 두기 때문이다. 집에 들어가기 전에 신발은 벗는다. 표 15.3은 일본과 호주의 문화적 특성들의 차이점들을 보여준다.

표 15.3 일본과 호주 특성의 문화적 차이점들

일본인의 문화적 특성들	호주인의 문화적 특성들
사회적 계급, 노인들과 상위자들에게 복종	사회적 계급, 불평등의 최소화
어른, 지혜, 더 높은 사회적 지위를 존경	어른, 지혜, 상급 계급의 낮은 존경 정도
사회적 조화	애매함, 새로운 아이디어, 다른 행동에 대한 관용
갈등과 경쟁 회피	
위험 회피	위험 감수
강한 집단 유대, 장기간 유대 관계	약한 사회적 유대, 일시적인 사회적 관계
집단 욕구와 목표	개인적 욕구와 목표
그룹 합의	개인적인 의견, 논쟁과 사실의 중요성
과정 중심	결과 중심
지속성 중심	단기간 중심
Who의 중요성(누구가 중요)	What의 중요성(무엇이 중요)
가족과 사회적 그룹들	물질주의, 소유, 재정적 지위
다른 사람들에게 의지, 다른 사람들과 공생	민주주의, 평등, 발전
비언어적 커뮤니케이션	성취
무엇을 말하고(what is said) 어떻게 말하는지(how it is said)의 차이	언어적 커뮤니케이션
	무엇을 말하는지(what is said)가 중요
엄격한 사회적 규칙에 따르는 행동	사회적 행동의 형식적인 규칙은 중요하지 않음
공공장소에서의 감정 억제	공공장소에서 감정 표현
권력과 힘의 상징으로서의 침묵	나약함의 상징으로서의 침묵
선물 주는 의무감	선물을 주는 의무감 없음

말레이시아

말레이시아의 인구는 약 2천 3백만이다. 주요 민족 그룹은 말레이, 중국인 그리고 인도인들이다. 말레이시아에서 이슬람교는 우세한 종교이다. 코란은 행동과 비즈니스 활동들의 규칙을 정하고 있다. 사람들은 하루에 5번씩 기도하는 것을 기대하며, 라마단 기간 동안은 금식하며 그리고 메카로 여행을 한다. 사람들은 돼지고기를 먹지 않으며 술을 마시지 않는다. 사람들은 자연과 조화롭게 살아야 한다고 믿으며, 그것에 그들 스스로를 예속시킨다. 현실에 관심이 있다. 미래는 애매하고 예측할 수 없으며 과거는 이미 지났다고 생각한다. 강한 운명론자들이다. 경력 그리고 직업적인 성공에 동기를 부여하지 않는다. 친구와 가족들과의 오래 지속되는 관계를 중요시한다. 가족과 친구들의 욕구는 돈을 모으거나 물질적인 소유의 자기 중심적 욕구보다 더 중요하다. 말레이시아 사람들은 물질주의자들이 아니지만 열심히 일한다. 사회적인 지위는 중요하며, 행동의 기본적인 규칙들은 지킨다. 행동에 가장 중요한 규칙은 존경, 예의, 애정 그리고 부모에 대한 사랑 그리고 가족, 이웃, 사회의 조화가 중요하다. 고개 숙여 인사하는 것은 전통적인 인사법이다. 어떤 특정한 제스처는 허락되지 않는다. 예를 들어, 아이의 머리를 만지는 것이나 오른손의 손가락으로 택시를 부르는 것들은 용인되지 않는다(Harris et al, 2004).

파키스탄

파키스탄은 인구의 95% 이상이 무슬림 수니파(Sunni Muslim)이다. 이슬람교는 국가의 종교이다. 기독교(Christians), 힌두교(Hindu), 아프칸(Afghans) 그리고 파시교(Parsi)는 파키스탄의 소수 민족들이다. 파키스탄 사람들은 따뜻하고 친절하다. 가족과 친구들은 그들에게 중요하다. 개인적인 명예도 중요하다. 그들은 시간을 유연하게 대처하며 돼지고기를 먹지 않고 술을 마시지 않으며 음식을 왼손으로 만지지 않는다. 다른 사람의 집에 들어가기 전에 신발을 벗으며 선물을 가져간다. 소개할 때 형식적인 규칙들을 따르고 악수와 명함을 기대한다. 여자들은 부르카(burqab)를 입는다. 그것은 머리에서부터 발까지 그들의 몸을 덮는다(Harris et al., 2004).

필리핀

필리핀의 인구는 1억명 이상이며 대부분 크리스찬 말레이시아인들이다. 그들은 필리핀 말을 하고, 영어 그리고 중국어를 쓴다. 필리핀 사람들은 상냥하며 친절하고 따뜻하다. 대가족이며, 다른 사람을 공개적인 자리에서 비난하지 않는다. 왜냐하면 창피함이 가장 큰 모욕이기 때문이다. 수치심을 피하기 위해 필리핀 사람들은 경쟁, 변화 그리고 개혁을 또한 피한다. 체면을 세우기 위해 무엇이든 한다. 세심하며, 장점(merit)보다는 운명 그리고 숙명을 믿는다. 충성심을 요구하고 시간에 대해서는 느긋하며, 개인주의적 개념에 가치를 둔다. 개인적으로 대우받기를 원하며 명예, 좋은 평판 그리고 존경은 중요한 가치들이다. 전통을 따르고 상호간의 의무를 믿는다. 말하는 것과 의미가 다를 수도 있지만 체면을 유지하기 위해 실제 의미와 다르게 말하기도 한다. 개인적인 관계는 어떤 일이 이루어지기 전에 확립된다. 사람들은 서로 인사를 할 때 남자들에게는 악수를 하고 여자들에게는 키스를 한다(Harris et al., 2004).

한 국

한국(남한)의 인구는 5천만 정도이다. 인종으로 볼 때 한국은 단일 국가이다. 인구의 반은 기독교인들로 이루어져 있으며 그리고 불교를 믿는 사람들이 반이다. 한국 사람들은 사람들 사이에 불평등이 존재한다고 믿었으며, 나라에 충성하고 부모에 효도하고 친구에게는 진실해야 한다고 믿고 있다. 그들은 개인 관계에 헌신적이다(Kim, 1988). 개인주의에 대한 증거는 거의 없다(Bellah, 1970). 한국 사회와 인간관계는 위계적이다. 적절한 인간관계는 가장 중요하다. 각각의 사람들은 능력에 따라서 높거나 낮은 사회적 지위를 가진다. 시간을 같이 보내는 것은 돈을 버는 시간보다도 중요하다. 한국 사람들은 겸손하고 다른 사람들을 존중한다. 유교는 개인적인 것보다는 공공의 욕구가 더 우위라는 것을 가르친다. 개인적인 개념은 거의 존재하지 않기도 한다. 노인들을 존중해야 하며 노인들의 요구는 충족되어야 한다. 의례적인 것은 극히 중요하며 사회적인 관례들은 필수적으로 준수되어야 한다. 한국 사람들은 인사를 할 때 고개를 숙여 인사를 하거나 악수를 한다. 다른 사람을 부를 때 이름이나 직업상의 직함과 지위들이 사용된다. 한국 사람들은 많은 경우 선물을 준다. 그들의 의사소통은 간접적이다. 사람들은 'no'라고 말하는 것을 피한다. 'Yes'가 의견 일치를 의미하거나 의도에 따르는 것을 의미하지 않을 수도 있다. 다른 사람의 감정을 다치지 않게 하기 위해서 'no'라고 말하는 것을 피한다. 서면 계약은 서양에서와 마찬가지로 중요하지만 구두 계약도 용인될 수도 있다(Harris et al., 2004).

태국

태국은 자유의 땅을 뜻한다. 인구의 약 4분의 3은 타이 사람들로 이루어져 있으며, 소수 민족으로 중국인들이 있다. 불교는 공식적인 종교이다. 태국은 위계가 있는 사회이다. 사람들은 어른, 선생님들 그리고 높은 지위에 있는 사람들을 존경한다. 사회적인 에티켓의 규칙들을 따른다. 가족은 제일 중요한 사회 단위이다. 사람들과의 관계는 상호 의존, 신뢰 그리고 협력을 바탕으로 한다. 사회적 조화는 미덕이다. 사람들은 비판하거나 불평하지 않는다. 겸손하고, 예의 바르며 이해심이 많다(Harris et al., 2004). 태국의 중요한 가치는 다음과 같다. 부드러운 상호 간의 관계, 감사하는 관계, 상호 의존, 자아, 유연성, 적응, 신앙 중심, 교육, 능력, 즐거움, 기쁨 그리고 성취 과제 중심이다(Komin, 1990). 표 15.4는 태국과 호주 사회의 문화적인 차이점들을 나열하고 있다.

표 15.4 태국과 호주 사람들의 특성들의 문화적 차이점

태국의 문화적 특성	호주의 문화적 특성들
부드러운 상호 관계	배타적 상호 관계
웃음은 예의의 표현	공손한 언어적 표현
다른 사람들의 감정에 관심	다른 사람들의 감정에 무관심
어르신들을 존경	노인들을 공경하지 않음
종교적·정신적 신념에 중점	논리와 과학 중점
신뢰는 상대적	신뢰는 절대적
재미와 기쁨에 중점	열심히 일하는 데 중점
사회적 관계에 중점	주장과 과제 중점
사회적·종교적으로 인식되는 성공	성취 그리고 돈으로 인식되는 성공
가족 중심	독립적, 자아 충족
그룹 중심, 상호 의존	개인 중심
지위, 상급자, 위계의 중요성	평등주의
위험 회피	위험 감수
자기 통제와 자제력	거리낌 없는 행동
비난 회피	건설적인 비판의 용인
질문의 회피	빈번한 비판적 질문
체면 유지	체면과 관계없음
강한 자아감	약한 자아감
시선을 자주 맞추지 않음	빈번한 시선 맞춤
왼손 사용을 제한	양손 모두 사용
지위에 맞게 형식적인 소개	형식적인 소개 형식이 없음
사회 기능으로서 자주 웃음	진정한 기쁨을 나타낼 때 웃음
직함 그리고 성(first name)으로 호칭	이름(first name)으로 호칭
나이 그리고 월급에 대한 질문이 용인	나이와 월급 관련 질문은 예의에 어긋남
포괄적인 개인 관계	배타적 개인 관계
피상적	깊은 의미의 필요
겸손	자신감
감사와 보답	이기심
상황 중심	체계와 원리 중심
자아 표현의 중요성	자아 표현의 중요성이 덜함
외부적 표현의 중요성	외부적 표현이 중요하지 않음

출처: Reisinger, Y., & Turner, L.(1998). 관광에서의 문화적 차이점들. 호주로 향하는 태국 관광객들의 분석. Paper presented at the International Tourism and Hotel Industry in Indo-China and Southeast Asia Conference, Phuket, Thailan,. June 4-6, 1998.

베트남

베트남의 인구는 8천만 이상이며 인구의 90%는 베트남 사람들이다. 제일 큰 소수 민족은 중국인들이다. 베트남 사람들은 재정적, 감정적 요인을 공유하는 강한 가족관계를 유지한다. 그들은 악수를 하거나 고개 숙여 인사를 하며 형식적으로 호칭하는 규칙을 따른다. 공식적인 직함과 지위는 다른 사람을 호칭할 때 사용된다. 그들은 공공장소에서 애정을 표시하지 않으며 어린아이들의 머리를 만지지 않는다(Harris et al., 2004).

3. 호 주

호주는 세계에서 6번째로 크며 인구는 거의 2천만이다. 모든 호주 사람들의 90% 이상이 백인(Caucasians) 인종으로서 유럽계 조상의 후손들이다(네덜란드인, 에스토니아인, 프랑스인, 독일인, 그리스인, 이탈리아인, 라트비아인, 리투아니아인, 폴란드인, 전 유고슬라비아인). 아시안 민족 그룹(중국, 인도네시아, 한국, 말레이시아, 폴리네시아, 타이완, 캄보디아인)은 인구의 10% 이하 이다. 나머지는 호주에서 원래 거주하던 호주 원주민인 Aborigines이다.

호주 사람들은 영어를 말하지만 그들의 영어는 미국 영어, 영국 영어 또는 캐나다 영어와는 다르다. 호주 사람들은 자주 속어와 줄임말을 사용한다. 그들은 개방적이고 직접적으로 말한다. 낯선 사람들은 그들의 공격을 받는다고 느낄 수 있다(Harries et al., 2004). 정치적으로 올바른 것을 찾으며 사람들의 감정을 다치지 않게 하기 위해 노력한다. 사회적 계급과 다름을 싫어하고 가까운 우정에 가치를 둔다[우정(Mateship)에 높은 가치를 둔다]. 우정(Mateship)은 외로움, 고통, 황야생활(outback life)과 관련되어 있는 진정한 우정의 형태이며 동료애의 필요, 협력 활동, 도움, 평등 그리고 그룹 기준의 일치(Encel, 1970)의 필요와 관련되어 있다. 호주 사람들은 스포츠를 좋아하고 좋은 스포츠 정신을 존중한다. 호주 사람들은 스포츠에서 성공한 사람들을 칭찬하고 성공한 지식인들에게는 비판적이고 덜 존경스러워한다. 성취와 가치를 낮게 평가한다(Sharp, 1992). 호주 사람들은 억척스러운 호주 사람(Aussie battler)을 존중하고 권력에 대항하여 나서는 사람들을 존경한다. 호주 사람들은 개인과 나라의 안전 보호 수준에 대해 덜 걱정스러워한다. 왜냐하면 나라가 풍요하고 안전하기 때문이다. 사랑, 소속감(affiliation), 자기 인식(self-definition) 그리고 자아 성취에 대해 더 관심이 있다(Feather, 1975, 1980b, 1986a; Feather & Hutton, 1973).

호주 사람들은 삶을 즐긴다. 그들은 살기 위해 일하며, 일하기 위해 살지는 않는다. 그들은 영국 조상과 가깝다고는 느끼지만, 보수적이지 않으며, 외향적이고 느긋하며 형식적이지 않다. 악수를 하거나 손을 흔들면서 인사를 하고 혹은 간단하게 "Hello, How are you?" 하면서 인사하기도 한다. 다른 사람들을 호칭할 때 이름(first name)을 부른다. 상대적으로 감정을 표현하는 데 개방적이다(Harris et, al, 2004). 가장 중요한 네 가지 최종 가치는 행복, 내적 조화, 자유 그리고 진실한 우정인 반면에, 가장 중요하지 않은 네 가지 가치는 기쁨, 사회적 인식, 나라의 안전 그리고 구원(salvation)이다. 네 가지 가장 중요한 도구적 가치는 정직, 사랑, 넓은 마음과 공손함, 가장 중요하지 않은 네 가지 가치는 논리, 예의, 청결 그리고 복종이다(Feather, 1976, 1980b). 호주의 현 시대 가치는 성취, 성공, 활동, 일, 인도주의(humanitarianism), 민주주의, 평등, 적극성(aggressiveness) 그리고 독립성이다. 이 모든 것은 자아 의존의 가치(a value of self-reliance)로부터 나온 것이다(Elashmawi, 1991). Lipset(1963)은 호주 사람들이 더 평등주의자이면서 덜 성취 중심적이며 미국인들보다는 보수적이고 독특하다고 보았다. 미국인들과 이스라엘 사람들보다 호주 사람들은 우정과 평등을 더 중요하다고 생각한다. Feather(1975)는 호주 사람들이 캐나다인들과 이스라엘 사람들보다 더 성취 중심적이라고 말하고 있다. 가족, 안전, 행복 그리고 지적 가치들은 다른 그룹보다 호주 사람들에게는 덜 중요하다. 재미있는 삶, 아름다운 세상에 대한 감사, 내적 조화, 성숙한 사랑 그리고 우정, 상냥함이 미국인들보다 호주 사람들에게는 더 중요하다. 편안한 삶, 구원과 야망은 미국 사람들보다 덜 중요하다고 여긴다(Feather, 1975).

4. 유 럽

유럽의 중요한 가치들

현재 유럽연합은 4억 명 이상으로 이루어져 있다. 인구의 대부분은 백인(Caucasian)이다. 유럽인들은 독일어, 로망스어(Romance : 프랑스어, 이탈리아어, 스페인어) 그리고 슬라브 족(Slavic) 말을 쓴다. Harris와 동료들(2004)에 따르면, 유럽인들은 삶의 질에 대해서 타고난 관심을 가지고 있다. 역사적으로 그들은 이웃들과 싸워야만 했고 과거의 배경들을 생각한다. 많은 전쟁, 전염병 그리고 정부의 변화에 고통을 받았고 살아남았다. 돈보다 더 중요한 것은 장기간 생존하는 것이다. 그들은 사회 책임감을 갖고 있다. 교육과 안전 그리고 권력을 믿지 않는 것을 희망한다. 구두 그리고 서면 커뮤니케이션에서 형식적인 규칙과 격식을 가지고 있다. 그들은 삶의 질을 향상시키는 새로운 아이디어들과 새로운 모험을 좋아한다. 유럽인들에게 가장 중요한 네 가지 가치들은 유럽 문화를 지배하고 있는 실용주의(pragmatism), 합리주의(rationalism), 전체론(holism) 그리고 인본주의(humanism)이다(Lesssem & Neubauer, 1994). 그러나 유럽 국가에서는 가치 성향들이 차이가 있다. 표 15.5는 Hofstede와 Hofstede(2005)의 문화적 차원에서 선택된 유럽 국가들의 상대적인 지위를 나타내는 평가점수들을 보여준다. 문화 차원 모델에서 높은 점수는 그 모델에서 높은 지위를 나타낸다. 가장 개인주의적인 유럽 문화들은 영국, 네덜란드, 헝가리, 벨기에, 덴마크이며, 가장 집단주의적인 나라들은 포르투갈, 불가리아, 루마니아, 그리스 그리고 터키이다. 권력 지향적인 면에서 높은 점수를 받은 나라는 슬로바키아, 러시아 그리고 루마니아이다. 권력 지향적인 면에서 낮은 점수를 받은 나라는 오스트리아 그리고 덴마크이다. 불확실성 회피에서 가장 높은 점수 그리고 가장 위협적인 곳은 그리스, 포르투갈, 몰타, 러시아 그리고 벨기에이며, 불확실성 회피에서 가장 낮은 나라는 덴마크, 스웨덴, 영국 그리고 아일랜드이다. 가장 남성적인 나라는 슬로바키아, 헝가리, 오스트리아, 이탈리아 그리고 스위스이며, 가장 여성적인 곳은 스웨덴, 노르웨이, 네덜란드, 덴마크, 핀란드 그리고 포르투갈이다. 장기적 성향이 높은 나라는 헝가리, 네덜란드 그리고 슬로바키아이며, 그 다음은 스웨덴 그리고 독일이다. 가장 낮은 곳은 체코 공화국 그리고 노르웨이 이다.

그리스는 집단주의와 불확실성 회피에서 가장 높은 점수를 받은 나라들 중의 하나이다. 스웨덴은 가장 여성적인 나라이다. 게르만 국가들은 권력 지향적인 면이 더 적으며 중간 불확실성 회피에는 약한 것으로 특징이 지어진다. 게르만 그룹에서 덴마크는 권력 지향적인 면이 가장 적으며, 불확실성 회피성이 가장 약한 것으로 특징이 지어진다. 영국과 아일랜드는 매우 독일과 가깝지만, 권력 지향적 면과 불확실성 회피면에서는 둘 다 낮다. 독일은 영국보다 더 집단주의적이다. 독일인들은 협력, 서로의 지지, 단체 정신, 갈등의 회피 그리고 정확하다고 알려져 있다. 그러나 독일은 형식을 중요시 여긴다. 독일인은 다른 사람을 호칭할 때 그리고 스스로를 소개할 때 매우 형식적인 방법을 사용한다. 직함을 사용하고 사회 구조에서 지위로 소개한다(Samovar et al., 1988).

유교적 노동의식 차원(Confucian Work Dynamism dimension)이라는 점에서는, 스웨덴, 폴란드 그리고 독일은 유교적 장기 지향적(Confucius long-term orientation) 성향이 중간에 위치한다(Chinese Culture Connection, 1987). 가치 성향은 장기 지향적인 성향(인내, 명령, 지위 관계, 절약, 수치심)과 단기 지향적 성향(개인적인 안전감, 체면, 전통 존중, 보답) 사이에 위치하고 있다.

가장 보수적인 문화는 영국, 독일 그리고 스웨덴에서 찾을 수 있으며 그리고 프랑스는 가장 배타적(particularistic)이다(Hampden-Turner & Trompenaars, 1993). 국민들이 내부 지향적인(inner directed) 나라는 영국 그리고 독일이다. 외부 지향적인 나라들은 네덜란드 그리고 프랑스이다. 가장 분석적인 나라들은 영국, 네덜란드 그리고 스웨덴이며, 가장 통합적인 나라들은 프랑스와 독일이다. 사회적인 지위가 성취로 얻어지는 나라들은 영국, 스웨덴, 독일 그리고 네덜란드이며, 사회적 지위를 생득 지위로 여기는 나라는 프랑스이다. 시간을 순차적으로 보는 나라들은 스웨덴, 네덜란드, 영국 그리고 독일이며, 시간을 동시에 일어나는 것으로 보는 나라는 프랑스이다.

표 15.5 Hofstede and Hofstede(2005)의 문화적 차원에서의 유럽 국가들의 평가

국 가	권력 지향	불확실성 회피	개인주의	남성적	장기 지향적 성향
오스트리아	11	70	55	79	31
전체 벨기에					38
벨기에 플랑드즈언어권	61	97	78	43	
벨기에 왈론언어권	67	93	72	60	
불가리아	70	85	30	40	
크로아티아	73	80	33	40	
체코 공화국	57	74	58	57	13
덴마크	18	23	74	16	46
에스토니아	40	60	60	30	
핀란드	33	59	63	26	41
프랑스	68	86	71	43	39
독일	35	65	67	66	31
영국	35	35	89	66	25
그리스	60	112	35	57	
헝가리	46	82	80	88	50
아일랜드	28	35	70	68	43
이탈리아	50	75	76	70	34
룩셈부르크	40	70	60	50	
몰타	56	96	59	17	
네덜란드	38	53	80	14	44
노르웨이	31	50	69	8	44
폴란드	68	93	60	64	32
포르투갈	63	104	27	31	30
루마니아	90	90	30	42	
러시아	93	95	39	36	
세르비아	86	92	25	43	
슬로바키아	104	51	52	110	38
슬로베니아	71	88	27	19	
스페인	57	86	51	42	19
스웨덴	31	29	71	5	33
스위스					40
프랑스어권	70	70	64	58	
독일어권	26	56	69	72	
터키	66	85	37	45	

Hofstede, G., & Hofstede, G. J. (2005). *Cultures and organizations: Sofware of the mine*(Revised and expanded 2nd ed.). New York, USA: McGraw-Hill.

출처: 문화적 차원에서 높은 점수는 높은 서열이다. 서열에서 높은 점수는 가장 개인주의적인 국가들이며, 반면에 서열에서 낮은 점수는 가장 집단주의적인 국가들이다.

프랑스

프랑스의 인구는 약 6천만이다. 프랑스인의 대부분은 로마 가톨릭이다. 그들은 명예, 통합, 자유, 평등, 박애와 같은 가치들에 관심이 있다. 종교에 관대하고 다양성을 인정하며, 천성적으로 개인주의적이다. 그들은 다르고 독특하고 그리고 특별하게 보여지기를 원하며, 사회적 지위를 매우 의식한다. 권력을 좋아하지만 경쟁은 싫어한다. 문화적 유산과 프랑스어에 자부심을 가지고 있으며, 삶의 품질에 초점을 맞춘다. 일하기 위해 사는 것이 아니라 살기 위해서 일한다. 삶을 사랑하며, 휴가 그리고 자유시간을 무엇보다 소중히 생각한다. 시간에 대해서 느긋하게 그리고 유연하게 생각하며, 여가와 사교, 좋은 음식과 와인을 즐긴다. 내적 지향적이며 결정은 느낌과 감정을 바탕으로 이루어진다. 대화에 있어서 종종 간접적이며 그것은 대화를 즐긴다는 것을 의미한다. 자유롭게 성(sex)에 대해서 이야기하지만 돈, 직업 그리고 월급에 대해서 이야기하는 것을 꺼린다. 다른 사람들의 일에 신경쓰지 않는다고 여겨진다. 상냥하며, 유머스럽고 그리고 냉소적이며, 사랑받기를 원하고 감명을 주기를 원한다. 외모와 안목을 중요시하며, 다른 사람을 판단할 때 성격을 바탕으로 판단한다(Harris et al, 2004).

독 일

독일의 인구는 8천 2백만 이상이다. 대부분의 독일인은 로마 가톨릭이다. 그들은 열심히 일하는 것으로 유명하며, 내성적이고, 규율적이며 그리고 행동면에서 차갑다. 그들은 세심하며, 체계적이고, 정확하고(linear thinking), 잘 계획하며 그리고 효율적이다. 세계에서 가장 높은 생활 수준을 가진 나라 중에 하나이며 고급 제품을 구입할 수 있다. 시간을 잘 지키며 형식적이고 다른 사람을 공공적인 곳에서 부를 때 형식적인 호칭을 사용한다. 직함에 대해서 신경을 쓴다. 그들은 서로서로의 간격을 크게 유지한다. 행동에 제한을 하며 예의 바른 행동의 규칙들을 따른다. 예를 들면, 어떤 사람과 이야기를 할 때 손을 주머니에 넣거나 신발 바닥이 다른 사람을 향해 앉는 것은 용인하지 않는다(Harris, et al., 2004).

이탈리아

이탈리아의 인구는 약 6천만 명이다. 주요 인종 그룹들은 이탈리아인들이다. 작은 그룹으로서 독일인, 프랑스인, 슬로베니아인, 알바니아인 그리고 그리스인들이다. 주로 로마 가톨릭이며, 가족 그리고 관계 중심적이다. 큰 가족 구성원을 가지며 친구들과의 네트워크를 중요시한다. 이탈리아 사람들은 행동 위주라기보다는 존재 위주이다. 개인들은 살기 위해서 무엇을 하는 것이 아니라 어떤 방식으로 하며, 누구인가에 더 가치를 둔다. 개인주의적인 것을 좋아하기는 하지만 서로 의지한다. 처음으로 형식적인 관계에 있다고 하더라도 따뜻하게 그리고 안고 포옹하는 것, 서로에게 키스하는 것을 좋아한다. 사회적인 위계의 규칙은 반드시 따라야 하는 것이며, 지위나 직함은 중요하다. 옷과 행동 등의 이미지는 삶의 모든 영역에서 중요한 요소이다. 좋은 외모는 매우 중요하다. 이탈리아인들은 외모와 생활방식에 있어서 경쟁한다. 이탈리아 문화는 고배경 문화이다. 언어는 섬세하며 음악적이다. 사람들은 말을 많이 하며 열띤 토론에 참여한다. 이탈리아인들은 감정적이며, 표현을 잘하며 다정하다. 공개적으로 개인적인 문제를 의논하며 비언어적 제스처 시스템이 잘 발달되어있다. 창의적이고 어떤 문제라도 해결책을 찾을 수 있다. 사람들과 어울리는 것을 좋아하고 체계를 무너뜨리는 것을 좋아한다. 위험을 좋아하지 않으며 수천 가지의 법과 규칙을 따라야만 한다. 이탈리아인들은 운명론적이며 운명을 믿는다. 항상 동시에 여러 가지 일을 한다 . 산업이 더 발달된 지역인 북쪽에서는 사람들이 더 시간을 잘 지키며, 남쪽에서는 시간에 대해 더 유연하고 약속과 일정에 대해 느긋하다(Harris, et al., 2004).

폴란드

폴란드는 중앙 유럽에서 가장 큰 나라로, 인구는 약 4천만이다. 대부분이 로마 가톨릭이며, 폴란드 사람들은 종교적이다. 역사와 문화적인 유산 그리고 사랑하는 교황 John Paul 2세의 고향이라는 점을 자랑스러워 한다. 폴란드 사람들은 언론, 출판, 집회의 자유를 즐긴다. 다른 문화와 종교에 관대하다. 폴란드는 많은 전쟁과 공산주의에서 살아남았다. 권력을 신뢰하지 않는다. 폴란드 사람들은 강한 생존감과 정의감을 가지고 있다. 평화와 안전을 희망한다. 그들은 용인되는 행동의 규칙들을 따르며 사회적 에티켓을 중요하게 여기고 개인적이다. 모든 사람들은 그들만의 의견을 가지고 있다. 토론하는 것을 좋아하며 그리고 개인적인 권리를 위해 싸우는 것을 좋아한다. 친절하고 개방적이며, 특히 외국인들에게 그렇다. 과거 폴란드 사람들은 미국으로 이민을 많이 갔으며 현재는 EU국가로 많이 이민을 간다.

러시아

러시아의 인구는 약 1억 4천 5백만이다. 과거 러시아는 개인주의, 개인적인 성취 그리고 개인적인 흥미에 대해서 전통적으로 배제되었다. 사람들은 희생해야 하며 그들의 삶을 통제하는 국가에 속해 있어야만 했다. 젊은 러시아인들은 규율이 있으며, 복종하도록 배웠다. 러시아는 열등감으로부터 고통을 받았다. 사회는 매우 위계적이며, 수동적이고 통치 계급을 믿었다. 명령을 확립하기 위한 권력이 필요했다. 외부인들 그리고 체제 밖의 사람들, 특히 외국인들을 믿지 않았다. 사업에 있어서 러시아 사람들은 인내심과 실속적인 사람들로 알려져 있었다. 협상을 받아들이지 않았다. 끊임없이 권리, 인간관계, 영향력 있는 사람들을 찾았고, 부탁을 주고받을 수 있는지를 확인했다.

요즈음 소련 연방의 붕괴 후, 러시아 사람들은 부유한 러시아 전통과 문화를 다시 세우기 위해 노력하고 있다. 러시아 경제의 활력이 일어나고 있지만 혼란도 겪고 있으며, 사회 계급이 낮은 사람들에게 예기치 않은 두려움이 발생할 수 있다. 전쟁으로 많은 인명 피해가 있은 후, 러시아 사람들은 모험, 위험을 피하고 안정과 확실성 그리고 질서를 찾는다(Jandt, 1998). 러시아 사람들은 남성적인 가치보다는 여성적인 가치에 더 비중을 두며, 돈보다는 친구들, 가족 생활, 사회적 관계 그리고 문화적인 생활을 더 중요시한다. 사랑, 윤리, 도덕, 감정이 인생에 있어서 중요한 것이라고 가르친다. 공공적인 장소에서 사람들은 내성적이고 형식적인 호칭을 쓰지만 개인적으로는 표현을 잘하며 감정적이다. 물질주의, 시간 그리고 삶의 속도에 대해서 서구적인 태도를 싫어한다. 더 젊은 세대들은 더 교육적이고 세계적인 사람이 되려고 노력한다. 러시아 사람들은 친절하다.

일반적으로 러시아의 가치들은 아시아와 유럽의 가치 둘 다를 반영한다. 러시아 사람들은 사회적인 조화 그리고 다른 사람들과의 관계를 중요시한다. 미래보다는 과거 그리고 현재를 더 숭배하고, 오랜 기간 동안 겪은 고난 때문에 비관적이다. 사람이 나쁘거나 혹은 선과 악이 섞여 있다고 믿고 있으며 환경을 통제할 수 없다고 믿는다(Jandt, 1998). 동시에 개인적인 권리의 서구적인 가치, 개인주의, 자유를 찾는다. 오늘날 러시아 사람들은 더욱 개인주의적이고 위험을 취하며 남성적이다. 정체성을 찾고 독특해지기를 원하며 서양 세계의 모든 즐거움을 즐긴다.

스페인

스페인의 인구는 4천만이 넘는다. 주요 종교 그룹은 로마 가톨릭이고 약간의 이슬람교가 있다. 스페인 사람들은 그들의 삶을 즐긴다. 삶의 질에 초점을 맞추고 살기 위해 일하며, 일하기 위해 살지 않는다. 문화유산을 자랑스러워 하며 동료애, 음악, 좋은 음식을 즐긴다. 사람들은 시간의 규칙을 따르지 않으며 가족들과 친구들을 위한 시간을 가진다. 성별 역할(gender role)에 따른 차이점이 있으며, 아이들을 애지중지한다. 스페인 사람들은 매우 상냥하고 친절하고 따뜻하다. 그들과 관계를 만드는 것은 쉽다. 또한 감정적이고 다정하고 생기가 넘친다. 토론을 할 때는 혼란스럽다(Harris et al., 2004).

영 국

영국은 6천만 이상의 인구가 살고 있다. 주요 인종 그룹은 영국인, 웨일즈인, 스코틀랜드인들이다. 그들은 전통적, 보수적, 내성적이며, 사람들 간에 거리감을 둔다. 직접적인 갈등은 피하며 불평하지 않는다. 갈등을 만들어낼 수 있는 상황을 경시하는 경향이 있다. 상급자들에게 존경과 경의를 보이며, 의사소통과 사회적인 상호작용을 할 때는 적절한 거리를 유지한다. 호칭할 때 성(familiy name)

과 직함을 사용한다. 모든 상황에서 예절과 올바른 에티켓을 따른다(Harris et al, 2004).

5. 인 도

인도의 인구는 10억이다. 문화와 모든 개인적인 사업 관계를 지배하는 힌두교가 주요 종교이다. 인도는 여러 가지의 언어들, 관습들, 종교적인 신념들을 가지고 있다. 영어를 포함한 15개의 공식적인 언어가 있으며 1,400개가 넘는 방언들이 있다. 가족 그리고 친구들은 중요하다. 사람들은 다른 사람들의 욕구를 알아차리기를 기대하고, 이러한 욕구들을 충족할 수 있도록 도와준다. 인도는 위계의 사회이다. 사람들은 더 높은 사회적 계급의 사람들을 존경하고, 다른 사람들을 부를 때 직함을 사용한다. 사회적 에티켓의 규칙들을 따른다. 사람들은 개인적인 질문들을 하지 않으며 공공적인 곳에서 애정 표현을 하지 않는다. 힌두 사람들은 채식주의자들이며 소고기를 먹지 않고 술도 마시지 않는다. 술을 마시는 것은 망신이라고 여긴다. 손으로 음식을 먹는다. 왼손은 깨끗하지 않다고 여기므로 음식을 먹을 때는 오른손을 사용한다. 미국 예절방식인 지나친 칭찬은 용인되지 않는다. 여성들을 공공적인 곳에서 신체 접촉을 하지 말아야 한다. 힌두 사람들은 상품과 서비스 구입을 좋아한다(Harris et al., 2004).

6. 라틴 아메리카

라틴 아메리카의 공통적 가치들

라틴 아메리카의 인구는 거의 4억이다. 주요 인종 그룹들은 원주민 인디언들(Mayab, Incas, Aztecs), 유럽인(대부분 스페인들), 아프리카인들, 아시아인들, 폴리네시안들(Polynesians)과 일본인들이다. 라틴 아메리카의 많은 나라들은 사회적, 경제적 지위, 교육, 역사, 정부, 행동, 가치에 많은 차이가 있다. 라틴 아메리카 나라들 사이에서 주된 문화적인 비슷한 점은 가톨릭 교회의 영향이며, 가족의 가치, 남성과 여성의 역할이 다르다는 것이다(Harris et al., 2004).

멕시코

멕시코는 미국의 4분의 1 크기이고, 인구는 1억 3백만 이상이다. 주요 인종 그룹들은 원주민 그룹들, 메스티소(Mestizo) 그리고 유럽 후손들이다. 약 90%의 멕시코 사람들은 로마 가톨릭이다. 멕시코인들은 따뜻하며 친절하다. 문화는 사람 중심적이며 덜 과제 중심적이다. 멕시코 사람들은 강한 가족, 강한 사회적 관계들에 가치를 둔다. 그들은 사교적이며, 대화로 시간을 보내는 것을 좋아한다. 느긋하고 레저 중심적이지만 많은 사람들은 열심히 일한다. 자신의 유산과 문화에 자부심을 가지고 있다. 개인적인 성취가 사람들의 정신 혹은 영혼만큼 중요한 것은 아니라고 믿는다. 평등과 민주주의에 가치를 두고 있지만 사회적 지위, 나이, 성별에 대해 인식한다. 의례에 관심이 있으며 다른 사람들을 부를 때 존중의 의미로 senor 또는 don이라는 공식적인 호칭을 사용한다. 그들은 전통적이며 높은 도덕적 가치를 가지고 있다. 단지 돈이 사회적 지위를 결정하는 것은 아니라고 믿고, 정직 그리고 품위가 더 중요하다고 믿는다. 과거를 존중하고 현재를 즐긴다. 자연은 신에 의해서 창조되었다는 것을 믿고, 오직 신이 그것에 영향을 미치거나 바꿀 수 있다고 믿는다. 미래는 신의 의지에 의해서 결정된다고 믿는다(Harris et al., 2004).

멕시코 문화는 고배경 문화이다. 메시지는 비언어적인 손 동작들 그리고 감정 표현에 의해서 보내어진다고 생각한다. 사람들은 친밀함을 좋아한다. 서로 가까이에 서고 자주 만진다. 멕시코 사람들은 시간에 대해서 다중 지향적(polychronic)인 태도를 가지고 있는데, 동시에 여러 가지 일들을 한다. 시간에 대해서 느긋하며 친구들과 가족에 방해되는 시간 스케줄을 용인하지 않는다. 모임에는 정확하게 맞추어 가는 것은 중요하다고 믿지만, 또한 기다리는 것을 기대하고 있다는 것에 동의한다. 위험을 회피하며 서면 서류를 믿는다(Harris et al., 2004).

브라질

브라질의 인구는 약 1억 7천6백만이다. 약 55%는 포르투갈, 독일, 이탈리아, 스페인, 폴란드의 백인 후손이고, 그중 40%는 혼혈이며 6%는 아프리카 계통이다. 인구의 50% 이상이 젊은 층으로 20살 이하이다. 사람들은 따뜻하며, 친절하고 감정이 풍부하며 감성적이고, 예민하고 관대하며 그리고 외국인에 대해서 수용적이다. 브라질 사람들은 어떤 피부색이든 혹은 어떤 국적이든 편견을 가지지 않는다. 그들에게 있어서 개인적인 성취보다는 사회적인 관계가 더 중요하다. 대개 남성 위주의 대가족은 사회단체에서 가장 중요한 하나이다. 사회적 위계를 믿으며 그에 맞는 적당한 형식으로 인사를 한다. 외모에 대해 신경을 쓴다. 사업 관계를 개인관계로 여긴다. 시간을 느긋하게 생각한다. 가족에 대해서 이야기하는 것을 좋아한다. 논쟁의 여지가 있는 주제를 피한다. 항상 직접적인 것은 아니다. 의사소통 방식은 감정이 풍부하며 섬세한 부분에 초점을 맞춘다. 고접촉(high-contact) 의사소통자들이다. 비언어적 의사소통 방식인 시선 맞추기(eye-contact)을 많이 한다. 토론을 할 때 끼어들기를 좋아한다. 형식적인 규칙과 절차를 따르지 않는다. 형식적인 규칙과 절차를 따르는 사람들은 상상력이 풍부하지 못하고 지성이 부족하다고 여긴다. 자주 지각하며, 시간은 중요하지 않으며, 대화할 때 매우 가까운 신체적 거리를 유지한다(Harris et al., 2004).

7. 중 동

아랍의 공통적 가치들

아랍 사람들의 가장 중요한 가치는 품위, 명예 그리고 평판이다. 체면을 잃거나 창피를 당하는 일은 피한다. 아랍인들은 가족에게 충실하고, 예의 바르며 그리고 좋은 의사소통자들이다. 그들은 국민 그리고 국가의 욕구가 먼저이다. 가까운 개인적인 관계를 추구하며 올바른 청취 방법의 중요성을 강조한다. 남성들은 서로서로 양쪽 뺨에 키스를 하는 것이 관례다. 이슬람교의 가르침에서 돼지고기를 먹는 것을 금하며, 술 마시고 도박하고 매춘하는 것을 금한다. 남성들은 한 명 이상의 여성과 결혼하는 것이 허락되어 있는 반면, 여성들은 오직 한 명의 남자와 결혼을 할 수 있다. 코란(Koran)은 외모를 얌전하게 하고, 팔과 어깨를 덮어야만 한다고 가르친다. 남녀평등 운동은 빠르게 아랍의 문화 내에서 이슬람교도의 원리주의와 함께 일어나고 있다.

사우디아라비아

사우디아라비아는 이슬람 문화의 중심지이다. 사우디아라비아 사람들의 대략 90%는 아랍 사람들이며 나머지는 아프리카계 아시아인(Afro-Asian)이다. 인구는 약 2천4백만이다. 이슬람교는 사우디아라비아의 삶에 스며들었다. 왕실 가족이 정부의 요직과 나라의 부를 통제한다. 아랍 사회는 명예를 크게 강조하며 수치는 피해야만 하는 것으로 알고 있다. 창피는 권력과 영향력을 잃는 것을 뜻한다. 가족들은 서로서로 의지한다. 아랍 사람들은 그의 가족들, 문중, 부족 그리고 나라에 대해서 걱정한다. 그들은 연결과 네트워크를 찾는다. 아랍 여성들은 사회성 과정과 네트워킹의 일부가 아니다. 협상은 기본이다. 아랍 사람들은 서양의 시간 틀과 일의 스케줄을 부과하는 것을 싫어한다. 아랍 사람들과 의사소통을 하는 것은 복잡하다. 아랍의 언어는 고배경적이고 많은 비언어적인 단서, 즉 제스처를 많이 사용한다. 여기에는 얼굴 표정, 눈으로 훑어 보는 것, 시선을 맞추고 그리고 가까이 서는 것 등이 있다. Yes의 의미가 no 혹은 maybe를 뜻할 수도 있다. 욕하는 것은 용인되지 않는다. 종교, 정치 그리고 이스라엘에 대해서 대화하는 것에 참여하는 것은 용인되지 않는다. 술 마시는 것은 금지되어 있다. 손가락으로 누군가를 가리키거나, 앉을 때 발의 밑이 보이는 것은 예의 바르지 못하다고 생각한다(Harris et al., 2004).

아랍 에미리트

아랍 에미리트는 일곱 나라의 중동 연합으로, 남서아시아 페르시안만의 아라비안 반도 남서에 위치하고 있다. 석유가 풍부하며 천연가스도 풍부하다. 이 나라는 1970년대에 외국의 직접적인 자본을 얻은 후 매우 부유해졌다. 아랍 에미리트는 중동에서 가장 다양한 인구로 구성되어 있는데 인구의 19%는 에미리트(Emirati), 23%는 다른 아랍 그리고 이란인들(Iranians)이고, 50%는 남아시아인들이며, 8%는 국외 거주자(expatriates : 서양인과 동아시아인들을 포함)들이다. 이슬람교가 삶의 모든 면에서 지배적이다. 공식적인 정부 부처 문서에 따르면, 모든 인구의 76%가 이슬람교를 믿는 사람들이며, 10%는 힌두교, 9%는 기독교 그리고 5%는 불교를 믿는 사람들이다. 공식적인 언어는 아랍어이다. 아랍 에미리트의 사회는 두 개의 사회적인 범주로 나누어져 있는데, 그 나라의 국민과 이민 온 외국인들이다. 시민들은 계급으로 세분화되어 있는데, 통치하는 왕의 가족들이 정치적인 권력과 부를 가지고 있다.

이 세상의 어떤 국가들보다 가장 성별(gender)이 불균형적인 나라이다. 여성의 수보다 남성의 수가 두 배를 훨씬 넘는다. 공식적으로 남성과 여성은 같은 권리와 기회를 가진다고 하더라도, 가부장적임이 여전히 사회생활에서 나타난다. 여성들은 정치적 그리고 종교적인 생활에서 중요한 역할을 하지 않는다. 중매결혼이 선호되고 있지만 이 전통은 바뀌고 있다.

가장 큰 도시인 두바이는 현재 그리고 미래의 가장 매력적인 관광 여행지이다. 힌두의 사원과 시크교도(Sikh)의 예배당 둘 다를 가지고 있다. 기독교 교회도 또한 존재하고 있으며, 다른 종교들에 대해 관대하다.

그들은 친절함으로 잘 알려져 있으며 손님을 모실 때, 친구와 친척들과 모임을 할 때 그들은 영광스럽게 여긴다. 손님들은 커피와 신선한 대추(dates)가 제공됨은 물론 환영을 받으며 향을 피운다.

이슬람교인들은 'Assalamo Alaikum'라고 하며 서로 인사한다. 그 뜻은 평화가 당신 위에 그리고 신의 은총이 당신과 함께라는 말이다. 이러한 인사방법은 이슬람교인들에게 사랑과 그들이 어디를 가든지 평화를 전파해야 한다는 것을 일깨워준다. 어떤 사람이 그 스스로를 무슬림이고 신성한 예언자(Holy Prophet)를 따르는 사람이라고 하면서 행동에 있어서 평화와 사랑이 내포되어 있지 않다면, 그는 이 가르침을 따르지 않는다는 것이며, 그는 진정한 Holy Prophet를 따르는 사람이 될 수 없다(http:www.cyborlink.com/besite/uae.htm). 이슬람교인들은 하루에 5번씩 기도를 하며 신에게 사랑을 청한다.

방문객들은 지역의 보통 수수한 복장 규정의 기준을 지킬 것을 기대하지만 고유의 의상을 입는 것은 용인하지 않는다. 몸의 대부분은 덮여져야만 한다. 신발은 사원이나 다른 어떤 빌딩에 들어가기 전에 벗어야 한다. 술과 돼지고기는 먹지 않는다. 인사를 할 때 남자들은 악수를 하면서 코와 코가 닿게 하고 여성들은 서로 서로 빰에 키스를 한다. 이름은 사용되지 않는다. 어르신들에게 존경과 예의를 보여준다. 성별(gender)의 구별은 뚜렷하다. 남성들은 큰 거실에서 모이는 반면, 여성들은 가정에서 친구들과 시간을 보낸다. 왼손은 깨끗하지 않는 것으로 여기며 위생상 쓰지 않는다. 사람들은 다른 사람을 가리키지 않으며, 앉을 때 다리를 꼬지 않고 신발이나 발의 바닥을 보여주지 않는다. 엄지손가락을 올리는 것은 모욕적인 것으로 여긴다. 선물은 감사하게 여기며 혼자 있을 때 열어본다. 선물을 거절하는 것은 무례하다고 여긴다. 선물에는 술, 알코올이 첨가된 향수, 돼지고기, 개인적인 용품, 칼 그리고 신체노출된 여성그림을 주지 않는다. 여성이나 이스라엘에 대한 주제는 대화에서 피한다. 의사소통은 천천히 조용하게 이루어진다. Yes는 대개 possibly의 뜻이다. 회의는 일반적으로 방해를 받을 수 있다. 대부분 질문하는 사람들이 제일 중요하지 않은 사람일 가능성이 크다. 결정은 조용한 관찰자들에 의해 이루어진다(http;//www.cyborlink.com/besite/uae.htm).

8. 북아메리카

캐나다

캐나다의 인구는 약 3천2백만이다. 이중 언어 사회이며 다문화의 사회이다. 두 개의 우세한 인종 그룹들로 이루어져 있는데, 영어권 캐나다인과 프랑스어권 캐나다인이다. 영국어권 캐나다 문화는 대부분의 지역에서 우세하며 공식적인 언어는 영어이다. 반면에 프랑스어권 캐나다 문화는 퀘벡(Quebec)에서 우세하며 공식적인 언어는 프랑스어이다. 독일인, 스칸디나비아인, 아시아인, 네덜란드인, 우크라이나인, 폴란드인 그리고 이탈리아인들은 캐나다에서 우세한 소수 민족 그룹들이다. 다른 인종 그룹들로는 영국제도인, 프랑스 계통 사람, 다른 유럽인, 아메리카 원주민, 아시아인, 아프리카인, 아랍인 그리고 혼합 인종들로 이루어져 있다. 또한 인도 그리고 파키스탄으로부터의 난민들이 많은 비율을 차지한다. 홍콩에서부터 가장 많은 난민이 유입되었다.

캐나다인들은 나라에 자부심을 가지고, 다른 미국인과 비교되는 것을 좋아하지 않는다. 캐나다인들은 상냥하고 미국 사람들보다도 보수적이다. 권리와 형식을 존중하고 개인주의를 지지하지 않고 경쟁을 넘어 협력을 선호한다. 애국주의적이며 법을 준수하고 문화유산에 자부심을 가지고 있다. 평화와 질서를 좋아한다. 시간 스케줄과 마감을 지키려 하고 신속함을 좋아한다. 외국 사업자들과 이민자들을 환영한다. 가족은 사회의 중심이며 갈등에 맞서는 경향이 있다.

영어권 캐나다인들은 이론적인 문제들에 중심을 맞추려는 경향이 있다. 그들은 더 협동적이고 의례와 의식에 관심이 적다. 그러나 프랑스어권 캐나다인은 실용적인 문제들에 초점을 두고 더 개인주의적이고 경쟁적이다. 그들은 관계 쌓는 것을 중시하고 형식을 지키며 사회적 에티켓의 규칙들을 따른다. 영국어권 캐나다인들은 저배경 의사소통자들이며 말로 메시지를 보내고 의례에 관심이 덜하다. 프랑스어권 캐나다인들은 고배경 의사소통자들이며, 말로 의사소통을 하는데 비언어적인 의미들을 사용한다(Harris et al., 2004).

미국

미국은 거의 3억의 인구를 가진 세계에서 4번째로 큰 나라이다. 70% 이상의 인구가 백인이며 그 뒤를 아프리카계 미국인, 히스패닉계, 아시아인, 알래스카 원주민, 하와이 사람 그리고 여러 태평양 제도 사람들로 이루어져 있다. 미국은 다문화적 사회이다. 많은 인종 그룹의 문화는 미국 문화에 같이 섞여 있고 녹아 있다. 두 단어인 샐러드 단지(Salad bowl) 그리고 모자이크(mosaic)는 다른 문화들과 결합이 되어진 문화를 상징하며 같이 다양한 문화를 이룬다. 미국은 라틴화의 영향을 받고 있다. 특성과 의사소통 방식은 라틴 아메리카로부터 유입된 사람들에 의해 영향을 받았다. 영어가 공식적인 언어이기는 하지만 스페인어는 특히 남서부, 캘리포니아, 플로리다, 푸에르토리코에서 제2언어로 등장하고 있다. 미국은 두 개의 사회로, 즉 백인종과 그리고 유색 인종으로 구성이 되어 있다. 생활방식과 태도에 있어서 큰 지역적인 차이점들이 있다. 예를 들어, 미국의 동부에서는 평판이 좋고, 보수적이고, 체계적이다. 미국의 서부는 더 태평스럽고 혁신적이며 융통성이 있다. 표 15.6에서는 문헌들에서 밝혀진 미국인들의 주요한 가치들을 나타낸다.

표 15.6 미국 인구의 주요 가치들과 성향들

가치/특성	설 명
활동적	활동적이고 무엇인가를 하도록 동기부여되어지고, 바쁘고, 빠르게 살고 자원들을 이용한다.
평등을 믿음	모든 사람들에게, 즉 성별, 계급, 인종에 상관없이 평등한 기회가 있다고 믿는다.
성공을 믿음	성취와 목표 달성을 믿는다. 자연환경과 공간을 성공적으로 차지하고 있다.
경쟁적, 적극적	경쟁은 좋은 것이고, 성공을 하기 위한 것이며, 최고가 되기 위한 것이다.
민주주의적	모든 사람들이 평등하다고 믿으며 모든 사람들에게는 같은 권리, 즉 표현의 자유, 성공할 수 있는 자유 그리고 물질적으로 풍요롭게 살 권리를 가지고 있다고 믿는다.
효율적	좋은 계획, 조직을 원하고, 좀 더 쉽고 좋은 방향 그리고 효율적으로 할 수 있는 방법을 찾는다.
평등주의자	모든 사람은 평등하다고 믿는다.
명시적	직접적이고, 솔직하고, 개방적이고, 독특하다.
투쟁가	자유와 대의명분을 위해서 싸운다. 예를 들면, 멸종 위기에 처한 종들과 환경을 보호한다.

가치/특성	설 명
자유를 사랑	민주주의를 위해서 싸우고 통제와 방해를 혐오한다.
친절한	우정은 사회적이고, 약속은 짧고, 친구는 공유하며, 관계는 느슨하다.
미래 지향적	미래는 더 크고 더 밝다.
관대한	나누는 것을 좋아하고 이타심 그리고 자선단체, 외국인, 난민들을 돕는 프로그램 등으로 지역 사회에서 서비스를 실시한다.
목표 지향적	어떤 것이든 성취되어질 수 있다고 믿는다.
매우 조직적이고 제도적	조직적이고 안전한 사회를 좋아한다.
인도주의	사회 복지에 주목하며 자선단체와 자원봉사에 주목한다.
무시하는	바깥 세상에 대해 관심이 없다.
개인주의적	자신의 운명을 통제하고 자신의 일을 하며 모든 사람들이 자신의 행동에 책임을 지며 개인의 관심은 중요하다.
비형식적인	전통적인 사회 계급의 아이디어를 거부하고, 다름과 편견 그리고 임의적인 생각을 거부한다.
물질주의적	소비 지향적이고 편안함을 희망하며, 차이와 물질적인 소유로 판단하고, 정신적인 것보다는 물질적인 세계를 더 믿는다.
신체접촉 회피	공공장소에서 포옹을 피하고 다른 사람들과 신체적 그리고 정신적으로 어느 정도의 거리를 유지한다.
긍정적이며 과정을 믿음	변화와 발전 그리고 새로운 것을 원한다. 가능성을 발견하고 더 크고 더 밝은 미래에 중점을 두고 모든 것이 가능하다.
이성적	이유를 찾으며 과학이 모든 것의 성취를 가능하게 한다.
자기 발전	자신의 성공과 성취를 보여주려고 동기부여가 된다.
자아 의존	자신의 운명을 통제할 수 있다고 믿으며, 스스로 무엇이든 할 수 있다고 믿는다.
단기간 관점	빠른 결과를 지금 보기를 원한다.
과제, 목표 그리고 성취 중심	사람은 무엇이든 성취할 수 있다. 만족은 개인의 성취에서부터 나온다. 세상과 자연은 통제되어질 수 있으며 미래는 계획이 되어지고 통제가 되어질 수 있다.

가치/특성	설 명
시간의 가치	시간을 의식하고, 시간은 한정되어 있으며 소모품이고 직선상에 있는 것이며 정확한 것이다.
언어적	언어를 사용하고 언어적 단서로 의도와 뜻을 표현하는 데 사용한다.
일과 하는 것 중심	일하고 무엇인가를 하는 것으로 동기부여가 되어지고 일은 인지, 돈 그리고 힘의 수단이다. 활동들과 성과는 자아정체성을 결정한다. 일에 대한 강한 신념을 가지고 있다.
교육의 가치	자아 발전의 수단으로서의 교육이 가치가 있다.
젊어지려는 경향	신체 단련과 건강에 대해 주의하며 젊음을 느끼고 젊어 보이기를 원한다.

요 약

문화적 그룹들 안에서 비슷한 점이 있다. 그러나 아프리카, 아시아, 호주, 유럽, 인도, 라틴 그리고 북아메리카(캐나다 그리고 미국), 그리고 중동은 문화적인 가치 형태와 행동에 있어서 다르다.

논점과 질문

1. 아시아, 호주, 캐나다, 유럽 그리고 미국 문화적 가치 형태에서 비슷한 점들과 다른 점들이 있는가?
2. 다른 문화적 그룹들, 사회 그리고 문화에서, 사람들의 욕구와 관심들이 충족되는 방법들에서 비슷한 점들과 다른 점들을 비교하시오.
3. 세계화가 문화 그룹들 간의 비슷한 점들을 더욱 비슷하게 하는 것인가?
4. 관광 매니저들과 마케터들은 여러 가지 시장에서 문화적으로 비슷한 점들과

다른 점들을 인식해야 하는가? 어떻게 한 시장의 문화적 특수성을 이해하는 것이 호텔의 서비스라는 맥락에서 마케팅에 적용시키는지 설명하시오.

사례 15.1 아시아에서 대처법 : 비교 문화 차원

아시아에는 경제적 성공을 결정하는 공통의 기준들이 있다. 일본, 한국, 중국, 홍콩 그리고 타이완에서 사업을 하는 사람들은 몇몇 고대 서적에서 비즈니스 전략의 공식과 실행을 통해 영감을 불러일으킨다. 아시아 시장에서의 성공으로 이끌 기준들을 아래에 표기한다.

1. 손자의 손자병법(Sun Tu's : The Art of War)에서 군사전쟁에서 6가지 요소들을 정의하고 있다. 그것들은 다음과 같다. (1) 도덕적 대의명분 (2) 리더십 (3) 시간적 상황 (4) 지형 (5) 조직과 훈련 (6) 스파이의 활용이다.
2. 미야모토 무사시의 오륜서(Miyamoto Musahi : The Book of Five Rings)에서 몇 가지의 성공할 수 있는 길에 대해서 적고 있다. 그것은 다음과 같다. (1) 문제들 사이에서 관계를 이해하고 그리고 많은 관점에서 상황을 본다. (2) 지식과 정보를 찾는다. (3) 인내한다. (4) 자기 스스로를 훈련하고 훈육한다. (5) 사람의 감정과 진정한 의도들을 가장한다. (6) 유연함을 가진다. (7) 공격 전략으로 교란 방법을 사용한다. (8) 분할해서 정복한다. (9) 지형을 살핀다.
3. 나관중의 삼국지(Lo Kuan-chung : The Three Kingdoms)에서 한나라의 붕괴 후 중국을 통치하기 위한 세 리더들이 사용한 음모, 전략, 술책 그리고 동맹에 대해서 적고 있다(206 BC-AD 220).
4. 나관중의 삼십육계(Lo Kuan-chung : The Thirty-Six Stratagems)는 비즈니스와 상호 인간관계에서 적용할 수 있는 군사적 전략 원칙들을 적고 있다.

경제에 대한 동아시아적 접근 방법을 이끌 주요한 원칙들

1. 심리전(mind games)에 참여하라. 상대방이 보낸 지각된 메시지를 방해할 숨겨진 메시지들을 개발한다.
2. 대립을 해결하기 위해 외교적 수단들(협상, 토론, 중재)을 사용하라.
3. 대결을 해결하기 위해 비외교적 수단들(야전, 소송)을 사용하라.
4. 잘 설립된 상대방과 전쟁을 하라.
5. 상대편의 힘을 약하게 전환시켜라.
6. 자기 자신의 약점을 강하게 전환시켜라.
7. "적이 스스로 지쳤을 때 느긋하라(relax while the enemy exhausts himself)"의 규칙을 따르라.
8. 불행과 행운은 바뀔 수 있다는 것을 믿어라. 모든 일들은 서양에서 분리된 단계라

는 것과는 반대로 순환적인 패턴으로 일어난다.

9. 전략적인 이득을 얻기 위해 속임수에 참여하라(예 착각하게 하고, 당신이 더 훌륭한 척하고, 당신이 정말 가진 것보다 훨씬 더 많이 가졌다고 가장하라). 동아시아에서는 속임수는 중립의 의미를 가지고 있다. 만약에 더 큰 이익을 가지고 온다면, 사람은 속임수에 참여해야 한다고 믿고 있다. 이와 반대로, 서양에서 속임수는 부도덕하고 잘못된 것이라고 여긴다.
10. 바보 짓을 해라. "Pretend to be a pig in order to eat the tiger : 호랑이를 잡아먹기 위해 돼지인 척 해라", "Play dumb while remaining smart : 현명함을 유지한 채 바보짓을 해라", "Inflict injury on yourself to win the enemy's trust : 적의 믿음을 얻기 위해 자기 자신에게 상처를 입혀라." 그리고 상대방 마음에 들게 하고 그리고 경계를 늦추게 하라.
11. 반대를 이해하라. 그러면 역으로 인지된 약점이 강점이 될 수 있다.
12. 협상하라. 그리고 절제를 사용하라. 더 큰 이득을 얻기 위해 상대방의 작은 이득을 허락하라. 선물, 상당한 향응 그리고 뇌물은 바라는 결과를 가능하게 한다.
13. 완전한 승리를 위해 노력하라.
14. 잘 나갈 때 자기만족이나 부주의 하지 마라.
15. 행동 결과의 장기간 영향에 대해 생각하라.
16. 경쟁자의 불운을 활용하라.
17. 지금 당신이 가진 것을 최대한 활용하라.
18. 패배와 맞설 때 도망가라. 피하는 것이 죽음보다 낫다. 피하는 것은 항상 당신의 힘 혹은 지위를 다시 찾을 수 있는 기회가 된다(중국). 피하지 못한다면 죽는 것이 차리리 낫다(일본).
19. 변화하는 조건과 운명에 유연하게 대처하고 적응하라(예 전략들은 변화하는 환경에 따라 바꿀 수 있다).
20. 경쟁자들에 대한 지력과 정보를 모아라(밀정, 비즈니스 스파이, 잘못된 정보를 퍼트려 상대방이 있을 수 있는 것으로 받아들이도록 잘못 유도한다).
21. 중심 인물과 파트너의 진정한 의도를 알도록 하라.
22. 문제/상황들의 관계를 이해해라. 그래서 그것들을 잘 사용할 수 있도록 하라. 동아시아에서는 영적 그리고 직선적이지 않은 논리가 흔하다.
23. 인내하라. 행동의 장기적인 영향에 중점을 두고 발전시키며 성숙한 인간관계를 발전시키고 적절한 시기를 기다려라.
24. 감정적인 것을 피해라. 왜냐하면 그것은 논리적인 생각을 왜곡할 수 있다. 그러나 경쟁자들 사이에서 그들의 몰락을 가져올 수 있도록 격한 감정들을 불러일으켜라. 비즈니스 계약에서 바라는 결과를 얻기 위해 여성들과 감각적인 향응(sensual entertainment)을 이용하라.

출처: Tung, R.(2002). 아시아에서의 경영 : 문화적인 차원. 편집자: M. warner & P. Joynt의 문화들 사이의 경영: 문제 및 관점(pp. 150-156). London: Thomson Learning.

웹사이트 링크

1. Cultural profiles throughout the world; developed to assist Canadians in understanding immigrants http://www.cp-pc.ca/english.
2. Cultural Profiles. "They are in-depth national cultural portals, created in partnership with national governments around the world. They showcase national culture, encourage and facilitate international dialog and exchange in the arts, heritage, media, libraries, archives and tourism sectors and help to promote international cultural tourism." http://www.culturalprofiles.net/.

마지막 장은 현시대의 세계에서 다문화 능력의 중요성을 설명할 것이다.

PART 6

다문화적 능력

이 장은 동시대 세계화에서
다문화적 능력의 중요성을 설명한다.

16 CHAPTER

다문화적 능력

이 장에서는 다문화적 능력이 무엇을 뜻하는지, 다문화적 능력을 키우려면 어떤 기술들이 필요한지에 대한 질문에 답하는 것을 목표로 한다.

목 표

이 장을 다 읽은 후 여러분들은 다음의 내용을 이해할 수 있다.

- 다문화적 능력의 내용과 그 범위를 이해한다.
- 다문화적 능력에 영향을 미치는 요인들을 이해한다.
- 다문화적 능력을 갖추기 위하여 필요한 기술들을 파악한다.
- 다문화주의의 평가 기술을 인식할 수 있다.
- 현 세계 다문화적 능력이 제공하는 기회들과 어려운 점들을 이해한다.

서 론

이 장에서는 다음과 같은 목표들을 찾을 수 있다. 다문화 능력이란 무엇인가? 다문화적 능력의 영역은 무엇인가? 각 영역에 중요한 특성들과 요소들은 무엇인가? 개인이 다문화적 능력을 갖추려면 어떤 단계를 거쳐야 하는가? 다문화적 능력을 평가하기 위해 어떤 도구들이 사용되는가? 다문화적으로 능력을 갖추기 위해 필요한 문화적 대처 방법을 알아본다. 다문화 능력을 측정하기 위한 자아 평가 도구를 제시한다. 다문화적 능력의 중요성을 설명한다.

1. 다문화 능력의 개념

다문화 능력(multicultural competence)이라는 용어는 마케팅 커뮤니케이션, 경영 그리고 국제 비즈니스 분야에 널리 사용된다. 그러나 아직도 널리 이해가 되지 않고 있을 뿐 아니라, 공통의 정의에 대하여 일치되어 있지 않다. 다문화적 능력의 개념은 다문화적 역량(multicultural competency)으로 설명되기도 한다. 다문화적 역량 이외에도 다른 용어들이 사용되고 있다: 문화간 포용 능력(cross-cultural competence) (y), 문화간 역량(intercultural competence) (y), 문화간 효용성(cross-cultural/intercultural/cultural effectiveness) 그리고 문화간 커뮤니케이션 능력(cross-cultural/intercultural/cultural communication competence) (y). 그러나 의사소통능력(communication competence) (y)은 적절하지 않은데, 그 이유는 커뮤니케이션 능력만을 언급하기 때문이다. 다문화 능력은 커뮤니케이션 능력 그 이상이다.

대부분의 학자들이 동의하는 것은 다문화 능력은 다른 문화 출신의 개인들 간의 상호작용에 있어서, 적절하고 효과적으로 행동하는 개인의 능력을 의미한다. 또는 다른 문화에서의 능력 개발과 그 언어의 숙달로 개인이 가진 고유의 세계관과 다른 사람의 세계관에 영향력 있는 기회를 준다는 것이다. 개인이 다문화 능력을 갖추고 다문화적 환경에 효과적으로 상호작용하기 위하여 많은 필요한 요소들이 제시되어야 한다.

2. 다문화 능력의 영역들

그림 16.1은 다문화 능력의 예비 개념 모델을 제시하고 있다. 그림 16.1에 따르면 다문화 능력은 4개의 영역으로 이루어져 있다. 인지적, 정서적, 행동적 그리고 환경적 영역이다. 이러한 영역들은 개인이 또 다른 문화에 효과적으로 기능적용, 참여 그리고 통합할 수 있게 한다. 인지적 영역은 지식을 언급하며 개인이 어떻게 문화적인 지식을 얻고 그리고 분류하는가를 설명한다. 새로운 문화와 그 문화의 사람들에 대한 지식을 가진 한 개인은 그 문화 안에서 기능을 할 수 있다. 정서

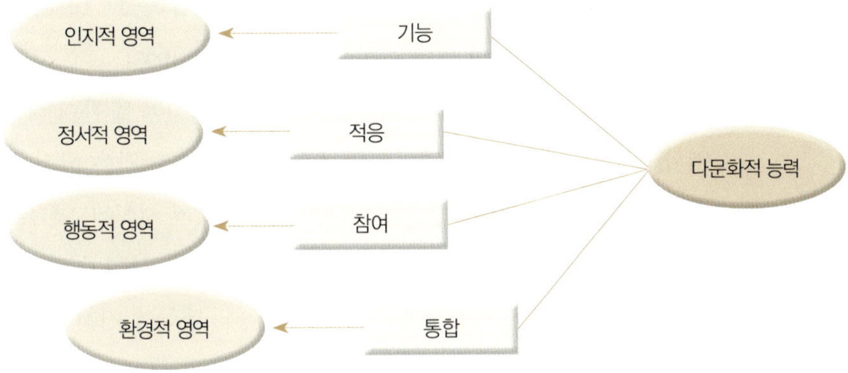

그림 16.1 다문화적 능력의 개념적 모델

적 영역은 지식을 통해 얻어진 감정, 느낌 그리고 태도를 뜻한다. 새로운 문화에 대해서 긍정적인 느낌과 태도를 가진 사람은 새로운 문화에 적응할 수 있다. 행동적인 영역은 특정한 문화적 행동과 관련된 능력과 기술들을 뜻한다. 특별한 능력과 기술들을 가진 사람은 새로운 문화에 효과적으로 참여할 수 있다. 환경적인 영역은 사람들과 환경 사이의 관계를 뜻한다. 새로운 환경의 문화적인 성향을 아는 사람은 그 환경과 충분히 통합할 수 있다.

1) 인지적 영역

인지적 영역은 문화적인 지식의 획득을 뜻하며 (1) 지식, (2) 인식, (3) 언어 그리고 (4) 학습(그림 16.2)으로 구성되어 있다. 특정 문화의 문화적인 지식을 가지고 사람들은 그 문화 속에서 기능을 할 수 있다. 왜냐하면 그들은 다른 한 문화의 사람들과의 오해를 축소시킬 수 있는 높은 능력을 가지고 있기 때문이다. 지식은 일반적 혹은 구체적인 것일 수 있다. 문화의 일반적인 지식에는 문화 개념의 지식, 구성요소, 목적, 다양한 영역 그리고 가치 체계, 가치 습득 방법, 다른 문화를 이해와 비교 방법, 문화 차이의 영향, 문화 충격 그리고 갈등, 인식과 고정관념이 포함된다. 문화의 일반적인 지식에는 경제, 정치, 법, 사회적, 재정적 그리고 기술적인 환경들에 대한 지식도 포함된다(Johnson et al., 2006). 문화의 일반적인 지식은 사람들에게 올바른 학습방법과 폭넓은 경험을 제공하고 그리고 문화의 특정한 지식에 대한 학습을 도와준다(Nonaka & Takeuchi, 1995).

문화의 구체적인 지식은 다른 문화에 대한 지식을 말한다. 지리, 경제, 법 체계, 역사, 종교, 가치, 기준, 관습, 전통, 문화적인 관습, 무엇은 하고 무엇은 하지 않는 것 그리고 언어에 대한 지식이다. 문화의 구체적인 지식에는 (1) 사실적(국가의 역사적 사실들, 지리, 정치적 체계, 경제적 체계, 기관, 사회 구조의 지식), (2) 개념적(특정 문화 집단의 가치 체계 그리고 사람들의 행동에 미치는 영향) 그리고 (3) 속성적(적절한 행동에 대한 인식, 목표 문화에서 올바른 행동에 대한 지식) 부류가 있다(Byram, 1997).

인식(자신과 타인)은 다문화적 상호작용을 적절하고 효과적으로 이해하기 위한 중요한 요소이다. 자신의 문화와 가치, 전통 그리고 기준을 알고 있는 사람들은 그 문화와 다른 문화의 가치를 이해하고 인식할 수 있게 된다. 인식은 더 깊은 지식, 기술, 태도 그리고 감정들로 이어진다. 인식은 다문화 능력에 있어서 매우 중요하다. 왜냐하면 사람들에게 자신과 그리고 타인과의 관계를 이해하게 한다. 지식을 얻는다는 것은 교육의 과제에 있어서 가장 중요하다.

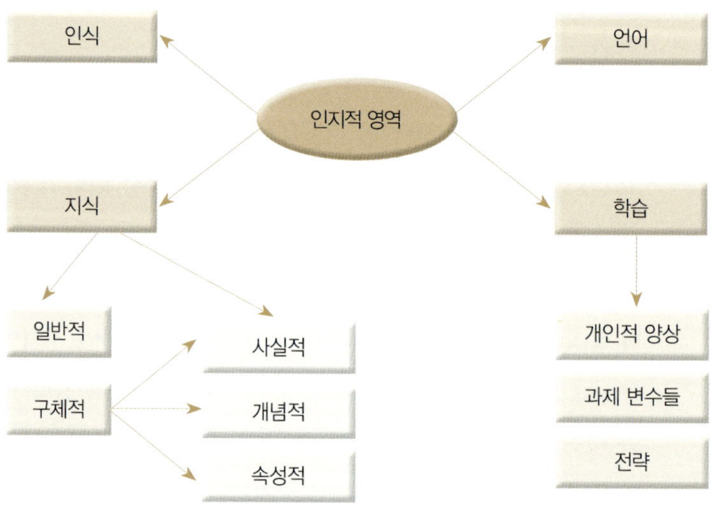

그림 16.2 다문화적 능력의 인지적 영역

문화의 구체적인 지식은 또한 자신과 타인의 언어에 대한 지식도 포함한다. 언어는 인식, 상호 지각, 생각 그리고 표현의 로드맵(road map ; 지침)이다. 자신의 언어를 잘 말하는 사람들은 다른 문화의 언어를 쉽게 배울 수 있고, 다른 문화의 사람들과도 의사소통을 할 수 있으며 이해할 수 있다.

인지적인 영역에서 또한 학습이 포함된다. 학습은 지식 획득 과정 혹은 상위 인지 지식(meta-cognitive knowledge)을 말한다. 학습은 (1) 개인적인 양상들, (2) 과제 변수들 그리고 (3) 전략들에 대한 지식과 관련이 있다. 개인적인 양상들[개인 내적 그리고 개인 간(intra-and inter individual), 보편적인(universial)]이란 다른 사람들에 대해서 그리고 자신과 타인을 어떻게 보는가에 대한 것이다. 개인적인 양상들에 대한 학습은 사회적인 상호작용에서 매우 중요하다. 과제 변수들은 그 문화를 학습 중인 사람이 얻어진 정보의 본질을 어떻게 처리하며, 그 과제의 복잡성을 어떻게 다룰 것인가에 대한 것이다. 전략은 사람들이 획득한 지식을 어떻게 사용하고, 그 지식을 가지고 무엇을 하는가를 다룬다(Earley & Ang, 2003).

2) 정서적 영역

문화적인 지식, 인식 그리고 학습은 필수적이나 다문화적 상황에서 효과적으로 수행하기에는 충분하지 않다. 다문화적인 능력을 원하는 사람은 이용 가능한 지식을 사용할 동기부여가 반드시 필요하다. 정서적 영역에서는 느낌 그리고 감정을 언급하고 있다. 또한 감정적 혹은 느낌, 태도의 영역이라고 부른다. 그것은 개인에게 새로운 문화에 적응할 수 있도록 한다. 정서적인 영역은 (1) 획득된 지식 사용의 동기부여, (2) 문화적인 차이점에 대한 세심함, (3) 새로운 문화에 대한 태도 그리고 다른 문화적 배경을 가진 사람들에 대한 태도 그리고 (4) 획득한 문화적 지식 사용을 돕는 개인적인 특성들이다(그림 16.3). 사람이 다문화적 환경에 능력이 있다고 할 수 있는 것은 문화적인 지식을 가지고 있기 때문이 아니라, 새로운 문화적 지식을 얻고 새로운 방식의 삶과 사람들에 대해서 배우고자 하는 동기가 부여되었기 때문이다.

사람은 문화의 차이점들을 세심하게 다루어야 하고, 자신의 문화만이 유일한 문화가 아니며, 그들의 문화가 가장 우월한 문화가 아니라는 것을 이해해야만 한다. 다른 문화들에 대한 이해와 수용이 필수적이다. 문화적으로 다른 사람들에 대한 긍정적 태도와 관심 그리고 그들의 전통, 역사, 행동 방식에 대한 존중은 정서적인 영역의 일부분이다. 내적인 가치들, 기준들 그리고 고유의 문화에 대한 신념들 이외에도 성격적 특성 또는 속성들은 효과적인 다문화 능력을 위해 필요하다. 이러한 성격적 특성의 예로는 타인에 대한 존경심, 문화적 차이점들에 대해 관대함, 타인과 상호작용을 할 수 있는 용기, 문화적으로 다른 위험 요소들과 모호함을 이해, 갈등 해결, 감정(감정 지능) 통제, 다른 사람들을(문화적 지능) 수용하고 적응, 공감, 유연함, 이해, 호기심, 야망적이고 인내심, 지속성, 다른 문화에 대해 열정, 무비판 의지, 자기를 드러내지 않고 타인에 대한 개방성, 타인과의 관계(사회적 지능)를 설립하는 것들이다. 개인이 꼭 지녀야 할 다문화적 능력의 속성에는 많은 것들이 있지만, 여전히 어떤 속성들이 가장 필수적인 것인지는 알려져 있지 않다. 다문화적 환경에 적응하기 위하여 이러한 속성들의 폭넓은 조합이 필요하다.

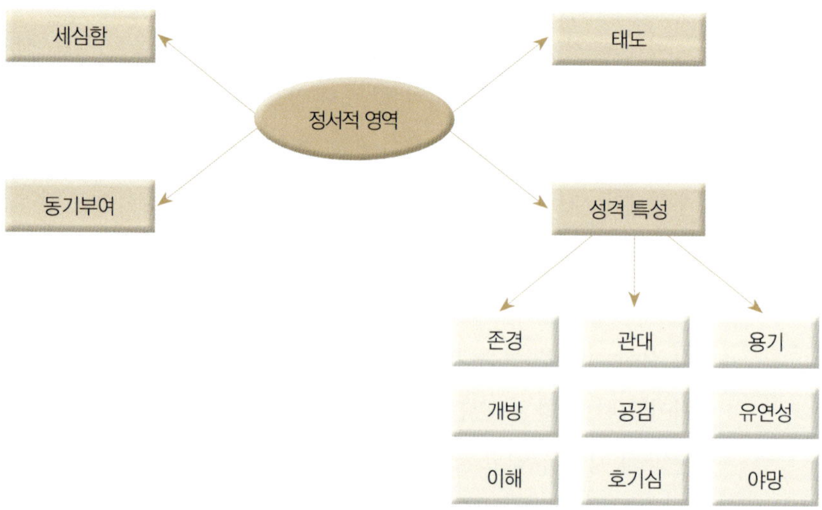

그림 16.3 다문화적 능력의 정서적 영역

3) 행동적 영역

행동적인 영역은 문화적인 지식을 사용하기 위해 필요한 능력들과 기술들을 참조로 한다(그림 16.4). 이 영역은 개인이 새로운 문화적 환경에 참여하는 것을 허락한다. 문헌에서 기술들, 능력들 그리고 적성들(개인이 특정한 기술적 상황에서 추가적으로 획득할 수 있는 능력들) 사이에는 상당히 중복되는 부분들이 있다. 항상 그것들의 차이를 분명히 구별할 필요는 없다. 행동적 영역의 기술적인 부분에는 커뮤니케이션 기술들(언어 그리고 비언어적), 사회적 기술(관계, 상호관계), 비교 기술(다른 문화들의 가치를 비교), 과제 수행 능력 혹은 정서적 기술(사람을 온화하게 하는 기술)을 포함한다. 능력은 새로운 문화적, 사회적, 정치적 환경에 적응할 수 있는 능력이다. 또한 타인에 대한 이해, 관계 설립, 타인의 관점 수용, 스트레스관리, 위험 경감, 인내심, 오해대처, 문제해결과 회피, 갈등 해소와 협력 그리고 다른 행동 방식 수용을 말한다. 다문화적 환경 안에서 효과적으로 대처할 수 있는 다른 필요한 능력들 또한 많다. 어떤 능력들이 다문화적 능력에 더 필수적인지는 여전히 알려져 있지 않으나, 폭넓은 능력들의 결합은 다문화적 환경에 효과적인 대처가 용이하다.

그림 16.4 다문화적 능력의 행동적 영역

4) 환경적/상호작용적 영역

다문화적 능력은 문화적인 지식을 가지는 것뿐만 아니라 다른 문화에 대해서 긍정적인 태도, 감정적 느낌 그리고 특정한 기술과 능력들을 갖는 것이다. 다문화 능력은 사람을 다문화적 환경의 구성원으로 통합시킬 수 있게 한다. 환경적 영역은 상호작용적 영역으로서 사람들을 새로운 문화적 환경으로 통합시키게 할 수 있도록 한다. 이 영역은 (1) 사회적 상호작용, (2) 자연과의 관계 그리고 (3) 시간에 대한 성향으로 이루어져 있다(그림 16.5). 사회적인 상호작용은 어떻게 사람이 서로 상호작용하는지를 설명한다. 사람들이 평등에 집중하는지 혹은 사회적인 위계를 받아들이는지를(PD), 집단에 순응하는지, 자기 자신의 흥미에 집중하는지(IDV), 위험과 낯선 사람을 피하는지 혹은 새로 온 사람들과 새로운 경험을 받아들이는지(UAI), 경쟁적이고 공격적인 것에 집중하는지 아니면 삶의 질을 강조하는지(MAS), 남성적 성격을 좋게 혹은 나쁘게 보는지, 자연과의 관계에서 어떻게 자연과 상호작용하는지, 자연을 숭배하고 그것과 조화롭게 사는지 아니면 자연을 통제하고 지배하는지에 대하여 설명하고 있다. 시간에 대한 경향은 사람들이 어떻게 시간을 인지하고 상호작용하는지, 시간을 유연한 것으로 혹은 사용할 수 있는 자원 그리고 생필품으로 보는지, 또한 근무시간, 스케줄, 약속들에 대해 어떤 태도를 가지고 있는지 그리고 시간 스케줄에 어떤 비중을 포함한다.

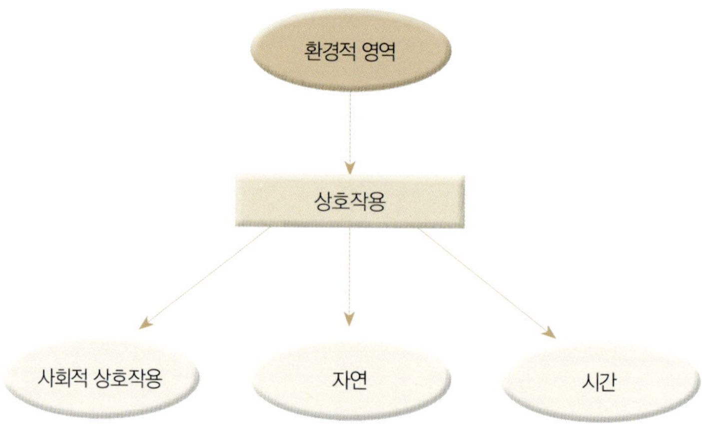

그림 16.5 다문화적 능력의 환경적 영역

3. 다문화적 능력에 영향을 미치는 다른 요인들

다문화적 능력을 얻는 데 있어서 문화적인 요인들이 오직 성공 혹은 실패의 요인들이 되는 것은 아니다. 문화적 환경에서 사람이 효과적으로 받아들일 수 있는 노력을 결정하는 나이, 성별, 배경(일, 사회적) 혹은 정치적 그리고 경제적 요인들과 같은 조절(moderating) 변수들이 있다. 다른 사회적-경제적 그리고 문화적 체계의 구성원들은 무엇이 능력을 구성하는지에 대한 다른 이해를 가지고 있다. 또한 다른 개념들을 사용하고 다문화주의 개념에 대한 다른 해석을 가지고 있다. 관광객과 지역 문화 사이의 문화적 거리는 개인이 성공적으로 다른 문화에 통합할 수 있도록 기능하고, 적응하며, 관여하는 개인적인 능력에 있어서 중요한 역할을 한다. 문화적인 거리가 늘어나면 다른 문화들에서 온 사람들과 만났을 때 어려움들이 증가하고 새로운 문화에 적응할 능력은 감소한다. 고정관념과 자기 민족 중심주의(다른 어떤 사람에게 자기 자신의 가치를 부과하고, 자기 자신의 가치가 가장 중요하다는 신념)와 같은 이슈들은 다문화적 능력을 갖추려는 개인의 능력에 방해가 된다. 더구나 타인에 대한 지식과 기술의 범위는 다문화적 능력을 얻는 데 중요하다.

4. 과정으로서 다문화적 능력

다른 문화 사람들과 접촉 그리고 다른 언어들을 말하는 것은 다문화 능력 발전을 키우는 훌륭한 기회이다. 다문화 능력 발전은 지속적인 과정이다. 일단 과정이 시작되면 일생동안 지속될 수 있다. 사람은 항상 지각하고 배우고 지식을 얻으며 그리고 어떤 감정들과 태도들을 발전시키는 과정 속에 있다. 완전히 다문화적 능력이 있는 것이 아니다. 사람이 지속적으로 발전시킬 수도 있고 능력을 확장해 나아가기도 하며 새로운 난관들에 부딪친다.

다문화적 능력인이 된다는 것은 사람이 겪어야만 하는 단계 그리고 제2의 문화에 적응하는 정도에 달려 있다. 사람은 (1) 목표 문화를 거절할 수도 있다. (2) 원주민 생활방식(native life)으로 운영하는 것을 배울 수도 있다(자국 사회에서 용인된). (3) 두 개(또는 그 이상의 문화들)의 문화 그리고 2개 국어-2개 문화의 혹은 다언어적-다문화에(적응되고 수용된) 적응할지도 모른다. (4) 외국 문화에 대한 적응 그리고 본래의 정체성을 잃어버릴 수도 있다(강제 혹은 자발적 동화). 그리고 (5) 어떤 집단의 구성원으로서 정체성에 대한 질문을 할 수도 있다(무질서 상태, 어느 한 문화의 명백한 유대 완화)(Fantini, 2000).

5. 다문화적 능력 발전 단계들

다문화적 능력의 네 가지 발전 단계들이 있다.

Level 1 : 교육적인 여행가(Educational traveler) - 짧은 기간(4~6주) 동안 교환 프로그램

Level 2 : 일시체류자(Sojourner) - 장기간 동안 외국 문화에 노출이 되어 있는 사람들. 예를 들면, 학기 해외 프로그램, 장기간(4~8개월) 동안 국제 인턴십

Level 3 : 전문가(Professional) - 이종 문화간의 혹은 다문화의 배경에서 일하는 직원들. 예를 들면, 다국적 회사의 책임자들

Level 4 : 문화간/다문화의 전문가 - 훈련, 교육, 상담, 국제 학생들을 상담하는 일에 관련된 사람들. 예를 들면, 해외책임자들 그리고 서로 다른 문화 트레이너들(Fantini, 2000)

6. 다문화주의 평가 방법들

다문화 능력을 평가하는 데 사용되는 여러 가지 다양한 도구들이 있다. 즉, 문화간적응력테스트(Cross-Cultural Adaptability Inventory) (CCAI) (Kelley &

Meyers, 1992), 미국외국어교육협의회(American Council on the Teaching of Foreign Languages) (ACTFL), 언어능력수준표(Language Proficiency Scale) (LPS) (Liskin-Gasparro, 1982), 목표와 가이드라인 그리고 평가(YOGA) (Fantini, 1995, 1999, 2006)들이 있다. 양적인 도구들은 문화간의 발전 도구, 문화적인 지능 수준 그리고 다문화적 성격 설문지를 포함한다(Abbe et al., 2007). 시나리오 기반 도구와 같은 질적 평가 도구들은 다문화적 능력의 통찰력을 얻기 위한 유용한 도구들이다. 표 16.1은 여러 발전 단계에서 다문화적 능력을 측정하기 위한 자아 평가의 예를 나타내고 있다. 응답자들은 각 항목마다 0에서부터(능력 없음) 5(매우 높은 능력)까지의 점수를 매기는 것이 요구된다.

표 16.1 다문화적 능력을 평가하는 자아 평가표

구 분	교육적인 여행자	일시체류자	전문가	문화간 /다문화 전문가
문화 – 일반적인 지식				
문화 – 구체적인 지식				
문화적 인식				
외국 언어 능력				
문화 학습				
새로운 문화 학습 동기				
문화 차이 민감도				
새로운 문화에 대한 태도				
성격 특성				
기술				
능력				
사회적 상호작용				
자연에 대한 성향				
시간에 대한 성향				

Note : 0(능력 없음)에서 5(매우 높은 능력)로 점수를 기록

7. 교육적 어려움

다문화적 능력은 교육가들과 학습자들을 위한 문제를 제시한다. 그것은 다른 사람들의 눈을 통해서 세상을 보고, 자기 자신의 관점의 한계를 이해하면서, 다른 문화를 경험하고 그리고 다른 언어를 통해 의사소통을 하면서 더 넓은 관점을 얻을 수 있는 기회를 제공한다. 그것은 사람들에게 다른 관점을 경험하게 하고 사람들 간에 다른 점들과 비슷한 점을 알게 하며, 자신의 관점만이 유일하지 않음을 이해하고, 이 세상에는 다른 많은 관점들이 있다는 것을 이해하는 기회를 제공한다. 다문화적 능력은 어떤 사람이 타인들의 용어로 그들을 이해할 수 있게 한다. 반대로 타인들이 어떤 사람의 문화와 전통에 대한 이해도 가능하게 한다. 다문화와 외국어 이해 능력은 국제 교육과 세계화 정신의 핵심이다. 이것은 세계 특정 나라나 지역의 국수주의에서 벗어나서, 보편적 인류애에 대한 정서적 이해를 가능하게 한다.

요 약

다문화적 능력의 개념은 개인이 다른 문화에 효과적으로 적응하고, 관여하며, 통합하는 능력을 뜻한다. 다문화적 능력은 네 가지 영역이 있다. 즉, 인지적, 정서적, 행동적 그리고 환경적 영역으로 이루어져 있다. 인지적 영역은 지식, 인지, 언어 그리고 학습으로 이루어져 있다. 정서적 영역은 동기, 섬세함, 태도 그리고 성격 특성들로 이루어져 있다. 행동적 영역은 기술 그리고 능력으로 구성되어 있다. 환경적 영역은 자연과 시간과 상호작용뿐만 아니라 사회적 상호작용으로 이루어져 있다. 문화를 제외한 다문화적 능력에 영향을 미치는 다른 다양한 요소들도 있다. 다문화적 능력은 개인이 제2의 문화에 적응하는 단계 그리고 적응 정도에 의존하는 과정이다. 다문화적 능력과 외국어의 발전은 국제적 능력과 교육의 핵심이다.

사례 16.1 언어 장벽을 극복하기 위한 실용적인 해결책

일본 방문객들은 베트남의 전통적인 음악을 듣는 것을 좋아하고 전통적인 공예품 구입을 좋아하며 유명한 베트남 요리사들의 특별식을 즐긴다. 일본 관광객들이 베트남 문화를 경험하는 것을 좋아하지만 언어와 문화적 장벽이 발생한다. 베트남에서 일본의 관광객들은 그들의 모국어로 의사소통하는 것을 더 선호하고 일본말을 하는 여행가이드들을 요구한다. 그러나 베트남에서는 일본어를 하는 자격을 갖춘 여행가이드들이 부족하다. 단지 Hochiminh City(ITPC, 2005)에서 두 명의 전문적 가이드들이 일본인의 여행을 담당하고 있다. 그 이유 중 하나는 교육과 베트남 여행가이드 훈련이 부족하고 학교 프로그램은 베트남 관광산업의 요구에 충족하지 못한다. 학생들은 실질적인 산업 경영의 지식이 부족하고 세계 여러 나라에서 오는 방문객들의 언어들을 배우지 않는다. 일본 관광객 시장의 요구를 다루는 것이 다른 국제적 관광 시장을 다루는 것보다 훨씬 어렵다. 관광객의 모국어로 의사소통하는 능력은 관광산업에서 일하는 예비 요구사항이다. 관광 경영인들은 직원들에게 외국어 수업, 언어장학금 그리고 인턴십 기회들을 반드시 제공해야 한다. 자격을 갖춘 관광가이드들이 되기 위해서 관광산업의 종사자들은 관광객들의 문화적 행동과 언어를 배워야만 한다.

웹사이트 링크

1. Excellence in diversity awareness and education : http://www.dtui.com
2. Diversity in practice : Becoming culturally competence:http://www.centre4activeliving.ca/ publications/wellspring/2006/oct/oct06.pdf
3. National Center for Cultural Competence at Georgetown University : http://gucchd.georgetown.edu/nccc/
4. Gestures : Their Origin and meanings http://bernd.wechner.info/Hitchhiking/Thumb/
5. French language : gestures : http://french.about.com/library/weekly/aa051801b.htm
6. The Game of Tarof : An extensive look into the custom from an Iranian's perspective: http://en.wikipedia.org/wiki/Intercultural_competence

역자 소개

• 윤 병 인

전) 아시아나항공 부사장
한국관광레저학회 회장
전경련관광산업위원회 위원
현) 세한대학교 항공대학장
항공서비스협회 회장

• 김 민 수

경기대학교 경영학박사
항공경영학회 편집위원
한국외식경영학회 이사
한국품질경영학회이사
한국서비스경영학회 이사(항공서비스분과 회장)
한서대학교 항공관광학과 교수

• 박 윤 미

관광학 박사
한국항공운항학회 이사
항공인적요인학회 이사
한국관광연구학회 이사
전) 아시아나항공 캐빈서비스팀 근무
현) 청주대학교 항공학부 항공서비스학과 조교수

• 심 재 황

중앙대학교 일반대학원 영어학 박사
중앙대학교 영어교육연구소 연구원
아시아연합신학대학교 외래교수

국제문화관광론

초판 발행 2018년 10월 20일
재판 발행 2019년 1월 20일
저 자 Yvette Reisinger
역 자 윤병인 · 김민수 · 박윤미 · 심재황
펴 낸 이 임순재
펴 낸 곳 **(주)한올출판사**
등 록 제11-403호
주 소 서울시 마포구 모래내로 83(성산동, 한올빌딩)
전 화 (02)376-4298(대표)
팩 스 (02)302-8073
홈페이지 www.hanol.co.kr
e-메일 hanol@hanol.co.kr

ISBN 979-11-5685-739-6